나는 수년간 학생들을 가르치면서 바울 신학 용어에서 가장 중요한 용어 중 하나는 바로 두 글자로 된 단어 '엔'(안에)이라고 누누이 강조했다. 이제 드디어 바울 서신 전체에 나타난 '엔'과 그 관련 용어들을 심도 있게 다루면서도 최근 학계의 깊은 통찰을 담은 총체적 연구가 나왔다. 이 책은 신약신학을 공부하는 모든 학생들을 위한 가치 있는 참고 도서가 될 것이다.

(故)하워드 마샬(I. Howard Marshall)
아버딘 대학교(University of Aberdeen) 신약학 명예교수

칭의와 더불어 여러 중요한 신학 논쟁의 중심에 서 있는 주제는 바로 그리스도와의 연합이다. 이 주제는 거의 모든 저자가 다루면서도 서로 다른 해석을 내놓거나 아주 모호하게 다루는 경향이 있다. 캠벨의 이 책은 이 핵심 표현들을 인내를 가지고 탐구한 책으로서, 한 예로 "그리스도 안에"가 무슨 의미인지를 다룬다. 이 책은 환원주의적이지 않으며 성경에 근거한 세심하고 공정한 결론을 도출한 믿음직스러운 연구 가이드다. 나는 이 책을 적극적으로 추천한다.

도널드 카슨(D. A. Carson)
트리니티 복음주의 신학교(Trinity Evangelical Divinity School) 신약학 연구교수

종종 바울 신학의 본질에 대한 주장들은 그가 사용한 특정 용어에 대한 관심에는 아랑곳없이 선포될 때가 많다. 이 책에서 캠벨은 바울이 계속해서 사용하는 함축적이면서도 아리송한 문구들("그리스도 안에", "그리스도와 함께", "그리스도를 통해")에 초점을 맞추어 탐구한다. 그는 이러한 전치사구들을 자세히 들여다보면 바울의 가장 심오한 신학적 신념들을 파악할 수 있음을 확실하게 보여준다.

프란시스 왓슨(Francis Watson)
더럼 대학교(Durham University) 성서해석학 석좌교수

신약학자들과 신학자들은 대체적으로 동일한 것에 대해 동시다발적으로 관심을 집중하지 않는다. 물론 단행본 스타일의 이 책이 나오기까지의 이야기이긴 하지만 말이다. 캠벨 교수는 다이아몬드의 각 면을 하나씩 면밀히 탐구한다. 비록 독

자들이 그가 내린 모든 결론에 다 동의하지 않을 수도 있지만, 『바울이 본 그리스도와의 연합』은 이 중요한 주제에 관해 없어서는 안 될 석의 연구 자료를 제공해준다.

마이클 호튼(Michael Horton)
웨스트민스터 신학교(Westminster Seminary California) J. G. 메이첸 조직신학 석좌교수

콘스탄틴 캠벨은 바울 서신에 나타난 그리스도와의 연합과 관련된 본문에 대한 폭넓고 신중한 연구를 통해 이 주제가 바울신학에서 얼마나 중요한 역할을 하는지를 보여준다. 그는 이 주제가 바울신학을 하나로 묶는 "끈"의 역할을 한다고 말한다. 그의 책은 이 개념이 우리가 바울을 이해하는 데 얼마나 핵심적인지를 상기시켜준다.

모나 후커(Morna D. Hooker)
케임브리지 대학교(Cambridge University) 마가렛 부인 명예신학교수

최근 수십 년간 지속적으로 관심을 받아온 그리스도와의 연합에 대한 캠벨의 연구를 진심으로 환영한다. 포괄적인 연구 범위와 석의적 세부 사항 및 폭넓은 신학적 관점 등 두 마리 토끼를 모두 놓치지 않은 점, 그리고 객관적이며 균형 잡힌 결론 도출 등 괄목할 만한 장점을 두루 갖춘 이 책은 이 중요한 주제에 관심을 둔 모든 이에게 큰 도움을 줄 것이다.

리처드 개핀(Richard B. Gaffin Jr.)
웨스트민스터 신학교(Westminster Theological Seminary, Philadelphia) 성서신학 및 조직신학 교수

바울신학에서 필수적이면서도 논쟁의 대상이 되는 그리스도와의 연합은 그동안 당연히 받아야 할 만큼의 관심을 받지 못했다. 콘스탄틴 캠벨은 바울 서신의 관련 본문들을 전부 석의적 연구를 통해 이러한 상황을 시정하려고 노력했다. 그의 연구는 그 자체로 이 분야에 큰 기여를 했으며 앞으로 지속될 논의에도 위대한 초석을 제공해준다.

더글라스 무(Douglas J. Moo)
휘튼 칼리지(Wheaton College) 성서학 석좌교수

캠벨은 그리스도와의 연합에 대한 명쾌하면서도 생동감 넘치는 연구를 제공한다. 이처럼 복합적인 주제에 대해, 캠벨처럼 석의 능력과 신학적 지식을 모두 갖춘 연구를 하는 저자는 거의 찾아보기 어렵다. 이 책은 그리스도와의 연합, 참여, 합일, 통합이 실제로 무슨 의미인지를 밝혀주는 총체적인 연구서다. 캠벨의 이 역작은 장차 수십 년간 이 주제에 대한 권위 있는 책이 될 것이다.

마이클 버드(Michael Bird)
호주 크로스웨이 칼리지(Crossway College) 신학 및 신약학 교수

바울 서신에 나타난 "그리스도와의 연합"이라는 포괄적인 주제는 종종 바울이 사용한 특정 용어에는 거의 관심을 보이지 않고 모호하게 또는 놀랄 만큼 다른 방식으로 해석되곤 한다. 캠벨 박사는 "그리스도 안에"와 관련된 모든 표현들을 신중하게 탐구하고 각 문맥에서 그 의미를 설명하며 그 연구 결과를 바울의 포괄적인 가르침과 실천에 통합시킨다. 이 책은 너무나 귀중한 도구다.

피터 오브라이언(Peter T. O'Brien)
무어 신학교(Moore Theological College) 선임연구원

Paul and Union with Christ
An Exegetical and Theological Study

Constantine R. Campbell

Originally published by Zondervan as *Paul and Union with Christ*
Copyright © 2012 by Constantine R. Campbell
Translated and published by arrangement with The Zondervan Corporation
L.L.C, a division of HarperCollins Christian Publishing, Inc. through rMaeng2,
Seoul, Republic of Korea.

This Korean Edition Copyright © 2018 by Holy Wave Plus, Seoul, Republic of
Korea.

이 한국어판의 저작권은 알맹2 에이전시를 통하여 미국 Zondervan과 독점 계약한
새물결플러스에 있습니다. 신저작권법에 의하여 한국 내에서 보호받는 저작물이
므로 무단 전재와 무단 복제를 금합니다.

콘스탄틴 R. 캠벨 지음
김규섭·장성우 옮김

바울의 구원론에 대한 석의-신학적 연구

바울이 본 그리스도와의 연합

Paul and Union with Christ

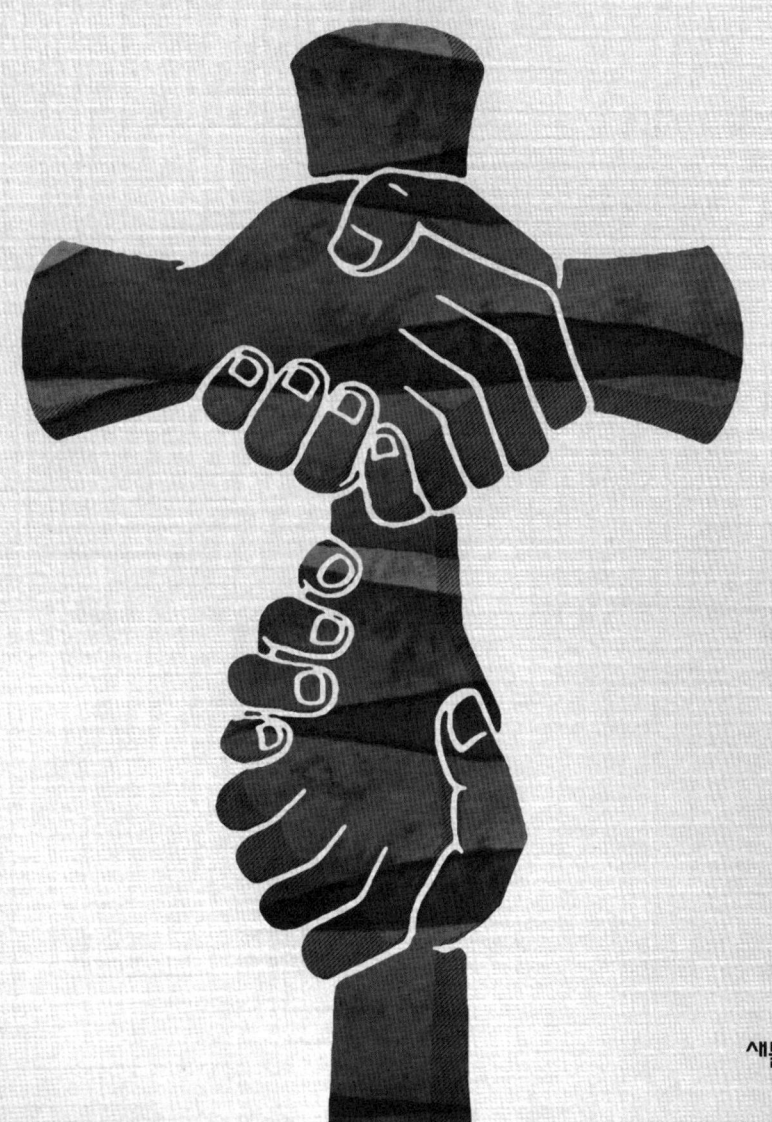

새물결플러스

차례

감사의 말   10

약어   12

제1부 / 서론   15

1장   서론 및 방법론   17

2장   "연합"에 관한 연구사   30

제2부 / 석의적 연구   77

3장   그리스도 안에   79

4장   그리스도께   261

5장   그리스도와 함께   284

6장   그리스도를 통해   312

7장   은유   353

제3부 / 신학적 연구　　　　　　　　　　433

8장　그리스도와의 연합과 그리스도의 사역　　　435

9장　그리스도와의 연합과 삼위일체　　　　　　472

10장　그리스도와의 연합과 그리스도인의 삶　　494

11장　그리스도와의 연합과 칭의　　　　　　　　522

12장　"그리스도와의 연합" 정의하기　　　　　　546

13장　함축적인 의미 및 향후 연구 방향　　　　　567

참고 문헌　　　　　　　　　　　　　　　　　　600

성구 색인　　　　　　　　　　　　　　　　　　618

인명 색인　　　　　　　　　　　　　　　　　　627

감사의 말

나는 두 명의 탁월한 신약학자인 피터 오브라이언(Peter O'Brien) 박사와 프란시스 왓슨(Francis Watson) 박사에게 큰 빚을 졌다. 오브라이언 박사는 내가 바울 서신에 나타난 그리스도와의 연합이라는 새로운 주제로 연구를 시작하도록 동기를 부여해주었다. 그는 이 주제가 극도로 중요할 뿐 아니라 매우 진지하게 논의될 필요성이 있음을 지적해주었다. 나는 에베소서를 강의하면서 이미 이 개념에 지대한 관심을 가지게 되었고, 오브라이언 박사의 이와 같은 지적은 나의 차기 연구 과제 선정에 대한 고민을 말끔히 해결해주었다. 그의 세밀한 관찰력과 석의적 분석 역량은 세계적으로도 정평이 나 있기에 오브라이언 박사가 나의 원고를 정독했다는 사실은 나에게 큰 용기를 불어넣어 주었다.

본 연구 과정 중 프란시스 왓슨 박사와 나눈 학문적 대화는 이 연구의 뼈대를 잡는 데 지대한 영향을 미쳤다. 우리는 지난 5년간 미국에서 열린 세계성서학회(SBL)에서 매년 만남을 가졌고 우리의 만남은 본 연구에 대한 신선한 자극과 도전, 그리고 나아갈 방향을 제시해주었다. 그는 본 주제와 관련된 바울의 전치사구를 면밀히 조사할 것을 조언해주었는데 해당 연구는 대략 이 책의 절반을 차지한다. 나는 세계적으로 극찬을 받고 있는 왓슨 박사의 바울신학에 관한 예리한 통찰력과 탁월한 학문성으로부터 많은 도움을 받았다.

한편 나는 여러 면에서 무어 칼리지(Moore College) 공동체에 감사한다. 그리스도와의 연합이라는 주제로 학생 및 교수진과 가진 수많은 토론은 나의 사고를 예리하게 다듬는 데 도움을 주었으며, 우리 신학 공동체의 특수성은 본 연구를 수행하기에 필요한 이상적인 환경을 제공해주었다. 나는 2009년에 한 학기 연구 휴가를 허락해준 학장 존 우드하우스 박사와 이사회에 감사한 마음을 전한다. 나는 그 기간에 이 책의 1/3에 해당하는 분량을 집필할 수 있었다. 2009-2010년 여름에 연구 조교로서 나의 연구를 도와준 피터 베이커에게도 감사의 뜻을 전한다. 그는 내 연구에 필요한 학술지 논문 160여 개를 추적해 찾아내는 등 많은 도움을 주었다.

나는 존더반 출판사(Zondervan Academic)에 재직하는 지인들에게도 감사한다. 그들과 함께 일한다는 것은 큰 기쁨이었으며 이 프로젝트를 향한 그들의 비전은 가히 놀랍다. 특별히 뛰어난 편집 능력뿐만 아니라 우정과 격려를 아끼지 않았던 편집자 카티아 코브렛과 버린 버브루게에게 감사를 표한다.

마지막으로 지속적으로 사랑과 활력을 공급해주고 기쁨의 근원이 되어주었던 나의 가족에게 언제나 변함없는 감사의 마음을 전한다. 아내 브론윈이 아니었다면 나는 아무 일도 해내지 못했을 것이라고 감히 말할 수 있다. 우리의 자녀 자스민, 샌디, 루카스는 모든 면에서 하나님께서 우리에게 주신 놀라운 축복이다. 나는 이 책을 그들에게 헌정한다.

오직 하나님께 영광을(*Soli Deo Gloria*)
2011년 크리스마스이브

약어

AB	Anchor Bible
AJT	*Asia Journal of Theology*
AnBib	Analecta biblica
AThR	*Anglican Theological Review*
BBR	*Bulletin for Biblical Research*
BDAG	Walter Bauer, Frederick W. Danker, William F. Arndt, and Wilbur Gingrich, *A Greek-English Lexicon of the New Testament and other Early Christian Literature*. 3rd ed. Chicago: University of Chicago Press, 2000.
BDF	F. Blass, A. Debrunner, and Robert A. Funk, *A Greek Grammar of the New Testament and other Early Christian Literature*. Chicago: University of Chicago Press, 1961.
BNTC	Black's New Testament Commentary
BSac	*Bibliotheca sacra*
CBC	Cambridge Bible Commentary
CBQ	*Catholic Biblical Quarterly*
CGTC	Cambridge Greek Testament Commentary
CTM	*Concordia Theological Monthly*
CurTM	*Currents in Theology and Mission*
CV	*Communio Viatorum*
EHPR	Études d'histoire et de philosophie religieuses
ESV	English Standard Version
EvQ	*Evangelical Quarterly*
ExpTim	*Expository Times*
HCSB	Holman Christian Standard Bible
HNTC	Harper's New Testament Commentaries
HTR	*Harvard Theological Review*
ICC	International Critical Commentary
IJST	*International Journal of Systematic Theology*
Int	*Interpretation*
JBL	*Journal of Biblical Literature*

JETS	*Journal of the Evangelical Theological Society*
JSNT	*Journal for the Study of the New Testament*
JSNTSup	Journal for the Study of the New Testament Supplement Series
JTS	*Journal of Theological Studies*
LXX	Septuagint
NASB	New American Standard Bible
Neot	*Neotestamentica*
NCB	New Century Bible
NEB	New English Bible
NIBC	New International Biblical Commentary
NICNT	New International Commentary on the New Testament
NIGTC	New International Greek Testament Commentary
NIV	New International Version
NovT	*Novum Testamentum*
NRSV	New Revised Standard Version
NSBT	New Studies in Biblical Theology
NTS	*New Testament Studies*
PNTC	Pillar New Testament Commentary
RTR	*Reformed Theological Review*
SBET	*Scottish Bulletin of Evangelical Theology*
SBG	Studies in Biblical Greek
SJT	*Scottish Journal of Theology*
TBT	*The Bible Today*
TDNT	G. Kittel and G. Friedrich, eds., *Theological Dictionary of the New Testament*. 10 vols. Trans. Geoffrey W. Bromiley. Grand Rapids: Eerdmans, 1964-76.
THNTC	Two Horizons New Testament Commentary
TNTC	Tyndale New Testament Commentary
TJ	*Trinity Journal*
ThTo	*Theology Today*
VE	*Vox Evangelica*
WBC	Word Biblical Commentary
WTJ	*Westminster Theological Journal*
WUNT	Wissenschaftliche Untersuchungen zum Neuen Testament
WW	*Word and World*
ZNW	*Zeitschrift für die neutestamentliche Wissenschaft und die Kunde*

제1부

서론

⋮

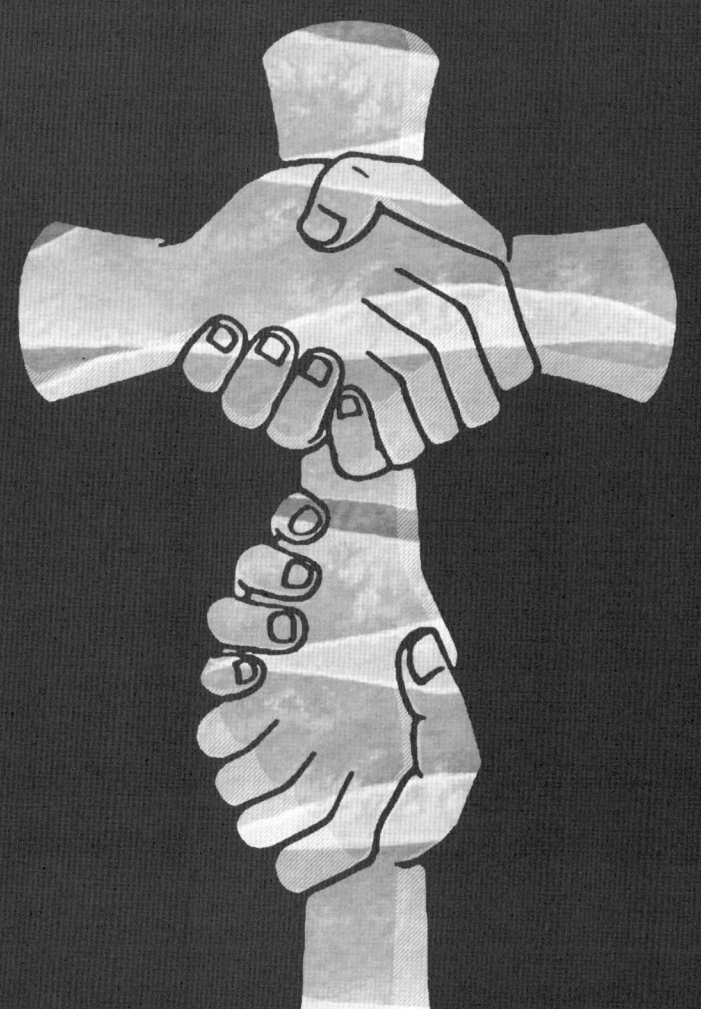

서론 및 방법론

1.1 바울과 그리스도와의 연합

사도 바울의 서신에 나타난 그리스도와의 연합이라는 주제는 매혹적이면서도 복잡하다. 이 주제가 그의 서신에 만연해 있다는 사실은 이 개념에 관한 그의 선호도를 보여주지만, 그렇다고 바울은 그 어느 곳에서도 그가 의미하는 바를 직접적으로 설명하지 않는다. 그리스도와의 연합은 매우 중요하면서도 모호한 개념이다. 그런 의미에서 이 주제는 바울신학을 공부하는 학생들에게 적지 않은 문제점을 안겨준다.

이와 같은 현상은 20세기와 21세기 신약학 연구에서도 여실히 드러난다. 바울이 말하는 그리스도와의 연합의 의미에 관한 학문적 연구 분량은 이 개념의 모호성을 대변해주는 반면, 이 주제를 둘러싼 치열한 논쟁은 그 중요성을 말해준다. 결과적으로 이 책이 집중적으로 다룰 두 가지 주요 관심사는 그리스도와의 연합이 실제로 어떤 의미이며 그 의미가 바울신학에서 어떤 역할을 하느냐다.

이 주제에 관한 탐구는 그리 단순하지 않다. 곧이어 설명하겠지만 우리는 바울 서신을 석의적으로 면밀하게 살펴보기 이전에는 바울신학에 관해 섣불리 논할 수 없다. 더욱이 바울 서신에서 그리스도와의 연합이라는 주제에 해당하는 본문이 어떤 것인지 미리 알지 못한다면, 석의를 위한 초점을 어디에 맞추어야 하는지조차 모를 수 있다. 따라서 이 책은 예전의 학문적 성과를 토대로 연구에 임할 것이며 그 어떤 문제도 당연시하지 않을 것이다. 이 연구는 세밀한 석의적 연구를 통해 바울의 폭넓은 사상으로 나아가는 새로운 탐구를 수행한다. 따라서 이 연구는 의도적으로 석의가 신학을 만들어가는 "석의-신학적 연구"가 될 것이다.

1.2 석의-신학적 접근

그리스도와의 연합에 관한 연구 문헌을 살펴보면 여러 방법론 가운데 상반된 두 가지 연구 추세가 발견된다. 일부 연구자는 그리스도와의 연합이라는 주제를 바울 서신의 여러 사상과 주제가 담긴 신학적 틀 안에서 사용된 하나의 광범위한 신학적 개념으로 간주한다. 거기서 이 주제는 칭의, 삼위일체론, 윤리 등과 함께 논의된다. 이러한 접근 방법은 타당하며 충분한 가치가 있는 연구 방법이다. 왜냐하면 그리스도와의 연합은 바울 서신에서 이와 같이 수많은 주제와 관련되어 있기 때문이다. 이 주제는 이미 신학화된 개념(theologised concept)이다. 그러나 이러한 접근은 종종 그리스도와의 연합이라는 개념이 등장하는 핵심 본문들을 철저하게 분석하는 과정—즉 그리스도와의 연합이 무엇을 의미하는지에 관한 철저한 석의 작업—을 거치지 않기 때문에 이 주제가 금세 추상적으로 변하기 십상이라는 약점을 가진다. 물론 이 주제가 다른 주제와 더불어 바울신학 전체와 어떻게 연관되었는지 파악하는 것도 중요하지만, 세부적인 기초연구가 수행되지 않았다는 점에서 일부 연구의 결론은 매우 세심한 주의를 요한다.

이와는 대조적으로 다른 연구자들은 바울이 사용한 "고정문구"에 초점을 맞춰 이 어구가 사용된 문맥에 따른 다양한 용법을 연구한다.[1] 이는 앞의 방법론에서 결여된 기초연구를 수행한다는 점에서 매우 가치 있는 연구다. 그러나 이러한 접근은 마치 "그리스도 안에"(ἐν Χριστῷ)라는 어구가 그리스도와의 연합이라는 주제에 관해 궁극적인 답을 제시한 듯한 인상을 주기 때문에 논의 자체가 심하게 축소될 우려가 있다.[2] 심지어 전적으로 석의적인 방법을 채택하더라도 분명한 것은 "그리스도 안에"(ἐν Χριστῷ)를 통해 표현되는 개념들이 "그리스도와 함께"(σὺν Χριστῷ), "그리스도께"(εἰς Χριστόν), "그리스도를 통해"(διὰ Χριστοῦ) 등과 같은 어구와도 연관되어 있다는 것이다.[3] 다시 말하면 전적으로 석의적인 방법조차도 단지 ἐν Χριστῷ에 국한된 연구보다는 바울의 다른 용어들도 포함시킬 것을 요구한다.

그러나 애당초 이런 "순수한 석의적인 방법"이라는 것이 과연 존재할까? 사실 바울은 신학자였고, 비록 오늘날의 관점에서 볼 때에는 그리 "조직적"이지 않더라도, 그의 사고는 이미 그가 사용한 이른바 고정문구들보다 훨씬 더 광범위한 주제들과 소통한다. 결과적으로 바울 연구에 가장 적절한 방법은 석의적이면서도 신학적이어야 한다. 사실 바울과 같은 신학자가 연구의 대상일 경우에는 이 두 가지 방법은 불가피하다. 따라서 이 책에서는 석의와 신학이 항상 동행할 것이며 석의에서 시작해 신학으로 나아가는 구조를 따를 것이다. 우리는 먼저 바울

---

1   예를 들어 Neugebauer의 단행본은 ἐν Χριστῷ와 ἐν κυρίῳ에만 국한되어 있다. Fritz Neugebauer, *In Christus: Eine Untersuchung zum paulinischen Glaubensverständnis* (Göttingen: Vandenhoeck & Ruprecht, 1961).
2   이런 몇몇 연구는 "그리스도와의 연합" 자체에는 별로 관심이 없다. 그들은 오직 바울이 사용한 용어의 한 특성에만 관심을 둔다.
3   Bouttier는 Neugebauer의 공헌을 넘어선다. 그는 연구 범위를 ἐν Χριστῷ 어구보다 더 폭넓게 확대한다. Michel Bouttier, *En Christ: Étude d'exégèse et de théologie Pauliniennes* (EHPR 54; Paris: Presses Universitaires de France, 1962).

이 사용한 용어에 주목하면서 각 문맥에서 사용된 관련 어구들을 탐구한 후, 바울이 사용한 은유적 표현을 다루는 방식으로 연구해 나갈 방침이다. 이 책은 앞에서 수행된 석의의 결과물을 바울의 폭넓은 사상에 비추어 해석하는 방식을 따를 것이기에 그 시점부터는 신학적 논의가 주를 이루게 될 것이다. 그러므로 이 책의 접근 방법은 신약신학에 속한 석의-신학적 연구가 될 것이다. 면밀한 본문 연구에 기초해 한 인물의 신학적 사상이라는 큰 그림을 그린다는 점에서 이 연구는 전통적인 조직신학과는 엄밀하게 다르다. 본 연구는 본문에 대한 석의를 통해 온전한 신학적 사고로 나아간다는 특수성을 가진다.

1.3 석의 자료 정하기

석의 작업에 돌입하기 이전에 가장 먼저 해야 할 일은 필요한 자료를 수집하는 것이다. 그러나 이 작업은 단순해 보이면서도 복잡하다. 한편으로 이 작업은 표면적 수준의 분석 작업을 요한다. 바울 서신의 어떤 본문들이 해당 연구와 관련이 있는지를 살펴야 한다. 간단하게 말하면 어떤 본문을 포함시키고 어떤 본문을 배제시킬 것이냐의 문제다. 그렇다면 석의적인 관점에서 볼 때 결정 기준은 무엇일까? 여기서 가장 중요한 질문은 관련 본문을 어떻게 가려내느냐는 것이다.

그러나 관련 본문을 정하는 문제도 그리 단순하지만은 않다. 일단 어떤 본문이 그리스도와의 연합에 관한 것이고 어떤 본문이 그렇지 않은지 식별하는 것 자체가 그리 쉬운 문제가 아니다. 일부 특정 어구가 사용된 본문은 쉽게 식별이 가능하지만, 그런 어구가 나타나지 않는 본문의 경우에는 개념의 존재 여부 자체가 쉽게 파악되지 않는다. 그렇다면 관련 어구로는 어떤 것들이 있으며 그리스도와의 연합이라는 개념과 연관된 사상 및 은유적 표현들은 어떤 것들일까?

이 문제는 단순히 "그리스도 안에"라는 어구를 일일이 찾아서 그 용례와 의미를 파악하는 것 이상으로 복잡하다. 바울은 특정 본문에서 "그리스도 안에"라는 어구를 사용하지 않고도 관련 개념을 얼마든지 논의할 수 있다. 사실 인간 언어의 작동 구조를 자세히 관찰해보면 인간은 다양한 표현을 통해 여러 가지 개념과 사상을 논할 수 있다는 것을 쉽게 알 수 있다. 사실 어떤 개념의 전달이 특정 문구나 혹은 한 어구에 국한되는 경우는 흔치 않다. 수려한 언어를 구사하는 사람들은 특정 주제를 논할 때 특정 문구보다는 주제와 관련된 다양한 용어와 유의어, 유비, 은유 등을 동원하기도 한다.[4]

　　그런 면에서 그리스도와의 연합과 관련된 본문을 추려내는 작업은 피상적으로 드러나는 것보다 훨씬 더 복잡하다. 우리가 어떤 주제를 다루려면 우리는 먼저 우리가 다룰 주제가 무엇인지를 파악해야 한다. 그렇다면 그리스도와의 연합이란 무엇인가? 우리는 그 주제를 어떻게 정의할 것인가? 해당 주제를 정하는 본질적 요소는 어떤 것들인가? 그런데 가장 큰 문제는 우리가 관련 본문들을 연구하기 이전에는 우리가 연구할 주제가 무엇인지 파악할 수 없다는 것이다. 이미 지적했듯이 우리는 본문에 나타난 주제를 올바르게 파악하기 전에는 절대로 해당 본문이 무엇을 말하는지 알 수 없다. 그러므로 우리가 수행해야 할 과제는 필연적으로 순환적일 수밖에 없다. 그리스도와의 연합이 무슨 의미인지를 파악하기 위해서는 반드시 그 주제를 다루는 본문들을 조사해

4　사실 우리는 어떤 특정 어구나 용어를 노골적으로 사용하지 않고도 어떤 개념을 충분히 논의할 수 있다. 사실 이러한 사실을 보여주는 예는 많지만, 대중문화와 관련된 예를 하나 들어보자. 영화 〈대부〉는 마피아의 내부 사정에 관한 가공된 이야기다. 이 영화의 기본 주제는 매우 뚜렷하지만, 그 주제는 수없이 등장하는 미묘한 상징들과 분명한 상징들에 의해 암묵적으로 드러난다. 그럼에도 영화의 주제를 가장 명확하게 묘사할 수 있는 용어는 등장하지 않는다. "마피아"라는 용어는 이 영화에서 단 한 번도 언급되지 않는다. 그럼에도 영화의 주제는 대낮처럼 뚜렷하다. 우리는 핵심 용어 대신 다른 요소들을 조합해 핵심 용어가 내포하는 개념을 얼마든지 전달할 수 있다.

야만 한다. 그러나 그리스도와의 연합이 무슨 의미인지를 파악하기 이전에는 어떤 본문이 이 주제를 다루는지 결코 규정할 수 없다.

이런 순환 논리는 우리 연구에만 해당되는 독특한 문제는 아니다. 이런 문제점들은 다른 여러 연구 분야에서도 나타난다. 예를 들어 언어학 내의 언어 의미론 연구를 보면 의미론적 순환 논리는 근본적으로 방법론적인 문제를 내포한다.[5] 자료를 확보하기 위해서는 이미 규정된 의미론적 전제들을 통해 본문 자료를 분석할 수밖에 없다. 자료를 평가하는 과정에서도 이 자료들은 우리가 처음부터 전제했던 의미론적 결론을 뒷받침하는 데 사용된다. 증거 자료들은 우리가 이미 받아들인 전제들을 입증하려는 목적으로 취합된 것이므로 처음부터 벌써 왜곡된 것으로 보아야 한다. 만약 일련의 다른 전제들이 상정된다면 이를 통해 취합된 자료는 그 전제와는 전혀 다른 결과를 도출해낼 것이다. 그리고 이런 작업은 계속 돌고 돌 것이다.

그러므로 여기서 발견된 방법론적 순환은 불가피하다. 그러나 이 순환 논리의 원으로 들어가는 시점에 따라 나중에 도출될 결론은 달라진다. 이러한 순환 논리의 왜곡을 최소화하려면 원으로 들어가는 시점이 최대한 객관적이어야 한다. 우리는 객관성이 확보된 접선(tangent)을 찾아내야만 한다. 다시 말하면 무의식적으로 이 순환 논리에 빠져 왜곡되어버린 빈약한 결론이 아닌, 모두가 신뢰할 만한 결론을 도출할 수 있는 방법을 모색해야 하는 것이다.

방법론적 순환 논리에서 벗어날 수 있는 가장 확실한 접선은 "그리스도 안에"(ἐν Χριστῷ)라는 어구다. 학자들은 한결같이 이 어구가 그리스도와의 연합이라는 주제의 핵심이라는 데 동의한다. 그러므로 가

---

5   코이네 그리스어의 동사 시스템에 나타나는 문제에 관해서는 나의 책, *Verbal Aspect, the Indicative Mood, and Narrative: Soundings in the Greek of the New Testament* (SBG 13; New York: Peter Lang), 29-30을 참조하라.

장 무난한 방법은 이 어구로 우리의 연구를 시작하는 것이다. 우리는 먼저 기초 자료를 수집하는 차원에서 이 어구의 모든 용례를 살펴볼 필요가 있다. 여기서 제기되는 두 가지 중요한 질문은 다음과 같다. 첫째, "그리스도 안에" 용법에서 동일하게 발견되는 공통점은 무엇인가? 둘째, 이 어구를 넘어서 그리스도와의 연합이라는 주제를 다루는 다른 어구들을 어떻게 찾아낼 수 있는가? 이 두 가지 질문은 우리가 "그리스도 안에"라는 어구에서부터 어떻게 더 광범위한 논의로 나아갈 것인지를 결정할 것이다.

1.4 전치사, 고정문구, 관용어

학자들은 "그리스도 안에"(ἐν Χριστῷ)라는 전치사구를 종종 "고정문구"(formula)라고 부른다. 경우에 따라 차이가 있겠지만, 일반적으로 "고정문구"라는 용어는 이 전치사구가 매번 같은 것을 지칭한다는 것을 의미한다. 다시 말해 "고정문구"는 어떤 신학적 신념을 편리한 용어로 축약해 표현하는 것이며 이 전치사구는 이 어구에 담겨 있는 포괄적인 개념을 전달한다는 것이다. 그러나 다른 학자들—특히 20세기 후반의 학자들—은 이와 같은 전제를 강하게 부인해왔다. 학문적인 수준에서 이 "고정문구"의 의미를 탐구하여 학계의 폭넓은 지지를 받아낸 경우는 아직 없다. 마르쿠스 바르트(Markus Barth)가 이 전치사구는 아직 가변적이라고 결론 내린 이유도 바로 거기에 있다.[6]

사실 "그리스도 안에"(ἐν Χριστῷ)는 전치사 "안에"(ἐν)가 지닌 유

---

6 "'그리스도 안에'의 의미를 최종적으로 정의하는 것이 불가능한 이유는 아주 간단하다. 그것은 바울이 이 고정문구를 **하나 이상의 의미**로 사용했기 때문이다." Markus Barth, *Ephesians: Introduction, Translation, and Commentary on Chapters 1-3* (AB; Garden City, NY: Doubleday, 1974), 69[강조는 원저자의 것임].

연성으로 인해 광범위한 용법을 가진다. 이러한 현상은 우리가 3장에서 이 어구를 각 문맥에 따라 면밀히 석의하면 분명하게 드러날 것이다. 따라서 우리는 "그리스도 안에"(ἐν Χριστῷ)라는 어구를 지칭할 때 "고정문구"라는 표현을 사용하지 않을 것이다. 오해의 소지가 있기 때문이다. 엄밀하게 말하면, "그리스도 안에"는 전치사구(prepositional phrase)다. 그러므로 그렇게 부르지 않을 이유가 전혀 없다. 그런데 바울이 이 어구를 선호한다는 점은 이것이 하나의 관용구(idiom)일 수 있음을 보여준다. 이 어구의 빈번한 사용은 이것이 단순히 전치사와 고유명사의 우연한 조합이 아님을 암시하며 매번 고정된 의미를 전달하지 않는다는 것을 말해준다. "관용구"라는 단어는 이러한 뉘앙스를 잘 나타내준다. 따라서 ἐν Χριστῷ는 유연성 있는 바울의 관용적 표현이다.

우리는 이미 그리스도와의 연합이라는 주제가 ἐν Χριστῷ라는 관용구에 국한되지 않음을 지적한 바 있다. 이 주제와 관련된 다른 어구들 혹은 관용구들도 존재한다. 우리는 이 어구들이 서로 어떻게 다르며 서로 어떤 다른 기능을 하는지 면밀히 살펴보아야 한다. 이 어구들의 차이점을 나타내는 핵심 요소는 바로 전치사다. ἐν Χριστῷ에서 ἐν("안에")은 어떤 의미를 전달하는가? 그리고 이것은 "그리스도께로"(εἰς Χριστόν)의 εἰς("에게로")와 어떻게 다른가? "그리스도와 함께"(σὺν Χριστῷ)에서 σὺν("함께")은 무엇을 의미하는가? 그리스어 전치사의 구문과 의미는 매우 복잡해 이 문제를 여기서 완벽하게 다루기는 불가능하다.[7] 그러나 그리스도와의 연합이라는 주제를 다룰 때 전치사의 중

---

7   Heinfetter는 1850년에 저술한 자신의 책에서 다음과 같이 탄식한다. "학식뿐만 아니라 진실성과 성실함으로 판단할 수 있는 자격을 갖춘 사람 간에 드러나는 많은 차이점이 지금 그리스어 전치사에 부여된 모호한 의미들에도 존재한다는 사실을 감히 부인할 수 있는 학자가 과연 있을까? 다양한 전치사들은 동일한 의미를 전달할 뿐만 아니라 같은 전치사도 서로 다른 의미뿐 아니라 심지어 상반되는 의미를 전달한다. 이런 상황에서는 견해의 차이가 존재한다는 점이 놀라운 것이 아니라 오히려 합의점이 발견되는 것이 더 놀라운 것이다." Herman Heinfetter, *An Examination into the Significations and Senses of the Greek*

요성을 십분 감안하면, 적어도 관련 전치사들에 한해 그 의미와 기능을 탐구하는 것은 필수적이다.

이런 어휘적 의미와 관련하여 BDAG 사전의 역할은 필수적이지만 애로 사항도 없지 않다. BDAG는 자체적인 결점에도 불구하고[8] 오늘날 성서 연구를 위한 표준적 사전으로 자리 잡고 있기에 이 책에서 여러 차례 언급될 것이다. 이 사전은 개별 전치사의 다양한 용법을 살피는 차원에서 사용될 것이지만, 우리는 각 전치사들이 어떻게 **기능하는지**에 관한 BDAG의 결론을 무조건적으로 수용하지는 않으려 한다. BDAG 편집자들은 문맥의 관찰과 석의를 통해 각 전치사의 용례들을 기능별로 열거한다. 우리도 여기서 그 절차를 따를 것이지만, BDAG의 분석에 전적으로 의존하지는 않을 것이다. 이 연구는 오직 개별 전치사들이 지닌 여러 기능의 범주를 묘사하는 차원에서만 BDAG를 사용할 것이다. 그런 의미에서 BDAG는 다른 주석서와 마찬가지로 반론 제기가 가능한 유용한 참고 자료가 되어준다.

차후 이어지는 장들에서는 개별 전치사들을 차례대로 조사하고 각 전치사가 포함된 관용구들의 기능에 관해 살펴볼 것이다. 마지막으로 이 연구는 개별 전치사가 그리스도와의 연합이라는 주제에 어떤 기여를 했는지 종합적으로 평가할 것이다.

    Prepositions (London: Cradock, 1850), 5.

8 BDAG에 관한 혹독한 비평에 관해서는 John A. L. Lee, *A History of New Testament Lexicography* (SBG 8; New York: Peter Lang, 2003); idem, "The Present State of Lexicography of Ancient Greek", in *Biblical Greek Language and Lexicography: Essays in Honor of Frederick W. Danker* (ed. Bernard A. Taylor et al.; Grand Rapids: Eerdmans, 2004), 66-74를 보라.

1.5 바울 정경

최근 바울신학 연구는 대부분 현 신약학계의 추세에 따라 목회 서신과 더불어 에베소서와 골로새서를 제외한 축소된 바울 정경에 기초한다. 소위 "제2 바울 서신"(deutero-Pauline)으로 불리는 이 서신들은 종종 바울의 다른 서신들과 별도로 취급되며 바울의 사상을 재구성하는 작업에서 배제되곤 한다. 그러나 이 책은 브레바드 차일즈가 개진한 논증들을 받아들여 바울 문헌 전체를 연구 대상으로 삼는다.[9] 차일즈의 "정경 해석학"의 목표는 "바울 문헌에서 여러 형태로 표현된 신학을 반추하는 것"이다.[10] 그는 때로는 "역사적 바울"의 신학과 바울 문헌에 나타난 바울의 신학 간에 차이점이 존재할 수 있음을 인정하면서도 "'정경적 바울'의 증언과 재구성된 '역사적 바울'을 영속적으로 분리시키는 것"은 거부한다.[11] 바울에 대한 학문적 접근의 실패는 "교회가 받아들인 정경 없이도 바울신학을 복원할 수 있다는 전제"에서 비롯된다.[12]

이는 바울 서신의 저작설 문제가 여기서는 고려되지 않음을 의미한다. 차일즈는 바울의 이름이 붙여진 모든 서신을 바울이 썼다고 전제하지는 않지만, 그 서신들이 "전통적으로 사도적 모음집 안에서 누리는

---

9   Childs의 방법론의 올바른 이해는 정경의 본질에 관한 그의 이해에서 비롯된다. "그러나 정경의 본질은 본문의 형식적 특권화에 있지 않다. 오히려 정경화 작업은 정경의 본질인 성서의 기독론적 내용에서 유래한다. 정경은 복음의 진리가 전파되는 영역을 정하는 기능을 한다. 정경은 또한 신앙 공동체에서 벗어난 진리의 주장을 분별하는 소극적인 기준으로서도 기능한다. Brevard S. Childs, *The Church's Guide for Reading Paul: The Canonical Shaping of the Pauline Corpus* (Grand Rapids: Eerdmans, 2008), 16.
10   Ibid., 77.
11   Ibid.
12   Ibid. 결국 "1세기의 역사적 바울은 정경에 나타난 바울을 받아들이고 그 바울의 모습을 따라 자신들의 증언을 구성한 그리스도인들에 의해 전파되었다"(Ibid., 256).

지위"를 인정한다.¹³ 우리는 바울의 개별 서신이 정경의 어느 부류에 속하든지 간에 바울의 이름이 붙은 서신의 저자 혹은 저자들을 모두 "바울"이라 부를 것이다. 일부 독자는 서신에 따라 저자를 "(소위) 바울"로 부르는 것을 선호하겠지만, 이 연구는 그런 구분에 연연하지 않을 것이다.

차일즈가 제안하듯이 바울신학 연구는 궁극적으로 정제된 "바울의 신학"을 재구성하는 것보다는 "교회의 사도적 신앙을 지속적으로 교훈하며 훈육하고 지탱하는 바울 문헌의 폭넓은 메시지를 이해하기 위해" 바울의 신학이 성서의 폭넓은 문맥 속에서 운용되게 하는 것을 목표로 삼는다.¹⁴ 이를 위해 우리는 바울 정경 전체를 수용할 필요가 있다. 이 책은 오직 학자들만을 위한 것이 아니라 교회를 위한 책이기도 하다.

1.6 본 연구의 구성

이 책은 3부로 나뉜다. 1부는 두 장으로 이루어져 있는데, 이번 장에서는 서론적 문제를 다루고, 다음 장에서는 20세기부터 현재까지 진행된 주요 학문적 발전에 관한 선별적 평가를 제공한다. 이 책의 거의 절반을 차지하는 2부는 관련 본문들을 석의한다. 3, 4, 5, 6장은 그리스도 안에"(ἐν Χριστῷ), "그리스도와 함께"(σὺν Χριστῷ), "그리스도께"(εἰς Χριστόν), "그리스도를 통해"(διὰ Χριστοῦ) 등 개별 전치사구를 차례대로 다룬다. 7장은 그리스도와의 연합을 표현하는 바울의 여러 은유 사용을 다룬다. 3부에서는 2부에서 진행한 석의 결과를 바울의

---

13 Ibid., 79.
14 Ibid., 112.

폭넓은 사상 세계와 연결하는 작업을 시도한다. 8, 9, 10, 11장은 각각 그리스도의 사역, 바울의 삼위일체론, 그리스도인의 삶, 칭의 등을 차례대로 다룬다. 12장은 그리스도와의 연합을 포괄적으로 서술하기 위해 본 연구의 전체 결과물을 통합하는 작업을 하며 바울 사상의 개념적 선례들에 관한 논의도 함께 진행한다. 13장은 이 책의 결론이 담고 있는 함의들을 살펴보고 앞으로 나아갈 연구 방향을 제시한다. 특별히 여기서는 두 가지 함의가 제시된다. 첫째는 다른 주제 및 관심사와 비교하여 바울의 신학적 틀 안에서 그리스도와의 연합 사상이 갖는 역할에 관한 것이며, 둘째는 바울 사상의 신학적 구조에 관한 것이다.

1.7 본 연구의 주요 결론

비록 이 책에서 도출될 결론과 함의는 12장과 13장에서 제시될 것이지만, 여기서 간략하게나마 소개하고자 한다. 첫째, "그리스도와의 연합"이라는 용어는 바울이 이 주제에 관해 말하고자 하는 바를 모두 전달하기에는 불충분하다. "참여"나 "신비주의"와 같은 용어도 불충분하기는 마찬가지다. 광범위한 바울의 사상과 용어를 적절하게 다루려면 예전의 다른 용어 대신 **연합**, **참여**, **합일**, **통합**과 같은 용어들이 필요하다. 이 네 개의 포괄적 용어들은 바울이 그리스도와 연합한다는 것이 무슨 의미인지를 논하기 위해 사용한 다양한 전치사구와 은유적 개념, 그리고 신학적 대화 등을 제대로 담아낸다. **연합**, **참여**, **합일**, **통합**이라는 거대 주제(metatheme)의 일부 특징은 장소, 도구, 삼위일체, 종말론, 영적 실재 등 다양한 요소들을 내포한다.

둘째, **연합**, **참여**, **합일**, **통합**이라는 바울의 거대 주제를 촉발시킨 개념적 선례들은 유대 신학과 구약성서에서도 찾아볼 수 있지만, 사실은 다메섹 도상에서 **바울에게** 하신 말씀을 시발점으로 하여 예수의 말씀에서 강력하게 나타난다. 이러한 선례들이 바울의 사고를 이해하는 데 도움을 주지만, 그의 사상은 그 용어와 범위와 분포도의 측면에서 기이하리만큼 독창적이다.

셋째, 바울에게 **연합**, **참여**, **합일**, **통합**이라는 거대 주제는 최고로 중요한 요소이긴 하지만, 그의 신학적 틀 안에서 "중심"을 차지하지는 않는다. 오히려 이는 다른 모든 요소를 하나로 묶는 필수 요소다.

"연합"에 관한 연구사

2.1 서론

바울 서신에 나타난 그리스도와의 연합이라는 주제는 현대 신약학계에서 큰 관심의 대상으로 떠올랐다. 물론 이것은 하룻밤 사이에 일어난 일은 아니며 한 세기 이상 지속된 노력의 결실이다. 그리스도와의 연합은 과거 교회사에서 여러 시기에 걸쳐 논의되고 연구된 바 있지만, 이러한 논의 및 연구의 분량과 강도는 20세기에 들어와 현저하게 증가했다. 이 기간 동안 학자들의 특별한 관심을 끈 이슈로는 바울의 신비주의에 대한 개념적 배경과 그리스도와의 연합을 꼽을 수 있다. 이 주제가 20세기 전반에 걸쳐 큰 관심을 끌게 되자, 이 주제가 바울 사상 안에서 다른 주제들과 어떻게 연관되어 있는지를 파악하려는 노력이 점차적으로 강화되었다. 이는 이 주제가 그동안 전통적으로 중요하다고 여겨졌던 다른 주제들을 대치한다는 주장이 몇몇 학자에 의해 제기되었기 때문이다.

그리스도와의 연합이라는 주제와 관련된 사상의 궤적 및 현 상황을 야기한 여러 요인을 파악하는 작업은 매우 중요하다. 따라서 이번 장에서는 20세기 전반에 걸쳐 오늘날에 이르기까지 이 주제에 관한 논의를 주도해온 여러 학자의 주요 연구를 개관하고자 한다.¹ 이러한 개관의 목적은 개별 연구자를 심층적으로 조사하는 데 있기보다는 학자들의 주요 사상을 정확하게 서술하고 그 사상의 특징과 상호 연관성을 적시하는 데 있다. 학자들을 개관한 다음에는 모든 연구자의 학문적 기여와 주요 사상을 간략하게 요약할 것이다. 이와 같은 작업은 주요 이슈를 부각시키고 학자 간의 합의점과 불일치점을 포착하는 데 유용하다.

2.2 아돌프 다이스만(1892)

제임스 던(James D. G. Dunn)은 아돌프 다이스만(Adolf Deissmann)이 "그리스도 안에"라는 관용구를 20세기 신약성서 연구의 핵심부로 이끈 학자라고 평가한다.² 다이스만은 그리스도와의 연합을 바울이 다메섹 도상에서 겪은 "신비스러운 경험"에 대한 반응으로 간주하고 이것을 **그리스도 신비주의**(Christ mysticism)라고 부른다.³ 다이스만은 바울에게 그리스도 신비주의란 애초부터 교리나 어떤 신학적 진술이 아니라고 주장한다. 오히려 이것은 다이스만이 "그리스도와의 친밀함"이라고 말하는 그리스도와의 교제에 더 가깝다.⁴ "바울은 자신과 함께 계시고, 자신을 채우시고, 자신에게 말씀하시고, 자신 안에서 그리

---

1 이번 장에서 주요 학자들을 전부 조사하는 것은 불가능하며 다만 여기에 포함된 학자들은 이 주제에 관한 추후 논의의 범위를 설정해준다고 할 수 있다.
2 James D. G. Dunn, *The Theology of Paul the Apostle* (Grand Rapids: Eerdmans, 1998), 391.
3 Adolf Deissmann, *Paul: A Study in Social and Religious History* (2nd ed.; trans. William E. Wilson; London: Hodder & Stoughton, 1926), 130-31.
4 Ibid., 135-36. 또한 Adolf Deissmann, *Die Neutestamentliche Formel "In Christo Jesu"* (Marburg: N. G. Elwert'sche Verlagsbuchhandlung, 1892), 81-82.

고 자신을 통해 말씀하시는, 살아 계시고 현존하시는 영적 그리스도 '안에서' 살았다."[5] 다이스만은 그리스도와의 교제가 어떻게 나타났는지를 묘사하면서 그리스도가 영이시기 때문에 바울은 그분 안에 살고 그분은 바울 안에 살 수 있었다고 말한다. 다이스만은 이것을 우리가 마시는 공기에 비유한다. "우리가 마시는 공기가 우리 '안에' 있고 우리 자신을 채우고 있지만, 동시에 우리가 그 공기 안에 살며 그 공기를 마시듯이 사도 바울이 그리스도와 누린 친밀함 역시 이와 마찬가지다. 그리스도는 바울 안에 있고 바울은 그리스도 안에 있다."[6]

다이스만은 그리스도 신비주의를 일반 신비주의의 범주 안에 둔다. 바울의 사상은 분명히 "자신들의 하나님으로 충만하고 그 하나님으로부터 능력을 부여받은 영감의 사람들"에 관해 말하는 헬레니즘의 영향을 받았다.[7] 그럼에도 다이스만은 독일어의 "신비"(Mystik)에 해당하는 단어를 보다 폭넓은 의미로 사용한다. 그는 이 단어를 "이성의 중재가 없는 내적 경험을 통해" 하나님과 접촉하는 모든 종교적 성향을 묘사하는 데 사용한다.[8] 결과적으로 그는 "신비"라는 단어를 일종의 전문용어로 사용하기를 원치 않았다. 다이스만은 오히려 바울의 개념이 단지 신비주의의 구성 요소인 신성(deity)과의 접촉을 포함하기 때문에 신비주의로 묘사될 수 있다고 본다.[9]

다이스만은 신비주의를 두 가지 유형으로 분류한다. "자기중심적 신비주의"로 명명된 첫 번째 유형은 신적 존재와의 연합, 하나님과의 합일, 인격의 상실, 신성으로의 변화, 미학적 도취, 인격의 부정 등을 긍정한다.[10] 이러한 유형의 신비주의는 인간과 신의 경계를 존중하지 않

---

5 Deissmann, *Paul*, 135-36. 또한 Deissmann, *In Christo Jesu*, 97-98, 118-24를 참조하라.
6 Deissmann, *Paul*, 140.
7 Ibid., 147.
8 Ibid., 149.
9 Ibid.
10 Ibid., 150-51.

으며 오히려 한 존재를 다른 존재와 통합하려고 한다. 다이스만이 분명히 선호하는 "하나님 중심적 신비주의"로 명명된 두 번째 유형의 신비주의는 하나님과의 합일보다는 하나님과의 교제, 인격의 성화, 인간의 신 닮아가기, 윤리에 관한 열정, 인격 등을 긍정한다.[11] 따라서 다이스만은 당연히 바울의 신비주의를 두 번째 유형으로 간주한다. 그는 이 과정을 통해 바울이 "이러한 영적 교제를 통해 신성화되거나 영으로 변화되지 않을 뿐만 아니라 그리스도가 되지도 않았다"고 주장한다.[12]

바울의 신비주의 용어에 관하여 다이스만은 바울이 "예수 그리스도의"라는 소유격을 독특한 방식으로 사용했다고 주장한다. 그는 바울이 사용한 이 어구의 일부 용법을 보면 일반적인 유형의 주격 소유격이나 목적격 소유격은 바울이 이 어구를 통해 말하고자 하는 바를 정확하게 묘사하기에는 불충분하다고 주장한다. 다이스만은 바울이 특별한 유형의 소유격을 사용했다고 믿는다. 그는 이 소유격이 "그리스도와의 신비적 교제를 나타내기 때문에 '교제의 소유격' 혹은 '신비적 소유격'이라 부를 수 있다"고 말한다.[13] 그는 더 나아가 "예수 그리스도의"라는 어구는 기본적으로 "그리스도 안에서"와 동일한 것이라고 말한다.[14] 다이스만의 이런 주장은 "믿음으로부터 나온 칭의" 혹은 "믿음을 통해"라는 어구들이 "믿음 '안에서'의 칭의" 즉 "'그리스도 안에서'의 칭의", "'예수 그리스도 안에서'의 칭의", "'그리스도의 피 안에서'의 칭의"로 이해되어야 한다는 주장으로 이어진다.[15]

다이스만은 바울의 그리스도 신비주의가 그 기원과 의미에 있어서 분명 바울의 것이긴 하지만,[16] 그렇다고 해서 그리스도의 가르침과 부합

---

11 Ibid.
12 Ibid., 152-53.
13 Ibid., 162-63.
14 Ibid., 163.
15 Ibid., 169-70.
16 Deissmann, *In Christo Jesu*, 72-73.

하지 않는 것도 아니라고 결론 내린다. 오히려 그리스도 신비주의는 그와 교제를 나누는 자들에게 그리스도가 주는 혜택들을 누리게 한다.

> 따라서 바울이 견지한 그리스도 중심의 그리스도교는 예수의 복음에 대한 위배이거나 예수의 복음의 변질이 아니다. 그것은 많은 이에게 한 분 하나님의 소유였던 하나님의 복음을 경험하게 하며, 이 경험은 수많은 영혼이 그 한 분 하나님의 영혼 안에 견고하게 뿌리내리는 과정을 통해 이루어진다.[17]

2.3 빌헬름 부세트(1913)

20세기 초반에 진행된 그리스도 신비주의에 관한 논의에는 다이스만의 공헌과 더불어 빌헬름 부세트(Wilhelm Bousset)의 기여가 크다. 부세트는 바울의 그리스도 신앙을 "고양되신 주님에 대한 개인적 소속감과 영적 관계에 관한 강렬한 감정"으로 묘사한다.[18] 바울에게 "그리스도 안에"라는 고정문구는 그리스도가 "그의 임재를 통해 바울의 전 생애를 지탱하고 충만하게 하는 초지상적 능력"이 되었다는 사실을 함축한다.[19]

부세트는 바울이 그리스도 신비주의를 세례 의식과 연관 짓는 것은 당연하다고 여긴다. "바울에게 세례란 신비주의자가 하나님과 연합하거나 하나님으로 옷 입는 입회 행위다.…따라서 그리스도인들은 세

---

17 Deissmann, *Paul*, 258.
18 Wilhelm Bousset, *Kyrios Christos: A History of Belief in Christ from the Beginnings of Christianity to Irenaeus* (trans. John E. Steely; Nashville: Abingdon, 1970), 153.
19 Ibid., 154.

례를 통해 그의 아들과 하나가 되며 이로써 그의 자녀가 된다."[20]

부세트는 "그리스도 안에"와 "성령 안에"라는 표현의 연관성을 강조하며 양자를 서로 유사한 표현으로 간주한다.[21] 그리스도인은 성령 안에 있듯이 그리스도 안에 있으며 이 "두 고정문구는 서로 완전히 일치하기 때문에 상호 교환적으로 사용될 수 있다."[22] 부세트는 바울의 사고에서 그리스도인의 삶의 모든 혜택과 표현은 성령 혹은 그리스도께로 귀결될 수 있다고 주장한다.[23]

20세기에 진행된 그리스도와의 연합에 관한 연구 가운데 바울 신비주의와 그리스도 신비주의를 가장 철저하게 다룬 연구를 하나 꼽으라면 단연코 부세트의 연구를 꼽을 수 있을 것이다. 부세트는 두 신비주의의 일부 유사성을 지적하면서도 "언뜻 보면 그러한 유사성을 발견하는 것이 결코 쉽지 않다"는 점을 언급하면서 자신의 논의를 시작한다.[24] 그리스 신비주의가 추구하는 바는 신성화(deification)였다. 이는 신적 존재 안에 있는 또는 그와 함께하는 삶에는 전혀 관심이 없고 오직 신이 되는 것을 추구했다. 그리스 신비주의는 "개인주의적이며 행복추구적이고(eudaemonistic) 이기적이었다. 신비주의자는 자신을 위해 신성화라는 복된 상태에 도달한다. 여기서 신은 완전히 인간에게 흡수된다. 바울 서신에서는 이러한 위험들이 배제된다."[25] 이와 대조적으로 부세트는 바울의 "그리스도 안에"라는 개념은 새로운 세계를 의미한다고 지적한다. 즉 이는 개인이 "포괄적인 교제를 통해 표현되는, 곧 초월적이면서도 전 세계를 품는 하나의 뜻"으로 빨려 들어가는 것을 의미

---

20   Ibid., 158.
21   Ibid., 160.
22   Ibid.
23   Ibid.
24   Ibid., 164.
25   Ibid., 166.

한다.²⁶

그럼에도 부세트는 바울과 그리스 종교 사이에 나타나는 일부 연관성에 주목한다. 종교적 초인이라는 그리스 개념은 바울 서신에서도 일부 발견된다. 따라서 "바울의 그리스도 신비주의와 위에서 묘사된 신비주의적 신앙 사이에는 일종의 유사성이 발견된다."²⁷

2.4 알베르트 슈바이처(1930)

다이스만이 "그리스도 안에"라는 고정문구를 20세기 신약학계의 핵심 논의로 끌어들였다면, 이 논의를 활발하게 주도한 학자는 알베르트 슈바이처(Albert Schweitzer)였다. 슈바이처는 신비주의를 다이스만과 유사하게 정의하며 논의를 시작한다. 그에게 신비주의란 인간과 신의 접촉과 관련이 있다. "우리는 지상적인 것과 초지상적인 것, 일시적인 것과 영원한 것의 구분을 초월하면서도 여전히 외적으로는 지상적인 것과 일시적인 것에 에워싸여 있어서, 자기 자신이 초지상적인 것과 영원한 것에 속해 있다고 느끼는 인간을 발견할 때마다 신비주의의 임재를 마주한다."²⁸

비록 슈바이처도 다이스만과 마찬가지로 바울의 신비주의를 폭넓은 신비주의 전통에서 바라보지만, 그는 바울의 신비주의가 원시적 신비주의의 종교적 개념들보다 우월한 것으로 간주한다. 슈바이처는 바울이 하나님과 하나 되는 것 혹은 하나님 자신과 신비적으로 연합하는 것에 관해 전혀 언급한 적이 없다고 주장한다. 오히려 바울과 하나님과

26　Ibid., 168-69.
27　Ibid., 170.
28　Albert Schweitzer, *The Mysticism of Paul the Apostle* (trans. William Montgomery; Baltimore: Johns Hopkins Univ. Press, 1998), 1.

의 관계는 "그리스도와의 신비적 연합을 통해 맺어진다."[29] 비록 바울이 신자들을 하나님의 아들들이라고 묘사하긴 하지만, 이는 당장 하나님과의 신비적 관계 형성을 의미하지는 않는다. 부분적으로는 이런 중재된 신비적 관계가 다른 여러 신비주의 전통 가운데서 바울의 독특함을 드러낸다.

바울의 신비주의에 관한 슈바이처의 접근 중 가장 두드러진 특징은 바로 종말론이다. 슈바이처는 "하나님-신비주의"가 미래에 대한 것이었다고 주장한다. "그 이전에, 그들은 [하나님의] 자녀로 부르심을 받았다는 확신을 가진 자들이며, 따라서 미리 앞당겨 하나님의 자녀로 불리게 된 자들이다."[30] 따라서 바울은 하나님-신비주의를 인정하지만, 하나님-신비주의는 그리스도-신비주의와 동시적일 수 없다. "하나님-신비주의가 가능할 때까지는 그리스도-신비주의가 그 자리를 지킨다는 의미에서 [이 둘은] 시간적으로 연계적이다."[31] 다시 말하면 그리스도 신비주의란 그리스도가 재림하기까지 현세에서 신자들이 겪는 경험이나 혹은 그들이 처한 상태다. 그 의미와 범위에 있어서 그리스도 신비주의는 매개의 단계이지 최종 단계는 아니다.

슈바이처는 신자가 그리스도와 함께 죽고 다시 살아나는 "실제적인 공동적 경험"(a real co-experiencing)을 한다는 점에서 바울의 신비주의는 "이례적으로 실제적인 성격"(extraordinarily realistic character)을 가지고 있음을 인정한다.[32] 바울 신비주의의 또 다른 비헬레니즘적인 특징은 바로 신성화라는 개념이 바울에게는 이질적이라는 점이다.[33] 신자는 그리스도와 교제를 나누며 그리스도의 죽음과 부활에 참여하지만,

---

29 Ibid., 3.
30 Ibid., 12.
31 Ibid., 12-13.
32 Ibid., 13.
33 Ibid., 15.

바울은 거기서 더 나아가지 않는다. 슈바이처는 바울의 이러한 특징이 다른 헬레니즘적 신비주의들과 구별된다고 주장한다.

> 오직 이것만을 보더라도 헬레니즘적 신비주의와 바울의 신비주의가 서로 다른 두 세계에 속한 것임을 알 수 있다. 헬레니즘적 신비주의는 신성화라는 개념 위에 세워졌고 바울의 신비주의는 신과의 교제라는 개념 위에 세워졌기 때문에, 헬레니즘 문헌에서는 바울의 신비주의를 지배하는 "그리스도와 함께"와 "그리스도 안에"라는 특유의 어구를 발견하는 것이 불가능하다.[34]

슈바이처는 바울의 신비주의와 헬레니즘적 신비주의 간의 다른 여러 차이점도 열거한다. 그중에는 바울이 예정론을 신비주의와 연관시킨다는 점,[35] 신비주의적 헬레니즘에 비해 바울의 신비주의는 역사-우주적 측면이 강조된다는 점,[36] 헬레니즘의 개인주의적 신비 종교들에 비해 바울의 신비주의는 집단적이라는 점,[37] 헬레니즘적 신비주의는 세계의 옛적 기원을 지향하는 반면 바울의 신비주의는 세계의 종말에 초점을 맞춘다는 점[38] 등이 포함된다. 전반적으로 슈바이처는 헬레니즘적 신비주의와 아주 대조적인 바울 신비주의의 독특성에 관한 증거를 설득력 있게 제시한다.[39]

바울의 신비주의가 헬레니즘적 사상에서 유래하지 않았음을 입

---

34   Ibid., 16.
35   Ibid.
36   Ibid., 23.
37   Ibid.
38   Ibid., 23-24.
39   그는 이 사실을 감동적으로 표현한다. "그의 모든 개념과 사상이 종말론에 기초를 두기 때문에 헬레니즘에 기초해 그를 설명하려는 자들은 시냇가 옆에 있는 정원에 물을 주기 위해 물이 새는 물통을 가지고 먼 곳으로부터 물을 길어 나르는 사람과 같다"(Ibid., 140).

증한 슈바이처는 또한 그것이 주류 유대교로부터 유래하지도 않았다고 결론 내린다. 그는 신에 관한 유대 개념은 초월적인 성격을 지니며 현재와 미래, 즉 현세와 내세의 대립은 "신비주의와 상반된다"는 주장을 펼친다.[40] 그럼에도 슈바이처는 후기 유대교의 종말론을 낙관적으로 본다.[41]

바울 사상에서 신비주의가 차지하는 위상과 관련하여 슈바이처는 바울의 신비주의가 종말론적인 문제를 해결해준다고 본다. 그는 바울의 구속 개념을 종말론적으로 보는데, 이는 바울이 이 세상에 사는 신자들이 장차 미래에 주어질 구속의 혜택을 어떻게 지금 소유할 수 있는지를 설명해줄 수 있어야 함을 의미한다.[42]

> 자신이 가진 구속에 관한 종말론적인 관점 때문에 바울은 예수 안에 나타난 죽음과 부활의 능력이 그의 죽음과 부활의 시점부터 지금까지 메시아 왕국에 속하도록 택하심을 받은 자들 가운데 역사하며 죽은 자들의 일반적 부활이 일어나기 이전에 그들이 부활의 존재 방식을 취할 수 있도록 한다고 주장할 수밖에 없다.[43]

따라서 슈바이처는 신비주의를 바울이 자신의 종말론에서 서로 모순되는 요소들이 서로 조화를 이루도록 하는 수단으로 간주한다. 구속은 미래의 일이지만, 신자들은 그리스도의 죽음과 부활에 참여하기 때문에 현세에서 그의 죽음과 부활을 경험할 수 있다.

비록 그리스도 신비주의가 바울의 종말론적 "문제"를 해결해주긴

---

40   Ibid., 36.
41   Ibid., 37.
42   Ibid., 75.
43   Ibid., 101.

하지만, 이 또한 슈바이처에게 새로운 문제를 제기한다. "그렇다면 이런 신비주의는 어떻게 가능한가?"[44] 그는 이 세상에 속한 자연인인 선택받은 자들이 지금 초자연적 상태에 있는 그리스도와 어떻게 교제할 수 있는지 묻는다.[45] 이 질문에 대해 슈바이처가 제시한 해답은 "이 선택받은 자들이 더 이상 자연인들이 아니며, 그들에게서는 아직 드러나지 않았을 뿐 그들도 그리스도처럼 이미 초자연적인 존재들"이라는 것이다.[46] 결과적으로 슈바이처는 바울의 신비주의란 바로 "예수의 죽음과 부활의 결과로 이미 존재하던 교회(하나님의 공동체)를 드러나게 하는 교리"와 다름없다고 주장한다.[47] 그런 의미에서 슈바이처는 "그리스도 안에 있음"(being-in-Christ)이란 표현은 "단순히 그리스도의 신비적인 몸(the Mystical Body of Christ)에 참여한다는 것에 대한 축약어에 불과하다"고 주장한다.[48]

슈바이처에 의하면 그리스도의 신비적인 몸이라는 개념은 바울 신비주의의 핵심이다. 비록 "그리스도 안에"라는 어구가 언급 횟수로만 본다면 지배적인 것이 사실이지만, 그 원래 개념은 "선택받은 자들이 그리스도와 함께 같은 공동체에 참여하는 것"을 의미한다.[49] 슈바이처는 그리스도의 신비적인 몸을 바울의 사고 안에 있는 실제적 현실로 간주한다. 이것은 본질적으로 은유적이거나 상징적인 것이 아니다.[50]

바울 신비주의의 기원과 역할 및 의미라는 문제에 대하여 나름 만족스러운 답을 제시한 슈바이처는 성령, 율법, 성례, 의, 죄 용서, 윤리 등 바울의 사상에서 서로 연관된 다른 주제도 함께 탐구한다.

---

44 Ibid., 109.
45 Ibid.
46 Ibid., 110.
47 Ibid., 116.
48 Ibid., 122.
49 Ibid., 125.
50 Ibid., 127.

2.5 루돌프 불트만(1948-1953)

불트만(Bultmann)은 바울의 신비주의와 헬레니즘의 연관성을 전면 배제하려 했던 슈바이처의 노력과는 정반대 방향으로 나아간다. "**바울은 그리스도의 죽음을 신비 종교들이 섬기는 신의 죽음에 비유해 묘사한다.**"[51] 신비주의 종교들의 신은 입회자에게 자신의 죽음과 부활에 참여하는 것을 허용하는데, 불트만은 성례의 의미를 신비 종교가 섬기는 신의 운명에 참여하는 것과 유사한 것으로 묘사한다. 또한 그는 바울이 그리스도의 죽음을 영지주의적 신화의 범주를 통해 해석한다고 주장한다.[52] 이 영지주의적 신화는 영지를 지닌 자들이 구속자(Redeemer)와 하나가 됨으로써 구속자에게 일어나는 것이 그의 "몸" 전체에 일어난다는 것을 전제한다.[53]

불트만은 "그리스도 안에"라는 용어가 신비적 연합을 지칭하기보다는 근본적으로 교회론적 고정문구였다고 주장한다.[54] (이 문구가 등장하는) 모든 경우에 세례가 직접적으로 암시되는 것은 아니지만 그럼에도 이는 세례를 통해 '그리스도의 몸'과 연합된 상태를 의미한다."[55] 그러나 불트만은 비록 확장된 의미로서긴 하지만, 이 어구가 몸에 행하는 세례 이상의 의미를 가진다는 사실을 받아들인다. 또한 이 어구는 "그리스도에 의해 결정된 상태"를 표현할 수도 있는데, 불트만은 이것이 "크리스천"이라는 형용사가 널리 사용되기 이전에 바울이 그리스도인을 지칭하는 방식이었다고 말한다.[56]

---

51 Rudolf Bultmann, *Theology of the New Testament* (trans. Kendrick Grobel; London: SCM, 1952), 298, §33[강조는 원저자의 것임].
52 Ibid.
53 Ibid.
54 Ibid., 311, §34.
55 Ibid.
56 Ibid.

불트만은 슈바이처와 정반대 주장을 하는 차원에서 이러한 논증을 펼친다. 즉 **그리스도 안에**는 "어쨌든 한 개인이 그리스도와 맺은 신비적인 관계를 나타내지 않는다."[57] 사실 "바울이 그리스도 안에 있는 신자에 관해 말하든 혹은 신자 안에 있는 그리스도에 관해 말하든 아무런 차이가 없다.… 어느 쪽이든지 이것은 바울이 '그리스도의 법'이라고도 부르는, 구체적인 삶을 규정하는 것에 불과하다."[58]

슈바이처의 견해와 관련하여 불트만이 "그리스도 안에"에 대해 내놓은 분석보다 더 극단적인 반응을 찾기란 결코 쉽지 않다. 불트만은 이 개념의 영지주의적 기원을 강력히 주장한 반면, 슈바이처는 그 기원을 절대적으로 거부한다. 불트만은 "그리스도 안에"라는 용어는 그리스도와의 신비적인 관계와는 전혀 무관하며 단지 교회의 일원이 되는 것을 가리킨다고 본다. 반면 슈바이처는 그리스도와의 신비적 연합을 바울신학의 중심으로 간주한다.

2.6 존 머레이(1955)

역사-석의적 접근과 상반되는 신학적 접근을 통해 그리스도와의 연합이라는 주제를 다룬 존 머레이(John Murray)는 "그 어떤 것도 그리스도와의 연합과 교제보다 더 중심적이고 기본적인 것은 없다"고 주장한다.[59] 머레이는 그리스도와의 연합은 "구원에 대한 전체 교리에서 가장 중심이 되는 진리"이며 "구속 과정의 모든 단계에 적용된다"고

57　Ibid., 328, §36.
58　Ibid.
59　John Murray, *Redemption: Accomplished and Applied* (Grand Rapids: Eerdmans, 1955), 201.

주장한다.⁶⁰

머레이는 신자와 그리스도 사이에 어떤 유형의 연합이 가능한지 살펴본다.

두 번째로 우리는 그리스도와의 연합이 **영적인 것임**을 주목해야 한다. 왜냐하면 이것은 영적인 관계를 염두에 두고 있기 때문이다. 이것은 한 하나님 안에 세 위격이 존재하는 삼위일체 하나님 안에서 찾아볼 수 있는 그런 유형의 연합이 아니다. 이것은 한 인격 안에 두 본성을 지닌 그리스도의 인격 안에서 찾아볼 수 있는 그런 유형의 연합도 아니다. 이것은 단순히 몸과 혼으로 구성된 인간 안에서 찾아 볼 수 있는 그런 유형의 연합도 아니다. 이것은 단순히 느낌, 애정, 이해, 지성, 마음, 의지, 목적 등의 연합도 아니다. 이 연합은 우리가 구체적으로 정의할 수 없는 것이다. 하지만 이것은 성령의 본질 및 사역과 일치하는 극도로 영적인 성격의 연합으로서 그리스도는 우리의 지적 능력을 초월하는 방식으로 자기 백성 안에 거하시며 그 백성은 그분 안에 거한다.⁶¹

일부 학자가 주창하는 신성화 개념을 거부하는 머레이는 그리스도와의 연합이 "우리가 하나님께 통합되는 것을 의미하지 않는다. 그러한 개념은 이 위대한 진리를 왜곡한 사례 중 하나에 해당한다"고 분명하게 선언한다.⁶² 그럼에도 신자들과 그리스도의 연합은 피조물에게 있어 가장 고귀한 종류의 연합이며 "이것은 삼위일체 하나님의 하나 됨

---

60   Ibid.
61   Ibid., 206[강조는 원저자의 것임].
62   Ibid., 208.

속에서 나타나는 성부와 성자의 연합에 견줄 만한 연합에 속한다."[63] 그뿐만 아니라 그리스도와의 연합은 신자들로 하여금 성부, 성자, 성령과 연합하도록 만든다.[64]

이와 같은 차원에서 머레이는 그리스도 신비주의를 어느 신비주의보다도 가장 탁월한 신비주의로 간주한다. 그리스도 신비주의는 모호하거나 반지성적이거나 황홀경적이기보다는 "참되시고 살아 계신 한 분 하나님과 교제하는 신비주의다.…이것은 오직 우리를 구원하시는 거대한 경륜 안에서 삼위 하나님의 서로 다른 세 위격과 친밀하게 교제하는 것이기 때문에 가능하다."[65]

2.7 알프레드 비켄하우저(1960)

가톨릭 신학자 알프레드 비켄하우저(Alfred Wikenhauser)는 신비주의에 관한 논의가 아직 어떠한 합의점에도 도달하지 못했음을 인정하면서 그 이유를 부분적으로 이 문제에 대한 개신교의 반감에서 찾는다.[66] 비켄하우저는 신비주의를 "영혼이 하나님과 직접적으로 접촉(혹은 연합)하는 것을 추구(혹은 경험)하는 영성의 형태"로 정의하며[67] 그 형태의 다양성을 인정한다. 모든 신비주의는 "사람이 신 안으로 들어가는 것" 혹은 "신이 사람 안으로 들어가는 것"으로 묘사될 수 있다. 사람과 신은 각각 다른 존재 없이도 존재하거나 양자 모두 함께 존재 가능

---

63 Ibid., 208-9.
64 Ibid., 212.
65 Ibid.
66 Alfred Wikenhauser, *Pauline Mysticism: Christ in the Mystical Teaching of St. Paul* (trans. Joseph Cunnigham; Freiburg: Herder and Herder, 1960), 13-14.
67 Ibid. 14[강조는 원저자의 것임].

하다.[68] 비켄하우저는 바울의 신비주의를 헬레니즘적 신비주의의 한 예로 간주하지 않는다. 두 신비주의의 중요한 차이점은 바울이 하나님에 대해 유일신 사상을 견지했던 반면, 헬레니즘적 신비주의는 범신론적이었다는 것이다. 바울신학은 분명하게 정의된 종말론을 내포한 반면, 헬레니즘에는 그런 개념이 존재하지 않는다. 바울의 신비주의는 무한성과의 연합이기보다는 한 인격과의 연합을 수반한다.[69]

비켄하우저는 바울이 신비주의를 지칭하기 위해 사용한 용어와 관련하여 "그리스도 안에"가 사용된 일부 용례가 "그리스도를 하나님의 사역을 수행하는 수단"으로 이해하며[70] 때때로 그리스도인과 그리스도의 연합을 지칭하기도 한다고 말한다. 비켄하우저는 그리스도 안에서 행하시는 하나님의 행동에 관한 구절들이 신비적 의미를 지니지 않음을 인정한다. 또한 그는 특정 본문이 신비적 의미를 갖는지 여부를 결정하는 데 어려움이 따른다는 점을 지적한다.[71]

그러나 비켄하우저의 연구에는 한 가지 흥미로운 반전이 존재한다. 그는 "그리스도에 의해"로 표현될 수 있는 상황에서 "그리스도 안에"가 사용된 경우는 특별한 의미가 있다고 제안한다. "[바울은] 분명히 그리스도는 하나님이 인간의 구원을 계획하시고 실행에 옮긴, 하나님의 은혜로운 임재가 거하시는 곳이라는 점을 부각하려 했다."[72] 이와 같이 인간과 그리스도의 관계란 견지에서 신비주의와 연관되지 않은 본문들은 어쨌든 아버지와 아들 사이에 존재하는 모종의 연합을 보여준다.

불트만의 주장과는 대조적으로 비켄하우저는 신자들과 그리스도

---

68 Ibid., 19.
69 Ibid., 166-67.
70 Ibid., 24.
71 Ibid.
72 Ibid., 25.

의 관계를 단순히 윤리적인 관계로 보지 않는다. "이것은 존재론적인 것이다.…'그리스도로 옷 입은' 사람은 그리스도의 존재에 참여한다."[73]

비켄하우저는 소위 "신비적 소유격"에 대한 다이스만의 견해와 대화한다. 비켄하우저는 새로운 범주로 떠오른 신비적 소유격에 관해 날카로운 비평을 가한 E. 폰 도브쉬츠(E. von Dobschütz)의 견해를 인정하면서도 이 소유격 어구에 신비적 뉘앙스가 나타날 가능성을 열어둔다. "우리는 **선험적**으로 소유격이 사용되면 반드시 신비적인 의미가 전달된다고 말할 수 없다. 그러나 그리스도와의 연합에 관한 바울의 교리를 밝혀주는 다른 본문들의 관점에서 보면, 이 소유격이 종종 신비적인 의미로 사용되었음을 분명하게 알 수 있다."[74]

비켄하우저와 슈바이처의 연구 사이에는 일부 합의점과 일부 차이점이 발견된다. "그리스도 안에"라는 종말론적인 의미에 초점을 맞춘 슈바이처의 주장은 그리스도와 **함께** 있는 것이 그리스도인의 최종 목표이며 "'그리스도 안에 거함'은 바라던 목적이 달성되고 우리가 '그리스도와 함께' 거할 때 비로소 완성된다"는 비켄하우저의 주장과 맥을 같이한다.[75] 하지만 슈바이처는 바울이 그리스도와의 "준-육체적"(quasi-physical) 연합을 염두에 두었다고 보았던 반면, 비켄하우저는 바울이 그리스도 안의 물리적 장소를 염두에 두지 않았다고 강조한다. "여기에는 공간적 임재라는 개념은 전혀 존재하지 않는다."[76]

비켄하우저는 헬레니즘적 신비주의에서 흔히 찾아볼 수 있는 개념, 즉 하나님께로 흡수되는 범신론적 의미를 거부한다.[77] 그리스도인의 인격은 그리스도께 흡수됨으로써 상실되지 않는다. "바울이 알고 있는

73　Ibid., 32.
74　Ibid., 39-40[강조는 원저자의 것임].
75　Ibid., 62-63, 참조, 200.
76　Ibid., 64.
77　Ibid., 96.

연합은 사람의 개성과 더불어 그리스도와의 주종 관계를 그대로 유지한다."⁷⁸

상당히 독특하게도 비켄하우저는 신비주의가 그리스도에 대한 믿음에서 나왔다는 주장을 거부하며, 이를 지지하는 개신교의 주장들은 받아들일 수 없다고 말한다.⁷⁹ 그는 바울이 그리스도와의 객관적인 관계를 염두에 두었으며 이 관계는 "이른바 세례로 불리는 성례 행위에 의해 성립된다"고 주장한다.⁸⁰ 비켄하우저에게 신비적 연합이란 믿음과 세례의 조합으로 이루어지는 것이 아니다. "우리는 믿음이 아닌 세례가 그리스도와의 신비적 관계를 수립한다고 단언할 수 있다."⁸¹ 비록 그리스도와의 연합이 믿음에 의해 성립되지는 않지만, 비켄하우저는 믿음이 없이는 그리스도와의 연합도 없다는 사실을 분명히 한다. 그렇다면 믿음은 연합의 선행 조건이며 연합은 "그리스도의 부활에 대한 믿음을 전제한다.…오직 이 믿음에 도달한 자만이 그리스도와의 신비적 관계로 들어갈 수 있다."⁸²

2.8 프리츠 노이게바우어(1961)

이 주제에 관한 논문이 1958년에 발표된 이후⁸³ 출간된 노이게바우어(Neugebauer)의 1961년 단행본은 바울의 "그리스도 안에"와 "주 안에" 어구에 관한 20세기의 주요 석의 연구 중 하나로 꼽힌다. 노이게바우어의 연구는 그리스도와의 연합 혹은 바울의 신비주의에 관한 신학적

---

78 Ibid., 102.
79 Ibid., 110.
80 Ibid.
81 Ibid., 123.
82 Ibid., 129.
83 Fritz Neugebauer, "Das paulinische 'in Christo'," *NTS* 4 (1957-58): 124-38.

주제보다는 이 어구들의 의미와 중요성에 집중된다.

첫째, 노이게바우어는 "그리스도(예수) 안에"와 "주 안에" 어구에 들어 있는 개별적 요소들을 중심으로 바울의 전치사 ἐν("안에")과[84] 바울의 Ἰησοῦς(예수), Χριστός(그리스도), κύριος(주) 사용에 관한 광범위한 논의를 진행한다.[85] 그는 이어 그리스도 안에 있는 구원,[86] 그리스도 안에 있는 교회,[87] 그리스도 안에 있는 사도[88] 등에 관한 소단락을 통해 ἐν Χριστῷ라는 고정문구의 의미에 관한 주요 논의를 전개해 나간다.

노이게바우어는 이러한 논의를 통해 "그리스도 안에"가 그리스도인의 존재 및 그리스도의 죽음과 부활 가운데 나타난 하나님의 사역의 객관적 실체를 묘사한다는 구원사적 접근을 개진한다. "그리스도 안에서" 이루어진 구원은 하나님의 사랑과 의지에 의해 결정된 하나의 종말론적 사건이다.[89] 그리스도 안에서 이루어진 종말론적 구원은 하나의 새로운 창조로서의 교회를 설립한다.[90] 따라서 그리스도 안에 있는 교회에 적용되는 것은 사도 바울에게도 모두 동일하게 적용된다.[91]

노이게바우어는 바울이 "그리스도 안에"(ἐν Χριστῷ)를 직설법 문장에 사용한 반면, "주 안에"(ἐν κυρίῳ)는 명령법 문장에 사용한다고 주장한다. 따라서 "그리스도 안에"라는 어구는 종말론적 구원이 이미 일어났으며 현재 일어나고 있고 또한 장차 일어날 것임을 나타낸다. 이 어

---

84 Neugebauer, *In Christus*, 34–44.
85 Ibid., 44–64.
86 Ibid., 72–92.
87 Ibid., 92–112.
88 Ibid., 113–30.
89 "은혜와 평화는 그리스도 안에서뿐만 아니라 하나님의 사랑과 뜻 안에서 결정된다." Ibid., 90.
90 "이 지상에 있는 인간은 교회가 새로운 피조물이기 때문에 그리스도 안에서 이미 새로운 피조물이다. 종말론적 구원이 일어난 것이다." Ibid., 112.
91 "그리스도 고정문구가 교회와 마찬가지로 사도들에게 공통적으로 결정적인 요소이기에 교회를 위한 사도의 활동을 특징짓는 '그리스도 안에서'의 사용은 모두에게 동등하게 이루어지는 연합의 순간을 의미한다." Ibid., 127.

구는 십자가와 부활의 사건을 상기시킴과 동시에 최종적 완성을 내다본다. 한편 "주 안에"는 신자들에게 그들이 이미 "그리스도 안에서" 받은 것에 근거하여 인내하라고 촉구하는 문맥에서 사용된다. 따라서 노이게바우어는 "그리스도 안에"는 "상황의 정의"로 정의하고 "주 안에"는 "예수 그리스도가 인류 역사의 주님이시라는 상황에 의해 결정되므로 특정한 행동을 요구하는 것"으로 정의한다.[92]

바울의 이 두 어구에 관한 노이게바우어의 연구가 상당한 통찰을 제공해주는 것이 사실이지만, 한 가지 아쉬운 점은 이 어구들과 관련이 있거나 유사한 표현들을 취급하지 않는다는 것이다. 더 나아가 바울이 그리스도와의 공동체적 관계를 표현하기 위해 사용한 다양한 은유적인 용어도 그의 연구에서 제외된다. 오직 이 두 고정문구만을 대상으로 진행된 노이게바우어의 석의 연구는 "그리스도 안에" 거한다는 개념을 전적으로 구원사적 관점에서만 다룸으로써 바울의 신비주의나 그리스도와의 연합이라는 신학적 개념을 다루지 않는다는 아쉬움을 남긴다.

2.9 미셸 부티에(1962)

노이게바우어의 단행본이 출간된 직후인 1962년에 미셸 부티에(Michel Bouttier)는 이 주제에 관해 두 번째로 중요한 석의 연구서를 출간한다. 부티에는 바울 용법의 본래 의미를 보존하기 위해 "그리스도 안에"(ἐν Χριστῷ)에 대한 통일된 번역을 시도한다.[93] 부티에는 통일된 번역이 가능하다는 전제하에 "그리스도 안에" 용례를 도구적, 포

---

92 Neugebauer, "Das paulinische 'in Christo'," 132, 135.
93 "그러므로 그리스도 안에서 일치됨을 굳게 잡고 모든 것에 관해 모든 곳에서 같은 전통을 유지하자"(Bouttier, *En Christ*, 30).

괄적, 공동체적, 종말론적 등 제한된 범주로 나눌 수 있다고 본다.[94] 도구적 혹은 역사적 범주에 속한 용법은 그리스도의 십자가 죽음과 부활에 관한 바울의 언급과 관련이 있다. 포괄적 범주와 공동체적 범주는 그리스도의 아버지 우편으로의 고양과 그의 교회 안의 내주를 나타낸다. 종말론적 범주는 하나님 나라 설립과 관련된다.[95]

부티에의 단행본에서 가장 많은 비중을 차지하는 두 섹션은 각각 석의적 분석과 신학적 종합을 차례대로 다룬다. 첫 번째 섹션은 "그리스도 안에"와 "주 안에"를 비롯해 다른 여러 어구를 다룸으로써 노이게바우어의 연구를 상당 부분 진전시킨다.[96] 여기에는 "그리스도를 통해"(διὰ Χριστοῦ),[97] "그리스도께"(εἰς Χριστόν),[98] "그리스도와 함께"(σὺν Χριστῷ),[99] "성령 안에서"(ἐν πνεύματι),[100] 소위 "신비적 소유격",[101] "그리스도 안에 있는 우리—우리 안에 있는 그리스도"[102] 등이 포함된다.

부티에는 다른 어구들은 각각 특정 기능을 수행하는 반면, ἐν Χριστῷ는 다른 어구들에 비해 가장 포괄적이라고 결론 내린다. "그리스도 안에"(ἐν Χριστῷ) 용례는 그리스도인의 삶의 현재 모습과 종말에 성취될 완성에 관해서도 말하지만, 일차적으로는 그리스도 내러티브 가운데서 이미 일어난 과거 사건에 집중한다. "그리스도 안에"보다 더 객관적인 의미를 지닌 "그리스도를 통해"(διὰ Χριστοῦ)는 그리스도를 구원자 및 주님으로 묘사하며 "그리스도 안에"를 통해 묘사된 관계로 인도한다. "그리스도와 함께"(σὺν Χριστῷ)는 신자들을 그리스도의 죽음 및

---

94 Ibid., 133.
95 Ibid.
96 Ibid., 31-86.
97 Ibid., 31-35.
98 Ibid., 35-38.
99 Ibid., 38-53.
100 Ibid., 61-69.
101 Ibid., 69-79.
102 Ibid., 80-85.

부활과 연관시키고 죽음 이후 성취될 그분과의 연합과 연관시킨다. "그리스도 안에"(ἐν Χριστῷ)는 그리스도 안에 거하는 삶의 현재적 활동을 묘사할 때 주로 사용되기 때문에 윤리적 명령법과 연관된다. "그리스도께로"(εἰς Χριστόν)는 그리스도의 영역으로 이동하는 것을 나타낸다.

두 번째 섹션은 첫 번째 섹션의 석의 결과를 바울의 신학적 사상에 비추어 이해하려는 시도를 한다.[103] 부티어는 그리스도의 초림 및 재림과 관련된 그리스도의 사역을 분석하고 현재와 관련된 신비주의적 요소에 관해 논한다.[104] 부티에는 1966년에 출간된 차기 연구에서 다음과 같이 결론 내린다.

> 그리스도 안에서 우리는 어제나 오늘이나 영원토록 동일하신 그분에 참여한다. 예수의 죽음과 부활은 옛 언약의 약속과 이방인들의 신비스러운 기대를 성취했으며 피조물의 탄식에 반응했다. 그 이후로 만물은 그분 안에서 체현된다. 그분 안에서 이 여러 줄기의 계시가 모두 만난다. 하나님의 계획은 이렇게 요약되고 동시에 다시 새롭게 전진한다.[105]

2.10 칼 바르트(1932-1968)

칼 바르트(Karl Barth)는 그리스도와의 연합에 관한 자신의 만개한 사유를 『교회교의학』 IV/3.2에서 강론하는데 네더는 바르트의 이러한 사유가 그가 『교회교의학』 II/2에서 이미 주창해온 두 형태의 **그리스**

---

103 Ibid., 87-133.
104 Ibid., 93, 98, 132.
105 Michel Bouttier, *Christianity According to Paul* (trans. F. Clarke; London: SCM, 1966), 118-19.

도 안에 참여함과 관련이 있음을 지적한다.[106] 그리스도 안에 참여함이라는 주제 안에는 객관적 형태의 참여가 있는데 이 형태는 주관적 형태의 토대가 된다. 객관적 형태는 인간의 본성이 그리스도 안에 있음을 떠나서는 존재하지 않는다는 바르트의 신념을 나타낸다. 그런 의미에서 모든 인류는 본래 "그리스도 안에" 있다. 주관적 형태는 순종을 통해 실현되는 객관적 형태의 목적(*telos*)이다.[107] 바르트는 자신의 『교회교의학』 IV/3.2에 이르러서야 비로소 **그리스도와의 연합**이라는 용어를 그 이전에 개진했던 주관적 형태의 참여에 대한 유의어로 사용한다.

바르트는 그리스도인을 자신의 존재와 경험의 전 영역에서 그리스도와 연합한 자로 간주한다.[108] 그런 의미에서 그리스도와의 연합은 심리적 경험을 통해 유도되는 것이 아니다.[109] 그리스도와의 연합은 비인격이지 않고 인격적인 것이지만, "창조자와 피조물과의 구분 혹은 거룩하신 분과 죄인들의 반립"을 제거하지 않는다.[110] 그리스도와의 연합은 "타자와의 관계에서 이미 가지고 있던 고유한 성격 및 역할과 기능"의 상실을 초래하지 않는다.[111] 비록 이러한 구분이 아직 남아 있지만, 어쨌든 그리스도와의 연합은 "참되고 총체적이며 불변한 연합" 즉 "단일체"로서 "순수하고 견고한 연합"이다.[112] 바르트는 "그분 안에서 일어나는 일이 그리스도와의 연합인 이상" 그리스도인들과 그리스도의

---

106 Adam Neder, *Participation in Christ: An Entry into Karl Barth's Church Dogmatics* (Columbia Series in Reformed Theology; Louisville: Westminster John Knox, 2009), 78.
107 Ibid., 17-18.
108 Ibid., 78.
109 Karl Barth, *Church Dogmatics IV/3.2: The Doctrine of Reconciliation* (ed. G. W. Bromiley and T. F. Torrance; trans. G. W. Bromiley; Edinburgh: T&T Clark, 1962), 536.
110 Ibid.
111 Ibid., 540.
112 Ibid.

교제는 완벽한 교제일 수밖에 없다고 본다.[113]

바르트에게 있어 그리스도 안에서 나타나는 현상은 하나님의 삼위일체적 본성으로부터 야기된다. "그리스도 안에 있는 이 역사적 존재는 최우선적으로 하나님이 '그리스도 안에서' 세상과 자신을 화해시켰다는 사실에 의해 획기적으로 결정된다."[114] 다시 말하면 그리스도 안에 있는 것은 단지 사람들과 그리스도의 관계를 의미하는 것이 아니라 먼저 성부와 성자의 관계를 의미한다. 사실 그리스도 안에 있는 신자들은 "하나님께서 먼저 그분 안에 계신다는 것, 하나님께서 세상을 위해 그리고 그분 안에서 신자들을 위해 행하신 것, 하나님께서 그분 안에서 신자들에게 지정하시고 부여하신 것을 직접적으로 얻고 거기에 참여한다."[115] 그럼에도 바르트는 『교회교의학』 전반에 걸쳐 그리고 특히 IV/2에서 신성화(deification)라는 개념을 단호하게 거부한다.

바르트는 슈바이처와 유사한 방식으로 "그리스도 안에"에서 "안에"가 "장소적 의미"를 내포하는 것으로 본다.[116] 신자들과 그리스도가 연합할 때 그들의 정체성과 독특성이 소멸되는 것은 물론 아니지만, "'안에'라는 단어는 그리스도와 그리스도인 사이의 공간적 거리가 사라지고, 그리스도는 공간적으로 그리스도인이 있는 곳에 계시고, 신자들은 공간적으로 그리스도가 계신 곳에 있으며, 그것도 단지 서로 나란히 있는 것이 아니라 정확하게 동일한 지점에 있는 것을 나타낼 수밖에 없다."[117] 그러나 바르트는 슈바이처에 반하여 (그의 이름을 언급하지는 않은 채) **신비주의**가 "정확하게 무엇을 의미하는지 명시되기 전에는" 이 용어 자체를 사용할 수 없다고 못 박는다.[118] 그는 우리가 이 용어를 부

---

113 Ibid.
114 Ibid., 546.
115 Ibid.
116 Ibid., 547.
117 Ibid.
118 Ibid., 539.

득이 사용해야 할 만한 이유가 분명치 않기 때문에 이 용어의 사용을 자제하는 것이 바람직하다고 조언한다.[119]

비켄하우저의 견해와는 대조적으로 바르트는 그리스도인이 되는 것과 그리스도와 연합하는 것을 분리하지 않는다. 오히려 "인간은 자신이 그리스도와 연합하고 그리스도가 자신과 연합할 때 비로소 그리스도인이 되며 또한 그리스도인인 것이다."[120] 바르트는 무엇보다도 이 그리스도와의 연합이라는 교제가 바로 "그리스도인을 진정 그리스도인이 되게 하는 것과 관련하여 숙고되고 말해질 수 있는 다른 모든 것에 선행하는" 시발점이라고 말한다.[121]

2.11 로버트 C. 태너힐(1967)

태너힐(Tannehill)은 그리스도와 함께 죽고 다시 살아나는 주제에 주목하지 못한 과거의 신학적 담론을 비판한다. 그는 신자는 그리스도와 함께 죽고 다시 부활함을 통해 단순히 그의 죽음과 부활이 가져다주는 혜택만을 향유하는 것이 아니라 그 사건에 **참여한다**고 주장한다. "더 나아가 신자는 매일의 삶, 특별히 고난의 삶 가운데에서도 지속적으로 그리스도의 죽음과 부활에 참여하는 자이기 때문에 이 사건들은 지속적으로 신자의 삶을 공인하는 역할을 한다."[122] 그런 의미에서 바울의 이 모티프 사용은 두 가지 종류로 나뉜다. 하나는 "지나간 과거의 결정적인 사건으로서의 그리스도와 함께 죽는 것"과 연관이 있고,

---

119 Ibid., 540.
120 Ibid., 548-49.
121 Ibid., 549.
122 Robert C. Tannehill, *Dying and Rising with Christ: A Study in Pauline Theology* (1967; repr. Eugene, OR: Wipf & Stock, 2006), 1.

다른 하나는 "지금 겪는 현재의 경험으로서의 그리스도와 함께 죽는 것"과 연관이 있다.[123]

태너힐의 단행본은 3부로 구성되어 있다. 그는 1부에서 새로운 삶의 기초로서 그리스도와 함께 죽는 모티프를 탐구한다. 여기서 가장 중요한 것은 그리스도와 함께 죽고 다시 부활한다는 것은 두 영역과 그 통치자들에 관한 것이며, 그것이 한 영역에서 다른 영역으로 이동하는 것을 의미한다는 점이다.[124] 결과적으로 이 모티프는 바울의 종말론적 비전과 밀접하게 연관된다. "바울이 그리스도와 함께 죽고 부활하는 것에 관해 말할 때 그는 그리스도의 죽음과 부활을 종말론적 사건으로 이해한다."[125] 그리스도의 죽음과 부활에 참여함으로써 신자는 옛 시대에 대하여 죽고 새 시대에 대하여 다시 부활하여 새로운 삶에 뿌리를 내린다.

태너힐은 2부에서 그리스도와 함께 죽는 것을 새로운 삶의 구조로 다룬다. 이는 그리스도인의 행동과 고난이라는 현재적 측면을 가리킨다. 바울은 이 모티프를 **현재의** 경험을 해석하고 **과거의** 사건을 지칭하기 위해 사용하기 때문에 "새로운 영역에서 존재한다는 것은 죽음과 부활이라는 근본적인 사건에 상응하는 구조를 수반하며, 따라서 그리스도인은 그리스도와 함께 **지속적으로** 죽는다는 것을 의미한다."[126] 현재의 경험과 고난에서 그리스도와 함께 죽는 경험은 그리스도의 패턴을 따라 우리를 생명으로 인도한다. "예수의 죽음은 하나님의 능력을 통해 그의 부활로 이어졌다. 그러므로 하나님은 신자들도 죽음에서 생명으로 인도하신다."[127]

태너힐은 3부에서 그리스도가 재림하실 때 신자들이 그와 함께 부

123　Ibid., 6.
124　Ibid., 7.
125　Ibid., 39.
126　Ibid., 80[강조는 원저자의 것임].
127　Ibid., 89.

활하는 개념을 탐구한다. 바울은 "그리스도와 함께 죽는 것이 그리스도와 함께 다시 부활하는 것의 필수 조건"이라는 사실을 지적한다.[128] 아울러 그리스도와 함께 죽는 것의 진정한 의미는 그와 함께 부활하는 것에서 발견할 수 있다. "하나님께서 생명을 주시는 자신의 능력을 이러한 죽음 가운데 행하시지 않는 한, 그리고 하나님께서 죽은 자들의 부활을 통해 생명을 주시는 자신의 능력을 전적으로 나타내시지 않는 한, 그리스도와 함께 죽는다는 것은 아무런 의미가 없다."[129]

비록 태너힐의 연구가 그리스도와의 연합을 폭넓게 다루기보다는 그리스도와 함께 죽고 다시 부활하는 모티프에 초점을 맞추어 다소 한정된 내용을 다루긴 하지만, 그럼에도 추후 이어지는 그리스도와의 연합에 관한 논의에 상당히 의미 있는 기여를 한다. 이미 잘 알려진 "그리스도 안에"가 지닌 중요성과 더불어 그리스도와 함께 죽고 다시 사는 모티프는 신자의 현재와 미래의 삶을 이야기하는 그리스도 사건에 종말론적으로 참여하는 것을 나타낸다.

2.12 W. D. 데이비스(1970)

W. D. 데이비스(Davies)의 연구는 유대적 개념과 헬레니즘적 개념을 날카롭게 구분한 슈바이처의 분석을 가장 맹렬하게 비판한다. 데이비스는 슈바이처의 연구 이래로 1세기 유대교의 신비주의적 요소에 대한 이해에 대대적인 변화가 있었음을 지적한다.[130] 특히 사해사본은 기독교 이전 유대교가 "후기 영지주의로 발전하기 이전에 나타난 초

---

128 Ibid., 131.
129 Ibid.
130 W. D. Davies, *Paul and Rabbinic Judaism* (3rd ed.; London: SPCK, 1970), ix-x.

기 성향을 보여준다. 사해사본은 과거에 종종 헬레니즘적 개념으로 분류되던 것 중 상당수가 팔레스타인이나 유대적인 개념으로도 해석이 가능함을 분명하게 보여주었다."[131]

데이비스는 바울 사상을 전적으로 종말론적인 것으로 본 슈바이처의 해석이 왜곡되었다고 본다. 슈바이처는 묵시문학 사상과 바리새주의를 상당히 날카롭게 구분한다. 하지만 슈바이처 이후에 이루어진 여러 연구와 발견은 이를 결코 받아들일 수 없다. 데이비스는 이러한 새로운 발견이 "묵시문학 사상과 바리새주의가—강조점이 서로 다르더라도—서로 이질적이지 않으며, 항상 그렇지는 않지만 종종 유사한 특징을 공유"했음을 보여준다고 주장한다.[132]

> 슈바이처 이래로 규범적 바리새파 유대교를 묵시문학 사상 및 헬레니즘과 서로 대립적으로 간주하던 단적인 모습은 그 자취를 감추고 말았다. 견고하던 색상은 희미해졌고 서로 뒤섞여버렸다. 유대교는 슈바이처가 이해했던 것보다 훨씬 더 다양하고 변화무쌍하며 더 복잡한 행태임이 드러났다. 특히 사해사본은 이미 여러 학자에 의해 의문시되어왔던 슈바이처의 깔끔한 이분법이 잘못되었음을 의기양양하게 보여주었다.[133]

데이비스는 슈바이처로 하여금 그리스도와 신자의 준(準)육체적 연대를 바울의 중심 사상으로 보게 만든 종말론적 강조점이 묵시문학 자료에 의해 지지를 받았다는 점을 지적한다.[134] 그러나 슈바이처가 근

---

131 Ibid., ix-x. 그러나 그는 바울의 가르침에서 신비주의 종교의 영향을 발견하려는 시도는 실패했다고 간주한다(Ibid., 91).
132 Ibid., xi.
133 Ibid., xii.
134 Ibid.

거로 제시한 묵시적 유대교는 "바리새주의와 쿰란 그리고 그 외의 다른 분파들로 구성된 유대교"가 아닌, 모종의 "거세된" 유대교였다.[135] 이와는 대조적으로 데이비스는 바울 연구가 슈바이처를 초월하기 위해서는 바울을 묵시적인 관점에서뿐만 아니라 "유대교 전체의 복합성"의 관점에서 평가해야 한다고 제안한다.[136]

데이비스는 신비주의가 유대교와 무관하지 않으며 사실 바리새주의에서도 발견될 수 있다고 주장한다.[137] 그러나 바울이 "그리스도 안에" 있는 것이 "이스라엘 안에" 있는 것보다 훨씬 더 근본적이라고 주장할 때 그는 이미 동시대 랍비들의 핵심 메시지에 반론을 제기한 것이었다.[138]

데이비스는 "그리스도 안에"를 일종의 사회적 개념으로 간주하는 최근 학계의 결론을 긍정적으로 수용하면서도 이 개념의 인격적 독특성을 함께 받아들인다. "바울에게 있어서 '그리스도 안에' 있다는 것이 그리스도와의 가장 밀접한 인격적 관계를 의미한다는 점에는 전혀 의심의 여지가 없다."[139]

그리스도 신비주의라는 문제와 씨름하는 학자들에게 가장 큰 어려움은 이러한 인격적 연합의 본질을 어떻게 하면 정확하게 이해할 수 있느냐 하는 것이다. 데이비스는 그리스도 안에 있는 것은 "그리스도와 동일한 경험을 하는 것을 의미하며 한 개인이 그리스도와 연합한다는 것은 그리스도의 경험이 개별 그리스도인의 경험에서 재현되는 것과 같다"는 이전의 연구 결과를 수용한다.[140] 그리스도와의 연합은 신자들이 그리스도의 삶이라는 과거 사건에 참여하는 결과를 가져다주며 이

---

135 Ibid., xiv-xv.
136 Ibid., xv.
137 Ibid., 15.
138 Ibid., 85.
139 Ibid., 86-87.
140 Ibid., 88.

로써 "바울은 그리스도가 한 사람 안에 자리잡고 자신의 삶을 그 사람 안에서 계속 이어간다고 말할 수 있었던 것이다."[141]

2.13 E. P. 샌더스(1977)

샌더스(Sanders)는 바울과 팔레스타인 유대교의 종교적 패턴을 비교 연구함으로써 현대 신약성서 연구에서 결코 지워질 수 없는 족적을 남겼다. 샌더스는 이 비교 연구의 일환으로 바울의 종교 패턴을 "참여적 종말론"이라고 묘사하면서 그리스도에 참여하는 개념을 다시 부활시켰다.[142]

샌더스는 슈바이처에 크게 의존하면서도 여러 중요한 측면에서 색다른 면모를 보여준다. 예컨대 샌더스는 슈바이처의 "신비주의" 대신 "참여"라는 용어를 사용했는데, 결과적으로 그것은 그리스도와의 연합에 관한 현대 신약학 연구에서 보편적인 용어가 되었다.[143] 아울러 샌더스는 슈바이처의 전체 이론에서 문제점 하나를 찾아낸다. "슈바이처는 믿음으로 말미암는 의라는 개념과 성령 안에 있는 삶이나 그리스도 안에 사는 삶 등을 나타내는 용어 간의 **내적 연관성**을 보지 못했다."[144] "믿음으로 말미암는 의와 그리스도에의 참여는 결국 같은 것"[145]이라고 주장한 샌더스의 관점에서 보면 슈바이처는 법적 범주와 참여적 범주의 차이점을 지나치게 부각시켰다는 평가를 받는다.

샌더스에 의하면 바울에게 있어 구원의 범주와 참여의 범주

---

141 Ibid.
142 E. P. Sanders, *Paul and Palestinian Judaism: A Comparison of Patterns of Religion* (Minneapolis: Fortress, 1977), 549.
143 Ibid., 440.
144 Ibid.
145 Ibid., 506.

는 완전히 일치한다. 그는 그리스도의 죽음의 일차적인 의미가 주권 (lordship)의 교체에 있다고 본다. "그리스도의 죽음에 **참여함으로써** 신자는 죄 혹은 옛 시대라는 **세력**에 대하여 죽고 그 결과 **하나님께 속하게 된다**.…이러한 이동은 그리스도의 죽음에 **참여**함으로써 이루어진다."[146] 샌더스는 바울의 구원 개념을 다음과 같이 요약한다.

> 하나님은 그리스도를 세상의 주와 구원자로 임명했다. 그를 믿는 자는 모두 미래의 완전한 구원의 보증으로서 성령을 소유하고 이미 현재 그리스도의 몸에 참여하며 그와 한 영으로 간주된다. 이로써 그들은 성령과 일치하는 행동을 해야 하는데 이는 그리스도를 자신들이 속한 주님으로 섬기는 것을 의미한다.[147]

비록 샌더스가 의라는 범주와 참여라는 범주를 함께 묶으려는 시도를 하긴 하지만, 그는 후자에 훨씬 더 강조점을 둔다. "**자기 자신이 이러한 구분을 두려 하지 않았다고 하더라도**, 바울신학의 정수는 참여라는 범주에 있다."[148] 그럼에도 샌더스는 그리스도에의 참여라는 현실을 표현하는 데 어려움이 있음을 인정한다. "하지만 이것이 무엇을 의미하는가? 우리는 이것을 어떻게 이해해야 하는가?…나는 내가 여기서 새롭게 제안할 만한 범주가 따로 없음을 인정하지 않을 수 없다. 그러나 이 말은 그런 범주가 바울에게도 없었다는 것을 의미하지는 않는다."[149]

그럼에도 샌더스는 참여적 연합을 "실재적"인 것으로 간주한다. "참여적 연합은 다른 무언가에 관한 은유적 표현이 아니다. 이것은 많

---

146 Ibid., 467-68[강조는 원저자의 것임].
147 Ibid., 463.
148 Ibid., 502[강조는 원저자의 것임].
149 Ibid., 522-23.

은 학자가 견지하듯이 실재다."¹⁵⁰ 또한 그는 그리스도께 속한다는 것은 그분 "안에" 있는 것과 다르지 않다고 논증한다. 왜냐하면 그리스도의 영이 신자들에 대해 그리스도의 소유권을 주장하기 때문이다. 아무튼 "우리는 속함, 거함, 내주함 사이에 긴밀한 연관성이 존재한다고 본다."¹⁵¹ 이 모든 것을 종합하여 샌더스는 바울신학의 진수를 다음과 같이 서술한다.

> 기본적인 통찰은 신자가 그리스도 예수와 하나가 된다는 것이며 이것이 주권의 교체와 주님의 재림과 함께 완성될 변화의 시작을 유발한다는 것이다. 사고의 순서와 이에 따른 바울의 종교적 사고의 패턴은 바로 이것이다. 하나님은 그리스도를 유대인과 이방인 모두의 구원자로 보내셨다.…신자는 그리스도와 한 인격체가 되며 그와 함께 죽고 그의 부활의 약속에 참여함으로써 구원에 참여한다.…이러한 사고방식을 "참여적 종말론"(participationist eschatology)으로 보는 것은 합리적인 생각이다.¹⁵²

2.14 리처드 B. 개핀(1978)

개핀(Gaffin)은 그리스도와의 연합이 본질상 "경험적"이라고 주장한다. "이 연합은 개별 신자의 실존이라는 본질을 형성할 뿐만 아니라 그 실존을 묘사해준다."¹⁵³ 비록 개핀은 "그리스도 안에"라는 용어

---

150 Ibid., 455.
151 Ibid., 462.
152 Ibid., 549.
153 Richard B. Gaffin, *The Centrality of the Resurrection: A Study in Paul's Soteriology* (Grand Rapids: Baker, 1978), 50.

를 "신자가 과거의 그리스도의 결정적, 역사적 경험 속에서 그리스도와 하나가 되는 것"[154]을 가리키는 것으로 보지만, 그럼에도 바울 서신에서 "실존적 '그리스도 안에서'" 개념이 "예정론적 '그리스도 안에서'" 개념이나 "구속사적 '그리스도 안에서'" 개념으로 인해 퇴색되지는 않는다.[155] 개핀의 견해에 따르면 이러한 그리스도와의 실존적 연합은 세례를 통해 이루어진다. "세례는 세례를 받는 자의 경험 속에서 (실존적으로) 그리스도와 분리되었던 상태에서 (실존적으로) 그분과 함께 연합하는 상태로의 **이행**(移行)을 의미하며 그 사실을 확증하는 것이다.[156]

개핀은 머레이와 같이 그리스도와의 연합과 바울의 다른 주제들의 신학적 관계에 집중한다. 개핀은 그리스도와의 실존적 연합이 바울의 구원론에서 가장 기본적인 토대가 된다고 본다.[157] 하지만 이 실존적 연합은 개핀 자신이 파악한 다른 두 유형의 연합(예정론적 연합과 과거 역사적 연합)과 분리될 수 없다. 이것들은 상호 간에 영향을 준다. 이와 같은 "유기적 결속"은 필수적이지만, 이러한 사실을 제대로 이해하지 못하면 "바울을 해석할 때 빠질 수 있는 미묘한 위험"에 노출될 수밖에 없다.[158]

비록 개핀은 바울이 강조한 그리스도의 과거 역사적 경험과 신자의 현재적 존재 사이에 존재하는 유기적 결속에 관해서도 논의하지만, 그는 바울이 "최종적이자 완성된 전자의 특성"을 모호하게 만들지 않는다는 점도 받아들인다.[159] 그러나 이 두 가지의 "연대적 결합"—그리스도의 역사적 경험과 신자의 삶 가운데 일어나는 구속의 성취—은 너무나도 강력해 후자는 오직 전자에 의해 이해되고 표현될 수밖에 없다.

---

154 Ibid.
155 Ibid.
156 Ibid.
157 Ibid., 51.
158 Ibid.
159 Ibid., 59.

"구속사적 관점은 지배적이며 결정적이다."[160]

개핀의 관심사 중 하나는 그리스도와의 연합이 신학적 구원론에서 말하는 이른바 구원의 서정(ordo salutis)과 어떤 연관성이 있는지를 보여주는 것이다. 그는 십자가에 못 박힘과 죽음과 매장과 부활은 "신자 개인의 경험 속에서 일어나는 사건들과 다르거나 분리되지 않는다"고 주장한다.[161] 오히려 그리스도와의 연합은 그리스도의 경험에 참여하는 이 요소들을 하나의 합일체로 간주한다. "각 요소는 구원의 서정에서 따로 구분된 단계가 아니라 경험적으로 그리스도와 통합되는 불가분의 단일 사건의 한 측면이다."[162] 이와 같이 바울은 칭의, 입양, 성화, 영화 등을 서로 구분된 행위로 보기보다는 "부활하신 그리스도와 하나되는 단일 행위의 여러 다른 양상이나 측면"으로 본다.[163]

이 사실이 칭의에 미치는 결과는 "경건하지 않은 자를 의롭게 여기는 행위가 임의적인 것이 아니라 진리에 의거한 것"이라는 점이다.[164] 즉 "전가된 의는 '법정 허구'가 아니라 부활하시고 의로우신 그리스도와의 연합에 의한 필연적 결과다." 개핀은 이러한 전통적 진술을 다음과 같이 표현한다. "믿음으로 의롭다 함을 받는 것보다는 믿음으로 부활하신 주님과 연합하는 것(물론 이 연합에서 칭의의 측면이 아마도 가장 두드러짐)이 바울이 말하는 실용적 구원론의 핵심 주제다."[165]

---

160 Ibid.
161 Ibid., 52.
162 Ibid.
163 Ibid., 130-31.
164 Ibid., 132.
165 Ibid.

2.15 제임스 D. G. 던(1998)

제임스 던(James D. G. Dunn)은 먼저 이 분야에 관한 20세기의 주요 학문적 연구를 간략하게 살펴본 후 "그리스도 안에"를 비롯한 관련 용어의 용례를 세 개의 광범위한 범주로 나눈다. 첫 번째 범주는 "그리스도 안에서" 발생한 구속의 행위를 가리키는 객관적 용법이다.[166] 두 번째 범주는 바울이 "그리스도 안에" 있는 신자들에 관해 말하는 주관적 용법이다.[167] 세 번째 범주는 바울 자신의 특정 행위 혹은 그의 독자들이 취하기를 바라는 행동이나 태도에 관한 것이다.[168]

던은 "그리스도 안에"라는 용어가 단순히 그리스도에 관한 믿음뿐만 아니라 부활하신 그리스도의 경험을 가리키는 것이라는 다이스만과 부세트의 견해에 동의한다.[169] 이러한 사실은 장소적 의미의 "안에"와 더불어 적어도 일부 용례에서 "한 개인이 하나님과 관계를 맺거나 그 관계를 유지해주는 그리스도의 신적 임재를 신비적 의미로 보는 것을 피할 수 없게 만든다."[170]

던은 그리스도와의 연합이 갖는 종말론적 함의와 이에 따른 사회적, 참여적 파급력을 인정하면서 다른 학자들의 결론을 재차 반복한다.[171] 본질적으로 "이것은 피조물도 함께 연루된 하나의 공통 경험이다. '그리스도와 함께'는 '다른 이들과 함께' 그리고 '피조물과 함께'가 아니면 온전히 실현될 수 없다."[172]

던은 "신비주의"라는 용어 사용에 만족하면서도 이 용어가 "그리

---

166 Dunn, *Paul the Apostle*, 397.
167 Ibid., 398.
168 Ibid.
169 Ibid., 400.
170 Ibid., 401.
171 Ibid., 403-4.
172 Ibid., 404.

스도를 중심으로 그의 영을 통한 하나님의 위대하고 우주적인 움직임 가운데 다른 이들에게 참여한다는 심오한 의미"를 온전히 담아내기에 부적절하다는 것을 인정한다.[173]

2.16 마이클 S. 호튼(2007)

지금까지 살펴본 연구들과 비교할 때 호튼(Horton)은 엄격하게 정의된 언약신학적 틀 안에서 그리스도와의 연합이라는 주제를 다룬다는 점에서 다소 독특한 접근을 시도한다. 그는 샌더스가 언약적 신율주의(covenant nomism)와 참여적 종말론의 대립을 정확하게 파악했지만, 샌더스가 언약이라는 단어의 의미를 지나치게 편협하게 정의한 나머지 "언약과 참여라는 주제가 서로 보완적이며 불가분의 관계에 있음을 인식하는 데 실패했다"고 지적한다.[174] 호튼은 "율법과 사랑, 법정과 거실, 외부로부터(*extra nos*) 오는 의의 판결과 의롭다 함을 받은 자가 그리스도의 수준까지 자라는 유기적이며 살아 있는 성장의 관계를 피상적으로 비교하는 것"[175]을 허용하지 않는다.

호튼에 따르면 그리스도와의 연합은 구원에 관한 모든 이질적인 요소를 한곳으로 모은다. 이는 "과거, 현재, 미래는 물론 객관적인 것과 주관적인 것, 역사적인 것과 실존적인 것, 집단적인 것과 개인적인 것, 법정적인 것과 변혁적인 것"을 모두 포함한다.[176] 호튼은 종교개혁 사상이 이러한 분석과 일치한다고 본다. 종교개혁자들은 "칭의와 성화,

---

173 Ibid.
174 Michael S. Horton, *Covenant and Salvation: Union with Christ* (Louisville: Westminster John Knox, 2007), 130.
175 Ibid.[강조는 원저자의 것임].
176 Ibid., 131.

그리고 의의 전가와 믿음을 통해 그리스도의 거룩한 사랑이 그와 연합한 자들의 삶에 전달되는 것이 서로 총체적으로 연관되어 있다는 사실"을 인정했다.[177] 호튼에 의하면 칼뱅은 신비적 연합을 그리스도가 이미 받은 은사들을 신자들이 그분과 함께 공유할 수 있도록 하는 것으로 간주한다. 전가된 의에 관한 종교개혁적 교리가 주는 함의는 명확하다. "우리의 의는 분명히 우리 밖에 있는 반면(우리가 아닌 그리스도께 속한 외적인 의), 그리스도 자신은 우리와 동떨어져 있는 것이 아니라 자기 자신을 우리와 통합하고 또한 우리를 자신과 통합시킨다."[178]

호튼에 의하면 모든 것을 포괄하는 그리스도와의 연합은 구원의 서정이란 개념을 소멸시키지 않는다. 구원의 서정(ordo salutis)은 신자들이 신비적인 연합을 통해 그리스도와 연합하는 것을 묘사한다. "그리스도 안에서" 하나 되는 것은 구속사(historia salutis)를 통해 실현되지만, 개별 신자는 신비적인 연합을 통해 이 구속사 안으로 들어온다. 호튼은 바로 이 부분을 구원의 서정이라고 명명한다.[179]

호튼은 칭의와 그리스도와의 연합의 상호 관계를 재확인한다. 즉 어떤 하나가 다른 하나를 대체하지 않는다. 오히려 연합은 "하나님께서 신자들에게 주시는 모든 것이─칭의뿐만 아니라 성화와 영화까지도─'우리 안에서'가 아니라 전적으로 '그분 안에서' 공존한다고 강조한다."[180] 칭의와 그리스도와의 연합 간의 이러한 상호 관계는 연합과 "은혜 언약"의 관계를 전형적으로 보여준다. 호튼에 의하면 사실 이것들은 "단순히 연관된 주제이기만 한 것이 아니라, 사실상 하나의 동일한 현실을 서로 다르게 표현한 것이다."[181]

---

177 Ibid., 141.
178 Ibid., 145.
179 Ibid., 151.
180 Ibid.
181 Ibid., 181.

2.17 마이클 J. 고먼(2009)

마이클 고먼(Michael J. Gorman)은 2001년에 출간된 자신의 저서에서 **십자가를 본받음**(cruciformity)이라는 개념을 가지고 바울의 영성을 논하는데 이 개념은 신자가 그리스도의 죽음에 참여하는 것에 기초를 둔다. "**바울은 예수의 죽음과 하나가 되고 그 죽음에 참여하는 것을 그리스도에 대한 신자의 근본적인 경험으로 생각한다.**"[182] 이러한 십자가를 본받음이라는 개념은 2009년에 출판된 그의 후속 작품에서 한층 더 발전된다.[183] 고먼은 바울의 탄탄한 삼위일체론에 근거하여 다음과 같이 논증한다. "그리스도 안에 있다는 것은 하나님 안에 있다는 것이다. 따라서 최소한 바울에게 십자가를 본받음이란 하나님을 본받음 혹은 신성화(神化, theosis)를 의미한다."[184] 그는 "바울이 즐겨 사용하는 '그리스도 안에'라는 어구는 '하나님 안에/그리스도 안에/성령 안에'의 약칭"이라고 주장한다.[185] 그러므로 바울의 그리스도 중심 사상은 일종의 암묵적 삼위일체론이다.

고먼은 신성화(theosis)를 신자들이 "작은 신들"이 되는 것으로 정의하지 않는다. 그에게 "신성화란 인간이 하나님과 **같이**(like) 되는 것을 의미한다."[186] 고먼은 신성화를 "성령의 능력을 통해 육신의 몸을 입으시고 십자가에 죽으시고 부활하신(영화롭게 되신) 그리스도를 본받아 자기 자신을 비우고(kenotic) 십자가를 본받는(cruciform), 즉 하나님의

---

182 Michael J. Gorman, *Cruciformity: Paul's Narrative Spirituality of the Cross* (Grand Rapids: Eerdmans, 2001), 32[강조는 원저자의 것임]. 『삶으로 담아내는 십자가』(새물결플러스 역간).
183 Michael J. Gorman, *Inhabiting the Cruciform God: Kenosis, Justification, and Theosis in Paul's Narrative Soteriology* (Grand Rapids: Eerdmans, 2009), 1.
184 Ibid., 4.
185 Ibid.
186 Ibid., 4-5.

성품으로 변화하는 데 참여하는 것"으로 묘사한다.[187] 비록 고먼이 바울신학의 중심이라는 개념 자체에 전적으로 동의하지는 않지만, 어쨌든 그는 그 위치를 신성화가 차지한다고 생각한다.[188]

고먼은 그리스도의 자기 비우심, 칭의, 성결, 폭력의 종말 등의 개념을 통해 신성화의 개념을 논의한다. 자기를 비우시고 십자가에 못 박히신 그리스도의 행위는 하나님의 완전한 현현(theophany)이라는 것이다.[189] 칭의는 그리스도의 부활에 참여하는 것에 기인하며 이는 그분과 함께 십자가에 못 박힘으로써 가능하다.[190] 성결은 다름 아닌 하나님의 생명 자체에 참여하는 것이다.[191] 폭력 행사로부터의 자유는 하나님의 종말론적 심판에 대한 확신을 가질 때 비로소 가능하다.[192]

2.18 결론적 종합

우리는 지금까지 그리스도와의 연합에 관해 20세기부터 오늘날에 이르기까지 진행된 주요 연구들을 살펴보았다. 이제 우리는 이 연구들에 나타난 다양한 해석과 견해를 정리하고자 한다. 우리의 개관적 분석을 살펴보면 이 주제와 관련된 다양한 이슈들이 있음을 알 수 있다. 이제 우리는 이 이슈들을 차례대로 서술하면서 학자들의 주된 입장들을 간략하게 평가할 것이다. 우리의 이러한 작업의 목적은 이번 장에서 소개된 여러 연구와 대화하면서 우리의 통찰력을 향상시키고 다음 여러 장에서 논의될 핵심 이슈들을 발견하는 데 있다.

---

187 Ibid., 7.
188 Ibid., 171.
189 Ibid., 35.
190 Ibid., 40.
191 Ibid., 122.
192 Ibid., 158.

2.18.1 개념적 선례

20세기의 연구 중에서 특별히 20세기 초반 연구의 주요 관심사는 바울의 신비주의가 다른 여러 유형의 신비주의와 어떤 연관성이 있는지를 탐구하는 것이었다. 많은 학자는 바울과 그리스 신비주의 종교들의 유사성을 찾는 데 관심을 기울였다. 이러한 관심은 중요한 두 가지 이슈를 불러일으켰다. 첫째, 학자들이 발견한 유사성은 실제로 얼마나 유사한 것인가? 둘째, 그리스 신비주의는 과연 바울 사상의 종교적 배경으로서 정말 적절한 것인가?

바울 신비주의와 그리스 신비주의의 유사성을 가장 신중하게 다룬 학자는 다이스만, 부세트, 불트만 등 세 명이었다. 비록 이 세 학자를 비롯해 다른 학자들이 "신비주의"라는 용어 자체를 인간과 하나님의 직접적인 관계를 포괄적으로 지칭하는 광의적인 의미로 사용하긴 했지만, 아무튼 그리스 신비주의가 바울의 개념을 이해하는 데 필수적인 단서를 일부 제공한 것은 사실이다.

다이스만과 부세트는 헬레니즘의 관점에서 바울을 가장 철저하게 분석한다. 이 두 학자는 바울이 신비주의자 가운데서도 독특한 존재라는 데 결론을 같이한다. 신비주의라는 가장 광의적인 의미에서 볼 때 바울과 헬레니즘은 기본적인 요소를 일부 공유하지만, 바울의 신비주의가 그리스 신비주의와 같지 **않다**는 점에서 대부분의 유사점은 무효가 된다. 바울의 사상은 거의 모든 부분에서 그리스 신비주의와 철저하게 구분된다. 바울은 헬레니즘의 특성이나 성향을 공유하지 않으며 여러 매우 중요한 부분에서 정반대의 길을 선택한다.

그러나 바울 신비주의와 그리스 신비주의 종교 사이에 긴밀한 연관성이 존재한다는 불트만의 주장은 매우 흥미롭다. 불트만의 관점에서 보면 이러한 명백한 연관성은 다양한 측면에서 나타나며 그 연관성은 거의 확고부동하다.

바울 신비주의와 그리스 신비주의의 유사성에 관한 논의에 가장 대표적인 반론을 제기한 학자는 슈바이처였다. 그는 "신비주의"라는 용어를 광의적으로 사용하는 것을 문제삼지는 않는다. 하지만 그는 이와 같은 유사성이 그리스 신비주의 종교보다는 오히려 후기 유대교 종말론에서 더 자주 발견된다고 강력하게 주장한다. 물론 바울과 유대교 종말론 사이의 미묘한 차이점을 간과할 수는 없지만, 이 두 사상이 서로 깊고도 근본적인 연결점을 공유한다는 사실에는 의심의 여지가 없다.

슈바이처는 나머지 20세기의 연구 흐름을 완전히 뒤바꾸어놓았으며, 불트만을 제외하고는 그 이후 어느 누구도 그만큼 바울과 그리스 신비주의의 연관성을 신중하게 다루지 못했다. 사실 바울 신비주의와 다른 고대문헌 간의 개념적 유사성을 찾으려는 시도는 20세기 후반에 들어서면서 현저하게 줄어들었다. 그 대신 그리스도와의 연합이 갖는 신학적 의미와 바울신학의 다른 주제들과의 연관성에 관한 논의가 더욱 활발해졌다.

2.18.2 바울의 신비주의 정의하기

어찌 보면 지금까지 진행된 모든 논의를 통틀어 학계에서 제기된 가장 핵심적인 질문은 바울의 신비주의 혹은 그리스도와의 연합이 과연 **무엇이냐** 하는 것이다. 이것은 학계가 이 주제에 관하여 지속적으로 던진 질문이기도 하지만, 또한 정말 다양한 가능성과 함께 거의 규명 불가능한 질문이기도 하다. 따라서 이 이슈가 지닌 미묘한 의미와 당혹스러운 면을 인식하면서 20세기에 걸쳐 개진된 여러 주요 입장을 간략하게 요약하는 작업은 그리 만만치 않다.

그런 의미에서 마르쿠스 바르트의 요약은 그동안 제시된 다양한 해석에 관한 진솔한 스냅 사진을 제공해준다고 할 수 있다.

바울신학의 이 핵심 용어["그리스도 안에"]는 수많은 단행본과

보론에서 논의된 하나의 수수께끼와도 같다. 신화적(슐리어), 신비적(슈바이처), 실존적, 성례적(부티에), 지역적(다이스만), 역사적 및 종말론적(로마이어, 노이게바우어, 부티에), 법정적(파리시우스), 교회론적(그로소우프) 해석은 학계의 인정을 받으려고 서로 경쟁하기도 하며 여러 범주로 분류된다.[193]

우리는 20세기에 걸쳐 논의된 입장들을 일일이 서술하기보다는 바울의 신비주의 혹은 그리스도와의 연합을 깊이 탐구한 주요 연구들에 초점을 맞추려고 한다. 그러나 이러한 작업을 수행하는 데 가장 큰 걸림돌은 바울의 "그리스도 안에" 용어가 다양한 목적으로 사용되었으며 다양한 용법을 가진다는 점인데 이는 대다수의 학자들이 이미 인정한 바다. 그럼에도 몇몇 학자는 이 주제의 특징을 가장 잘 묘사하는 핵심 주제 하나를 부각시킨다.

많은 학자에 따르면 비록 "그리스도 안에"라는 용어가 다양한 기능을 가지고 있지만, 그럼에도 그중 가장 핵심적인 의미 하나가 나머지 기능을 주도한다는 것이다. 학자들을 학문적 입장에 따라 분류하는 과정에서 우리가 분명히 인정해야 할 것은 서로 다른 입장을 견지하는 학자들도 상대편 학자의 입장을 일정 부분 수용한다는 점이다. 다만 중요한 것은 어떤 요소가 핵심적이며 어떤 부분이 부수적이냐 하는 것이다. 다시 말하면 지금 우리가 여기서 열거할 주요 입장들은 상호 배타적이지 않으며 대다수의 학자는 적어도 부분적으로는 여기에 해당된다.

바울의 신비주의 혹은 그리스도와의 연합에 대한 첫 번째 "정의"는 "영역적" 개념으로서 다이스만이 처음으로 제안한 정의다. 이 정의에 따르면 그리스도와의 연합은 바울이 그리스도 "안에" 있고 그리스도는 바울 "안에" 있다는 공간적-영적 관계로 요약된다. 마치 공기가

---

193 M. Barth, *Ephesians 1-3*, 69.

우리 몸 "안에" 있어야 하듯이 우리는 공기 "안에서" 사는 것처럼 말이다.

두 번째 정의는 부세트와 머레이가 주창한 "관계적" 개념이다. 부세트에게 바울 신비주의란 인격적이며 영적 관계를 나타내는 강렬한 감정과 관련이 있다. 머레이에게 있어 그리스도와의 연합이란 성령의 본성 및 사역과 잘 조화를 이루는 강렬한 영적 관계를 지칭한다.

그리스도와의 연합에 관한 세 번째 정의는 슈바이처의 공헌에 크게 힘입은 "종말론적" 개념이다. 이 관점에 따르면 그리스도와의 연합이 말하고자 하는 바는 신자가 부활하신 그리스도 연결되고 그분을 통해 새로운 시대를 기대하는 것이다.

그리스도와의 연합에 관한 네 번째 모델은 칼 바르트가 주창한 삼위일체적 교제다. 바르트에 의하면 그리스도 안에 있다는 것은 그 무엇보다도 하나님께서 그리스도 안에 계신다는 사실에 의거한다. 그리스도와 우리 사이에 이루어지는 교제의 본질은 삼위일체 하나님 안에서 성부와 성자의 상호 내주에 기인한다.

그리스도와의 연합의 마지막 개념은 실존적 모델이다. 개핀이 주창한 이 모델은 그리스도와의 연합을 그리스도와의 연대로 본다. 여기서 연대는 그리스도가 경험한 것이 신자의 "경험"의 일부가 된다는 것을 의미하기 때문에 이것은 신자의 실제 경험을 형성하고 그것을 묘사한다.

다시 결론적으로 말하면 이곳에 서술된 그리스도와의 연합에 대한 다양한 "정의"는 20세기에 진행된 논의 중에서 가장 중요하다고 평가받는 것을 선별적으로 소개한 것이다.

2.18.3 바울신학 안에서의 역할

바울의 신학적 틀 안에서 그리스도와의 연합이 차지하는 위치는 괄목할 만하다. 이 주제를 연구한 학자들은 한결같이 이 주제가 바울신학에서 결코 빠질 수 없는 핵심적인 개념이라는 데 동의한다. 이 책에서 논의된 학자 중에서 그리스도와의 연합의 중요성을 무시하거나 간과하는 학자는 아무도 없다.

그럼에도 우리는 그리스도와의 연합이 바울신학의 중심을 차지하는 다른 여러 주제를 대체할 만한 개념인지 살펴볼 필요가 있다. 아무튼 학계에서는 20세기 후반부터 일부 학자를 중심으로 그리스도와의 연합이 칭의를 대체할 바울신학의 중심이라는 학문적 기류가 조성되기 시작했다. 물론 그리스도와의 연합이 어느 수준까지 바울신학의 중심으로 간주되어야 하는가(만약 그런 중심이란 것이 존재한다면)에 대한 문제는 아직 더 깊은 탐구의 대상이다.

슈바이처는 그리스도 안에 있음이라는 중심 "분화구" 안에 칭의라는 "부차적 분화구"가 존재한다고 본다.[194] 그러나 슈바이처를 비롯한 대부분의 학자에게 이처럼 연합이 지닌 중요성을 인정하는 것은 칭의와의 대립을 의미하거나 칭의를 대수롭지 않은 개념으로 여기는 것을 의미하지 않는다. 이 두 개념은 불가분의 관계로서 바울신학에서 서로 분리되어 나타나지 않는다. 그리스도와의 연합은 바울의 구원 교리의 중심이기도 하지만 칭의의 기초가 되기도 한다. 서로를 대신하거나 혹은 대체하지 않는다.

바울의 사상에서 칭의와 그리스도와의 연합이 수행하는 역할을 서로 비교해볼 때 가장 두드러지게 나타나는 차이점은 정도의 차이라고 할 수 있다. 칭의는 구체적인 지칭 영역을 가진, 상대적으로 독립된 개념이다. 비록 다른 주제들과 연관되기도 하지만, 칭의는 자기만의 "공간"을 가진다. 그러나 그리스도와의 연합은 모든 곳에 만연해 있다. 이 개념은 바울의 관심사와 직결되어 있으며 칭의와 부활과 같은 중요한 주제들의 기초가 된다.

---

194 Schweitzer, *Mysticism*, 225.

구원의 서정(ordo salutis)과 관련하여 개핀은 그리스도와의 연합은 구원의 여러 요소 간에 어떠한 시간적 순서도 허용하지 않는다고 주장한다. 신자들에게 칭의, 성화, 영화는 모두 그리스도와 연합됨과 동시에 하나의 포괄적 행위로 일어난다. 이와는 대조적으로 호튼은 구원의 서정의 유효성을 계속 유지하려는 노력을 하면서도 이것은 그리스도와의 연합의 통제를 받는다고 여긴다.

2.18.4 성례

논쟁의 여지가 남아 있는 또 다른 이슈는 그리스도와의 연합과 성례, 특히 세례와의 관계다. 대부분의 학자는 세례와 그리스도와의 연합의 연관성을 일부 인정한다. 그중에서도 특별히 비켄하우저는 이러한 연관성을 상당히 부각시킨다. 그는 비록 믿음이 필수요건이긴 하지만, 그리스도와의 연합은 믿음보다는 세례 행위에 의해 이루어진다고 주장한다.

앞에서 논의된 이슈와 관련하여 학자들 간에 일부 이견이 존재하는 것이 사실이지만, 그 나머지 이슈에 관해서는 비록 만장일치는 아닐지라도 폭넓은 합의가 이루어지고 있다.

2.18.5 인간성과 신성화

주요 연구자들은 한 개인의 인간성이 바울의 신비주의 혹은 그리스도와의 연합에 의해 훼손되지 않는다고 주장한다. 이러한 주장은 학자들에 의해 여러 차례 반복되었고 이러한 바울의 견해는 종종 인간성이 소멸되거나 적어도 상당히 희석되는 헬레니즘적 유형의 신비주의와 대비된다. 신자가 그리스도와 연합한다는 것은 그리스도와 하나가 되고 그리스도의 것을 공유하는 것을 의미하지만, 그렇다고 해서 그리스도나 신자의 정체성이 희미해지는 것은 아니다.

인간성과 관련하여 제기되는 이슈 중 하나는 신성화다. 헬레니즘에서 신과의 신비적 연합은 그 사람이 신적 존재가 된다는 것을 의미한다. 그러나 바울의 신비주의에서는 그렇지 않으며 여기서 열거한 주요 학자들은 (고먼의 "신성화" 용어를 제외하고는) 모두 이에 동의한다. 신자들이 그리스도 "안에" 있는 것처럼 성부가 성자 "안에" 계시기 때문에 신자들이 삼위 하나님의 교제의 본질을 어느 정도 공유한다는 차원에서 삼위일체적 요소를 수반한다. 그러나 그 결과로 신자들의 신성화가 이루어지는 것은 아니다.

신성화라는 개념은 과거 교회사(특히 정교회와 루터교) 내에서 여러 차례 기독교 신학의 한 유형으로서 등장한 바 있지만, 20세기에 걸쳐 바울의 신비주의를 신중하게 연구한 주요 학자들 중에서는 전혀 문제시 되지 않았다. 따라서 비록 그리스도와 신자의 교제가 삼위일체적 특성을 지닌 것이 사실이지만, 신성화라는 개념은 바울 사상 그 어디에서도 결코 찾아볼 수 없다.

2.18.6 그리스도의 몸

학계에서 이미 상당한 합의가 이루어진 또 다른 이슈는 그리스도의 몸에 관한 논의 및 이 주제와 연합의 연관성에 관한 것이다. 바울의 신비주의가 본질적으로 헬레니즘처럼 개인주의적이지 않고 공동체적이라는 사실은 이미 잘 알려진 바 있다. 교회는 각 개인이 그리스도와 연합할 때 형성된다. 신자들은 "그 안에" 있음으로써 그의 몸과 하나가 된다. 사실 이 은유법은 그리스도와의 연합과 직접적으로 결부되어 있다. 머리는 유기적으로뿐만 아니라 본질적으로도 그 몸과 연결되어 있기 때문이다.

우리는 본장에서 20세기 초반부터 현재에 이르기까지 바울의 신비주의 혹은 그리스도와의 연합이라는 주제와 관련된 주요 학문적 연구들을 살펴보았다. 이 논의에서 가장 탁월한 두 인물을 꼽으라면 단연코 다이스만과 슈바이처를 꼽을 수 있을 것이다. 전자는 바울의 신비주의를 신약학의 중심에 올려놓았고 후자는 이 주제에 관한 연구의 흐름을 완전히 뒤바꾸어놓았으며 이후 이어진 거의 모든 연구에 지울 수 없는 족적을 남겼다. 우리는 이 주제와 관련된 핵심 논제가 바울의 신비주의와 유사한 개념들, 바울 신비주의의 실제적 의미, 바울의 신학적 틀 안에서 그리스도와의 연합이 차지하는 위치 등임을 확인했다. 비록 이 중요한 논제들이 어느 정도 합의가 이루어진 것이 사실이지만, 여러 측면에서 아직 해결되지 않은 채 남아 있다. 특히 마지막 두 논제는 추가적인 연구가 절실한데 이 책의 나머지 부분은 이 필요를 해소하는 데 집중하고자 한다.

제2부

석의적 연구

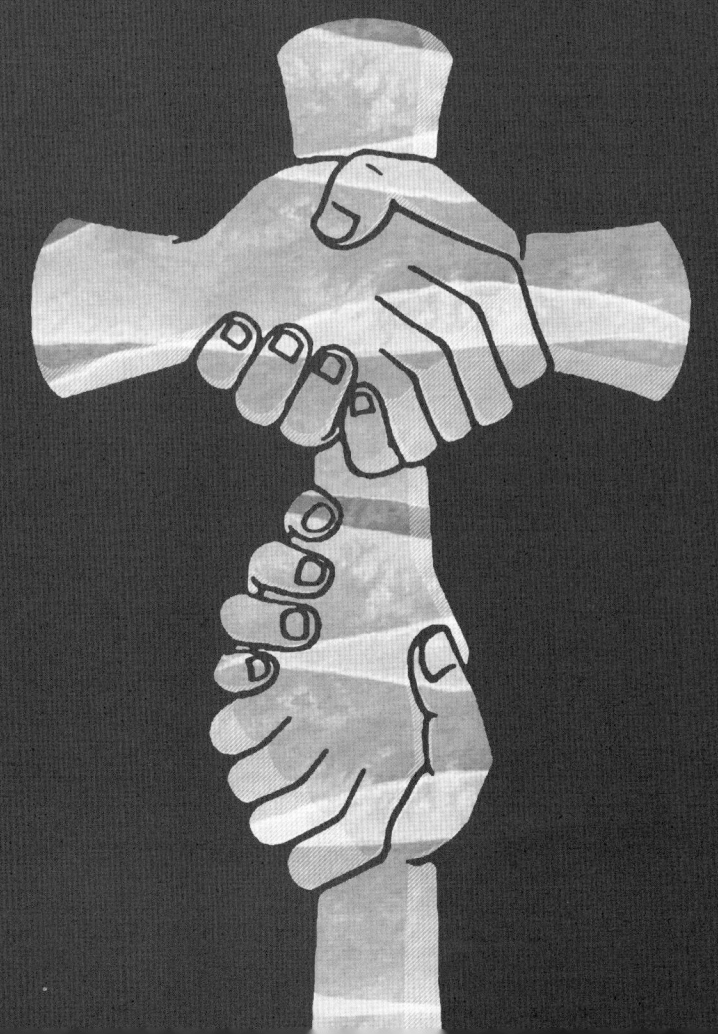

그리스도 안에

3.1 서론

과거에 진행된 여러 연구는 그리스도와의 연합이라는 주제와 직결되는 "그리스도 안에"(ἐν Χριστῷ)라는 어구에 집중하였다. 따라서 우리의 분석 역시 이 어구로 시작하는 것이 극히 자연스러워 보인다. 일반적으로 학자들은 바울이 이 ἐν Χριστῷ라는 어구를 하나의 전문용어로 사용했다고 간주해왔다. 물론 이런 학자들의 견해는 철저한 검증 과정을 거쳐야 하겠지만, 이보다 먼저 선행되어야 할 과제는 바로 이 어구를 각 문맥을 따라 면밀히 살펴보는 것이다.

ἐν Χριστῷ라는 이 특정 어구는 바울 서신에서 정확하게 73회 사용되는데 이번 장에서 전부 인용될 것이다. 이 용례들을 살펴보면 먼저 다양한 패턴이 눈에 띈다. 모두 73회 언급된 ἐν Χριστῷ 용례는 각각 여러 하위 그룹으로 분류되는데 이러한 하위 그룹은 또한 각각 바울의 특정 주제와 관련되어 있다. 우리가 사용할 하위 그룹은 어떤 인위적인 방식으로 결정된 것이 아니며 어떤 숨은 의도를 갖고 있지도 않다. 이러한 분류 방식은 단순히 특정 본문들이 가지고 있는 공통점에

의한 것일 뿐 어떤 특정 순서를 따르지 않는다.¹ 우리의 두 번째 관심사는 "그리스도 안에"(ἐν Χριστῷ)라는 어구에서 "안에"(ἐν)의 기능을 정확하게 규명하는 것이다. 하지만 이러한 작업은 언제나 명확하게 규명 가능한 것이 아니므로 경우에 따라 어느 정도 조심스런 추론이 수반되기 마련이다. 우리가 유일하게 신뢰할 수 있는 길잡이는 문맥인데 이마저도 때로는 모호할 때가 많이 있다. 더 나아가 ἐν Χριστῷ에서 ἐν의 용법이 항상 일관적이라고 가정할 수도 없다. 사실 이전 연구의 결론은 ἐν Χριστῷ 용법이 다양하다는 것을 보여준다.² 따라서 우리는 이제 전치사 ἐν의 다양한 의미와 그 기능을 살펴보고자 한다.

3.2 ~안에(ἐν)

특정 전치사를 의미론적으로 분석한다는 것은 매우 복잡한 작업이다. 보르토네가 말한 바와 같이 "전치사는 의미론적으로는 보잘것없어 보이지만, 아주 응축된 의미를 갖고 있어서…그 의미를 정확히 밝히기는 어렵지만 그 뉘앙스는 다양하다. 기본적인 의미(그런 것이 있다면)도 불분명할 뿐 아니라 내포된 의미 역시 광범위할 수 있기에 예측하기도 쉽지 않다."³ 통시적 관점에서 본 보르토네의 "공간적 이론"(localist

---

1 현 단계에서 이러한 분류는 시기상조처럼 보일 수 있다. 이러한 인상을 주는 이유 중 하나는 방법론적 "순환"이 발전할 기회를 아직 얻지 못했기 때문이다. 현재로서 우리는 자료 평가를 위해 사용할 자료를 먼저 수집할 뿐이다. 앞으로 나열될 하위그룹들은, 이를테면 맨 아래부터 꼭대기까지, 자료를 차례대로 분류하는 예비 작업에 불과하다.
2 예를 들어 마르쿠스 바르트는 다음과 같이 주장한다. "'그리스도 안에'의 의미에 대한 최종적 정의를 내리지 못하게 만드는 이유는 아주 단순하다. 바울이 이 고정문구를 하나 이상의 의미로 사용했기 때문이다"(M. Barth, *Ephesians 1-3*, 69). 참조. Friedrich Büchsel, "'In Christus' bei Paulus," *ZNW* 42 (1949): 141-58; Neugebauer, "Das paulinische 'in Christo'"; Bouttier, *En Christ*.
3 Pietro Bortone, *Greek Prepositions: From Antiquity to the Present* (Oxford: Oxford Univ.

hypothesis)은 전치사의 구체적인 공간적 의미들이 가장 오래된 의미이며 "공간적 의미들은 차후 비공간적 의미들로 진화하지만, 역으로는 진화하지 않았다"고 진술한다.[4] 따라서 전치사 중에는 이러한 공간적 의미에서 시작해서 다른 "추상적" 의미로 진화한 경우가 허다하다.[5] 사실 어떤 전치사는 "서로 다른 의미를 가지거나 심지어 공시적으로 서로 양립할 수 없는 의미를 가질 수도 있고, 또한 통시적으로 서로 다르게 발전할 수도 있다."[6] 이러한 사실은 우리가 전치사가 지닌 다양한 의미를 어떻게 명확하게 규명할 수 있을지에 대해 의문을 제기한다. "이것들은 진정 서로 다른 의미인가 아니면 하나의 기본적인 의미에서 유래된 여러 변형인가?"[7]

전치사 ἐν은 관련 전치사 중에 가장 중요하면서도 동시에 가장 애매모호한 성격을 가진다.[8] BDAG 사전도 사실을 인정한다. "이 전치사의 용법은 수없이 많고 다양하며 종종 손쉽게 서로 혼동되기 때문에 체계적이면서도 철저하게 다룬다는 것은 불가능하다. 개별적 용법을 규명하는 데 도움을 줄 주요 범주를 열거하는 것만으로도 충분하다."[9] BDAG가 열거한 이 전치사의 주요 용법은 다음과 같다.[10]

① 어떤 장소에 있음을 규정하는 위치의 표시(in, among)
② 상태 혹은 상황의 표시(in)

Press, 2010), 41-42.
4 Ibid., xii.
5 Ibid., 70.
6 Ibid., 42.
7 Ibid.
8 이것은 또한 신약성서에서 가장 흔하게 사용된 전치사이기도 하다. Daniel B. Wallace, *Greek Grammar beyond the Basics: An Exegetical Syntax of the New Testament* (Grand Rapids: Zondervan, 1996), 357, 372; BDF, 117, §218.
9 BDAG, 326.
10 Ibid., 326-29.

③ 한 영역 혹은 조건 안에 포함된 어떤 목표를 가리키는 표시(into)

④ 어떤 범위 안에서 가까운 관계를 나타내는 표시(in)

⑤ 방법 혹은 수단의 도입을 알리는 표시(with)

⑥ 매개의 표시(with the help of)

⑦ 무언가 일어난 조건이나 상황의 표시(in view of)

⑧ 무언가 일어나거나 보여주거나 혹은 무언가 인식되는 대상을 나타내는 표시(to, by, in connection with)

⑨ 원인 혹은 이유의 표시(because of, on account of)

⑩ 시간을 나타내는 표시(in, while, when)

⑪ 성격 혹은 방식을 나타내는 표시(according to)

⑫ 내역 혹은 내용을 나타내는 표시(consisting of)

BDAG 항목 중에서 ἐν에 관한 각 세부항목은 이 전치사에 대한 분석의 복잡성을 가중시키는 보다 더 다양한 뉘앙스 및 하위 범주를 열거한다. 하지만 이 전치사가 다양한 용례와 엄청난 유연성을 가지고 있다는 사실은 너무나도 분명하다. 어쩌면 이 전치사는 어떤 경우에도 사용될 수 있는 "만능해결사"와도 같다. 물튼(Moulton)은 이러한 다양한 뉘앙스와 하위 범주가 사실상 자취를 감추게 된 궁극적인 원인이 바로 이 전치사의 "지나치게 불분명함"에 있다고 본다.[11] 이 전치사는 공간적 기능(①), 넓은 의미의 수단적 기능(매개의 의미를 포함하여, ⑤, ⑥, ⑨), 시간적 기능(⑩), 인격적 기능(④) 등 여러 기능을 가지고 있다. BDAG는 "어떤 범위 안에서 가까운 유대 관계를 나타내는 표시(in)"로 규정된 네 번째 범주가 바울의 ἐν Χριστῷ 용법과 가장 직접적으로 연관된 의

11　James Hope Moulton, *A Grammar of New Testament Greek; vol. 1, Prolegomena* (3rd ed.; Edinburgh: T&T Clark, 1908), 103.

미로 간주한다.¹² 그러나 바울이 사용한 이 관용구를 자세히 살펴보면 ἐν의 의미가 단순히 한 기능에 한정될 수 없다는 사실이 분명하게 드러난다.

로버트슨(Robertson)은 "ἐν의 최종 의미를 알 수 있는 유일한 방법은 문맥을 조심스럽게 살피는 것이다. 이 전치사는 너무나 단순하기 때문에 다양한 연결 속에서 각양각색의 의미로 나타난다"고 말한다.¹³ 해리스(Harris) 역시 이에 동의한다. "때때로 본문을 석의하는 사람이 할 수 있는 것은 오직 문맥을 따라 ἐν의 가능한 의미를 최대한으로 줄이는 것이다."¹⁴ 사실 가장 효과적인 방법은 가장 기본적인 용법인 공간적 용법으로부터 시작하는 것이다. 오엡케(Oepke)는 이에 관해 다음

---

12   BDAG, 327-28: "특히 바울과 요한의 용례에서 ἐν-용어의 지시 대상이 지배적 영향으로 간주되는 긴밀한 인격적 관계를 지칭하는 경우: ~의 지배 아래에서, ~의 영향 아래에서, ~와 긴밀한 관계(비교: ἐν τῷ Δαυιδ εἰμί 나는 다윗 안에 있다, 삼하 19:44): 그리스도와 관련, εἶναι, μένειν ἐν τῷ πατρί (ἐν τῷ θεῷ) 아버지 (하나님) 안에 있다, 거한다, 요 10:38; 14:10f. 그리스도인들과 관련, 요일 3:24; 4:13, 15f; 그리스도 안에 있다 혹은 거한다, 요 14:20; 15:4f; μένειν ἐν τῷ υἱῷ καὶ ἐν τῷ πατρί 아들과 아버지 안에 거한다, 요일 2:24. ἔργα ἐν θεῷ εἰργασμένα 그들의 행위는 하나님 안에서 행해졌다, 요 3:21 (그러나 앞의 1e를 보라).—바울 서신에서 한 개인과 그리스도의 관계는 매우 자주 ἐν Χριστῷ, ἐν κυρίῳ 등으로 표현되며 그 반대로도 표현된다. ἐν ἐμοὶ Χριστός(그리스도께서 내 안에 계신다), 갈 2:20. 그러나 여기서는 앞의 a의 의미로 사용된다.…바울은 이 새로운 생명의 원리를 다양하게 표현한다. 그리스도 안에 있는 생명, 롬 6:11, 23; 그리스도 안에 있는 사랑, 롬 8:39; 그리스도 안에 주어진 은혜, 고전 1:4; 그리스도 안에 있는 자유, 갈 2:4; 그리스도 안에 있는 축복, 갈 3:14; 그리스도 안에 있는 일치, 갈 3:28; στήκειν ἐν κυρίῳ(그리스도 안에서 굳게 서다), 빌 4:1; εὑρεθῆναι ἐν Χ.(그리스도 안에서 발견되다), 빌 3:9; εἶναι ἐν Χ.(그리스도 안에 있다), 고전 1:30; οἱ ἐν Χ.(그리스도 안에 있는 자들), 롬 8:1; 벧전 5:14; κοιμᾶσθαι ἐν Χ.(그리스도 안에서 잠자다), ἀποθνῄσκειν ἐν κυρίῳ(주 안에서 죽다), 고전 15:18; 계 14:13; ζῳοποιεῖσθαι(생명을 얻다), 고전 15:22."
13   A. T. Robertson, *A Grammar of the Greek New Testament in the Light of Historical Research* (4th ed.; Nashville: Broadman, 1934), 589.
14   Murray J. Harris, "Appendix: Prepositions and Theology in the Greek New Testament," in *New Interational Dictionary of New Testament Theology* (ed. Colin Brown; Carlisle: Paternoster, 1976), 3:1191. 사실 "합리적인 주해자라면 누구나 독단적인 주장을 하는 것을 꺼릴 것이다." H. A. A. Kennedy, "Two Exegetical Notes on St. Paul," *ExpTim* 28 (1916-17): 322.

과 같이 지적한다. "공간적 의미가 항상 우리의 출발점이긴 하나, 우리는 시시때때로 이 의미가 다른 의미, 특히 도구적 의미와 섞여 있는지 질문해야 한다."¹⁵ 오엡케는 "영"(πνεῦμα)과 함께 사용되는 전치사 ἐν은 영역적 의미를 지닌다고 본다. "사람 안에 있는 성령의 개념은 영역적이다.…역으로 사람이 성령 안에 있다는 것도 역시 공간적 의미에 속한다."¹⁶ 그러나 ἐν이 그리스도와 함께 사용될 때 문제는 더욱 복잡해진다. 이 용법은 "신비적인 영역의 개념으로는 전부 설명이 되지 않는다."¹⁷ 오엡케는 로마서 5:12-21을 주해하면서 공간적 용법이 "'그리스도 예수 안에'(ἐν Χριστῷ Ἰησοῦ)라는 고정문구 및 유사 문구들의 진정한 의미를 밝힐 중요한 단서가 된다"고 말한다. 그런데 "여기에도 영역적 요소와 도구적 요소가 모두 들어 있다."¹⁸

포터(Porter)는 몇몇 학자가 ἐν Χριστῷ를 "신자와 그리스도 사이에 존재하는 어떤 집단적인 신비적 연합을 나타내는 물리적인 영역의 은유"로 해석했음을 인식한다.¹⁹ 하지만 포터는 이 어구를 "신자가 그리스도의 통제 영역에 있음을 나타내는 공간적 용법"으로 보는 대안을 제시한다.²⁰ 이 견해를 지지하는 C. F. D. 모울(Moule)은 "그리스도가 신자들이 거하는 '대기(atmosphere)' 혹은 '장소'인 양 유사-물질적인(quasi-material) 의미로 이 어구를 해석하는 것은 이 어구에 담겨 있는 극도로 인격적인 측면을 제대로 다루지 못하는 것"이라고 결론 내린다.²¹ 공간적 해석은 그리스도를 "대기" 혹은 "장소"와 동일시하기

---

15 Albrecht Oepke, "ἐν," *Theological Dictionary of the New Testament* (ed. Gerhard Kittel; trans. Geoffrey W. Bromiley; Grand Rapids: Eerdmans, 1964), 2:538.
16 Ibid., 2:540.
17 Ibid., 2:541-42.
18 Ibid., 2:542.
19 Porter, 159.
20 Ibid.
21 C. F. D. Moule, *An Idiom Book of New Testament Greek* (2nd ed.; Cambridge: Cambridge Univ. Press, 1959), 80.

보다는 그리스도가 통치하는 영역의 개념으로 이해한다. 이 개념은 어느 정도 공간적 개념을 내포하지만, 인격적인 개념이 훨씬 더 강하다. 해리스에 따르면 "ἐν의 기본적인 은유적 의미는 본래의 영역적 의미에 해당하며 어떤 행동이 발생하는 영역이나 무언가 담기거나 존재하는 요소 혹은 실체를 나타내는 데 사용된다."[22]

터너(Turner)는 ἐν Χριστῷ가 "도구적 의미의 ἐν도 아니고 단순히 영역적 의미의 '안에'를 의미하지도 않는다"고 주장한다. 이 어구는 사실 "단순하고 무의미한 영역적 의미로 해석되어서도 안 되겠지만, 단순히 하나의 은유로 해석되어서도 안 된다."[23] 터너는 다른 학자들이 제안한 이러한 개념들을 거부하면서 이 어구를 "'그리스도화'(Christification), 즉 그리스도의 본성(physis) 혹은 본질을 공유하는 후기 신학에서 신성화(theosis) 혹은 인간 본성의 신성화(deification)로 알려진 개념의 예시(豫示)"로 본다.[24] 그는 "그 당시 ἐν의 지배적인 의미는 여전히 '안에'(in), '안에서'(within) 혹은 '~의 영역 안에서'(in the sphere of)였기 때문에" 이 전치사를 단순히 도구적 의미로 취급하는 것에 반대한다.[25] 터너의 이와 같은 견해가 포터와 모울의 견해와 쉽게 부합될지는 불분명하다. 물론 ἐν이 동사 뒤에 나올 경우에는 "새로운 상황을 염두에 두고 있으며…그리스도화라는 신비적 개념을 나타낸다"는 점에서 합의점이 일부 존재한다고 볼 수 있다.[26] 만약 이 "새로운 상황"이 그리스도의 통치 "영역"과 일치한다면, 터너의 개념은 포터와 모울의 개념과 양립 불가능한 것은 아니다.

해리스는 바울의 ἐν Χριστῷ 어구에서 "ἐν이 단 하나의 기능만

---

22 Harris, "Prepositions and Theology," 3:1191.
23 Nigel Turner, *Grammatical Insights into the New Testament* (Edinburgh: T&T Clark, 1965), 119.
24 Ibid.
25 Ibid., 120-21.
26 Ibid., 121.

을 수행하기보다는"[27] 통합적 연합, 지칭의 영역, 매개 혹은 도구, 원인, 방식, 장소, 권위의 기초 등 여러 다양한 개념과 관계를 표현한다고 본다.[28] 이것은 우리가 ἐν을 순전히 영역적 의미로만 이해하는 것을 방지해준다. 비록 "지칭의 영역"이 가장 일반적으로 받아들여지는 개념이긴 하지만, 해리스는 이 개념이 우리가 고려할 수 있는 유일한 개념은 아니라고 지적한다. 그는 통합, 매개 등등 기타 의미를 배제하지 않는다. 한 가지 분명한 것은 각 문맥이 의미를 결정한다는 것이다.

이러한 다양한 의미와 더불어 고전 그리스어의 ἐν 용법에 관한 듀튼(Dutton)의 추가적 관찰은 ἐν Χριστῷ 논의에 새로운 방향을 제시해 줄 수도 있다. 듀튼은 라틴어에서 "~의 권세 안에 있다" 또는 "누군가 혹은 무언가를 의존한다"는 의미를 전달하는 단어인 *penes*와 유사한 용법을 발견한다.[29] 이 용법의 몇몇 예는 다음과 같다. ἐν σοὶ γὰρ ἐσμέν(우리는 당신의 손 안에 있다; Sophocles, *Oed. Tyr.* 314); ἐν ὕμμι γὰρ ὡς θεῷ κείμεθα τλάμονες(비참한 상황에 처한 우리는 신에게 하듯 당신에게 의존합니다; Sophocles, *Oed. Col.* 247); ἐν σοὶ πᾶσ᾽ ἔγωγε σῴζομαι(나의 안녕은 전적으로 당신 손 안에 있습니다; Sophocles, *Aj.* 519); ἐν σοὶ τὸ πλεῖν ἡμας(우리가 항해할지 말지는 당신에게 달려 있습니다; Sophocles, *Phil* 963); ἐν σοὶ δ᾽ ἐσμεν καὶ μή(우리가 살지 말지는 당신에게 달려 있습니다; Euripides, *Alc.* 278); καὶ τἄμ᾽ ἐν ὑμῖν ἐστιν ἢ καλῶς ἔχειν(내가 성공할지는 당신 손에 달려 있습니다; Euripides, *Iph. Taur.* 1057).[30]

이러한 용례들이 바울의 용법과 어떠한 연관이 있는지 파악하기는 쉽지 않지만, 이 예들은 최소한 ἐν이 다른 누군가의 권세 아래에

---

27 Harris, "Prepositions and Theology," 3:1192.
28 Ibid. 1192. 참조. Murray J. Harris, *Prepositions and Theology in the Greek New Testament* (Grand Rapids: Zondervan, 2012), 123-25.
29 Emily Helen Dutton, *Studies in Greek Prepositional Phrases: διά, ἀπό, ἐκ, εἰς, ἐν* (Chicago: Univ. of Chicago Press, 1916), 201.
30 더 많은 예를 참조하려면 앞의 책을 보라.

있다는 의미를 표현할 수도 있음을 보여준다. 루라기(Luraghi)는 오래된 그리스어에서 ἐν Χριστῷ의 경우와 같이 ἐν이 사람과 관련하여 사용될 경우에는 "'누군가의 권세/의지 안에 있다'는 의미의 환유로 이해해야 한다"고 덧붙인다.[31]

전치사 ἐν의 의미 파악이 쉽지 않다는 것은 불행한 일이다. 전치사 ἐν이 지닌 지나치게 다양한 용법과 유연성 때문에 ἐν Χριστῷ 어구의 의미에 대해 정확한 결론을 내리기는 어렵다. 더 나아가 이 어구가 그리스도와의 연합이라는 주제 전반에 걸쳐 핵심적인 역할을 한다는 점 자체가 어떤 구체적인 결론 도출을 더욱 어렵게 만든다. 그리스도와의 연합이라는 주제 전반에 걸쳐 드러나는 모호성은 사실 적잖게는 이 작은 ἐν이라는 단어의 모호함에서 비롯된다고 해도 과언이 아니다.

그렇다면 우리는 이 전치사에 관해 어떤 결론을 내릴 수 있는가? 이 전치사의 의미가 탄력적이며 심지어 ἐν Χριστῷ 어구 안에서도 ἐν의 의미를 단 하나의 기능에 종속시키기 어렵다는 점은 이미 학계에 널리 알려져 있다. ἐν의 다양한 기능을 이해하고자 할 때 문맥의 역할이 가장 중요하다는 점도 이미 합의가 이루어진 상태다. 이 전치사의 공간적 의미를 최우선적으로 고려하는 것 또한 매우 합리적이라 생각되며 개별 본문을 분석할 때에도 우리는 이 의미를 가장 먼저 고려해야 한다. ἐν의 은유적 용법으로 넘어가서도 가능한 한 공간적 의미를 가장 최우선순위에 두어야 한다는 점과 ἐν의 주요 용법 중에서도 이 "공간"의 의미가 가장 중요한 의미라는 점에는 일반적인 합의가 이루어진 상태다. 뿐만 아니라 ἐν Χριστῷ 어구가 인격적 관계를 나타낸다는 사실도 수용하는 것이 바람직해 보인다. 심지어 그리스도의 통치 영역과 같이 공간

---

31 Silvia Luraghi, *On the Meaning of Prepositions and Cases: The Expression of Semantic Roles in Ancient Greek* (Amsterdam: John Benjamins, 2003), 87. Luraghi에 의하면 ἐν의 도구적 의미는 후대의 진화 과정에서 나타났으며 "진정한 의미의 도구적 표현은 신약성서에서 처음 시작되었다"(93).

적 의미가 강한 경우 역시도 그리스도를 어떤 추상적인 존재로 간주하기보다는 그리스도의 인격과 관련된 의미로 보아야 한다. 이제 우리는 ἐν Χριστῷ라는 고정문구의 용례를 개별적으로 분석하고 다양한 하위 범주에 따라 분류하는 작업을 진행하고자 한다.

3.3 "그리스도 안에" 있는 사람들을 위해 성취되거나 그들에게 주어진 것

바울 서신에 등장하는 ἐν Χριστῷ의 여러 용례는 신자들을 위해 성취된 것과 관련이 있다. 신자들은 자신들을 대신하여 완성된 사역의 수혜자들이거나 **그리스도 안에서** 자신들에게 주어진 선물을 받은 자들이다. ἐν Χριστῷ가 등장하는 73회 용례 중에서 20회는 이 유형에 속한다.

> δικαιούμενοι δωρεὰν τῇ αὐτοῦ χάριτι διὰ τῆς ἀπολυτρώσεως τῆς **ἐν Χριστῷ** Ἰησοῦ.
> **그리스도** 예수 **안에 있는** 속량으로 말미암아 하나님의 은혜로 값없이 의롭다 하심을 얻은 자 되었느니라(롬 3:24).

이 예문에서 ἐν Χριστῷ는 칭의와도 관련이 있지만, 구속과 더 직접적으로 관련이 있다. 그리스도 예수 안에 있는 구속은 그리스도의 구속하는 행위를 가리키며 이 구속의 행위는 죄에 종속되어 있던 자들을 그 속박으로부터 해방시켰다. 예를 들면 이 문맥에서는 **영역적**(그리스도의 영역 안에서 발견된 구속), **도구적**(그리스도를 통해 성취된 구속), **동인적**(그리스도에 의해 성취된 구속), **인과적**(그리스도 때문에 존재하는 구속) 용법이 모두 가능한 옵션이다.

"그리스도 예수 안에 있는 구속으로 말미암아"(διὰ τῆς ἀπολυτρώσεως τῆς ἐν Χριστῷ Ἰησοῦ)는 동격적 구조와 유사한데 거기서 "그리스도 예수 안에"는 "구속"을 수식한다. 따라서 이 문장의 의미는 다음과 같다. 그들은 **구속을 통해 은혜로 의롭다 함을 받고 그 구속은 그리스도에게 속한 것이다.** BDAG가 ἐν의 용법으로 분류한 범주 중 하나 이상이 여기에 적용될 수 있는데 그중에서도 가장 개연성이 높은 범주는 연관성을 나타내는 범주다. 왜냐하면 이 표현은 동격이기 때문이다. 이 표현은 신자들을 의롭다고 여기는 모든 종류의 구속이 아닌, 오직 그리스도와 연관된 구속을 가리킨다. 이러한 결론은 크랜필드의 견해와도 일치한다. 그는 이 본문에 나타난 사상은 "이 구속 행위가 과거에 성취되었다는 것이지, 그 구속이 그리스도와의 연합을 통해 현재 유효하다는 것(availability)을 의미하지 않는다"고 말한다.[32]

> τὰ γὰρ ὀψώνια τῆς ἁμαρτίας θάνατος, τὸ δὲ χάρισμα τοῦ θεοῦ ζωὴ αἰώνιος **ἐν Χριστῷ Ἰησοῦ** τῷ κυρίῳ ἡμῶν.
> 죄의 삯은 사망이요, 하나님의 은사는 **그리스도** 예수 우리 주 **안에 있는** 영생이니라(롬 6:23).

여기서 영생은 하나님에 의해 주어지고 그리스도 예수 안에서 발견되는 선물이다. 여기서 주어는 당연히 하나님이며 그는 영생을 선물로 주시는 분이다. "그리스도 안에 있는 영생"을 해석하는 방법은 여러 가지가 있는데 **영역적**(그리스도의 영역 안에서 발견된 영생), **도구적**(그

---

32 C. E. B. Cranfield, *The Epistle to the Romans* (ICC; London: T&T Clark, 1975), 1:208. Dunn은 비록 "'그리스도 예수 안에' 있는 자들을 위해 주어진 '그리스도 안에' 있는 구속의 개념을 완전히 배제하기는 어렵다"고 보기는 하지만, 이 구속이 과거에 성취되었다는 점과 관련해서는 비슷한 결론을 내린다. James D. G. Dunn, *Romans 1-8* (WBC; Dallas: Word, 1988), 170.

리스도를 통해 주어진 영생), **동인적**(그리스도에 의해 성취된 영생), **인과적**(그리스도 때문에 주어진 영생) 의미 등이 여기에 속한다. 여기에 하나님의 선물이 정확히 무엇이냐 하는 질문을 더하면 문제는 훨씬 더 복잡해진다. 이 하나님의 선물은 **그리스도 예수 우리 주**에 의해 규정되는 **영생인가**? 아니면 이 선물은 **그리스도 예수 우리 주**가 이 선물의 일부로 간주되는 **우리 주 예수 그리스도 안에 있는 영생**인가?

이러한 질문에 답하려면 우리는 이 구절에 나타난 평행 문구에 주목할 필요가 있다. **삯**은 **은사**와 병치되고 **죄**는 **하나님**과 병치되며 **사망**은 **영생**과 병치된다. **사망**은 **그리스도 예수 우리 주 안에 있는 영생**과 병치될 수도 있지만, 단순히 **영생**과 병치되어 **그리스도 예수 우리 주 안에**가 이 영생을 수식하는 표현일 개연성이 더 높다. 결과적으로 이 독법은 영역적 의미를 배제한다. 왜냐하면 이 어구는 **그리스도의 영역에서 발견된 영생**을 지칭하지 않기 때문이다. 또한 하나님은 은사를 주시는 장본인이기 때문에(그런 의미에서 하나님의 은사임) 동인(動因, agency)의 의미도 배제된다. 왜냐하면 하나님 자신이 동인이기 때문이다.[33] 인과적 용법도 하나님의 은사가 그리스도 때문에 주어진다는 의미로서는 가능하지만, 하나님의 은사가 그리스도께 달려 있는 것으로 만들어 하나님의 동인을 약화시키는 경향이 있다. 따라서 이 용례는 도구적 용법으로 이해하는 것이 가장 적절해 보인다. 하나님은 동인—영생을 주시는 분—이며 이 은사는 그리스도의 사역을 통해 주어진다. 이 견해를 채택하면 하나님의 동인이 약화되지 않음은 물론, 은사가 사망과 완전히 대비된다. 그리스도는 하나님이 영생을 주시기 위해 매개로 사용한 분이다.

---

33 **동인**(agency)과 **도구성**(instrumentality)은 구분될 필요가 있다. 이 책 전반에 걸쳐 **동인**은 어떤 행위를 일으키는 데 사용되는 도구라기보다는 어떤 행위를 일으키는 원인제공자(originator)를 가리킬 것이다. **도구성**이란 행위가 성취되는 데 사용되는 도구를 나타낸다. §6.2를 보라.

한편 던은 이 결론에 반대한다. 그는 이 구절을 예수의 생명에 참여하는 것을 의미한다고 본다. "영생은 그리스도의 영원한 부활의 생명에 참여하는 것이다."[34] 물론 우리는 여기서 이러한 신학적 정서에 반대하지는 않지만, 이 구절이 그러한 참여를 염두에 두고 있다고 보지 않는다. 그리스도의 죽음과 생명에의 참여는 6장 전반부(6:1-11)에서 거론되지만, 후반부(6:15-23)에서는 나타나지 않는다. 6장 후반부는 죄에 대한 종노릇의 열매와 하나님에 대한 종노릇의 열매를 서로 대조하면서 하나님에 대한 종노릇의 열매가 성화이며 그 최후가 영생이라는 결론에 도달한다(6:22). 따라서 이 단락에서 영생은 하나님에 대한 종노릇의 열매로 간주되지, 그리스도의 생명에 참여하는 것에 대한 열매로 간주되지 않는다(물론 이 두 개념은 상호 배타적인 것은 아님). 이로 미루어 보아 6:23에서 "그리스도 예수 안에"(ἐν Χριστῷ Ἰησοῦ)가 참여를 나타낼 개연성은 낮아 보인다. 오히려 그리스도는 하나님이 신자들을 죄로부터 해방시켜 자신에게 종노릇하게 하는 도구이며 하나님께 종노릇한 결과는 영생이다.

> τῇ ἐκκλησίᾳ τοῦ θεοῦ τῇ οὔσῃ ἐν Κορίνθῳ, ἡγιασμένοις **ἐν Χριστῷ Ἰησοῦ**, κλητοῖς ἁγίοις, σὺν πᾶσιν τοῖς ἐπικαλουμένοις τὸ ὄνομα τοῦ κυρίου ἡμῶν Ἰησοῦ Χριστοῦ ἐν παντὶ τόπῳ, αὐτῶν καὶ ἡμῶν.
> 고린도에 있는 하나님의 교회 곧 **그리스도** 예수 **안에서** 거룩하여지고 성도라 부르심을 받은 자들과 또 각처에서 우리의 주 곧 그들과 우리의 주되신 예수 그리스도의 이름을 부르는 모든 자에게(고전 1:2).

이 예문에서 ἐν Χριστῷ는 성화와 관련이 있다. 바울은 **그리스도 안에서** 거룩하게 된 사람들을 언급하는데 이것은 그들을 위해, 그리

---

34 Dunn, *Romans 1-8*, 356.

고 그들 안에서 성취된 그리스도의 사역을 가리킨다. 이 경우 ἐν은 **영역적**(그리스도의 영역 안에서 거룩하게 됨), **도구적**(그리스도를 통해 거룩하게 됨), **동인적**(그리스도에 의해 거룩하게 됨), **인과적**(그리스도 때문에 거룩하게 됨) 기능을 수행할 수 있다. 우선 영역적 기능일 개연성은 가장 낮아 보인다. 왜냐하면 이것이 동인적이든, 도구적이든, 인과적이든 간에 어떠한 인과 관계가 분명히 존재하기 때문이다. **그리스도 예수 안에서는** 고린도 교인들이 어떻게 성화되는지에 관한 설명으로 보인다. 이것은 이어지는 내용, 즉 상반절에 관한 설명적 보족(補足, epexegetical)에 의해 확인된다. 고린도 교인들은 **거룩함을 받은 자들**(ἡγιασμένοις)로 묘사되며 주 그리스도의 이름을 부르는 모든 자들과 더불어 **성도들**(ἁγίοις)로 불린다. ἡγιασμένοις와 ἁγίοις가 어원이 같은 단어라는 점은 이 구절의 두 부분이 모두 같은 내용을 다룬다는 사실을 암시한다. 즉 그들은 성화되었는데 이것은 그들이 성도로 소명을 받음으로써 일어난 것이다. 성도로 부르심을 받음은 주의 이름을 부르는 모든 자들에게도 동일하게 적용되며 이는 주의 이름을 부르는 것이 그들이 거룩함을 받는 길임을 암시한다. 그러므로 그들이 성도로 부르심을 받은 것과 주의 이름을 부르는 것이 여기에 나란히 언급된 것은 이 구절이 그들이 거룩함을 받는 방식을 염두에 둔 것임을 암시한다. 따라서 동인적, 도구적, 인과적 용법 등이 여기에 잘 어울린다.

언뜻 보면 동인적 용법이 가장 개연성이 높아 보인다. 월리스(Wallace)는 동인을 나타내는 여격이 "고대 그리스어에서뿐만 아니라 신약성서에서도 **극히 드문 범주**"[35]라고 주장하면서도 그는 이 본문의 의미를 밝혀줄 핵심 포인트 네 가지를 제시한다. 첫째, 여격은 인격적이어야 하는데 그리스도는 분명히 여기에 해당된다. 둘째, 여격 명사에 의해 명시된 사람은 어떤 의지를 행사하는 사람으로 묘사되어야 하는

---

35 Wallace, *Greek Grammar*, 163[강조는 원저자의 것임].

데 이 역시 본문에서 쉽게 추측이 가능하다. 셋째, 수동태 완료 동사를 포함해야 하는데 본문에서는 "거룩함을 받은 자들"(ἡγιασμένοις)이 바로 여기에 해당된다. 넷째, 수동태 동사의 동인이 능동태 동사의 주어가 될 수 있는데 그리스도는 "거룩하게 하다"라는 능동태 동사의 주어가 될 수 있다. 따라서 비록 드물긴 하지만, 이 구절은 동인을 나타내는 여격에 부합하는 것으로 보인다.

하지만 이러한 동인적 용법은 이 구절이 하나님이 최종적 동인임을 암시한다는 점에서 치명적 약점을 가진다. 여기서 가장 핵심적인 부분은 **부르심**(calling)이라는 용어와 관련이 있다. 고린도 신자들은 그리스도 예수 안에서 거룩하게 되고 성도로 **부르심**을 받았다. 이 두 개념의 관계는 이미 설명적 보족(epexegetical)으로 판명된 바 있다. 하지만 우리는 1:1에서 바울도 (사도로) 부르심을 받았고 또한 이 부르심은 "하나님의 뜻을 따라" 이루어졌음을 알고 있다. 따라서 신자의 소명도 하나님에 의해 이루어지는 것이다. 비록 성도가 되게끔 하는 것이 주 예수 그리스도의 이름을 부르는 것이긴 하지만, 하나님의 부르심이 그들을 성도로 변화시키는 시발점이 된다. 따라서 하나님은 이 사역의 동인이며 그리스도는 (인격적) 도구다. 성화는 하나님의 부르심을 성취하기 위한 목적으로 그리스도를 통해 이루어지며 그에 의해 촉발된다.[36]

εὐχαριστῶ τῷ θεῷ μου πάντοτε περὶ ὑμῶν ἐπὶ τῇ χάριτι τοῦ θεοῦ τῇ δοθείσῃ ὑμῖν **ἐν Χριστῷ** Ἰησοῦ.

그리스도 예수 **안에서** 너희에게 주신 하나님의 은혜로 말미암아 내가 너희를 위하여 항상 하나님께 감사하노니(고전 1:4).

---

36 Fee도 이에 동의한다. "따라서 ἐν Χριστῷ Ἰησοῦ 어구는 여기서 영역적 의미보다는 일종의 도구적 의미일 것이다. '그들은 하나님께서 그리스도를 통해 성취한 것으로 인해 거룩하게 되었다.'" Gordon D. Fee, *The First Epistle to the Corinthians* (NICNT; Grand Rapids: Eerdmans, 1987), 32.

이 예문은 은혜와 관련된 ἐν Χριστῷ 용법을 보여준다. 하나님의 은혜는 **그리스도 안에서** 신자들에게 주어졌다. 앞의 예문과 같이 이 ἐν 도 도구적으로 이해하는 것이 가장 적절해 보인다. 왜냐하면 여기서도 하나님이 암묵적 동인이기 때문이다. 바울은 고린도 교인들에게 주신 **하나님**의 은혜로 말미암아(ἐπί) **하나님**께 감사드린다. 이 일에 대해 하나님께 감사드리고 이 은혜의 근원을 하나님(τῇ χάριτι τοῦ θεοῦ)으로 묘사하는 것으로 미루어 보아 바울은 이 일이 아버지 하나님으로부터 기인한 것으로 본다. 하지만 이 은혜는 **그리스도 예수 안에서** 고린도 교인들에게 주어진다. 이 구절에 하나님의 동인이 내포되어 있다는 점을 감안하면 도구적 용법이 이 ἐν Χριστῷ 용례에 가장 잘 부합한다.[37]

ἀλλὰ ἐπωρώθη τὰ νοήματα αὐτῶν. ἄχρι γὰρ τῆς σήμερον ἡμέρας τὸ αὐτὸ κάλυμμα ἐπὶ τῇ ἀναγνώσει τῆς παλαιᾶς διαθήκης μένει, μὴ ἀνακαλυπτόμενον ὅτι **ἐν Χριστῷ** καταργεῖται.

그러나 그들의 마음이 완고하여 오늘까지도 구약을 읽을 때에 그 수건이 벗겨지지 아니하고 있으니, 그 수건은 **그리스도 안에서** 없어질 것이라(고후 3:14).

이 예문에서 ἐν Χριστῷ는 오직 그리스도를 통해서만 수건이 벗어진다는 것을 표현하기 위해 사용된다. 수건에 가려지지 않고 똑바로 볼 수 있는 능력은 **그리스도 안에서** 신자들에게 주어진다. 여기서 ἐν의 용법은 영역적(그리스도의 영역 안에서 벗어짐), 도구적(그리스도를 통해 벗어짐), 혹은 동인적(그리스도에 의해 벗어짐) 용법이 될 수 있다. 하지만 영

---

37 비록 Thiselton이 이 구절에서 하나님이 동인이심을 인정하지만, 그는 여기서 ἐν Χριστῷ를 종말론적으로 이해한다. 그는 그리스도 안에 있다는 것은 "하나님께서 이미 그들에게 은혜를 부어주심으로 나타난 종말론적 긴장을 경험하는 것"이라고 말한다. Anthony C. Thiselton, *The First Epistle to the Corinthians* (NIGTC; Grand Rapids: Eerdmans, 2000), 90. 그러나 이 결론은 ἐν Χριστῷ에 대한 석의적 결과라기보다는 특정한 신학적 견해를 ἐν Χριστῷ에 반영한 결과로 보인다.

역적 용법은 가장 개연성이 낮다. 왜냐하면 이 본문은 벗어지게 하는 행위가 야기할 수 있는 어떤 상태(그리스도의 영역에서 발생)보다는 벗어지게 하는 행위 자체를 염두에 두고 있기 때문이다. 도구적 용법은 이보다는 더 개연성이 높지만, 다른 이(즉 하나님)를 최종적 동인으로 볼 수 있는 단서를 찾기 어렵다는 단점이 있다. 단락 전체(3:12-18)에서 하나님 아버지에 관한 명시적 혹은 암묵적 언급이 전혀 없다(물론 그럴 가능성은 거의 없지만, 16-18절에서 여러 차례 언급되는 "주"를 그리스도 대신 하나님을 지칭하는 것으로 간주하지 않는 한). 비록 도구적 의미가 최종적 동인에 대한 직접적 언급에 달려 있는 것은 아니지만, 그런 언급이 없다는 사실은 다른 용법이 더 적절할 수 있음을 말해준다.[38]

따라서 비록 월리스의 기준에는 부합하지 않지만, 동인이 이 구절에 가장 잘 어울리는 용법일 수 있다. 본문은 월리스의 네 가지 포인트 중 세 가지에 부합하지만, 수동태 완료 동사 기준에는 부합하지 않는다.[39] 하지만 이것은 네 가지 기준 중에서 가장 취약한 기준이라고 할 수 있다. 이 문제와 관련하여 BDF는 동인의 여격이 신약성서에서 단 한차례 등장한다고 주장하며(월리스는 이러한 분석을 지나치게 엄격하다고 평가함),[40] 스마이스는 이 용법이 "**주로 현재 완료형 혹은 과거 완료형**" 수동태 동사와 함께 발견된다고 주장한다.[41] 그런데 월리스는 이 문제와 관련하여 지나치게 BDF와 스마이스에 의존하는 경향이 있다. 따라서 ἐν Χριστῷ가 동인을 나타낸다고 보는 견해가 가장 무난해 보인다.

---

38 이 견해는 도구적 용법을 채택한 불트만의 견해에 반대한다. "수건은 (오직) 그리스도 안에서 (그리고 그리스도를 통해) 없어지는데 오늘날까지 수건은 치워지지 않고 그대로 있다." Rudolf Bultmann, *Der zweite Brief an die Korinther* (Göttingen: Vandenhoeck & Ruprecht, 1976), 90.
39 Wallace, *Greek Grammar*, 164.
40 BDF, 102, §191; Wallace, Ibid., 164.
41 Herbert Weir Smyth, *Greek Grammar* (rev. by Gordon M. Messing; Cambridge, MA: Harvard Univ. Press, 1920), 343, §1488[강조는 첨가된 것임].

그리스도는 모세의 수건을 벗기시는 당사자다.

> ὡς ὅτι θεὸς ἦν **ἐν Χριστῷ** κόσμον καταλλάσσων ἑαυτῷ, μὴ λογιζόμενος αὐτοῖς τὰ παραπτώματα αὐτῶν καὶ θέμενος ἐν ἡμῖν τὸν λόγον τῆς καταλλαγῆς.
> 곧 하나님께서 그리스도 안에 계시사 [**그리스도 안에서**] 세상을 자기와 화목하게 하시며, 그들의 죄를 그들에게 돌리지 아니하시고 화목하게 하는 말씀을 우리에게 부탁하셨느니라(고후 5:19).

이 예문에는 ἐν Χριστῷ가 분명한 삼위일체적 암시와 더불어 화해와 연관되어 나타난다. 세상은 하나님의 사역을 통해 그와 화목하게 되었고 이것은 **그리스도 안에서** 성취되었다. 이 예문의 ἐν Χριστῷ는 상당히 난해하다. 가장 먼저 제기되는 질문은 ἦν … καταλλάσσων이 완곡어법인지 아닌지에 관한 것이다. 만약 완곡어법이 **아니라면** ἐν Χριστῷ는 θεὸς ἦν을 직접 수식하게 되고, 그렇게 되면 이 절은 **하나님께서 그리스도 안에 계셨다**는 의미로 해석될 수 있다. 만약 이 해석이 옳다면 이 ἐν의 용법은 친밀한 유대 관계를 나타낸다. 즉 하나님과 그리스도는 서로 밀접하게 연관되어 있으며 친밀한 유대 관계 속에서 활동하신다. 이와 같은 관계는 요한복음 14:10-11에서도 발견된다.

하지만 ἦν … καταλλάσσων("화목하게 하시고" was reconciling)을 완곡어법으로 간주하고 ἐν Χριστῷ κόσμον("그리스도 안에서 세상을")이 분사(καταλλάσσων)를 수식하는 것으로 보는 것이 더 타당해 보인다.[42] 포터는 그리스어 동사의 완곡어법을 다음과 같이 엄격하게 규정한다.

---

42 Stanley E. Porter, *Verbal Aspect in the Greek of the New Testament with Reference to Tense and Mood* (SBG 1; New York: Peter Lang, 1989), 462.

분사는 보조 동사와 문법적으로 일치해야 할 뿐 아니라 전후 어디서든 서로 인접해 있어야 한다.…접속사를 제외하고 보조 동사(εἰμί)와 분사는 술어로서 오직 분사의 수식 어구 혹은 보어에 의해서만 분리될 수 있다. 만약 그렇지 않다면 이 분사는 완곡 구문을 구성하는 것이 아니다. 보조 동사와 분사 사이에 보조 동사를 수식하거나 명시하는 요소들이 삽입된 경우에는(가령 주어) 형식적으로 그 보조 동사가 독립된 존재임을 확정해준다. 이 경우 분사의 보어 혹은 수식어는 그 동사적 용법과 완전히 양립하며 특별한 관심을 끌지 않는다.[43]

비록 포터가 동사적 완곡 구문에 대해 상당히 편협한 기준을 제시하긴 하지만, 그는 이 구절이 이 기준에 부합하는 예로 간주한다.[44] 따라서 이 ἐν 용례는 아마도 친밀한 유대 혹은 연대 관계를 나타내는 것으로 보기 어렵다. 그렇다면 가장 개연성이 높은 용법은 도구적 용법이다. 즉 하나님은 그리스도의 인격을 통해 세상을 자기 자신과 화목하게 하신 것이다.[45]

διὰ δὲ τοὺς παρεισάκτους ψευδαδέλφους, οἵτινες παρεισῆλθον κατασκοπῆσαι τὴν ἐλευθερίαν ἡμῶν ἣν ἔχομεν **ἐν Χριστῷ** Ἰησοῦ, ἵνα ἡμᾶς καταδουλώσουσιν.

이는 가만히 들어온 거짓 형제들 때문이라. 그들이 가만히 들어온 것은 **그리스도** 예수 **안에서** 우리가 가진 자유를 엿보고 우리를 종으로 삼고자 함이로되(갈 2:4).

---

43 Ibid., 453.
44 Ibid., 462.
45 참조. Ralph P. Martin, *2 Corinthians* (WBC; Waco: Word, 1986), 153-54. Martin은 완곡어법을 인정하지 않는 Harris의 해석을 거부한다(참조. Harris, "Prepositions and Theology," 3:1193).

여기서 "그리스도 예수 안에서 우리가 가지고 있는 우리 자유"는 그리스도의 구속 행위를 통해 신자들에게 주어진 자유를 가리킨다. 그러나 이 구절이 반드시 그리스도의 구속 행위를 염두에 둘 필요는 없다. 오히려 바울은 이 구속 행위의 결과로 촉발된 존재적 상태(ἔχομεν, 우리가 가진)에 대해서 이야기한다. 자유는 **그리스도 안에서** 그분과 모든 신자에게 주어진 것이다. 자유를 성취해낸 행위가 강조의 대상이 아니기 때문에 여기서 ἐν의 도구적 용법과 동인의 용법은 배제되어야 한다. 즉 이 용법들은 도구나 동인을 통해 발생한 행위를 묘사하기에 더 적절하다.

또 다른 한 가지 가능성은 이 예문이 인과를 나타내는 용법일 수 있다는 것이다. 즉 바울은 그리스도 예수 때문에 신자들이 가지게 된 자유에 관해 말한다. 이 해석은 본문을 왜곡하지 않는다. 이 구절은 바울과 그의 동료 신자들이 그리스도 안에서 향유하는 자유와 거짓 형제들이 그들에게 부여하려는 종의 모습(καταδουλώσουσιν)을 서로 대비하려는 것으로 보인다. 바울은 종의 모습을 단순히 안타까운 상황으로 보지 않는다. 이러한 종의 모습은 완전히 다른 영역으로서 신자들은 거기서 구원을 받아 자유를 얻게 되었다(갈 4:24-25; 5:1). 따라서 "우리가 그리스도 예수 안에서 가지고 있는" 이 자유는 그리스도의 새롭고 탁월한 통치 영역으로 이전된 자들의 경험을 가리킨다. 결과적으로 이 ἐν Χριστῷ 용법은 그리스도의 인격적 영역과 통치 안에서 발견되는 자유를 지칭하는 영역적(locative) 용법으로 이해하는 것이 가장 적절하다.[46]

---

46 Longenecker는 이 예문을 도구와 영역을 **모두** 나타내는 용법으로 간주한다. 그는 자유는 "그리스도께서 우리의 삶 가운데 일으키신 것(도구)과 우리가 그리스도와 인격적으로 하나가 된 것(영역)에 기인한다"고 말한다. Richard N. Longenecker, *Galatians* (WBC; Dallas: Word, 1990), 52. 그러나 이러한 주장은 두 가지 이유에서 타당성이 떨어진다. 첫째, ἐν Χριστῷ가 동시에 **두 가지** 기능을 수행한다는 주장을 뒷받침해 줄 만한 언어학적 증거가 없다. 사실 전치사 ἐν에 관한 모든 어휘적 논의는 문맥이 주어진 상황에서 그 (한) 기능을 규정하는 결정적 요인이 된다고 본다. 물론 이것은 **신학적** 관점에서 그리스도의 도구성

ἵνα εἰς τὰ ἔθνη ἡ εὐλογία τοῦ Ἀβραὰμ γένηται **ἐν Χριστῷ** Ἰησοῦ, ἵνα τὴν ἐπαγγελίαν τοῦ πνεύματος λάβωμεν διὰ τῆς πίστεως.

이는 **그리스도** 예수 **안에서** 아브라함의 복이 이방인에게 미치게 하고, 또 우리로 하여금 믿음으로 말미암아 성령의 약속을 받게 하려 함이라(갈 3:14).

여기서 우리는 아브라함의 축복이 이방인에게 확대되도록 의도되었고 **그리스도에 의해** 주어짐을 확인한다. 이 ἐν Χριστῷ 용례와 가장 잘 부합하는 두 가지 용법은 동인적 용법과 도구적 용법이다.[47] 언뜻 보면 그리스도를 제외하고는 다른 최종적 동인이 거의 나타나지 않기 때문에 동인의 용법이 가장 적절해 보인다. 3:10-14 단락은 그 어디서도 하나님의 사역을 그리스도의 사역의 궁극적 원천(source)으로 언급하지 않는다. 이 사실은 그리스도가 이 구절에서 실제적 동인임을 암시한다. 하지만 "하나님께서 믿음으로 이방인들을 의롭게 하셨으며 먼저 아브라함에게 복음을 전하면서 '모든 이방인들이 너로 인하여 복을 받을 것이다'"라고 말하는 3:8에서 이 본문의 암묵적 동인이 발견된다. 이 구절은 분명히 3:14의 의미를 밝혀줄 단서를 제공한다. 하나님께서 이방인들이 복을 받게 될 것임을 약속하셨고(ἐνευλογηθήσονται, 3:8), 그 약속은 3:14에서 성취된다. "그리스도 예수 안에서 아브라함의 복(εὐλογία)이 이방인들에게 미치게 되었다는 것이다. 따라서 우리는 여기서 이방인에게 이 복을 가져다준 그리스도의 사역이 하나님의 약속의 완성임

이 영역적 의미와 더불어 그리스도와의 연합의 여러 다른 측면과 함께 그 의미에 포함될 수 없다는 의미는 아니다. 오히려 언어학적-석의적 관점에서 볼 때 전치사의 특정 기능은 그 주어진 특정 문맥에 따라 규명되어야 한다는 의미다. 둘째, 도구성은 불가능하지는 않지만, 앞에서 지적했듯이 이 예문에서는 자유를 가져다주는 행위가 강조의 대상이 아니라는 점과 더불어 동인에 관한 명시적인 언급이 전혀 없기 때문에 도구성은 받아들여지기 어렵다.

47 여기에 제시된 영어 번역은 이방인들이 그리스도 안에 있는 것으로 묘사되는("그리스도 예수 안에 있는 이방인들") 세 번째 옵션을 지지하지만, 그리스어 원문 어순은 이 독법을 지지하지 않는다. 원문의 어순은 문자적으로 번역하면 "이방인들에게 아브라함의 복은 그리스도 안에서 온다"가 된다.

을 확인한다. 결과적으로 이 구절의 ἐν Χριστῷ는 도구적 용법으로 사용된 것으로 보인다. 즉 이방인에게 주어진 아브라함의 복은 궁극적으로 하나님의 계획에 따라 그리스도의 사역을 통해 완성된 하나님의 사역이다.

> εὐλογητὸς ὁ θεὸς καὶ πατὴρ τοῦ κυρίου ἡμῶν Ἰησοῦ Χριστοῦ, ὁ εὐλογήσας ἡμᾶς ἐν πάσῃ εὐλογίᾳ πνευματικῇ ἐν τοῖς ἐπουρανίοις **ἐν Χριστῷ**.
> 찬송하리로다. 하나님 곧 우리 주 예수 그리스도의 아버지께서 **그리스도 안에서** 하늘에 속한 모든 신령한 복을 우리에게 주시되(엡 1:3).

여기서도 ἐν Χριστῷ는 하나님이 주신 은사와 관련이 있다. 여기서는 모든 영적 축복이 **그리스도 안에서** 주어진다. 그런데 우리는 여기서 이 ἐν Χριστῷ를 영역적 용법으로 볼 수 있는 단서들을 발견한다. 선행 구문인 **하늘에 있는**(ἐν τοῖς ἐπουρανίοις)은 거의 확실하게 장소적이며 ἐν Χριστῷ는 이 구문의 동격으로 읽힐 수 있다. 이 절은 **하늘 즉 그리스도의 영역에 있는 모든 영적인 복**으로 의역될 수 있다.[48] 사실 이 독법은 다른 여러 구절에 의해서도 지지를 받는다. 에베소서 2:6은 καὶ συνήγειρεν καὶ συνεκάθισεν ἐν τοῖς ἐπουρανίοις ἐν Χριστῷ Ἰησοῦ, **또 함께 일으키사 그리스도 예수 안에서 함께 하늘에 앉히시니라**고 말한다. 이것은 **우리를 천상의 영역 즉 그리스도의 영역에서 그와 함께 앉혔다**는 의미로도 이해할 수 있다. 디모데후서 4:18은 이와 동일한 형용사를 사용하여 그리스도의 왕국을 묘사한다. ῥύσεταί με ὁ κύριος ἀπὸ παντὸς ἔργου πονηροῦ καὶ σώσει εἰς τὴν βασιλείαν αὐτοῦ τὴν

---

48 비록 "하늘의"(ἐπουρανίοις)가 형용사이긴 하지만, ἐν Χριστῷ를 수식하지 않는다. 왜냐하면 두 구문은 수에서 일치하지 않기 때문이다. 이 단어는 명사의 역할을 수행하는 형용사다.

ἐπουράνιον, 주께서 나를 모든 악한 일에서 건져내시고 또 그의 천상의 왕국에 들어가도록 구원하실 것이다. 이 구절은 그리스도의 영역을 "하늘의"로 지칭할 수 있다는 것을 보여주며 에베소서 1:3의 영역적 독법에 힘을 실어준다.

그럼에도 형용사 "하늘의"(ἐπουρανίοις)를 보다 더 깊게 관찰해 보면 "그리스도 안에"(ἐν Χριστῷ)를 "천상에 있는"(ἐν τοῖς ἐπουρανίοις)의 동격으로 보는 것이 바람직하지 않다는 것을 알 수 있다. 에베소서 3:10과 6:12은 "하늘에 있는"(ἐν τοῖς ἐπουρανίοις) 통치자와 권력자, 어둠의 권세들과 악한 영의 세력에 관해 이야기한다. 물론 이 세력들은 분명 자신들의 세력에 대항하는 그리스도의 영역에 속하지 않는다. 바로 이 이유 때문에—그의 원수들의 영역이 아닌 그리스도의 천상적 영역을 구체적으로 명시하려는 이유— "그리스도 안에"(ἐν Χριστῷ)를 "**하늘에**"(ἐν τοῖς ἐπουρανίοις)와 동격으로 볼 수도 있지만, "**하늘에**"(ἐν τοῖς ἐπουρανίοις)는 그리스도의 영역이 어둠의 권세들의 영역과 대치하는 모든 영적 실재를 지칭하는 전문용어일 가능성이 높다. 따라서 이 구절에서 그리스도의 영역이 심지어 그리스도에게 속한 하늘로 한정된다 할지라도 하늘로 묘사되었을 개연성은 낮다.

한편 **하늘의**(ἐπουράνιος)를 그리스도의 영역과 직결시키는 디모데후서 4:18의 경우는 그 표현이 상당히 다르다. 그리스도의 왕국(τὴν βασιλείαν αὐτοῦ, 그의 왕국)은 분명하게 명시되어 있으며, 형용사(τὴν ἐπουράνιον, 하늘의)가 이를 수식한다. 이 **하늘의**(τὴν ἐπουράνιον)는 엡 1:3에서 형용사의 명사적 용법으로 사용된 **하늘에 있는**(ἐν τοῖς ἐπουρανίοις)과 다르다. 전자는 **하늘의**(heavenly)라는 의미인 반면, 후자는 **하늘**(the heavens)을 의미한다. 이 둘은 서로 상당히 다른 것이기 때문에 디모데후서 4:18의 **하늘의**(ἐπουράνιος)가 명사적 용법으로 그리스도의 영역을 가리킨다는 주장은 설득력이 떨어진다.

만약 ἐν τοῖς ἐπουρανίοις ἐν Χριστῷ에서 ἐν Χριστῷ가 ἐν τοῖς

ἐπουρανίοις의 동격으로 사용되지 않았다면 이것은 과연 어떻게 이해해야 할까? 가장 단도직입적인 해석은 ἐν Χριστῷ를 도구적으로 이해하는 것이다.[49] 이 구절은 하나님이 동인이라는 사실을 분명하게 언급한다(찬송하리로다. 하나님 곧 우리 주 예수 그리스도의 아버지께서는 우리에게 복을 주셨다). 따라서 이 구절은 **찬송하리로다. 그리스도를 통해 하늘에 있는 모든 영적인 복으로 우리에게 복을 주신 하나님, 곧 우리 주 예수 그리스도의 아버지**로 읽어야 한다.

> καὶ συνήγειρεν καὶ συνεκάθισεν ἐν τοῖς ἐπουρανίοις **ἐν Χριστῷ Ἰησοῦ**.
> 그는 또한 그와 함께 우리를 일으키셨고 **그리스도** 예수 **안에서** 우리를 그와 함께 하늘에 앉히셨다(엡 2:6; 저자 사역).

이 예문은 신자들을 일으키시고 그들을 그리스도와 함께 하늘에 앉히신 하나님의 사역과 관련이 있다. 신자들은 **그리스도 안에서** 행하신 하나님의 사역의 수혜자들이다. 분명 이 ἐν Χριστῷ 용법은 그리 단순하지 않다. 앞에서 논증한 바와 같이 1:3에서 동일하게 사용된 구문(ἐν τοῖς ἐπουρανίοις ἐν Χριστῷ)은 동격이 아니다. 만약 이것이 올바른 해석이라면 이 구절도 동격이 아닐 가능성이 높다. 또한 비록 우리가 앞에서 1:3이 도구적 용법이라고 논증했지만, 그 결론을 이 구절에도 적용하기에는 몇 가지 문제점이 있다. 만약 여기서도 ἐν Χριστῷ가 도구적이라면 이것은 전적으로 하나님께서 그리스도를 **통해** 신자들을 그리

---

49   O'Brien은 ἐν Χριστῷ는 하나님의 은사가 그리스도를 통해 온다는 것을 의미하며 동사 "찬송하리로다"를 수식한다고 정확하게 지적한다. Peter T. O'Brien, *The Letter to the Ephesians* (PNTC; Grand Rapids: Eerdmans, 1999), 97. 비록 그가 이 현상을 가리켜 **동인**(agency)이라는 용어를 사용하지만, 그는 동인을 도구성과 같은 의미로 이해한다고 각주에서 밝힌다(97, n. 49).

스도와 함께 일으키셨고 그들을 그리스도와 함께 앉히셨다는 것을 의미한다. 만약 이 구절이 하나님께서 그리스도를 통해 우리를 그리스도와 함께 일으키셨다는 의미라면, 어딘가 모르게 약간 어색한 감이 없지 않다. 불필요한 동의어 반복(tautology)은 잠시 차치하더라도 하나님께서 그리스도를 **일으키셨지만** 또한 동시에 이것을 그리스도를 **통해** 행하셨다는 것은 어딘가 모르게 모순 어법처럼 보이기 때문이다.

ἐν Χριστῷ가 동격으로 사용되지 않고 따라서 그리스도의 영역을 가리키는 영역적 의미로 사용되지 않았다면, 이 어구는 구체적으로 영역의 의미를 나타낼 수도 있다. 즉 신자들은 **그리스도와 함께** 하늘에 앉혀졌다는 것이다. 이에 대한 반론은 이 구절이 이미 "그와 함께 일으키셨다"와 "그와 함께 앉히셨다"를 포함하기 때문에 이러한 독법은 동어 반복일 수 있다. 그렇다면 이 구절은 "하나님께서는 또한 우리를 일으키셨고 그리스도 예수와 함께 우리를 하늘에 앉히셨다"로 읽을 수 있다. 하지만 이러한 해석은 명백한 동어 반복에 해당한다. 한 가지 중요한 사실은 συνήγειρεν καὶ συνεκάθισεν가 반드시 **그와 함께 일으키셨고 우리를 그와 함께 앉히셨다**로 번역될 필요는 없다는 것이다. 우선, 그리스어 원문에는 "그와 함께 일으키셨고"에서 "그와"라는 단어가 없고 단지 συν-접두사와 그 문맥이 이 사실을 암시해줄 뿐이다. 이 합성 동사들은 **우리를 함께-일으키셨다**(co-raised us) **우리를 함께-앉히셨다**(co-seated us)로 번역될 수 있는데 그렇게 되면 동어 반복을 피할 수 있다.[50] 그렇다면 이 구절은 "그는 또한 그리스도 예수와 함께 우리를 함께-일으키셨고 우리를 하늘에 함께-앉히셨다"로 읽을 수 있다.

이 독법의 강점은 앞 구절(καὶ ὄντας ἡμᾶς νεκροὺς τοῖς παραπτώμασιν

50　Lincoln은 이 점을 간과한 것으로 보인다. 그는 "그리스도 예수 안에서" 옆에 있는 συν 접두 동사들을 단순히 "강조를 위해 장황한 문체를 사용하는 에베소서의 한 특성"으로 간주한다. Andrew T. Lincoln, *Ephesians* (WBC; Dallas: Word, 1990), 105.

συνεζωοποίησεν τῷ Χριστῷ, 심지어 우리가 허물로 인해 죽었을 때에도 [그는] 우리를 그리스도와 함께 살리셨고)과 훨씬 더 잘 어울린다는 것이다. 우리는 여기서도 또 다른 συν 접두사가 사용된 것을 볼 수 있다. 물론 여기서는 "함께-일으키셨고"와 "함께-앉히셨다"와 평행을 이루는 "우리를 함께 살리셨고"로 번역된다. τῷ Χριστῷ 어구는 "그리스도와 함께"로 번역된다(또는 συνεζωοποίησεν τῷ Χριστῷ 어구 전체가 단순히 "그리스도와 함께 살리셨다"를 의미할 수도 있다). 하지만 이 συν 접두어가 ἐν Χριστῷ와 짝을 이루고 2:6의 두 συν 접두어가 τῷ Χριστῷ와 짝을 이루는 구조는 단순히 우연의 일치일 뿐이다. 이 두 어구가 서로 다르다는 사실은 이 둘이 동의어가 아님을 말해준다고도 볼 수 있지만, 사실 이것은 결정적인 단서가 될 수 없다.

일반 언어에서는 어떤 특별한 구분 없이 동의어가 종종 사용된다. 이러한 용법은 문체 혹은 개인의 선호도에 따라 나타날 수 있으며 때로는 알 수 없는 의도에 따라 나타날 수도 있다. τῷ Χριστῷ와 ἐν Χριστῷ가 동의어라는 사실은 5절과 6절 사이에 존재하는 내적 평행에 의해서도 입증될 수 있다. συν 접두어들도 당연히 평행을 이루지만, 하나님께서 이러한 행위들을 신자들을 위해 그리스도와 함께 행하셨다는 기본 주제 역시 평행을 이룬다. 다시 말하면 비록 "너희는 은혜로 구원을 받은 것이라"(χάριτί ἐστε σεσῳσμένοι)는 구문에 의해 잠시 중단되기는 하지만, 이 두 구절은 계속 동일한 개념을 유지한다. 이러한 평행 구조는 τῷ Χριστῷ와 ἐν Χριστῷ가 동의어라는 좋은 근거를 제공해준다. 결론적으로 2:6의 ἐν Χριστῷ 용법은 실체적·영역적으로 이해하는 것이 가장 좋다. 신자들은 **그리스도와 함께** 있다.

ἵνα ἐνδείξηται ἐν τοῖς αἰῶσιν τοῖς ἐπερχομένοις τὸ ὑπερβάλλον πλοῦτος τῆς χάριτος αὐτοῦ ἐν χρηστότητι ἐφ᾽ ἡμᾶς **ἐν Χριστῷ Ἰησοῦ**.

이는 **그리스도** 예수 **안에서** 우리에게 자비하심으로써 그 은혜의 지극히 풍성함을 오는 여러 세대에 나타내려 하심이라(엡 2:7).

이 예문은 하나님께서 **그리스도 안에서** 신자들에게 주신 자비 및 은혜와 관련이 있다. 이 ἐν Χριστῷ는 영역적 혹은 도구적 의미로 보이지 않는다. 영역적 의미는 그것이 은유적이든 아니든 간에 영역에 대한 힌트가 전혀 없기 때문에 배제된다. 도구적 의미는 종종 (하나님의) 특정 행위와 연관되어 발견되곤 하지만, 여기서는 **자비**(χρηστότητι)라는 명사와 함께 사용된다. 여기서 ἐν Χριστῷ가 **나타내려 하심**(ἐνδείξηται)이라는 동사를 수식한다고도 볼 수도 있지만, 이는 지나친 확대 해석으로 보인다. 이 어구는 **자비**(χρηστότητι)를 수식하는 것이 훨씬 더 자연스럽다.

그렇다면 이 자비하심은 어떤 의미에서 **그리스도 안에** 있다는 것인가? 아무튼 ἐν Χριστῷ는 현 문맥에서 이 하나님의 자비하심을 나타낸 것과 관련이 있다고 볼 수 있다. **나타내려 하심**(ἐνδείξηται)이란 표현이 강조하듯이 이 구절은 하나님이 그 은혜의 지극히 풍성함을 나타내셨다는 내용과 관련이 있다. 따라서 이 ἐν Χριστῷ 용법은 BDAG가 "그것에 대하여 무언가 일어나거나, 그 안에서 무언가 드러나거나, 그것에 의하여 무언가 인식되는 대상을 나타내는 표지"로 서술한 범주에 해당한다고 할 수 있다. 우리의 이러한 해석은 이 중 세 번째 항목과 관련된다. 즉 ἐν Χριστῷ는 하나님의 자비하심이 인식되거나 드러나게 하는 역할을 한다. 베스트가 내린 결론처럼 그리스도는 "하나님의 은혜가 드러나는 장소이거나 방식"이다.[51] 또한 하나님의 자비하심이 그의 지극히 풍성한 은혜를 나타낸다는 의미에서 **우리에게 자비하심으로써**(ἐν χρηστότητι ἐφ᾽ ἡμᾶς)도 동일한 역할을 수행한다고 볼 수 있다. 다음과

---

51 Ernest Best, *Ephesians* (ICC; London: T&T Clark, 1998), 225.

같은 의역은 그 의미를 제대로 표현해준다. **이는 하나님께서 그 은혜의 지극히 풍성함을 장차 오는 세대에 나타내려 하셨기 때문이다. 이 은혜는 우리를 향한 그의 자비하심을 통해 드러나고 그리스도 예수 안에서 드러난다.**

> αὐτοῦ γάρ ἐσμεν ποίημα, κτισθέντες **ἐν Χριστῷ** Ἰησοῦ ἐπὶ ἔργοις ἀγαθοῖς οἷς προητοίμασεν ὁ θεός, ἵνα ἐν αὐτοῖς περιπατήσωμεν.
> 우리는 그가 만드신 바라. **그리스도** 예수 **안에서** 선한 일을 위하여 지으심을 받은 자니, 이 일은 하나님이 전에 예비하사 우리로 그 가운데서 행하게 하려 하심이니라(엡 2:10).

여기서는 하나님이 사람을 창조하시는 사역을 **그리스도 안에**(ἐν Χριστῷ)로 묘사한다. 이것은 도구적 용법의 단적인 예로 보인다. 하나님이 동인이라는 사실이 분명하게 명시된다. **우리는 그의 피조물이다** (문맥상 "그의"는 하나님 아버지임이 분명하다). 하지만 우리는 또한 그리스도 예수 안에서 창조되었다. 이 두 가지 사실은 다음과 같이 요약될 수 있다. 여기서 말하는 "창조"는 궁극적으로 하나님께 속한 것이지만, 그리스도의 사역에 의해 완성된 것이다. 링컨은 여기서 "'그리스도 예수 안에'는 '그리스도 안에서 이루어진 하나님의 행위를 통해'의 축약어"라고 말한다.[52] 동인과 인격적 도구의 관계는 이 구절의 하반절에서도 명백하게 드러난다. 신자는 그리스도 예수 안에서 **선한 일을 위해** 창조되었으며 이 선한 일은 하나님께서 미리 예비하신 것이다. 다시 말하면 하나님께서는 신자들이 장차 할 일을 예비하셨고 그리스도는 그 일을 할 수 있도록 신자들을 예비하셨다.

---

52   Lincoln, *Ephesians*, 114.

νυνὶ δὲ ἐν Χριστῷ Ἰησοῦ ὑμεῖς οἵ ποτε ὄντες μακρὰν ἐγενήθητε ἐγγὺς ἐν τῷ αἵματι τοῦ Χριστοῦ.
이제는 전에 멀리 있던 너희가 **그리스도** 예수 **안에서** 그리스도의 피로 가까워졌느니라(엡 2:13).

이 예문에서는 먼 데 있던 자들을 가까이 이끄시는 하나님의 사역이 ἐν Χριστῷ와 연관되어 나타난다. 언뜻 보면 ἐν Χριστῷ의 도구적 용법이 가장 적절해 보인다. 하나님께서는 그리스도의 사역을 통해 이방인들을 가까이 이끄셨다. 하지만 이 독법은 이 구절 안에 명백한 동어반복(tautology)이라는 문제를 유발시킨다. 이 사실을 풀어 설명하면 다음과 같다. **그러나 이제 멀리 있던 너희들은 그리스도 예수에 의해 메시아의 피에 의해 가까워졌다.** 다시 말하면 이 독법은 동일한 행위를 두 개의 도구적 어구가 동시에 꾸미도록 만든다. 그러나 베스트가 주장하듯이 "두 도구적 어구가 모두 ἐν으로 시작한다는 것 자체가 굉장히 어색하며 만약 도구적 용법이 맞다면 '그리스도 예수 안에서'는 **가까워졌다**(ἐγενήθητε ἐγγὺς)와 더 밀접하게 붙어야 한다."[53]

문맥상으로는 **그리스도의 영역에서**라는 영역적 용법이 보다 더 적절해 보인다. 이 단락에서 바울은 이방인들이 처해 있던 이전 상태와 그리스도 안에서의 새로운 상태를 극명하게 대조한다. 그들은 "육체 가운데" "할례 받지 않고" "그리스도로부터 분리되고" "이스라엘로부터 멀리 떨어진 상태에서" "하나님 없이" 살았던 자들이었다(2:11-12). 이전 상태와의 극적인 대조는 **그러나 지금은**(νυνὶ δὲ)을 통해 드러난다. 이방인들은 이스라엘과 그리고 하나님과 화해함으로써 서로 "가까워졌으며" 성령을 통해 아버지께 나아갈 수 있게 되었다(2:13-18). 이러한 묘사는 이방인들이 경험한 서로 상반된 두 시대를 보여준다. 결과적으

---

53 Best, *Ephesians*, 247.

로 그리스도의 영역 혹은 범위를 나타내는 ἐν Χριστῷ 용법이 이 단락의 수사학적 의도와 가장 잘 부합한다. 이방인들은 그리스도의 새로운 영역에서 그리스도의 피에 의해 가까워졌다.

> γίνεσθε [δὲ] εἰς ἀλλήλους χρηστοί, εὔσπλαγχνοι, χαριζόμενοι ἑαυτοῖς, καθὼς καὶ ὁ θεὸς **ἐν Χριστῷ** ἐχαρίσατο ὑμῖν.
> 서로 친절하게 하며 불쌍히 여기며 서로 용서하기를 하나님이 **그리스도 안에서** 너희를 용서하심과 같이 하라(엡 4:32).

하나님의 용서는 그리스도 안에서 신자들에게 주어진다. 여기서는 얼핏 보기에는 ἐν Χριστῷ의 도구적 용법이 가장 적절해 보인다. 즉 하나님께서는 신자들을 그리스도를 통해 용서하신 것이다. 하지만 이 해석이 가장 좋은 해결책은 아닌 것 같다. 이 도구적 해석이 지닌 문제점은 하나님의 용서가 너무 지나치게 기계적으로 보인다는 것이다. 물론 이 해석은 그리스도의 사역이 죄를 처리함으로써 하나님께서 죄를 용서하실 수 있게 만들어주는 것이라는 의미로도 받아들여질 수 있지만, 이는 하나님께서 **그리스도를 통해** 용서하신다는 의미와는 다른 것이다. 이같은 해석은 문맥을 통해 입증될 수는 없지만, 신학적인 관점에서는 이 어구가 **원인**을 나타내는 것으로 보는 것이 더 적절해 보인다. 하나님께서는 그리스도 때문에 죄를 용서하신다.

이 해석은 도구적 해석과 비교하면 상당히 미묘하면서 중요한 차이점을 갖고 있다. 비록 하나님의 구속과 화해의 사역은 그리스도를 통해(도구) 이루어지지만, 그의 용서는 자신의 사역에 근거한다. 하나님께서는 그리스도 때문에 용서하신다. 이 해석은 하나님께서 신자들을 용서하신 것과 "같이" 그들도 서로를 용서해야 한다는 권면과도 잘 부합한다. 만약 ἐν Χριστῷ가 도구적 용법이라면 이는 신자들도 그리스도를 **통해** 서로 용서해야 한다는 다소 당혹스런 의미가 된다.[54] 하지만 하나님의 용서가 그리스도 **때문에** 주어진다면 이는 신자들도 마땅히 본받아야 할 모범을 제시해주는 것이다. 그들 역시 그리스도 때문에 서로 용서해야 한다.

> καὶ ἡ εἰρήνη τοῦ θεοῦ ἡ ὑπερέχουσα πάντα νοῦν φρουρήσει τὰς καρδίας ὑμῶν καὶ τὰ νοήματα ὑμῶν **ἐν Χριστῷ** Ἰησοῦ.
> 그리하면 모든 지각에 뛰어난 하나님의 평강이 **그리스도** 예수 **안에서** 너희 마음과 생각을 지키시리라(빌 4:7).

여기서 ἐν Χριστῷ는 신자들의 마음을 지키시는 하나님의 사역과 관련이 있다. 이 문맥에 나타난 이 어구의 의미에 관해서는 세 가지 해석이 가능하다. 첫째, 영역적 해석은 하나님의 평강이 그리스도의 영역 안에서 이루어지는 삶의 모습을 가리킨다고 본다. 그러나 이 해석의 가장 큰 약점은 문맥상 그리스도의 영역이 강조되지 않는다는 점이다. 이전 구절(아무 것도 염려하지 말고 다만 모든 일에 기도와 간구로 너희 구할 것을 **감사함으로 하나님께 아뢰라**)은 염려에 관해 이야기하면서 예측 불허한 삶에 대한 올바른 반응은 기도함으로써 하나님을 신뢰하는 것이라고 지적한다. 그렇다면 7절은 하나님을 신뢰한 결과에 관한 것이다. 즉 하나님의 평강이 너희의 마음과 생각을 지키실 것이다. 이 두 구절의 관계는 분명히 인과적(6절이 7절을 야기함)이므로 7절이 그리스도의 영역 안에 있는 자들의 보편적인 상태를 다룰 가능성은 희박해 보인다.

둘째, 도구적 해석은 하나님이 "마음과 생각을 지키시는" 동인이며 그리스도는 하나님께서 이러한 축복을 주실 때 사용하시는 인격적

---

54 Best는 이러한 문제점을 인정한다. "비록 '그리스도 안에서'가 비교의 의미를 무효화하는 것처럼 보일 수 있기는 하지만, 그럼에도 비교의 의미(하나님께서 용서하신 것 같이 용서하라)를 담을 수 있다." Best, Ibid., 464.

도구로 본다. 그러나 이 해석이 지닌 가장 큰 난제는 엄격한 의미에서 하나님을 이 행위의 동인으로 보기 어렵다는 것이다. 이 구절의 핵심 진술은 **하나님의 평강**이 마음과 생각을 지키는 궁극적 동인이라는 것이다. 이러한 비인격적인 무언가를 **동인**으로 볼 수 있는지 의구심이 들 수 있지만, 요점은 동인이 결코 하나님이 **아니라**는 것이다. 하나님을 동인으로 보지 않고 비인격적인 어떤 힘을 동인(아마 이렇게 부르지 않는 것이 나을 듯)으로 본다면 ἐν Χριστῷ가 도구적 의미를 지닐 가능성은 낮아 보인다.

셋째, ἐν Χριστῷ는 **원인**을 나타낼 수 있다. 하나님의 평강이 신자들의 마음과 생각을 지키도록 해주는 근거가 그리스도의 인격과 사역이라는 것이다. 어쩌면 마음과 생각을 지킬 수 있는 근거가 앞 구절에 (기도와 하나님에 대한 신뢰) 제시되어 있다고 볼 수는 있지만(앞 참조), ἐν Χριστῷ 역시 이에 대한 근거가 될 수 있다. 즉 하나님께 드리는 기도는 그리스도의 중보를 통해 하나님께 상달된다는 것이다. 따라서 기도하는 자들에게 하나님의 평강이 주어지는데 그 이유가 바로 그리스도 때문인 것이다. 염려-기도-평강으로 요약될 수 있는 4:6-7은 그리스도를 그 원인(raison d'être)으로 본다.[55] 결론적으로 이 ἐν Χριστῷ 용법은 원인 혹은 근거를 나타낸다고 보는 것이 가장 적절하다.

> ὁ δὲ θεός μου πληρώσει πᾶσαν χρείαν ὑμῶν κατὰ τὸ πλοῦτος αὐτοῦ ἐν δόξῃ **ἐν Χριστῷ** Ἰησοῦ.
> 나의 하나님이 **그리스도** 예수 **안에서** 영광 가운데 그 풍성한 대로 너희 모든 쓸 것을 채우시리라(빌 4:19).

---

55 Fee도 이에 동의한다. "그리스도를 통해 하나님을 신뢰하고 즐거워할 수 있는 관계가 이 모든 명령법과 직설법의 열쇠다.…현재와 미래의 삶을 만들어가는 모든 것은 그들이 '그리스도 안에' 있는 것과 직결된다." Gordon D. Fee, *Paul's Letter to the Philippians* (NICNT; Grand Rapids: Eerdmans, 1995), 411.

여기서는 우리의 필요를 공급해주시는 하나님의 사역이 ἐν Χριστῷ와 연관되어 있다. 이 용법은 하나님께서 그의 풍성함을 따라 우리의 필요를 그리스도의 영역 안에서 채워주신다는 의미에서 영역적 용법으로 볼 수 있다. 전후 문맥에서 바울은 빌립보 교회의 재정 후원을 언급한다. 그는 빌립보 교회의 관대함을 칭찬하며(4:15-16, 18) 곧바로 그들의 필요도 하나님께서 모두 채워주실 것이라고 말한다. 그렇다면 바울은 여기서 그리스도의 영역 안에 거하는 자들을 위해 하나님께서 그들의 필요를 공급해주실 것임을 암시한다고 볼 수 있다. 그러나 이러한 해석은 가능하면서도, 영역을 서로 대비하는 내용이 분명하게 나타나 있지 않다는 점에서 설득력이 떨어진다. 즉 그리스도의 영역은 육체, 세상, 혹은 마귀의 영역과 대비되지 않는다. 비록 4:10-18에서 진행된 바울의 이전 논의가 실제 세계에서 이루어지는 삶의 특정 현실들에 관한 것이지만, 바울은 이 현실들을 특별히 부정적으로 묘사하지 않기 때문에 이 문맥에서는 이것들이 그리스도의 영역과 대비되지 않는다. 영역적 의미를 도출하기 위해 이러한 "영역 대비"를 부각시킬 필요는 없겠지만, 이러한 영역 대비가 존재하지 않는다는 사실은 그 해석의 개연성을 약화시킨다.

하나님의 공급을 그리스도를 통해 실현되는 것으로 묘사한다는 점에서 이 ἐν Χριστῷ 용법은 도구적으로 해석이 가능하다. 단 한 가지 취약점이 있다면(비록 큰 취약점은 아니지만) 그것은 바로 어순이다. 어순에 의해 석의적 결론이 내려지는 것은 결코 바람직하지 않지만, 이번 경우에는 어순이 상당히 중요한 역할을 한다. 우리가 이미 앞의 여러 예문을 통해 살펴보았듯이 도구적 용법이 언제나 동인 바로 옆에 위치할 필요는 없지만, ἐν Χριστῷ가 **영광 가운데 그의 부요하심을 따라** (κατὰ τὸ πλοῦτος αὐτοῦ ἐν δόξῃ) 바로 뒤에 위치함으로써 도구적 독법을 다소 어색하게 만드는 것은 사실이다.

어쨌든 이 문장을 가장 자연스럽게 읽는 방법은 ἐν Χριστῷ가 **영**

광 가운데(ἐν δόξῃ) 혹은 **영광 가운데 그의 부요하심**(τὸ πλοῦτος αὐτοῦ ἐν δόξῃ)과 연결되어서 그 의미를 어느 정도 한정해주는 것으로 보는 것이다. 결론적으로 이 ἐν Χριστῷ 용법을 가장 잘 설명해주는 범주는 아마도 긴밀한 유대 관계일 것이다. 이 독법은 영광 가운데 있는 하나님의 부요하심이 그리스도와 긴밀한 유대 관계에 있다는 의미를 전달한다. 하나님의 부요하심을 언급한다는 것은 그리스도 예수를 여기에 연루시키는 것이다. 이 두 가지는 불가분의 관계로 서로 얽혀 있다. 브루스는 이를 다음과 같이 요약한다. "바울은 이제 그리스도 예수와 연결시키지 않고는 하나님의 부요하심을 결코 생각조차 할 수 없게 되었다."⁵⁶

> ὑπερεπλεόνασεν δὲ ἡ χάρις τοῦ κυρίου ἡμῶν μετὰ πίστεως καὶ ἀγάπης τῆς **ἐν Χριστῷ** Ἰησοῦ.
> 우리 주의 은혜가 **그리스도** 예수 **안에 있는** 믿음과 사랑과 함께 넘치도록 풍성하였도다(딤전 1:14).

여기서 우리는 ἐν Χριστῷ가 은혜, 믿음, 사랑의 은사와 연관되어 사용되는 것을 확인한다. 이 ἐν Χριστῷ 기능을 이해하는 방법 중 하나는 BDAG가 "그것에 대하여 무언가 일어나거나, 그 안에서 무언가 드러나거나, 그것에 의하여 무언가 인식되는 대상을 나타내는 표지"라고 서술한 범주로 이해하는 것이다. 이 해석을 따르면 이 구절은 그리스도에 대한("그것에 대하여 무언가 일어나는 대상") 믿음과 사랑을 언급한다. 그러나 이러한 해석의 문제점은 문맥이 그리스도를 향한 무언가를 나타내기보다는 무언가가 바울에게 주어진 것을 묘사한다는 것이다. 다시 말하면 만약 ἐν Χριστῷ가 무언가를 향해 일어나는 어떤 대상을 가리

---

56   F. F. Bruce, *Philippians* (NIBC; Peabody: Hendrickson, 1989), 155.

킨다면 이 구절에서 언급된 믿음과 사랑은 하나님이 바울에게 주신 은 사라기보다는 그분을 향한 무언가로 만들어 버리는데, 문맥은 전자를 지지한다.

우리가 여기서 유념해야 할 점은 **그리스도 예수 안에**(ἐν Χριστῷ Ἰησοῦ) 앞에 있는 관사 τῆς의 존재다. 이 관사는 여성 소유격으로서 **믿음**(πίστεως)과 **사랑**(ἀγάπης)과 일치하는데 이는 **그리스도 예수 안에**(τῆς ἐν Χριστῷ Ἰησοῦ)라는 어구가 **믿음과 사랑**(πίστεως καὶ ἀγάπης)과 동격임을 암시해준다. 따라서 ἐν Χριστῷ는 믿음과 사랑이 전해지는 방식 혹은 이것들이 무엇에 기초하는지를 말하기보다는 믿음과 사랑에 관해 무언가를 부연하려는 것으로 보아야 한다. BDAG가 열거한 범주 가운데 이 용례와 가장 잘 부합하는 용법은 상태 혹은 상황을 나타내는 것이다. 따라서 ἐν Χριστῷ는 **믿음**(πίστεως)과 **사랑**(ἀγάπης)의 상태나 상황을 지칭한다. 즉 믿음과 사랑은 그리스도에 의해 좌우된다. 이러한 결론은 마샬의 견해와도 양립한다. 그는 이러한 표현은 "기독교의 구원의 길과 진정한 기독교의 존재 방식을…경쟁 관계에 있는 다른 영성 추구 방식과 대조하려는 의도에서 나온 것"으로 본다.[57] 다시 말하면 여기서 말하는 믿음과 사랑은 다른 거짓된 영성들과 대조되며 그리스도에 의해 좌우된다.

Παῦλος ἀπόστολος Χριστοῦ Ἰησοῦ διὰ θελήματος θεοῦ κατ' ἐπαγγελίαν ζωῆς τῆς **ἐν Χριστῷ** Ἰησοῦ.
하나님의 뜻으로 말미암아 **그리스도** 예수 **안에 있는** 생명의 약속대로 그리스도 예수의 사도 된 바울은(딤후 1:1).

하나님의 뜻과 일치하는 생명의 약속은 **그리스도 안에서**(ἐν Χριστῷ)

---

57   I. Howard Marshall, *The Pastoral Epistles* (ICC; London: T&T Clark, 1999), 396.

주어진다. 이 용법은 직전 예문의 용법과도 유사해 보인다. 명사구가 **그 리스도 안에 있는**(τῆς ἐν Χριστῷ Ἰησοῦ) 앞에 나오고 여성 소유격 관사가 ἐν Χριστῷ 앞에 등장하는데 이는 ἐν Χριστῷ가 **생명의 약속**(ἐπαγγελίαν ζωῆς)과 동격임을 말해준다. 동사적 행동은 명시되어 있지 않으며 이는 ἐν Χριστῷ의 도구적 용법을 배제한다. 따라서 이 용법은 상태 혹은 상황을 나타내는 직전 예문의 용법과 동일한 것으로 보는 것이 가장 적절하다. 생명의 약속은 그리스도 예수에 의해 좌우된다.

> τοῦ σώσαντος ἡμᾶς καὶ καλέσαντος κλήσει ἁγίᾳ, οὐ κατὰ τὰ ἔργα ἡμῶν ἀλλὰ κατὰ ἰδίαν πρόθεσιν καὶ χάριν, τὴν δοθεῖσαν ἡμῖν **ἐν Χριστῷ** Ἰησοῦ πρὸ χρόνων αἰωνίων.
> 하나님이 우리를 구원하사 거룩하신 소명으로 부르심은, 우리의 행위대로 하심이 아니요 오직 자기의 뜻과 영원 전부터 **그리스도** 예수 **안에서** 우리에게 주신 은혜대로 하심이라(딤후 1:9).

하나님의 뜻과 은혜는 **그리스도 안에서**(ἐν Χριστῷ) 신자들에게 주어진다. 이 ἐν Χριστῷ 용법은 세 가지 이유에서 도구적 용법일 개연성이 높다.[58] 첫째, ἐν Χριστῷ는 동사적 개념(τὴν δοθεῖσαν ἡμῖν, 우리에게 주신)과 직결되어 있어서 도구적 기능을 위한 필수 조건으로 보인다. 둘째, 하나님의 동인이 분명히 나타나 있다. 하나님은 앞 구절 마지막에 명시적으로 언급된다(하나님의 능력에 의존하면서 복음을 위해 고난에 참여하라). 따라서 하나님은 **우리를 구원하시고 부르시는 행위**의 주어이며 **자기의 뜻과 은혜**라는 문구의 대명사가 지칭하는 분이시다. 셋째, 그리스도의 도구적 용법은 다음 구절에서도 계속된다. **이제는 우리 구주 그리**

---

58 Marshall은 "그[그리스도]는 하나님께서 자신의 목적을 이루시기 위해 사용하신 '채널'이다"라고 표현한다. (Ibid., 706).

스도 예수의 나타나심으로 말미암아 나타났으니 그는 사망을 폐하시고 복음으로써 생명과 썩지 아니할 것을 드러내신지라.

διὰ τοῦτο πάντα ὑπομένω διὰ τοὺς ἐκλεκτούς, ἵνα καὶ αὐτοὶ σωτηρίας τύχωσιν τῆς **ἐν Χριστῷ** Ἰησοῦ μετὰ δόξης αἰωνίου.
그러므로 내가 택함 받은 자들을 위하여 모든 것을 참음은, 그들도 **그리스도** 예수 **안에** 있는 구원을 영원한 영광과 함께 받게 하려 함이라(딤후 2:10).

하나님의 구원의 선물은 여기서 ἐν Χριστῷ 어구와 연관된다. 여기서 구원은 그리스도와 연관될 뿐만 아니라 그리스도에 의해 성취된다고 볼 수 있다. 이 경우 ἐν Χριστῷ는 도구적 용법으로 해석된다. 그러나 이러한 해석의 문제점은 ἐν Χριστῷ가 어떤 동사적 행동보다는 **구원**(σωτηρίας)이라는 명사를 수식한다는 점이다. 앞의 두 예문과 같이(딤전 1:14; 딤후 1:1) ἐν Χριστῷ는 여기서 여성 소유격 관사 뒤에 나오며 이 관사는 명사 σωτηρίας와 동격이다. 이 독법의 두 번째 문제점은 하나님의 동인이 명시적으로 드러나 있지 않아서 도구적 용법의 가능성이 낮다는 것이다. 그러나 이 ἐν Χριστῷ 용법이 앞에서 다룬 용법들과 유사하다는 점을 감안하면 상태 혹은 상황을 나타내는 용법으로 간주하는 것이 가장 적절해 보인다. 구원은 그리스도에 의해 좌우되기 때문에 ἐν Χριστῷ는 "신자들이 장차 얻게 될 구원의 구체적인 성격"을 나타낸다.[59]

3.3.1 요약

지금까지 ἐν Χριστῷ의 여러 용법을 살펴본 결과 이 어구는 신자들을

---

59 Donald Guthrie, *The Pastoral Epistles* (TNTC; 2nd ed.; Leicester, UK: Inter-Varsity Press, 1990), 156.

위해, 혹은 그들을 향해, 혹은 그들에게 주어지거나 그들이 혜택을 누리도록 행하는 하나님의 행위들과 연관되어 사용된다. 비록 아직은 잠정적이긴 하지만 ἐν Χριστῷ의 기능은 신자들을 위한 하나님의 행위와 은사라는 범주 안에서 보다 더 구체적으로 규명될 수 있다. 우리는 여기서 몇 가지 흥미로운 사실을 발견했다. ἐν Χριστῷ의 20회 용례 중에서 각각 도구적 용법이 8회(롬 6:23; 고전 1:2, 4; 고후 5:19; 갈 3:14; 엡 1:3; 2:10; 딤후 1:9), 영역적 용법이 3회(갈 2:4; 엡 2:6, 13), 상태 혹은 상황의 용법이 3회(딤전 1:14; 딤후 1:1; 2:10), 긴밀한 유대 관계 용법이 2회(롬 3:24; 빌 4:19), 인과적 용법이 2회(엡 4:32; 빌 4:7), 동인 용법이 1회(고후 3:14), 인식의 표지 용법이 1회(엡 2:7) 사용된 것으로 나타났다. 이러한 통계자료는 ἐν Χριστῷ가 매우 다양한 용법을 가지고 있음을 보여주며 또한 도구적 용법에 편향되어 있음도 분명히 보여준다.

결론적으로 ἐν Χριστῷ 어구는 그의 백성을 향한 하나님의 자비로운 행동과 은사를 묘사해주는 독특한 역할을 수행한다. 신자들을 향한 하나님의 행동은 어떤 의미에서 그리스도를 통해 행해지거나, 그리스도와 연관되거나, 혹은 그에 의해 좌우된다. 따라서 아직 이른 감이 없지 않지만, 우리는 일단 이러한 ἐν Χριστῷ 용법들은 주로 신자들을 향한 하나님의 사역을 중재하는 그리스도의 역할과 관련이 있다는 잠정적 결론에 도달한다.

3.4 "그리스도 안에서"의 신자들의 행동

이 하위 범주는 주로 ἐν Χριστῷ와 연관된 신자들(특히 바울)의 행동들을 다룬다. 이 어구는 이 행동들이 이루어지는 방식 혹은 형태를 나타낸다. 어떤 구절들은 그리스도의 이름으로 행해지는 행위들을 서술하기 위해 ἐν Χριστῷ를 사용한다. 또 다른 구절들은 이 행동들이 행해지는 방식을 서술하기 위해 ἐν Χριστῷ를 사용한다. 만약 어떤 행동이 **그리스도 안에서**(ἐν Χριστῷ) 행해진다면 그 행동은 그리스도 자신과 부합하는 특성을 나타낼 것이다. 어떤 경우에는 ἐν Χριστῷ가 특정 행동의 이유 혹은 동기를 드러내는 원인을 나타내기 위해 사용되기도 한다. 총 73회 중에서 이 하위 범주에 포함되는 ἐν Χριστῷ 용례는 도합 7회다.

> ἀλήθειαν λέγω **ἐν Χριστῷ**, οὐ ψεύδομαι, συμμαρτυρούσης μοι τῆς συνειδήσεώς μου ἐν πνεύματι ἁγίῳ.
> 내가 **그리스도 안에서** 참말을 하고 거짓말을 아니하노라. 나에게 큰 근심이 있는 것과 마음에 그치지 않는 고통이 있는 것을 내 양심이 성령 안에서 나와 더불어 증언하노니(롬 9:1).

진실을 말하는 바울의 행동은 여기서 그리스도 안에 있는 것으로 묘사된다. 여기서 ἐν Χριστῷ의 도구적 용법은 적절해 보이지 않는다. 왜냐하면 그리스도를 바울의 도구로서 그의 행동을 완수하는 분으로, 그리고 바울을 궁극적 동인으로 보는 해석은 상당히 어색하기 때문이다.

여기서 중요하게 고려해야 할 대상은 이 구절 말미에 위치한 평행 어구인 **성령 안에서**(ἐν πνεύματι ἁγίῳ)다. 바울은 거짓말을 하지 않으며 그의 양심은 성령 안에서(혹은 성령으로) 그에게 증언한다. 이 구절이 의미하는 바를 규명하기 전에 우리는 이 두 어구(ἐν Χριστῷ와 ἐν πνεύματι ἁγίῳ)가 단지 같은 문장에 함께 등장하기 때문에 같은 방식으로 해석해야 하는지 질문해야 한다. 이 두 어구를 동일한 방식으로 해석해야만 할 특별한 이유는 없다. 하지만 한 가지 용법이 두 어구의 용례를 가장 잘 설명해준다면 그 방법을 채택하는 것이 가장 바람직하다. 사실 이 두 어구는 바울의 고백과 연결되어 있다. 즉 바울은 그리스도 안에서 진실을 말하고 그의 양심은 성령 안에서 그것을 확증한다. 따라서 이는 이 두 어구가 동일한 방식으로 해석될 수 있음을 시사한다.

이 ἐν Χριστῷ 어구는 바울이 그리스도의 영역 안에 있는 사람으로서 진실을 말한다는 의미에서 영역적으로 해석될 수 있다. 그러나 이 해석은 두 가지 약점을 가지고 있다. 첫째, 영역적 해석은 바울의 행동을 직접적으로 수식하기보다는 바울의 정체성(그리스도의 영역 안에 있는)에 관한 무언가를 전달하며 이는 동시에 그의 행동에 영향을 미친다. 이러한 해석은 가능하지만, 이 어구는 바울의 행동을 직접 수식하는 것으로 읽는 것이 더 타당해 보인다. 즉 이 어구는 바울의 말하는 행위에 관해 무언가를 말해준다는 것이다.

아마도 ἐν Χριστῷ에 대한 가장 좋은 해석은 긴밀한 유대 관계의 표지로 간주하는 것이다. 긴밀한 유대 관계를 나타내는 BDAG의 하위 범주 중 하나는 다음과 같다. "특히 바울과 요한의 용례에서 ἐν-용어의 지시 대상이 지배적 영향력을 행사하는 긴밀한 인격적 관계를 지칭하는 경우: ~의 지배 아래에서, ~의 영향 아래에서, ~와 긴밀한 유대 관계."[60] 아무튼 BDAG는 이 구절을 이 하위 범주에 포함시킨다. 아울러 BDAG는 "ἐν πνεύματι를 고정문구로 사용하는 경우도 이와 유사하다"라고 덧붙인다.[61] BDAG는 이 구절뿐만 아니라 ἐν πνεύματι라는 표현 역시 여기에 포함시킨다. 따라서 이 범주는 ἐν Χριστῷ와 ἐν πνεύματι ἁγίῳ에 모두 적용되며 이 두 어구의 의미를 올바르게 규명해준다. 결과적으로 이 구절은 다음과 같이 이해될 수 있다. **나는 그리스도의 통제 하에 진실을 말한다. 나는 거짓말을 하지 않으며 나의 양심은 성령의 통제하에 나에게 증언한다.** 던도 이와 유사한 견해를 피력한다. 그는 바

---

60 BDAG, 327.
61 Ibid., 328.

울을 "살아 계신 그리스도와 그분이 자신에게 위임하고 승인한 것에 크게 의존하고 또한 그 사실을 깊이 인식하는 자"로 간주한다.[62]

> ἔχω οὖν [τὴν] καύχησιν ἐν Χριστῷ Ἰησοῦ τὰ πρὸς τὸν θεόν.
> 그러므로 내가 **그리스도** 예수 **안에서** 하나님의 일에 대하여 자랑하는 것이 있거니와(롬 15:17).

바울은 그리스도 안에서 자랑한다. 이 예문은 앞의 예문처럼 긴밀한 유대 관계의 표지로 간주될 수도 있지만, 그럴 개연성은 낮아 보인다. 바울은 어떤 의미에서 그리스도의 통제 아래에서 혹은 그리스도의 영향 아래에서 자랑한다는 것인가? 이러한 해석은 그리스도가 바울로 하여금 자랑하도록 강요한다는 것을 암시하는데 그럴 가능성은 매우 희박하다. 하지만 바울이 그리스도에 **관해** 자랑하도록 자극받았을 가능성도 배제할 수 없다. 다만 바울은 그리스도에 관해 자랑할 수도 있지만 바울의 자랑이 **하나님에 관한 것들**(τὰ πρὸς τὸν θεόν)이었기 때문에 그것이 이 구절의 관심사는 아니었을 것으로 보인다.

아마도 이 ἐν Χριστῷ에 대한 가장 자연스러운 해석은 **내가…자랑하는 것**(ἔχω … καύχησιν)이라는 동사적 개념을 수식하는 것으로 이해하는 것이다. 만약 이 해석이 옳다면 ἐν Χριστῷ는 부사적 기능을 수행한다. 이러한 기능은 "특별히 완곡어법에서 부사의 보조사 기능을 하며 어떤 종류와 방식을 나타내는 표지"로 분류되는 BDAG의 범주에 해당한다.[63] 만약 이 범주가 여기에 적용된다면 **내가 그리스도 예수 안에서 자랑하는 것**(ἔχω … καύχησιν ἐν Χριστῷ Ἰησοῦ)의 의미는 바울이 그리스도의 특성에 맞는 자랑을 한다는 것이 된다. 즉 그는 **그리스도답게**

---

62 James D. G. Dunn, *Romans 9-16* (WBC; Dallas: Word, 1988), 523.
63 BDAG, 330.

(Christ-ly) 자랑한다는 것이다. 이러한 해석의 장점은 ἐν Χριστῷ Ἰησοῦ 라는 표현이 바울의 자랑을 납득할 만한 것으로 만든다는 것이다. 바울은 자기 의에 가득 찬 방식으로 자랑한 것이 아니다. 그의 그리스도다운 자랑은 그리스도의 특성을 지녔기 때문에 올바른 것이다.

이 구절이 정확히 무엇을 의미하는지는 다음 구절에서 확인된다. οὐ γὰρ τολμήσω τι λαλεῖν ὧν οὐ κατειργάσατο Χριστὸς δι᾽ ἐμοῦ εἰς ὑπακοὴν ἐθνῶν, λόγῳ καὶ ἔργῳ, **그리스도께서 이방인들을 말과 행위로 순종하게 하도록 나를 통해 역사하신 것 외에 내가 감히 말하지 아니하노라**. 바울이 자신의 사역에 관해 주장하는 것이 무엇이든지 간에 15:18에 따르면 그것은 궁극적으로 그리스도의 사역에 근거를 둔다.[64] 그런 의미에서 15:18은 15:17의 의미를 해석해준다. 바울이 말하는 것은 모두 그의 자랑을 포함하여 **그리스도답다**.

διὰ τοῦτο ἔπεμψα ὑμῖν Τιμόθεον, ὅς ἐστίν μου τέκνον ἀγαπητὸν καὶ πιστὸν ἐν κυρίῳ, ὃς ὑμᾶς ἀναμνήσει τὰς ὁδούς μου τὰς **ἐν Χριστῷ** [Ἰησοῦ], καθὼς πανταχοῦ ἐν πάσῃ ἐκκλησίᾳ διδάσκω.
이로 말미암아 내가 주 안에서 내 사랑하고 신실한 아들 디모데를 너희에게 보내었으니, 그가 너희로 하여금 **그리스도** 예수 **안에서** 나의 행사 곧 내가 각처 각 교회에서 가르치는 것을 생각나게 하리라(고전 4:17).

바울은 여기서 "그리스도 예수 안에서 나의 행사"에 관해 이야기하면서 자신의 일반적인 행실을 정의하는 행동들(그리고 어쩌면 태도들)을 묘사한다. 그의 행동들, 관습들, 그리고 기본 생활은 그리스도 안에서 이루어진다. 따라서 이 ἐν Χριστῷ 용법은 앞의 예문과 같이 부사적으로 어떤 성격 혹은 방식을 표현한다고 볼 수 있다. 비록 **나의 행사**(τὰς

---

64 Cranfield, *Romans*, 2:757-58.

ὁδούς μου)라는 어구가 동사를 포함하지는 않지만, 이 표현에는 행동을 나타내는 동사적 의미가 암시되어 있어서 ἐν Χριστῷ를 부사적 기능으로 보는 것은 그리 나쁘지 않다.

하지만 우리가 여기서 유의해야 할 점은 바울이 바로 이어서 자신이 이것들을 각처의 교회에서 가르치고 있다고 언급하기 때문에 **나의 행사**(τὰς ὁδούς μου)가 **단지** 바울의 행동만을 가리키지 않는다는 것이다.[65] 다시 말하면 바울의 "그리스도 예수 안에서 나의 행사"는 아마도 그의 삶과 교리를 **모두** 지칭하며 따라서 4:16에서 자신을 본받으라는 권면은 고린도 신자들이 그의 가르침만 아니라 그 가르침을 구현하는 그의 삶도 본받아야 한다는 것을 암시한다. 그런 의미에서 종류 혹은 방식을 나타내는 ἐν Χριστῷ의 용법은 바울의 전 생애 및 가르침과 관련이 있다.

> οὐ γάρ ἐσμεν ὡς οἱ πολλοὶ καπηλεύοντες τὸν λόγον τοῦ θεοῦ, ἀλλ᾽ ὡς ἐξ εἰλικρινείας, ἀλλ᾽ ὡς ἐκ θεοῦ κατέναντι θεοῦ **ἐν Χριστῷ** λαλοῦμεν.
>
> 우리는 수많은 사람처럼 하나님의 말씀을 혼잡하게 하지 아니하고, 곧 순전함으로 하나님께 받은 것 같이 하나님 앞에서와 **그리스도 안에서** 말하노라(고후 2:17).

여기서 바울은 자신이 말하는 행위 등을 ἐν Χριστῷ로 묘사한다. 전후 문맥은 이 어구가 말씀을 전하는 바울의 태도를 표현하기 위해 사용되고 있음을 보여준다. 즉 하나님의 메시지를 직업적으로 전하는 자들과는 달리 바울은 말씀을 진실되게 전한다. 만약 이것이 ἐν Χριστῷ

---

65 Fee는 "마지막 절에 근거하여 바울의 '행사'를 그의 교리적인 가르침에만 국한하려고 하는" 이들의 주장을 올바르게 거부하며 바울에게 있어서 "'교리'는 윤리를 내포하며 만일 그렇지 않다면 결코 교리일 수 없다"라고 지적한다. Fee, *1 Corinthians*, 189, n. 37.

의 기능이라면 이 예문은 종류 혹은 방식을 나타내는 부사적 용법의 또 다른 예를 제시해준다고 할 수 있다.

그러나 이러한 해석은 가능하지만, 바울의 의도를 정확하게 설명해주지는 못한다. 우선 이 해석은 바울의 진술을 동어 반복적으로 만드는 것이 사실이다. 즉 바울은 이미 자신과 동료 사역자들이 진실되게 말씀을 전하고 있다고 언급한 바 있다. 따라서 바울이 그들도 **그리스도답게**(Christ-ly) 말씀을 전한다고 말한다면 이것은 이 의미와 중첩된다. 이는 완전한 동어 반복은 아닐지라도 어색한 것만은 사실이다. 더 나아가 직업적으로 하나님 말씀을 선포하는 자들에 대한 바울의 비판은 말씀을 전하는 **방식**을 직접 겨냥하기보다는 영리적인 목적으로 말씀을 전하는 그들의 잘못된 동기 혹은 원인을 겨냥한 것이다.

따라서 직업성 전도자들에 대한 바울의 비판이 그들의 잘못된 동기 혹은 원인에 관한 것이었다면, 자신의 말씀 선포를 다른 사람과 대조하는 방식도 이와 동일한 맥락에서 해석될 필요가 있다. 다시 말하면 이 문맥에서 이 ἐν Χριστῷ에 관한 가장 좋은 독법은 원인을 나타내는 표지로 읽는 것이다. 바울은 이득을 위해 말씀을 전하는 것이 아니라 그리스도 때문에 말씀을 전한다. 이것이 마틴의 결론이다. "바울의 메시지는 '하나님으로부터'(ἐκ θεοῦ) 온 것이며 '하나님 앞에서'(κατέναντι θεοῦ) 그리고 '그리스도 안에서'(ἐν Χριστῷ), 즉 고후 4:5을 내다보며 그리스도의 종으로서 마땅히 해야 할 자세로 선포된다."[66] 고후 4:5에 대한 마틴의 지적은 시사하는 바가 크다. 왜냐하면 바울은 거기서 자기 자신보다는 그리스도를 전해야 할 의무가 **예수 때문**(διὰ Ἰησοῦν)임을 천명하기 때문이다.

πάλαι δοκεῖτε ὅτι ὑμῖν ἀπολογούμεθα. κατέναντι θεοῦ **ἐν Χριστῷ**

---

66 Martin, *2 Corinthians*, 50.

λαλοῦμεν · τὰ δὲ πάντα, ἀγαπητοί, ὑπὲρ τῆς ὑμῶν οἰκοδομῆς.
너희는 이때까지 우리가 자기변명을 하는 줄로 생각하는구나. 우리는 **그리스도 안에서** 하나님 앞에 말하노라. 사랑하는 자들아, 이 모든 것은 너희의 덕을 세우기 위함이니라(고후 12:19).

앞의 예문과 같이 여기서도 ἐν Χριστῷ는 바울의 말씀 선포와 관련이 있다. 여기서도 ἐν Χριστῷ는 원인을 나타내는 것으로 읽는 것이 가장 좋다. 바울은 자기 자신을 변호하기 위해 말씀을 선포하지 않았다고 주장한다(너희는 지금까지 우리가 너희에게 우리 자신을 변호하려는 줄로 생각했구나). 따라서 자신의 말씀 선포를 ἐν Χριστῷ로 묘사하면서 바울이 말하고자 한 바는 바로 말씀을 선포하는 올바른 동기다. 그리스도가 그의 말씀 선포의 동기이자 이유이지, 자기변호가 아니라는 것이다.

ἡμεῖς γάρ ἐσμεν ἡ περιτομή, οἱ πνεύματι θεοῦ λατρεύοντες καὶ καυχώμενοι **ἐν Χριστῷ** Ἰησοῦ καὶ οὐκ ἐν σαρκὶ πεποιθότες.
하나님의 성령으로 봉사하며 **그리스도** 예수**로** 자랑하고 육체를 신뢰하지 아니하는 우리가 곧 할례파라(빌 3:3).

바울은 여기서도 다시 한번 ἐν Χριστῷ를 자랑하는 것과 관련하여 사용한다. 나는 앞에서 이미 로마서 15:17에서 사용된 이 어구가 성격 혹은 방식의 표지로서 부사적 기능을 수행한다고 주장한 바 있다. 하지만 거기서는 상황이 조금 달랐다. 거기서는 바울이 자랑하는 내용이 **하나님과 관련된 것**(τὰ πρὸς τὸν θεόν)이므로 ἐν Χριστῷ는 바울이 **그리스도답게**(Christ-ly) 말한다는 의미의 부사적 기능을 수행하는 것으로 보는 것이 타당하다. 그러나 빌립보서 3:3에서는 자랑의 원인이 그리스도가 아니기 때문에 자랑의 내용이나 원인이 전혀 나타나지 않는다. 따라서 이 문맥에서는 ἐν Χριστῷ가 부사적으로 바울의 자랑의 성격을 수식한다고 보기 어렵다. 오히려 여기서는 ἐν Χριστῷ가 자랑하는 원인(동기)을 나타낼 가능성이 훨씬 높다. 즉 바울은 그리스도 때문에 자랑한다.

사실 BDAG는 "원인 혹은 이유의 표지" 범주 안에 다음과 같은 하위 범주를 제시한다. "느낌 혹은 감정을 표현하는 동사들과 더불어 그 느낌의 대상을 표현하는 것—εὐδοκεῖν (εὐδοκία), εὐφραίνεσθαι, καυχᾶσθαι, χαίρειν 등."[67] 자랑한다(καυχᾶσθαι)는 행위가 이 범주에 명시적으로 포함된다는 점을 주목하라. 이 독법은 이 구절의 마지막 부분—**육체를 신뢰하지 아니하는**—을 이해하는 데도 도움을 준다. 바울은 육체를 신뢰하기보다는 그리스도 때문에 자랑한다(그리고 그에 대한 신뢰를 표현한다).[68]

> ναὶ ἀδελφέ, ἐγώ σου ὀναίμην ἐν κυρίῳ· ἀνάπαυσόν μου τὰ σπλάγχνα **ἐν Χριστῷ**.
> 오 형제여, 나로 주 안에서 너로 말미암아 기쁨을 얻게 하고 내 마음이 **그리스도 안에서** 평안하게 하라(몬 20).

비록 이 구절이 단도직입적인 행동을 나타내기보다는 하나의 명령이긴 하지만, 이 구절은 ἐν Χριστῷ와 관련하여 바울의 마음을 평안하게 하는 행위를 염두에 두고 있다. 이 ἐν Χριστῷ 용법은 바울이 빌레몬에게 그리스도 때문에 자신의 마음을 평안하게 해야 한다고 말한다는 점에서 원인을 나타내는 것으로 해석될 수 있다. 한편 이 어구는 또한 빌레몬이 바울의 마음을 그리스도를 **통해** 평안하게 한다는 의미에서 도구적일 수도 있다. 그러나 이 어구는 이 두 해석보다는 긴밀한 유

---

67 BDAG, 329.
68 이런 맥락에서 Fee, *Philippians*, 301을 참조하라.

대 관계를 나타낼 개연성이 훨씬 더 높다. 앞에서 다룬 로마서 9:1과 같이 "긴밀한 유대 관계의 표지"라는 범주 안에 "~의 통치 아래에서, ~의 영향 아래에서, ~와의 긴밀한 관계 속에서" 등으로 묘사되는 하위 범주가 이 경우와 가장 잘 부합하는 것으로 보인다. 빌레몬은 그리스도의 영향 아래에서 바울의 마음을 평안하게 해야 하는 것이다.

이 해석은 원인을 나타내는 범주와 어느 정도 중첩될 수도 있지만(그리스도가 이 행동의 원인임), 그리스도 또한 마음을 평안하게 하는 이 행위에 관여한다는 점도 암시한다. 즉 이 행위는 그의 영향력 아래에서뿐만 아니라 그와의 긴밀한 유대 관계 속에서 이루어진다는 것이다. 마치 그리스도가 빌레몬의 행위에 좌우되는 것처럼 그를 평안하게 하는 행위의 도구로 인식되기보다는 이 행위에 영향을 미치는(또한 동시에 이 행위에 관여하는) 분으로 이해하는 것이 더 타당해 보인다.

3.4.1 요약

ἐν Χριστῷ 어구가 사람들을 향한 하나님의 행동을 묘사하는 데 사용되기도 하지만, 앞에서 다룬 본문들을 살펴보면 사람들의 행동을 묘사하는 경우에도 사용될 수 있음을 알 수 있다. 이 하위 범주에 속한 7회의 ἐν Χριστῷ 예문 가운데 3회는 원인을(고후 2:17; 12:19; 빌 3:3), 2회는 종류와 방식을(롬 15:16; 고전 4:17), 2회는 긴밀한 유대 관계를(롬 9:1; 몬 20) 각각 나타낸다. 따라서 우리는 ἐν Χριστῷ가 신자들의 행동과 밀접하게 연관되어 그들의 행동의 근거와 그 행동이 실현되는 방식을 제시한다고 결론 내린다.

3.5 "그리스도 안에" 있는 자들의 특성

앞에서 우리는 신자들을 향한 하나님의 행동과 신자들의 행동에 관한 두 하위 범주에 관해 논의했다. 이제 이 단락에서 ἐν Χριστῷ 어구가 신자들 자신을 묘사하는 용례를 다루고자 한다. 이 하위 범주는 신자들의 **행동**(이전 하위 범주처럼)에 초점을 맞추기보다는 신자들에게 관찰되는 특성, 즉 지혜, 확신, 성숙 등 그들의 성품과 태도를 표현하는 데 초점을 맞춘다. 이 하위 범주는 신자들의 특성과 신자들의 지위 혹은 영적 상태(예컨대 그리스도 안에 사는)를 서로 구분한다. 비록 이 두 가지가 어느 정도 서로 연관된 것은 사실이지만, 전자에 관한 내용은 이 하위 범주에서 다루고 후자에 관한 내용은 다음 단락에서 다루고자 한다.

ἀσπάσασθε Ἀπελλῆν τὸν δόκιμον **ἐν Χριστῷ**. ἀσπάσασθε τοὺς ἐκ τῶν Ἀριστοβούλου.

그리스도 안에서 인정함을 받은 아벨레에게 문안하라. 아리스도불로의 권속에게 문안하라(롬 16:10).

이 예문에서 ἐν Χριστῷ는 인정받은 자로 묘사된 아벨레에 관한 묘사와 관련이 있다. 비록 그가 인정받은 자라는 사실이 다른 사람(그를 인정한 사람/들)이 취한 행동을 암시하지만, 이 구절은 결국 아벨레의 성품에 관한 진술이다. 즉 그는 인정받을 만한 사람이다. 이 ἐν Χριστῷ 용례는 아벨레가 그리스도의 영향력 혹은 통제 아래 있는 자로서 인정받을 만한 사람이라는 의미에서 긴밀한 유대 관계의 표지로 이해될 수 있다. 그런 의미에서 그가 인정받게 된 것은 그가 그리스도의 영향력 아래 있었기 때문이다.

또 다른 해석은 ἐν Χριστῷ를 "무언가 발생하는 상황 혹은 조건의 표지"로 이해한다.[69] 이 해석에 따르면 아벨레는 그리스도의 조건 아래에서 혹은 그리스도와 관련된 상황 속에서 인정을 받은 것이다. 다시

---

69 BDAG, 329.

말하면 아벨레가 그리스도 안에서 인정받은 것은 그가 카이사르에게도 반드시 인정받을 사람임을 의미하지 않는다. 아벨레는 **그리스도**와 관련된 상황 속에서 인정받거나 혹은 인정받을 만한 가치가 있는 자다.[70]

ἡμεῖς μωροὶ διὰ Χριστόν, ὑμεῖς δὲ φρόνιμοι **ἐν Χριστῷ**· ἡμεῖς ἀσθενεῖς, ὑμεῖς δὲ ἰσχυροί · ὑμεῖς ἔνδοξοι, ἡμεῖς δὲ ἄτιμοι.
우리는 그리스도 때문에 어리석으나 너희는 **그리스도 안에서** 지혜롭고, 우리는 약하나 너희는 강하고, 너희는 존귀하나 우리는 비천하여(고전 4:10).

바울은 분명히 조소하는 어투로 독자들을 "그리스도 안에서 지혜로운" 자로 묘사한다. 여기서 한 가지 흥미로운 점은 **그리스도 때문에**(διὰ Χριστόν)와 **그리스도 안에서**(ἐν Χριστῷ) 사이에 명백한 평행이 존재한다는 것이다. 바울과 그의 동역자들은 **그리스도 때문에**(διὰ Χριστόν) 어리석지만, 고린도 교인들은 **그리스도 안에서**(ἐν Χριστῷ) 지혜롭다. 여기서 제기되어야 할 한 가지 질문은 이 두 어구가 서로 다른 전치사를 사용함에도 불구하고 동일한 의미를 가진 평행 어구로 읽어야 하는지, 혹은 다른 전치사가 사용되었기 때문에 의도적으로 서로 다른 의미로 이해해야 하는지에 관한 것이다. 한편으로는 동일한 의미를 의도했다면 왜 굳이 다른 전치사를 사용했을까라는 질문이 제기되면서 후자가 더 합리적인 해석으로 보인다. 하지만 다른 한편으로는 바울과 동료들은 **어리석고** 고린도 교인들은 **지혜롭다**는 역 교차 평행 구조가 전자의 해석에 더 힘을 실어준다고 볼 수 있다.

---

70 일부 주석가는 특히 여기서 사용된 "인정받은"(δόκιμιον)이라는 단어가 종종 어떤 어려움을 극복한 검증된 성품을 나타내기 때문에 바울이 여기서 말하고자 하는 것은 아벨레가 어떤 종류의 시험을 극복하고 자신을 증명했다는 것이라고 제안한다. 그러나 Moo와 Cranfield는 그것이 단지 존경을 나타내는 표현일 수 있음을 시인한다. 참조. Douglas J. Moo, *The Epistle to the Romans* (NICNT; Grand Rapids: Eerdmans, 1996), 924; Cranfield, *Romans*, 2:791.

하지만 해답은 아마도 이 둘 사이에 있는 것으로 보인다. **어리석은 자**와 **지혜로운 자**의 의미가 서로 뒤집힌 것처럼 어쩌면 διὰ Χριστόν과 ἐν Χριστῷ도 서로 뒤집힌 의미로 이해해야 할지도 모른다. 따라서 여기서 어리석은 자들은 그리스도 때문에 어리석은 자들이 된 것이다. 그들은 그리스도를 전함으로 "세상의 구경거리"(4:9)가 되었고 바로 그것이 그리스도를 위해 받는 고난이다. 그러나 고린도 교인들이 그리스도 안에서 지혜로우며 그리스도에 관한 지식으로 자만한 자들로 묘사된 것은 그들에게는 매우 수치스러운 일이다. 그들은 그리스도를 위해 어리석은 자가 되기보다는 그리스도에 관한 "지식"으로 인해 자만에 빠졌던 것이다.

그리스도 때문에(διὰ Χριστόν)와 **그리스도 안에서**(ἐν Χριστῷ)가 의도적으로 다른 의미로 사용되었을 가능성이 제기되긴 했지만, 우리는 여전히 후자의 어구가 여기서 정확히 무엇을 의미하는지를 살펴보아야 한다. 만약 앞의 해석이 옳다면 ἐν Χριστῷ는 그들의 지혜의 실체 혹은 그들의 지혜의 내용을 지칭할 가능성이 높다. BDAG는 우리가 아직 한 번도 거론하지 않은 ἐν 용법에 대한 범주도 제시하는데 바로 이 범주가 이 의미("구체적 내용 혹은 본질의 표지")를 정확하게 포착한다. 이에 해당하는 좋은 예가 바로 **자비가 풍성하신**(πλούσιος ἐν ἐλέει; 엡 2:4)이다.[71] **자비가 풍성하신**은 "그리스도 안에서 지혜로운"(φρόνιμοι ἐν Χριστῷ)과 아주 유사한 표현이다. 두 표현 모두에서 ἐν 어구는 앞에 언급된 형용사의 내용을 나타낸다. 비록 고린도 교인들은 그리스도 안에서 지혜롭긴 하지만, 그들은 그리스도를 위해 어리석은 자가 되지 않았기 때문에 사실 그들의 지혜는 그리스도를 진정으로 아는 참 지식을 의미하지 않는다.

---

71 BDAG, 330.

καθ᾽ ἡμέραν ἀποθνῄσκω, νὴ τὴν ὑμετέραν καύχησιν, [ἀδελφοί], ἣν ἔχω ἐν Χριστῷ Ἰησοῦ τῷ κυρίῳ ἡμῶν.
형제들아, 내가 **그리스도** 예수 우리 주 **안에서** 가진 바 너희에 대한 나의 자랑을 두고 단언하노니, 나는 날마다 죽노라(고전 15:31).

여기서 고린도 교인들에 대한 바울의 자부심은 ἐν Χριστῷ와 관련이 있다. 이 용법은 앞에서 종류와 방식을 묘사한 로마서 15:17의 용례와 유사하다. 두 경우에서 모두 ἐν Χριστῷ는 **나는 그리스도 예수 안에서…가지고 있다**(ἔχω … ἐν Χριστῷ Ἰησοῦ)라는 표현과 함께 등장하는데 이 표현은 또한 **자랑**(καύχησιν)과도 연관되어 사용된다.[72] 그렇다면 이 용례는 로마서 15:17과 동일한 용법일 가능성이 높다. 이 어구는 종류와 방식을 나타내며 따라서 바울은 **그리스도다운** 방식으로(Christ-ly way) 자부심(혹은 자랑)을 가진다.

ἵνα τὸ καύχημα ὑμῶν περισσεύῃ ἐν Χριστῷ Ἰησοῦ ἐν ἐμοὶ διὰ τῆς ἐμῆς παρουσίας πάλιν πρὸς ὑμᾶς.
내가 다시 너희와 같이 있음으로 **그리스도** 예수 **안에서** 너희 자랑이 나로 말미암아 풍성하게 하려 함이라(빌 1:26).

이미 앞에서 **자랑**(καύχησιν)이 ἐν Χριστῷ와 함께 두 번 사용된 것처럼 여기서도 καύχησιν과 어원이 같은 **자랑**(καύχημα)이 ἐν Χριστῷ와 함께 사용된다. 우리가 여기서 잠정적으로 제기할 수 있는 질문은 ἐν

---

72 Thiselton(*1 Corinthians*, 1251)은 "그리스도 예수 우리 주 안에서"는 고린도 교인들을 수식하기 때문에 바울은 "그들이 그리스도 예수 우리 주 안에 지니게 된 정체성에 관해 자부심을 가지며, 따라서 바울은 그들과 및 하나님의 은혜와 바울과 함께 그리스도와의 연합을 통해 얻게 된 그들의 신분을 '자랑'하는 것"이라는 견해를 피력한다. 그러나 이러한 해석은 "그리스도 예수 우리 주 안에서"가 고린도 교인 자신들이 아닌, 고린도 교인들에 관한 바울의 **자랑**을 수식한다는 사실을 간과하는 것으로 보인다.

Χριστῷ가 동사(περισσεύῃ)를 수식하는지 아니면 명사(καύχημα)를 수식하는지에 관한 것이다. 만약 동사를 수식한다면 그 의미는 **너희의 확신이 그리스도 안에서 자라나야 한다**는 것이 되며 그 **자라남**은 그리스도 안에서 일어난다는 것을 나타낸다. 만약 ἐν Χριστῷ가 명사를 수식한다면 그 의미는 **그리스도에 대한 너희의 확신이 자라나야 한다**는 것을 의미하며 그것은 구체적으로 그리스도에 대한 그들의 확신이 자라나야 한다는 것을 나타낸다. 두 가지 의미가 모두 가능하지만 이 구절은 그리스도에 대한 빌립보 교인들의 확신(혹은 자랑)으로 이해하는 것이 보다 더 자연스럽다. 따라서 우리는 ἐν Χριστῷ가 동사보다는 명사를 수식하는 것으로 본다. 여기서 ἐν Χριστῷ에 대한 가장 적절한 용법은 구체적 내용 혹은 본질의 표지다. 즉 그리스도는 커져가야 할 신자들의 확신의 대상이다.[73]

εἴ τις οὖν παράκλησις **ἐν Χριστῷ**, εἴ τι παραμύθιον ἀγάπης, εἴ τις κοινωνία πνεύματος, εἴ τις σπλάγχνα καὶ οἰκτιρμοί.
그러므로 **그리스도 안에** 무슨 권면이나 사랑의 무슨 위로나 성령의 무슨 교제나 긍휼이나 자비가 있거든(빌 2:1).

이 예문의 ἐν Χριστῷ는 두 소유격 명사인 **사랑**(ἀγάπης) 및 **성령**(πνεύματος)과 평행을 이룬다. 즉 **위로**는 **사랑**의 위로이고 **교제**는 **성령**과의 교제인 것과 같이 **격려**[개역개정은 **권면**으로 번역함—편집자주]도 **그리스도 안에서**라고 말한다. 세 번째 어구를 먼저 다룬다면 **성령의 교제**(κοινωνία πνεύματος)에서 **성령**은 반드시 **교제**의 대상을 나타낼 필

---

[73] Fee(*Philippians*, 154-55)는 여기서 "자랑"(καύχημα)이 어떤 것이나 어떤 사람을 신뢰하는 것을 가리키며 이차적으로 그것이나 그 사람을 "기뻐하는" 것을 가리킨다고 본다. 또한 그는 "그리스도 안에서"가 "풍성하게 하다" 바로 다음에 나온다는 사실이 어색한 구문임을 지적하지만, 그는 그리스도가 그 자랑의 근거라고 주장한다(Ibid., 155, 각주 21).

요는 없다. 이 어구는 단순히 **성령의 교제**로 번역이 가능하며 이는 성령으로부터 촉발된 교제 혹은 최소한 성령의 특성을 지닌 교제를 나타낼 것이다.

성령의 교제와 **사랑의 위로**를 평행 구조로 볼 수 있기 때문에 앞에서 제안한 두 의미가 **성령과의 교제**라는 의미보다는 더 적절해 보인다. 두 번째 어구인 **사랑의 위로**(παραμύθιον ἀγάπης)도 사랑으로부터 **촉발된** 위로 혹은 사랑의 **특성을 지닌** 위로를 나타내는 것으로 보는 것이 더 바람직하다. 이 두 가지 해석 중에는 전자가 더 개연성이 높다. 위로는 사랑으로부터 나오고 사랑은 바로 그 위로의 원인 혹은 근거가 되기 때문이다.

만약 **사랑의 위로**와 **성령의 교제**가 각각 사랑과 성령으로부터 나오는 어떤 특성들을 표현한다면 **그리스도 안에서의 격려** 역시 동일한 방식으로 읽는 것이 적절하다고 볼 수 있다.[74] 다시 말하면 격려는 그리스도로부터 나오거나 이를 유발된다. 이러한 ἐν Χριστῷ 독법은 BDAG의 "원인과 이유의 표지"로 분류된다. 바울이 말하는 격려는 그리스도 때문에 가능하다.[75]

τοῦτο φρονεῖτε ἐν ὑμῖν ὃ καὶ ἐν **Χριστῷ** Ἰησοῦ.
그리스도 예수**의** 태도를 너희 자신의 태도로 만들라(빌 2:5; 저자 사역).

위에 제시된 번역은 그리스어 문체의 다양한 뉘앙스를 이해하는 데 별로 도움이 되지 않는다. 이 구절을 철저하게 문자적으로 번역하면

74　그러나 O'Brien은 이 어구 간의 상호 관계성에 기초한 결론이 지닌 문제점을 지적한다. "왜냐하면 그런 상호 관계성의 본질을 정확하게 규명할 방법이 없기 때문이다." Peter T. O'Brien, *The Epistle to the Philippians* (NIGTC; Grand Rapids: Eerdmans, 1991), 170-71. 그럼에도 그는 이 어구 간의 평행 관계성이 다른 대안들보다 더욱 개연성이 높다고 본다 (Ibid., 171, 각주 34).
75　BDAG, 329.

이것을 너희 중에 생각하라. 이 역시 그리스도 예수 안에 있다가 된다. 우리는 이 구절에서 두 개의 평행을 발견한다. "이것"(τοῦτο)은 관계 대명사 ὅ의 선행사이며 "너희 안에"(ἐν ὑμῖν)는 "그리스도 예수 안에"(ἐν Χριστῷ Ἰησοῦ)와 평행을 이룬다. 그러므로 이 ἐν Χριστῷ 용법을 파악하는 데 가장 좋은 방법은 "너희 안에"(ἐν ὑμῖν)와의 관계를 올바로 이해하는 것이다.

첫 번째 질문은 ἐν ὑμῖν과 ἐν Χριστῷ 사이의 분명한 평행이 두 어구에서 모두 등장하는 전치사 ἐν을 같은 방식으로 해석하는 것을 의미하느냐 하는 것이다. 예를 들면 ἐν ὑμῖν은 **너희들 가운데**를 의미한다고 보고 첫 번째 구문을 **너희 가운데 이것을 생각하라**로 읽을 수 있고 ἐν Χριστῷ는 **그리스도로부터**로 이해하고 두 번째 구문을 **또한 그리스도로부터 온 것**으로 해석할 수 있다. 이렇게 해석하면 이 구절은 빌립보 교인들 가운데 나타나야 할 사고방식이 **그리스도로부터 온다**는 것을 의미한다. 비록 여기서 ἐν의 두 용법이 서로 다른 의미(~가운데 vs. ~로부터)로 해석될 수도 있지만, 더 적절한 해석은 이 두 용법을 같은 의미로 이해하는 것이다. 이러한 평행법(이미 논의된 두 가지 평행법 외에도)을 따라야 할 또 다른 중요한 이유는 καί라는 단어 때문이다. 관계대명사에 이어 등장하는 이 접속사(καί)는 **또한**으로 해석되어야 한다. 그렇다면 ἐν의 두 용법은 서로 다른 의미로 보기 어렵다. 왜냐하면 **또한**은 ἐν ὑμῖν과 ἐν Χριστῷ가 형식에서뿐 아니라 **의미**상으로도 평행적임을 암시하기 때문이다.

따라서 만약 전치사 ἐν이 두 구문에서 동일한 기능을 수행한다면 가능한 의미의 범위에 있어서도 ἐν ὑμῖν이 ἐν Χριστῷ보다 더 제한적이기 때문에 ἐν Χριστῷ의 의미를 ἐν ὑμῖν로부터 유추하는 것이 더 바람직하다. 사실 ἐν ὑμῖν은 **너희 가운데**로 이해해야 한다. 그렇게 되면 바울은 빌립보 교인들에게 공동체를 고려하는 사고방식을 취하라고 권면한다. ἐν의 이러한 독법은 영역적 용법으로 이해하는 것이 가장 좋다.

BDAG도 ἐν의 이러한 용법과 가장 잘 부합하는 "내적으로 특정한 과정을 묘사하는"이라는 하위 범주를 제시한다.[76] 따라서 ἐν Χριστῷ도 이와 같은 방식으로 이해하는 것이 가장 적절하다. 즉 그리스도는 자기 자신 "안에서"(within) 이렇게 생각하신다.[77] 비록 "가운데"(among)라는 단어가 단수 명사인 그리스도와 잘 어울리지는 않지만, 이것은 영어의 문제이지, ἐν이 단수와 복수 명사에 동일하게 사용 가능한 그리스어의 문제는 아니다. 따라서 빌립보 교인들은 그들 가운데 어떤 특정한 방식으로, 다시 말하면 그리스도께서도 사용하셨던 방식으로 생각하도록 교훈을 받는다.

> ὃν ἡμεῖς καταγγέλλομεν νουθετοῦντες πάντα ἄνθρωπον καὶ διδάσκοντες πάντα ἄνθρωπον ἐν πάσῃ σοφίᾳ, ἵνα παραστήσωμεν πάντα ἄνθρωπον τέλειον **ἐν Χριστῷ**.
> 우리가 그를 전파하여 각 사람을 권하고 모든 지혜로 각 사람을 가르침은, 각 사람을 **그리스도 안에서** 완전한 자로 세우려 함이니(골 1:28).

이 ἐν Χριστῷ 예문은 전치사 ἐν을 긴밀한 유대 관계의 표지로 읽는 것이 가장 자연스러워 보인다. 이 표지는 "ἐν 용어의 지시 대상을 지배적인 영향력을 행사하는 친밀한 인격적 관계를 지칭한다. ~의 통치 아래에서, ~의 영향 아래에서, ~와의 긴밀한 관계 속에서."[78] 이러한 해석을 따르면 **그리스도 안에서 성숙한 자**는 단순히 그리스도에 의해 결정되고 그의 영향력 아래에 있는 성숙의 상태를 지칭한다. 이것은

---

76 Ibid., 327.
77 O'Brien도 이 견해를 따른다. "ἐν Χριστῷ Ἰησοῦ는 이러한 겸손의 자세를 가진 예수의 인격을 가리키는 것으로 이해된다. ἐν ὑμῖν과 ἐν Χριστῷ 사이의 병행 구조를 부각시키는 καί("또한")가 제 역할을 충분히 감당할 경우 5b절에는 동사가 추가될 필요가 없다." O'Brien, *Philippians*, 205.
78 BDAG, 327-28.

성숙을 바울의 경고와 교훈의 목적으로 이해하는 현 문맥과도 잘 부합한다.

그러나 이 ἐν Χριστῷ 용법은 다른 의미로도 이해될 수 있다. BDAG가 제시한 ἐν의 영역적 범주 중에는 이 ἐν을 "~ 앞에서, ~ 면 전에서"로 이해하는 하위 범주가 있는데 이는 법정적 의미로 "~의 법정 혹은 재판소에서"로 이해될 수 있다.[79] 이 독법에 의하면 ἐν Χριστῷ는 그리스도 앞에서 혹은 그리스도의 임재 앞에서를 의미하며 따라서 바울은 모두가 그리스도 앞에서 성숙한 모습으로 나타나기를 바란다. 언뜻 보면 ἐν Χριστῷ에 관한 이러한 이해가 앞에서 소개한 해석보다 덜 적절해 보일 수 있지만 이 독법을 따라야 할 좋은 이유가 따로 있다. 이 독법의 핵심은 "세우려 함이니"(ἵνα παραστήσωμεν)에 있다. "세우다"(παρίστημι)라는 동사적 어휘는 법정 용어로 사용 가능하며 **재판관 앞에 세운다**는 의미를 갖는다.[80] 따라서 이 어휘가 ἐν의 법정적 의미와 맞물려 사용된 점은 그리스도가 재판관으로 묘사되는 법정에서의 상황을 암시한다.

이러한 독법은 골로새서 1:22에서도 발견된다. νυνὶ δὲ ἀποκατήλλαξεν ἐν τῷ σώματι τῆς σαρκὸς αὐτοῦ διὰ τοῦ θανάτου παραστῆσαι ὑμᾶς ἁγίους καὶ ἀμώμους καὶ ἀνεγκλήτους κατενώπιον αὐτοῦ, 이제는 그의 육체의 죽음으로 말미암아 화목하게 하사 너희를 거룩하고 흠 없고 책망할 것이 없는 자로 그 앞에 세우고자 하셨으니. 여기서도 동일한 동사적 어휘(παραστῆσαι "세우고자")가 발견되며 그의 백성들이 "그 앞에"(κατενώπιον αὐτοῦ) 세워져 있기 때문에 이 문맥에서도 법정적 의미를 함축하는 것이 분명하다.[81] 22절이 "세우다"(παρίστημι)를

---

79 Ibid., 327.
80 Ibid., 778.
81 대다수 주석가들은 22절에서 하나님이 "화목하게 하사"(ἀποκατήλλαξεν)와 "세우고자"(παραστῆσαι)의 주어(그리고 "그의 앞에"[κατενώπιον αὐτοῦ]의 선행사)라고 가정

"그 앞에서"(κατενώπιον αὐτοῦ)와 연관 지어 사용한다고 가정하면 28절에서도 παρίστημι는 ἐν Χριστῷ와 연관되어 동일한 의미를 전달한다는 결론을 내릴 수 있다.[82] 우리는 ἐν Χριστῷ가 여기서 **그리스도 앞에서**를 의미한다는 것을 이미 규명한 바 있으므로 22절과의 뚜렷한 평행 구조는 이 사실을 확증해준다. 따라서 ἵνα παραστήσωμεν πάντα ἄνθρωπον τέλειον ἐν Χριστῷ는 다음과 같이 이해하는 것이 가장 적절하다. 우리가 각 사람을 그리스도 앞에 성숙한 자들로 세우기 위해.

> ὑποτύπωσιν ἔχε ὑγιαινόντων λόγων ὧν παρ᾽ ἐμοῦ ἤκουσας ἐν πίστει καὶ ἀγάπῃ τῇ **ἐν Χριστῷ** Ἰησοῦ
> 너는 **그리스도** 예수 **안에 있는** 믿음과 사랑으로써 내게 들은 바 바른 말을 본받아 지키고(딤후 1:13).

비록 여기에 언급된 믿음과 사랑을 목적격으로 간주해야 할지 주격으로 간주해야 할지 다소 모호한 감이 없지 않지만, 주격으로 보는 것이 올바른 해석일 가능성이 높다. 바울은 디모데의 말과 행동에서 드러나는 그의 성품을 표현하기 위해 믿음과 사랑을 언급한다. 이러한 성품들은 ἐν Χριστῷ 어구와 연관이 있다.

하지만 여기에는 문제점이 있다. 분명히 그리스도는 "그의 죽은 육체의 몸으로"(ἐν τῷ σώματι τῆς σαρκὸς αὐτοῦ διὰ τοῦ θανάτου)의 주어이다. 따라서 (명시된 주어를 바꾸지 않고는) 하나님을 이 구절의 첫 번째 동사와 마지막 절의 주어로 간주하면서 그리스도를 그 사이에 있는 두 전치사구의 주어로 간주하는 것은 아무리 봐도 어색하다. 그보다는 그리스도가 이 구절 전체의 주어로서 **그가** 자신의 죽음을 통해 **자신의** 육신의 몸으로 신자들과 화해하심으로써 **그가** 그들을 **자신** 앞에서 거룩하고 흠 없는 자들로 세우고자 하신다는 의미가 더 적절해 보인다.

82 몇몇 주석가도 이 두 구절 간의 연관성을 지적한다. Peter T. O'Brien, *Colossians, Philemon* (WBC; Nashville: Nelson, 1982), 89; N. T. Wright, *Colossians and Philemon* (TNTC; Leicester, UK: Inter-Varsity Press, 1986), 92; Marianne Meye Thompson, *Colossians and Philemon* (THNTC; Grand Rapids: Eerdmans, 2005), 46.

이 ἐν Χριστῷ 예문은 여러 가지 독법이 가능하다. 첫째, 이 어구는 **믿음**과 **사랑**의 대상을 지칭할 수 있다. 즉 그리스도에 대한 믿음과 그리스도에 대한 사랑을 가리킨다. 그러나 문제점은 "믿음과 사랑으로"(ἐν πίστει καὶ ἀγάπῃ)가 **건전한 가르침을 굳게 붙들라**를 수식하며 부사적 기능을 수행한다는 것이다. 디모데는 **믿음과 사랑으로** 이러한 가르침을 굳게 붙들어야 한다. 그러므로 이것은 믿음과 사랑의 대상에 관한 것이기보다는 디모데가 이 명령을 완수해야 하는 방식에 관한 진술이다. 하지만 이러한 문제는 극복할 수 없는 문제가 아니다. NIV는 ἐν πίστει καὶ ἀγάπῃ를 **그리스도 예수에 대한 믿음과 사랑으로**(with faith and love in Christ Jesus)로 번역함으로써 이 절의 부사적 기능을 유지하면서 그리스도를 믿음과 사랑의 대상으로 본다. 그렇다면 ἀγάπῃ τῇ ἐν Χριστῷ Ἰησοῦ를 그리스도의 사랑 혹은 그리스도에 **대한** 사랑을 묘사하는 것으로 간주하는 것은 다소 어색해 보인다.

둘째, ἐν Χριστῷ를 친밀한 인격적 관계를 의미하는 것으로 보는 것인데 이것은 이제 우리에게 꽤 익숙한 독법이다. 즉 디모데의 믿음과 사랑을 그리스도의 영향력 아래 있거나 혹은 그와 관련된 것으로 보는 것이다. 물론 이 독법은 가능하지만, 믿음과 사랑을 다소 정적으로 만드는 경향이 있어서 선호할 만한 해석은 아닌 것으로 보인다. 오히려 이 문맥에서는 믿음과 사랑을 역동적인 것으로 보는 것이 더 자연스러워 보인다.

셋째, ἐν Χριστῷ는 성격 혹은 방식을 나타낼 수 있다. 이것은 ἐν Χριστῷ를 부사구로 이해하며 **그리스도다운 믿음**과 **그리스도다운 사랑**으로 읽을 수 있다. 이 해석 또한 가능하기는 하지만, 개연성은 낮아 보인다. 앞에서 지적했듯이 ἐν πίστει καὶ ἀγάπῃ 어구는 부사구(혹은 최소한 부사적 완곡어법)일 가능성이 높다. 따라서 ἐν Χριστῷ 역시 부사구로 본다면 부사구가 이중으로 겹치는 상황이 발생하는데 이는 굉장히 어색하다.

넷째, ἐν Χριστῷ는 디모데의 믿음과 사랑의 **근거** 혹은 **이유**일 수 있다. 이것은 앞에서 살펴본 빌립보서 2:1의 용법과 유사하다. 이 독법의 강점은 **믿음**과 **사랑**의 역동성을 유지하게 한다는 것이다. 즉 디모데는 **그리스도 예수로부터 유발된 믿음**과 **그리스도 예수로부터 촉발된 사랑**으로 건전한 가르침에 착념해야 한다. 디모데가 믿음과 사랑을 가지게 된 것은 그리스도 때문이며 그는 바로 그 믿음과 사랑으로 이 가르침을 붙들어야 한다.[83] 비록 이것은 네 가지 가능한 해석 중 하나이지만, 이 문맥에 가장 잘 어울리는 해석이다.

σὺ οὖν, τέκνον μου, ἐνδυναμοῦ ἐν τῇ χάριτι τῇ **ἐν Χριστῷ** Ἰησοῦ.
내 아들아, 그러므로 너는 **그리스도** 예수 **안에 있는** 은혜 가운데서 강하고(딤후 2:1).

이 문맥에서 ἐν Χριστῷ는 두 가지 의미로 해석될 수 있다. 첫째, ἐν Χριστῷ는 긴밀한 유대 관계를 나타낼 수 있다. 즉 이것은 그리스도와 밀접하게 연관된 은혜에 관한 것이다. 그러나 이 해석의 취약점은 이 어구의 용법이 인격적이지 않다는 점이다. BDAG의 정의에 따르면 긴밀한 유대 관계의 표지의 기능을 하는 ἐν 용법은 일반적으로 지시 대상과 긴밀한 인격적 관계를 나타낸다. 다시 말해 이 "친밀한 유대 관계" 용법은 "그리스도 안에 있는"(ἐν Χριστῷ) 한 **인격**과 관련이 있다. 여기서 우리는 "그리스도 안에 있는"(ἐν Χριστῷ) **은혜**를 보게 되는데 이는 분명히 인격적인 것이 아니다.[84]

두 번째 해석은 ἐν Χριστῷ를 그리스도의 영역을 지칭하는 것으로

---

83 Mounce도 비슷한 결론을 내린다. "이 믿음과 사랑은 타고난 자질이기보다는 '그리스도 예수 안에' 있는 자들에게 주어지는 초자연적인 은사다." William D. Mounce, *Pastoral Epistles* (WBC; Nashville: Nelson, 2000), 489.

84 비록 은혜를 **관계적인** 개념으로 이해할 수는 있지만, 문법적인 의미에서 이 사실은 은혜를 인격적인 개념으로 한정하지 않는다. 즉 그 지시 대상은 사람이 아니다.

보는 것이다. 이 해석을 따르면 디모데는 그리스도의 영역 안에 존재하는 은혜 안에서 강해질 것을 권면받는다. 이 해석은 은혜가 추상적인 개념이며 그리스도의 영역이라는 추상적인 개념과도 짝을 잘 이룬다는 의미에서 선호된다. 은혜는 그리스도의 영역과 관련이 있을 뿐만 아니라 그 특성을 잘 나타낸다. 디모데는 이 영역 안에 거하면서 그리스도의 영역의 특성을 잘 드러내는 은혜의 특성을 잘 나타내야 한다.

καὶ πάντες δὲ οἱ θέλοντες εὐσεβῶς ζῆν ἐν Χριστῷ Ἰησοῦ διωχθήσονται.
무릇 **그리스도** 예수 **안에서** 경건하게 살고자 하는 자는 박해를 받으리라(딤후 3:12).

여기서 우리는 ἐν Χριστῷ와 관련이 있는 경건한 삶을 목격한다. 이 어구의 기능을 이해하는 방법은 여러 가지다. 첫째, ἐν Χριστῷ는 **원인** 혹은 **이유**를 나타낼 수 있다. 이 경우 이 어구는 **그리스도 때문에** 경건한 삶을 사는 것을 말한다. 비록 이 해석은 가능하지만, 문맥이 경건한 삶의 원인을 설명해야 할 이유를 전혀 제공해주지 않기 때문에 그럴 개연성은 매우 낮다.

둘째, ἐν Χριστῷ는 동인을 나타낼 수 있다. 이 경우 경건한 삶은 그리스도의 사역을 통해 이루어지는 것으로 묘사된다. 이 해석 역시 가능하며 바울의 윤리적 틀과 더 잘 부합하지만, 현 문맥에서 실제적 역할이 없다는 점에서 어려움이 따른다.

셋째, ἐν Χριστῷ는 그리스도의 영역을 나타낼 수 있다. 이 경우 경건한 삶은 그리스도의 통치 영역 혹은 범위와 관련이 있다. 넓은 문맥에서 볼 때 거짓 교사들과 바울 자신의 사역의 일련의 극명한 대조들이 나타나는 것을 보면 이 해석이 가장 적절해 보인다. 이 장 전반에 걸쳐 나타나는 극명한 대조들과 전후 문맥에 비추어 보면 ἐν Χριστῷ를 그리스

도의 영역을 지칭하는 것으로 보는 해석이 가장 좋은 독법으로 보인다.[85]

> διὸ πολλὴν **ἐν Χριστῷ** παρρησίαν ἔχων ἐπιτάσσειν σοι τὸ ἀνῆκον.
> 이러므로 내가 **그리스도 안에서** 아주 담대하게 네게 마땅한 일로 명할 수도 있으나(몬 8).

바울은 자신의 담대함을 "그리스도 안에 있는"(ἐν Χριστῷ) 것으로 묘사한다. 이 어구는 **근거** 혹은 **이유**를 나타내는 것으로 이해하는 것이 좋다. 바울이 말하고자 하는 바는 자신이 그리스도 때문에 빌레몬에게 옳은 일을 하라고 명령할 수 있는 담대함을 가진다는 것이다. 이 해석이 가장 좋은 해석일 수 있는 이유는 바울이 빌레몬에게 옳은 일을 하라고 계속 명령하지 않고 오히려 다음 두 구절에서 다음과 같이 호소하기 때문이다. **도리어 사랑으로써 간구하노라. 나이가 많은 나 바울은 지금 또 예수 그리스도를 위하여 갇힌 자 되어, 갇힌 중에서 낳은 아들 오네시모를 위하여 네게 간구하노라**. 바울은 빌레몬에게 담대하게 명령하는 대신 사랑을 근거로 그에게 호소한다.

바울은 이제 계속해서 이 사랑을 설명한다. 연장자로서 바울은 자기가 **낳은** 자기 **자녀**에게 호소한다. 이 사랑은 자녀를 향한 아버지의 사랑이다. 그의 이러한 호소의 근거는 자신이 오네시모를 사랑하는 영적 아버지라는 점이다. 만약 그것이 9절과 10절에 나오는 바울의 호소의 근거라면 이것은 8절에 나타난 그의 (주어지지 않은) 명령의 근거(그리스도에 근거한 그의 담대함)와 대조된다. 8절과 9-10절의 대조적 관점에서 보면 ἐν Χριστῷ는 근거 혹은 원인을 제공하는 것으로 보는 것이 가장

---

85 이것을 "그리스도인의 삶이 실현되는 신비적인 영역"으로 묘사하는 Guthrie도 이에 동의한다. Guthrie, *Pastoral Epistles*, 173.

바람직하다.[86]

3.5.1 요약

앞에서 살펴본 ἐν Χριστῷ 관련 예문들은 이 어구가 일반적으로 신자들의 특성에 관한 묘사와 관련하여 사용되었음을 보여준다. "그리스도 안에서"(ἐν Χριστῷ) 행해지는 신자들의 행동의 하위 범주와 더불어 이 하위 범주에는 신자 자신들을 묘사하는 ἐν Χριστῷ 용법들이 포함된다. 이 하위 범주에 포함된 11회의 ἐν Χριστῷ 용례 가운데 영역적 의미로 4회(빌 2:5; 골 1:28; 딤후 2:1; 3:12), 원인 혹은 이유의 의미로 3회(빌 2:1; 딤후 1:13; 몬 8), 구체적 내용 혹은 본질의 의미로 2회(고전 4:10; 빌 1:26), 상황 혹은 조건의 의미로 1회(롬 16:10), 성격 혹은 방식의 의미로 1회(고전 15:31) 사용되었다.

3.6 "그리스도에 대한" 믿음

이 하위 범주에는 신자들이 **그리스도에 대한 믿음**을 갖는다는 의미에서 믿음과 소망의 대상을 나타내는 ἐν Χριστῷ의 예문들이 포함된다. 이 하위 범주의 특성상 이전의 하위 범주에서 발견되던 다양한 뉘앙스를 여기서는 찾아보기 어렵다. 따라서 당연히 여기에 등장하는 예문들은 ἐν Χριστῷ 어구를 믿음 혹은 신앙의 대상으로 사용한다. 총 73회의 ἐν Χριστῷ 용례 중에서 여섯 용례가 여기에 해당된다.

---

86 흥미롭게도 Wright는 ἐν Χριστῷ를 바울의 사도적 권위와 연관시키는 듯하다. "그는 사도로서 일종의 권리들을 가진다는 사실을 부인하지 않음을 보여준다." Wright, *Colossians and Philemon*, 180; 참조. John Woodhouse, *Colossians and Philemon: So Walk in Him* (Fearn, Scotland: Christian Focus, 2011), 287. Wright와 Woodhouse가 이 어구 자체를 그의 사도직을 상기시키는 기능을 한다고 간주하는지 혹은 명령을 하는 바울의 대담함이 ἐν Χριστῷ와는 상관없이 그의 사도권으로부터 나온 것으로 간주하는지는 분명하지 않다.

εἰ ἐν τῇ ζωῇ ταύτῃ **ἐν Χριστῷ** ἠλπικότες ἐσμὲν μόνον, ἐλεεινότεροι πάντων ἀνθρώπων ἐσμέν.
만일 **그리스도 안에서**[그리스도에 대해] 우리가 바라는 것이 다만 이 세상의 삶뿐이면, 모든 사람 가운데 우리가 더욱 불쌍한 자이리라(고전 15:19).

πάντες γὰρ υἱοὶ θεοῦ ἐστε διὰ τῆς πίστεως **ἐν Χριστῷ** Ἰησοῦ.
너희가 다 믿음으로 말미암아 **그리스도** 예수 **안에서**[그리스도 예수에 대한 믿음을 통해] 하나님의 아들이 되었으니(갈 3:26).

Παῦλος ἀπόστολος Χριστοῦ Ἰησοῦ διὰ θελήματος θεοῦ τοῖς ἁγίοις τοῖς οὖσιν [ἐν Ἐφέσῳ] καὶ πιστοῖς **ἐν Χριστῷ** Ἰησοῦ.
하나님의 뜻으로 말미암아 그리스도 예수의 사도 된 바울은 에베소에 있는 성도들과 **그리스도** 예수**를** 믿는 신자들에게(엡 1:1; 저자 사역)

이 마지막 예문은 καὶ πιστοῖς ἐν Χριστῷ Ἰησοῦ를 "그리고 그리스도 예수 안에 있는 신실한 자들"(NIV, HCSB, ESV)로 번역할 수 있다는 점에서 이전 하위 범주에 포함될 수도 있다. 이 번역을 따르면 이 어구는 바울의 서신을 받게 될 신자들에 관한 묘사가 된다. 즉 그들은 그리스도 안에서 신실한 자들이다. 그러나 이 어구를 위의 번역처럼 "그리스도 예수를 믿는 신자들"로 이해한다면 ἐν Χριστῷ가 믿음의 대상을 나타내므로 여기에 속한다. 사실 오브라이언, 링컨, 베스트 등도 모두 이 πιστοῖς(πιστός)를 "신실한 자들"이 아닌 "신자들"로 본다. 왜냐하면 이것이 이 단어를 명사적으로 사용하는 바울의 관습과 일치하기 때문이다. 이 단어는 고린도후서 6:15(참조. 딤전 4:10, 12; 5:16; 딛 1:6)에서도 불신자들과 대조적으로 사용된다.[87]

---

87 πιστός는 명사가 아닌 형용사로 사용될 때 "신실한"을 의미한다. 참조. O'Brien, *Ephesians*,

ἀκούσαντες τὴν πίστιν ὑμῶν **ἐν Χριστῷ** Ἰησοῦ καὶ τὴν ἀγάπην ἣν ἔχετε εἰς πάντας τοὺς ἁγίους.
이는 **그리스도** 예수 **안에** [**그리스도** 예수**에 대한**] 너희의 믿음과 모든 성도에 대한 사랑을 들었음이요(골 1:4).

οἱ γὰρ καλῶς διακονήσαντες βαθμὸν ἑαυτοῖς καλὸν περιποιοῦνται καὶ πολλὴν παρρησίαν ἐν πίστει τῇ **ἐν Χριστῷ** Ἰησοῦ.
집사의 직분을 잘한 자들은 아름다운 지위와 **그리스도** 예수 **안에 있는** [**그리스도** 예수**에 대한**] 믿음에 큰 담력을 얻느니라(딤전 3:13).

καὶ ὅτι ἀπὸ βρέφους [τὰ] ἱερὰ γράμματα οἶδας, τὰ δυνάμενά σε σοφίσαι εἰς σωτηρίαν διὰ πίστεως τῆς **ἐν Χριστῷ** Ἰησοῦ.
또 어려서부터 성경을 알았나니, 성경은 능히 너로 하여금 **그리스도** 예수 **안에 있는** 믿음으로 말미암아 [**그리스도** 예수**에 대한** 믿음을 통해] 구원에 이르는 지혜가 있게 하느니라(딤후 3:15).

3.6.1 요약

ἐν Χριστῷ의 이러한 용례는 각각 신자들의 믿음과 소망의 대상을 나타낸다. 즉 이것은 **그리스도에 관한** 것이다(고전 15:19; 갈 3:26; 엡 1:1; 골 1:4; 딤전 3:13; 딤후 3:15). 그렇다면 이 어구의 이러한 용법은 앞의 세 하위 범주와 본질적으로 다르다. 첫 세 하위 범주에서는 ἐν Χριστῷ가 기본적으로 어떤 것을 묘사하는 기능을 수행하면서 심지어 이 구문이 생략되어도 될 정도로 이 개념의 모양과 깊이를 더해준다. 한편 이 하위 범주에서는 이 어구가 표현하고자 하는 개념과 불가분의 관계에 놓여 있다. 그리스도에 관한 언급 없이 그리스도에 대한 믿음을 말하

87; Lincoln, *Ephesians*, 6; Best, *Ephesians*, 101.

기는 결코 쉽지 않다!

3.7 "그리스도 안에서"의 칭의

ἐν Χριστῷ가 바울의 칭의 주제와 직접적으로 연결된 사례는 단 두 번밖에 없다.

> δικαιούμενοι δωρεὰν τῇ αὐτοῦ χάριτι διὰ τῆς ἀπολυτρώσεως τῆς **ἐν Χριστῷ** Ἰησοῦ.
> **그리스도** 예수 **안에 있는** 속량으로 말미암아 하나님의 은혜로 값없이 의롭다 하심을 얻은 자 되었느니라(롬 3:24).

첫 번째 예문은 앞에서 소개된 하위 범주에서 이미 논의되었는데 여기에도 포함된다. 앞에서 이미 논증했듯이 이 ἐν Χριστῷ 용법은 앞 구문과 동격이기 때문에 연관성을 나타낼 개연성이 높다. 이 어구는 신자들을 의롭게 여기는 모든 종류의 구속을 말하기보다는 그리스도와 관련된 구속에 관한 것이다. 여기서 칭의는 구속을 통해 이루어지고 이 구속은 "그리스도 안에(ἐν Χριστῷ) 있다.

이 독법에 의하면 **그리스도 안에 있는 구속**은 칭의를 유발하는 은혜의 도구다. 다시 말하면 은혜는 칭의의 동인이며 은혜는 그 도구(**그리스도 안에 있는 구속**)를 통해 칭의를 유발한다. 따라서 이 예문은 ἐν Χριστῷ가 칭의 용어와 분명하게 연관되어 있음을 보여준다. 즉 칭의는 은혜의 도구인 **그리스도 안에 있는 구속**을 통해 발생한다.

> εἰ δὲ ζητοῦντες δικαιωθῆναι **ἐν Χριστῷ** εὑρέθημεν καὶ αὐτοὶ ἁμαρτωλοί, ἆρα Χριστὸς ἁμαρτίας διάκονος; μὴ γένοιτο.

만일 우리가 **그리스도 안에서** [**그리스도에 의해**] 의롭게 되려 하다가 또한 죄인으로 드러나면, 그리스도께서 죄를 짓게 하는 자냐? 결코 그럴 수 없느니라 (갈 2:17).

이 ἐν Χριστῷ 용례는 칭의와 직접적으로 연관되어 있다. 이 ἐν Χριστῷ는 두 가지로 해석이 가능하다. 첫 번째 해석은 ἐν Χριστῷ를 영역 혹은 범위를 나타내는 것으로 본다. 이 해석은 사람들이 그리스도의 영역 안에서 의롭다 함을 얻으려고 한다는 의미를 창출한다. 이것은 분명히 가능한 해석이지만, 아마도 개연성이 높은 해석은 아닐 것이다. 바울의 다음 두 문구가 그 근거를 제시한다. **만일 우리가…'죄인'으로 드러나면 그리스도께서 죄를 짓게 하는 자냐?** 바울은 그리스도가 죄를 짓게 하는 장본인인지 질문을 던지면서 죄인들을 의롭게 하는 사건에서 그리스도께서 친히 **행동하셨다**는 것을 암시한다. 만약 사도 바울이 단순히 그리스도의 영역 안에서 일어난 칭의에 관해서만 말했다면 그리스도가 친히 행하셨다는 개념은 어느 정도 약화되었을 것이다. 사실 가장 좋은 해석은 그리스도가 칭의 사건에 능동적으로 참여함으로써 죄를 짓게 만들었느냐는 질문에서 찾을 수 있다. 결론적으로 이 ἐν Χριστῷ에 대한 가장 적절한 해석은 이 어구에 동인의 개념을 부여하는 것이다. 즉 그리스도가 칭의를 유발한다는 것이다.

3.7.1 요약

ἐν Χριστῷ 어구와 칭의 용어가 서로 직접적으로 연관된 용례는 단 두 차례다. ἐν Χριστῷ의 첫 번째 용례는 그리스도의 도구성을 나타냈고(롬 3:24), 두 번째 용례는 칭의와 관련하여 그리스도의 동인을 나타냈다(갈 2:17). 그리스도와의 연합과 칭의의 상관 관계는 앞으로도 계속 다루어질 것이다. 이는 전자의 주제를 유발하는 다른 어구들의 추가적 연구와 이를 바울신학의 구조에 결합하고 신학적으로 반추하는

과정을 통해 이루어질 것이다. 그런데 이러한 어휘적 연결이 바울 서신에서 단 두 번만 발견된다는 사실은 우리에게 의미하는 바가 크다.

3.8 "그리스도 안에서"의 새로운 신분

이 하위 범주는 신자들이 처한 새로운 상태를 묘사하는 ἐν Χριστῷ 예문들을 포함한다. 이것은 여기에 연루된 자들의 대대적인 신분 변화를 의미한다. 이들은 죽음에서 생명으로, 옛 창조에서 새 창조로, 외인에서 가족으로 이동한다. 이 하위 범주의 대부분은 본질상 그리스도의 영역 혹은 범위 등 영역적 개념을 표현한다. 총 73회의 ἐν Χριστῷ 용례 가운데 9회가 이 경우에 속한다.

> οὕτως καὶ ὑμεῖς λογίζεσθε ἑαυτοὺς [εἶναι] νεκροὺς μὲν τῇ ἁμαρτίᾳ ζῶντας δὲ τῷ θεῷ **ἐν Χριστῷ** Ἰησοῦ.
> 이와 같이 너희도 너희 자신을 죄에 대하여는 죽은 자요, **그리스도** 예수 **안에서** 하나님께 대하여는 살아 있는 자로 여길지어다(롬 6:11).

신자들은 죽음에서 생명으로, 즉 하나님 앞에서 영적으로 죽은 상태에서 그에 대하여 영적으로 산 상태로 옮겨졌다. 이러한 새로운 삶은 "그리스도 안에"(ἐν Χριστῷ) 있는 상태로 묘사된다. 그리스도의 영역 안에 혹은 그 아래에 있다는 개념은 죽음과 생명, 죄와 하나님의 대비를 통해 암시된다. 더 나아가 죄에 대하여 죽었다는 것은 이미 문맥 안에서 영역 이동으로 나타난다. 9절과 10절은 그리스도가 죄에 대하여 죽으셨기 때문에 죽음은 더 이상 그를 다스리지 못한다는 점을 보여준다. 그리스도는 죄에 대하여 죽으셨지만 하나님께 대하여는 살아나셨다. 11절은 이 일이 그리스도께 일어났기 때문에 바울의 독자들에게도 동일하게 적용된다는 것을 암시한다. 그들도 죄에 대하여는 죽었지만 하나님께 대하여는 살아 있다. 머레이가 지적했듯이 "'죄에 대하여는 죽고' '하나님께 대하여는 살아 있는 자'라는 표현이 그리스도가 죄에 대하여 죽고 하나님에 대하여 사는 것과 보완적이라는 사실은 죄에 대하여 죽는 것과 마찬가지로 하나님에 대하여 사는 삶이 지닌 불변의 의미를 암시한다."[88] 이러한 현실은 그리스도의 죄에 대한 죽음과 하나님께 대한 삶을 전제하기 때문에 죄에 대하여 죽고 하나님에 대하여 산다는 것은 신자들에게 두 영역의 뚜렷한 구분을 의미한다. 이 두 번째 영역은 "그리스도 안에"(ἐν Χριστῷ)로 묘사된다.

> οὐδὲν ἄρα νῦν κατάκριμα τοῖς **ἐν Χριστῷ** Ἰησοῦ.
> 그러므로 이제 **그리스도** 예수 **안에 있는** 자에게는 결코 정죄함이 없나니(롬 8:1).

신자들에게는 이제 결코 정죄함이 없을 것이라는 사실은 대대적인 변화를 의미한다. 그들은 하나님의 진노 아래에 있던 상태에서 정죄함이 없는 상태로 이동한 것이다. 이 신분은 던(Dunn)이 "아담의 시대와 대비되는 그리스도의 시대"라고 부른 그리스도의 영역의 혜택을 누린다.[89]

> οὕτως οἱ πολλοὶ ἓν σῶμά ἐσμεν **ἐν Χριστῷ**, τὸ δὲ καθ᾽ εἷς ἀλλήλων μέλη.
> 이와 같이 우리 많은 사람이 **그리스도 안에서** 한 몸이 되어 서로 지체가 되었느니라(롬 12:5).

---

88 John Murray, *The Epistle to the Romans* (NICNT; Grand Rapids: Eerdmans, 1959), 1:226.
89 Dunn, *Romans 1-8*, 415.

아마도 여기서 한 몸으로 통합된 새로운 신분은 영역으로의 이동과 상관이 없다. 왜냐하면 여기서는 두 영역이 대조되지 않기 때문이다. 죽음과 생명, 옛 창조와 새 창조, 외인과 가족 간의 대조는 개별 문맥에서 영역 이동이라는 개념을 야기하지만, 이 경우는 거기에 해당되지 않는다. 그렇다면 이 ἐν Χριστῷ 용법은 상태 혹은 조건의 표지로 간주하는 것이 가장 적절해 보인다. 이 용례는 그 몸을 구성하는 상태("그리스도 안에서")를 묘사한다. 던은 이 어구가 "더 이상 단순히 인종적 혹은 문화적 범주로 환원될 수 없는 사회적 정체성이라는 대응 모델"을 제공한다고 제안한다.[90]

> ἄρα καὶ οἱ κοιμηθέντες **ἐν Χριστῷ** ἀπώλοντο.
> 또한 **그리스도 안에서** 잠자는 자도 망하였으리니(고전 15:18).

"그리스도 안에서"(ἐν Χριστῷ) 잠자고 있다는 표현은 행동의 방식 혹은 종류를 지칭할 수도 있지만, 이 ἐν Χριστῷ 용례를 가장 잘 이해하는 방법은 그리스도의 영역 혹은 범위를 묘사하는 것으로 보는 것이다. 초점은 이 사람들이 **어떻게** 죽었느냐에 있지 않고 그들의 현재 상태에 있다. 그들은 그리스도 안에서 잠자고 있다. 이것은 신자들이 그리스도의 영역 아래 있는 사람으로서 죽었다는 것을 의미하며, 그리스도의 영역에 들어간다는 것은 이 사람들을 잠자고 있는 자들로 묘사할 수 있음을 의미한다. 죽음은 임시적일 수밖에 없다. 왜냐하면 부활은 그분의 영역 안에서 만인을 기다리고 있기 때문이다.[91]

90　Dunn, *Romans 9-16*, 733.
91　부활을 통해 잠에서 깨어나는 것에 대한 기대를 함축하는 "잠의 논리적 '문법'"에 관해서는 Thiselton, *1 Corinthians*, 1220-21을 참조하라.

ὥστε εἴ τις ἐν Χριστῷ, καινὴ κτίσις · τὰ ἀρχαῖα παρῆλθεν, ἰδοὺ γέγονεν καινά.

그런즉 누구든지 **그리스도 안에** 있으면 새로운 피조물이라. 이전 것은 지나갔으니, 보라! 새 것이 되었도다(고후 5:17).

여기서 우리는 "그리스도 안에"(ἐν Χριστῷ) 있는 것과 새로운 피조물과의 직접적인 상관 관계를 목격한다.[92] "그리스도 안에" 있는 것으로 묘사된 사람은 모두 새로운 피조물이라는 신분을 획득한 자들이다. 여기서 개연성이 가장 높은 ἐν Χριστῷ의 의미는 새로운 피조물이 속한 그리스도의 영역이다. 이는 이 구절에 내재된 영역의 대조에 의해 강화된다(새로운 피조물-옛것은 지나감-새것이 옴).

πάντες γὰρ υἱοὶ θεοῦ ἐστε διὰ τῆς πίστεως ἐν Χριστῷ Ἰησοῦ.

너희가 다 믿음으로 말미암아 **그리스도** 예수 **안에서** 하나님의 아들이 되었으니 (갈 3:26).

이 예문은 이미 앞에서 ἐν Χριστῷ를 믿음의 대상으로 이해하면서 **그리스도에 대한** 믿음을 다룬 하위 범주에 포함된 바 있다.[93] 하지만 이 구절은 **하나님의 자녀들**이라는 새로운 신분을 가진 존재에 관해 묘사

---

92 Martin은 ἐν Χριστῷ가 "누구든지"(τις)보다는 "새로운 피조물"(καινὴ κτίσις)을 수식해 "그리스도의 초림으로 발생한 새로운 종말론적 상황"이라는 의미를 창출한다고 해석한다. Martin, *2 Corinthians*, 152. 그러나 이러한 해석은 ἐν Χριστῷ가 그 바로 앞의 내용을 수식하는, 가장 자연스러운 그리스어 용법과 상반된다(참조. Hughes, Barnett, Kruse).

93 Bruce는 ἐν Χριστῷ Ἰησοῦ가 πίστεως에 의해 지배받지 않는다고 생각하여 "그리스도 예수에 대한 믿음(faith in Christ Jesus)"으로 읽는 것을 거부한다. 그는 바울은 보통 이러한 의미를 목적격 소유격으로 전달한다고 주장하지만, 골 1:4; 딤전 3:13; 딤후 3:15 등에서도 "그리스도에 대한 믿음"을 나타내는 비슷한 표현들이 발견된다는 점을 감안하면 여기서도 이 독법이 배제되어서는 안 된다. 참조. F. F. Bruce, *The Epistle to the Galatians* (NIGTC; Exeter, UK: Paternoster, 1982), 184.

하기 때문에 여기에 재차 포함된다. 그리스도 안에서 부여된 이 새로운 신분은 그리스도의 영역 아래 있기 때문에 주어진 결과로 묘사되지 않고, 그리스도 예수에 대한 믿음을 통해 부여된 것으로 묘사된다.

> οὐκ ἔνι Ἰουδαῖος οὐδὲ Ἕλλην, οὐκ ἔνι δοῦλος οὐδὲ ἐλεύθερος, οὐκ ἔνι ἄρσεν καὶ θῆλυ · πάντες γὰρ ὑμεῖς εἷς ἐστε **ἐν Χριστῷ** Ἰησοῦ.
> 너희는 유대인이나 헬라인이나 종이나 자유인이나 남자나 여자나 다 **그리스도 예수 안에서** 하나이니라(갈 3:28).

유대인과 헬라인, 노예와 자유인, 남자와 여자 등의 범주는 그리스도 안에서 하나됨과 관련해서는 아무런 의미가 없기 때문에 여기서는 분명히 새로운 신분에 관해 이야기한다. "그리스도 안에서"(ἐν Χριστῷ)로 묘사되는 이 새로운 신분은 **하나**가 되었다는 것을 의미한다. 이 하나됨은 그리스도의 영역 안에 포함된 모든 이에게 해당되며 여기서는 유대인과 헬라인 등 분열을 초래하는 다른 영역들과 암묵적으로 대조된다. 이러한 ἐν Χριστῷ 용례에 관해 롱네커는 "안에"를 영역적이며 인격적으로, "그리스도 예수"는 보편적이며 공동체적으로 올바르게 간주한다. 따라서 여기서 이 두 표현은 모두 "영역"을 나타낸다.[94]

> εἶναι τὰ ἔθνη συγκληρονόμα καὶ σύσσωμα καὶ συμμέτοχα τῆς ἐπαγγελίας **ἐν Χριστῷ** Ἰησοῦ διὰ τοῦ εὐαγγελίου.
> 이는 이방인들이 복음으로 말미암아 **그리스도 예수 안에서** 함께 상속자가 되고 함께 지체가 되고 함께 약속에 참여하는 자가 됨이라(엡 3:6).

여기서는 이방인들의 변화된 신분이 다루어진다. 그들은 이스라

94　Longenecker, *Galatians*, 158.

엘과 함께 공동 상속자이며 같은 몸의 일부이고 같은 약속을 함께 공유한다. ἐν Χριστῷ는 여기서 "같은 약속"을 수식할 가능성이 있지만, 같은 약속에 함께 포함되는 이방인의 신분(공동 상속자, 지체, 파트너)을 수식할 가능성이 더 높다.[95] "복음을 통해"(διὰ τοῦ εὐαγγελίου)라는 어구는 이러한 해석을 강화한다. 왜냐하면 이 어구가 오직 마지막 항목과 연결되기보다는 더 폭넓은 그림을 염두에 두기 때문이다. 함께 포함되었다는 것을 의미하는 이 신분은 ἐν Χριστῷ가 수식하기 때문에 이 어구는 그리스도의 영역 안에 이방인이 포함되었음을 묘사하는 영역적 용법으로 간주하는 것이 가장 좋다. 오브라이언이 지적하듯이 "그리스도 예수는 이방인들의 통합(편입)이 일어나는 **영역**이다."[96]

> ὅτι αὐτὸς ὁ κύριος ἐν κελεύσματι, ἐν φωνῇ ἀρχαγγέλου καὶ ἐν σάλπιγγι θεοῦ, καταβήσεται ἀπ᾽ οὐρανοῦ καὶ οἱ νεκροὶ **ἐν Χριστῷ** ἀναστήσονται πρῶτον.
> 주께서 호령과 천사장의 소리와 하나님의 나팔 소리로 친히 하늘로부터 강림하시리니, **그리스도 안에서** 죽은 자들이 먼저 일어나고(살전 4:16).

그리스도 안에서 죽었다는 것은 그리스도를 믿는 신자들의 신분을 가리킨다. ἐν Χριστῷ는 여기서 그러한 죽음이 일어난 방식을 묘사하기보다는[97] 죽은 자들이 있는 영역을 나타낸다. "심지어 죽음조차도

---

95 O'Brien, *Ephesians*, 236.
96 Ibid.[강조는 원저자의 것임].
97 이 가능성에 관해서는 '만일 바울이 '그리스도 안에서 죽은 자들은 일어날 것이다'(the dead in Christ will rise)라든가 '그리스도 안에서 죽은 자들이 일어날 것이다'(those will rise who have died in Christ)라고 말하고자 했다면, 그는 οἱ ἐν Χριστῷ νεκροὶ ἀναστήσονται 또는 οἱ νεκροὶ οἱ ἐν Χριστῷ ἀναστήσονται라고 썼을 것이다. 그러면 전혀 모호하지 않았을 것이다. 그러나 현재 문장이 οἱ νεκροὶ ἐν Χριστῷ ἀναστήσονται라고 되어 있기 때문에 이 문장은 '죽은 자들은 그리스도 안에서 일어날 것이다'(the dead will rise in Christ)"로 읽는 편이 훨씬 자연스러워 보인다"라고 주장하는 Konstan과 Ramelli를 참

이 연합을 깨뜨리지 못한다. 우리는 여전히 그분 **안에** 있다."⁹⁸

3.8.1 요약

ἐν Χριστῷ에 대한 위의 용례들을 통해 우리는 신자들을 묘사하는 여러 가지 새로운 신분들이 이와 연관되어 있음을 살펴보았다. 신자들은 **그리스도 안에** 있기 때문에 새로운 피조물이다. 그들은 하나님의 대적이 아닌 그의 자녀들이다. 그들은 이제 서로 대립하는 인종이 아니라 한 몸으로서 하나다. 이 하위 범주에 속한 ἐν Χριστῷ의 용례 9회 중 7회는 영역 이동 개념을 나타내는 영역적 용법이며(롬 6:11; 8:1; 고전 15:18; 고후 5:17; 갈 3:28; 엡 3:6; 살전 4:16), 1회는 상태 혹은 지위를 표현하고(롬 12:5), 1회는 그리스도를 믿음의 대상을 묘사한다(갈 3:26).

3.9 신자를 나타내는 완곡어법으로서의 "그리스도 안에"

ἐν Χριστῷ가 그리스도인 됨을 나타내는 명칭으로 사용되는 경우가 여럿 있다. 이런 경우 ἐν Χριστῷ는 오늘날 "크리스천"에 상응하는 의미로 간주될 수 있다. 비록 바울은 "크리스천"이라는 용어를 사용하지는 않지만, 기능적으로는 ἐν Χριστῷ가 이와 같은 역할을 한다. 이 하위 범주는 그리스도의 영역을 나타내는 ἐν Χριστῷ 용법과 유사하다. 아무튼 "크리스천"은 그 누구든지 그리스도의 영역 아래 있는 자다.

그러나 이 둘의 차이점은 각 예문이 전달하고자 하는 목적을 보면 알 수 있다. 바울은 때때로 영역의 개념과 영역 이동의 의미 혹은 그리

조하라. David Konstan and Ilaria Ramelli, "The Syntax of ἐν Χριστῷ in 1 Thessalonians 4:16," *JBL* 126 (2007): 590-91.

98 Leon Morris, *The Epistles of Paul to the Thessalonians* (TNTC; rev. ed.; Leicester, UK: Inter-Varsity Press, 1984), 93.

스도의 영역으로의 편입이 담고 있는 함의에 관심을 둔다. 한편 어떤 경우에는 영역의 개념에는 전혀 관심이 없고 단지 누가 그리스도를 믿는 신자인가를 나타내기 위해 이 어구가 사용된다. 이제 우리는 이런 경우들을 살펴보고자 한다. 이 하위 범주에 속한 대부분의 ἐν Χριστῷ 용례는 긴밀한 유대 관계 혹은 인격적 관계를 나타낸다. ἐν Χριστῷ의 73회 용례 중에서 14회가 여기에 해당된다.

> ἀσπάσασθε Πρίσκαν καὶ Ἀκύλαν τοὺς συνεργούς μου ἐν Χριστῷ Ἰησοῦ.
> 너희는 **그리스도** 예수 **안에서** 나의 동역자들인 브리스가와 아굴라에게 문안하라(롬 16:3).

바울은 브리스가와 아굴라가 그리스도 예수 안에서 함께 사역하는 동역자라는 사실을 말하기 위해 이들을 **그리스도인** 동역자 혹은 그리스도를 위한 동역자로 규정한다. 이 ἐν Χριστῷ 용법은 친밀한 인격적 관계를 나타내는 것으로 이해하는 것이 가장 좋다. 브리스가와 아굴라는 "그리스도인"으로서 그리스도와 친밀한 유대 관계를 맺고 있는 사람들이다. 크랜필드가 결론 내리듯이 "ἐν Χριστῷ Ἰησοῦ는 그들이 어떤 다른 영역이나 문제와 관련해서가 아니라 그리스도와의 관계 및 그리스도의 복음 사역과 관련하여 바울의 동역자임을 나타내는 역할을 한다."[99]

> ἀσπάσασθε Ἀνδρόνικον καὶ Ἰουνιᾶν τοὺς συγγενεῖς μου καὶ

---

99 Cranfield, *Romans*, 2:785. 그러나 그는 "'그리스도 안에서'라는 고정문구가 지닌 더 심오한 의미도 그의 사고 안에 들어 있다"고 제안한다. 그러나 현 문맥에서 이런 주장이 입증되기는 쉽지 않다.

συναιχμαλώτους μου, οἵτινές εἰσιν ἐπίσημοι ἐν τοῖς ἀποστόλοις, οἳ καὶ πρὸ ἐμοῦ γέγοναν **ἐν Χριστῷ**.
내 친척이요 나와 함께 갇혔던 안드로니고와 유니아에게 문안하라. 그들은 사도들에게 존중히 여겨지고 또한 나보다 먼저 **그리스도 안에 있는** 자라(롬 16:7).

바울의 이 ἐν Χριστῷ 용법은 안드로니고와 유니아가 바울보다 먼저 신자가 되었다는 사실을 전달하려는 의도를 담고 있다.[100] 이 용법은 그리스도의 영역을 나타내는 것으로도 볼 수 있지만(즉 안드로니고와 유니아가 바울보다 먼저 그리스도의 영역에 들어온 자들임을 묘사함), 여기서는 바울의 관심이 영역이란 개념에 있는 것 같지 않다. 오히려 이 진술은 단순히 이들이 바울보다 먼저 그리스도인이 되었다는 사실을 말하려는 것으로 이해하는 것이 가장 좋다.[101]

ἀσπάσασθε Οὐρβανὸν τὸν συνεργὸν ἡμῶν ἐν Χριστῷ καὶ Στάχυν τὸν ἀγαπητόν μου.
그리스도 안에서 우리의 동역자인 우르바노와 나의 사랑하는 스다구에게 문안하라(롬 16:9).

이 예문은 앞의 로마서 16:3과 평행을 이룬다.

κἀγώ, ἀδελφοί, οὐκ ἠδυνήθην λαλῆσαι ὑμῖν ὡς πνευματικοῖς ἀλλ᾽ ὡς σαρκίνοις, ὡς νηπίοις **ἐν Χριστῷ**.
형제들아, 내가 신령한 자들을 대함과 같이 너희에게 말할 수 없어서 육신에 속한 자 곧 **그리스도 안에서** 어린 아이들을 대함과 같이 하노라(고전 3:1).

---

100 Joseph A. Fitzmyer, *Romans* (AB; New York: Doubleday, 1993), 740.
101 Cranfield, *Romans*, 2:790.

여기서 바울은 ἐν Χριστῷ 어구를 거의 조롱 섞인 어조로 사용하면서 고린도 교인들의 미성숙함을 책망하고 있다. 분명히 이 구절의 초점은 영역적 의미—그리스도의 영역이나 범위를 나타내는—에 있지 않다. 만약 바울이 고린도 교인들을 그리스도의 영역 안에 있는 어린아이로 묘사했다면 이것이 그가 다른 본문에서 이 개념을 사용한 방식과 부합하지 않는다. 그러나 고린도 교인들을 단순히 "그리스도인"으로 부르기 위해 ἐν Χριστῷ를 사용했다면 어느 정도 납득할 만하다. 그들은 어린아이와 같은 그리스도인들이며 아직 미성숙한 신자들이다.[102]

ἐὰν γὰρ μυρίους παιδαγωγοὺς ἔχητε ἐν Χριστῷ ἀλλ᾽ οὐ πολλοὺς πατέρας· ἐν γὰρ **Χριστῷ** Ἰησοῦ διὰ τοῦ εὐαγγελίου ἐγὼ ὑμᾶς ἐγέννησα.

그리스도 안에서 일만 스승이 있으되 아버지는 많지 아니하니, **그리스도 예수 안에서** 내가 복음으로써 너희를 낳았음이라(고전 4:15).

첫 번째 ἐν Χριστῷ 용례는 **그리스도인 스승**을 묘사하는 것으로 보인다. 즉 ἐν Χριστῷ는 앞으로 스승이 될 잠재적 스승의 범위를 신자로 제한한다. 티슬턴은 이러한 해석의 가능성도 열어두지만, ἐν Χριστῷ가 고린도 교인들의 스승들이 아닌 고린도 교인들을 수식하는 것으로 보면서 **그리스도인으로서 너희 삶과 관련하여**라는 의미로 해석한다.[103] 그러나 이 구절의 두 번째 ἐν Χριστῷ 언급(ἐν … Χριστῷ Ἰησοῦ)이 앞에서 언급된 그리스도인 스승들과 평행을 이루면서 고린도 교인들보다는 자

---

102 Thiselton은 ἐν Χριστῷ를 "**그리스도와의 연합 안에서** 혹은 **그리스도인**을 의미하는 것으로 이해해야" 하는지 질문한다. 물론 후자는 대략 우리가 "신자에 대한 완곡어법"으로 규정한 것에 해당한다. Thiselton은 **그리스도인**이란 의미를 선호하면서 "그리스도 안에 있다는 풍부한 신학적 의미"를 회피한다. Thiselton, *1 Corinthians*, 289(참조. 각주 344, 강조는 원저자의 것임).
103 Ibid., 370.

식을 낳는 바울의 행위를 가리킬 개연성이 높다는 점에서 전자의 해석이 더 설득력을 얻는다. 아무튼 티슬턴의 두 해석은 모두 ἐν Χριστῷ를 **그리스도인**을 나타내는 완곡어법으로 간주한다. 하지만 이 어구가 고린도 교인들을 수식하든지 혹은 그들의 교사들을 수식하든지 간에 첫 번째 용례는 우리의 관심사와는 무관하다.

두 번째 ἐν Χριστῷ 용례와 관련하여 바울이 고린도 교인들을 "낳았다"(ἐγέννησα)는 표현은 그가 그들을 그리스도께 인도했다는 것을 가리킨다. 따라서 이 어구는 **그리스도인**을 나타내는 완곡어법 범주에 해당되지 않으며—이 어구가 사람보다는 행동을 수식하기 때문에—우리는 이 문제를 아래(§3.11.1.2)에서 추가적으로 다룰 예정이다.

> ἡ ἀγάπη μου μετὰ πάντων ὑμῶν **ἐν Χριστῷ** Ἰησοῦ.
> 나의 사랑이 **그리스도** 예수 **안에서** 너희 무리와 함께 할지어다(고전 16:24).

이 ἐν Χριστῷ 용례는 그리스도 예수가 고린도 교인들에 대한 바울의 사랑이 그들과 함께할 것에 대한 근거가 된다는 의미에서 원인 혹은 근거를 나타낼 수 있다. 그러나 ἐν Χριστῷ가 **너희들**—고린도 교인들—을 수식할 개연성이 더 높아 보인다. 이 독법은 이 구절의 숨은 의미가 바울이 고린도 교회 안의 특정 당파나 파벌이 아니라 **모두**를 사랑한다는 것이라는 티슬턴의 견해에 의해서도 지지를 받는다.[104] 그렇게 되면 ἐν Χριστῷ는 **모두**를 수식하며 바울은 고린도에 있는 모든 그리스도인을 염두에 두고 있는 것이다.

> οἶδα ἄνθρωπον **ἐν Χριστῷ** πρὸ ἐτῶν δεκατεσσάρων, εἴτε ἐν σώματι οὐκ οἶδα, εἴτε ἐκτὸς τοῦ σώματος οὐκ οἶδα, ὁ θεὸς οἶδεν, ἁρπαγέντα

---

104 Ibid., 1353.

τὸν τοιοῦτον ἕως τρίτου οὐρανοῦ.

내가 **그리스도 안에 있는** 한 사람을 아노니, 그는 십사 년 전에 셋째 하늘에 이끌려 간 자라. (그가 몸 안에 있었는지 몸 밖에 있었는지 나는 모르거니와, 하나님은 아시느니라.)(고후 12:2)

이 예문은 "그리스도 안에"(ἐν Χριστῷ) 있는 어떤 사람에 관한 묘사다. 이 구절은 분명히 이 사람을 신자로 묘사하는데[105] 문맥상 그 이상의 의미를 지닌 것으로는 보이지 않는다.[106] 그러나 마틴은 이 어구가 "뒤이어 나오는 환상과 계시가 그리스도의 능력 안에서 일어난 것"임을 나타낸다고 본다.[107] 이 독법은 ἐν Χριστῷ를 상태(mode)의 표지로 이해한다. 이 사람은 그리스도 안에 있는 특별한 상태에서 "셋째 하늘로 이끌려 올라간 것"이다. 다시 말하면 특별한 상태에 있다는 사실이 그의 이러한 경험을 가능케 한 것이다. 그러나 그리스어 원문에 이 어구가 어떤 행동이나 능력을 수식한다는 뚜렷한 근거가 없기 때문에 현 문맥 안에서는 ἐν Χριστῷ를 그런 방식으로 볼 수 있는 근거가 거의 없다. 더 나아가 마틴은 이 전치사구가 "이끌려 간"(ἁρπαγέντα)을 수식하는 것으로 보는데 그리스어 원문에서 ἁρπαγέντα는 ἐν Χριστῷ와 거리상 너무 멀리 떨어져 있다.

ἤμην δὲ ἀγνοούμενος τῷ προσώπῳ ταῖς ἐκκλησίαις τῆς Ἰουδαίας ταῖς **ἐν Χριστῷ**.

그리스도 안에 있는 유대의 교회들이 나를 얼굴로는 알지 못하고(갈 1:22).

---

105 Murray J. Harris, *The Second Epistle to the Corinthians* (NIGTC; Grand Rapids: Eerdmans, 2005), 834.
106 참조. Colin G. Kruse, *The Second Epistle of Paul to the Corinthians* (TNTC; Leicester, UK: Inter-Varsity Press, 1987), 201.
107 Martin, *2 Corinthians*, 399.

이 예문에서는 실제 교회들이 "그리스도 안에 있는"(ἐν Χριστῷ) 것으로 묘사된다. 이 어구에 관해 가장 타당성 있는 해석은 특정 공동체를 규정하는 표시로 보는 것이다. 즉 그들은 유대에 있는 여러 그리스도인 공동체다.[108]

Παῦλος καὶ Τιμόθεος δοῦλοι Χριστοῦ Ἰησοῦ πᾶσιν τοῖς ἁγίοις **ἐν Χριστῷ** Ἰησοῦ τοῖς οὖσιν ἐν Φιλίπποις σὺν ἐπισκόποις καὶ διακόνοις.
그리스도 예수의 종 바울과 디모데는 **그리스도** 예수 **안에서** 빌립보에 사는 모든 성도와 또한 감독들과 집사들에게 편지하노니(빌 1:1).

비록 어느 정도 동어 반복적이긴 하지만, 이 ἐν Χριστῷ는 빌립보에 있는 성도들을 그리스도인으로 간주한다. 피(Fee)는 이 어구가 "그리스도와 영원히 살게 될 그리스도 예수에게 속한 사람들"을 가리킨다고 본다.[109]

ὥστε τοὺς δεσμούς μου φανεροὺς **ἐν Χριστῷ** γενέσθαι ἐν ὅλῳ τῷ πραιτωρίῳ καὶ τοῖς λοιποῖς πᾶσιν.
이러므로 나의 매임이 **그리스도 안에서** 모든 시위대 안과 그 밖의 모든 사람에게 나타났으니(빌 1:13).

이같은 이례적인 예문에서 ἐν Χριστῷ는 바울의 투옥과 관련되어 사용된다. 그러나 이 어구가 그의 매임과 **어떻게** 연관되는지는 다

---

108 따라서 Bruce는 "유대에 있는 그리스도 공동체"라는 NEB의 번역을 언급한다. Bruce, *Galatians*, 104.
109 Fee, *Philippians*, 65.

소 모호한 면이 있다. 오브라이언은 "나타났다"(φανεροὺς)가 "나의 매임"(τοὺς δεσμούς μου)과 ἐν Χριστῷ 두 구문 사이에 있기 때문에 그리스어 어순은 "이러므로 그리스도 안에 있는 나의 매임이 나타났다"는 독법을 배제한다고 올바르게 지적한다.[110] 따라서 ἐν Χριστῷ는 이 어구를 감싸는 부정사구(φανεροὺς γενέσθαι, 나타났으니)를 수식하며 이는 바울의 매임이 "그리스도 안에서" 드러났다는 것을 의미한다. 오브라이언은 이것을 "나의 매임이 그리스도 안에서 나타나게 되었다"라고 번역한다.[111] 그러나 바울의 매임이 **어떻게** "그리스도 안에서 드러나게 되었"는지는 불분명하다. 아무튼 이 구문을 그리스도가 바울의 매임을 드러냈다는 의미로 해석하는 것은 말이 되지 않는다. 왜냐하면 그의 매임이 비밀이었거나 영적으로만 분별될 수 있는 것이 아니었기 때문이다. 따라서 "그리스도 안에서 드러났다"는 것은 바울의 매임이 그리스도를 **위해** 혹은 그분 **때문**이었음이 드러났다는 것을 의미할 개연성이 훨씬 더 높다. 오브라이언은 NIV 번역을 인용한다. "내가 그리스도를 위해 매였다는 사실이…명백해졌다." 이는 그가 "그리스도 안에서 드러났다"를 어떻게 이해하는지를 잘 보여준다.[112]

비록 이 예문이 이 하위 범주에 속한 다른 예문들과 완벽하게 일치하는 것은 아니지만, 우리는 바울의 투옥이 그리스도와 관련이 있다는 결론에 도달한다. 그는 그리스도를 위해, 어쩌면 그리스도의 고난에 참여함으로 인해 투옥된 것이다. 따라서 그의 매임이 그가 범한 죄목을 규정한다는 의미에서 "그리스도교적"으로 간주하는 것은 타당해 보인다.

ἀσπάσασθε πάντα ἅγιον **ἐν Χριστῷ** Ἰησοῦ. ἀσπάζονται ὑμᾶς οἱ σὺν

---

110 O'Brien, *Philippians*, 92.
111 Ibid.
112 Ibid.

ἐμοὶ ἀδελφοί.

그리스도 예수 **안에 있는** 성도에게 각각 문안하라. 나와 함께 있는 형제들이 너희에게 문안하고(빌 4:21).

이 예문은 ἐν Χριστῷ 어구를 빌립보서 1:1과 동일한 방식으로 사용한다. 물론 1:1에서는 이 어구가 공동체(πᾶσιν τοῖς ἁγίοις)를 지칭했던 반면, 여기서는 개별 성도(πάντα ἅγιον)를 지칭한다.[113]

τοῖς ἐν Κολοσσαῖς ἁγίοις καὶ πιστοῖς ἀδελφοῖς **ἐν Χριστῷ**, χάρις ὑμῖν καὶ εἰρήνη ἀπὸ θεοῦ πατρὸς ἡμῶν.
골로새에 있는 성도들 곧 **그리스도 안에서** 신실한 형제들에게 편지하노니, 우리 아버지 하나님으로부터 은혜와 평강이 너희에게 있을지어다(골 1:2).

여기서는 **성도들**이라는 용어가 ἐν Χριστῷ와 연관되어 사용되지만, 앞에서 소개된 빌립보서의 두 예문처럼 직접적으로 연결되어 있지는 않다. 이 예문에서 **신실한 형제들**이라는 용어는 ἐν Χριστῷ와 직접적으로 연결된다. 이 어구는 골로새에 있는 신자들이 **그리스도인 형제들**임을 나타내는 것으로 보는 것이 가장 좋다.

그러나 라이트는 여기서 ἐν Χριστῷ가 영역적인 의미를 가진 "골로새에 있는"(ἐν Κολοσσαῖς)과 구조적으로 균형을 이루므로 영역적인 의미로 이해해야 한다고 주장한다. 물론 이 해석도 분명히 가능하지만("**그리스도인**을 나타내는 완곡어법"이 그리스도 영역의 장소적 현실과 결코 분리될 수 없다는 사실도 유의해야 함), 라이트는 이 어구에 지나치게 많은 의미를 부여하는 것으로 보인다.

---

113 O'Brien, *Philippians*, 553; Fee, *Philippians*, 458. 그러나 Fee는 여기서 ἐν Χριστῷ Ἰησοῦ가 명령법("문안하라")을 수식한다고 해석한다.

ὑμεῖς γὰρ μιμηταὶ ἐγενήθητε, ἀδελφοί, τῶν ἐκκλησιῶν τοῦ θεοῦ τῶν οὐσῶν ἐν τῇ Ἰουδαίᾳ **ἐν Χριστῷ** Ἰησοῦ, ὅτι τὰ αὐτὰ ἐπάθετε καὶ ὑμεῖς ὑπὸ τῶν ἰδίων συμφυλε τῶν καθὼς καὶ αὐτοὶ ὑπὸ τῶν Ἰουδαίων.

형제들아, 너희가 **그리스도** 예수 **안에서** 유대에 있는 하나님의 교회들을 본받은 자 되었으니, 그들이 유대인들에게 고난을 받음과 같이 너희도 너희 동족에게서 동일한 고난을 받았느니라(살전 2:14).

이 예문은 교회 혹은 공동체가 "그리스도 안에 있는"(ἐν Χριστῷ) 것으로 묘사된다는 점에서 갈라디아서 1:22의 경우와 유사하다. 이 예문은 갈라디아서 1:22과 같은 방식으로 이해하는 것이 가장 좋다. 그러나 한 가지 흥미로운 점은 이 공동체들이 "하나님의" 교회로도 규정된다는 사실이다. "하나님의 공동체들"은 회당을 비롯한 다른 유대 공동체들도 포함할 수 있지만, 바울은 명시적으로 **그리스도인** 공동체를 염두에 두고 있기 때문에 이 ἐν Χριστῷ 용례는 단순히 동어 반복이 아니다. "유대에 있는"과 "그들이 유대인에게 고난을 받은 것과 같이"에 대한 언급은 이러한 해석을 뒷받침해준다. ἐν Χριστῷ는 여기서 유대인과 그리스도인을 구분하는 역할을 하므로 ἐν Χριστῷ Ἰησοῦ는 "하나님의"(τοῦ θεοῦ)라는 의미를 보충적으로 설명해줄 개연성이 매우 높다.[114]

ἀσπάζεταί σε Ἐπαφρᾶς ὁ συναιχμάλωτός μου **ἐν Χριστῷ** Ἰησοῦ.

그리스도 예수 **안에서** 나와 함께 갇힌 자 에바브라(몬 23).

---

114 "그리스도인들의 모임은 '하나님의' 것으로 구별되며 더 나아가 '그리스도 예수 안에' 있는 것으로 구별된다." Leon Morris, *The First and Second Epistles to the Thessalonians* (NICNT; Grand Rapids: Eerdmans, 1991), 83.

투옥되어 있는 자를 묘사하는 빌립보서 1:13의 ἐν Χριστῷ 용례와 같이 이 용례도 한 신자를 **그리스도인** 죄수로 묘사한다. 에바브라는 그리스도인이기 때문에 바울과 함께 투옥된 것이다.[115]

3.9.1 요약

이 하위 범주에 포함된 ἐν Χριστῷ 용법은 그리스도께 속한 특정 인물과 공동체를 규정하는 역할을 한다. 이 하위 범주는 ἐν Χριστῷ 용법 중 가장 비중이 큰 범주 중 하나이며 14회가 여기에 속한다. 이 중 12회는 친밀한 인격적 관계를 나타내며(롬 16:3, 7, 9; 고전 3:1; 4:15[첫 번째 용례]; 16:24; 고후 12:2; 갈 1:22; 빌 1:1; 4:21; 골 1:2; 살전 2:14), 2회는 그리스도를 위한 투옥을 나타낸다(빌 1:13; 몬 23).

3.10 "그리스도 안에서"의 삼위일체

이 하위 범주는 하나님 혹은 성령과 직접적으로 관련이 있는 ἐν Χριστῷ 용례를 포함한다. 이 중 일부 용례는 이미 다른 이유로 앞의 다른 하위 범주에 포함된 바 있지만, 바울의 삼위일체 사상과 명시적으로 연관된다는 점에서 여기에 다시 포함된다.[116] 간혹 삼위일체 사상을 **암묵적**으로 나타내기는 하지만 **명시성**이 약하다는 이유로 여기에 포함되지 않은 예들도 더러 있다. 다음 용례들은 (명시성의) 기준을 충족시키는 것들이다.

---

115 비록 Wright가 에바브라를 "그리스도와 이 세대의 권력자들이 벌이는 전투"에 바울과 함께 투입된 자로 묘사하는 것이 틀린 것은 분명 아니지만, 아마도 이러한 해석은 ἐν Χριστῷ 에 지나치게 많은 의미를 부여한 것으로 보인다. Wright, *Colossians and Philemon*, 191.

116 다시 말하면 이 하위 범주는 다른 범주들과 중첩된다.

ὁ γὰρ νόμος τοῦ πνεύματος τῆς ζωῆς **ἐν Χριστῷ** Ἰησοῦ ἠλευθέρωσέν σε ἀπὸ τοῦ νόμου τῆς ἁμαρτίας καὶ τοῦ θανάτου.

이는 **그리스도** 예수 **안에 있는** 생명의 성령의 법이 죄와 사망의 법에서 너를 해방하였음이라(롬 8:2).

이 구절은 애매한 ἐν Χριστῷ 용례에 속한다. 왜냐하면 이 어구가 무엇을 수식하는지가 분명치 않기 때문이다. 여러 가지 해석이 공존한다. 첫째, ἐν Χριστῷ는 **생명**을 수식할 수 있다. 그렇다면 **그리스도 안에 있는 생명**을 염두에 둔 것이다. 둘째, ἐν Χριστῷ는 **성령**을 수식할 수 있다. 그렇다면 **그리스도 안에 있는 성령**을 의미한다. 셋째, ἐν Χριστῷ는 **법**을 수식할 수 있다. 그렇다면 **그리스도 안에 있는 법**을 염두에 둔 것이다. 마지막으로 ἐν Χριστῷ는 **너를 해방했다**를 수식할 수 있다. 그렇다면 **그리스도 안에서/에 의해/를 통해 해방했다**를 의미한다.

크랜필드, 무, 던을 비롯한 여러 주석가는 이 마지막 해석을 선호한다. 그럼에도 이들은 개별적으로 ἐν Χριστῷ Ἰησοῦ가 "성령의 생명의 법"(νόμος τοῦ πνεύματος τῆς ζωῆς) 혹은 그 일부를 수식할 수 있음을 인정한다. 하지만 그들이 "그리스도 예수 안에"(ἐν Χριστῷ Ἰησοῦ)가 "너를 해방했다"(ἠλευθέρωσέν σε)를 수식한다는 근거로 제시한 이유는 설득력이 떨어지며 대체적으로 주석가 개인의 견해에 의해 크게 좌우된다.[117] 이 해석에 대한 반론은 만약 바울이 ἐν Χριστῷ Ἰησοῦ가 ἠλευθέρωσέν σε를 수식하려 했다면, 그는 이 전치사구를 동사 앞에보다는 동사 뒤에 위치시킴으로써 그 의도를 보다 더 명료하게 했을 것이라는 것이다. 비록 이 본문이 다소 모호한 면이 없지 않지만, 자연스러운 어순을 따라 ἐν Χριστῷ Ἰησοῦ가 앞에 있는 "생명의 성령의 법"(νόμος τοῦ πνεύματος

---

117 Cranfield, *Romans*, 1:374-75; Moo, *Romans*, 473, n. 21; Dunn, *Romans 1-8*, 418.

τῆς ζωῆς) 혹은 그 일부를 수식하는 것으로 보는 것이 가장 좋은 해석으로 보인다.

이 어구는 ἐν Χριστῷ Ἰησοῦ가 νόμος τοῦ πνεύματος τῆς ζωῆς나 그 일부를 수식하는 문제와는 무관하게 그리스도의 영역 혹은 범위를 지칭할 개연성이 높다. 그리스도 예수 안에 있는 생명 혹은 그리스도 예수 안에 있는 생명의 성령 혹은 그리스도 예수 안에 있는 생명의 성령의 법은 각각 그리스도의 영역 안에 있는 그들의 위치에 따라 결정되는 것으로 이해하는 것이 가장 좋다. 그리스도 예수의 영역에 속한 자들에게는 정죄함이 없다는 사실을 언급한 바로 앞 구절(앞에서 다룬 롬 8:1 참조)이 이러한 해석을 지지한다. 그렇다면 2절은 그리스도의 영역 안에서 일어나는 내적 활동을 부연 설명한다. 즉 생명의 성령의 법이 그리스도의 영역 안에 있는 자들을 해방시켰다는 것이다.

마지막으로 고려해야 할 사항은 이 구절의 마지막 부분에 등장하는 "죄와 사망의 법"이라는 평행 진술이다. 이 표현을 보면 **죄**와 **사망**이 이 법의 내용이 아님을 알 수 있다. 바울은 이 표현을 통해 율법을 지칭한 것이다.[118] 바울이 의미하는 바는 죄와 사망이 율법의 산물 혹은 율법이 현재 처해있는 영역(이 둘은 상호 배타적일 필요는 없음)이라는 것이다. 그러나 이 두 해석 중 더 개연성이 높은 해석은 바울이 죄와 사망의 영역을 지칭한다는 것이다. 이 해석은 **그리스도 예수 안에 있는 생명의 성령**이 결과보다는 영역을 지칭하는 것으로 보이는 이 구절의 시작과 평행을 이룬다는 점에서 지지를 받는다. 이 두 평행 구문을 모두 고려하면 **그리스도 예수 안에 있는 생명의 성령의 법**은 그리스도의 영

---

118 Dunn, *Romans 1-8*, 419. 법에 관한 두 가지 언급을 "속박하는 권세" 혹은 "능력"으로 보는 Moo, *Romans*, 474-76도 참조하라. 그러나 다음 절에서 이 법은 "육체에 의해 제약을 받는" 것으로 묘사되므로 율법을 염두에 둔다는 사실을 강하게 시사한다. 이 율법은 2절에서 "죄와 사망의 법"으로 묘사되는데 그 이유는 율법이 육체와 함께 만들어내는 것이기 때문이다.

역에 속한 법을 지칭하고[119] **죄와 사망의 법**은 죄와 사망의 영역에 속한 법을 지칭한다.

생명의 성령이 그리스도의 영역과 연관된 방식도 우리의 흥미를 끈다. 여기서 성령은 그리스도의 영역의 한 부분일 가능성이 높다. 즉 성령은 그리스도의 영역 안에서 활동한다. 심지어 성령과 그리스도의 관계를 죄와 사망의 관계와 동일한 종류의 것으로 상정할 수도 있다. 바울은 다른 본문에서 죄를 사망의 도구 및 사망의 종으로 간주한다. 두 법의 이러한 평행이 지닌 의미를 조금 더 확대 해석하면 성령은 소위 죄와 사망의 관계와 유사한 방식으로 그리스도의 도구이자 종으로 해석될 수 있다.

우리는 이 지점에서 이 하위 범주의 주 관심사인 바울의 삼위일체 사상을 반추하기 위해 잠시 멈출 필요가 있다. 혹자는 그리스도의 영역 안에서 그리고 그 영역 아래에서 활동하는 성령을 과연 삼위일체 사상으로 볼 수 있는지 의구심을 가질 수 있다. 왜냐하면 이 사실은 성령이 그리스도보다 열등하다는 것을 암시할 수 있기 때문이다. 하지만 이러한 의구심은 정당할 수는 있지만, 이 구절이 의미하는 바를 약화시키지는 못한다. 사복음서의 보고처럼 바울은 그리스도가 그의 아버지의 권위 하에 행동하셨음을 너무나도 잘 알고 있다. 그럼에도 그리스도는 아버지께 대한 자신의 능동적인 순종이 삼위일체 내에서 자신의 제2위의 지위를 훼손하는 것으로 보지 않는다. 이와 같은 차원에서 그리스도의 영역 아래에서 그리고 그의 영역 안에서 활동하시는 성령도 삼위일체 내에서 제3위의 지위를 훼손한다고 볼 필요는 없다.

---

119 이 "법"은 성령의 "원리"(principle), "권세"(authority), 또는 "능력"(power)으로 이해하는 것이 가장 좋다. 이는 의도적으로 모세의 율법과 대조를 이루는 언어유희로 사용되었다. Moo, *Romans*, 474-75.

οὔτε ὕψωμα οὔτε βάθος οὔτε τις κτίσις ἑτέρα δυνήσεται ἡμᾶς χωρίσαι ἀπὸ τῆς ἀγάπης τοῦ θεοῦ τῆς **ἐν Χριστῷ** Ἰησοῦ τῷ κυρίῳ ἡμῶν.

높음이나 깊음이나 다른 어떤 피조물이라도 우리를 우리 주 **그리스도** 예수 **안에 있는** 하나님의 사랑에서 끊을 수 없으리라(롬 8:39).

여기서 하나님의 사랑은 "그리스도 안에"(ἐν Χριστῷ)있는 것으로 묘사되는데 이는 이 사랑의 삼위일체적 함의뿐 아니라 ἐν Χριστῷ가 어떤 방식으로 **하나님의 사랑**을 수식하는지에 대해서도 여러 가지 질문을 제기한다. 삼위일체적 관점에서 볼 때 우리는 이 사랑이 분명 신자들을 향한 사랑으로 묘사된다는 점에 주목할 필요가 있다. 바울은 그 어떤 것도 우리를 그 사랑에서 끊을 수 없다고 말한다. 그럼에도 이 사랑은 **그리스도 예수 안에** 있는 것으로 묘사된다. 이 구절은 서로 끊을 수 없는 이 사랑이 **신자들 안에** 있다고 말하지 않는다. 오히려 이 사랑은 그리스도 안에 있다. 비록 이 사실 자체가 우리의 호기심을 자극할 만한 것이지만, 하나님의 사랑이 그리스도 안에서(ἐν Χριστῷ) 발견된다는 사실은 하나님이 우리와 멀리 떨어져 계시지 않음을 의미한다. 그 어떤 것도 신자들을 그의 사랑으로부터 끊을 수 없다. 이러한 사랑은 멀리 떨어져 있는 사랑으로 인식될 수 없다. 오히려 이 사랑은 인격적이며 가까이에 있다. 따라서 하나님의 사랑은 그리스도를 통해 매개되지만, 동시에 인격적으로 아주 가까이 있기 때문에 어떠한 종류의 분리도 허용하지 않는다.

ἐν Χριστῷ가 **하나님의 사랑**을 어떻게 수식하는지에 관해서는 현재까지 우리가 파악한 내용 중 단 두 가지 용법이 여기에 해당된다. 첫 번째 용법은 영역적 용법으로서 그리스도의 영역 혹은 범위를 나타낸다. 이 독법을 따르면 하나님의 사랑은 그 해당 영역에 소속된 자만이 경험할 수 있다. 성령이 이 영역 안에서 그리고 이 영역 아래에서 활

동하시는 것처럼 하나님의 사랑도 그리스도의 영역에 소속된 사람들을 통해 퍼져 나가는 가운데 역사한다. 하지만 이 독법의 문제점은 하나님의 사랑을 마치 추상적인 것처럼 만든다는 것이다. 이는 마치 사랑이 그리스도의 영역 안에서 활동하는 일종의 우주적인 힘인 것처럼 여긴다. 물론 이것은 큰 문제가 되지 않을 수 있다. 하지만 이 구절은 서로 인격적으로 아는 사랑을 묘사하는 것으로 보인다.

둘째, ἐν Χριστῷ는 도구적 용법일 수도 있다. 이 독법은 바울이 그리스도를 중보자로 이해하기 때문에 반드시 문제가 되지는 않는다. 그러나 도구적 해석의 가장 큰 문제점은 이 용법이 주로 어떤 의미로든 부사적으로 사용된다는 것이다. 즉 특정 행동은 어떤 도구를 통해 이루어진다는 것이다. 그런데 이 **하나님의 사랑**은 어떤 행동을 직접적으로 지칭하지 않는다. 그러나 이 문제점은 극복 불가능한 것은 아니며 그런 의미에서 앞 문장의 "**직접적**"이라는 단어는 중요하다. 만약 바울이 **그리스도 예수 안에 있는 하나님의 사랑**이라는 구문을 통해 문자적인 의미보다 더 깊은 의미를 표현하려 했다면 그는 아마도 그리스도를 통해 매개되거나 그리스도를 통해 표현된 사랑을 말하려고 했을 것이다. 그렇다면 이 구절의 의미는 그 누구도 그리스도를 통해 발현되거나 그를 통해 드러난 하나님의 사랑으로부터 신자들을 끊을 수 없다는 것이다.

그러나 이러한 해석은 이와 같은 추가적 단계를 거쳐야 하기 때문에 제3의 해석이 더 설득력이 있어 보인다. BDAG는 전치사 ἐν과 관련하여 다음과 같은 항목을 제시한다. "그것에 대하여 무언가 일어나거나, 그 안에서 무언가 드러나거나, 그것에 의하여 무언가 인식되는 대상을 나타내는 표지, to, by, in connection with."[120] 이러한 ἐν의 용법을 통해 바울이 말하고자 하는 바는 바로 그 하나님의 사랑이 그리스도 안에서 **인식된다**는 것이다. 이는 바울이 편지 앞부분에서 하나님의 사

---

120 BDAG, 329.

랑이 입증되는 방식을 묘사할 때와도 일치한다. **우리가 아직 죄인 되었을 때에 그리스도께서 우리를 위하여 죽으심으로 하나님께서 우리에게 대한 자기의 사랑을 확증하셨느니라**(롬 5:8). 하나님의 사랑은 그리스도의 행위를 통해 입증된다. 이러한 해석을 따르면 로마서 8:39은 다음과 같이 의역할 수 있다. **높음이나 깊음이나 다른 아무 피조물이라도 그리스도 예수 우리 주 안에서 보여준 하나님의 사랑으로부터 우리를 끊을 수 없을 것이다**. 이 해석은 앞의 두 해석보다 더 적절하다. 왜냐하면 이 해석은 도구적 용법보다 훨씬 더 단순하고 하나님의 사랑을 추상적으로 만들지 않기 때문이다. 하나님의 사랑은 직접적이면서도 인격적이며 그리스도를 통해 인식된다. 머레이가 결론 내린 바와 같이 "오직 우리 주되신 그리스도 예수 안에서 **우리는** 하나님의 이 사랑의 포용력과 결속력을 체험한다."[121]

εὐχαριστῶ τῷ θεῷ μου πάντοτε περὶ ὑμῶν ἐπὶ τῇ χάριτι τοῦ θεοῦ τῇ δοθείσῃ ὑμῖν **ἐν Χριστῷ Ἰησοῦ**.
그리스도 예수 **안에서** 너희에게 주신 하나님의 은혜로 말미암아 내가 너희를 위하여 항상 하나님께 감사하노니(고전 1:4).

이미 앞에서(§3.3을 보라) 이 구절에 관해 설명한 바와 같이 이 예문은 하나님이 은혜를 주실 때 나타나는 하나님의 동인과 그리스도의 도구성을 보여준다. 이 구절은 삼위일체 사상과 밀접하게 연관되어 있으므로 여기에 다시 포함된다.

ἐξ αὐτοῦ δὲ ὑμεῖς ἐστε **ἐν Χριστῷ** Ἰησοῦ, ὃς ἐγενήθη σοφία ἡμῖν ἀπὸ θεοῦ, δικαιοσύνη τε καὶ ἁγιασμὸς καὶ ἀπολύτρωσις.

---

121 Murray, *Romans*, 1:335[강조는 원저자의 것임].

> 너희는 하나님으로부터 나서 **그리스도** 예수 **안에** 있고, 예수는 하나님으로부터 나와서 우리에게 지혜와 의로움과 거룩함과 구원함이 되셨으니(고전 1:30).

이 구절에 나타난 삼위일체적 특성을 살펴보기에 앞서 우리는 이 ἐν Χριστῷ가 매우 이례적으로 사용된 점에 주목할 필요가 있다. 이 예문은 바울이 신자들이 그리스도 **안에** 있다(ὑμεῖς ἐστε ἐν Χριστῷ Ἰησοῦ)고 주장하는 몇 안 되는 예 중의 하나다. 물론 이 개념에 대한 힌트가 종종 곳곳에서 발견되는 것도 사실이지만, 이렇게 직접적으로 언급된 적은 거의 없다. 다른 본문에서는 ἐν Χριστῷ가 간혹 간접적으로 사용되기도 한다. 예를 들면 신자들은 그리스도 안에서의 동역자이거나 또는 그리스도 안에서 사는 자로 묘사된다. 하지만 여기서 그들은 단순히 그리스도 안에 **있다**.

한편으로 이 표현은 사람들을 **그리스도인**으로 묘사하는 또 다른 ἐν Χριστῷ 용법 중 하나일 수 있다. 이 해석은 이 구절 전반부와도 잘 어울리는데 그 의미는 다음과 같다. **그러나 너희는 그로부터 난 그리스도인이다**. 다른 한편으로 그리스도인을 나타내는 완곡어법은 이 구절의 나머지 부분과 잘 어울리지 않는다. 바울은 이어서 그리스도가 **하나님이 우리에게 주신 지혜—우리의 의와 성화와 구속—**가 되셨다고 말한다. 이에 대한 가장 설득력 있는 해석은 이것이 일종의 그리스도와의 연합을 나타내는 것으로 보는 것이다. 그는 **우리를 위해** 지혜와 의와 성화와 구속이 되신 것이다. 만약 연합의 개념을 염두에 둔 것이라면(현 단계에서는 다소 막연해 보일 수 있지만), 이 구절의 전반부는 단순히 **그리스도인**을 나타내는 것 이상으로 이해하는 것이 더 타당해 보인다. 만약 바울이 진정으로 신자들은 **그리스도 안에** 있음을 말하고자 했다면 이것은 일종의 연합을 말하고자 했음을 의미한다. 비록 우리는 아직 **그리스도 안에** 있다는 것이 무엇을 의미하는지 더욱 깊이 탐구해야 하지만, 현재로서는 그 의미 안에 연합의 개념이 내포되어 있다고 보는 것이 바람직하다고 할 수 있다. 그렇다면 이 구절을 구성하는 두 절은 다음과 같이 깔끔하게 연결된다. **너희는 그리스도 안에 있으며**(그러므로 그와 하나가 되었고) **그는 우리를 위해 지혜와 의와 성화와 구속이 되었다**(이 연합의 결과로).[122]

이 구절이 담고 있는 삼위일체적 함의와 관련하여 한 가지 지적할 사항은 그리스도 안에 있다는 사실은 하나님으로부터(ἐξ αὐτοῦ) 온다는 것이다. 27절에서 바울은 자기 백성을 선택하시는 하나님의 행위에 관하여 이야기하고, 30절에서는 이와 동일선상에서 하나님으로 말미암아 고린도 교인들이 그리스도 안에 있다는 사실을 계속해서 이야기한다. 여기서 한 가지 흥미로운 점은 ἐν Χριστῷ 용어가 종종 그리스도의 중재적 사역을 묘사하기 위해―몇몇 경우에는 하나님의 동인의 인격적 도구로―사용된다는 점이다. 하지만 여기서는 그 역할이 뒤바뀐 듯하다. 우리는 여기서 하나님을 대신하거나 또는 신자들을 대신하여 하나님을 위해 일하시는 그리스도를 발견하기보다는 사람들이 그리스도와 하나 되도록 이끄시는 성부 하나님을 발견한다.

ὡς ὅτι θεὸς ἦν **ἐν Χριστῷ** κόσμον καταλλάσσων ἑαυτῷ, μὴ λογιζόμενος αὐτοῖς τὰ παραπτώματα αὐτῶν καὶ θέμενος ἐν ἡμῖν τὸν λόγον τῆς καταλλαγῆς.
곧 하나님께서 **그리스도 안에** 계시사 [**그리스도 안에서**] 세상을 자기와 화목하게 하시며, 그들의 죄를 그들에게 돌리지 아니하시고 화목하게 하는 말씀을 우리에게 부탁하셨느니라(고후 5:19).

앞에서(§3.3) 우리는 이 ἐν Χριστῷ 용법을 도구적으로 규정한 바

---

122 Roy E. Ciampa and Brian S. Rosner, *The First Letter to the Corinthians* (PNTC; Grand Rapids: Eerdmans, 2010), 108-9.

있다. 하나님은 그리스도의 도구적 사역을 통해 일하시는 화해의 동인이다. 이 구절은 삼위일체적 함의를 분명하게 내포한다는 점에서 여기에 재차 인용된다. 아버지의 사역과 아들의 사역은 밀접하게 연관되어 있다.

> ἵνα εἰς τὰ ἔθνη ἡ εὐλογία τοῦ Ἀβραὰμ γένηται **ἐν Χριστῷ** Ἰησοῦ, ἵνα τὴν ἐπαγγελίαν τοῦ πνεύματος λάβωμεν διὰ τῆς πίστεως.
> 이는 **그리스도** 예수 **안에서** 아브라함의 복이 이방인에게 미치게 하고, 또 우리로 하여금 믿음으로 말미암아 성령의 약속을 받게 하려 함이라(갈 3:14).

앞에서 살펴본 바와 같이(§3.3) 이 ἐν Χριστῷ 용법은 도구적이다. 이 구절은 ἐν Χριστῷ가 성령의 사역과 연관된다는 점에서 재차 여기에 인용된다. 바울은 아브라함의 축복이 **그리스도 안에 있는** 이방인들에게 주어지고 이는 또한 약속된 성령을 받는 것으로 이어진다고 말한다.

이 구절의 두 ἵνα+가정법 구문 중에서 두 번째 경우가 특별히 흥미롭다. ἵνα+가정법은 보통 **목적**—아브라함의 축복은 우리로 하여금 약속된 성령을 받게 **하기 위해** 그리스도 안에 있는 이방인들에게 주어진다—을 나타내지만, 또한 **결과**—아브라함의 축복은 우리가 약속된 성령을 받은 **결과로** 그리스도 안에 있는 이방인들에게 주어진다—를 나타낼 수도 있다.[123] 그러나 ἵνα+가정법 용법에는 목적과 결과를 모두 나타내는 세 번째 범주가 있다. "신약성서에서 ἵνα는 결과의 의미를 나타낼 뿐만 아니라 목적과 결과를 나타내기도 한다. 즉 이 단어는 **의도와 그것의 확실한 성취**를 동시에 모두 나타낸다."[124] BDAG는 이 사실을 다음과 같이 서술한다.

---

123 참조. Wallace, *Greek Grammar*, 473.
124 Ibid.

많은 경우 목적과 결과는 극명하게 구분될 수 없기 때문에 ἵνα
는 주어 혹은 하나님의 목적에 따라 결과를 나타내기 위해 사용
된다. 셈어적 사고와 그리스-로마적 사고에서 보듯이 신적 의지
를 나타내는 진술에서는 목적과 결과가 동일하다.[125]

이 구절이 하나님의 목적을 염두에 두고 있음을 감안하면 이 ἵνα +
가정법은 **목적과 결과**를 나타내는 것으로 보는 것이 더 타당하다. 따라
서 성령 받음은 이방인들이 아브라함의 축복을 받는 목적이자 결과다.
아브라함의 축복은 "그리스도 안에 있는"(ἐν Χριστῷ) 이방인들에게 주
어지는 것이므로 당연히 그리스도의 사역과 성령의 사역은 서로 밀접
하게 연관되어 있다.

> πάντες γὰρ υἱοὶ θεοῦ ἐστε διὰ τῆς πίστεως **ἐν Χριστῷ** Ἰησοῦ.
> 너희가 다 믿음으로 말미암아 그리스도 **예수 안에서** [**그리스도 예수에 대한** 믿
> 음을 통해] 하나님의 아들이 되었으니(갈 3:26).

이 구절은 벌써 세 번째 인용되는데(§3.6, §3.8) 이번에는 이 구절의
삼위일체적 특성 때문이다. "그리스도에 대한"(ἐν Χριστῷ) 믿음은 사람
들이 하나님의 자녀가 되는 수단이다. 하나님의 아버지 되심은 아버지
와 아들 관계의 본질이 사람에게 확대 적용된 것이다. "그리스도가 본
질적으로 하나님의 아들인 것처럼 그분 안에서 그들도 하나님의 아들
과 딸이 된다."[126]

> εὐλογητὸς ὁ θεὸς καὶ πατὴρ τοῦ κυρίου ἡμῶν Ἰησοῦ Χριστοῦ, ὁ

---

125 BDAG, 477.
126 Bruce, *Galatians*, 184.

εὐλογήσας ἡμᾶς ἐν πάσῃ εὐλογίᾳ πνευματικῇ ἐν τοῖς ἐπουρανίοις ἐν Χριστῷ.

찬송하리로다. 하나님 곧 우리 주 예수 그리스도의 아버지께서 **그리스도 안에서** 하늘에 속한 모든 신령한 복을 우리에게 주시되(엡 1:3).

앞에서 논의한 바와 같이(§3.3) 이 ἐν Χριστῷ 용법은 도구를 나타낼 가능성이 높다. 이 구절에 나타난 삼위일체적 함의는 하나님을 복을 주시는 동인으로, 그리고 그리스도를 그 도구로 본다는 것이다.

καὶ συνήγειρεν καὶ συνεκάθισεν ἐν τοῖς ἐπουρανίοις **ἐν Χριστῷ Ἰησοῦ**.

또 함께 일으키사 **그리스도** 예수 **안에서** 함께 하늘에 앉히시니(엡 2:6).

이 ἐν Χριστῷ 용법은 영역적으로 이해하는 것이 가장 좋다(이 구절에 관해서는 §3.3의 논의를 보라). 이 어구는 하늘에서 그리스도와 함께 앉아 있는 신자들의 영적 영역을 묘사한다. 삼위일체적 관점에서 볼 때 우리는 성부 하나님이 그리스도뿐만 아니라 신자들에게도 역사하시는 분임을 재확인한다.[127] 성부 하나님께서는 그리스도를 일으키시고 그를 하늘에 앉히신 것처럼 신자들에게도 동일하게 행하셨다. 하나님의 행위가 이러한 "방향"으로 이루어지는 패턴은 그리스도가 하나님과 신자 사이를 중재하는 일반적인 패턴과 대립된다. 여기서는 하나님이 신자들과 그리스도를 위해 행하시는 데 비해 그리스도의 중재는 이 구절의 관심사가 아니다.

ἵνα ἐνδείξηται ἐν τοῖς αἰῶσιν τοῖς ἐπερχομένοις τὸ ὑπερβάλλον

---

127 이와 관련된 논의는 Lincoln, *Ephesians*, 106-9를 참조하라.

πλοῦτος τῆς χάριτος αὐτοῦ ἐν χρηστότητι ἐφ᾿ ἡμᾶς **ἐν Χριστῷ** Ἰησοῦ.

이는 **그리스도** 예수 **안에서** 우리에게 자비하심으로써 그 은혜의 지극히 풍성함을 오는 여러 세대에 나타내려 하심이라(엡 2:7).

우리는 앞에서 이 ἐν Χριστῷ 용법이 그리스도 안에서 **드러난** 하나님의 은혜와 자비를 나타낸다고 논증한 바 있다(§3.3). 이 용법의 삼위일체적 함의는 성부와 성자의 친밀한 유대 관계와 관련된다. 성부와 성자는 서로 친밀하게 연관되어 있으므로 한 분이 베푸신 자비는 다른 분에게서도 반드시 나타나게 되어 있다. 그리스도는 "하나님의 은혜가 드러난 장소이거나 수단이다."[128] 이러한 특성들을 드러내도록(ἐνδείξηται) 행하시는 분은 성부 하나님이시지만, 성자의 (수동적?) 관여는 다시 한번 성부와 성자의 행위가 서로 밀접하게 연관되어 있음을 보여준다.

αὐτοῦ γάρ ἐσμεν ποίημα, κτισθέντες **ἐν Χριστῷ** Ἰησοῦ ἐπὶ ἔργοις ἀγαθοῖς οἷς προητοίμασεν ὁ θεός, ἵνα ἐν αὐτοῖς περιπατήσωμεν.

우리는 그가 만드신 바라. **그리스도** 예수 **안에서** 선한 일을 위하여 지으심을 받은 자니, 이 일은 하나님이 전에 예비하사 우리로 그 가운데서 행하게 하려 하심이니라(엡 2:10).

이 구절은 ἐν Χριστῷ의 도구적 용법의 또 다른 예로서(§3.3) 다시 한번 삼위일체 안에서 이루어지는 위격적 활동의 친밀함을 묘사한다. 신자들은 하나님의 피조물로 묘사되는 반면, 이러한 창조 사역은 그리스도를 통해 이루어진다.[129]

---

128 Best, *Ephesians*, 225.
129 Lincoln, *Ephesians*, 114-15.

αὐτῷ ἡ δόξα ἐν τῇ ἐκκλησίᾳ καὶ **ἐν Χριστῷ** Ἰησοῦ εἰς πάσας τὰς γενεὰς τοῦ αἰῶνος τῶν αἰώνων, ἀμήν.

교회 안에서와 **그리스도** 예수 **안에서** 영광이 대대로 영원무궁하기를 원하노라. 아멘(엡 3:21).

이 예문은 매우 흥미로운 ἐν Χριστῷ 용법을 보여준다. 바울은 송영의 한 부분에서 하나님의 영광을 교회 및 그리스도와 연관시킨다. 그러나 이 관계의 본질이 어떤 것인지는 불투명하다. 왜냐하면 바울이 이 본문에서 이 영광을 교회 및 그리스도 안에 **위치한** 것으로 보는지, 아니면 교회 및 그리스도에 의해 **유발된** 것으로 보는지, 또는 교회 및 그리스도 안에서 **계시된** 것으로 보는지가 분명치 않기 때문이다. 이 세 가지 해석은 모두 가능하다.

첫째, 영역적 해석은 ἐν Χριστῷ를 그리스도의 영역을 묘사하는 것으로 이해한다. 이 해석은 아마도 **교회도** 영역의 의미로 이해해야 한다고 본다. 교회를 이런 식으로 이해하는 것은 이례적이긴 하지만, 결코 불가능한 것도 아니다.

둘째, 도구적 해석은 교회와 그리스도를 하나님의 영광이 나타나는 수단으로 묘사한다. 그리스도를 하나님의 영광이 나타나는 도구로 간주하는 것은 반드시 이례적이지만은 않다. 물론 교회에 상응하는 수준으로 그리스도에 관해 말하는 것이 불가능하지는 않지만, 그럴 개연성은 매우 낮아 보인다.

셋째, 계시적 해석은 ἐν Χριστῷ를 하나님의 영광이 드러나는 방식으로 이해한다.[130] 이러한 해석은 교회에도 동일하게 적용될 수 있다.

---

130 이 해석은 BDAG의 ἐν 표제어의 하위 범주에 해당하는 내용을 활용한다. "그것에 대하여 무언가 일어나거나, 그 안에서 무언가 드러나거나, 그것에 의하여 무언가 인식되는 대상을 나타내는 표지, *to, by, in connection with*"(329).

하나님의 영광은 교회와 그리스도 안에서 나타난다.[131] 이 구절의 후반절이 이러한 해석을 지지해준다. 바울은 하나님의 영광이 교회 안에서, 그리고 그리스도 안에서 **모든 세대에 영원토록** 드러나기를 기도한다. **모든 세대**에 관한 언급은 무엇을 의미하는가? 앞에서 제시한 처음 두 가지 해석으로는 이 어구가 이 구절 전체와 어떻게 조화를 이룰지가 분명치 않다. 그러나 세 번째 해석을 따르면 **모든 세대**는 하나님의 영광이 장차 드러나게 될 사람들을 지칭한다고 볼 수 있다. 바울은 하나님의 영광이 모든 세대에게 영원히 드러나기를 갈망한다. 그들은 장차 하나님의 영광을 보게 될 "관객"(audience)이다.

그렇다면 이 해석은 다른 두 해석이 달성하지 못한 일관된 해석을 제공해준다. 넓은 문맥 또한 이 해석을 지지한다. 14절에서부터 시작된 바울의 기도의 주 관심사는 그의 독자들이 그리스도의 사랑을 알게 되는 것이다. 이 기도는 **계시**에 관심을 보인다. 이러한 폭넓은 관심사로 미루어 볼 때 세 번째 해석이 가장 적절하다. 하나님의 영광은 교회 안에서 그리고 그리스도 안에서 모든 세대에게 드러난다.

γίνεσθε [δὲ] εἰς ἀλλήλους χρηστοί, εὔσπλαγχνοι, χαριζόμενοι ἑαυτοῖς, καθὼς καὶ ὁ θεὸς **ἐν Χριστῷ** ἐχαρίσατο ὑμῖν.

서로 친절하게 하며 불쌍히 여기며 서로 용서하기를, 하나님이 **그리스도 안에서** 너희를 용서하심과 같이 하라(엡 4:32).

---

131 Markus Barth는 "교회 안에서"와 "그리스도 예수 안에서"의 어순에 대해 의아해하면서 이렇게 질문한다. "왜 메시아가 그의 백성들보다 앞에 언급되지 않는가?" M. Barth, *Ephesians 1-3*, 375. 그러나 이는 오직 우리가 제시한 첫 번째 해석(교회가 하나님의 영광의 장소다) 혹은 두 번째 해석(교회가 하나님의 영광을 가져온다)을 채택할 경우에만 교회가 그리스도보다 앞서는 이상한 경우로서 문제가 되는 것이다. 세 번째 해석이 지닌 강점은 교회에 아무런 공로를 부여할 필요가 없다는 것이다. 왜냐하면 교회의 행위가 하나님의 영광을 유발하는 것도 아니고 교회가 그 "장소"를 유발하는 것도 아니기 때문이다. 오히려 교회의 **존재** 자체가 하나님의 영광을 선포하는 것이며 교회는 전적으로 그리스도의 사역에 의존한다.

앞에서 논의한 바와 같이(§3.3) 이 ἐν Χριστῷ 용례는 하나님의 용서가 그리스도 때문에 주어지는 것으로 이해한다. 이 구절의 삼위일체적 함의는 하나님의 용서가 그리스도와 어떤 연관성을 가지는지를 말해 준다. 그리스도는 하나님의 용서의 근거가 되신다. 그러나 이 예문에서는 이러한 관계가 반드시 친밀한 인격적 관계를 나타낼 필요는 없다. 이 ἐν Χριστῷ 해석은 아버지와 아들 사이의 이러한 친밀한 인격적 관계를 부정하지는 않지만, 동시에 그것을 의미하지도 않는다. 우리는 이미 앞에서 그리스도 안에서 주어지는 하나님의 용서가 신자들이 서로 베풀어야 하는 용서와 평행을 이루고 있음을 살펴보았다. 따라서 그들의 용서 또한 그리스도 때문에 베풀어진다. 그렇다면 이 ἐν Χριστῷ는 여기서 추상적 개념을 표현하며 친밀한 인격적 관계를 나타내지 않는다.

κατὰ σκοπὸν διώκω εἰς τὸ βραβεῖον τῆς ἄνω κλήσεως τοῦ θεοῦ **ἐν Χριστῷ** Ἰησοῦ.
푯대를 향하여 **그리스도** 예수 **안에서** 하나님이 위에서 부르신 부름의 상을 위하여 달려가노라(빌 3:14).

이 ἐν Χριστῷ 용례는 하늘에서 부르시는 하나님의 소명과 관련이 있다. ἐν Χριστῷ는 **나의 목표를 향해 달려간다**는 바울의 행동을 수식하는 것으로 이해할 수도 있지만, **하늘에서 부르시는 하나님의 부르심**을 수식할 개연성이 더 높다. 이 ἐν Χριστῷ 기능을 이해하는 데 가장 좋은 해석은 두 가지가 있다. 첫째, 이 어구는 도구의 개념을 나타낼 수 있다. 이 해석을 따르면 ἐν Χριστῷ는 하나님의 부르심이 주어지는 수단을 가리킨다. 이 부르심은 이 단어 자체가 동사적이기보다는 명사적 개념이기 때문에 암시적으로 이해되어야 하는데 그럴 가능성도 없지 않다. 둘째, ἐν Χριστῷ가 원인 혹은 이유를 나타낼 수 있는데 그렇다면 하나님의 부르심은 **그리스도 때문에** 주어진다. 이렇게 되면 이 어구는 하나님의 부르심이 반드시 그리스도를 **통해** 중재되는 것이 아니라 그리스도의 인격과 사역 때문에 주어지는 것을 의미한다.

이 두 가지 해석—ἐν Χριστῷ의 도구적 의미와 원인 혹은 이유의 의미—은 모두 가능하며 둘 중에 어느 하나를 더 선호해야 할지도 분명치 않다. 최종 결론이라고 하긴 어렵지만, 우리는 두 번째 해석을 선호한다. 이러한 우리의 선택은 바울이 추구하는 목표의 본질과 무관하지 않다. 상을 추구하는 것은 하나님의 부르심에 근거한 것이다. ἐν Χριστῷ는 **근거한다**는 개념을 이미 염두에 두고 있기 때문에 **근거, 원인, 이유**를 나타내는 것으로 보는 것이 가장 좋다. 바울은 하나님의 부르심에 근거한 상을 추구하며 이 부르심은 그리스도 **때문에** 주어진다. 따라서 마틴은 "그리스도 자신이 죄 많은 남자와 여자를 부르시는 신적 부르심의 근거"라고 시인한다.[132]

그렇다면 직전 예문과 마찬가지로 이 구절의 삼위일체적 함의는 하나님의 부르심이 주어지는 방식이 그리스도와 관련되어 있음을 시사한다. 그리스도는 그 부르심의 근거가 된다. 직전 예문과 같이 이 예문은 친밀한 인격적 유대 관계를 나타내지 않는다.

> καὶ ἡ εἰρήνη τοῦ θεοῦ ἡ ὑπερέχουσα πάντα νοῦν φρουρήσει τὰς καρδίας ὑμῶν καὶ τὰ νοήματα ὑμῶν **ἐν Χριστῷ** Ἰησοῦ.
> 그리하면 모든 지각에 뛰어난 하나님의 평강이 **그리스도** 예수 **안에서** 너희 마음과 생각을 지키시리라(빌 4:7).

우리는 앞에서 이 ἐν Χριστῷ가 **원인** 혹은 **이유**를 나타내기 때문에 그리스도는 하나님의 평안이 신자들의 마음과 생각을 지켜주는 근

---

132 Ralph P. Martin, *The Epistle of Paul to the Philippians* (TNTC; rev. ed.; Leicester, UK: Inter-Varsity Press, 1987), 157.

거가 된다고 논증한 바 있다(§3.3). 그렇다면 이 구절의 삼위일체적 함의는 직전 두 예문과 거의 같다. 즉 이 구절은 성부와 성자 간의 협력 혹은 친밀한 관계와는 거의 무관하다. 이 경우는 하나님의 평안이 추상적 개념이기 때문에 더욱 그러하다.

> ὁ δὲ θεός μου πληρώσει πᾶσαν χρείαν ὑμῶν κατὰ τὸ πλοῦτος αὐτοῦ ἐν δόξῃ **ἐν Χριστῷ** Ἰησοῦ.
> 나의 하나님이 **그리스도** 예수 **안에서** 영광 가운데 그 풍성한 대로 너희 모든 쓸 것을 채우시리라(빌 4:19).

이 ἐν Χριστῷ 용례는 연관성의 표지일 가능성이 매우 높다. 영광 가운데 있는 하나님의 부요하심은 그리스도와 서로 밀접하게 연관되어 있다(§3.3). 따라서 이 구절의 삼위일체적 함의는 하나님의 부요하심이 그리스도와 밀접하게 연관되어 있다는 점이다. 물론 이 구절만을 근거로 이러한 연관성을 추론하는 것은 불가능하다. 단지 우리는 여기서 하나님의 부요하심과 그리스도가 밀접하게 연관되어 있다는 사실을 말할 뿐이다.

> ἐν παντὶ εὐχαριστεῖτε · τοῦτο γὰρ θέλημα θεοῦ **ἐν Χριστῷ** Ἰησοῦ εἰς ὑμᾶς.
> 범사에 감사하라. 이것이 **그리스도** 예수 **안에서** 너희를 향하신 하나님의 뜻이니라(살전 5:18).

이 예문에서 ἐν Χριστῷ 어구는 하나님의 뜻과 연결되어 있다. 세 가지 해석이 가능하지만, 이 어구의 용법을 어떻게 이해해야 할지는 분명치 않다. 첫째로 ἐν Χριστῷ는 영역을 의미할 수 있다. 그렇다면 이것은 그리스도의 영역 혹은 범위를 가리킨다. 이 독법을 따르면 이 어구는 하나님의 뜻이 그리스도의 통치 영역에 만연해 있다는 것을 의미한다. 누구든지 그리스도의 영역으로 편입된 자들은 하나님의 뜻에 종속된다. 이 해석의 장점은 **통치**와 **뜻**의 연관성과 관련이 있다. 하나님의 뜻이 그리스도의 영역과 직결되어 있는 것처럼, 하나님의 뜻도 그리스도의 통치 안에서 그리고 그의 통치를 통해 표현된다. 그러나 이 해석의 약점은 하나님의 뜻이 마치 그리스도의 영역 밖에서는 영향력을 미치지 못하는 양 하나님의 뜻을 그리스도의 영역 안에 한정된 것으로 이해할 우려가 있다는 것이다. 물론 하나님의 뜻은 현재 그리스도의 영역 아래 있는 것과는 무관하게 모든 피조물과 모든 사람에게 **전달된다**. 그렇다면 이 어구는 하나님의 뜻이 전달되는 대상을 구체화한다. 하나님의 뜻은 "너희를 향한"(εἰς ὑμᾶς) 것이다. 따라서 하나님의 뜻이 그리스도의 영역 안에 한정된다는 개념은 이것이 그 영역 안에 있는 자들에게 적용될 경우에만 해당되는 것이다.

두 번째 해석은 ἐν Χριστῷ가 **밀접한 관계**를 나타낸다고 본다. 이 경우 하나님의 뜻은 그리스도와 동일시된다. 물론 이러한 해석은 가능하지만 다소 모호한 면이 없지 않다. 하나님의 뜻이 어떤 의미에서 그리스도와 밀접하게 연관되는 것인가? 이 질문에 대해 여러 가지 답변이 있을 수 있지만, 문제는 그 답변들이 모두 모호하다는 점이다. 모호성 자체가 그럴 가능성을 완전히 배제하지는 않지만, 개연성을 떨어뜨리는 것은 사실이다.

세 번째 해석은 ἐν Χριστῷ를 "그것에 대하여…무언가 인식되는 대상을 나타내는 표지"로 보는 것이다.[133] 이 독법을 따르면 하나님의 뜻은 그리스도 안에서 드러난다. 그리스도는 자신의 인격과 사역을 통해 하나님의 뜻을 계시하신다.[134] 물론 이러한 해석은 확실히 가능하며

---

133 BDAG, 329.
134 이런 맥락에서 Morris, *Thessalonians*, NICNT, 175를 참조하라.

바울도 다른 본문에서 그리스도를 하나님의 뜻을 계시하는 분으로 묘사한다. 그러나 여기서 제기되는 질문은 이것이 가장 적절한 해석이냐 하는 것이다. 이 해석이 지닌 가장 큰 문제점은 그리스도가 어떤 의미에서 신자들이 범사에 감사할 수 있도록 하나님의 뜻을 계시하느냐 하는 것이다. 감사가 그리스도의 사역의 결과인 것은 맞지만, 그것이 어떤 의미에서 그리스도를 통해 **하나님의 뜻**으로 나타나는지는 분명치 않다.

이러한 대안적 해석들의 장단점을 모두 감안하면 이 이슈에 대한 결론을 내리기는 그리 쉽지 않다. 하지만 우리는 여기서 잠정적으로나마 첫 번째 해석을 채택한다. 무엇보다 이 명령의 보편성(적어도 신자들에게는)은 이 해석—그리스도의 영역 혹은 범위를 지칭함—을 뒷받침해준다. 신자들은 **범사**에 감사해야 하며, 현재 명령법의 사용은 신자들의 행위를 규정하는 보편적 명령을 나타낼 가능성이 높다.[135] 이러한 보편성은 ἐν Χριστῷ가 그리스도의 영역을 나타낸다는 해석과도 잘 어울린다. 모든 신자는 그의 통치 아래 있으며, 그들을 향한 하나님의 뜻은 그리스도의 영역에 편만해 있으며, 신자들은 그들의 일반적 품행의 일환으로서 범사에 감사해야 한다.

이제 우리는 이 구절의 삼위일체적 함의를 고려해보고자 한다. 우리가 앞에서 채택한 잠정적 결론을 따른다면 신자들을 향한 하나님의 뜻은 그리스도의 영역에 편만해 있는 무언가를 가리킨다. 이 **그리스도의 영역**이 그리스도의 **통치** 아래 있는 자들을 지칭하는 하나의 방식이므로 하나님의 뜻이 그리스도의 통치를 통해 표현된다는 점은 매우 흥미롭다. 그리스도의 통치의 삼위일체적 속성은 아버지의 뜻을 직접적

---

135 참조. Constantine R. Campbell, *Verbal Aspect and Non-Indicative Verbs: Further Soundings in the Greek of the New Testament* (SBG 15; New York: Peter Lang, 2008), 91-93.

으로 드러내는 것을 포함한다.

3.10.1 요약

지금까지 우리는 ἐν Χριστῷ가 성부 및 성령의 사역과 분명하게 연관되어 있는 18회의 예문을 모두 살펴보았다. 비록 이러한 연관성과 그것이 내포하는 함의에 관해서는 더 깊은 연구를 필요로 하지만, 우리는 현 단계에서 우리의 소견을 몇 가지 제시하고자 한다. 한 가지 분명한 사실은 성부 하나님은 종종 그리스도라는 도구를 통해 일하신다는 것이다. 그가 행하시는 일들, 그가 하신 약속들, 그가 자기 백성들과 공유하는 속성들은 모두 그리스도를 통해 중재된다(고전 1:4; 고후 5:19; 갈 3:14; 엡 2:10). 또한 우리는 성부와 성자와 성령의 사역이 그리스도의 영역 안에서 서로 협력 관계에 있다는 사실을 확인했다(롬 8:2; 엡 2:6; 살전 5:18). 성부의 일부 속성들은 그리스도를 통해 나타난다(롬 8:39; 엡 2:7; 3:21). 성부의 특정 행위들은 그리스도 때문에 발생한다(엡 4:32; 빌 3:14; 4:7). 최소한 한 본문에서는 성부와 성자 간의 친밀한 유대 관계가 포착된다(빌 4:19).

삼위일체 사상과 관련해서는 상대적으로 미미한 연관성을 지닌 성령보다는(물론 성령이 완전히 배제되었다는 것은 아니지만, 롬 8:2), 성부와 성자의 연관성이 훨씬 더 강조된다. 그렇다면 ἐν Χριστῷ 어구는 다양한 삼위일체적 뉘앙스를 담고 있는데 우리는 그중 일부를 이미 살펴보았다. 삼위일체 사상과 관련된 그리스도와의 연합의 신학적 함의는 추후 추가적으로 다루어질 예정이다.

3.11 ἐν Χριστῷ 관용구의 변형

3.11.1 "그리스도…안에서"

정확하게 ἐν Χριστῷ로 표현되는 경우 외에도 이와 거의 유사한 어구들이 존재한다. ἐν Χριστῷ 어구 중간에 한두 단어가 끼어 있는 경우가 여럿 존재하며 이 중 대부분은 ἐν Χριστῷ 원형과 동일한 기능을 수행한다. 즉 ἐν … Χριστῷ는 일반적으로 ἐν Χριστῷ와 같은 의미를 가지고 있다. 이미 앞에서 사용한 하위 범주들을 가지고 다음의 용례들을 살펴보고자 한다.

3.11.1.1 "그리스도…안에" 있는 사람들을 위해 성취되거나 그들에게 주어진 것

> ὥσπερ γὰρ ἐν τῷ Ἀδὰμ πάντες ἀποθνήσκουσιν, οὕτως καὶ **ἐν τῷ Χριστῷ** πάντες ζῳοποιηθήσονται.
> 아담 안에서 모든 사람이 죽은 것 같이, **그리스도 안에서** 모든 사람이 삶을 얻으리라(고전 15:22).

이 ἐν τῷ Χριστῷ는 도구적 용법으로 사용되었고 이 구절은 **또한 그리스도를 통해 모든 사람이 살아날 것**이라는 의미로 해석될 수 있다. 이러한 해석은 동일한 내용을 담은 바로 앞 구절에 의해서도 지지를 받는다. **사망이 한 사람으로 말미암았으니, 죽은 자의 부활도 사람으로 말미암는도다.** 21절에서 두 차례 등장하는 "한 사람을 통해"(δι' ἀνθρώπου)라는 표현은 도구적으로 이해하는 것이 가장 적절해 보인다.

그러나 21절의 도구적 해석은 22절의 도구적 해석에 대한 반론으로도 사용될 수 있다. 만약 22절의 "아담 안에서"와 "그리스도 안에서"를 모두 도구적으로 해석한다면 이것은 단지 21절에 나오는 두 "사람"이 누구인지를 밝혀주는 역할을 할 뿐이다. 만약 그렇지 않다면 이것은 동어 반복에 불과하다. 하지만 이것은 완벽한 논증이라고 할 수 없다. 왜냐하면 22절에는 도구적 의미 외에 새로운 정보가 **들어 있기** 때문이다. 22절은 단순히 21절에 나오는 두 "사람"의 이름을 알려주기보다는 장차 사망을 맛보게 될 자들("아담 안에" 있는 자들)과 살아날 자들("그리스도 안에" 있는 자들)을 구분하는 역할을 할 가능성이 높다. 결과적으로 "아담 안에서"와 "그리스도 안에서"는 각각의 그룹이 속한 영역을 표현하는 것으로 보는 것이 가장 적절해 보인다. 이 구절에 나타난 아담과 그리스도의 대표성은 서로 공통점을 가지고 있다. "'바울에게 있어서 아담은 한 개인인 동시에 한 집단체(corporate entity)"인데[136] 그리스도 역시 마찬가지다. 이 해석을 따르면 ἐν τῷ Χριστῷ는 그리스도의 영역 안에서의 연대(solidarity)를 염두에 둔다는 점에서 영역적 의미로 해석하는 것이 가장 바람직하다.

> τῷ δὲ θεῷ χάρις τῷ πάντοτε θριαμβεύοντι ἡμᾶς **ἐν τῷ Χριστῷ** καὶ τὴν ὀσμὴν τῆς γνώσεως αὐτοῦ φανεροῦντι δι᾽ ἡμῶν ἐν παντὶ τόπῳ.
> 항상 우리를 **그리스도 안에서** 이기게 하시고 우리로 말미암아 각처에서 그리스도를 아는 냄새를 나타내시는 하나님께 감사하노라(고후 2:14).

비록 구경거리가 되는 것[개역개정은 "이기게 하시고"로 번역—편집자 주] 자체가 바울에게 반드시 즐거운 일이 아니라는 점에서 문맥상 다소 부정적일 수 있지만, ἐν τῷ Χριστῷ가 바울을 위해 혹은 바울에게 행해진 무언가와 연관이 있는 것은 사실이다. ἐν τῷ Χριστῷ의 의미는 두 가지로 해석이 가능하다. 첫째, 바울은 ἐν τῷ Χριστῷ를 **그리스도인**에 대한 완곡어법으로 사용한다는 것이다. 우리는 이미 앞에

---

136 Thiselton, *1 Corinthians*, 1125. Thiselton이 이 주제와 관련해 살펴본 연대성의 개념도 주목하라(Ibid., 1125-26).

서 ἐν Χριστῷ가 이런 의미로 사용된 경우를 살펴본 바 있다. 이 해석을 따르면 이 구절은 다음과 같이 해석될 수 있다. **우리 그리스도인들을 구경거리가 되게 하시는 하나님께 감사한다**. 하지만 이것은 **모든** 그리스도인들이 자랑거리가 되는—혹은 문자적으로 **개선 행렬**(triumphal procession)**에 세우는** —것을 암시할 수도 있다. 하지만 현 문맥이 바울 자신과 동료 사역자들을 분명히 지칭하고 있기 때문에 이것은 바울이 말하고자 한 바가 아니다.[137]

둘째, ἐν τῷ Χριστῷ는 **원인** 혹은 **이유**를 제시하는 것으로 이해될 수 있다. 이 경우 바울은 **그리스도 때문에 우리를 구경거리가 되게 하시는 하나님께 감사한다**. 이 해석은 문맥과 훨씬 더 잘 어울린다는 의미에서 더욱 바람직하다. 여기서 개선 행렬은 그리스도의 인격과 사역 때문에 행하는 바울의 사도적 사역을 가리킨다. 그렇다면 ἐν τῷ Χριστῷ는 그리스도가 바로 그 원인임을 나타내는 것으로 보는 것이 가장 적절해 보인다.

결론적으로 이 하위 범주에 속한 두 ἐν … Χριστῷ 용례는 각각 영역(고전 15:22)과 원인 혹은 이유(고후 2:14)를 나타낸다.

3.11.1.2 "그리스도…안에서"의 신자들의 행동

ἐὰν γὰρ μυρίους παιδαγωγοὺς ἔχητε ἐν Χριστῷ ἀλλ᾽ οὐ πολλοὺς πατέρας · **ἐν** γὰρ **Χριστῷ** Ἰησοῦ διὰ τοῦ εὐαγγελίου ἐγὼ ὑμᾶς ἐγέννησα.

그리스도 안에서 일만 스승이 있으되 아버지는 많지 아니하니, **그리스도 예수 안에서** 내가 복음으로써 너희를 낳았음이라(고전 4:15).

---

137 Hughes의 ἐν τῷ Χριστῷ에 관한 신비적인 해석도 이와 동일한 문제점을 가진다. Philip Edgcumbe Hughes, *Paul's Second Epistle to the Corinthians* (NICNT; Grand Rapids: Eerdmans, 1962), 78. 참조. Kruse, *2 Corinthians*, 85-86.

이 구절의 첫 번째 ἐν Χριστῷ 용례는 앞에서 이미 다루었으며(정확히 ἐν Χριστῷ에 관한 용례) 그리스도인을 나타내는 완곡어법으로 간주된다. 후치 접속사 γάρ가 끼어 있는 두 번째 용례는 바울이 고린도 교인들을 그리스도께로 이끌어 그들을 "낳았다"(ἐγέννησα)는 것을 가리킨다. 따라서 이 용례는 사람보다는 행동을 수식하기 때문에 **그리스도인**을 나타내는 완곡어법에 해당되지 않는다.

그럼에도 상반절에서 **그리스도 안에 있는 스승들**이 (그리스도 안에 있는) **아버지들**과 대비되기 때문에 첫 번째 ἐν Χριστῷ와 모종의 연관성이 있어 보인다. 후반절에서는 출산 용어(ἐγέννησα)가 뒤이어 나오는데 이것은 분명히 아버지들에 대한 언급에 비추어 이해되어야 한다. 따라서 ἐν γὰρ Χριστῷ Ἰησοῦ가 사람이 아닌 동사를 수식한다는 점에서 **그리스도인**을 나타내는 완곡어법과는 잘 부합하지 않으며 동사적 의미에 가깝다고 볼 수 있다.

따라서 ἐν γὰρ Χριστῷ Ἰησοῦ를 이해하기에 가장 적절한 범주는 친밀한 인격적 관계의 표지다. "ἐν 용어의 지시 대상을 지배적인 영향력으로 보는 친밀한 인격적 관계를 지칭한다. **~의 통치 아래에서, ~의 영향 아래에서, ~와의 긴밀한 관계 속에서.**"[138] 이 독법은 "'그리스도인'을 나타내는 완곡어법"을 포함하는 BDAG의 범주에 속한다는 장점이 있기에[139] 이같은 용례와 연관되어 있음을 보여준다. 더 나아가 이 범주는 바울이 신자들을 "낳았다"는 개념과도 잘 부합한다. 바울은 오직 그리스도의 통제 아래에서 그리고 그의 능력에 의해서만 그렇게 할 수 있다.

---

138 BDAG, 327-28.
139 Ibid., 328. 이 완곡어법 용례는 명사적 지시 대상에 국한되는 반면, 이보다 더 폭넓은 범주는 동사적 지시 대상을 포함할 수 있다.

3.11.1.3 "그리스도…에 대한" 믿음

εἰς τὸ εἶναι ἡμᾶς εἰς ἔπαινον δόξης αὐτοῦ τοὺς προηλπικότας **ἐν τῷ Χριστῷ**.
이는 우리가 **그리스도 안에서** 전부터 바라던 그의 영광의 찬송이 되게 하려 하심이라(엡 1:12).

이 예문에서 ἐν τῷ Χριστῷ 어구는 소망의 **대상**을 나타낸다. 신자들은 그들의 소망을 그리스도께 둔다.[140]

3.11.1.4 "그리스도…안에서"의 새로운 지위

ἐν γὰρ **Χριστῷ** Ἰησοῦ οὔτε περιτομή τι ἰσχύει οὔτε ἀκροβυστία ἀλλὰ πίστις δι' ἀγάπης ἐνεργουμένη.
그리스도 예수 **안에서는** 할례나 무할례나 효력이 없으되 사랑으로써 역사하는 믿음뿐이니라(갈 5:6).

바울은 여기서 신자들에게 정말로 중요한 문제에 관해 이야기한다. 즉 믿음과 사랑은 중요하지만, 할례와 무할례는 중요하지 않다는 것이다. 이 문제는 ἐν … Χριστῷ와 연관되어 있다. 이 예문은 그리스도인의 행동을 염두에 둔 것으로 보인다. 할례는 아무것도 **성취하지** 못하지만, 믿음은 사랑을 통해 **역사한다**. 따라서 ἐν … Χριστῷ는 이러한 행동을 수식하는 부사적 기능을 수행한다고 볼 수 있다.

그러나 신자들의 새로운 신분을 다루는 더 폭넓은 문맥은 이러한 해석에 반론을 제기한다. 갈 5:1에서 바울은 "그리스도가 우리를 자

---

140   Lincoln, *Ephesians*, 36-37.

유롭게 하려고 자유를 주셨다"라고 진술하는데 이것이 이 단락(5:1-6)의 핵심 주제다. 이 자유로운 신분이 바로 바울이 2-3절에서 할례에 반대하는 이유다. 바울은 4절에서 "율법 안에서 의롭다 함을 얻으려 하는 너희는 그리스도에게서 끊어지고 은혜에서 떨어진 자로다"라고 말하는데, 우리는 그가 여기서 신분을 염두에 두고 있음을 알 수 있다. 이러한 문맥을 따라 읽으면 6절은 1절에서 새롭게 확립된 자유의 신분의 관점에서 해석되어야 한다. "그리스도 예수 안에서는 할례나 무할례가 효력이 없다"는 진술은 그리스도에 의해 해방된 자들에게는 이러한 것들이 아무런 의미가 없다는 것을 의미한다.

앞에서 논의된 새로운 지위와 관련된 예문들과 같이(§3.8) 이 ἐν … Χριστῷ 용법은 그리스도의 영역 혹은 범위를 가리키는 것으로 해석하는 것이 가장 좋다.[141] 진정한 자유가 있는 그리스도의 영역 안에서는 할례나 무할례가 아무런 의미가 없다. 자유를 얻은 자들에게 중요한 것은 사랑을 통해 역사하는 믿음이다.

> εἰς οἰκονομίαν τοῦ πληρώματος τῶν καιρῶν, ἀνακεφαλαιώσασθαι τὰ πάντα ἐν τῷ **Χριστῷ**, τὰ ἐπὶ τοῖς οὐρανοῖς καὶ τὰ ἐπὶ τῆς γῆς ἐν αὐτῷ.
> 하늘에 있는 것이나 땅에 있는 것이 다 **그리스도 안에서** 통일되게 하려 하심이라(엡 1:10).

이 예문은 단지 신자들의 새로운 신분뿐만 아니라 **모든 것**에 대한 새로운 신분에 관해 이야기한다는 점에서 이 범주에 속한 다른 예문들과 차별된다. 이 새로운 신분은 하늘과 땅에 있는 모든 것의 우주적 하

---

141 Martyn도 다음과 같이 말한다. "바울과 그의 동료들은 그리스도의 오심으로 인해 성립된 영역 안에서 산다." J. Louis Martyn, *Galatians* (AB; New York: Doubleday, 1997), 472.

나 됨을 가리킨다. 여기서 바울은 "그리스도 안에서" 모든 것이 하나가 되는 것을 말한다. 따라서 그리스도는 그분 안에서 만물이 하나가 되는 중심점이다.

이 예문은 **그리스도에 의해 만물이 하나가 된다**는 의미에서 ἐν τῷ Χριστῷ가 도구적 용법으로 간주될 수도 있지만, 이러한 해석은 영역적 해석에 비해 설득력이 떨어진다. 그 이유 중 하나는 이 구절이 "그 안에서"(ἐν αὐτῷ)로 끝난다는 것인데, 이는 만물이 그리스도 안에 함께 있고 하늘과 땅에 있는 것들이 그 안에 있다는 바로 앞 절의 요점을 재차 반복하는 것으로 보이기 때문이다. 이 마지막 구문은 도구적으로 읽기보다는 오히려 영역을 나타내는 것으로 읽는 것이 더 적절하다. 따라서 ἐν τῷ Χριστῷ는 도구보다는 영역의 의미로 이해하는 것이 좋다.

여기서 영역적 의미란 그리스도가 만물의 중심이 되며 만물이 **그 안에서** 하나가 되는 것을 의미한다. 오브라이언이 말했듯이 "그리스도는 하나님께서 **그 안에서** 우주를 하나로 통일하고, 그 안에서 우주의 조화를 회복하시려고 선택하신 분이다. 그는 단순히 이 모든 것이 일어나는 수단이나 도구 혹은 기능이 아니라 바로 그 중심점이다."[142]

따라서 이 하위 범주에 속한 두 ἐν … Χριστῷ 예문은 모두 영역 혹은 범위를 나타내는 영역적 용법을 사용한다(갈 5:6; 엡 1:10).

3.11.1.5 "그리스도…안에서"의 삼위일체

ἣν ἐνήργησεν **ἐν τῷ Χριστῷ** ἐγείρας αὐτὸν ἐκ νεκρῶν καὶ καθίσας ἐν δεξιᾷ αὐτοῦ ἐν τοῖς ἐπουρανίοις.
그의 능력이 **그리스도 안에서** [메시아를 들어] 역사하사 죽은 자들 가운데서 다시 살리시고 하늘에서 자기의 오른편에 앉히사(엡 1:20).

---

142 O'Brien, *Ephesians*, 111-12.

이 ἐν τῷ Χριστῷ 어구는 하나님께서 자신의 능력을 행하시는 (ἐνήργησεν) 대상(object)을 나타내는 것으로 보인다.[143] BDAG는 이 용법을 "그것에 대하여 무언가가 일어나거나, 그 안에서 무언가가 드러나거나, 그것에 의하여 무언가가 인식되는 대상을 나타내는 표지"로 분류한다.[144] 그리스도는 분명히 **다시 살리는 행위**와 **앉히는 행위**의 대상이며 따라서 ἐν τῷ Χριστῷ도 이와 같은 방식으로 이해하는 것이 타당해 보인다.

이 구절에 담긴 삼위일체적 함의는 아버지의 능력이 어떻게 아들에게 나타나는지와 관련이 있다. 삼위일체 하나님의 두 위격이 신성을 공유하는 것은 사실이지만, 바울은 아버지가 아들에게 무언가를 직접적으로 행하는 것을 일종의 모순으로 보지 않는다.

> κατὰ πρόθεσιν τῶν αἰώνων ἣν ἐποίησεν **ἐν τῷ Χριστῷ** Ἰησοῦ τῷ κυρίῳ ἡμῶν.
> 곧 영원부터 우리 주 예수 **그리스도 안에서** [메시아를 통해] 예정하신 뜻대로 하신 것이라(엡 3:11).

이 ἐν τῷ Χριστῷ 용법은 도구적 용법으로서 하나님께서 **자신의 영원하신 목적**을 성취하신(ἐποίησεν) 방식을 묘사할 가능성이 가장 높다.[145] 그리스도는 아버지께서 자신의 목적을 그분 안에서 행하시는 분이다. 삼위일체적 관점에서 보면 우리는 여기서 아들이 아버지의 뜻을 실행하고 아버지의 동인이 아들을 통해 완수되는, 아버지와 아들의

---

143 이것은 ἥν(20절)의 선행사가 τῆς ἰσχύος αὐτοῦ(19절, 혹은 τῆς δυνάμεως αὐτοῦ)가 될 수도 있지만, τὴν ἐνέργειαν(19절)을 선행사로 취하는 해석이다.
144 BDAG, 329.
145 Barth, *Ephesians 1-3*, 347. Barth는 "동인"(agent)이라는 용어를 내가 사용하는 "도구"(instrument)라는 용어와 같은 의미로 사용한다.

친밀한 협력관계를 목격한다.

결론적으로 두 ἐν … Χριστῷ 예문 중에서 하나는 무언가가 드러내는 대상을 나타내며(엡 1:20), 다른 하나는 도구적 용법으로 사용된다 (엡 3:11).

3.11.1.6 요약

모든 ἐν … Χριστῷ 예문들은 ἐν Χριστῷ의 다양한 용법들과 동일한 하위 범주에 포함되는데 이것은 전혀 놀라운 일이 아니다. 이 ἐν … Χριστῷ 예문들은 ἐν Χριστῷ와 다른 기능을 소화한다고 볼 이유가 전혀 없다.

3.11.2 "주 안에서"

ἐν Χριστῷ 다음으로 우리가 살펴보아야 할 어구는 "주 안에서"(ἐν κυρίῳ)다. 아마도 우리는 바울이 이 어구를 사용할 때 ἐν Χριστῷ와 특별히 다른 의미로 사용하지 않았을 것으로 추정한다. 그러나 이러한 추정의 정당성을 입증하기 위해 우리는 바울 서신에 나타난 ἐν κυρίῳ의 용례를 전수조사할 것이다. ἐν Χριστῷ와 ἐν … Χριστῷ의 경우에서 이미 관찰했듯이 ἐν κυρίῳ와 ἐν … κυρίῳ 사이에도 의미상 아무런 차이점이 없을 것으로 보고 후자도 여기서 함께 다룰 예정이다.

3.11.2.1 "주 안에" 있는 자들을 위해 성취되거나 그들에게 주어진 것

> ὁ γὰρ **ἐν κυρίῳ** κληθεὶς δοῦλος ἀπελεύθερος κυρίου ἐστίν, ὁμοίως ὁ ἐλεύθερος κληθεὶς δοῦλός ἐστιν Χριστοῦ.
> **주 안에서** 부르심을 받은 자는 종이라도 주께 속한 자유인이요, 또 그와 같이 자유인으로 있을 때에 부르심을 받은 자는 그리스도의 종이니라(고전 7:22).

이 예문은 이 구절이 부르심에 관한 것이라는 점에서 ἐν κυρίῳ를 **그리스도인**을 나타내는 완곡어법으로 이해하도록 유도한다. 그러나 그 가능성보다는 오히려 도구적 기능을 수행할 가능성이 더 높다. 이에 대한 가장 설득력 있는 근거는 **그리스도인**이라는 의미를 지닌 문구가 이 구절에서 두 번 등장한다는 것이다. **주께 의해 종으로 부르심을 받은 자는 주의 자유인이다. 이와 같이 자유인으로 부르심을 받은 자는 그리스도의 종이다.** 종과 자유인은 모두 주께 속한 자들이다. 즉 그들은 **그리스도인** 자유인이며 **그리스도인** 종이다. 만약 **주께 의해 부르심을 받은 자**를 그리스도인으로 부르심을 받은 자로 이해한다면 이것은 불필요한 표현일 뿐만 아니라 이 구절의 평행 구조를 훼손한다. 따라서 ἐν κυρίῳ를 도구적으로 보고 주의 자유인과 주의 종이라는 평행 문구를 이 도구적 행동의 이중 결과로 보면서 첫 번째 구문을 **주께 의해 부르심을 받은 자**로 이해하는 것이 가장 좋다.[146]

이러한 도구적 해석은 이 구절에 명시적인 동인이 없다는 점에서 난관에 부딪힐 수도 있다. 하지만 여기서는 하나님을 동인으로 이해하는 것이 더 좋다. 비록 동인이 직접 언급되지는 않지만(명백한 도구적 용법의 경우 상당히 이례적임), 이를 암시하는 힌트가 24절에 들어 있다. **형제들아, 너희는 각각 부르심을 받은 그대로 하나님과 함께 거하라.** 바울은 신자가 **부르심**을 받을 때(ἐκλήθη) **하나님과 함께**(παρὰ θεῷ) 있는 것으로 묘사함으로써 간접적으로 22절과의 평행을 유도한다. 22절에서 그리스도의 부르심은 그리스도께 속한 사람들을 탄생시킨다. 24절

---

146 Fee는 도구적 해석을 거부하면서 이 해석은 "전체 본문의 의미를 놓치는 듯하다. 부르심은 그리스도와의 관계를 나타내는 '그리스도 안에서' 이루어지는 것"이라고 말한다. Fee, *1 Corinthians*, 318, n. 53. Fee의 도구적 독법은 주관적이며 그의 해석은 문제점을 안고 있다. 만약 바울이 **주 안에 있도록 부르심을 받은 자**(he who is called to be in the Lord)라고 말하고자 했다면 아마도 "있다"(to be) 동사가 부정사로 사용되었을 것이다. 이런 동사가 없는 상태에서 Fee의 독법은 문제가 있고 이런 동사가 필요 없는 해석보다 설득력이 떨어진다.

에서 부르심은 하나님과 함께하는 결과를 초래한다. 만약 그리스도께 속하는 것이 하나님과 함께하는 것과 동일시된다면 24절의 부르심은 22절의 그리스도의 부르심과 동일시될 수 있다. 이렇게 되면 완벽한 평행이 이루어진다. 그리스도의 부르심이 그리스도께 속하는 결과를 초래하듯이(22절) 하나님의 부르심도 하나님과 함께하는 결과를 초래한다(24절). 이로써 우리는 부르심의 행위에서 하나님의 동인을 확인하게 되고, 이 부르심은 그리스도라는 도구를 통해 완성된다.[147]

> πλὴν οὔτε γυνὴ χωρὶς ἀνδρὸς οὔτε ἀνὴρ χωρὶς γυναικὸς **ἐν κυρίῳ**.
> 그러나 **주 안에는** 남자 없이 여자만 있지 않고 여자 없이 남자만 있지 아니하니라(고전 11:11).

이 ἐν κυρίῳ 용례를 해석하는 방법은 두 가지가 있다. 첫째, 이 어구는 그리스도의 영역을 나타낸다. 이 경우 이 구절은 그리스도의 통치 하에 있는 여자가 남자로부터 독립적이지 않으며 또한 역으로도 동일하게 적용됨을 말해준다. 바울은 여기서 그리스도인 공동체 안에서 반드시 나타나야 할 질서 있는 행동에 관해 이야기하기 때문에 그리스도의 영역 안에 존재하는 여성과 남성의 관계는 문맥상 잘 어울린다. 그러나 이 해석의 약점은 바울이 11:8에서부터 이미 자신의 관심을 창조 당시의 남자와 여자의 관계로 확대했다는 것이다. **남자가 여자에게서 난 것이 아니요 여자가 남자에게서 났으며 또 남자가 여자를 위하여 지음을 받지 아니하고 여자가 남자를 위하여 지음을 받은 것이다** (11:8-9). 바울이 전후 문맥에서 창조 질서에 관해 논하고 있기 때문에 ἐν κυρίῳ가 그리스도의 영역에서 나타나는 특정 남자와 여자의 상호 의존 관계를 규정할 개연성은 낮아 보인다. 이러한 상호 의존 관계는

---

147 참조. 고전 7:17.

그리스도의 영역 안팎에서 모두 이미 창조 당시에 결정된 것이다.

둘째, 이 어구는 도구적 용법으로서 남자와 여자의 상호 의존 관계를 정립하는 주님의 사역을 가리키는 것으로 볼 수 있다. 이 해석은 전후 문맥의 창조라는 주제와도 잘 조화를 이룬다. 사실 바로 다음 구절도 이 해석의 타당성을 뒷받침한다. 12절은 11절에 인용된 상호 의존 관계를 부연해 설명한다. **이는 여자가 남자에게서 난 것 같이 남자도 여자로 말미암아 났음이라. 그리고 모든 것은 하나님에게서 났느니라.** 12a-b가 11절의 상호 의존 관계를 부연해 설명한다면 12절의 마지막 절은 11절에 있는 ἐν κυρίῳ의 도구적 의미를 지지한다. **모든 것은 하나님에게서 났느니라**는 진술이 하나님이 궁극적 동인임을 나타내는 것처럼(12절) ἐν κυρίῳ도 주님이 하나님의 도구임을 나타낸다(11절).[148] 이러한 이유로 ἐν κυρίῳ의 도구적 해석은 영역적 해석보다 더 설득력이 있다.[149]

> ἐλθὼν δὲ εἰς τὴν Τρῳάδα εἰς τὸ εὐαγγέλιον τοῦ Χριστοῦ καὶ θύρας μοι ἀνεῳγμένης **ἐν κυρίῳ**.
> 내가 그리스도의 복음을 위하여 드로아에 이르매 **주 안에서** 문이 내게 열렸으되(고후 2:12).

---

148 11절과 12절의 평행 구조를 감안하면 ἐν κυρίῳ는 그리스도보다 하나님을 가리킬 수도 있다. 이 독법을 따르면 이 두 구절은 모두 동인(agency)을 나타낸다. 주님은 11절에서, 하나님은 12절에서 각각 동인이다(즉, 두 구절은 같은 인격을 염두에 둔 것으로 봄). 그러나 반드시 이 해석을 따를 필요는 없다. 왜냐하면 이러한 평행 구조는 두 구절에서 반드시 동인을 필요로 하지 않고 오히려 11절에서는 도구적 의미를, 12절에서는 동인의 의미를 나타낼 가능성이 더 높기 때문이다. 더 나아가 바울의 표준적 용법은 κύριος가 그리스도를 지칭하는 해석을 지지한다.

149 Ciampa와 Rosner도 이 독법을 선호하는 것으로 보인다. 그들은 도구적 독법이 모든 인류를 창조하는 주님의 역할에 관한 유대교 해석 전통(y. Berakot 9:1; Genesis Rabbah 8:9; 22:2)과 완벽하게 조화를 이루며 11절과 12절의 평행 관계를 강화한다고 지적한다. Ciampa and Rosner, 1 Corinthians, 535.

이 예문에서는 ἐν κυρίῳ가 그리스도의 도구성을 나타낼 개연성이 매우 높다.[150] 또 다른 해석은 이 어구를 **원인** 혹은 **이유**를 나타내는 것으로 보는 것인데, 이 경우 이 구절은 **내가 그리스도의 복음을 위하여 드로아에 이르렀을 때 주님으로 인해 나에게 문이 열렸**다는 의미가 된다. 그러나 문이 어떻게 또는 누구에 의해 열렸고 또 왜 그리스도로 인해 열렸는지가 불분명하기 때문에 이 독법의 개연성은 낮다.

그러나 도구적 해석도 명시적인 동인이 없다는 이유로 반론이 제기될 수 있다. 그러나 이전의 예문들과 같이, 이 구절에는 하나님의 동인이 암시되어 있다고 보는 것이 더 타당하다.[151] 사실 이를 암시하는 힌트가 14절에 들어 있다. **항상 우리를 그리스도 안에서 구경거리로 만드시는 하나님께 감사하노라**. 이는 하나님께서 사도의 길을 지도하시고 그의 선교를 통제하신다는 것을 암시한다. 따라서 주님께서 바울에게 문을 여실 때 하나님의 동인이 작동했다고 추측할 수 있다(2:12).

> ἐν ᾧ πᾶσα οἰκοδομὴ συναρμολογουμένη αὔξει εἰς ναὸν ἅγιον **ἐν κυρίῳ**.
>
> 그의 안에서 건물마다 서로 연결하여 **주 안에서** 성전이 되어 가고(엡 2:21).

이 ἐν κυρίῳ에 대한 가장 설득력 있는 해석은 이 어구가 주님과의 통합을 나타낸다는 것이다. 전후 문맥은 그리스도를 새 건물의 머릿돌(2:20)로 묘사하는 것을 비롯해 이 해석에 대한 충분한 증거를 제공한다. 건물 은유는 그 자체로 통합(incorporation)이라는 개념을 전제한다. 왜냐하면 신자들은 그리스도가 머릿돌이 되시는 이 건물로 지어

---

150 "주에 의해"(by the Lord)로 옮긴 Martin의 번역을 주목하라. Martin, *2 Corinthians*, 41. NIV는 "the Lord had opened a door for me"(주님께서 나를 위해 문을 여셨다)로 번역한다.

151 Victor Paul Furnish, *2 Corinthians* (AB; Garden City: Doubleday, 1984), 169.

져 나가기 때문이다. 주님과 함께 하나의 "건물"로 세워져 나간다는 것 자체가 통합을 암시한다. 더 나아가 이 건물은 **그에 의해 하나로 연결된다**(2:21). 이는 건물 은유 안에 이미 내재된 암묵적 연합의 개념을 강화한다.

다음 구절은 이 개념을 더욱 강화한다. **너희도 성령 안에서 하나님이 거하실 처소가 되기 위하여 그리스도 예수 안에서 함께 지어져 가느니라**(2:22). 이 건물은 그 안에서 서로 연결될 뿐 아니라(2:21), 그 안에서 함께 지어져 간다(2:22). 따라서 이 몇몇 구절에 나타난 통합에 관한 많은 암시는 2:21의 ἐν κυρίῳ가 통합의 의미로 이해되어야 함을 말해준다. 오브라이언은 이 의미를 다음과 같이 적절하게 표현한다. "그러므로 건물이 **서로 연결된다**고 말하는 것은 단순히 한 돌이 다른 돌과 연합하는 것을 의미할 뿐만 아니라 구조물 전체가 머릿돌과 함께(그리고 그 안에서) 연합되는 것을 의미한다.[152]

  τοῦ λοιποῦ, ἐνδυναμοῦσθε **ἐν κυρίῳ** καὶ ἐν τῷ κράτει τῆς ἰσχύος αὐτοῦ.
  끝으로 너희가 **주 안에서**와 그 힘의 능력으로 강건하여지고(엡 6:10).

겉으로 보기와는 달리 이 예문은 해석하기 어려운 용례 중 하나다. ἐν κυρίῳ가 "주님에 의해"와 "주님 안에서"라는 두 가지 의미를 가질 수 있다는 점에서 본질적으로 그 의미가 모호할 뿐 아니라, 함께 사용된 동사 역시 그 의미가 모호하다. 동사 "강하다"(ἐνδυναμοῦσθε)는 여기서 중간태 혹은 수동태일 수 있으며 어느 것을 선택하느냐에 따라 이 구절의 의미가 달라진다.

만약 ἐνδυναμοῦσθε를 수동태로 보면(**강해져라**로 번역) ἐν κυρίῳ는

---

152 O'Brien, *Ephesians*, 219.

도구적 용법으로서 **주님에 의해 강해져라**로 번역이 가능하다.[153] 특히 하반절에서 신자들이 주님에 의해 강해질 뿐 아니라 그의 강한 힘에 의해 강해질 것을 강조한다는 점을 감안하면 이러한 해석은 가능하다. 그러나 ἐνδυναμοῦσθε를 중간태로 보면(강건하라로 번역) ἐν κυρίῳ 어구는 몇 가지 의미가 가능한데 그중 가장 개연성이 높은 의미는 연합이다. 이 해석을 따르면 신자들은 주님을 비롯해 그의 강한 능력과 밀접한 관계를 맺고 있어서 그들은 이 관계에 힘입어 강건해질 것을 권면받는다. 즉 신자들은 **주 안에서와 그의 강한 능력 안에서** 강건해야 한다.

그러나 바울이 ἐνδυναμοῦσθε를 중간태와 수동태 중 어떤 의미로 사용했는지를 규명하는 것은 결코 쉽지 않다. 왜냐하면 이 어휘가 바울 서신에서 두 형태로 모두 사용되기 때문이다(능동태로도 역시 가능함. 롬 4:20; 빌 4:13; 딤전 1:12; 딤후 2:1; 4:17). 사실 바울은 이 동사를 주님의 동인이나 도구성(딤전 1:12) 혹은 그와의 연대성(딤후 4:17)을 표현하는 데 사용하기도 한다. 바울 서신에 나타난 유사한 개념들은 이 어휘의 의미를 파악하는 데 별 도움을 주지 못한다. 따라서 전후 문맥과 더 넓은 문맥을 통해 이 본문의 내적 논리를 파악하는 것이 훨씬 더 유익하다.

첫째, 다음 구절은(6:11) 중간태 부정과거 명령법을 사용한다. **하나님의 전신 갑주를 입으라**. 이 사실은 6:10의 ἐνδυναμοῦσθε도 중간태 명령법일 가능성을 어느 정도 더 높여준다. 그렇게 되면 **주 안에서 강건하라**와 **하나님의 전신 갑주를 입으라**는 두 개의 유사한 명령이 된다. 이러한 평행 구조는 **주님에 의해 강해져라**와 **하나님의 전신 갑주를 입으라**는 의미보다 더 잘 조화를 이룬다. 왜냐하면 첫 번째 명령은 **수동적인** 의미에서 강해지라는 의미인 반면, 두 번째 명령은 **능동적인**

---

153 그러나 Lincoln은 ἐνδυναμοῦσθε를 수동태로 보는 반면, ἐν κυρίῳ를 도구적으로 해석하지 않는다는 점을 주목하라. 그는 이 어구를 그리스도와의 관계를 나타내는 것으로 본다. Lincoln, *Ephesians*, 441-42.

의미에서 하나님의 전신 갑주를 입으라는 의미가 되기 때문이다.

둘째, 6:10에서 ἐν κυρίῳ의 도구적 해석은 내적인 어려움을 다소 동반한다. **강해지라**는 명령과 **주님에 의해**라는 어구 사이에는 일종의 긴장 관계가 형성된다. 왜냐하면 이 구절은 주님의 도구성(혹은 동인)을 염두에 두고 있지만, 이 명령은 신자들에게 주어지기 때문이다. 이것은 이 명령 자체와 명령을 받는 자 사이의 인지부조화(cognitive dissonance)를 야기한다. 다시 말하면 신자들은 이렇게 할 것을 명령받지만, 실제로 그것을 행하시는 이는 주님이시기 때문이다. 그러나 이 구절이 연합을 표현한다면 이러한 부조화는 해결된다. 왜냐하면 신자들은 주님에 **의해** 강해지기보다는 주님 **안에서** 강건해질 것을 권면받기 때문이다. 즉 이 명령은 제삼자가 아닌, 명령을 받는 자들에 의해 준행된다.[154]

셋째, 더 넓은 문맥은 이 어구가 도구적 해석보다 연합을 나타낸다는 해석을 지지한다. 에베소서 6:10-17에 열거된 전신 갑주는 로마 군사의 무기뿐만 아니라 이사야서에서 전투에 임하시는 야웨(그리고/혹은 그의 메시아)에 대한 묘사들을 연상시킨다.[155] 따라서 6:10-17이 내포하고 있는 함의 중 하나는 신자들도 주님이 전투 시에 입는 갑주를 입어야 한다는 것이며, 이는 영적 전쟁과 관련하여 그분과의 연합의 의미를 환기시킨다. 이 연합이 이 단락 전체를 지배한다는 사실을 감안하면 6:10의 ἐν κυρίῳ는 주님과의 연합을 의미한다고 결론 내리는 것이 타당하다.[156] 그렇다면 이 교훈의 의미는 신자들이 그리스도와 연합함으

---

154 Lincoln은 수동태가 "능력이 외부로부터 주어진다는 개념"을 강화하기 때문에 중간태 해석보다 수동태 해석을 선호한다. Lincoln, *Ephesians*, 441. 그러나 여기서 중간태 해석도 신자들이 "주 안에서" 강해져야 하는 것이기 때문에 그들의 능력도 자신들로부터 주어진다는 의미를 함축하지 않는다. 바르트는 "어떤 내부 자원으로부터 흘러나오는 힘의 증가보다는 외부로부터 오는 능력을 의미한다"고 주장하면서 중간태 해석을 취한다. Markus Barth, *Ephesians: Introduction, Translation, and Commentary on Chapters 4-6* (AB; Garden City, NY: Doubleday, 1974), 760.

155 O'Brien, *Ephesians*, 463ff.

156 따라서 Lincoln은 "신자들이 그리스도와 맺은 관계가 그분의 능력에 접근할 수 있는 길을

로써 강해지라는 것이다. 그들은 "주 안에서" 그리고 그의 강한 능력으로 강해져야 한다. 이어지는 단락은 그것이 영적 전쟁에서 어떤 의미인지를 설명해준다. 그리스도와의 연합을 통해 신자들은 그의 갑주를 공유하며 전투에서 그분과 연대한다.

καὶ εἴπατε Ἀρχίππῳ···βλέπε τὴν διακονίαν ἣν παρέλαβες **ἐν κυρίῳ**, ἵνα αὐτὴν πληροῖς.
아킵보에게 이르기를, "**주 안에서** 받은 직분을 삼가 이루라"고 하라(골 4:17).

이 ἐν κυρίῳ 용례는 최소한 세 가지 의미를 나타낼 수 있다. 첫째, ἐν κυρίῳ는 구체적 내용 혹은 본질의 의미를 전달 할 수 있다(BDAG). 이 경우 "주"는 아킵보가 받은 직분의 본질을 가리킨다. 그렇다면 이 것은 아마도 그의 직분에 대한 매우 적절한 묘사일 것이다. 그러나 이 해석의 약점은 ἐν κυρίῳ가 아킵보의 직분이 아니라 동사 "네가 받았다"(παρέλαβες)를 수식한다는 점이다. 바울은 여기서 아킵보가 받은 직분의 내용을 가리키기보다는 그가 받은 직분의 본질을 묘사한다.

둘째, ἐν κυρίῳ는 원인 혹은 이유를 나타낼 수 있다. **주님 때문에 네가 받은 직분.** 이 독법을 따르면 이 어구는 아킵보의 직분의 기원을 나타낸다. 그의 직분은 주님의 사역(혹은 인격) 때문에 존재한다. 하지만 그의 직분을 주님 **때문에** 받은 것으로 생각하기에는 다소 무리가 있어 보인다. 아킵보가 그의 직분을 주님 때문에 왜 받았는지 또는 그가 그의 직분을 누구로부터 받았는지가 불분명하다. 왜냐하면 이 해석은 제삼자의 동인을 암시하기 때문이다.

셋째, ἐν κυρίῳ는 동인을 나타낼 수 있다. **네가 주님으로부터 받은 직분.** 이 독법은 "받았다"는 동사와 가장 잘 부합한다는 점에서 가장

열어준다"고 말한다. Lincoln, *Ephesians*, 442.

개연성이 높아 보인다. 앞에서 주장한 바와 같이 ἐν κυρίῳ가 아킵보의 직분보다는 동사를 수식한다면 그 행동의 동인을 가리킬 가능성은 더욱 높다.

이 하위 범주에 속한 ἐν κυρίῳ의 여섯 용례는 도구적 용법으로 3회(고전 7:22; 11:11; 고후 2:12), 그리고 통합(엡 2:21), 연합(엡 6:10), 동인(골 4:17)의 의미로 각각 1회씩 사용된다.

3.11.2.2 "주 안에서"의 신자들의 행동

> ἵνα αὐτὴν προσδέξησθε **ἐν κυρίῳ** ἀξίως τῶν ἁγίων καὶ παραστῆτε αὐτῇ ἐν ᾧ ἂν ὑμῶν χρῄζῃ πράγματι · καὶ γὰρ αὐτὴ προστάτις πολλῶν ἐγενήθη καὶ ἐμοῦ αὐτοῦ.
> 너희는 **주 안에서** 성도들의 합당한 예절로 그를 영접하고 무엇이든지 그에게 소용되는 바를 도와줄지니, 이는 그가 여러 사람과 나의 보호자가 되었음이라 (롬 16:2).

이 ἐν κυρίῳ 용례는 명령법 "영접하라"(προσδέξησθε)를 수식하며 원인 혹은 방식을 나타낼 가능성이 가장 높다. 만약 이 어구가 원인을 나타낸다면 이 구절은 로마 교인들이 **주님 때문에** 뵈뵈를 영접해야 한다는 것을 의미한다. 주님은 그들이 서로 참여하는 연합과 교제의 원인이며 로마 교인들은 그들 가운데 뵈뵈를 영접함으로써 이 교제를 표현해야 한다. 만약 방식을 나타낸다면 이 구절은 로마 교인들이 "주 안에서"라는 방식으로 뵈뵈를 영접해야 한다는 것을 의미한다. 행동의 성격 혹은 방식으로 읽는 후자의 독법은 전후 문맥의 지지를 받는다. ἐν κυρίῳ에 뒤이어 나오는 구문도 "성도들에게 합당한 방식으로"(ἀξίως τῶν ἁγίων)라는 부사구로서 방식을 표현한다. 따라서 두 구문 모두 앞의 명령법과 연결되어 로마 교인들이 뵈뵈를 영접하는 방식을 표현할 가능성이 있다. "바울은 이것을 통해 로마 그리스도인들이 뵈뵈에게 '그리스도인다운' 영접을 해야 한다는 것을 말하고자 한다. '성도들에게 합당한 방식으로'라는 부가적인 수식어는 이와 동일한 의미를 확대한다."[157] 더 나아가 이 구절의 마지막 구문은 명령에 대한 원인을 나타낸다. **그녀는 나를 포함해 많은 사람의 후원자였기 때문이다.** 따라서 몇 구문 뒤에 다른 원인이 제시된다는 점에서 ἐν κυρίῳ가 원인을 나타낼 가능성은 매우 낮다.

> ἀσπάσασθε Τρύφαιναν καὶ Τρυφῶσαν τὰς κοπιώσας **ἐν κυρίῳ**. ἀσπάσασθε Περσίδα τὴν ἀγαπητήν, ἥτις πολλὰ ἐκοπίασεν **ἐν κυρίῳ**.
> **주 안에서** 수고한 드루배나와 드루보사에게 문안하라. **주 안에서** 많이 수고하고 사랑하는 버시에게 문안하라(롬 16:12).

이 구절에 두 번 등장하는 이 ἐν κυρίῳ 용례는 모두 "주 안에서" 행해지는 사역을 지칭한다. 이 어구에 대한 가장 설득력 있는 해석은 이 어구가 밀접한 관계를 나타내거나 원인을 나타낸다는 것이다. 전자의 해석은 ἐν κυρίῳ가 통제적 영향력을 행사하는 밀접한 유대 관계 속에서 행해지는 사역을 표현하는 것으로 본다. 이 신자들은 **주님의 통제 아래, 주님의 영향력 아래** 있다(BDAG).

그러나 후자의 해석이 더 가능성이 높다. 이 해석은 ἐν κυρίῳ가 그들이 사역하는 이유를 나타낸다고 본다. 그들은 그리스도 때문에, 그리스도를 위해, 그리고 그리스도와 관련하여 사역을 수행한다. 이 해석을 따르면 바울의 의도는 이 신자들이 어떠한 사역에 힘써왔는지를 말하려는 것이다. 그들은 주님의 사역을 한 것이다. 이 해석은 바울의 칭찬이 그들이 주님의 영향력 아래에서 사역했기 때문이라기보다는 그들

157　Moo, *Romans*, 915.

이 어떠한 사역에 힘써왔는지를 가리킬 가능성이 높기 때문에 전자의 해석보다 더 설득력이 있어 보인다. 어떠한 사역을 하든지 모든 신자가 주님의 영향력 아래에서 해야 하는 것이 당연한 것이라면 이 신자들은 왜 여기서 특별히 언급되는 것일까?[158] 그 이유는 바울이 여기서 몇몇 사람에게 위임된 그리스도인의 사역에 대해 언급하고 있기 때문이다. 따라서 로마 교인들은 그리스도인의 사역에 참여한 자들에게 문안할 것을 권면받는다.

> ἀσπάζομαι ὑμᾶς ἐγὼ Τέρτιος ὁ γράψας τὴν ἐπιστολὴν **ἐν κυρίῳ**.
> **주 안에서** 이 편지를 쓰는 나 더디오도 너희에게 문안하노라(롬 16:22; HCSB의 각주에 제안된 번역).

이 ἐν κυρίῳ 용례가 지닌 어려움은 이 어구가 "이 편지를 쓰는"(ὁ γράψας τὴν ἐπιστολὴν)을 수식하는지 아니면 "내가…너희들에게 문안한다"(ἀσπάζομαι ὑμᾶς)를 수식하는지 규명하기 어렵다는 데 있다. 물론 이 두 해석이 문법적으로는 모두 가능하다. ἐν κυρίῳ가 "이 편지를 쓰는"(ὁ γράψας τὴν ἐπιστολὴν)의 뒤를 잇기 때문에 "이 편지를 쓰는"을 수식하는 것이 어순상 가장 자연스럽다. 이 해석을 따르면 ἐν κυρίῳ는 편지를 쓰는 행위 혹은 편지의 성격을 묘사한다.

그러나 만약 분사구 "이 편지를 쓰는"(ὁ γράψας τὴν ἐπιστολὴν)이 불연속적 구문(하나의 독립된 구문으로서 "괄호 처리"되고 ἐν κυρίῳ는 주절인 "나 더디오는 너희에게 문안한다"[ἀσπάζομαι ὑμᾶς ἐγὼ Τέρτιος]로 이어지는 경우)이라면 ἐν κυρίῳ는 "나는 너희에게 문안한다"를 수식하는 것으로 볼 수

---

158 따라서 이것은 이 ἐν κυρίῳ를 16:2의 용법과 동일하게 "그리스도인답게"로 보는 Moo의 해석과 상반된다. Moo, *Romans*, 925, 915. 모든 신자가 "그리스도인답게" 사역해야 하는 것이 마땅하다면 왜 굳이 이 사역자들을 특별히 언급해야만 했을까?

있다. 이 구문의 모호성은 여러 번역본에서도 나타난다. HCSB의 각주 번역은 ἐν κυρίῳ가 ὁ γράψας τὴν ἐπιστολὴν를 수식하는 것으로 보는 반면, NIV와 ESV는 이 어구가 "문안한다"(ἀσπάζομαι)를 수식하는 것으로 본다. 이 편지를 쓰는 나 더디오는 주 안에서 너희에게 문안한다(ESV). 이 두 해석이 모두 가능하고 다른 결정적인 단서가 없는 관계로 가장 자연스러운 독법을 따라 ἐν κυρίῳ가 ὁ γράψας τὴν ἐπιστολὴν를 수식하는 것으로 보는 것이 가장 적절해 보인다.[159]

이 용례의 또 다른 어려움은 ἐν κυρίῳ가 부사적 의미로서 분사 "쓰는"(ὁ γράψας)을 수식하는지 혹은 형용사적 의미로서 "편지"(τὴν ἐπιστολὴν)를 수식하는지와 관련이 있다. 만약 이 편지를 쓰는 더디오의 행위를 묘사한다면 ἐν κυρίῳ가 어떻게 그 행위를 수식할 수 있는지가 분명하지 않다. 더디오가 로마서의 실제 저자가 아니라 단순히 대서인이라는 사실은 이러한 일반적인 해석을 일부 배제한다. 예를 들면 동인(주님의 도움으로), 밀접한 관계(주님의 영향 아래에서), 원인(그리스도 때문에) 등으로 이해하는 해석은 이 편지의 저자인 바울에게는 가능하지만 대서인에게는 적절해 보이지 않는다.

그럼에도 ἐν κυρίῳ가 이 편지 자체를 수식하는 것으로 보는 것이 가장 적절한 해석으로 보인다. 이러한 해석을 따르면 이 용례와 가장 잘 조화를 이루는 BDAG의 범주는 **구체적 내용 혹은 본질**이다. 이 편지는 주님과 관련된 것이며 그 주님의 인격과 사역이 이 편지의 본질을 형성한다. 결과적으로 더디오는 주님과 관련된 이 서신을 쓴 대서인으로서 로마 교인들에게 문안한다.

---

159 최근 대다수 주석가는 ἐν κυρίῳ를 ἀσπάζομαι와 연결하는 Cranfield의 견해를 따른다. Cranfield는 다른 대안적 해석의 이점을 인정하면서도 "ἐν κυρίῳ는 ἀσπάζομαι와 연결해야 한다는 보다 더 일반적인 해석이 더 개연성이 높다"고 결론 내린다. Cranfield, *Romans*, 2:806. 그러나 안타깝게도 Cranfield는 (다소 아이러니컬하게도) 자신이 반대하는 대안적 해석을 지지하는 몇몇 요인을 나열하면서도 어떤 요인이 그 개연성에 영향을 미치는지에 관해서는 구체적으로 언급하지 않는다.

ἵνα καθὼς γέγραπται · ὁ καυχώμενος **ἐν κυρίῳ** καυχάσθω.
기록된바 "자랑하는 자는 **주 안에서** 자랑하라" 함과 같게 하려 함이라(고전 1:31).

이 ἐν κυρίῳ 용례는 명령법 "자랑하라"(καυχάσθω)를 수식하는 것이 분명하다. 이 진술은 자신에 관해 혹은 자신이 성취한 것에 관해 자랑하는 것은 적절하지 않기에 자랑할 것이 있으면 주님을 영화롭게 하고 찬양하는 자랑이 되어야 한다는 것을 암시한다. 결과적으로 ἐν κυρίῳ에 대한 가장 설득력 있는 독법은 **구체적 내용** 혹은 **본질**을 드러내게 하는 해석이다. 자랑하는 사람은 주님에 대해 자랑해야 한다. 즉 주님이 그 자랑의 주체이자 내용이 되어야 한다.[160]

ἐν κυρίῳ에 대해 가능한 단 하나의 대안적 해석은 이 어구가 **종류** 혹은 **방법**을 나타낸다고 보는 것이다. 이 해석은 이 자랑이 하나님을 기쁘시게 하거나 그분의 의도와 원칙에 맞는 방식으로 행해져야 한다고 본다. 그러나 이 해석의 약점은 자랑 자체를 하나의 행위로 간주한다는 점이다. 즉 이 해석은 실제 내용과는 상관없이 어떤 자랑이라도 주님께 합당한 방법으로만 자랑한다면 문제가 되지 않는다는 것이다. 인간의 자랑은 종종 자기 자신을 스스로 높이는 것이기에 어떤 종류의 자랑이 주님을 자랑하지 않고 그를 기쁘시게 하는 자랑인지 상상하기 어렵다. 따라서 ἐν κυρίῳ를 자랑의 내용을 구체적으로 명시하는 전자의 해석이 더 적절하다.

οὐκ εἰμὶ ἐλεύθερος; οὐκ εἰμὶ ἀπόστολος; οὐχὶ Ἰησοῦν τὸν κύριον ἡμῶν ἑόρακα; οὐ τὸ ἔργον μου ὑμεῖς ἐστε **ἐν κυρίῳ**;
내가 자유인이 아니냐? 사도가 아니냐? 예수 우리 주를 보지 못하였느냐? **주**

---

160 이 해석을 지지하는 렘 9:24과 삼상 2:10(LXX)에 대한 암시에 관해서는 Ciampa and Rosner, *1 Corinthians*, 110-11을 참조하라.

안에서 행한 나의 일이 너희가 아니냐?(고전 9:1)

이 예문은 "주 안에서" 행한 사역은 그리스도인의 사역을 가리킨다는 로마서 16:12의 경우와 유사하다. 한 가지 중요한 차이점은 여기서 "사역"이 동사가 아닌 명사라는 점과 **사람들**을 가리킨다는 점이다. 그러나 ἐν κυρίῳ가 로마서 16:12에서와 마찬가지로 바울 사역의 특성과 원인과 목적을 표현하기 위해 사용되었다고 보는 해석이 가장 적절해 보인다. 바울이 말하고자 하는 바는 그리스도인의 사역에 관한 것이다. 그러나 로마서 본문과는 달리 바울이 자신의 사역을 **사람들**로 묘사한다는 점은 바울이 여기서 자신의 사역의 **열매**에 관해 이야기할 가능성을 높여준다. 고린도 교인들은 바울이 그들을 위해 그 공동체 안에서 행한 사역의 산물이라는 점에서 바울의 **사역**이다.[161]

> ὥστε, ἀδελφοί μου ἀγαπητοί, ἑδραῖοι γίνεσθε, ἀμετακίνητοι, περισσεύοντες ἐν τῷ ἔργῳ τοῦ κυρίου πάντοτε, εἰδότες ὅτι ὁ κόπος ὑμῶν οὐκ ἔστιν κενὸς **ἐν κυρίῳ**.
> 그러므로 내 사랑하는 형제들아 견실하며 흔들리지 말고 항상 주의 일에 더욱 힘쓰는 자들이 되라. 이는 너희 수고가 **주 안에서** 헛되지 않은 줄 앎이라(고전 15:58).

"주 안에서 [행한] 수고"에 대한 언급은 그리스도인의 사역을 묘사할 가능성이 높다. 이는 그리스도의 명분에 따라 이루어진 사역이다. 이 해석은 두 가지 이유에서 이 본문과 잘 어울린다. 첫째, 여기서 언급된 수고는 앞에서 언급된 "주의 일"(ἐν τῷ ἔργῳ τοῦ κυρίου)을 가리킨다. 이 소유격(τοῦ κυρίου)은 탄력적 여격인 ἐν κυρίῳ보다 훨씬 더 명시적

---

161 Ibid., 399.

이다. 후자는 주님께 합당한 방식으로 이루어진 사역을 지칭하는 반면 (따라서 그리스도인의 사역을 반드시 지칭할 필요는 없음), 전자는 이같이 폭넓은 의미를 허용하지 않는다. "주의 일" 혹은 "주의 사역"은 주의 명분과 목적을 위해 행해지는 그리스도인의 사역을 지칭한다.[162]

둘째, 바울은 이러한 수고가 헛되지 않다고 말한다. 불가능하지는 않지만, 바울이 모든 종류의 일에 대해 언급했다고는 상상하기 어렵다. 주님의 이름을 높이기 위해 행해지는 사역은 모두 성실함을 요구하지만(참조. 골 3:23), 여기서 바울은 그 사역을 하는 방식보다는 그 사역 자체를 가리킨다. 우리는 모든 사역이 ─ 심지어 그리스도인이 신실하게 행한 사역조차도 ─ 다 "주 안에서 행한 수고"라고 말하기는 어렵다. 따라서 이러한 사실은 첫 번째 포인트와 더불어 "주 안에서 행한 수고"가 그리스도인의 사역을 가리킨다는 해석을 지지한다. 즉 ἐν κυρίῳ는 사역을 행하는 방식보다는 사역의 본질을 규정한다.

> ἀσπάζονται ὑμᾶς αἱ ἐκκλησίαι τῆς Ἀσίας. ἀσπάζεται ὑμᾶς **ἐν κυρίῳ** πολλὰ Ἀκύλας καὶ Πρίσκα σὺν τῇ κατ᾽ οἶκον αὐτῶν ἐκκλησίᾳ.
> 아시아의 교회들이 너희에게 문안하고, 아굴라와 브리스가와 그 집에 있는 교회가 **주 안에서** 너희에게 간절히 문안하고(고전 16:19).

여기서 "주 안에서" 누군가에게 문안한다는 것은 이미 앞에서 살펴본 로마서 16:2의 경우와 유사하다. 로마서 예문은 ἐν κυρίῳ가 **종류**

---

[162] Fee의 다음과 같은 설명은 유익하다. "바울이 '주의 일'이라는 어구를 사용하면서 어떤 종류의 활동을 염두에 두었는지는 전혀 확실하지 않다. 최소한 이 어구는 누군가가 **그리스도인으로서** 행하는 일을 폭넓게 가리킬 수 있지만…바울은 그다음에 나오는 '수고'라는 단어와 함께 이 어구를 복음의 실제 사역을 가리킬 때 흔히 사용한다. 어쩌면 그들의 경우에는 광범위한 사역을 포함할 수 있지만, 이 경우는 전자에 더 가까울 것이다. 즉 신자들이 구체적으로 그리스도교 사역이거나 혹은 구체적으로 복음에 참여하는 종류의 사역들이 존재한다. 이것이 여기서 바울이 염두에 둔 것으로 보인다." Fee, *1 Corinthians*, 808.

혹은 **방법**을 나타내며 누군가를 영접하는 행위를 그리스도교적으로 규정한다. 이 예문 또한 아굴라와 브리스길라의 문안을 **그리스도교적** 문안으로 규정한다. 다시 말하면 아굴라와 브리스길라는 고린도 교인들과 공통된 믿음과 교제로 하나됨을 표현하면서 신자인 고린도 교인들에게 신자로서 문안한다.[163]

> ὁ δὲ καυχώμενος **ἐν κυρίῳ** καυχάσθω.
> 자랑하는 자는 **주 안에서** 자랑할지니라(고후 10:17).

이 용례에 관해서는 이미 앞에서 다룬 고린도전서 1:31을 보라.

> τοῦτο οὖν λέγω καὶ μαρτύρομαι **ἐν κυρίῳ**, μηκέτι ὑμᾶς περιπατεῖν, καθὼς καὶ τὰ ἔθνη περιπατεῖ ἐν ματαιότητι τοῦ νοὸς αὐτῶν.
> 그러므로 내가 이것을 말하며 **주 안에서** 증언하노니, 이제부터 너희는 이방인이 그 마음의 허망한 것으로 행함 같이 행하지 말라(엡 4:17).

이 ἐν κυρίῳ 용례에 대한 가장 설득력 있는 두 가지 해석은 이 어구를 **인과적** 용법 및 **성격** 혹은 **방식**의 용법으로 이해하는 것이다. 만약 인과적 용법이라면 바울은 주님 때문에 이렇게 말하고 증언한다고 볼 수 있다. 이 해석은 충분히 가능성이 있다. 그러나 만약 이 어구가 성격 혹은 방식을 나타낸다면 바울은 자신이 주님의 고유한 방식으로 말하고 증언한다는 것을 의미한다. 다시 말하면 바울은 자신의 증언의 진실성 또는 증언의 권위를 강조하기 위해 ἐν κυρίῳ를 사용한 것이다.

ἐν κυρίῳ가 성격 혹은 방식을 표현한다는 두 번째 해석은 다음과 같은 이유에서 더욱 설득력을 얻는다. "증언하다"(μαρτύρομαι)라는 동

---

163 Ciampa and Rosner, *1 Corinthians*, 861.

사는 구체적으로 진실을 말한다는 의미를 내포한다. 바울은 단순히 자신이 하고 싶은 말을 하려는 것이 아니다. 그는 자신의 말을 하나의 증언으로 그리고 증인의 말로 전달한다. 이로써 그는 자신의 진술의 진실성과 정확성을 강조하기를 원한다. 결과적으로 ἐν κυρίῳ는 바울의 증언하는 방식을 표현하는 것으로 이해하는 것이 가장 적절하다. 바울의 증언은 주님께 부합하며 따라서 참되고 권위가 있다.[164]

> τὰ τέκνα, ὑπακούετε τοῖς γονεῦσιν ὑμῶν [**ἐν κυρίῳ**]·τοῦτο γάρ ἐστιν δίκαιον.
> 자녀들아, **주 안에서** 너희 부모에게 순종하라. 이것이 기쁘시게 하는 것이라(엡 6:1; 저자 사역).

이 ἐν κυρίῳ 용례는 이 어구가 "너희 부모"를 수식함으로써 부모를 그리스도인으로 규정할 수도 있고, 명령법 "순종하라"를 수식함으로써 일종의 부사적 의미를 부여할 수도 있다. 여기서 바울은 단지 자녀들에게 그리스도인 부모에게만 순종할 것을 권면했을 가능성이 매우 낮기 때문에 부모를 그리스도인으로 규정하는 해석은 불필요해 보인다.[165] 따라서 여기서 ἐν κυρίῳ는 명령법 동사를 수식할 개연성이 훨씬 더 높다.[166]

ἐν κυρίῳ의 부사적 의미는 아마도 원인은 아닐 것이다. 왜냐하면 원인은 이 구절의 마지막에 "왜냐하면 이것이 옳기 때문이다"라고 명시되어 있기 때문이다. 자녀들이 부모에게 순종해야 하는 이유는 단순히 그렇게 하는 것이 옳은 일이기 때문이다. 자녀들의 순종은 **그리스도**

---

164 O'Brien, *Ephesians*, 319.
165 부모에 대한 자녀의 순종은 고대 세계에서 당연하게 여겨졌다(Ibid., 441).
166 Best, *Ephesians*, 564.

교적인 순종이라는 의미에서 ἐν κυρίῳ가 성격 혹은 방식을 표현할 수도 있지만, 부모에 대한 순종은 **옳은 일**이므로 개연성이 떨어진다. 즉 부모에 대한 순종은 반드시 그리스도교적인 순종일 필요는 없다.

이 문제를 해결하는 방법은 ἐν κυρίῳ를 그리스도의 영역을 나타내는 것으로 이해하는 것이다. 이 해석은 가사법전을 그리스도의 통치 하에 살아가는 가족의 특성을 묘사하는 것으로 이해한다. 따라서 이러한 ἐν κυρίῳ의 부사적 의미는 자녀들에게 주어진 명령의 문맥과도 잘 부합한다. 그들은 그리스도의 영역 안에서 살아가는 가족의 일원이다. 이 내용은 앞에서 지적한 대로, 부모에게 순종하는 것이 그리스도인이든 아니든 간에 옳은 일이라는 사실과 대치되지 않는다. 또한 이 구절은 가족들이 그리스도의 영역 안에서 옳은 일을 행해야 함을 피력한다.

> τὸ λοιπόν, ἀδελφοί μου, χαίρετε **ἐν κυρίῳ**. τὰ αὐτὰ γράφειν ὑμῖν ἐμοὶ μὲν οὐκ ὀκνηρόν, ὑμῖν δὲ ἀσφαλές.
> 끝으로 나의 형제들아, **주 안에서** 기뻐하라. 너희에게 같은 말을 쓰는 것이 내게는 수고로움이 없고 너희에게는 안전하니라(빌 3:1).

이 ἐν κυρίῳ에 대한 가장 설득력 있는 해석은 이 어구가 원인을 나타낸다는 것이다. 신자들은 그리스도 때문에 기뻐해야 한다. 신자들은 그분이 어떤 분이시며 어떤 일을 행하셨고, 그분과 맺은 관계 때문에 기뻐하라는 권면을 받는다. 브루스는 여기서 시편에서 반복적으로 제시되었던 권면에 대한 반향을 발견한다(시 32:11; 33:1). "하나님의 백성은 그를 기뻐한다. 왜냐하면 그는 그들의 '큰 기쁨'이기 때문이다"(시 43:4).[167]

---

167 Bruce, *Philippians*, 101.

ὥστε, ἀδελφοί μου ἀγαπητοὶ καὶ ἐπιπόθητοι, χαρὰ καὶ στέφανός μου, οὕτως στήκετε **ἐν κυρίῳ**, ἀγαπητοί.

그러므로 나의 사랑하고 사모하는 형제들, 나의 기쁨이요 면류관인 사랑하는 자들아, 이와 같이 **주 안에** 서라(빌 4:1).

이 ἐν κυρίῳ 용례는 신자들이 **주님 때문에** 굳게 서야 한다는 의미에서 원인을 나타낼 수 있다. 즉 주님은 그들이 자신의 신념에 굳게 서야 하는 이유와 목적이다. 이러한 해석은 가능하긴 하지만, ἐν κυρίῳ가 원인을 나타낼 경우에는 그들이 굳게 서야 할 영역 혹은 위치가 분명치 않다는 점에서 설득력이 떨어진다. 결과적으로 ἐν κυρίῳ는 신자들이 굳게 서야 하는 영역과 위치를 규정하는 의미에서 그리스도의 영역을 나타내는 것으로 보는 것이 가장 타당해 보인다.[168] 그렇다면 **주 안에서 굳게 서라**는 교훈은 신자들이 그리스도의 영역 안에 굳건하게 서야 한다는 것을 의미한다.

Εὐοδίαν παρακαλῶ καὶ Συντύχην παρακαλῶ τὸ αὐτὸ φρονεῖν **ἐν κυρίῳ**.

내가 유오디아를 권하고 순두게를 권하노니, **주 안에서** 같은 마음을 품으라(빌 4:2).

이 예문은 ἐν κυρίῳ에 대한 여러 가지 가능성을 제기한다. 첫째, 이 어구는 유오디아와 순두게가 그리스도인답게 합의해야 한다는 의미에서 종류 혹은 방식을 나타낼 수 있다. 그러나 이러한 해석은 가능하긴 하지만, **그리스도인다운** 합의가 일반 합의와 어떻게 다른지에 대한 의문을 제기한다. 물론 그리스도인다운 합의는 합의가 성사되는 원인

---

[168] "여기서 이것은 단지 그들이 굳게 서야 할 영역을 가리키는 의미에서 영역적 의미일 수 있다." Fee, *Philippians*, 388, n. 22.

과 수단일 수 있다.

둘째, ἐν κυρίῳ는 합의의 원인을 규정할 수 있다. 즉 유오디아와 순두게는 주 안에서 구현된 연합과 교제 때문에 합의해야 한다. 그들이 서로 화해하도록 만드는 요인은 바로 신자로서 하나된 그들의 존재다. 비록 이 해석이 첫 번째 해석보다 더 설득력이 있지만, 이러한 합의가 하필 왜 그들이 함께 섬기는 주님에 대한 믿음으로부터 도출되어야 하는지에 대한 질문이 제기된다. 사실 바울 자신도 같은 주님을 섬기는 다른 사람들과 합의하지 못할 때도 있다.

어쩌면 근본적으로 그들의 불화의 중심에 무언가 부적절한 요소가 있지 않았을까 추측하게 된다. 만약 그렇다면 바울의 이러한 권면은 주 안에서 형성된 하나 됨으로부터 유발된 것이 아니라 올바른 행동 규칙을 준수해야 할 필요성에 의한 것일 수도 있다. 다시 말하면 유오디아와 순두게가 합의해야 할 이유는 바로 이것이 옳은 일이기 때문이다.[169] 당연히 이러한 재구성은 사변적일 수밖에 없지만, ἐν κυρίῳ가 그리스도의 영역을 가리킨다는 해석을 뒷받침해준다. 신자들은 그리스도의 영역 안에서 살기 때문에 이에 부합하는 행동을 해야 한다. 이 구절에 언급된 두 신자는 서로 화해하지 못하는 잘못을 저질렀다. 그들은 "주 안에" 있는 신자이기 때문에(그분의 통치 영역 하에 있음) 더 이상 현 상태를 그대로 유지해서는 안 된다.

χαίρετε **ἐν κυρίῳ** πάντοτε · πάλιν ἐρῶ, χαίρετε.
주 안에서 항상 기뻐하라. 내가 다시 말하노니 기뻐하라(빌 4:4).

이 ἐν κυρίῳ 용법에 관해서는 위의 빌립보서 3:1을 보라.

---

169 O'Brien은 이 가능성과 더불어 ἐν κυρίῳ가 주 안에서의 공통된 결속을 의미한다는 독법도 수용한다. O'Brien, *Philippians*, 478.

ἐχάρην δὲ **ἐν κυρίῳ** μεγάλως ὅτι ἤδη ποτὲ ἀνεθάλετε τὸ ὑπὲρ ἐμοῦ φρονεῖν, ἐφ᾽ ᾧ καὶ ἐφρονεῖτε, ἠκαιρεῖσθε δέ.
내가 **주 안에서** 크게 기뻐함은 너희가 나를 생각하던 것이 이제 다시 싹이 남이니, 너희가 또한 이를 위하여 생각은 하였으나, 기회가 없었느니라(빌 4:10).

"주 안에서"(ἐν κυρίῳ) 기뻐한다는 앞의 두 용례는 주님이 신자들의 기쁨이 된다는 의미에서 원인을 나타내는 것으로 결론이 났다. 우리는 비록 이러한 결론이 타당하고 앞의 두 용례와 이번 용례 간에 모종의 일관된 요소가 있음을 인정하지만, 이러한 인과적 해석 역시 전혀 어려움이 없는 것은 아니다. 이 어려움은 여기서 바울이 크게 기뻐하는 원인을 다음 절에 명시한다는 데 있다. **너희가 나를 생각하던 것이 이제 다시 싹이 남이니**. 그럼에도 이 사실은 ἐν κυρίῳ의 인과적 해석을 무조건 배제하지는 않는다. 하나님의 주권에 관한 바울의 이해를 감안하면 바울은 자신을 아끼는 빌립보 교인들의 배후에서 역사하시는 주님 안에서 기뻐한다는 해석도 가능하다. 이 해석은 빌립보 교인들과의 협력 관계에 대해 하나님께 감사하는 바울의 마음과도 잘 어울린다(빌 1:3-5). 비록 감사는 그들과의 협력 관계에 대한 것이지만, 바울은 하나님의 주권적인 손길을 인식하면서 하나님께 감사한다. 이와 같은 맥락에서 바울은 여기서도 자신을 돌보는 빌립보 교인들을 통해 주님의 공급이 이루어지는 것을 보면서 그분으로 인해 기뻐할 수 있는 것이다.[170]

αἱ γυναῖκες, ὑποτάσσεσθε τοῖς ἀνδράσιν ὡς ἀνῆκεν **ἐν κυρίῳ**.
아내들아, 남편에게 복종하라. 이는 **주 안에서** 마땅하니라(골 3:18).

---

170 "에바브로디도 편으로 선물이 도착한 일(4:18)은 자기 백성들의 마음속에 이러한 관대함을 허락하신 **주님 안에서** 기뻐하는 계기가 되었다." Martin, *Philippians*, 176.

에베소서 6:1은 가사법전의 일부로서 자녀들을 향한 교훈이 담겨 있다. 이 교훈과 유사한 이 ἐν κυρίῳ 용례는 그리스도의 영역 안에서 살고 있는 가족 구성원에게 무엇이 올바른 행동인지를 제시하는 것으로 보인다. 아내의 복종은 그것이 그리스도의 영역 안에 사는 가정의 생활 패턴에 부합하기 때문에 주 안에서 마땅한 것이다.[171]

τὰ τέκνα, ὑπακούετε τοῖς γονεῦσιν κατὰ πάντα, τοῦτο γὰρ εὐάρεστόν ἐστιν **ἐν κυρίῳ**.
자녀들아, 모든 일에 부모에게 순종하라. 이는 **주 안에서** 기쁘게 하는 것이니라 (골 3:20).

이 구절은 에베소서 6:1의 평행 구절이다. 골로새서 3:18에 이어 등장하는 이 ἐν κυρίῳ 용례는 주님의 영역 안에서 무엇이 올바른 행동인지를 나타낸다는 점에서 영역적 의미를 지닌다. 일부 번역본은 τοῦτο γὰρ εὐάρεστόν ἐστιν ἐν κυρίῳ를 **왜냐하면 이것이 주님을 기쁘시게 하기 때문이다**(for this pleases the Lord)로 잘못 번역함으로써(NIV, RSV, ESV; 참조. HCSB) ἐν κυρίῳ의 영역적 의미를 가리는 결과를 초래하지만, 자녀들의 순종은 그리스도의 통치 영역 안에서 올바른 삶의 모습이기 때문에 **주 안에서 기뻐할 일**로 번역하는 것이 바람직하다. 오브라이언의 결론과 같이 "부모에 대한 순종은 그리스도인이 현재 속해 있는 영역과 잘 어울리며 올바른 삶의 모습이다."[172]

---

171 Marianne Meye Thompson은 이렇게 요약한다. "현 본문에서 신자들은 그들이 주를 경외하고(22절) 주를 위해 일을 하며(23절) 주를 섬길 뿐 아니라(24절) 결국 하늘에 주를 모시고 있다(4:1)는 사실을 기억하며 그들의 대인관계가 '주 안에서' 이루어질 것을 권고 받는다(3:18, 20). 골로새서에 흐르는 사상은 창조로부터 구속에 이르기까지 모든 생명이 그리스도의 주권 아래에서 보호를 받고 있다는 것이며 여기에는 인생의 근본적인 관계들도 포함된다." Thompson, *Colossians and Philemon*, 92.

172 O'Brien, *Colossians, Philemon*, 225.

ὅτι νῦν ζῶμεν ἐὰν ὑμεῖς στήκετε **ἐν κυρίῳ**.
그러므로 너희가 **주 안에** 굳게 선즉 우리가 이제는 살리라(살전 3:8).

이 ἐν κυρίῳ 용법에 관해서는 위의 빌립보서 4:1을 보라.

λοιπὸν οὖν, ἀδελφοί, ἐρωτῶμεν ὑμᾶς καὶ παρακαλοῦμεν **ἐν κυρίῳ** Ἰησοῦ, ἵνα καθὼς παρελάβετε παρ᾽ ἡμῶν τὸ πῶς δεῖ ὑμᾶς περιπατεῖν καὶ ἀρέσκειν θεῷ, καθὼς καὶ περιπατεῖτε, ἵνα περισσεύητε μᾶλλον.
그러므로 형제들아, 우리가 끝으로 **주 예수 안에서** 너희에게 구하고 권면하노니. 너희가 마땅히 어떻게 행하며 하나님을 기쁘시게 할 수 있는지를 우리에게 배웠으니 곧 너희가 행하는 바라. 더욱 많이 힘쓰라(살전 4:1).

이 "주 예수 안에서"(ἐν κυρίῳ Ἰησοῦ)는 동사 "구하고"(ἐρωτῶμεν)와 "권면하노니"(παρακαλοῦμεν)를 수식하면서 부사적 기능을 수행하는 것이 분명하다. 앞의 에베소서 4:17과 같이 이 어구의 부사적 기능은 원인 및 성격 혹은 방식 등 두 가지로 해석이 가능하다. 만약 원인을 나타낸다면 바울은 데살로니가 교인들에게 **주 예수 때문에** 하나님을 기쁘시게 할 것을 부탁하고 권면하는 것이다. 에베소서 4:17에서처럼 이 해석은 물론 가능하다.

그러나 만약 이 어구가 성격 혹은 방식을 나타낸다면 바울은 데살로니가 교인들에게 주 예수께 합당한 방식으로 부탁하고 권면하는 것이다. 이 경우 ἐν κυρίῳ Ἰησοῦ는 바울의 부탁에 권위를 부여하는 기능을 한다. 사실 이 해석은 다음 절과 평행을 이룬다는 점에서 전자의 해석보다 더 설득력이 있다. 우리가 주 예수를 통해 너희에게 어떤 명령을 줬는지 너희가 안다(4:2). 바울의 명령은 주를 **통해**(διὰ τοῦ κυρίου Ἰησοῦ) 주어짐으로써 바울의 교훈과 주님의 뜻 사이에 불가분의 관계를 형성한다. 4:2의 경우가 그렇다면 4:1도 동일한 기능을 수행할 가능성은 더욱 높아진다. 바울은 자신의 권면을 주님의 뜻과 직접적으로 연결해서 데살로니가 교인들에게 권면하는 것이다.[173]

> ἐρωτῶμεν δὲ ὑμᾶς, ἀδελφοί, εἰδέναι τοὺς κοπιῶντας ἐν ὑμῖν καὶ προϊσταμένους ὑμῶν **ἐν κυρίῳ** καὶ νουθετοῦντας ὑμᾶς.
> 형제들아, 우리가 너희에게 구하노니, 너희 가운데서 수고하고 **주 안에서** 너희를 다스리며 권하는 자들을 너희가 알고(살전 5:12).

바울은 "주 안에서"(ἐν κυρίῳ) 수고하고 다스리며 권하는 자들의 노고를 인정해줄 것을 당부한다. 비록 ἐν κυρίῳ가 **다스리는 자들**(προϊσταμένους) 뒤에 나오지만, **권하는 자들**(νουθετοῦντας)뿐 아니라 **수고하는 자들**(τοὺς κοπιῶντας)을 수식할 가능성이 높다. 세 개의 실명사적 분사는 TSKS 구문(관사-명사-καί-명사)을 구성하며 각각 첫 번째 분사 앞에 나오는 관사와 동일한 격이지만, καί로 연결된 두 번째와 세 번째 분사 앞에는 관사가 없다.[174] 이 분사들이 복수이기 때문에 그랜빌-샤프 구문 요건을 완벽하게 충족하지는 못하지만, 수고하는 자들과 다스리는 자들과 권하는 자들은 모두 같은 지시 대상을 공유한다. 따라서 분사인 "다스리는 자들"(προϊσταμένους)과 "권하는 자들"(νουθετοῦντας)은 앞에서 "수고하는 자들"(τοὺς κοπιῶντας)로 명명된 그룹을 추가적으로 묘사한다고 볼 수 있다.[175] 따라서 ἐν κυρίῳ는 이 세 분사를 모두 수식한다.[176]

그렇다면 이 용례는 **주 안에서** 하는 수고에 대한 예문 중 하나다.

---

173 "그는 주님께서 자신에게 부여한 권위를 가진 자로서 말한다." Morris, *Thessalonians* (NICNT), 114.
174 참조. Wallace, *Greek Grammar*, 270-86.
175 Morris, *Thessalonians* (NICNT), 165.
176 비록 ἐν κυρίῳ가 세 실명사적 분사 중 **두 번째** 분사에 이어 나오지만, TSKS 구문의 기능은 위치와는 상관없이 이 전치사구로 하여금 전체 문장을 수식하도록 만든다.

앞의 예문들과 마찬가지로(롬 16:12; 고전 9:1; 15:58) 이 ἐν κυρίῳ는 **원인**을 나타낼 가능성이 높다. 곧 주님 때문에 행하는 수고다. 바울은 그리스도인의 봉사를 염두에 두고 있으며 다스림과 권면에 관한 언급은 이 사실을 더 분명하게 한다. 따라서 바울은 데살로니가 교인들에게 공동체 안에서 그리스도인 리더로 사역하는 자들의 노고를 인정해주길 당부한다.[177]

> τοῖς δὲ τοιούτοις παραγγέλλομεν καὶ παρακαλοῦμεν **ἐν κυρίῳ** Ἰησοῦ Χριστῷ, ἵνα μετὰ ἡσυχίας ἐργαζόμενοι τὸν ἑαυτῶν ἄρτον ἐσθίωσιν.
> 이런 자들에게 우리가 명하고 **주** 예수 그리스도 **안에서** 권하기를 "조용히 일하여 자기 양식을 먹으라" 하노라(살후 3:12).

이 예문에서는 "주 예수 그리스도 안에서"(ἐν κυρίῳ Ἰησοῦ Χριστῷ)가 명령하고 권면하는 행위를 수식한다. 이 어구의 의미는 원인 및 방식 혹은 성격 등 최소한 두 가지로 해석이 가능하다. 이 표현이 데살로니가전서 4:1의 표현과 유사하다는 점은 주목할 만하다. **우리는 주 예수 안에서 너희에게 구하고 권면하노니**. 두 예문에서 모두 ἐν κυρίῳ Ἰησοῦ는 부탁하거나 명령하고 격려하거나 권면하는 행위를 수식한다. 사실 두 구절은 모두 "권면하다"(παρακαλέω) 동사를 사용한다. 두 본문 간의 이러한 뚜렷한 평행 구조를 감안하면 여기서 이 ἐν κυρίῳ Ἰησοῦ 어구는 살전 4:1과 평행을 이룬다고 보는 것이 타당하다. 이 어구가 성격 혹은 방식을 표현한다는 점에서 바울의 명령과 권면은 주 예수와 잘 어울린다. 즉 그의 교훈에는 주님의 영향력과 권위가 실려 있다.[178]

---

177 Morris(Ibid.)는 이것이 교회의 장로들을 가리킨다고 해석한다. "그들 외에 누가 또 이 삼중 역할을 수행하겠는가?"

178 Gene L. Green, *The Letters to the Thessalonians* (PNTC; Grand Rapids: Eerdmans, 2002), 352.

신자들의 행동을 나타내는 이 하위 범주에는 21회의 ἐν κυρίῳ 용례가 포함되어 있는데 그중 7회는 원인을(롬 16:12; 고전 9:1; 15:58; 빌 3:1; 4:4, 10; 살전 5:12), 6회는 영역을(엡 6:1; 빌 4:1, 2; 골 3:18, 20; 살전 3:8), 5회는 성격 혹은 방식을(롬 16:2; 고전 16:19; 엡 4:17; 살전 4:1; 살후 3:12), 3회는 구체적 내용 혹은 본질을(롬 16:22; 고전 1:31; 고후 10:17) 각각 나타낸다.

3.11.2.3 "주 안에" 있는 자들의 특성

οἶδα καὶ πέπεισμαι **ἐν κυρίῳ Ἰησοῦ** ὅτι οὐδὲν κοινὸν δι᾽ ἑαυτοῦ, εἰ μὴ τῷ λογιζομένῳ τι κοινὸν εἶναι, ἐκείνῳ κοινόν.
내가 **주 예수 안에서** [**주 예수에 의해**] 알고 확신하노니, 무엇이든지 스스로 속된 것이 없으되 다만 속되게 여기는 그 사람에게는 속되니라(롬 14:14).

이 구절의 ἐν κυρίῳ Ἰησοῦ 용법을 가장 잘 설명해주는 해석은 두 가지다. 첫째, 장소적 해석은 이 어구가 그리스도의 영역을 나타낸다고 본다. 이 해석을 따르면 바울은 자신이 그리스도의 영역 안에 있기 때문에 어떤 것도 속되지 않다는 것을 안다. 하지만 이 해석은 이 사실을 알지 못하는 자들은 같은 영역에 속하지 않음을 의미하는 것으로 해석될 수 있다는 문제점을 안고 있다. 하지만 현 문맥은 현실을 자신만큼 이해하지 못하는 약한 형제까지도 모두 수용하고 싶어하는 바울의 모습을 보여준다. 바울은 그런 사람도 비록 약하지만 **형제**로 간주한다. 비록 이 사람이 사소한 이슈에 관해서는 잘못된 판단을 내릴 수 있지만, 이 사람 역시 그리스도 안에서 한 형제이기 때문에 그리스도의 영역 안에 속한 자다. 따라서 바울이 자신의 생각에 관해서는 이토록 그리스도의 영역을 강조하면서 그 영역에 속한 다른 이들에 대해서는 이처럼 상반된 생각을 한다고 보는 것은 쉽게 이해가 되지 않는다.

둘째, 이보다 더 설득력 있는 해석은 바울이 **동인**을 나타내기 위해 ἐν κυρίῳ Ἰησοῦ를 사용했다고 보는 것이다. 위의 번역과 같이 바울은 주 예수에 의해 확신을 갖게 되었기 때문에 그분이 바로 이 확신의 동인이라는 것이다. 비록 다소 사변적이긴 하지만, 바울은 여기서 마가복음 7:18-19에 기록된 예수의 가르침을 염두에 두었을 가능성이 있다. "예수께서 이르시되 '너희도 이렇게 깨달음이 없느냐? 무엇이든지 밖에서 들어가는 것이 능히 사람을 더럽게 하지 못함을 알지 못하느냐? 이는 마음으로 들어가지 아니하고 배로 들어가 뒤로 나감이라. 이러므로 모든 음식물을 깨끗하다' 하시니라."[179] 그렇다면 바울에게 어떤 것도 속되지 않다는 확신을 심어준 예수의 말씀의 동인은 단지 바울의 경험에만 한정되지 않는다. 어떤 이들에게는 전혀 쓸모 없는 것일 수도 있지만, 이 예수의 동인은 사실 모두에게 열려 있다.

> ἐγὼ πέποιθα εἰς ὑμᾶς **ἐν κυρίῳ** ὅτι οὐδὲν ἄλλο φρονήσετε · ὁ δὲ ταράσσων ὑμᾶς βαστάσει τὸ κρίμα, ὅστις ἐὰν ᾖ.
> 나는 너희가 아무 다른 마음을 품지 아니할 줄을 **주 안에서** 확신하노라. 그러나 너희를 요동하게 하는 자는 누구든지 심판을 받으리라(갈 5:10).

이 ἐν κυρίῳ는 동사 πέποιθα(나는 확신한다; I am persuaded; I have confidence)를 수식한다. 따라서 이 어구는 바울이 왜 갈라디아 교인들이 다른 어떤 입장도 결코 받아들이지 않을 것이라고 확신하는지와 관련이 있다. 바울은 주님께서 갈라디아에 있는 자기 백성들을 위해 선하게 역사하실 것을 확신한다. 따라서 ἐν κυρίῳ는 원인을 나타낼 가능성이 가장 높다. 바울은 주님 때문에 갈라디아 교인들이 바른 생각으로

---

179 Cranfield는 이 가능성을 열어둔다(마 15:10-11, 15-20과 더불어). Cranfield, *Romans*, 2:712-13.

돌아설 것을 확신한다.

그러나 이러한 해석은 갈라디아 교인들에 대한 확신을 나타내는 "너희가"(εἰς ὑμᾶς)와 잘 어울리지 않는다는 반론에 직면할 수 있다. 전치사 εἰς는 지시 대상 혹은 관련(BDAG)이란 의미를 나타낼 수 있기 때문에 **나는 너희에 관해 너희가 어떤 다른 견해도 받아들이지 않을 것이라고 확신한다**는 의미로 해석될 수 있다. 그럴 경우 바울의 확신은 그들**에 대한** 확신이 아니라 그들과 **관련된** 확신이다.[180] 그의 확신은 갈라디아 교인들의 생각을 올바로 교정해주실 주님에 대한 확신이다.

> παρακαλῶ οὖν ὑμᾶς ἐγὼ ὁ δέσμιος **ἐν κυρίῳ** ἀξίως περιπατῆσαι τῆς κλήσεως ἧς ἐκλήθητε.
> 그러므로 **주 안에서** 갇힌 내가 너희를 권하노니, 너희가 부르심을 받은 일에 합당하게 행하여(엡 4:1).

이 ἐν κυρίῳ에 관한 가장 설득력 있는 해석은 이 어구를 원인 혹은 이유를 나타내는 것으로 간주하는 것이다. 바울은 주님 때문에 혹은 주님으로 인해 죄수가 되었다.

또 다른 해석은 ἐν κυρίῳ를 범주 혹은 영역을 나타내는 것으로 본다. "바울에게는 그리스도인의 삶의 영역이 '주 안에' 있기 때문에 자신이 옥에 갇히게 된 것도 예외가 아니라는 것이다."[181] 그러나 이것이 바울이 에베소 교인들에게 그들의 부르심에 합당하게 행하라고 권면하는 이 구절의 나머지 부분에 어떠한 의미를 부여하는지는 분명치 않다. 하지만 ἐν κυρίῳ를 원인을 나타내는 것으로 해석한다면 이 어구는 바울의 권면과 잘 어울린다. 바울은 주님 때문에 투옥되었으며 이는 그가

---

180 참조. Longenecker, *Galatians*, 231.
181 Lincoln, *Ephesians*, 234.

이러한 권면을 할 수 있는 자라는 신뢰감을 강하게 심어준다.

> ἦτε γάρ ποτε σκότος, νῦν δὲ φῶς **ἐν κυρίῳ** · ὡς τέκνα φωτὸς περιπατεῖτε.
> 너희가 전에는 어둠이더니, 이제는 **주 안에서** 빛이라. 빛의 자녀들처럼 행하라 (엡 5:8).

이 ἐν κυρίῳ 용례는 원인이나 이유를 나타낼 수 있다. 즉 신자들은 주님의 사역 때문에 빛이라는 것이다. 하지만 이 용례는 동인을 나타내는 것으로도 볼 수 있다. 즉 신자들은 주님의 사역을 통해 빛이라는 것이다.

이러한 해석에도 불구하고 ἐν κυρίῳ를 장소적인 의미로 이해하고 그리스도의 영역을 나타내는 것으로 보는 것이 더 설득력 있어 보인다. 이 구절이 속해 있는 단락은 서로 상반된 영역을 날카롭게 대조한다. 부도덕한 자들은 그리스도 및 하나님 나라와 아무런 상관이 없다(5:5). 불신자들은 "불순종하는 자들"로 묘사되고(5:6) 신자들은 "빛의 자녀들"로 묘사된다(5:8). 신자들은 한때 "어둠"이었는데 이제는 "주 안에서 빛"이다(5:8). 이러한 일련의 대조는 두 영역—암흑과 빛의 영역—간의 구분을 강조한다. 따라서 ἐν κυρίῳ는 넓은 문맥의 관점에서 이해하는 것이 좋다. 즉 이 어구는 그리스도의 영역을 나타낸다. 신자들은 이 영역에 속한 자들이며 "빛"으로 묘사된다.[182]

> πεποίθαμεν δὲ **ἐν κυρίῳ** ἐφ᾽ ὑμᾶς, ὅτι ἃ παραγγέλλομεν [καὶ] ποιεῖτε καὶ ποιήσετε.

---

182 "그는 결정적인 차이를 만드신 분이시며 그분과의 연합을 통해 그들은 새로운 통치권으로 들어갔고 **빛**이 되었다." O'Brien, *Ephesians*, 367.

너희에 대하여는 우리가 명한 것을 너희가 행하고 또 행할 줄을 우리가 **주를** 확신하노니(살후 3:4).

이 ἐν κυρίῳ 예문은 이미 앞에서 다룬 갈라디아서 5:10과 유사하며 원인을 나타낸다. 즉 주님이 바울의 확신의 근거가 된다.[183] 그런데 이 경우에는 전치사 ἐπί가 εἰς처럼 여러 가지 의미로 해석될 여지가 거의 없기 때문에 여기서는 바울의 확신이 독자들에 대한 확신이 아님이 분명하다. 따라서 "너희에 관해"(ἐφ' ὑμᾶς)는 오직 지시 대상이나 관련 대상만을 나타낼 수 있다. 즉 바울의 확신은 데살로니가 교인들의 신앙적 진보를 이끌어내실 주님에 대한 확신을 가리킨다.

ναὶ ἀδελφέ, ἐγώ σου ὀναίμην **ἐν κυρίῳ** · ἀνάπαυσόν μου τὰ σπλάγχνα ἐν Χριστῷ.
오 형제여, 나로 **주 안에서** 너로 말미암아 기쁨을 얻게 하고, 내 마음이 그리스도 안에서 평안하게 하라(몬 20).

이 구절은 ἐν Χριστῷ와 관련하여 이미 논의된 바 있다(위를 보라). ἐν κυρίῳ와 ἐν Χριστῷ가 한 문장에서 함께 등장할 뿐만 아니라 바울이 빌레몬에게 무언가를 얻어내려는 자신의 의지를 담고 있는 문맥에서 그것들을 사용했기 때문에 이 두 어구가 동일한 의미로 사용되었을 가능성이 상당히 높다.[184] 따라서 ἐν κυρίῳ는 빌레몬이 주님의 영향력 아래서 행동하기를 바란다는 의미에서 긴밀한 유대 관계를 나타낸다고 볼 수 있다. 주님의 영향력 아래서 바울의 마음을 시원하게 해야 하는

---

183 Morris, *Thessalonians* (NICNT), 249.
184 참조. F. F. Bruce, *The Epistle to the Colossians, to Philemon, and to the Ephesians* (NICNT; Grand Rapids: Eerdmans, 1984), 221.

것처럼(앞의 논의 참조) 빌레몬은 주님의 영향력 아래서 바울에게 기쁨(혹은 혜택)을 가져다주어야 하는 것이다.

이 하위 범주에는 모두 여섯 예문이 포함되어 있는데 원인(갈 5:10; 엡 4:1), 동인(롬 14:4), 영역(엡 5:8), 지시 혹은 관련(살후 3:4), 긴밀한 유대 관계(몬 20) 등 서로 다른 다섯 가지 용법이 사용된다.

3.11.2.4 "주에 대한" 믿음

"그리스도에 대한" 믿음과 마찬가지로 "주에 대한" 믿음을 나타내는 이 두 예문도 믿음의 대상을 나타낸다.

> διὰ τοῦτο κἀγὼ ἀκούσας τὴν καθ᾽ ὑμᾶς πίστιν ἐν τῷ κυρίῳ Ἰησοῦ καὶ τὴν ἀγάπην τὴν εἰς πάντας τοὺς ἁγίους.
> 이로 말미암아 주 예수 안에서 [**주 예수에 대한**] 너희 믿음과 모든 성도를 향한 사랑을 나도 듣고(엡 1:15).

> ἐλπίζω δὲ **ἐν κυρίῳ** Ἰησοῦ Τιμόθεον ταχέως πέμψαι ὑμῖν, ἵνα κἀγὼ εὐψυχῶ γνοὺς τὰ περὶ ὑμῶν.
> 내가 디모데를 속히 너희에게 보내기를 **주 안에서** 바람은, 너희의 사정을 앎으로 안위를 받으려 함이니(빌 2:19).

3.11.2.5 신자를 나타내는 완곡어법으로서의 "주 안에서"

ἐν Χριστῷ에 관한 §3.9 논의에서 이미 밝혀진 바와 같이 ἐν κυρίῳ도 신자를 나타내는 완곡어법으로서 밀접한 유대 관계 혹은 친밀한 인격적 관계를 나타내는 기능을 수행한다. 그리스도와 신자의 친밀한 인격적 유대 관계 때문에 신자는 "주 안에"(ἐν κυρίῳ) 있다고 묘사된다.

> ἀσπάσασθε Ἀμπλιᾶτον τὸν ἀγαπητόν μου **ἐν κυρίῳ**.

또 **주 안에서** 내 사랑하는 암블리아에게 문안하라(롬 16:8).

암블리아는 단순히 바울의 친한 친구가 아니다. 그는 친한 그리스도인 친구다.

ἀσπάσασθε Ἡρῳδίωνα τὸν συγγενῆ μου. ἀσπάσασθε τοὺς ἐκ τῶν Ναρκίσσου τοὺς ὄντας **ἐν κυρίῳ**.
내 친척 헤로디온에게 문안하라. 나깃수의 가족 중 **주 안에** 있는 자들에게 문안하라(롬 16:11).

이 예문은 나깃수 가구의 구성원 모두가 신자가 아님을 시사하는 것으로 보인다. 물론 주 안에 있는 자들(τοὺς ὄντας ἐν κυρίῳ)이라는 구문이 반드시 이것을 의미할 필요는 없다. 왜냐하면 이 표현은 바울의 일반적 용례보다 훨씬 더 어색하지만, 단순히 나깃수의 가구를 묘사할 수도 있기 때문이다. 그런데 바울이 여기서 전치사 ἐκ를 사용했다는 점은 바울이 나깃수의 전 가구보다는 그 가구에 **속한** 일부 사람들을 염두에 두고 있음을 암시해준다. 만약 이 사실이 맞는다면 바울이 일부 구성원만을 특정하고자 하는 의도가 담긴 것으로 볼 수 있으므로 바울이 왜 문법적으로 다소 어색한 "주 안에 **있는** 자들"(τοὺς ὄντας ἐν κυρίῳ)을 사용했는지 이해가 된다. 즉 이 어구는 그리스도 안에 있는 자들을 가리킨다.[185] 결과적으로 ἐν κυρίῳ는 나깃수 가구의 나머지 구성원과 대조적으로 이들을 그리스도인으로 묘사한다.

ἀσπάσασθε Ῥοῦφον τὸν ἐκλεκτὸν **ἐν κυρίῳ** καὶ τὴν μητέρα αὐτοῦ καὶ ἐμοῦ.

---

185 Cranfield, *Romans*, 2:793.

주 안에서 택하심을 입은 루포와 그의 어머니에게 문안하라. 그의 어머니는 곧 내 어머니니라(롬 16:13).

루포가 "주 안에서"(ἐν κυρίῳ) 택하심을 입었다는 것이 주에 **의해** 택하심을 입었다(도구적 해석)는 것인지 아니면 **그리스도인**을 나타내는 우회적 표현인지가 분명치 않다. 만약 후자라면 그는 **그리스도인**으로 택하심을 받은 것이다. 즉 그는 그리스도인이 되도록 택하심을 받았다는 것이다. 문맥상으로는 이 해석이 가장 적절해 보인다. 문안인사 목록에는 **그리스도인**으로 묘사되는 사람들이 여럿 등장한다. 그리스도 안에 있는 동역자(16:3, 9), 그리스도께 회심한 자(16:5), 그리스도 안에 있는 친구(16:8), 그리스도 안에서 인정받은 자(16:10) 등이 바로 그것이다. 따라서 이 ἐν κυρίῳ 용법은 **그리스도인**을 나타내는 완곡어법으로 이해하는 것이 가장 좋다.[186]

διὰ τοῦτο ἔπεμψα ὑμῖν Τιμόθεον, ὅς ἐστίν μου τέκνον ἀγαπητὸν καὶ πιστὸν **ἐν κυρίῳ**, ὅς ὑμᾶς ἀναμνήσει τὰς ὁδούς μου τὰς ἐν Χριστῷ Ἰησοῦ, καθὼς πανταχοῦ ἐν πάσῃ ἐκκλησίᾳ διδάσκω.
이로 말미암아 내가 **주 안에서** 내 사랑하고 신실한 아들 디모데를 너희에게 보내었으니, 그가 너희로 하여금 그리스도 예수 안에서 나의 행사 곧 내가 각처 각 교회에서 가르치는 것을 생각나게 하리라(고전 4:17).

바울이 디모데를 "주 안에서"(ἐν κυρίῳ) 자신의 아들이라고 말할 때, 그는 분명 일반적인 의미의 부자 관계를 염두에 두지 않았을 것이다. **아들**은 은유적 표현으로서 어떤 면에서는 디모데를 아들과 **같은** 자로 묘사한다. **아들**을 ἐν κυρίῳ로 수식함으로써 바울은 틀림없이 이

---

186 Cranfield는 이 해석을 전제한다. Ibid., 2:794.

관계의 본질을 나타내려 했을 것이다. 즉 이 관계는 그리스도에 대한 공통의 믿음에 근거한 것이며 이것은 아마도 바울이 디모데를 새롭게 태어나게 했다는 것을 의미할 것이다.[187] 디모데는 바울의 **그리스도인 아들**이다.

> γυνὴ δέδεται ἐφ᾽ ὅσον χρόνον ζῇ ὁ ἀνὴρ αὐτῆς · ἐὰν δὲ κοιμηθῇ ὁ ἀνήρ, ἐλευθέρα ἐστὶν ᾧ θέλει γαμηθῆναι, μόνον **ἐν κυρίῳ**.
> 아내는 그 남편이 살아 있는 동안에 매여 있다가 남편이 죽으면 자유로워 자기 뜻대로 시집 갈 것이나, **주 안에서만** 할 것이니라(고전 7:39).

바울은 여기서 과부가 재혼할 수 있는 조건을 한 가지 제시한다. 과부는 자기가 원하는(ᾧ θέλει) 사람과 결혼하되 결혼할 남자는 반드시 주 안에(ἐν κυρίῳ) 있어야 한다. 한편으로 "주 안에서만"(μόνον ἐν κυρίῳ) 이라는 표현은 동사 **결혼하다**를 수식할 수 있다. 이 경우 바울은 그들의 결혼을 그리스도인의 결혼으로 규정한다. 그러나 ἐν κυρίῳ는 결혼할 상대자를 수식할 가능성이 더 높다. 왜냐하면 "단지"(μόνον)는 "원하는"(ᾧ θέλει)과 훨씬 더 자연스럽게 어울리기 때문이다. 따라서 ἐν κυρίῳ는 과부의 장차 남편 될 사람의 특성을 규정한다. 즉 그는 그리스도인이어야만 한다.[188]

> εἰ ἄλλοις οὐκ εἰμὶ ἀπόστολος, ἀλλά γε ὑμῖν εἰμι · ἡ γὰρ σφραγίς μου τῆς ἀποστολῆς ὑμεῖς ἐστε **ἐν κυρίῳ**.
> 다른 사람들에게는 내가 사도가 아닐지라도 너희에게는 사도이니, 나의 사도됨을 **주 안에서** 인친 것이 너희라(고전 9:2).

---

187 Thiselton, *1 Corinthians*, 374.
188 Fee, *1 Corinthians*, 356.

이 예문은 결코 쉽지 않다. ἐν κυρίῳ가 고린도 교인들을 수식하여 그들이 바울의 사도권에 관한 **그리스도교적** 증표를 나타내는 것인지 아니면 그의 사도권 자체를 수식하여 바울이 **그리스도의** 사도임을 나타내는 것인지가 분명치 않기 때문이다. 그런데 사실 이 두 해석조차도 어떤 의미인지가 분명치 않기 때문에 그 난해함은 더욱 증폭된다. 고린도 교인들이 바울의 사도권에 대한 그리스도교적 증표라는 말이나, 바울이 그리스도인 사도라는 말은 과연 무슨 의미인가?

그렇다면 세 번째 해석이 더 설득력 있어 보인다. 더 넓은 문맥에서 보면 바울은 여기서 자신의 사도권을 비롯해 사도인 자신에게 주어진 권리들을 변호하고 있다(9:1-15). 바울은 자신의 사도권에 대한 변명의 일환으로 고린도 교인들을 자신의 수고의 열매라고 말한다. **내가 자유인이 아니냐? 사도가 아니냐? 예수 우리 주를 보지 못하였느냐? 주 안에서 행한 나의 일이 너희가 아니냐?**(9:1) 이어서 바울은 자기가 다른 사람에게는 사도가 아닐지 모르지만, 고린도 교인들에게는 사도임을 천명한다. 그들은 바울의 사도권을 입증하는 증표와 같다(9:2). 바울의 사도권에 대한 그들의 증언은 주 안에서 행한 그의 사역 때문임이 분명하다. 그들은 그의 수고의 열매다. 그렇다면 이것은 무엇을 의미하는가? 그들은 **그리스도인**이기 때문에 바울의 사도권에 대한 증표인 것이다. 그들이 신자라는 신분을 얻게 된 것은 바로 바울의 사도적 사역의 결과다. 그런 의미에서 ἐν κυρίῳ는 고린도 교인들의 증표 혹은 바울의 사도권을 수식하지 않는다. 오히려 바울은 고린도 교인들이 **주 안에 있기 때문에** 바울의 사도권을 확증한다고 말한다. 그들은 그리스도인이기 때문에 바울이 사도로서 행한 수고를 증언한다.[189]

---

189 Leon Morris, *The First Epistle of Paul to the Corinthians* (TNTC; rev. ed.; Leicester, UK: Inter-Varsity Press, 1985), 130.

ἵνα δὲ εἰδῆτε καὶ ὑμεῖς τὰ κατ' ἐμέ, τί πράσσω, πάντα γνωρίσει ὑμῖν Τύχικος ὁ ἀγαπητὸς ἀδελφὸς καὶ πιστὸς διάκονος **ἐν κυρίῳ**.
나의 사정 곧 내가 무엇을 하는지 너희에게도 알리려 하노니, 사랑을 받은 형제요 **주 안에서** 진실한 일꾼인 두기고가 모든 일을 너희에게 알리리라(엡 6:21).

이 ἐν κυρίῳ의 가장 확실한 기능은 두기고를 **그리스도인** 형제와 종으로 지칭하는 것이다.[190]

καὶ τοὺς πλείονας τῶν ἀδελφῶν **ἐν κυρίῳ** πεποιθότας τοῖς δεσμοῖς μου περισσοτέρως τολμᾶν ἀφόβως τὸν λόγον λαλεῖν.
형제 중 다수가 나의 매임으로 말미암아 **주 안에서** 신뢰함으로 겁 없이 하나님의 말씀을 더욱 담대히 전하게 되었느니라(빌 1:14).

이 예문 또한 ἐν κυρίῳ를 통해 **그리스도인** 형제들을 지칭한다. ἐν κυρίῳ가 "형제들"(τῶν ἀδελφῶν)보다 뒤에 등장하는 "신뢰함으로"(πεποιθότας)를 수식할 수도 있지만, 어순은 전자를 선호한다.[191]

τὰ κατ' ἐμὲ πάντα γνωρίσει ὑμῖν Τύχικος ὁ ἀγαπητὸς ἀδελφὸς καὶ πιστὸς διάκονος καὶ σύνδουλος **ἐν κυρίῳ**.
두기고가 내 사정을 다 너희에게 알려 주리니, 그는 사랑 받는 형제요 신실한 일

---

190 Charles Hodge, *A Commentary on the Epistle to the Ephesians* (New York, 1856; repr. Geneva Series Commentary; London: Banner of Truth, 1964), 396.
191 O'Brien은 τῶν ἀδελφῶν ἐν κυρίῳ라는 구문이 다른 본문에서는 단 한 번도 나오지 않는다고 올바르게 지적한다. 하지만 우리는 직전 예문에서 ἐν κυρίῳ가 단수 ἀδελφός("형제")와 함께 사용된 예를 목격한 바 있다. ὁ ἀγαπητὸς ἀδελφὸς καὶ πιστὸς διάκονος ἐν κυρίῳ(엡 6:21). 또한 이 사실은 "사도 바울은 '형제들'을 언급할 때마다 거의 대부분 '그리스도인들'을 의미하기 때문에 '주 안에서'를 덧붙일 필요가 없다"는 주장을 약화시킨다. O'Brien, *Philippians*, 94-95.

꾼이요 **주 안에서** 함께 종이 된 자니라(골 4:7).

평행 구절인 에베소서 6:21과 마찬가지로 두기고는 **그리스도인** 형제이자 **그리스도인** 일꾼이며 또한 동료 **그리스도인** 종이다.

οὐκέτι ὡς δοῦλον ἀλλ᾽ ὑπὲρ δοῦλον, ἀδελφὸν ἀγαπητόν, μάλιστα ἐμοί, πόσῳ δὲ μᾶλλον σοὶ καὶ ἐν σαρκὶ καὶ **ἐν κυρίῳ**.
이 후로는 종과 같이 대하지 아니하고 종 이상으로 곧 사랑 받는 형제로 둘 자라. 내게 특별히 그러하거든 하물며 육신과 **주 안에서** 상관된 네게랴?(몬 16)

이 예문은 오네시모가 "주 안에서"(ἐν κυρίῳ)뿐만 아니라 "육신으로"(ἐν σαρκὶ)도 형제라고 묘사한다는 점에서 매우 흥미로운 구절이다. "육신으로 형제"와 "주 안에서 형제"가 서로 대비되고 있는데 이 사실은 ἐν κυρίῳ의 기능이 **그리스도인**을 나타내는 완곡어법이라는 것을 강하게 시사한다. 오네시모가 육신으로뿐 아니라 주 안에서도 형제로 묘사될 수 있는 것은 육신으로도 형제라는 표현이 부정적이지 않음을 보여준다. 바울이 "육신"(σάρξ)을 종종 주의 영역과 상반되는 육신의 영역을 나타내는 데 사용하는 것과는 달리 이 용례는 형제 간의 결합, 즉 일반적인 관계를 나타낸다.

이 형제 관계는 혈연관계를 나타내기보다는 친밀감 혹은 친밀한 관계를 지칭한다(BDAG). 이와 마찬가지로 **육신**은 단순히 **인간적**이란 의미이며 반드시 혈연관계를 나타낼 필요는 없다(BDAG). 결과적으로 이러한 인간적인 형제 관계는 주 안에서 형성된 형제 관계와 서로 연관되어 있으며 또한 이 사실은 후자가 **그리스도교적인** 형제 관계를 지칭한다는 사실을 강하게 시사한다. 따라서 바울이 여기서 말하고자 하는 바는 오네시모가 자신에게는 소중한 그리스도인 형제이지만, 빌레몬에게는 그리스도인 형제일 뿐만 아니라 "인간적"으로도 형제라는 것

이다.[192]

신자를 나타내는 완곡어법에 속한 10회의 ἐν κυρίῳ 용례는 모두 밀접한 유대 관계 혹은 친밀한 인격적 관계를 나타낸다(롬 16:8, 11, 13; 고전 4:17; 7:39; 9:2; 엡 6:21; 빌 1:14; 골 4:7; 몬 16).

3.11.2.6 요약

지금까지 살펴본 증거들은 ἐν κυρίῳ가 ἐν Χριστῷ와 전혀 다르지 않다는 우리의 추측을 재확인해준다. 개별 용례들은 모두 성부 하나님이나 혹은 다른 어떤 주님을 가리키지 않고 모두 그리스도를 가리킨다. 또한 모든 경우에 해당되는 것은 아니지만, 앞에서 살펴본 ἐν κυρίῳ 용례들은 ἐν Χριστῷ 용례들과 거의 유사하다.

3.11.3 "그 안에서"

ἐν Χριστῷ에 이어 ἐν κυρίῳ를 살펴보았는데, 이제 우리가 다룰 대상은 ἐν αὐτῷ다. ἐν αὐτῷ가 그리스도를 지칭하는 경우는 모두 ἐν Χριστῷ를 대신한다고 봐도 무관하다.

3.11.3.1 "그 안에" 있는 사람들을 위해 성취되거나 그들에게 주어진 것

εὐχαριστῶ τῷ θεῷ μου πάντοτε περὶ ὑμῶν ἐπὶ τῇ χάριτι τοῦ θεοῦ τῇ δοθείσῃ ὑμῖν ἐν Χριστῷ Ἰησοῦ, ὅτι ἐν παντὶ ἐπλουτίσθητε **ἐν αὐτῷ**, ἐν παντὶ λόγῳ καὶ πάσῃ γνώσει.

그리스도 예수 안에서 너희에게 주신 하나님의 은혜로 말미암아 내가 너희를 위하여 항상 하나님께 감사하노니, 이는 너희가 **그 안에서** 모든 일 곧 모든 언변

---

192 Murray J. Harris, *Colossians and Philemon* (Exegetical Guide to the Greek New Testament; Grand Rapids: Eerdmans, 1991), 267-68.

과 모든 지식에 풍족하므로(고전 1:4-5).

앞에서 우리는 1:4의 ἐν Χριστῷ(§3.3)가 도구적으로 사용되었음을 확인한 바 있다. 거기서 이 어구는 하나님의 은혜가 그리스도를 통해 주어졌다는 의미로 사용되었다. 따라서 1:5의 ἐν αὐτῷ도 이와 동일한 방식으로 이해하는 것이 가장 자연스럽다. 이 두 용례의 밀접한 관계는 단순히 서로 인접한 위치에 있거나 혹은 후자의 어구가 전자 어구의 대명사 형태라는 점뿐만 아니라 1:5가 1:4를 부연 설명하는 관계라는 사실에서도 드러난다.[193] 1:4의 하나님의 은혜는 1:5에서 모든 것에 풍족하다는 표현으로 구체화된다. 이러한 보족적 관계를 감안하면 1:5의 ἐν αὐτῷ를 도구적으로 보는 해석이 더욱 설득력을 얻는다.

> ὁ τοῦ θεοῦ γὰρ υἱὸς Ἰησοῦς Χριστὸς ὁ ἐν ὑμῖν δι' ἡμῶν κηρυχθείς, δι' ἐμοῦ καὶ Σιλουανοῦ καὶ Τιμοθέου, οὐκ ἐγένετο ναὶ καὶ οὒ ἀλλὰ ναὶ **ἐν αὐτῷ** γέγονεν. ὅσαι γὰρ ἐπαγγελίαι θεοῦ, **ἐν αὐτῷ** τὸ ναί· διὸ καὶ δι' αὐτοῦ τὸ ἀμὴν τῷ θεῷ πρὸς δόξαν δι' ἡμῶν.
>
> 우리 곧 나와 실루아노와 디모데로 말미암아 너희 가운데 전파된 하나님의 아들 예수 그리스도는 예하고 아니라 함이 되지 아니하셨으니 **그에게는** 예만 되었느니라. 하나님의 약속은 얼마든지 **그분 안에서** 예가 되니, 그런즉 그로 말미암아 우리가 아멘 하여 하나님께 영광을 돌리게 되느니라(고후 1:19-20).

이 두 ἐν αὐτῷ 용례는 도구적 용법일 가능성이 매우 높다. 바울은 1:19에서 그리스도 안에서 "예"가 된다고 말하면서 1:20에서 이 "예"는 하나님의 약속들의 성취를 가리킨다고 분명하게 밝힌다. 이 약속들은 **하나님**의 약속들이기 때문에 1:20은 하나님의 동인을 분명하게 나

---

193 전체 절은 앞 구절과 "'설명적' 동격" 관계다. Thiselton, *1 Corinthians*, 90.

타낸다. 이 약속들은 하나님께로부터 주어지며 그리스도에 의해 성취된다.[194] 따라서 이 두 구절에서 ἐν αὐτῷ는 하나님의 약속이 성취된 방식, 즉 그리스도의 사역을 통해 성취되었음을 나타내는 것으로 보인다. 그리스도는 하나님의 동인에 대한 인격적 도구다.

καθὼς ἐξελέξατο ἡμᾶς **ἐν αὐτῷ** πρὸ καταβολῆς κόσμου εἶναι ἡμᾶς ἁγίους καὶ ἀμώμους κατενώπιον αὐτοῦ ἐν ἀγάπῃ.
곧 창세전에 **그분 안에서** 우리를 택하사 우리로 사랑 안에서 그 앞에 거룩하고 흠이 없게 하시려고(엡 1:4).

여기서 ἐν αὐτῷ는 하나님의 택하심을 수식한다. 본문이 하나님의 행위에 관한 것이고 분명히 하나님의 동인을 나타내기 때문에 ἐν αὐτῷ를 도구적 용법으로 이해하는 것이 타당해 보인다. 더 나아가 인접 문맥의 두 가지 요소가 이러한 해석을 지지한다. 첫째, 이 구절은 우리가 이미 도구적으로 해석한 ἐν Χριστῷ의 뒤를 이어 나온다(엡 1:3, 참조. §3.3, 10). 거기서 Χριστῷ는 대명사 αὐτῷ의 선행사였다. 둘째, 그는… **그리스도 예수를 통해 예정하셨다**(1:5)는 그는 창세전에 우리를 그분 **안에서 택하셨다**(1:4)와 평행을 이룬다. 두 구문 모두 신자들의 택하심과 관련이 있다. 1:5에서 그리스도는 예정을 성취하는 도구(διὰ Ἰησοῦ Χριστοῦ)로 명시된다. 이 사실과 더불어 1:5과 1:4의 평행 구조를 감안하면 이 ἐν αὐτῷ 역시 도구적 용법으로 사용되었을 가능성이 높다. 다시 말하면 이 두 구절 모두 신자들이 그리스도를 통해 예정되었음을 서술한다.[195]

---

194 Paul Barnett, *The Message of 2 Corinthians: Power in Weakness* (Bible Speaks Today; Leicester, UK: Inter-Varsity Press, 1988), 39.
195 "동인"(agent)이라는 용어를 우리가 사용하는 "도구"(instrument)와 동일한 의미로 사용하는 Mitton도 참조하라. "그리스도는 이제 그리스도인이 된 자들의 미래의 구원을 계획

τὸν νόμον τῶν ἐντολῶν ἐν δόγμασιν καταργήσας, ἵνα τοὺς δύο κτίσῃ **ἐν αὐτῷ** εἰς ἕνα καινὸν ἄνθρωπον ποιῶν εἰρήνην.
법조문으로 된 계명의 율법을 폐하셨으니, 이는 이 둘로 **자기 안에서** 한 새 사람을 지어 화평하게 하시고(엡 2:15).

이 ἐν αὐτῷ에 대한 가장 설득력 있는 해석은 이 어구가 그리스도와의 통합을 나타내며 이로써 유대인과 이방인이 그분과 연합하여 새 사람이 된 것을 의미한다. **둘로부터 한 새 사람**이라는 구문이 말해주듯이 이 구절은 결속이라는 개념을 내포한다. 이러한 결속의 개념은 ἐν αὐτῷ가 지닌 통합의 의미를 뒷받침해준다.

더 나아가 더 넓은 문맥은 이같은 결론을 지지해준다. 이 단락은 이방인들이 이전에는 하나님과 그의 백성으로부터 제외되었던 사실을 그들에게 적시하면서 시작한다. **그 때에 너희는 그리스도 밖에 있었고 이스라엘 나라 밖의 사람이라. 약속의 언약들에 대하여는 외인이요 세상에서 소망이 없고 하나님도 없는 자이더니**(2:12). 이 구절은 이어지는 구절들과 극명한 대조를 이룬다. **이제는 전에 멀리 있던 너희가 그리스도 예수 안에서 그리스도의 피로 가까워졌느니라**(2:13). 따라서 여기서 우리는 제외되었던 이방인들의 상황을 반전시키는 그리스도를 발견한다. 그들은 이제 서로 가까워졌으며 이 두 그룹은 이제 하나가 되었다(2:14-15).

제외와 분리의 상태에서 통일과 통합의 상태로의 이동을 감안하면 ἐν αὐτῷ 역시 이와 같은 흐름의 연속을 나타낸다고 볼 수 있다. 두 그룹은 그리스도와 연합하여 하나가 되었다. 그리스도는 이 둘을 자신

하시고 사명을 맡기신 하나님의 동인이셨다." C. Leslie Mitton, *Ephesians* (NCB; London: Oliphants, 1976), 50.

과 연합함으로써 그들을 하나로 만드셨다.[196] 이 사실은 다음 구절에서 다시 부각된다. **이 둘을 한 몸으로 하나님과 화목하게 하려 하심이라** (2:16). **한 몸으로**는 통합의 개념을 구체적으로 표현한다. 유대인과 이 방인은 그리스도라는 한 몸으로 통합됨으로써 화목하게 된 것이다.

> εἴ γε αὐτὸν ἠκούσατε καὶ **ἐν αὐτῷ** ἐδιδάχθητε, καθώς ἐστιν ἀλήθεια ἐν τῷ Ἰησοῦ.
> 진리가 예수 안에 있는 것 같이, 너희가 참으로 그에게서 듣고 또한 **그 안에서** 가르침을 받았을진대(엡 4:21).

이 구절의 ἐν αὐτῷ에 대한 가장 설득력 있는 해석은 최소한 두 가지다. 첫째, 이 어구는 그리스도의 범주를 나타내는 영역적 용법으로 볼 수 있다. 이 해석을 따르면 신자들은 진리를 그리스도의 영역 안에서 배웠다는 의미가 된다. 이것은 4:19-20에서 서술된 사악한 행동으로부터 멀어지게 하고 그리스도의 통치 아래 거하게 하는 참된 지식을 가리킨다.

둘째, ἐν αὐτῷ는 신자들이 그리스도에 **의해** 가르침을 받는다는 의미에서 동인의 의미를 나타낼 수 있다. 이 해석의 난해함은 그리스도가 신자들을 가르치는 방식과 관련이 있다. 이것은 은유적인 표현인가? 아니면 그리스도는 성령과 사도적 증언을 통해 가르치신다는 것을 말하는가? 이것이 분명하지 않다. 그러나 이 구절의 시작 부분에 등장하는 "그에게서 듣고"(αὐτὸν ἠκούσατε)는 이러한 해석을 뒷받침해 준다. ἐν αὐτῷ를 "그리스도 안에서"라고 번역한 ESV와 NIV는 αὐτὸν ἠκούσατε를 각각 "너희가 그에 대하여 들었다"(you have heard about him, ESV)와 "너희가 그에 관하여 들었다"(you heard of him, NIV)로 번역

---

196 Best, *Ephesians*, 263.

한다. 이러한 번역들은 αὐτὸν ἠκούσατε를 신자들이 들은 내용을 나타내는 것으로 이해한다. 즉 그 내용은 그리스도에 **관한** 것이다. 이 해석을 따르면 이 구문은 ἐν αὐτῷ의 영역적 독법을 지지한다. 왜냐하면 그리스도의 가르침이 간접적인 가르침이 되기 때문이다. 즉 신자들은 그분에 **관해** 전해 들었고 그분의 영역 안에 있음으로써 그에 관한 가르침을 받았다.

그러나 만약 αὐτὸν ἠκούσατε를 "너희가 그에게 들었다"(you heard him)로 번역한다면 신자들이 그리스도께 직접 들었다는 의미가 된다. 그들은 그분에 **관해** 듣기보다는 그분**에게서** 들은 것이다.[197] 이러한 해석은 ἐν αὐτῷ가 동인을 의미하는 해석을 지지한다. 너희는 그에게서 들었으며(NASB) 그에게 가르침을 받았다(HCBS). 그리스도**에게** 가르침을 받은 것은 그리스도에게서 들은 것과 마찬가지다. 따라서 ἐν αὐτῷ의 영역적 해석도 물론 가능하지만, "너희가 그에게서 들었다"(αὐτὸν ἠκούσατε)라는 문구는 ἐν αὐτῷ가 동인을 나타낼 가능성을 더욱 높여 준다.

ὅτι **ἐν αὐτῷ** ἐκτίσθη τὰ πάντα

ἐν τοῖς οὐρανοῖς καὶ ἐπὶ τῆς γῆς,

τὰ ὁρατὰ καὶ τὰ ἀόρατα,

εἴτε θρόνοι εἴτε κυριότητες

---

197 주석가들은 "듣다"(ἀκούω) 동사가 사용된 구문에서 "누군가'로부터' 듣는 그 대상은 소유격으로 표현되고 누군가'에 관해' 듣는 대상은 목적격으로 표현된다"는 것을 인정한다. Lincoln, *Ephesians*, 280. 이 경우 목적어가 목적격(αὐτόν)으로 되어 있기 때문에 "너희가 그에 대하여 들었다"라는 번역이 가능하다. 그러나 이 주석가들은 만약 그리스도가 자기 자신에 관해 말씀하셨다면 "너희는 그에게 들었다"가 적절한 번역일 뿐만 아니라 목적격이 사용된 이유를 더 잘 설명해준다는 사실을 간과한다. 왜냐하면 그분이 바로 자신에 대하여 말씀하신 당사자이기 때문이다. 아무튼 BDAG는 이 규칙에도 예외가 존재한다는 사실을 인정한다(예, 계 5:13).

εἴτε ἀρχαὶ εἴτε ἐξουσίαι·

τὰ πάντα δι' αὐτοῦ καὶ εἰς αὐτὸν ἔκτισται.

καὶ αὐτός ἐστιν πρὸ πάντων

καὶ τὰ πάντα **ἐν αὐτῷ** συνέστηκεν.

만물이 **그에게서** [그에 의해] 창조되되

하늘과 땅에서

보이는 것들과 보이지 않는 것들과

혹은 왕권들이나 주권들이나

통치자들이나 권세들이나

만물이 다 그로 말미암고 그를 위하여 창조되었고,

또한 그가 만물보다 먼저 계시고

만물이 **그 안에** [그에 의해] 함께 섰느니라(골 1:16-17).

이 예문에서는 ἐν αὐτῷ가 두 번 사용되는데 두 가지 독법이 모두 가능하다. 한편으로 이 어구는 만물이 그리스도에 의해 창조되었고 그리스도에 의해 존속된다는 의미에서 동인(혹은 도구)을 나타낼 가능성이 있다. 이러한 해석은 가능하며 위에 제시된 "그에 의해"라는 번역이 이 해석을 반영한다(두 용례 모두).

그러나 다른 한편으로 ἐν αὐτῷ는 영역의 의미를 나타낼 수도 있다.[198] 이 해석은 창조의 암묵적 동인인 하나님이(ἐκτίσθη를 "신적 수동태"로 볼 경우)[199] 그리스도의 영역 안에서 만물을 창조하시고 유지해나가신다는 의미를 암시한다.[200] 최소한 다음과 같은 두 가지 사실이 이러

---

198 Moule은 두 가지—도구적이며 영역적인—대안을 모두 취한다. C. F. D. Moule, *The Epistles to the Colossians and to Philemon* (CGTC; Cambridge: Cambridge Univ. Press, 1958), 65.
199 O'Brien, *Colossians, Philemon*, 45.
200 Bruce, *Colossians, Philemon, Ephesians*, 61-62; Harris, *Colossians and Philemon*, 44-45.

한 해석을 지지해준다. 첫째, 1:15-23 단락의 전체적 흐름은 그리스도의 우월성과 그분 안에서 이루어지는 만물의 화해와 관련이 있다. 만물은 그분 안에서(ἐν αὐτῷ; 1:17) 유지되며 그분을 통해(δι' αὐτοῦ; 1:20) 서로 화해한다. 화해라는 주제와 더불어 그리스도가 화해의 중심이라는 사실을 감안하면 ἐν αὐτῷ를 영역적 용법으로 보는 해석이 가장 타당해 보인다.

둘째, 한 가지 흥미로운 사실은 1:16과 1:19-20 사이에 미묘한 평행이 존재한다는 것이다. 16절에는 ἐν αὐτῷ, δι' αὐτοῦ, εἰς αὐτὸν 등의 표현이 등장하는데 이 표현들은 1:19-20에서도 동일하게 발견된다. 이러한 평행 구조는 더 넓은 문맥을 관통하는 중요한 두 가지 개념과도 일치한다. 1:16은 창조에 초점을 두는 반면, 1:19-20은 화해에 초점을 맞춘다. 만약 이 두 주제가 1:16과 1:19-20에 나오는 ἐν αὐτῷ, δι' αὐτοῦ, εἰς αὐτὸν과 평행 구조를 형성한다면 1:16의 ἐν αὐτῷ도 1:19의 의미와 평행을 이룰 가능성이 높다. 1:19에서 ἐν αὐτῷ는 영역의 의미를 나타낸다. **하나님께서는 그의 모든 충만이 그분 안에 거하기를 기뻐하셨다.** 이것은 하나님께서 그리스도 안에 내주하심을 나타낸다.[201] 결과적으로 1:16(그리고 1:17)의 ἐν αὐτῷ는 영역적 용법일 개연성이 매우 높다. 만물은 그리스도의 영역 안에서 (하나님에 의해) 창조되었고 존속되고 있다.

καὶ ἐστὲ **ἐν αὐτῷ** πεπληρωμένοι, ὅς ἐστιν ἡ κεφαλὴ πάσης ἀρχῆς καὶ ἐξουσίας.
너희도 **그 안에서** [그로 인해] 충만하여졌으니, 그는 모든 통치자와 권세의 머리시라(골 2:10).

---

201 "그분은 하나님께서 자신의 모든 충만으로…그분 안에 거하기를 기뻐하신 '장소'다." O'Brien, *Colossians, Philemon*, 53.

이 ἐν αὐτῷ 용례는 바울이 여기서 신자들은 그리스도로(혹은 위의 번역처럼, 그로 인해) 채워졌다고 말하고자 한다는 의미에서 **본질**을 나타낼 수 있다(BDAG). 하지만 이러한 해석도 현재의 문맥을 가장 잘 설명해주는 해석은 아마 아닐 것이다.

따라서 이 ἐν αὐτῷ는 그리스도와의 연합을 나타내는 것으로 보는 것이 더 좋다.[202] 신자들은 그분과의 연합으로 인해 "충만"해진다. 이 해석의 장점은 2:10의 앞뒤 구절에 있다. 첫째, 2:9은 하나님의 충만하심이 육체로 그리스도 안에 거하신다고 말한다. 이것은 그리스도의 몸이 하나님으로 "충만"하다는 것이 아니라, 그리스도가 하나님과의 연합을 통해 그분의 신성의 충만을 공유하신다는 것을 의미한다. 둘째, 2:11은 그리스도의 할례 안에서(ἐν ᾧ) 할례를 받는 것에 관해 이야기한다. 2:12은 세례를 통해 그리스도와 함께 장사되고(συνταφέντες αὐτῷ) 그와 함께 일어나는 것(ἐν ᾧ καὶ συνηγέρθητε)에 관해 언급한다. 2:13은 신자들이 그와 함께 살리심을 받았다(συνεζωοποίησεν ὑμᾶς σὺν αὐτῷ)고 말한다. 따라서 이 세 구절은 신자들이 그리스도와의 연합과 참여를 통해 그분에 참여하는 실재를 언급한다. 이같이 그리스도와의 연합을 강조하는 문맥을 감안하면 2:10의 ἐν αὐτῷ도 이와 유사한 의미로 이해하는 것이 적절해 보인다.

> ὅπως ἐνδοξασθῇ τὸ ὄνομα τοῦ κυρίου ἡμῶν Ἰησοῦ ἐν ὑμῖν, καὶ ὑμεῖς **ἐν αὐτῷ**, κατὰ τὴν χάριν τοῦ θεοῦ ἡμῶν καὶ κυρίου Ἰησοῦ Χριστοῦ.
> 우리 하나님과 주 예수 그리스도의 은혜대로, 우리 주 예수의 이름이 너희 가운데서 영광을 받으시고, 너희도 **그 안에서** 영광을 받게 하려 함이라(살후 1:12).

이 ἐν αὐτῷ 용례에 대한 가장 설득력 있는 해석은 도구적 해석

---

202 Harris, *Colossians and Philemon*, 100; O'Brien, *Colossians, Philemon*, 113.

이다. 서로 영광을 주고받는다는 진술은 신자가 그리스도의 영역 안에 존재한다는 정적인 영역의 개념보다는 서로의 주고받는 행동을 나타낼 가능성이 높다. 따라서 이 어구는 도구적 의미보다는 동인을 나타낼 수 있다. 왜냐하면 하나님의 동인에 대한 명시적 언급이 없기 때문이다. 구체적인 동인이 없다면 도구적 해석은 당연히 약화될 수밖에 없다. 그러나 이 구절의 마지막 부분에서 내재적 동인에 대한 힌트가 발견된다. **우리 하나님과 주 예수 그리스도의 은혜대로.** 비록 그리스도와 신자들이 서로 영광을 주고받는 것이 어떻게 하나님의 은혜를 **따라** 이루어진다고 말할 수 있는지가 명확하지는 않지만, 그럼에도 이는 하나님의 은혜와 부합하며 어쩌면 그 은혜로부터 유래한다고도 볼 수 있다. 배후에 있는 하나님의 동인을 감안하면 ἐν αὐτῷ의 도구적 해석은 설득력이 있다.

이 하위 범주에 속한 10회의 ἐν αὐτῷ 용례 중 5회는 도구(고전 1:5; 고후 1:19, 20; 엡 1:4; 살후 1:12), 2회는 영역(골 1:16, 17), 그리고 각각 1회씩 통합(엡 2:15), 동인(엡 4:21), 연합(골 2:10)의 의미를 나타낸다.

3.11.3.2 "그 안에서"의 신자들의 행동

ὡς οὖν παρελάβετε τὸν Χριστὸν Ἰησοῦν τὸν κύριον, **ἐν αὐτῷ** περιπατεῖτε, ἐρριζωμένοι καὶ ἐποικοδομούμενοι **ἐν αὐτῷ** καὶ βεβαιούμενοι τῇ πίστει καθὼς ἐδιδάχθητε, περισσεύοντες ἐν εὐχαριστίᾳ.

그러므로 너희가 그리스도 예수를 주로 받았으니, **그 안에서** 행하되 **그 안에** 뿌리를 박으며 세움을 받아 교훈을 받은 대로 믿음에 굳게 서서 감사함을 넘치게 하라(골 2:6-7).

이 두 ἐν αὐτῷ 용례는 분사인 "뿌리를 박으며"(ἐρριζωμένοι)와 "세움을 받아"(ἐποικοδομούμενοι)—두 번째 ἐν αὐτῷ(7절)에 의해 수식됨—가 모두 "그 안에서 행하되"(ἐν αὐτῷ περιπατεῖτε, 6절)라는 명령을 수식하기 때문에 서로 같은 의미를 나타낼 가능성이 높다. 이 두 분사는 이 명령을 어떻게 순종해야 하는지를 설명해준다.²⁰³

한편 영역적 용법이 이 두 ἐν αὐτῷ 용례를 가장 잘 설명해주는 해석일 수도 있다. "뿌리를 박으며"(ἐρριζωμένοι)와 "세움을 받아"(ἐποικοδομούμενοι)는 그리스도와의 연합을 암시한다. "그 안에서 행하되"(ἐν αὐτῷ περιπατεῖτε)는 그리스도의 영역 안에 있는 자들에게 기대하는 행동을 나타낸다.

하지만 최소한 다음 세 가지 이유에서 이 ἐν αὐτῷ를 달리 해석할 필요가 있다. 첫째, 이 두 전치사구는 다음과 같은 BDAG의 하위 범주에 해당한다. "ἐν 용어의 지시 대상을 지배적인 영향력으로 보는 긴밀한 인격적 관계를 지칭한다. ~의 통치 아래에서, ~의 영향 아래에서, ~와의 긴밀한 관계에서."²⁰⁴ "그분 안에서 행한다"는 것은 그리스도의 통제하에 산다는 것을 의미한다. 이같은 사실은 "주"(τὸν κύριον)가 그리스도의 주님 되심을 강조하는 "그리스도 예수"(τὸν Χριστὸν Ἰησοῦν)와 동격이라는 사실에 의해 뒷받침된다.

둘째, **너희가 주 예수 그리스도를 받았다**(παρελάβετε)는 구문은 그리스도에 관한 **가르침**을 받았다는 것을 가리킨다. 이 사실은 그리스도와 복음에 관한 전통 및 가르침을 나타내는 "받다"(παραλαμβάνω) 동사의 다른 용례들을 통해서도 분명하게 드러난다(고전 15:1, 3; 갈 1:9; 빌

---

203 이 두 분사는 중간태 혹은 수동태일 수 있다. 수동태적 읽기는 신자들을 그리스도(혹은 하나님)의 사역의 대상으로 보는데 이는 분명 신학적으로 가능하다. 그러나 이 분사들은 명령법을 수식하기 때문에 중간태일 개연성이 매우 높다. 이 분사들은 신자들이 어떻게 "그 안에서 행하여야" 하는지에 관한 정보를 추가적으로 제공해주기 때문에 신자들은 "뿌리를 박다"와 "세움을 받다"의 동인이다.

204 BDAG, 327.

4:9; 살전 2:13; 4:1-2; 살후 3:6).²⁰⁵ 따라서 신자들은 자신들이 받은 그리스도에 관한 **가르침**에 합당한 삶을 살아야 한다는 의미에서 이 구문은 긴밀한 유대 관계를 나타내는 ἐν αὐτῷ 용법과 잘 어울린다.

ἐν αὐτῷ를 긴밀한 유대 관계로 읽어야 할 세 번째 이유는 "믿음에 굳게 서서"(βεβαιούμενοι τῇ πίστει, 7절)라는 구문과 관련이 있다. 비록 이 구문이 ἐν+여격 전치사구를 사용하지는 않지만, 관사+여격(τῇ πίστει "믿음에")이 앞의 두 분사(ἐρριζωμένοι καὶ ἐποικοδομούμενοι)와 분명하게 연결된 다른 분사(καὶ βεβαιούμενοι)를 수식한다는 사실은 이 어구 역시 이와 유사한 구문론적 의미를 내포할 것임을 강하게 시사한다.

이러한 해석은 "믿음"(τῇ πίστει)을 어떻게 이해해야 할 것인지에 관한 질문을 제기한다. 먼저 이 어구가 영역의 의미일 가능성은 매우 낮아 보인다. 비록 "믿음의 영역"으로 읽는 것이 불가능하지는 않지만, 그 의미가 다소 모호하다. 영역적 해석에 대한 반론은 바로 뒤이어 등장하는 구문인 "너희가 교훈을 받은 대로"(καθὼς ἐδιδάχθητε)에 의해서도 제기되는데 이 구문 역시 **가르침**을 받는 것을 염두에 둔다. 따라서 "믿음"(τῇ πίστει)은 제어하는 능력을 가리키기 때문에 **믿음에 굳게 서**서는 신자들이 따라야 할 가르침(즉 그 믿음)에 확고하게 서는 것을 의미한다. τῇ πίστει에 대한 이러한 해석은 ἐν πίστει 혹은 ἐν τῇ πίστει란 독법을 따르는 사본상의 이문들에 의해서도 지지를 받는다.²⁰⁶

결론적으로 **그분 안에서 행하라**는 명령법과 이를 수식하는 **그분 안에서 뿌리를 내리며 세움을 받으라**는 분사들은 신자들로 하여금 이미 배운 그리스도에 관한 가르침을 따라 그분이 행사하는 영향력 아래서 살 것을 교훈하는 것으로 이해할 수 있다.

---

205 J. B. Lightfoot, *Saint Paul's Epistles to the Colossians and to Philemon* (1879; repr. Grand Rapids: Zondervan, 1968), 176.
206 Nestle-Aland 27: εν π. A C I Ψ 2464 pc | εν τη π. ℵ D2 P 0278. 1739. 1881 M; Cl.

3.11.3.3 "그 안에" 있는 자들의 특성

καὶ γὰρ ἐσταυρώθη ἐξ ἀσθενείας, ἀλλὰ ζῇ ἐκ δυνάμεως θεοῦ. καὶ γὰρ ἡμεῖς ἀσθενοῦμεν **ἐν αὐτῷ**, ἀλλὰ ζήσομεν σὺν αὐτῷ ἐκ δυνάμεως θεοῦ εἰς ὑμᾶς.
그리스도께서 약하심으로 십자가에 못 박히셨으나 하나님의 능력으로 살아 계시니, 우리도 **그 안에서** 약하나 너희에게 대하여 하나님의 능력으로 그와 함께 살리라(고후 13:4).

이 ἐν αὐτῷ 용례와 관련하여 우리는 전반절과 후반절 사이에 존재하는 일종의 대칭 구조를 발견한다. 즉 그리스도는 **약함 중에 십자가에 못 박히셨고** 바울은 **그분 안에서 약하다**. 또한 그리스도가 하나님의 능력으로 사신 것처럼 바울도 하나님의 능력으로 그리스도와 함께 살게 될 것이다. 이러한 대칭 구조는 바울이 자신이 경험한 그리스도를 데살로니가 교인들을 위한 사역의 모델로 삼았음을 말해준다. 사실 바울은 단순히 그리스도의 약함을 모델로 삼고 하나님의 능력으로 사는 것을 넘어 이러한 삶에 참여하였다. 결과적으로 ἐν αὐτῷ는 그리스도와의 연합을 나타낸다. 그의 삶이 그리스도와 함께 사는 것인 것처럼 그의 약함도 그리스도 안에서의 약함이다. "신자는 그리스도의 죽음과 장사라는 약함에 있어서뿐만 아니라 그의 영광스러운 부활의 능력에 있어서도 그리스도와 연합한 삶을 산다."[207]

ὑπὲρ οὗ πρεσβεύω ἐν ἁλύσει, ἵνα **ἐν αὐτῷ** παρρησιάσωμαι ὡς δεῖ με λαλῆσαι.
이 일을 위하여 내가 쇠사슬에 매인 사신이 된 것은, 나로 **이 일에 [그분으로 인**

---

[207] Hughes, *2 Corinthians*, 479.

해] 당연히 할 말을 담대히 하게 하려 하심이라(엡 6:20).

이 ἐν αὐτῷ는 원인 혹은 동인을 나타낼 수 있다.[208] 만약 원인을 나타낸다면, 바울은 그리스도 **때문에** 담대히 말할 수 있도록 기도해줄 것을 부탁하는 것이다. 만약 동인을 나타낸다면 바울은 그리스도의 **도움으로** 담대히 말할 수 있도록 기도해줄 것을 부탁하는 것이다. 그렇다면 그는 담대하게 말하려는 **동기**보다는 **어떻게** 하면 담대히 말할 수 있는지를 표현하고자 한 것이다.

이 두 해석 중 ἐν αὐτῷ가 그리스도의 동인을 나타낸다는 후자의 해석이 더 설득력이 있다. 바울은 이미 앞 구절에서 기도를 요청한 바 있다. **또 나를 위하여 구할 것은 "내게 말씀을 주사 나로 입을 열어 복음의 비밀을 담대히 알리게 하옵소서" 할 것이니**(6:19). 6:19과 6:20 사이에는 분명한 평행이 존재한다. 즉 바울은 자신이 담대하게 말할 수 있도록 기도를 요청한 것이다. 그렇지만 그는 6:19에서 **내게 말씀을 주사**라고 기도하는데, 이는 자신이 하나님의 동인(혹은 그리스도의 동인)에 의존하고 있음을 시인하는 것이다. 따라서 이것은 6:20의 ἐν αὐτῷ도 같은 사상을 계속 이어나간다는 것을 의미한다. 즉 바울은 말씀을 전하는 자로서 마땅히 담대하게 말씀을 전하기 위해 그리스도의 동인에 의

---

208 Heil은 ἐν αὐτῷ가 복음을 가리키는 것으로 번역한다. "바울은 복음의 비밀이 선포되고 들려지며 믿어지는 역동적인 영역 안에서 '담대하게 말할' 수 있는 것이다"[개역개정 역시 동일한 해석("이 일을 위하여")을 따르는 듯하다—편집자 주]. John Paul Heil, *Ephesians: Empowerment to Talk in Love for the Unity of All in Christ* (Atlanta: SBL, 2007), 294. 여기서 "복음"(19절)이—NIV와 ESV 번역에 분명하게 반영된 것처럼—대명사의 선행사가 될 가능성은 분명히 존재한다. 이럴 경우 20절 예문은 현재 우리 논의의 범주에서 벗어난다. "복음"이 가장 가깝고도 명시적인 선행사라는 점에서 이러한 해석은 설득력이 있다. 그러나 이에 대한 반론은 말씀 선포의 내용을 묘사하기 위해 ἐν αὐτῷ가 사용된 것은 이례적이라는 것이다. 만약 "복음"을 염두에 둔 것이라면 αὐτό(목적격)를 사용하는 것이 가장 자연스러운 선택이었을 것이다. 또 다른 반론은 다른 본문에서도 ἐν αὐτῷ는 관용어로 사용된다는 점이다. 이는 이 전치사구가 "주 안에서" 혹은 "그리스도 안에서"를 의미했을 가능성을 시사한다.

존한다.

이 하위 범주에 속한 두 가지 ἐν αὐτῷ 예문 중 고후 13:4은 연합을 나타내며 엡 6:20은 동인을 나타낸다.

3.11.3.4 "그 안에서"의 칭의

τὸν μὴ γνόντα ἁμαρτίαν ὑπὲρ ἡμῶν ἁμαρτίαν ἐποίησεν, ἵνα ἡμεῖς γενώμεθα δικαιοσύνη θεοῦ **ἐν αὐτῷ**.
하나님이 죄를 알지도 못하신 이를 우리를 대신하여 죄로 삼으신 것은, 우리로 하여금 **그 안에서** 하나님의 의가 되게 하려 하심이라(고후 5:21).

이 ἐν αὐτῷ 용례에 대해서는 다음 세 가지 해석이 존재한다. 첫째, 이 어구는 그리스도의 영역 혹은 범주를 나타낼 수 있다. 이 해석에 대한 가장 설득력 있는 논증은 고후 5:17의 ἐν Χριστῷ가 이러한 독법을 따른다는 점이다(참조 §3.8). 영역의 이동이 5:17의 골자인 관계로 이러한 ἐν Χριστῷ 해석은 문맥상 설득력을 얻는다. 그러나 5:21에도 동일한 용법이 적용된다는 해석에 대한 반론은 "되다"(γενώμεθα) 동사와 관련이 있다. 신자들은 하나님의 의의 영역으로 이동하지 않고 하나님의 의가 **되는** 것으로 묘사된다.[209] 비록 미묘한 차이이긴 하지만, 이 뉘앙스는 영역 이동의 개념과는 거리가 멀다.

둘째, ἐν αὐτῷ는 도구적 용법일 수 있다. 이러한 대안적 해석의 장점을 적절하게 살리기 위해서는 5:18부터 이어지는 바울의 사상을 제

---

[209] Martin은 21절의 ἐν αὐτῷ와 17절의 ἐν Χριστῷ를 동일시하지만, 자신의 내적 모순을 감지하지 못한다. 그는 17절에 관해서 ἐν Χριστῷ는 신자들을 가리키는 것이 **아니라** "그리스도의 초림으로 유발된 새로운 종말론적 상황과 관련이 있다"라고 논증한다. 그는 21절에 관해서 분명히 ἐν αὐτῷ를 신자들과 관련이 있는 것으로 본다. "우리가 그분 안에서…되게 하신다." Martin, *2 Corinthians*, 152, 158.

대로 추적할 필요가 있다. 바울은 **모든 것이 하나님으로부터** 났으며 하나님은 **그리스도를 통해**(διὰ Χριστοῦ; 5:18) 신자들을 자신과 화해시켰다고 진술한다. 그러고 나서 바울은 이 사실을 다른 말로 다시 표현한다. **곧 하나님께서 그리스도 안에서 세상을 자기와 화목하게 하시며**(5:19). 이 두 구절에는 다음 두 가지 의미가 담겨 있다. 첫째, 하나님의 동인이 명시적으로 드러난다. 모든 것은 하나님으로부터 났으며 하나님은 그리스도를 통해(5:18), 그리고 그리스도 안에서(5:19) 신자들을 화해시켰다는 것이다. 둘째, 5:18의 "그리스도를 통해"(διὰ Χριστοῦ)라는 표현과 5:19의 "그리스도 안에"(ἐν Χριστῷ)라는 표현 사이에는 분명한 평행이 존재한다. 따라서 후자의 어구는 도구적 용법을 나타낼 가능성이 매우 높다. 결과적으로 5:18-19은 하나님의 동인에 대한 세 가지 명시적 언급과 그리스도의 도구성에 대한 두 가지 명시적 언급을 담고 있다.

이러한 요인들을 감안하면 이 사실들은 5:21에 대한 우리의 해석에 영향을 줄 수 있다. 이 구절은 하나님의 동인에 대한 명시적 언급으로 시작한다. **하나님은 죄를 알지도 못했던 이를 우리를 위해 죄가 되게 하셨다**. 비록 우리를 위해 죄가 되셨다는 그리스도의 도구성이 암시되어 있긴 하지만, 하나님을 동인으로 보고 그리스도를 도구로 보는 해석도 가능하다. 이 경우 하반절은 이 사역의 목적과 결과를 나타낸다. **우리로 하여금 그분 안에서 하나님의 의가 되게 하려 하심이라**. 5:18-21에서 그리스도의 도구성이(명시적, 암시적 언급 모두)—하나님의 동인과 더불어—자주 언급된다는 사실을 감안하면 ἐν αὐτῷ의 도구적 해석은 매우 개연성이 높은 해석으로 떠오른다.

셋째, 이 어구는 그리스도와의 연합을 나타낼 수 있다. 신자들은 그리스도의 의에 참여함으로써 의롭게 된다는 것이다. 이 해석의 강점은 그리스도가 우리를 위해 죄가 되고 신자들은 그 안에서 의롭게 된다는 이 구절의 대칭적 구조에 있다. 죄를 알지도 못했던 그리스도가 "죄"가 되어 죄인들의 불행에 참여하심으로써, 죄인들은 그의 의로우심에 참여함으로 의롭게 된다. 이러한 대칭은 앞에서 제시된 도구적 해석에 반론을 제기한다. 만약 신자들이 그리스도를 **통해**(도구로서) 하나님의 의가 된다면 이것이 그가 우리를 위해 죄가 되신 것과 어떻게 평행을 이룰 수 있는지가 분명치 않다. 오히려 ἐν αὐτῷ가 연합을 나타내는 것으로 보는 것이 이러한 대칭적 구조를 이해하는 데 도움이 된다. 비록 넓은 문맥은 영역적 해석과 도구적 해석을 지지하지만, 최종적 결론은 ἐν αὐτῷ가 그리스도와의 연합을 나타낸다는 이 구절의 내적 논리를 따라야 한다는 것이다.

ἀλλὰ μενοῦνγε καὶ ἡγοῦμαι πάντα ζημίαν εἶναι διὰ τὸ ὑπερέχον τῆς γνώσεως Χριστοῦ Ἰησοῦ τοῦ κυρίου μου, δι᾽ ὃν τὰ πάντα ἐζημιώθην, καὶ ἡγοῦμαι σκύβαλα, ἵνα Χριστὸν κερδήσω καὶ εὑρεθῶ **ἐν αὐτῷ**, μὴ ἔχων ἐμὴν δικαιοσύνην τὴν ἐκ νόμου ἀλλὰ τὴν διὰ πίστεως Χριστοῦ, τὴν ἐκ θεοῦ δικαιοσύνην ἐπὶ τῇ πίστει.

또한 모든 것을 해로 여김은 내 주 그리스도 예수를 아는 지식이 가장 고상하기 때문이라. 내가 그를 위하여 모든 것을 잃어버리고 배설물로 여김은 그리스도를 얻고 **그 안에서** 발견되려 함이니, 내가 가진 의는 율법에서 난 것이 아니요, 오직 그리스도를 믿음으로 말미암은 것이니, 곧 믿음으로 하나님께로부터 난 의라 (빌 3:8-9).

이 ἐν αὐτῷ 용례에 대해서는 두 가지 분명한 해석이 존재한다. 첫 번째 해석은 이 어구를 그리스도의 영역을 나타내는 용법으로 이해하는 것이다. 이 해석의 장점은 **발견되려 함**이라는 표현이 자연스럽게 어떤 일이 일어나는 **장소**를 암시한다는 것이다. 그렇다면 이것은 바울이 그리스도로 인해 모든 것을 잃었지만, 지금은 그리스도의 영역에 속해 있다는 것을 의미한다.

두 번째 해석은 ἐν αὐτῷ가 그리스도와의 연합을 나타내는 것으로 이해하는 것이다. 바울이 말하고자 하는 바는 비록 그가 모든 것을 잃었지만, 그는 그리스도와 하나가 됨으로써 그리스도를 얻었다는 것이다. 이 해석은 그리스도를 얻었다는 개인적인 특수성 때문에 영역적 해석보다 더 설득력이 있다. 바울은 여기서 단순히 그리스도의 통치 영역 안에서의 자신의 "위치"를 말하고자 한 것이 아니라, 자신의 상황을 그리스도를 "얻고" 그 안에서 발견되는 하나의 인격적 관계로 본다.

이것은 바로 이어지는 내용에 의해 지지를 받는다. **내가 가진 의는 율법에서 난 것이 아니요, 오직 그리스도를 믿음으로 말미암은 것이니.** "그리스도의 믿음"(πίστεως Χριστοῦ)이 그리스도에 대한 믿음이든 그리스도의 신실하심이든 상관없이 바울이 말하고자 하는 바는 그가 자기 자신의 의를 가진 것이 아니라 그리스도로부터 오는 의에 참여한다는 것이다. 바울이 말하는 그리스도의 의는 그분 안에서 발견된 결과다. 결론적으로 ἐν αὐτῷ는 그리스도와의 연합을 나타내는 것으로 보는 것이 가장 좋다. 바울은 그리스도를 얻었으며, 그분 안에서 발견되었고, 그분의 의에 참여한다.[210]

이 하위 범주에 속한 두 가지 ἐν αὐτῷ 용례는 모두 연합을 나타낸다(고후 5:21과 빌 3:9).

3.11.3.5 "그 안에서"의 삼위일체

ὅσαι γὰρ ἐπαγγελίαι θεοῦ, **ἐν αὐτῷ** τὸ ναί· διὸ καὶ δι᾽ αὐτοῦ τὸ ἀμὴν τῷ θεῷ πρὸς δόξαν δι᾽ ἡμῶν.

하나님의 약속은 얼마든지 **그 안에서** 예가 되니, 그런즉 그로 말미암아 우리가 아멘 하여 하나님께 영광을 돌리게 되느니라(고후 1:20).

---

210 O'Brien, *Philippians*, 392-93. 또한 구체적으로 의와 그리스도 안에 있는 것의 관계에 관해서는 415-17을 참조하라.

이 ἐν αὐτῷ 어구에 대한 도구적 해석에 관해서는 §3.11.3.1을 참조하라. 이 구절이 이 하위 범주에 다시 포함된 이유는 이 어구의 삼위일체적 속성 때문이다. 하나님의 약속은 그리스도 안에서 성취된다. 하나님은 그리스도라는 인격적 도구를 통해 자신의 뜻을 성취하시겠다는 약속의 동인이다.

> τὸν μὴ γνόντα ἁμαρτίαν ὑπὲρ ἡμῶν ἁμαρτίαν ἐποίησεν, ἵνα ἡμεῖς γενώμεθα δικαιοσύνη θεοῦ **ἐν αὐτῷ**.
> 하나님이 죄를 알지도 못하신 이를 우리를 대신하여 죄로 삼으신 것은, 우리로 하여금 **그 안에서** 하나님의 의가 되게 하려 하심이라(고후 5:21).

이 ἐν αὐτῷ 어구가 연합을 나타낸다는 해석에 관해서는 §3.11.3.4를 참조하라. 이 어구의 삼위일체적 속성은 분명하다. 신자들과 **그리스도**의 연합은 그들로 하여금 **하나님**의 의가 되게 한다. 하나님의 의는 그리스도와 밀접하게 연관되어 있어서 그와의 연합은 신자들로 하여금 하나님의 의가 되게 한다.

> καθὼς ἐξελέξατο ἡμᾶς **ἐν αὐτῷ** πρὸ καταβολῆς κόσμου εἶναι ἡμᾶς ἁγίους καὶ ἀμώμους κατενώπιον αὐτοῦ ἐν ἀγάπῃ.
> 곧 창세전에 **그 안에서** 우리를 택하사 우리로 사랑 안에서 그 앞에 거룩하고 흠이 없게 하시려고(엡 1:4).

이 ἐν αὐτῷ의 도구적 해석에 관해서는 §3.11.3.1을 참조하라. 이 용례는 그리스도의 도구성과 협력 관계에 있는 하나님의 동인을 보여준다.

> γνωρίσας ἡμῖν τὸ μυστήριον τοῦ θελήματος αὐτοῦ, κατὰ τὴν

εὐδοκίαν αὐτοῦ ἣν προέθετο ἐν αὐτῷ εἰς οἰκονομίαν τοῦ πληρώματος τῶν καιρῶν, ἀνακεφαλαιώσασθαι τὰ πάντα ἐν τῷ Χριστῷ, τὰ ἐπὶ τοῖς οὐρανοῖς καὶ τὰ ἐπὶ τῆς γῆς **ἐν αὐτῷ**.

그 뜻의 비밀을 우리에게 알리신 것이요, 그의 기뻐하심을 따라 **그 안에서** 때가 찬 경륜을 위하여 예정하신 것이니, 그리스도 안에서 하늘에 있는 것이나 땅에 있는 것이 다 **그 안에서** 통일되게 하려 하심이라(엡 1:9-10).

ἐν αὐτῷ에 대한 두 번째 언급은 1:10의 ἐν τῷ Χριστῷ를 반복하며 영역적으로 해석될 수 있다(§3.11.1.4 참조). 1:10의 이 두 영역적 용법을 감안하면 1:9의 ἐν αὐτῷ 용법도 영역적으로 이해하는 것이 가장 자연스럽다. 그러나 두 구절이 이 어구들을 서로 다른 의미로 사용하기 때문에 이 경우에는 문제가 그리 단순하지만은 않다. 1:10에서는 영역의 의미가 "만물을 통일되게 하려 하심"과 잘 부합하지만, 1:9은 하나님의 계획하시는 행위를 지칭한다(προέθετο ἐν αὐτῷ εἰς οἰκονομίαν).[211] 따라서 이것을 그리스도의 영역 안에서 일어난 것으로 보기는 어렵다. 오히려 이것은 긴밀한 유대 관계와 공유된 목적에 관한 언급으로 보는 것이 더 낫다. 따라서 1:9의 ἐν αὐτῷ는 다른 어떤 해석보다 연합의 의미를 나타내는 것으로 보는 것이 좋다. 그렇다면 이 어구의 의미는 하나님께서 그리스도와의 친밀한 유대 관계 속에서 그와 함께 자신의 뜻을 나타내실 것을 계획하셨다는 것이다.

ὅτι **ἐν αὐτῷ** εὐδόκησεν πᾶν τὸ πλήρωμα κατοικῆσαι.

아버지께서는 모든 충만으로 **그 안에** 거하게 하시고(골 1:19).

---

211 "의심의 여지없이 προέθετο는 하나님의 영원한 경륜을 가리키지만, 이러한 의미는 롬 1:13의 용례가 말해주듯이 동사의 형태보다는 문맥으로부터 도출되어야 한다." Lincoln, *Ephesians*, 31.

골로새서 1:16-17에 관한 논의에서 언급한 바와 같이 이 ἐν αὐτῷ 용례는 영적인 의미에서 영역적이다. 이 어구는 하나님이 그리스도 안에 거하시는 것을 묘사한다.²¹²

ὅτι ἐν αὐτῷ κατοικεῖ πᾶν τὸ πλήρωμα τῆς θεότητος σωματικῶς.
그 안에는 신성의 모든 충만이 육체로 거하시고(골 2:9).

이 ἐν αὐτῷ는 매우 중요한 삼위일체적 함의를 담고 있으며 하나님과 그리스도 간의 연합을 나타낸다. 비록 이 하위 범주에 속한 다른 용례들도 다른 이슈들과 관련하여 바울의 삼위일체 사상을 반영하긴 하지만, 이 용례는 전적으로 하나님의 내적 속성과 관련이 있다. 하나님의 본성이 그리스도 안에 거하신다는 사실은 심오하면서도 매우 친밀한 유대 관계와 상호 연합을 나타낸다. 이는 그리스도 안에서 "실제적이면서도 본질적이고 심지어 유형적이며 가시적인 하나님의 임재를 말한다."²¹³

ἀπεκδυσάμενος τὰς ἀρχὰς καὶ τὰς ἐξουσίας ἐδειγμάτισεν ἐν παρρησίᾳ, θριαμβεύσας αὐτοὺς **ἐν αὐτῷ**.
통치자들과 권세들을 무력화하여 드러내어 구경거리로 삼으시고, **십자가로[그분으로 인해]** 그들을 이기셨느니라(골 2:15).

이 ἐν αὐτῷ 용례는 도구적 의미를 나타낼 가능성이 높다. 이 구절이 말하고자 하는 바는 하나님의 동인이며(그는…무력화하여…이기셨다),

---

212 "그는 하나님이 그의 모든 충만으로 거하기를 기뻐하셨던…'장소'다." O'Brien, *Colossians, Philemon*, 53.
213 Woodhouse, *Colossians and Philemon*, 130.

앞 구절은 그 수단이 그리스도의 십자가였음을 분명하게 밝혀준다. **빚 증서를 지워버리시고…십자가에 못 박아…없애버리셨다**(2:14). 이러한 요인들을 감안하면 2:15에서 ἐν αὐτῷ가 도구적 의미를 나타낼 가능성이 매우 높다. 하나님께서 그리스도를 통해 이룩하신 승리의 동인이시라는 점에서 이 구절에 담긴 삼위일체적 함의 역시 분명해진다.

이 하위 범주에 속한 7회의 ἐν αὐτῷ 용례 중 3회는 연합의 의미를(고후 5:21; 엡 1:9; 골 2:9), 그리고 각각 2회씩 도구(엡 1:4; 골 2:15)와 영역(엡 1:10; 골 1:19)의 의미를 나타낸다.

3.11.3.6 요약

ἐν αὐτῷ에 대한 결론으로 우리는 이 어구가 ἐν Χριστῷ를 나타내는 또 하나의 표현임을 재확인한다. 이 두 어구는 서로 동일한 의미로 사용되며 유사한 문맥에서 발견되고 상호 교환적으로 사용된다.

3.11.4 "그 안에서"

"주 안에서"(ἐν κυρίῳ)와 "그 안에서"(ἐν αὐτῷ) 다음으로 다룰 어구는 ἐν ᾧ다. 이 관계대명사가 그리스도를 지칭할 경우 ἐν ᾧ는 ἐν Χριστῷ의 또 다른 표현이라고 봐도 무방하다. 한 가지 유의할 점은 대다수 번역본이 거의 대부분(전부라고 하기 뭐하다면) 이 관계대명사를 영어의 인칭대명사로 번역한다는 점이다. 또한 어떤 경우에는 ἐν ᾧ가 번역에서 완전히 생략되기도 한다.

3.11.4.1 "그 안에" 있는 사람들을 위해 성취되거나 그들에게 주어진 것

εἰς ἔπαινον δόξης τῆς χάριτος αὐτοῦ ἧς ἐχαρίτωσεν ἡμᾶς **ἐν τῷ ἠγαπημένῳ**.

이는 **그가 사랑하시는 자 안에서** 우리에게 거저 주시는 바, 그의 은혜의 영광을 찬송하게 하려는 것이라(엡 1:6).

이 예문은 비록 관계대명사를 사용하진 않지만, "사랑하시는 자 안에서"(ἐν τῷ ἠγαπημένῳ)라는 표현을 통해 그리스도를 가리킨다.[214] 이 예문은 아래에서 다루게 될 7절의 직전 구절이기 때문에 여기에 포함되었다. ἐν τῷ ἠγαπημένῳ는 하나님께서 그의 은혜(개역개정은 "거저 주시는 바"로 번역함—편집자 주)를 사랑하시는 자를 통해 주셨다는 의미에서 도구를 나타낼 수도 있고 혹은 하나님의 은혜가 그리스도의 영역에 속한 자들에게 부어졌다는 의미에서 영역을 나타낼 수도 있다.

만약 "사랑하시는 자 안에서"(ἐν τῷ ἠγαπημένῳ)가 "거저 주시는"(ἐχαρίτωσεν)이 아닌 "우리에게"(ἡμᾶς)를 수식한다는 논증이 성립된다면 가장 설득력 있는 해석은 영역적 해석이 될 것이다. 그 의미는 하나님께서 "사랑하시는 자의 영역 안에 있는 우리에게" 은혜를 베푸셨다는 것이다. 그러나 이렇게 어순을 거슬러 ἐν τῷ ἠγαπημένῳ가 ἡμᾶς를 수식할 개연성은 낮아 보인다. 따라서 ἐν τῷ ἠγαπημένῳ는 ἐχαρίτωσεν를 수식하며 이 은혜의 도구를 지칭하거나 하나님의 은혜가 드러난 영역을 지칭한다. 어느 해석이 옳은지 여부를 판단하기는 쉽지 않지만, 영역적 해석이 다음 절에 나오는(아래 참조) ἐν ᾧ 어구와 더 잘 부합하기 때문에—사실 τῷ ἠγαπημένῳ는 7절의 관계대명사 ᾧ의 선행사다—우리는 여기서 조심스럽게 이 해석을 선호한다.[215]

ἐν ᾧ ἔχομεν τὴν ἀπολύτρωσιν διὰ τοῦ αἵματος αὐτοῦ, τὴν ἄφεσιν τῶν παραπτωμάτων, κατὰ τὸ πλοῦτος τῆς χάριτος αὐτοῦ.

우리는 **그리스도 안에서** 그의 은혜의 풍성함을 따라 그의 피로 말미암아 속량

---

214 이 그리스도의 칭호에 관한 논의에 대해서는 Lincoln, *Ephesians*, 26을 참조하라.
215 Lincoln은 이 어구를 도구적으로 해석하지만, 이 견해를 논증하거나 변호하지 않는다. Lincoln, *Ephesians*, 26.

곧 죄 사함을 받았느니라(엡 1:7).

이 ἐν ᾧ 어구의 용례는 **영역적**(그리스도의 영역에서 발견되는 구속), **도구적**([하나님에 의해] 그리스도를 통해 성취되는 구속) 혹은 **동인**(그리스도에 의해 성취되는 구속)의 의미로 해석될 수 있다. 이 세 가지 해석 중 도구적 해석은 구속이 이미 그리스도의 피를 통해 주어졌기 때문에(διὰ τοῦ αἵματος αὐτοῦ) 개연성이 낮다.[216]

만약 "그의 은혜의 풍성함을 따라"라는 구문이 아버지가 아닌 그리스도에 관한 언급이라면 ἐν ᾧ가 동인을 나타낼 수도 있다. 이 해석을 따르면 그리스도의 은혜의 풍성함을 따라 그는 자신의 피를 통해 신자들에게 구속을 허용하셨다는 것을 의미한다. 그러나 다소 모호하긴 하지만, 에베소서에 등장하는 유사한 진술들(예컨대 2:7-8)과 마찬가지로 "그의 은혜의 풍성함을 따라"는 그리스도보다는 아버지에 대한 언급일 가능성이 더 높다.[217] 따라서 동인은 ἐν ᾧ에 대한 가장 적절한 해석이 아니다.

결국 영역적 해석이 가장 적절하다고 할 수 있다.[218] 신자들은 구속과 죄 용서가 하나님의 은혜의 풍성함에 따라 이루어지는 그리스도의 영역에 속해 있는 자다.

ἐν ᾧ καὶ ἐκληρώθημεν προορισθέντες κατὰ πρόθεσιν τοῦ τὰ πάντα ἐνεργοῦντος κατὰ τὴν βουλὴν τοῦ θελήματος αὐτοῦ.
모든 일을 그의 뜻의 결정대로 일하시는 이의 계획을 따라 우리가 예정을 입어

---

216 William J. Larkin, *Ephesians: A Handbook on the Greek Text* (Baylor Handbook on the Greek New Testament; Waco, TX: Baylor Univ. Press, 2009), 9.
217 Best, *Ephesians*, 132.
218 참조. Rudolf Schnackenburg, *The Epistle to the Ephesians* (trans. Helen Heron; Edinburgh: T&T Clark, 1991), 56.

그 안에서 기업이 되었으니(엡 1:11).

이 ἐν ᾧ 용례는 기능상 도구적일 수도 있지만, 영역의 의미를 나타낼 가능성이 더 높다. 이러한 해석은 7절의 ἐν ᾧ 용법과도 부합한다(직전 예문 참조). 이러한 결론은 바울이 하늘에 있는 것이나 땅에 있는 것이나 만물이 메시아 안에서 통일된다고 말하는 1:10의 우주적인 성격에 의해서도 지지를 받는다. 그렇다면 11절은 이 우주의 한 부분집합인 신자들에게 초점을 맞춘다.[219]

이러한 움직임은 바울이 먼저 만물이 그리스도의 발아래 놓여 있다고 말하고 이어서 그리스도의 몸인 교회에 초점을 맞추는 1:22-23과도 평행을 이룬다. 그렇다면 1:10-11과 1:22-23에서 신자들의 몸은 이 우주 전체의 한 부분 집합으로 간주된다. 따라서 10절이 영역 혹은 범주의 개념을 염두에 둔다는 점에서 10절의 우주적 의미는 11절의 영역적 해석을 지지해준다. 신자들은 그리스도의 영역 안에서 유업에 참여한다. 더 나아가 10절의 ἐν τῷ Χριστῷ 어구 역시 영역적 의미일 가능성이 높으며(§3.11.1.4와 3.11.3.5 참조) 이는 또한 11절의 ἐν ᾧ가 영역적 의미임을 재확인해준다.

ἐν ᾧ καὶ ὑμεῖς ἀκούσαντες τὸν λόγον τῆς ἀληθείας, τὸ εὐαγγέλιον τῆς σωτηρίας ὑμῶν, ἐν ᾧ καὶ πιστεύσαντες ἐσφραγίσθητε τῷ πνεύματι τῆς ἐπαγγελίας τῷ ἁγίῳ.

그 안에서 너희도 진리의 말씀 곧 너희의 구원의 복음을 듣고 **그 안에서** 또한 믿어 약속의 성령으로 인치심을 받았으니(엡 1:13).

---

219 Best에 따르면 ἐν ᾧ는 "관심의 초점이 우주적 차원에서 더 직접적으로 신자들에게 주어지는 복으로 귀결되는 송가의 다음 단계로 나아가는 가교 역할을 한다." Best, *Ephesians*, 144.

이 구절에서 ἐν ᾧ가 두 번 등장한다. 첫 번째 ἐν ᾧ의 경우 우리가 먼저 다루어야 할 문제는 주절 안에 일련의 종속절이 포함된, 상당히 복잡한 문장 구조와 관련이 있다.[220] 이 구절에서는 ἐν ᾧ καὶ ὑμεῖς … ἐσφραγίσθητε τῷ πνεύματι τῆς ἐπαγγελίας τῷ ἁγίῳ **너희도 그 안에서…약속의 성령으로 인치심을 받았으니**가 주절일 가능성이 높다. 그리고 다른 절들은 둘로 나뉜 주절 사이에 들어간다. 이러한 복잡한 구조 때문에 HCSB는 첫 번째 ἐν ᾧ를 번역에서 생략하는 과오를 범하지만, ESV는 이러한 문장 구조를 잘 반영한다. In him you also, when you heard the word of truth, the gospel of your salvation, and believed in him, were sealed with the promised Holy Spirit("그 안에서 너희도 진리의 말씀 곧 너희의 구원의 복음을 듣고 그를 믿었을 때, 약속의 성령으로 인치심을 받았다").

이러한 절 구조에 대한 올바른 이해는 이 구절의 첫 번째 ἐν ᾧ가 일련의 ἐν ᾧ(7절, 11절 13절) 중 세 번째 것이며 이 어구가 신자들이 받은 혜택과 관련이 있음을 분명히 밝혀준다(1:7과 1:11에 관해서는 위를 참조). 1:7에서 신자들은 **그 안에서** 구속을 받는다. 11절에서 신자들은 **그 안에서** 상속을 받는다. 1:13에서 신자들은 **그 안에서** 성령으로 인치심을 받는다. 7, 11, 13절에 나타난 이러한 ἐν ᾧ의 평행적 용법의 패턴을 감안하면 이 어구는 세 구절에서 동일한 기능을 수행할 가능성이 높다(사실 우리는 이러한 사실을 이미 앞에서 1:7, 11을 다룰 때 확인한 바 있다). 따라서 1:13의 첫 번째 ἐν ᾧ는 신자들이 **그리스도의 영역 안에서** 성령으로 인치심을 받았다는 점에서 영역적 기능을 수행한다.

이 구절의 두 번째 ἐν ᾧ는 문장 구조상 첫 번째 용례의 기능을 반복

---

220 사실 이 "주절" 또한 실제로는 (관계)종속절이지만, 여기서는 다른 절들도 이 절에 종속되어 있어 한 단계 더 내려간 종속절을 형성한다. 여기서 "주절"이라는 표현은 이 사실을 밝히기 위해 붙여진 이름이다.

할 가능성이 높다.[221] "너희도 그 안에서 듣고"(ἐν ᾧ καὶ ὑμεῖς ἀκούσαντες)는 "너희도 그를 믿고"(ἐν ᾧ καὶ πιστεύσαντες)와 매우 인상적인 평행을 이룬다. 이 두 구문은 모두 ἐν ᾧ καί로 시작해서 부정과거 분사로 이어진다. 이 평행 구문은 그리스도의 영역 안에서 이루어지는 들음과 반응에 대한 묘사와 연결되어 있다. 즉 첫째는 진리의 말씀을 듣는 것이고, 둘째는 믿음으로 반응하는 것이다. 따라서 이 두 ἐν ᾧ 용례는 그리스도의 영역을 묘사하는 영역적 기능을 수행한다.[222]

> ἐν ᾧ πᾶσα οἰκοδομὴ συναρμολογουμένη αὔξει εἰς ναὸν ἅγιον ἐν κυρίῳ, ἐν ᾧ καὶ ὑμεῖς συνοικοδομεῖσθε εἰς κατοικητήριον τοῦ θεοῦ ἐν πνεύματι.
> **그 안에서** 건물마다 서로 연결하여 주 안에서 성전이 되어 가고, 너희도 성령 안에서 하나님이 거하실 처소가 되기 위하여 **그 안에서** 함께 지어져 가느니라 (엡 2:21-22).

우리는 앞에서 2:21의 ἐν κυρίῳ 어구가 건물 비유와도 잘 어울리는 주님과의 통합의 개념을 나타낸다고 논증한 바 있다(§3.11.2.1). 2:21과 2:22에서 ἐν ᾧ가 건물이 **그에 의해** 서로 연결되고(2:21) 신자들은 **그에 의해** 함께 지어져간다는 의미(2:22)에서 도구적 용법으로 해석될 수도 있지만, 통합의 의미만큼 가능성이 높아 보이지는 않는다. 문맥상 이 구절의 전체 흐름은 신자들이 주님 안에서 함께 지어져간다는 것이며 이러한 ἐν ᾧ의 두 용례는 ἐν κυρίῳ와 더불어 동일한 기능을 수행한다.

---

221 Best, *Ephesians*, 148; O'Brien, *Ephesians*, 118.
222 이 해석은 ἐν ᾧ를 πιστεύσαντες의 목적어로서 이해하는 두 번역본(HCSB와 ESV)과 상반된다.

ἐν ᾧ ἔχομεν τὴν ἀπολύτρωσιν, τὴν ἄφεσιν τῶν ἁμαρτιῶν.
그 아들 안에서 우리가 속량 곧 죄 사함을 얻었도다(골 1:14).

"우리가 그 안에서 구속을 얻는다"(ἐν ᾧ ἔχομεν τὴν ἀπολύτρωσιν)는 구문은 에베소서 1:7과 정확하게 평행을 이룬다. 우리는 앞에서 ἐν ᾧ가 그 구절에서 그리스도의 영역 혹은 범주를 나타내는 영역적 용법이라고 논증한 바 있다. 이 두 구절 간의 평행 구조만으로도 골로새서 1:14을 영역적 의미로 해석할 만한 충분한 근거가 되지만, 현 문맥도 이러한 결론을 확실하게 지지한다. 앞 구절은 **그가 우리를 흑암의 권세에서 건져내시고 그가 사랑하시는 아들의 나라로 옮기셨다**고 말한다(1:13). 이 구절에는 신자들이 어둠의 영역에서 그리스도의 나라로 이동한다는 영역 이동이 분명하게 나타나 있다. 더 나아가 "얽매임과 속박으로부터의 자유를 나타내는"[223] 구속은 영역 이동이라는 의미를 함축한다. 결과적으로 1:14의 ἐν ᾧ는 영역적 의미일 가능성이 매우 높다. 신자들은 **그리스도의 영역 안에서** 구속을 얻는다.

ἐν ᾧ εἰσιν πάντες οἱ θησαυροὶ τῆς σοφίας καὶ γνώσεως ἀπόκρυφοι.
그 안에는 지혜와 지식의 모든 보화가 감추어져 있느니라(골 2:3).

비록 이 예문이 **사람들을 위해 성취되거나 그들에게 주어진 것**을 지칭하는 것으로 단정할 수는 없지만, 그럼에도 문맥은 이 사실을 명확하게 보여준다. 앞 절에서 바울은 신자들이 **확실한 이해의 모든 풍성함과 하나님의 비밀 곧 그리스도를 깨닫기를 소망한다**(2:2). 그리고 나서 그는 지혜와 지식의 모든 보화들이 그리스도 안에 감추어져 있다(2:3)고 말하는데, 이 구절에 담긴 함의는 바울이 소망하는 지식(2:2)은 그

---

223 O'Brien, *Colossians, Philemon*, 28.

리스도 안에서 찾을 수 있다(2:3)는 것이다. 더 나아가 2:3에 서술된 신자들이 누릴 실제적 혜택은 **아무도 교묘한 말로 너희를 속이지 못하게 될 것**이라는 것이다(2:4). 따라서 이 구절이 하위 범주에 포함되는 것은 적절하다. 지혜와 지식의 보화들은 언제든지 신자들에게 열려 있다.

이러한 지혜와 지식이 그리스도 안에 **감추어져**(ἀπόκρυφοι) 있다는 표현은 ἐν ᾧ가 영역적 의미임을 시사한다.[224] 그러나 이러한 영역적 의미가 일반적인 의미에서 그리스도의 범주 안의 어떤 위치를 나타내는 것인지 아니면 보다 더 인격적인 뉘앙스를 나타내는 것인지는 불분명하다. 아마도 바울은 그리스도의 영역에 "감추어져" 있지만 그의 영역과 하나가 된 자들에게 허락된 지혜와 지식의 보화들을 염두에 둔 것으로 보인다. 그럼에도 무언가가 감춰졌다는 것은 영역적 의미뿐만 아니라 인격적 격리의 의미가 담겨 있음을 암시한다.[225] 이 ἐν ᾧ 용례는 포괄적인 의미에서 그리스도의 영역을 광범위하게 지칭하기보다는 **그리스도의 인격 안에** 있는 지혜와 지식의 자리를 지칭하는 듯하다. 사실 이러한 뉘앙스는 문맥에 의해서도 지지를 받는다. 왜냐하면 앞 절에서 바울은 신자들이 **하나님의 비밀에 관한 지식인 그리스도**를 소유하기를 원하기 때문이다. 그리스도는 신자들이 소유한 지식의 내용(content)이다. 이것 또한 그의 영역보다는 그리스도의 인격을 지칭한다. 결과적으로 바울이 신자들이 소유하기를 소망하는 지혜와 지식은 그리스도의 인격 안에서 발견된다.

ἐν ᾧ καὶ περιετμήθητε περιτομῇ ἀχειροποιήτῳ ἐν τῇ ἀπεκδύσει τοῦ σώματος τῆς σαρκός, ἐν τῇ περιτομῇ τοῦ Χριστοῦ.

---

224 ἐν ᾧ의 선행사가 2:2의 "비밀"(μυστηρίου)일 가능성도 있지만, "더 가까이에 있는 선행사인 Χριστοῦ일 가능성이 더 높다." Harris, *Colossians and Philemon*, 82.
225 이 지혜와 지식의 보화들은 그리스도 안에 "예치되어" 있거나 "축적되어" 있다. O'Brien, *Colossians, Philemon*, 95.

또 **그 안에서** 너희가 손으로 하지 아니한 할례를 받았으니 곧 육의 몸을 벗는 것이요, 그리스도의 할례니라(골 2:11).

바울이 동사 περιτέμνω(즉 손으로 하지 아니한 할례)를[226] 유일하게 **영적인** 의미로 사용하는 이 흥미로운 예문에서 ἐν ᾧ는 골로새 교인들이 **그리스도에 의해** 할례를 받았다는 점에서 도구적으로 해석될 수 있다. 그러나 그리스도에 의해 할례를 받는 이미지의 어색함은 차치하더라도 이러한 도구적 해석은 영역적 해석—신자들은 영적 "할례"를 통해 그리스도의 영역으로 이동되었다는 의미—보다 설득력이 떨어진다. 할례는 **육의 몸을 벗는 것을 통해** 이루어지며 이것은 바울이 영역 이동과 관련된 이야기를 할 때 사용하는 용어이기도 하다. 신자들은 이제는 더 이상 육을 따라 살아서는 안 되고 성령을 따라 살아야 한다.[227] 그리스도 안에서 할례를 받는 것이 육의 몸을 벗는 것을 통해 이루어졌다면, 그리스도 안에서 이루어진 할례는 신자들이 그리스도의 영역으로 이동하는 것을 의미한다.[228] 이러한 해석은 그리스도의 영역을 지칭하는 것으로 볼 수 있는 마지막 구문의 **메시아의 할례로**에 의해서도 지지를 받는다.

συνταφέντες αὐτῷ ἐν τῷ βαπτισμῷ, ἐν ᾧ καὶ συνηγέρθητε διὰ τῆς πίστεως τῆς ἐνεργείας τοῦ θεοῦ τοῦ ἐγείραντος αὐτὸν ἐκ νεκρῶν.
너희가 세례로 그리스도와 함께 장사되고 또 죽은 자들 가운데서 그를 일으키

---

226 이 동사의 다른 용례들은 할례의 물리적 행위를 가리킨다(고전 7:18; 갈 2:3; 5:2-3; 6:12-13; 골 2:11).
227 "하나님 자신이 옛 삶에서 새 삶으로 크나큰 변화를 일으키셨다." O'Brien, *Colossians, Philemon*, 116.
228 Wright는 여기서 가족적 언어 사용을 선호하긴 하지만, 이동의 개념을 염두에 둔다. "이제 골로새 교인들은 가장 먼저 하나님의 가족이 되었고 따라서 이제는 이전에 속했던 인간 가족(그리고 그들의 지역 "통치자들")에게 속한 자들이 아니다." Wright, *Colossians and Philemon*, 106.

신 하나님의 역사를 믿음으로 말미암아 **그 안에서** 함께 일으키심을 받았느니라 (골 2:12).

ESV의 번역처럼, 이 ἐν ᾧ가 그리스도가 아니라 세례를 가리킬 가능성도 없지 않다. **너희가 세례로 그와 함께 장사되었고, 또한 그것을 통해 너희가 그와 함께 일으키심을 받았다.** 그러나 바울이 그 어떤 본문에서도 세례 시에 일으키심을 받는다고 말하지 않기 때문에 이러한 해석은 타당성이 많이 떨어진다. 일으키심을 받는다는 이미지는 (영적인 의미로 볼 때) 그리스도의 부활보다는 항상 그의 죽음에 참여하는 것을 지칭한다.[229] 또한 이 사실은 ἐν ᾧ가 항상 그리스도를 지칭하는 골로새서의 일관된 ἐν ᾧ 용법과도 대치된다(1:14, 2:3 그리고 특히 2:11).[230]

그렇다면 ἐν ᾧ는 그리스도를 지칭하며 그의 부활 사건에 참여하는 것을 나타낼 가능성이 매우 높다. 이 구절 전반에 깔린 참여 용어(σύν 합성어인 συνταφέντες[함께 장사되고]와 συνηγέρθητε[함께 일으켜지고], 그리고 그리스도에 참여한다는 표현에 관해서는 5장을 보라)는 ἐν ᾧ를 참여의 의미로 해석할 것을 강하게 시사한다. 이 해석을 따르면 ἐν ᾧ καὶ συνηγέρθητε는 선행 구문 συνταφέντες αὐτῷ와 동일한 기능을 수행하며 여격 대명사(ᾧ)는 σύν 합성어와 함께 **너희는 그와 함께 일으키심을 받았다**라는 완곡한 의미를 만들어낸다.

이 하위 범주에 속한 11회의 ἐν ᾧ 예문 중 8회는 영역의 의미를(엡 1:6, 7, 11, 13 [x2]; 골 1:14; 2:3, 11), 2회는 통합의 의미를(엡 2:21-22), 1회는 참여의 의미를(골 2:12) 각각 나타낸다.

---

229 이 해석은 롬 6:4, 8-11, 13이 세례를 통해 그리스도와 함께 부활하는 것을 표현한다는 Harris의 주장과 상반된다. 사실 이 구절들은 그리스도와 함께 세례 받는 것이 그리스도와 함께 그의 죽음에 참여하는 것과 명시적으로 연결되어 있음을 확인해줄 뿐이다. 비록 그리스도와 함께 부활하는 일이 문맥에 나타나 있긴 하지만, 세례의 이미지를 통해 묘사되지는 않는다. Harris, *Colossians and Philemon*, 104.
230 참조. O'Brien, *Colossians, Philemon*, 118-19.

3.11.4.2 "그 안에" 있는 자들의 특성

ἐν ᾧ ἔχομεν τὴν παρρησίαν καὶ προσαγωγὴν ἐν πεποιθήσει διὰ τῆς πίστεως αὐτοῦ.
우리가 **그 안에서** 그를 믿음으로 말미암아 담대함과 확신을 가지고 하나님께 나아감을 얻느니라(엡 3:12).

이 ἐν ᾧ 예문은 신자들이 그리스도 때문에 아버지께 나아갈 수 있는 담대함과 확신을 갖게 된다는 의미에서 **이유 혹은 원인의 표지로**[231] 이해하는 것이 가장 타당해 보인다.[232] 이러한 해석은 앞 절, **곧 영원부터 우리 주 그리스도 예수 안에서 예정하신 뜻대로 하신 것이라**(3:11)에 의해 지지를 받으며 이것은 유대인과 이방인을 그리스도의 풍성함으로 인도하시려는 아버지의 목적을 그리스도께서 성취하신 사실을 가리킨다(3:6-10). 이방인들은 한때 **이스라엘 나라 밖의 사람이요, 약속의 언약들에 대하여는 외인이요, 세상에서 소망이 없고 하나님도 없던 자이더니**(2:12), 이제는 그리스도가 성취한 것 때문에 유대인들과 이방인들은 모두 한결같이 하나님께 나아갈 수 있는 담대함을 얻게 된 것이다.

3.11.4.3 요약

ἐν ᾧ에 관한 이 단락을 마무리하면서 우리는 관계대명사 ᾧ의 선행사가 그리스도일 경우 이 어구가 ἐν Χριστῷ의 또 다른 표현임을 재확인한다. 비록 ἐν ᾧ가 ἐν Χριστῷ보다 덜 일반적인 용법이긴 하지만, 그

---

231 BDAG, 329.
232 Best는 이렇게 요약한다. "그들은 오직 그리스도를 통해서만 하나님께 두려움 없이 말할 수 있는 권리를 얻는다." Best, *Ephesians*, 329.

럼에도 이 두 어구는 동일한 기능을 수행하며 비슷한 문맥에서 발견되고 또 상호 교환적으로 사용된다.

3.12 요약

이번 장에서 우리는 ἐν Χριστῷ라는 관용구가 전치사 ἐν의 유연성과 문맥에 따라 그 의미가 결정되는 특성상, 상당히 광범위한 의미를 표현한다는 사실을 입증했다. 또한 ἐν Χριστῷ, ἐν κυρίῳ, ἐν αὐτῷ와 ἐν ᾧ(그리스도가 인칭 대명사와 관계대명사의 선행사일 경우) 간에는 그 기능 면에 있어서 특별한 차이점이 없다는 점도 살펴보았다. 이 관용구들은 도구, 긴밀한 유대 관계, 동인, 인식, 이유, 종류 및 방식, 영역, 구체적 내용 혹은 본질, 환경 혹은 조건, 믿음의 대상, 통합, 연합, 지시 혹은 측면, 참여 등 정말 다양한 의미를 표현할 수 있다. 따라서 이 관용구들을 마치 어떤 하나의 고정문구인양 단 하나의 의미로 정의한다는 것은 사실상 불가능하다. 사실 ἐν Χριστῷ 및 변형 어구들은 전치사 ἐν이 표현할 수 있는 수많은 어휘적 의미를 내포하고 있다고 해도 과언이 아니다.

ἐν Χριστῷ 및 변형 어구들의 이러한 다양한 용례들은 각 어구가 사용된 문맥의 기능에 따라 분류된다. 이 어구들은 사람들을 위해 성취되거나 주어진 것, 신자들의 행동, 신자들의 특성, 그리스도에 대한 믿음, 칭의, 새로운 신분 등과 관련된 문맥에서 발견된다. 이 어구들은 삼위일체적 함의를 담고 있으며 누군가가 신자임을 나타내는 완곡어법으로도 자주 사용된다.

그리스도께

4.1 서론

앞 장에서 ἐν Χριστῷ, ἐν κυρίῳ, ἐν αὐτῷ 등의 다양한 용례를 다룬 데 이어, 이번 장에서는 어휘적으로 ἐν과 유사한 전치사와 함께 사용되는 εἰς Χριστόν 어구를 다루고자 한다. 물론 εἰς("~에게")는 ἐν("~ 안에")과 똑같지는 않으며 이 두 전치사는 어휘적으로 서로 중복되기도 한다. 아무튼 εἰς는 ἐν과 가장 유사한 전치사다.

4.2 ~에게(Εἰς)

ἐν과 εἰς의 연관성은 이미 널리 알려져 있으며 이는 어원학적으로나 공시적 용례를 통해서도 잘 알 수 있다.[1] 로버트슨에 따르면 εἰς는 차

---

1 "'에이스'는 일부 그리스 방언 중에서 사용되던 '엔'으로부터 유래되어 접두사(preverb) 혹은 전후치사(adpositions)와 같은 체계가 이미 잘 확립된 비교적 늦은 시기에 도입되었다."

후 ἐν의 변형으로 발전했으며 원래는 ἐνς였다고 한다. ἐνς에서 ν이 사라지면서 이를 보완하기 위해 모음이 길어져 εἰς 형태를 갖추게 되었다.² 용례와 관련하여, 해리스는 고전 그리스어가 "일반적으로 직선적 이동("~로")과 한 장소에 머무는 것("~에서")을 혼동하는 경향"을 나타낸다고 말한다.³ 결과적으로 εἰς는 "위치"를 나타내고 ἐν은 "동작"을 나타내는 등 서로 뒤섞인 용례가 나오게 되었다.

이러한 현상은 고전 그리스어에서 분명하게 발견되지만, 상대적으로 코이네 시대와 비교하면 그리 자주 발견되는 것은 아니다.⁴ 그렇다고 이 두 전치사가 바울 서신에서 서로 상호 교환적으로 사용되는 모습이 일반적이라는 의미는 아니다. 신약성서에서 나타나는 이러한 현상은 마태복음과 누가-행전에서만 자주 관찰되며 다른 신약성서 저자들은 "보통 eis를 en 대신 사용하지 않는다."⁵ 터너는 "바울 서신과 요한 서신 그리고 요한계시록은…영역적 ἐν과 εἰς를 서로 혼동하지 않는다"고 말한다.⁶ 그럼에도 해리스가 경계하는 두 가지 위험을 회피할 수만 있다면 ἐν과 εἰς 간의 어원학적·공시적 연관성은 시사하는 바가 크다. 첫 번째 경계 대상은 두 전치사를 모든 경우에 하나의 동의어로 취급하는 것이다. 두 번째 경계 대상은 "이 둘을 항상 구별하려는 것"이다.⁷

    Luraghi, *Prepositions and Cases*, 107.

2   Robertson, *Grammar*, 584-86, 591.

3   Harris, *Prepositions and Theology*, 84.

4   Ibid., 84-86. Turner는 "코이네 그리스어에서 εἰς와 ἐν은 서로 자유롭게 상호 교환적으로 사용된다.…εἰς는 종종 ἐν 대신 등장하고 ἐν은 좀 더 드물게 εἰς 대신 사용된다"고 주장하면서 상반된 견해를 제시한다. Turner, *Grammatical Insights*, 254. 비록 신약성서뿐만 아니라 코이네 파피루스에서도 두 전치사가 상호 교환적으로 사용된 일부 증거가 있긴 하지만, 이 같은 Turner의 주장은 지나친 감이 없지 않다. 참조. James Hope Moulton and George Milligan, *Vocabulary of the Greek Testament* (1929; repr. Peabody, MA: Hendrickson, 2004), 186, §1519.

5   Harris, "Prepositions and Theology," 1185-86.

6   Turner, *Grammatical Insights*, 255.

7   Harris, "Prepositions and Theology," 1186. 참조. Maximilian Zerwick, *Biblical Greek:*

BDAG가 제시한 εἰς의 주 용법은 다음과 같다.[8]

① 목표 혹은 장소를 나타내는 표지: ~안으로, ~에서, ~를 향하여, ~로
② 시간을 나타내는 표지: ~로, ~까지, ~에서
③ 정도를 나타내는 표지: ~까지
④ 정서적/추상적/적합성의 측면을 나타내는 대상의 표지: ~로, ~에
⑤ 구체적인 지시 대상을 나타내는 표지: ~를 위하여, ~에, ~와 관련하여, ~와의 관계에서
⑥ 보증의 표지: ~에 의하여
⑦ 배분의 표지
⑧ 서술적 주격과 서술적 목적격은 종종 셈족어의 영향을 받아 εἰς+목적격으로 대체된다. 이와 같은 영향은 그리스어에서도 유사하게 발견된다.
⑨ 도구의 표지: ~에 의하여, ~를 가지고
⑩ 기타 용례

ἐν과 마찬가지로 εἰς는 공간과 시간(①, ②), 정도(③), 목표(④), 관계(⑤) 등 광범위하고 다양한 기능을 수행한다. 그러나 BDAG가 제시한 용법 중 어떤 용법(혹은 용법들)이 바울이 사용한 εἰς Χριστόν 및 관련 어구들을 묘사하기에 적절한지는 분명하지 않다.

모울은 εἰς 용법 중 소위 "배태한"(pregnant) 용법으로 불리는 용법에 관해 논한다. "동작과 휴지(休止, rest)의 개념, "선적"인 개념과 "점

Illustrated by Examples (English ed. adapted from 4th Latin ed. by Joseph Smith; Scripta Pontificii Instituti Biblici 114; Rome: Pontificio Instituto Biblico, 1963), 33-37.

8　BDAG, 288-91.

적"인 개념—말하자면 한 지점에서 종료되는 선—이 **혼합**된 것이다."[9] 그는 이러한 배태한 용법의 은유적 용례를 제시한다. εἰς τὸν καιρὸν αὐτῶν, 그 적절한 시간에(눅 1:20); εἰς τὸ μέλλον, 미래에(눅 13:9); εἰς τὸ μεταξὺ σάββατον, 다음 안식일에(행 13:42).[10] 모울은 εἰς의 이처럼 배태한 은유적 용법 중 일부는 "이례적으로 ἐν의 동의어처럼 보인다"고 말한다.[11] 이처럼 두 전치사가 "휴지"(정적이면서 공간적인 개념)의 개념을 서로 공유하며 어느 정도 유사한 의미를 가지고 있지만, 본래 εἰς의 배태한 용법이 지닌 "동작"은 ἐν에서 찾아보기 어렵다. 따라서 이른바 배태한 εἰς는 ἐν과 전적으로 동의어는 아니지만, 서로 중복되는 부분이 있다고 볼 수 있다. 포터 역시 비슷한 결론에 도달한다. 그는 "역사적 증거와 상황적 증거는 비록 이 두 전치사가 서로 다르긴 하지만, 의미상으로는 서로 중복된다는 것을 보여준다"고 주장한다.[12]

오엡케는 "하나님에 대한 세상과 인간의 사랑"뿐만 아니라 사람과 사람 사이의 "친밀한 관계"를 나타내는 εἰς 용법에 관해 기술한다.[13] 그리스도를 믿는 믿음은 "주 예수를 믿는다"(πιστεύειν εἰς τὸν κύριον Ἰησοῦν)는 구문으로 표현된다. 오엡케는 이러한 표현을 신약의 독창적인 용례로 간주한다.[14] 그러나 그는 εἰς Χριστόν는 "ἐν Χριστῷ와 같이 결코 고정문구화 되지 않았다. 이와 같은 추세는 ἀπαρχὴ τῆς Ἀσίας εἰς Χριστόν("그리스도를 위한 아시아의 첫 열매" 롬 16:5)과 같은 표현에서는 결코 찾아볼 수 없다"고 주장한다.[15] 오엡케는 또한 εἰς는 소유격이나 여격을 대체할 수도 있다고 말하면서 τὰ εἰς Χριστὸν παθήματα(벧전 1:11)

---

9 Moule, *Idiom Book*, 68.
10 Ibid., 68-69.
11 Ibid., 69.
12 Porter, *Idioms*, 151, 153.
13 Albrecht Oepke, "εἰς," *TDNT*, 2:432.
14 Ibid.
15 Ibid., 433.

를 "그리스도의 고난"으로 번역한다.[16]

던은 "그리스도와 합하여 세례를 받았다"는 구문에서 "어떤 영역으로 이동한다는 εἰς의 기본적인 의미를 피하기 어렵다"고 주장한다.[17] 던은 이러한 이동은 신자들이 그리스도의 몸에 속한 지체가 되는 동작을 지칭한다고 제안한다. "그리스도와 합하여 세례를 받는다는 것은 그리스도의 페르소나(persona)를 취하는 것을 보충하거나 대체하는 표현이다."[18] 그러나 εἰς Χριστόν의 다른 용법과 관련하여 던은 εἰς가 "~을 향하여, ~와 관련하여, ~을 위하여"의 의미를 전달하는 것으로 이해한다.[19] 그럼에도 던은 ἐν과 유사한 의미를 가진 εἰς의 순수한 정적 용법 또한 수용한다.

따라서 εἰς 용법과 관련된 주요 이슈는 εἰς가 ἐν의 동의어인지 아닌지, εἰς가 어떤 목표 지점을 향한 이동을 표현하는지 혹은 단순히 정적인 것인지, 그리고 εἰς가 소유격 혹은 여격의 자리를 대체할 수 있는지와 관련된다. 이제 우리는 앞 장에서 사용한 여러 하위 범주를 이용하여 εἰς Χριστόν 어구가 개별 문맥에서 어떻게 사용되었는지를 살펴볼 것이다.

4.3 "그리스도께" 속한 사람들을 위해 성취되거나 그들에게 주어진 것

ὁ δὲ βεβαιῶν ἡμᾶς σὺν ὑμῖν **εἰς Χριστὸν** καὶ χρίσας ἡμᾶς θεός.
우리를 너희와 함께 **그리스도 안에서** 굳건하게 하시고 우리에게 기름을 부으신

---

16 Ibid., 434.
17 Dunn, *Paul the Apostle*, 404.
18 Ibid., 405.
19 Ibid.

이는 하나님이시니(고후 1:21).

우리가 이 구절을 올바르게 이해하기 위해서는 이 문맥에 들어 있는 두 가지 요소를 고려해야 한다. 제일 먼저 고려할 대상은 이 구절이 다음 구절과 부분적으로 평행을 이룬다는 점인데 그리스어 원문은 이러한 현상을 훨씬 더 잘 보여준다. **그가 또한 우리에게 인치시고 보증으로 우리 마음에 성령을 주셨느니라**(1:22). 1:21은 실명사적 분사구 ὁ δὲ βεβαιῶν ἡμᾶς(우리를 강하게 하신 분[하나님])를 사용하고, 1:22은 또 다른 실명사적 분사구 ὁ καὶ σφραγισάμενος ἡμᾶς(또한 우리를 인 치신 [분])를 사용한다. 1:21이 **그리스도의 것**으로 확증된 신자에 관한 것이라면, 1:22은 **성령**이 주어진 사실을 묘사한다. 따라서 여기서 제기되는 질문은 이 두 구절의 평행 구조가 εἰς Χριστόν을 이해하는 데 어떠한 도움을 주느냐는 것이다. 그러나 **그리스도의 것**으로 확증되는 것과 성령이 주어지는 것이 철저하게 평행을 이루는 것으로 보는 것은 바람직하지 않다. 왜냐하면 **확증하는** 행위와 **주는** 행위는 서로 다른 것이기 때문이다.

두 번째로 고려할 대상은 앞 구절에 나오는 ἐν αὐτῷ와 δι᾽ αὐτοῦ 용법이다. 하나님의 약속은 얼마든지 **그리스도 안에서** 예가 되니 그런즉 **그로 말미암아** 우리가 아멘 하여 하나님께 영광을 돌리게 되느니라(1:20). 따라서 우리는 두 구절에 걸쳐 ἐν αὐτῷ, δι᾽ αὐτοῦ, εἰς Χριστόν 등 세 전치사구가 동시에 등장하는 흥미로운 모습을 보게 된다.

나는 앞 장에서 1:20의 ἐν αὐτῷ가 하나님께서 자신의 약속을 그리스도를 통해 성취하셨다는 의미에서 도구적 의미를 나타낸다고 논증한 바 있다. 비록 우리가 앞으로 δι᾽ αὐτοῦ의 여러 기능을 보다 깊게 살펴보아야 하겠지만, 아무튼 이 어구도 바울의 **아멘**이 그리스도를 통해 행해졌다는 의미에서 도구를 나타내는 것으로 보인다. 따라서 1:20의 ἐν αὐτῷ와 δι᾽ αὐτοῦ의 용법은 어느 정도 서로 유사한 의미를 가진다. 첫 번째 어구는 그리스도를 통한 하나님의 **예**를 반영하고, 두 번째 어구는 그리스도를 통한 바울의 **아멘**을 반영한다.

결과적으로, 우리는 일련의 전치사구 중 세 번째 어구인 εἰς Χριστόν도 도구적으로 보아야 하는 것인지 물어볼 필요가 있다. 이런 해석도 분명히 가능한데, 그럴 경우 1:21은 하나님이 바울을 고린도 교인들과 더불어 **그리스도를 통해** 확증한다는 의미가 될 것이다. 이 해석은 βεβαιόω가 **굳건하게 하다**의 의미를 전달한다는 BDAG에 의해서도 지지를 받는다. "그리스도 안에서 우리를 굳건하게 하시는 분=우리를 신실한 제자들로 만드시는 분이다."[20] 그렇다면 이 구절에 담긴 의미는 하나님께서 신자들을 굳건하게 하는 일을 **그리스도를 통해** 하신다는 것이다.

하지만 혹자는 1:21이 실제로 BDAG의 제안과 같이 제자들을 **굳건하게 하는 것**과 관련이 있는지 의문을 제기할 수 있다. 이와 관련해서는 1:22와의 평행이 큰 의미가 **있다**. 1:22는 성령으로 인침을 받은 신자들의 신분을 표현한다. 1:21 또한 신자들의 제자도의 질보다는 그들의 신분―신자들이 **그리스도의 것으로** 확증되고 기름 부음을 받은―을 나타내는 것으로 보인다. 따라서 만약 βεβαιόω가 **굳건하게 하는 것**보다는 **확증하는 것**을 나타낸다면 εἰς Χριστόν의 도구적 해석은 설득력이 떨어진다. 만약 신자들이 **그리스도를 통해 확증**된다면 그들은 무엇에 관해 확증된다는 것인가? 이 동사는 부사적 수식어를 필요로 하므로 그 대상의 확증은 무언가와 관련하여 주어져야 한다.

따라서 이 경우 εἰς Χριστόν에 관한 가장 설득력 있는 해석은 이 어구가 BDAG가 제시한 εἰς 용법 중 하나인 **구체적인 지시 대상**을 나타낸다는 것이다. 결과적으로 이 구문은 **이제 그리스도에 관해 너희와 함께 우리를 확증하시는 분**으로 번역하는 것이 가장 적절하다. 그렇다

---

20   BDAG, 173.

면 이 구절은 신자들의 신분을 나타낸다. 신자들은 그리스도에 의해 정의된 혹은 그분에게 속한 자로 확증된 자들이다. 이러한 해석은 현 문맥과도 가장 잘 어울린다. 현 문맥은 신자들이 성령으로 기름 부음 받고 인침을 받았다고도 말한다. 이것은 신자들을 새롭게 정의하고 구별하는 또 다른 표지들이다.[21]

ὅπως ἡ κοινωνία τῆς πίστεώς σου ἐνεργὴς γένηται ἐν ἐπιγνώσει παντὸς ἀγαθοῦ τοῦ ἐν ἡμῖν **εἰς Χριστόν**.
이로써 네 믿음의 교제가 우리 가운데 있는 선을 알게 하고 **그리스도께 이르도록** 역사하느니라 [**그리스도께 영광이** 되게 함이라](몬 6).

이 εἰς Χριστόν 용법을 이해하는 데는 최소한 두 가지 해석이 가능하다. 이 해석들을 논의하기 전에 우리가 유의해야 할 점은 위의 번역이 **~께 영광**이라는 구문을 삽입한다는 점인데, 이것은 그리스어 원문을 따르기보다는 이 구절을 이해하는 번역자의 해석을 반영한다. 첫째, εἰς Χριστόν은 바울이 여기서 **그리스도와 관련하여 우리 안에 있는 모든 선한 것**을 지칭한다는 의미에서 관련 대상을 나타낼 수 있다. 이러한 해석은 분명 가능하지만, 그 해석은 우리 안에 있는 선한 것 중에 그리스도와 관련되지 않은 것이 있을 수 있다는 여지를 바울이 남겨두는 것으로 비쳐질 수 있다. 왜냐하면 관련 대상을 나타내는 표현은 모든 선한 것의 범위를 한정하는 기능을 가지기 때문이다. 반복하건대 이 해석은 가능하지만, 그 개연성은 낮아 보인다.

---

21 Hughes의 결론은 매우 빈약하다. "우선 바울을 고린도 교회의 신자들과 함께 그리스도의 것으로 **확증하시는** 분은 **하나님**이시다. 여기서 현재 시제("확증하시는")는 이것이 지속되는 경험임을 보여주고 역동적인 "~으로"(εἰς)는 이것이 점진적인 경험임을 나타낸다. 하나님의 목적 가운데 안정된 모습은 지속적일 뿐만 아니라 점진적으로 향상된다." Hughes, 2 Corinthians, 39. 여기서 무엇이 εἰς를 "역동적"으로 만드는지 또 그것이 왜 향상되는 점진적 경험을 나타내는지는 분명하지 않다.

둘째, εἰς Χριστόν은 바울이 그리스도를 통해 우리 안에 있는 모든 선한 것에 관해 말한다는 의미에서 도구성을 나타낸다고 볼 수 있다. **우리 안에 있는 모든 선한 것**을 유발하는 그리스도의 도구성은 바울의 보편적인 생각과 더 잘 부합하는 것으로 보인다. 신자들이 누리는 모든 축복이 그리스도 안에서 그리고 그리스도를 통해 나타나기 때문에 이러한 개념은 현 문맥에 더 잘 어울린다. 비록 도구적 해석이 모든 문제에 해답을 제시하는 완벽한 해석은 아니지만, 바울의 보편적인 생각과 가장 잘 부합한다는 점에서 가장 타당성이 높은 해석이라 할 수 있다.[22]

이 하위 범주에는 εἰς Χριστόν에 관한 두 가지 용례만 포함되어 있는데, 그중 고린도후서 1:21은 구체적인 지시 대상을 나타내고, 빌레몬서 6절은 도구성을 나타낸다.

4.4 "그리스도를 향한" 믿음

εἰδότες [δὲ] ὅτι οὐ δικαιοῦται ἄνθρωπος ἐξ ἔργων νόμου ἐὰν μὴ διὰ πίστεως Ἰησοῦ Χριστοῦ, καὶ ἡμεῖς **εἰς Χριστὸν** Ἰησοῦν ἐπιστεύσαμεν, ἵνα δικαιωθῶμεν ἐκ πίστεως Χριστοῦ καὶ οὐκ ἐξ ἔργων νόμου, ὅτι ἐξ ἔργων νόμου οὐ δικαιωθήσεται πᾶσα σάρξ.

사람이 의롭게 되는 것은 율법의 행위로 말미암음이 아니요, 오직 예수 그리스도를 믿음으로 말미암는 줄 알므로, 우리도 **그리스도** 예수**를** 믿나니, 이는 우리가 율법의 행위로써가 아니고 그리스도를 믿음으로써 의롭다 함을 얻으려 함이라. 율법의 행위로써는 의롭다 함을 얻을 육체가 없느니라(갈 2:16).

---

22 Harris가 εἰς Χριστόν에 관한 여러 가능한 해석을 열거하면서도 그중 어떤 한 해석을 가지고 논증하지 않는다는 사실은 이 예문의 모호성을 대변해준다. Harris, *Colossians and Philemon*, 252-53.

이 εἰς Χριστόν 예문은 아마도 BDAG가 **정서적/추상적/적합성의 측면을 수반하는 목표의 표지**로 분류하는 용법, 특히 그 하위 범주인 **적대적 혹은 우호적인 의미에서 누군가를 향한 행동이나 감정**을 나타내는 용법으로 이해하는 것이 좋다. BDAG가 열거한 εἰς의 용법 열 가지 중 이 범주가 아마도 가장 적절해 보인다. 비록 그리스도를 믿는다는 것이 하나의 행위나 감정은 아니지만—신뢰로 이해하는 것이 더 나을 듯한데—εἰς는 그 믿음의 대상을 나타내는 기능을 수행하는 것으로 보인다.[23]

εἰ γὰρ καὶ τῇ σαρκὶ ἄπειμι, ἀλλὰ τῷ πνεύματι σὺν ὑμῖν εἰμι, χαίρων καὶ βλέπων ὑμῶν τὴν τάξιν καὶ τὸ στερέωμα τῆς **εἰς Χριστὸν** πίστεως ὑμῶν.
이는 내가 육신으로는 떠나 있으나 심령으로는 너희와 함께 있어, 너희가 질서 있게 행함과 **그리스도를** 믿는 너희 믿음이 굳건한 것을 기뻐함이라(골 2:5).

이 εἰς Χριστόν 용례는 의심의 여지없이 앞의 예문과 동일한 의미를 가진다. 그리스도는 신뢰의 대상이다. 그리스도는 골로새 교인들의 믿음의 대상인 것이다.[24]

갈라디아서 2:16과 골로새서 2:5은 모두 신뢰의 대상을 나타내는 εἰς Χριστόν의 기능을 통해 그리스도가 믿음의 대상임을 나타낸다.

23　Longenecker, *Galatians*, 88.
24　Harris, *Colossians and Philemon*, 88.

4.5 "그리스도께" 속한 자의 새로운 신분

ἢ ἀγνοεῖτε ὅτι, ὅσοι ἐβαπτίσθημεν **εἰς Χριστὸν** Ἰησοῦν, εἰς τὸν θάνατον αὐτοῦ ἐβαπτίσθημεν;
무릇 그리스도 **예수와 합하여** 세례를 받은 우리는 그의 죽으심과 합하여 세례를 받은 줄을 알지 못하느냐?(롬 6:3)

그리스도와 합하여 세례를 받는다는 것은 바울이 말하는 그리스도와의 연합이라는 개념을 반영한다고 볼 수 있다.[25] 이 사실은 그의 죽으심과 합하여 세례를 받는다는 진술에 의해 확인된다. 물론 그리스도의 죽음은 유일무이한 사건이며 신자들이 그 죽음과 합하여 "세례"를 받는다는 것은 그리스도와 하나가 되는 것을 의미한다. BDAG는 이 용법을 εἰς의 기타 용법에 포함시키며 βαπτίζω(세례를 주다) 항목을 참조할 것을 권한다. "바울에게 있어 그리스도와 합하여 세례를 받는다는 것은 그리스도의 죽음에 관여하는 것이며 신자들에게는 그 죽음에 연루되는 것이다."[26] 이러한 묘사는 완전히 똑같지는 않더라도 그리스도와 하나 되는 개념에 가깝다. "그리스도의 죽음에 관여"한다는 것은 참여의 의미를 함축한다. 이는 바울의 "그리스도와 함께"라는 어구(5장에서 논의될 예정)와 마찬가지로 정적이기보다는 역동적이다. "세례를 받다"는 역동적이지만, 그 종착지인 "그리스도와 합하여"(εἰς Χριστόν)는 정적인 개념을 담고 있다. 그리스도와 합하여 세례를 받는다는 것은 새로운 신분을 유발하는 역동적 행동―그리스도와 하나 되는―을 가리킨다.

ὅσοι γὰρ **εἰς Χριστὸν** ἐβαπτίσθητε, Χριστὸν ἐνεδύσασθε.

---

25 Dunn, *Romans 1-8*, 328.
26 BDAG, 164.

누구든지 **그리스도와 합하기** 위하여 세례를 받은 자는 그리스도로 옷 입었느니라(갈 3:27).

이 εἰς Χριστόν 예문 역시 그리스도와 합하여 세례를 받는 것과 관련이 있다. 비록 "그리스도와 합하여 세례를 받는"것이 "그리스도의 죽음과 합하여 세례를 받는"것의 줄임말일 수도 있지만, 여기서 이 표현은 그리스도의 죽음과 합하여 세례를 받는 것보다는(앞의 예에서처럼) 그리스도로 옷 입는 것과 관련이 있다. 그리스도로 옷 입는다는 은유적 표현은 그를 일종의 의복으로 묘사하는데 이는 그리스도와의 통합을 나타낸다고 할 수 있다.[27] 이러한 은유적 표현은 다음 장에서 추가로 논의될 것이지만, 여기서 바울의 관심은 신자들이 누리게 된 새로운 신분을 강조하는 데 있다. 그리스도와 합하여 세례를 받은 자들은 그리스도로 옷 입은 자라는 신분을 공유한다.

이 하위 범주에 속한 두 εἰς Χριστόν 예문 중 로마서 6:3은 하나됨을, 갈라디아서 3:27은 통합을 각각 표현한다.

4.6 신자를 나타내는 완곡어법으로서의 "그리스도께"

καὶ τὴν κατ᾽ οἶκον αὐτῶν ἐκκλησίαν. ἀσπάσασθε Ἐπαίνετον τὸν ἀγαπητόν μου, ὅς ἐστιν ἀπαρχὴ τῆς Ἀσίας **εἰς Χριστόν**.
또 저의 집에 있는 교회에도 문안하라. 내가 사랑하는 에배네도에게 문안하라. 그는 아시아에서 **그리스도께** 처음 맺은 열매니라(롬 16:5).

이 εἰς Χριστόν 용례는 두 가지 어려움에 직면한다. 첫 번째 어려

27　Bruce, *Galatians*, 186.

움은 문자적으로 읽으면 "그리스도께 아시아의 첫 열매인"이 되는 이 절에 동사적 의미를 추가해야 하는지 여부와 관련이 있다. 만약 동사적 의미가 추가되어야 한다면 **회심하다**라는 동사가 들어가야 하는지 혹은 **믿는다**와 같은 동사가 들어가야 하는지가 분명치 않다. 만약 후자라면 이 절의 의미는 에배네도가 아시아에서 그리스도를 **믿은** 첫 열매가 된다. 우리는 "그리스도를 향한"(εἰς Χριστόν) **믿음**에 관한 두 용례를 이미 살펴보았기 때문에 여기서도 **믿는다**는 의미가 덧붙여지는 것이 더 타당해 보인다.

두 번째 어려움은 εἰς Χριστόν이 ἐν Χριστῷ의 의미로 이해될 수 있느냐는 것이다. 아무튼 해리스에 의하면 최소한 전치사 εἰς와 ἐν과 관련해서는 이러한 해석이 가능하다(§4.2참조).[28] 즉 해리스는 이 두 전치사 사이에 종종 나타나는 동의어적 용법은 가능하다고 본다. 그러나 이 εἰς Χριστόν과 ἐν Χριστῷ **어구들**이 종종 동의어처럼 사용된다고 해서 이 **전치사들** 사이에서도 그렇다고 단정 짓기에는 어려움이 있다. 이는 이 어구들이—후자는 더 확실하게—바울 서신에서 관용어로 기능할 가능성이 높기 때문이다. 비록 우리는 이러한 관용어구들이 그 의미와 기능을 한정하지 않는다는 사실을 인지한 바 있지만, 그럼에도 바울은 이 어구들을 어떤 특별한 의도를 가지고 사용하는 것으로 보인다. 따라서 이 두 어구는 동의어로 사용되기보다는 그렇지 않을 가능성이 더 높다. 결과적으로 우리는 여기서 이 두 어구를 동의어로 간주하지 않는다.

물론 세 번째 해석도 가능하다. 만일 이 절의 강조점이 **첫 열매**(ἀπαρχή)에 있고, εἰς Χριστόν에 동사적 의미가 덧붙여져야 하는지 혹은 εἰς Χριστόν과 ἐν Χριστῷ가 동의어인지에 있는 것이 아니라면, εἰς Χριστόν은 관련 대상을 나타내는 것으로 보는 것이 바람직하다. 이 해석을 따르면 이 절은 **그리스도와 관련하여 아시아의 첫 열매**로 읽힌다.

---

28   Harris, "Prepositions and Theology," 1185.

이 해석은 여기에 사용된 어법을 존중하고 동사적 의미를 필요로 하지 않으며 εἰς Χριστόν과 ἐν Χριστῷ가 동의어일 필요가 없다는 점에서 가장 설득력이 있다.

4.7 "그리스도께"의 삼위일체

ὁ δὲ βεβαιῶν ἡμᾶς σὺν ὑμῖν **εἰς Χριστὸν** καὶ χρίσας ἡμᾶς θεός.
우리를 너희와 함께 **그리스도 안에서** 굳건하게 하시고 우리에게 기름을 부으신 이는 하나님이시니(고후 1:21).

이 εἰς Χριστόν 용례는 앞에서 관련 대상을 표현하는 범주에 포함되었지만, 삼위일체적 함의를 담고 있다는 점에서 이곳에 다시 인용된다. 이 구절은 하나님의 동인을 염두에 두고 있는데 신자들이 그 동인의 대상이며 신자들을 확증하는 하나님의 행위는 그리스도와 관련된 것이다.

4.8 "그리스도께"의 기타 용법

οὕτως δὲ ἁμαρτάνοντες εἰς τοὺς ἀδελφοὺς καὶ τύπτοντες αὐτῶν τὴν συνείδησιν ἀσθενοῦσαν **εἰς Χριστὸν** ἁμαρτάνετε.
이같이 너희가 형제에게 죄를 지어 그 약한 양심을 상하게 하는 것이 곧 **그리스도께** 죄를 짓는 것이니라(고전 8:12).

이 εἰς Χριστόν 용법에 관한 주요 해석은 두 가지다. 첫 번째 해석은 이 어구를 관련 대상을 표현하는 것으로 본다. 이 해석을 따르면 이

절의 의미는 **너희는 그리스도와 관련하여 죄를 범하고 있다**가 된다. 그러나 이러한 해석은 평행절인 ἁμαρτάνοντες εἰς τοὺς ἀδελφούς, **형제들에게 죄를 지어** 역시 관련 대상을 나타낼 경우에 한해서만 가능한 해석이다.[29] 그러나 바울이 여기서 **형제들에게 죄를 짓는 죄**를 지칭하기보다는 **형제들과 관련된 죄**를 지칭할 가능성은 희박하다.

두 번째 해석은 이 용법을 **적대적 혹은 우호적인 의미에서 누군가를 향한 행동이나 감정**을 가리키는 것으로 이해하는 것이다.[30] BDAG는 이 하위 범주의 "적대적" 용법 안에 **누군가에게 짓는 죄**를 포함시킨다. BDAG가 이 예문을 하위 범주에 포함시킨다는 점과 그리스도께 죄를 짓는 개념뿐만 아니라 형제들에게 죄를 짓는 개념도 이 범주에 포함될 수 있다는 점에서 이 해석은 관련 대상을 나타내는 용법에 비해 더 설득력을 얻는다.

> ὥστε ὁ νόμος παιδαγωγὸς ἡμῶν γέγονεν εἰς Χριστόν, ἵνα ἐκ πίστεως δικαιωθῶμεν.
> 이같이 율법이 우리를 **그리스도 때까지** 인도한 초등교사가 되어, 우리로 하여금 믿음으로 말미암아 의롭다 함을 얻게 하려 함이라(갈 3:24).

현 문맥에서 바울이 율법의 시대―"이 믿음이 오기 전"(3:23)―를 그리스도를 믿는 믿음의 시대(3:25)와 대조하기 때문에 24절에서 바울이 말하고자 하는 바는 율법이 **그리스도 때까지** 초등 교사의 역할을

---

29 이 평행 관계는 그리스도와의 연합에 관한 더 폭넓은 논의에 영향을 미친다. 그 이유는 이것이 형제에게 지은 죄가 어떻게 그리스도께 지은 죄와 동일시될 수 있는지에 관한 질문을 제기하기 때문이다. Thiselton은 "신자는 십자가에 못 박히신 그리스도의 죽음에 참여함으로써 그리스도와 **하나가 되기** 때문에 그리스도는 자신이 거룩하게 하시고(1:2) 부요하게 하시며(1:5) 그 자신의 소유로 사신(6:20) 자들과 **하나가 된다.**" Thiselton, *1 Corinthians*, 656.

30 BDAG, 290.

했다는 것이다. 이 εἰς Χριστόν 용법은 BDAG가 **시간의 길이**를 표현하는 범주에 속한다.[31] 시간의 길이를 나타내는 이 하위 범주는 무언가가 어디에 도달하는 지점을 표현한다. 다시 말하면 율법은 그리스도께서 오시는 때까지 초등 교사였다는 것이다.[32]

> τὸ μυστήριον τοῦτο μέγα ἐστίν · ἐγὼ δὲ λέγω **εἰς Χριστὸν** καὶ εἰς τὴν ἐκκλησίαν.
> 이 비밀이 크도다. 나는 **그리스도**와 교회**에 관하여** 말하노라(엡 5:32).

이 εἰς Χριστόν 용례는 관련 주제를 나타낸다. 바울은 **그리스도에 관하여**(그리고 교회에 관하여) 말한다.

이 하위 범주에 속한 εἰς Χριστόν 용법은 우리가 탐구하는 그리스도와의 연합이라는 주제와 관련이 없다(고전 8:12; 갈 3:24; 엡 5:32). 결국 일부 εἰς Χριστόν 용례만이 우리의 연구에 도움을 준다.

4.9 "그에게"

ἐν αὐτῷ가 ἐν Χριστῷ를 대신하는 것처럼 εἰς αὐτόν도 εἰς Χριστόν을 대신할 수 있다.[33] 이러한 대체 어구 역시 아래의 유형에 따라 구분된다.

---

31 Ibid., 288-89.
32 Longenecker, *Galatians*, 148-49.
33 εἰς κύριον은 바울 정경에서 단 한 번도 사용되지 않는다.

4.9.1 "그에게" 향한 믿음

ὅτι ὑμῖν ἐχαρίσθη τὸ ὑπὲρ Χριστοῦ, οὐ μόνον τὸ **εἰς αὐτὸν** πιστεύειν ἀλλὰ καὶ τὸ ὑπὲρ αὐτοῦ πάσχειν.

그리스도를 위하여 너희에게 은혜를 주신 것은 다만 **그를** 믿을 뿐 아니라 또한 그를 위하여 고난도 받게 하려 하심이라(빌 1:29).

이 εἰς αὐτόν 예문은 믿음과 신뢰의 대상을 나타내는 εἰς Χριστόν 예문들과 잘 조화를 이룬다(앞의 갈 2:16; 골 2:5 참조).

4.9.2 "그에게"의 통합

ἀληθεύοντες δὲ ἐν ἀγάπῃ αὐξήσωμεν **εἰς αὐτὸν** τὰ πάντα, ὅς ἐστιν ἡ κεφαλή, Χριστός.

오직 사랑 안에서 참된 것을 하여 범사에 **그에게까지** 자랄지라. 그는 머리니 곧 그리스도라(엡 4:15).

이 εἰς αὐτόν 용례를 가장 잘 설명해주는 해석은 두 가지다. 첫째, 이 어구는 비록 목표를 나타내는 용례들과 다른 BDAG의 하위 범주에 속해 있지만, 목표를 나타낼 수 있다. 이 경우 **변화의 동사들과 함께 어떤 상태에서 다른 상태로의 변화**를 나타내는 범주와 가장 잘 부합한다.[34] 여기서 사용된 동사 "자랄지라"(αὐξήσωμεν, let us grow)는 **변화의 동사**로서 부분적으로 변화를 나타낸다. 바울은 그리스도의 몸으로서 한 단계 더 깊은 차원의 성숙함으로 자라날 것을 언급한다. 그러나 이러한 해석의 약점은 여기에 언급된 상태의 변화가 어떤 한 상태에서 전

---

34 BDAG, 290.

혀 다른 상태로의 변화가 아니라 **그분 안에** 있는 상태에서의 변화를 수반한다는 것이다. 결론적으로 이 예문은 이 하위 범주에 정확하게 들어맞지 않는다.

둘째, 이 어구는 **어떤 행위나 조건의 결과**를 나타낼 수도 있다. 이 해석을 따르면 이 어구는 신자들이 성장을 통해 **그분께로** 더 깊이 들어가야 한다는 것을 나타낸다. 이 해석의 강점은 **성전으로 자라간다**는(αὐξάνειν εἰς ναόν) 사상이 이미 에베소서 2:21에 포함되어 있다는 점이다. 이 표현은 같은 서신에서 발견될 뿐만 아니라 εἰς와 더불어 똑같은 동사적 어휘소를 사용한다. 에베소서 2장의 문맥에서 바울은—에베소서 4장에서처럼—하나님의 백성이 함께 성장하는 모습을 그린다. 따라서 이와 유사한 의미가 4:15과 2:21을 관통할 가능성이 높다.

그분께로 자라남으로써 도달한 신자의 상태는 그리스도와의 통합을 반영한다.[35] 이 사실은 바울이 명시적으로 그리스도를 **머리**로 묘사하고 신자들을 그리스도의 **몸**에 속한 자로 비유하는 문맥에서 분명하게 드러난다. 공동체를 나타내는 **몸**의 비유가 신자들과 그리스도가 서로 연합한다는 바울의 통합 개념을 가장 핵심적으로 잘 나타낸다.

> καὶ δι᾽ αὐτοῦ ἀποκαταλλάξαι τὰ πάντα **εἰς αὐτόν**,
> εἰρηνοποιήσας διὰ τοῦ αἵματος τοῦ σταυροῦ αὐτοῦ,
> [δι᾽ αὐτοῦ] εἴτε τὰ ἐπὶ τῆς γῆς
> εἴτε τὰ ἐν τοῖς οὐρανοῖς.
> 그의 십자가의 피로 화평을 이루사
> 만물 곧 땅에 있는 것들이나
> 하늘에 있는 것들이
> 그로 말미암아 **자기와** 화목하게 되기를 기뻐하심이라(골 1:20).

---

35 O'Brien, *Ephesians*, 312.

여기서 유의할 점은 εἰς αὐτόν("자기와")이 그리스도가 아닌 하나님을 지칭할 수도 있다는 점이다. 비록 1:15-20의 그리스도 찬가에서 1:15 이후에는 하나님이 명시적으로 언급되지는 않지만, 19절의 "기뻐하셨다"(εὐδόκησεν)라는 동사의 주어와 1:20의 "그를 통해"(δι' αὐτοῦ) 의 암묵적 동인이 하나님이라는 사실은 분명하다. 따라서 여기서 말하는 화해는 그리스도를 통해 **하나님과** 화해하는 것을 의미할 가능성이 매우 높다.[36] 만약 이 해석이 옳다면 이 예문은 우리의 관심사를 벗어난다. 그러나 εἰς αὐτόν이 하나님보다 그리스도를 지칭**할 수도** 있다는 점을 감안하면 이 예문은 더욱 신중하게 숙고해볼 만한 가치가 있다.

이 εἰς αὐτόν 용례는 만물이 그리스도라는 어떤 특정 목표와 화해한다는 의미에서(그가 αὐτόν의 지시 대상이라면) 목적지 혹은 목표를 의미하는 것으로 보인다. 목표의 표지의 기능을 나타내는 BDAG의 범주 중 **적대적 혹은 우호적인 의미에서 누군가를 향한 행동이나 감정**을 나타내는 하위 범주가 이 용례에 가장 잘 어울릴 수 있다.[37] 그런 의미에서 이 구절은 십자가의 화목케 하는 사역을 통해 만물이 그리스도를 **목표로**(toward) 화목하게 되었다는 것을 의미한다.

또한 그런 의미에서 이 εἰς αὐτόν 용법은 에베소서 4:15의 용법과도 유사하다. 신자들이 **그분께로** 자라나는 것처럼 만물도 **그분과** 화목하게 된다. 그렇다면 이 두 예문에 담겨 있는 핵심 개념은 그리스도와의 연합의 개념이다. 이러한 해석은 가능하지만, 두 용례에 나타난 통합의 유형은 똑같지 않다. 에베소서 4:15이 말하는 통합은 분명히 그리스도의 몸과 통합된 신자들과 관련이 있다. 이러한 통합은 그리스도께 속한 자들에게만 적용된다. 그러나 골로새서 1:20에서 **만물이** 그리스도(혹은 하나님)와 화해하는 모습은 같은 유형의 통합을 가리키지 않는다.

---

36 Harris, *Colossians and Philemon*, 50-51.
37 BDAG, 290.

우선 **만물**은 그리스도의 몸에 참여하는 것으로 묘사되지 않는다. 더 나아가 만물의 화해는 반드시 자발적인 혹은 "우호적인" 화해만을 지칭하지 않는다. 그리스도께 속한 자들은 "우호적인" 방식으로 그와 화해하지만, 그리스도의 적대자들은 자원해서 화해하지 않는다. 다시 말하면 만물의 화해는 부분적으로 우주의 적대적 요소들의 **굴복**을 지칭할 수밖에 없다. 만약 이것이 사실이라면 통합의 결과적 의미도 신자들이 그리스도에 참여하는 친밀하고도 유기적이며 영적인 연합이 아닐 가능성이 높다. 굴복한 권세들은 그리스도의 죽음과 부활에 참여하지 않는다. 그들은 그분과 함께 하늘에 앉지도 않으며 그리스도의 복을 함께 누리지도 않는다. 그럼에도 그리스도와 만물의 화해를 그분을 중심으로 하나가 된다는 의미에서 일종의 통합으로 간주하는 것은 타당하다. 그리스도는 우주의 중심이시며 만물을 하나로 유지하시는 분이시다.[38]

4.9.3 "그에게"의 기타 용법

ὅτι ἐξ αὐτοῦ καὶ δι' αὐτοῦ καὶ **εἰς αὐτὸν** τὰ πάντα · αὐτῷ ἡ δόξα εἰς τοὺς αἰῶνας, ἀμήν.

이는 만물이 그에게서 나오고 그로 말미암고 **그에게로** 돌아감이라. 그에게 영광이 세세에 있을지어다. 아멘(롬 11:36).

이 예문에서 대명사 "그"의 선행사는 그리스도가 아닌 하나님이다. 따라서 이 예문은 우리의 관심사에서 벗어난다.[39]

---

38 이 이슈와 관련해서는 O'Brien의 유익한 논의를 참조하라. O'Brien, *Colossians, Philemon*, 53-57.
39 Dunn, *Romans 9-16*, 701-2.

ἀλλ᾽ ἡμῖν εἷς θεὸς ὁ πατὴρ ἐξ οὗ τὰ πάντα καὶ ἡμεῖς **εἰς αὐτόν**, καὶ εἷς κύριος Ἰησοῦς Χριστὸς δι᾽ οὗ τὰ πάντα καὶ ἡμεῖς δι᾽ αὐτοῦ.
그러나 우리에게는 한 하나님 곧 아버지가 계시니 만물이 그에게서 났고 우리도 **그를 위하여** 있고, 또한 한 주 예수 그리스도께서 계시니 만물이 그로 말미암고 우리도 그로 말미암아 있느니라(고전 8:6).

여기서 대명사 αὐτόν의 선행사는 그리스도가 아니라 **아버지**이기 때문에 우리의 연구에 해당되지 않는다.

διὸ παρακαλῶ ὑμᾶς κυρῶσαι **εἰς αὐτὸν** ἀγάπην.
그러므로 너희를 권하노니 사랑을 **그에게** 나타내라(고후 2:8).

앞의 두 예문과 마찬가지로 이 εἰς αὐτόν의 선행사는 그리스도가 아니다. 이 어구는 오히려 바울이 고린도 교회에게 징계하라고 지시한 그 당사자를 가리킨다.

προορίσας ἡμᾶς εἰς υἱοθεσίαν διὰ Ἰησοῦ Χριστοῦ **εἰς αὐτόν**, κατὰ τὴν εὐδοκίαν τοῦ θελήματος αὐτοῦ.
그 기쁘신 뜻대로 우리를 예정하사, 예수 그리스도로 말미암아 **자기의** 아들들이 되게 하셨으니(엡 1:5).

비록 이 εἰς αὐτόν의 선행사가 그리스도를 지칭할 수도 있지만, 그리스도를 통해 사람들을 **자기의** 아들로 입양하고자 예정하신 아버지를 지칭할 가능성이 높다.[40]

---

40   Lincoln, *Ephesians*, 25.

ὅτι ἐν αὐτῷ ἐκτίσθη τὰ πάντα

ἐν τοῖς οὐρανοῖς καὶ ἐπὶ τῆς γῆς,

τὰ ὁρατὰ καὶ τὰ ἀόρατα,

εἴτε θρόνοι εἴτε κυριότητες

εἴτε ἀρχαὶ εἴτε ἐξουσίαι·

τὰ πάντα δι᾽ αὐτοῦ καὶ **εἰς αὐτὸν** ἔκτισται.

만물이 그에게 창조되되

하늘과 땅에서 보이는 것들과

보이지 않는 것들과

혹은 보좌들이나 주관들이나

정사들이나 권세들이나

만물이 다 그로 말미암고 **그를 위하여** 창조되었고(골 1:16-17).

우리는 여기서 또다시 εἰς αὐτόν이 목표 혹은 목적지의 의미로 사용됨을 본다. 만물은 **그를 위하여** 창조되었다. 이 용례는 **적대적 혹은 우호적인 의미에서 누군가를 향한 행동이나 감정**을 나타내는 하위 범주에 포함되는 것이 가장 적절해 보인다.[41] 여기서 언급하는 행위는 만물의 창조이며 우리는 이것이 그리스도를 **통해** 일어났을 뿐만 아니라 그를 **위해** 그리고 그를 **향해** 있음을 본다.[42]

이 하위 범주에 해당되는 다섯 가지 εἰς αὐτόν 예문 중 네 번은 그리스도가 이 어구의 선행사가 아니므로 우리의 연구에 해당되지 않으며(롬 11:36; 고전 8:6; 고후 2:8; 엡 1:5), 나머지 한 번은 그리스도를 향한 행동을 나타낸다(골 1:16).

41　BDAG, 290.
42　Harris, *Colossians and Philemon*, 46.

4.10 요약

εἰς Χριστόν과 εἰς αὐτόν은 모두 개념상 ἐν Χριστῷ가 수행하는 기능들과 일부 중복된다. 그리스도의 것이 된 사람들을 위해 성취되거나 그들에게 주어진 것, 그리스도에 대한 믿음, 그리스도인에 대한 완곡어법으로서의 그리스도께, 그리스도께의 삼위일체 등은 서로 중복되는 폭넓은 개념적 범주들이다.

한편 εἰς Χριστόν과 εἰς αὐτόν은 ἐν Χριστῷ 주제와 전혀 관련이 없는 용례도 여럿 포함한다. 이러한 현상은 인칭대명사 αὐτόν이 항상 그리스도의 선행사가 아니기 때문에 일어나는데 이는 εἰς Χριστόν보다는 εἰς αὐτόν의 경우에 더욱 두드러진다. 따라서 우리는 이 두 어구가 그리스도와의 연합이라는 개념과 관련하여 사용되었다고 결론 내릴 수 있다. 하지만 우리가 살펴본 용례 중에는 우리의 주제와 무관한 경우도 여럿 있다.

앞에서 언급한 폭넓은 주제들을 제외하면 εἰς Χριστόν과 ἐν Χριστῷ의 의미를 파악하는 데 있어 전치사 εἰς와 ἐν은 기능상 겹치는 부분이 거의 없다. εἰς의 가장 일반적인 두 가지 기능은 목표와 관련 대상을 나타내는 것이다. 그에 반해 ἐν은 이 두 가지 기능을 수행하지 않는다. 이 두 전치사 간에 서로 중복되는 중요한 기능은 도구성이다. 이것은 ἐν의 흔한 기능인데 종종 εἰς로 표현되기도 한다.

그리스도와 함께

5.1 서론

지금까지 우리의 연구는 어휘적으로 다소 중복되는 전치사 ἐν이나 εἰς와 함께 사용되는 어구들을 살펴보았다. 그러나 이제 우리 연구의 다음 단계는 이 두 전치사의 어휘적 범위를 넘어선다. 전치사 σύν은 ἐν과 εἰς와 같은 전치사와 비교하면 어휘적으로 상당히 다른 기능을 수행한다. 하지만 σὺν Χριστῷ 어구는 분명 ἐν Χριστῷ와 εἰς Χριστόν과도 관련된 부분이 있다. 이 두 어구와 σὺν Χριστῷ가 서로 통하는 부분은 본 장의 논의가 보여주듯이 그리스도에 참여하는 개념이다.

5.2 ~함께(Σύν)

전치사 σύν은 ἐν이나 εἰς와 비교하면 상대적으로 덜 난해하다. 로버트슨의 다음과 같은 언급은 일리가 있다. "이 전치사는 논쟁의 여지가 거의 없다. 그 의미는 '~와 함께'다."[1] 이 전치사의 역사, 특히 μετά와 관련된 역사는 흥미롭다.[2] 운문을 제외하면 고전 그리스 문헌에 나타난 σύν의 용례는 μετά에 비하면 그리 많지 않다. 예를 들어 데모스테네스는 μετά를 346회 사용하지만, σύν은 단지 15회만 사용한다. 아리스토텔레스는 각각 300회와 8회씩 사용한다.[3] 통계적으로는 확연하게 드러나지 않을지 모르지만, 이러한 패턴은 신약에서도 어느 정도 나타난다. 즉 σύν은 128회 사용된 반면, μετά는 469회가 사용된다. 바울 서신 안에서는 73대 39로 이러한 패턴은 덜 두드러진다. 그럼에도 이러한 통계는 한 가지 중요한 질문을 제기한다. 바울은 σὺν Χριστῷ 어구를 직접 고안해 사용하면서도 왜 단 한 번도 μετά를 동일한 의미로 사용하지 않느냐는 것이다. 이와는 대조적으로 바울은 자신의 편지를 마무리하면서 습관적으로 은혜가 독자들과 **함께**하기를 기원한다고 말할 때 단 한 번도 σύν을 사용하지 않고 언제나 μετά를 사용한다.[4]

포터는 이와 관련하여 다음과 같은 차이점을 제시한다. "σύν의 기본적인 의미는 어떤 물건들이 서로 "함께" 있는 것을 의미하는 것으로 보인다.…이는 이들이 완전히 똑같은 물건이라는 의미는 아니지만, 저자가 이들을 묘사하는 방식은 이들이 서로 유사하다는 것을 암시

---

1 Robertson, *Grammar*, 626.
2 Luraghi에 의하면, "sún의 어원은 분명하다. xún이라는 변형 역시 사용되는데 일부 학자에 의하면 주로 가장 오래된 아티카 그리스어에서 발견된다. Chantraine(1968)에 의하면 xún은 metaxú('중간에')와 연결될 수도 있다." Luraghi, *Prepositions and Cases*, 146.
3 Robertson, *Grammar*, 627. BDF(118, §221)에 따르면 σύν은 "고전 아티카 방언의 '~을 포함하는'(including)과 '~의 도움으로'(with the aid of)라는 의미를 지니는 반면, μετά는 '~와 함께(with)'라는 의미를 가진다. 한편 이오니아 및 헬레니즘 시대 그리스어는…σύν을 μετά와 함께 '~와 함께'(with)라는 의미로 사용하며 신약성서에서도 그런 용법으로 등장한다."
4 Harris, "Prepositions and Theology," 1206.

한다."⁵ 또한 그룬트만은 σύν은 인격적인 측면이 있다고 말한다. "이 단어는 함께 있거나 혹은 함께 오거나 혹은 누구를 동반하거나 혹은 서로 도와주고 지지하며 공동 직무 혹은 공동 운명을 서로 공유하면서 함께 일하는 사람들 전체를 묘사한다."⁶ μετά는 "긴밀한 유대 관계 혹은 상황 혹은 동반을 나타내고, σύν은 "밀접한 인격적 연합"을 표현하는 데 더욱 적절하다.⁷

BDAG는 σύν의 주 용례들을 다음과 같이 열거한다.⁸

① 동반과 유대 관계의 표지
② 조력의 표지
③ 연결의 표지

BDAG의 용법을 보면 앞의 두 전치사에 비해 이 전치사가 얼마나 단순한지 금방 알 수 있다. 이러한 주 용법 안에도 다양한 뉘앙스와 하위 범주가 존재하긴 하지만, 이 세 가지만이 주 용법에 해당한다는 사실은 상당히 주목할 만하다.⁹ BDAG는 σὺν Χριστῷ 및 관련 어구들을

---

5   Porter, *Idioms*, 174.
6   Walter Grundmann, "σύν-μετά," TDNT, 7:770.
7   Harris, *Prepositions and Theology*, 200.
8   BDAG, 961-62.
9   비록 어떤 경우에는 σύν이 도구 내지 수단을 표현하는 것처럼 보이기도 하지만, 이는 아마도 적법한 기능은 아니다. Harrison은 그 이유를 다음과 같이 설명한다. "여격과 함께 사용되는 σύν은 어떤 행동을 수행하는 도구 내지 수단을 표현한다. 예컨대, Soph. *Phil.* 1334-5, (πρὶν) τὰ πέργαμα | ... ξὺν τοῖσδε τόξοις ... πέρσας φανῇς, "당신이 그 성채를 이 화살들로 파괴한 것으로 보이기 전에." 그런데 사실 여기서 σύν은 어떤 행동과 동시에 일어나는 상황이나 조건 혹은 이를 동반하는 수단을 말할 뿐 도구 자체를 의미하지 않는다. 필록테투스의 화살들은 단순히 트로이아 성채의 파괴를 위해 사용된 도구로 표현된 것이 아니라 오히려 그 행동이 완수될 때 함께 동반된 수단으로 표현된다." Gessner Harrison, *A Treaty on the Greek Prepositions, and on the Cases of Nouns with Which These Are Used* (Philadelphia: Lippincott, 1858), 455.

모두 첫 번째 범주—동반과 유대 관계—에 포함시킨다. 이 범주 안에서 σὺν Χριστῷ는 행동을 함께 하는, 즉 공동 경험과 공동 고난에 초점을 맞춘다.[10] 따라서 물튼과 밀리건이 입증한 바와 같이 σύν은 마술 의식에서 사용하는 전문용어로서 "~와 함께 교제하는 가운데"를 나타낼 수 있다.[11]

바울의 σὺν Χριστῷ 용법은 그리스 문헌에서 반복적으로 등장하는 σὺν θεῷ("신과 함께") 및 σὺν θεοῖς("신들과 함께") 어구에 견줄 만하다.[12] 하지만 바울이 이 관용구를 다른 문헌에서 물려받았다는 확실한 증거가 없기 때문에 바울 자신이 이 용어를 고안했을 가능성이 매우 높다.[13] 그룬트만이 지적한 바와 같이 바울은 이 어구를 그리스도의 삶과 영광과 승리에 참여하는 것(살전 4:17)을 묘사하는 데 사용하며 구원은 그분과의 교제 가운데 성취되는 것(살전 5:10)으로 이해한다.[14] 이 관용구는 그리스도와 교회의 공동체적 관계를 지칭할 수도 있지만, 그리스도와 사도 바울 간의 인격적 교제를 나타낼 수도 있다(빌 1:23).[15] 그리스도인의 존재는 하나님 안에 감추어져 있는 그리스도와 함께하는 삶이다(골 3:3). 따라서 이 어구는 여기서 "그리스도인이라는 현재적이면서도 아직 감추어져 있는 종말론적 존재를 나타낸다."[16]

전치사 ἐν이나 εἰς와는 별 관련성이 없는 반면 전치사 σύν과 관련하여 제기되는 한 가지 주제가 있는데, 바로 합성어 문제다. 로버트슨에 의하면 σύν과 결합된 합성어는 "συν-αντι-λαμβάνομαι ("도와주다" 눅 10:40), συν-εργέω("함께 일하다" 고전 16:16)의 경우처럼 도움

---

10 BDAG, 962.
11 Moulton and Milligan, *Vocabulary of the Greek Testament*, 600, §4862.
12 Grundmann, "σύν-μετά," 7:773, 781.
13 Ibid., 7:782, n. 79.
14 Ibid., 7:783.
15 Ibid., 7:784.
16 Ibid., 7:785-86.

의 개념을 담기도 하지만, 기본적으로는 συν-ἀγω("함께 모이다" 마 2:4), συν-ἔρχομαι("함께 오다" 막 3:20)의 경우처럼 함께한다는 의미를 나타낸다."[17] 그렇다면 σύν 합성어가 수행하는 기능은 전치사 σύν이 독자적으로 사용될 때와 별 차이가 없어 보인다.

그리스도와의 연합이라는 주제와 관련하여 던은 바울에게 σὺν Χριστῷ 어구보다 σύν 합성어가 훨씬 더 중요한 의미를 가진다고 말한다.

"그리스도와 함께" 모티프에 담긴 진정한 의미는 바울 서신에서 약 마흔 번이나 등장하는 σύν 합성어를 통해 전달되는데, 이는 바울 서신의 또 다른 특징이라고 할 수 있다. 그는 이 합성어를 신자들이 가지고 있는 공동 특권과 경험 그리고 직무를 묘사하고 그들이 그리스도의 죽음과 삶을 공유하는 것을 묘사하기 위해 사용한다.[18]

사실 맥그라스는 심지어 "그리스도인 공동체가 그리스도와 연대한다는 바울 교리의 진수는 우리가 지금까지 살펴본 단어들이 전달하고자 하는 개념들 속에 들어 있다"고까지 말한다.[19] 신자들은 그와 함께 고난을 받으며(롬 8:17), 그와 함께 죽임을 당하고(롬 6:6), 그리스도와 함께 십자가에 못 박히며(갈 2:19), 그와 함께 그의 죽음과 연합하며(롬 6:5), 같은 몸의 구성 멤버이며(엡 3:6), 그분 안에서 함께 지어지고(엡 2:22), 그리스도와 함께 죽으며(딤후 2:11), 그와 함께 장사된다(롬 6:4; 골 2:12). 하나님은 신자들을 그리스도와 함께 일으키시며(엡 2:6; 골 2:12;

---

17 Robertson, *Grammar*, 627.
18 Dunn, *Paul the Apostle*, 402. 이 합성어들의 목록은 각주 62를 참조하라.
19 Brendan McGrath, "'Syn' Words in Saint Paul," *CBQ* 14 (1952): 225.

3:1), 그분과 함께 사는(롬 6:8; 딤후 2:11) 그들에게 그분과 함께 살 수 있는 생명을 허락하신다(엡 2:5; 골 2:13). 그들은 그리스도와 같이 되며(빌 3:10), 그의 형상을 닮아가고(롬 8:29; 빌 3:21), 그와 함께 공동상속자이자(롬 8:17; 엡 3:6) 약속의 공동수여자이며(엡 3:6), 그와 함께 통치하며(딤후 2:21) 그와 함께 영화롭게 되기 위해(롬 8:17) 그리스도와 함께 하늘 보좌에 앉는다(엡 2:6).[20] 하지만 우리는 이러한 합성어 표현들을 자세히 살펴보기 이전에 σὺν Χριστῷ가 수행하는 용법들을 먼저 살펴보고자 한다.

5.3 "그리스도와 함께"

εἰ δὲ ἀπεθάνομεν **σὺν Χριστῷ**, πιστεύομεν ὅτι καὶ συζήσομεν αὐτῷ.
만일 우리가 **그리스도와 함께** 죽었으면, 또한 그와 함께 살줄을 믿노니(롬 6:8).

이 σὺν Χριστῷ 용례는 동반과 유대 관계를 나타낸다고 보는 것이 가장 좋다. 즉 신자들은 그리스도와 함께 그의 죽음에 "참여"한다. 그리스도와 함께 죽는 개념은 "죄와 죽음의 통치가 막을 내렸음을 알리고 그리스도의 죽음의 구원사적 결과에 참여하는 것"을 의미한다.[21] 이 개념은 앞으로 더 깊이 논의되어야 하겠지만, 이 시점에서는 이 개념이 물리적이거나 구체적인 개념이 아니라는 점을 분명히 할 필요가 있다. 이 어구가 은유적인 표현인지에 관해서는 아직 더 명확하게 규명될 필요가 있지만, 아무튼 은유적이든 아니든 간에 이 어구는 **영적인** 것을 가리킨다고 볼 수 있다.

---

20 Ibid., 226.
21 Dunn, *Romans 1-8*, 322.

εἰ ἀπεθάνετε **σὺν Χριστῷ** ἀπὸ τῶν στοιχείων τοῦ κόσμου, τί ὡς ζῶντες ἐν κόσμῳ δογματίζεσθε;
너희가 세상의 초등학문에서 **그리스도와 함께** 죽었거든, 어찌하여 세상에 사는 것과 같이 규례에 순종하느냐?(골 2:20)

이 예문에서는 σὺν Χριστῷ가 그리스도와의 유대 관계를 나타내기 위해 사용된다. 신자는 **그리스도와 함께** 죽은 것으로 묘사되는데 이것은 그리스도와 함께 그 죽음에 참여했다는 의미로 이해하는 것이 가장 적절하다. 이 문맥에서 그리스도와 함께 죽는 것은 "골로새 교인들을 정사와 권세의 종살이라는 결박으로부터 끊어낸다."[22]

ἀπεθάνετε γὰρ καὶ ἡ ζωὴ ὑμῶν κέκρυπται **σὺν τῷ Χριστῷ** ἐν τῷ θεῷ.
이는 너희가 죽었고 너희 생명이 **그리스도와 함께** 하나님 안에 감추어졌음이라 (골 3:3).

이 σὺν τῷ Χριστῷ 용례는 그리스도와 함께 죽는 개념을 전달하기보다는 그리스도와 함께 감추어진 생명과 관련이 있다. 비록 이 전치사가 (앞의 두 경우와는 달리) 참여의 개념보다는 그리스도와의 연합의 개념을[23] 전달하는 것으로 보는 것이 더 타당해 보이지만, 앞의 예문들과 공통적으로 동반 혹은 유대 관계를 표현하는 것으로 이해할 필요는 있다. 그리스도와 함께 죽는 것에 관한 앞의 두 예문은 그리스도와 함께 그의 죽음에 참여하는 것을 묘사한다. 즉 그 사건에 참여하는 것을 가리

---

22 O'Brien, *Colossians, Philemon*, 149.
23 O'Brien은 이 어구를 "그리스도와 신자의 친밀한 인격적 연합"을 표현한다고 본다. O'Brien, *Colossians, Philemon*, 169-71. 이 경우 관사의 존재가 이 어구에 다른 뉘앙스를 부여했을 개연성은 낮아 보인다.

킨다. 그러나 여기서는 그리스도와 신자 간의 유대 관계가 어떤 **행위** 혹은 **사건**에 참여하는 것을 지칭하지 않는다.

이 구절에 담긴 연합의 속성을 이해하는 방식에는 두 가지 해석이 있다. 첫째, 그리스도와 함께 하나님 안에 감추어져 있다는 것은 그리스도의 **지위** 혹은 **신분**을 공유하는 것으로 이해할 수 있다. 그리스도가 하나님 안에 감추어져 있듯이 신자들도 그와 함께 있으면서 그의 감추어진 상태에 참여한다는 것이다. 둘째, 그리스도와 함께 감추어져 있다는 것은 그리스도 자신이 하나님 안에 감추어져 있다는 것을 암시하지 않을 수도 있다. 이 구절은 신자가 하나님 안에 계시는 그리스도 안에 감추어져 있다는 것을 의미하지만, 그 감추임은 그리스도에게는 해당되지 않는다는 것이다. 이럴 경우 그리스도와의 연합은 그리스도와 관련된 신자들의 상태를 가리키지만, 그리스도의 지위 혹은 신분을 공유하는 것을 수반하지는 않는다.

이 구절에 대한 두 번째 해석은 가능하긴 하지만, 그다음 구절을 보면 설득력이 떨어진다. **너희 생명이신 그리스도께서 나타나실 그때에는 너희도 그와 함께 영광중에 나타나리라**(3:4). 그리스도께서 장차 나타나실 것이기 때문에—신자들도 그와 함께—결국 3:3의 감추임도 그리스도를 **묘사한다**고 봐야 한다. 지금 하나님 안에 감추어져 계신 분은 장차 나타나실 것이다. 결론적으로 그리스도와 신자의 연합의 본질은 하나님 안에 감추어진 그리스도의 지위와 신분을 공유하는 것이다. 그가 지금은 하나님 안에 감추어져 있지만 장차 나타나실 것처럼 신자들도 지금은 그와 함께 하나님 안에 감추어져 있지만 곧 그와 함께 나타날 것이다.[24]

συνέχομαι δὲ ἐκ τῶν δύο, τὴν ἐπιθυμίαν ἔχων εἰς τὸ ἀναλῦσαι καὶ

---

24 Bruce, *Colossians, Philemon, Ephesians*, 135.

σὺν Χριστῷ εἶναι, πολλῷ [γὰρ] μᾶλλον κρεῖσσον.
내가 그 둘 사이에 끼었으니, 차라리 세상을 떠나서 **그리스도와 함께** 있는 것이 훨씬 더 좋은 일이라. 그렇게 하고 싶으나(빌 1:23).

이 예문은 **현재적** 참여 혹은 연합에 관한 내용이 아니라는 점에서 첫 세 예문과 다소 차이점이 있다. 오히려 이 예문은 바울의 현재 경험과는 거리가 멀고 장차 그리스도와 함께 누릴 **미래**를 내다본다. 이러한 미래적 측면은 그리스도에 참여함을 나타내는 σὺν Χριστῷ의 다른 용법들과 상반되기보다는 오히려 바울이 사후에(혹은 그리스도의 재림 시에) 그리스도와 (유사-?)물리적으로 근접해 있음을 가리키는 것으로 이해하는 것이 좋다.[25] 앞의 세 예문은 그리스도와 영적으로 하나가 되거나 최소한 개념적으로 하나가 되는 것을 가리키며 그리스도와 물리적으로 가까이 있다는 의미를 담고 있지 않다. 결과적으로 이 예문은 그리스도와 함께 있는 것을 나타내며 그리스도 사건이나 그리스도의 신분에 동참하는 것을 의미하지 않는다.

σὺν Χριστῷ의 네 가지 용례는 동반 혹은 유대 관계를 나타내는데 그중 세 번은 참여를(롬 6:8; 골 2:20; 빌 1:23), 한 번은 연합을 나타낸다(골 3:3).

---

25 Martin이 제안하듯이 바울이 사용한 단어들은 "그가 사후에 대해 이전에 알고 있던 수준보다 훨씬 더 깊고 심오한 의미"를 표현한다고 볼 수도 있지만, 바울은 여기서 그 심오함의 깊이를 논하는 것으로 보이지 않는다. 그는 **내가 떠나서 그리스도와 더 가까이 있고 싶다**는 식으로 말하기보다는 **내가 떠나서 그리스도와 함께 있고 싶다**고 말한다. 그러므로 여기서 **그리스도와 함께**는 이 어구가 일반적으로 의미하는 것보다 더 깊은 **수준**을 가리키기보다는 이 어구의 다른 용법들과 다른 무언가를 가리킨다고 보아야 할 것이다. 비록 이 어구가 일반적으로 영적인 의미로 그리스도 사건에 참여하는 것을 가리키지만, 여기서는 그리스도 자신에의 유사-물리적 근접성을 가리킨다. 참조. Martin, *Philippians*, 81.

5.4 "주와 함께"

우리가 다음으로 살펴볼 어구는 **그리스도**라는 칭호 대신 **주**라는 칭호나 이에 상응하는 대명사를 사용하는 어구다. 주와 함께 사용된 어구는 오직 하나지만, 대명사를 사용하는 어구는 여럿 있다.

> ἔπειτα ἡμεῖς οἱ ζῶντες οἱ περιλειπόμενοι ἅμα σὺν αὐτοῖς ἁρπαγησόμεθα ἐν νεφέλαις εἰς ἀπάντησιν τοῦ κυρίου εἰς ἀέρα · καὶ οὕτως πάντοτε **σὺν κυρίῳ** ἐσόμεθα.
> 그 후에 우리 살아남은 자들도 그들과 함께 구름 속으로 끌어 올려 공중에서 주를 영접하게 하시리니. 그리하여 우리가 항상 **주와 함께** 있으리라(살전 4:17).

이 용례는 골로새서 3:3의 σὺν Χριστῷ의 용법(§5.3 참조)과 유사하며 개념적 혹은 영적 참여의 의미보다는 유사-물리적으로 그리스도와 함께 있는 것을 묘사한다. 바울의 이러한 진술은 현재 그분과 하나됨을 나타내기보다는 그리스도와 함께 누릴 미래적 현실을 가리킨다.[26]

5.5 "그와 함께"

> ὅς γε τοῦ ἰδίου υἱοῦ οὐκ ἐφείσατο ἀλλὰ ὑπὲρ ἡμῶν πάντων παρέδωκεν αὐτόν, πῶς οὐχὶ καὶ **σὺν αὐτῷ** τὰ πάντα ἡμῖν χαρίσεται;
> 자기 아들을 아끼지 아니하시고
> 우리 모든 사람을 위하여 내주신 이가

---

26 Charles A. Wanamaker, *The Epistles to the Thessalonians* (NIGTC; Grand Rapids: Eerdmans, 1990), 175-76.

어찌 **그와 함께** 모든 것을 우리에게 주시지 아니하겠느냐?(롬 8:32)

이 σὺν αὐτῷ 예문은 누가 그리스도와 연관되어 있느냐에 따라 두 가지 해석으로 나뉜다. 우선 가장 자연스러운 해석은 "그와 함께"가 아마도 신자들을 그리스도와 연결시킨다는 것이다. 이 해석을 따르면 바울의 수사적 질문은 하나님께서 모든 것을 그리스도께—그리고 그와 함께 우리에게—주신다는 것을 의미한다. 또 다른 해석은 σὺν αὐτῷ가 신자들이 아니라 하나님 자신을 그리스도와 연결시킨다는 것이다. 이 해석을 따르면 바울은 하나님께서 **그리스도와 함께** 모든 것을 우리에게 주신다는 것을 말한다. 다시 말하면 하나님과 그리스도는 파트너로서 이러한 행동을 하신다. 따라서 첫 번째 해석은 그리스도를 **모든 것**을 받으시는 분으로 묘사하는 반면, 두 번째 해석은 그리스도를 **모든 것**을 주시는 분으로 묘사한다.

이 두 가지 해석은 문법적으로나 내용적으로 모두 가능하지만, 첫 번째 해석이 더 설득력 있어 보인다. 그 이유 중 하나는 하나님이 앞 두 절에서 유일한 동인이기 때문이다. **그는** 자기 아들을 아끼지 아니하시고 우리 모든 사람을 위하여 내어 주셨으며 그리스도는 이 두 절의 목적어다. 따라서 그리스도는 마지막 절에서 하나님의 동인의 지시 대상으로 간주되는 것이 자연스럽다.[27]

BDAG 범주 중에서 이 용례와 가장 잘 부합하는 σύν 용법은 아마도 **사람 혹은 사물에 부가되는 것에 초점을 맞춘 연결의 표지**일 것

---

27 세 번째 해석은 신자들에게 주어진 것에 그리스도를 포함시키는 것이다. Moo는 이 의미를 다음과 같이 의역한다. "하나님께서는 자신이 이미 우리를 위해 '건네주신' 하나님의 아들인 그리스도와 더불어 '모든 것'을 우리에게 분명히 주실 것이다." Moo, *Romans*, 541. 그러나 현 문맥은 그리스도가 자신을 내어주신 죽음에 대한 반응으로 촉발된 그리스도의 운명의 역전(참조. 빌2:6-11)을 암시하기 때문에 이러한 해석은 σὺν αὐτῷ를 이해하는 데 가장 부자연스러운 해석이다. 다시 말하면 바울은 여기서 그리스도의 죽음 이후 그리스도 자신에게 주어진 것에 관해 이야기한다. 신자들은 바로 이것에 동참하는 것이다.

이다.²⁸ 신자들은 하나님께서 주시는 선물을 받는 자로서 그리스도에게 덧붙여진 자들이다. 따라서 바울이 이 사실을 단순히 신자들이 그리스도에게 동참한 결과 중 하나로 이해했을 수도 있지만, 반드시 참여 자체가 그가 말하고자 한 바는 아닐 수도 있다.

> καὶ γὰρ ἐσταυρώθη ἐξ ἀσθενείας, ἀλλὰ ζῇ ἐκ δυνάμεως θεοῦ. καὶ γὰρ ἡμεῖς ἀσθενοῦμεν ἐν αὐτῷ, ἀλλὰ ζήσομεν **σὺν αὐτῷ** ἐκ δυνάμεως θεοῦ εἰς ὑμᾶς.
>
> 그리스도께서 약하심으로 십자가에 못 박히셨으나 하나님의 능력으로 살아 계시니, 우리도 그 안에서 약하나 너희에게 대하여 하나님의 능력으로 **그와 함께 살리라**(고후 13:4).

이 σὺν αὐτῷ 예문은 개념적 혹은 영적인 의미에서 그리스도에게 참여하는 것을 의미한다. 전반절은 그리스도가 하나님의 능력으로 살아 계신다고 진술한다. 그다음에 이어 나오는 **우리도 하나님의 능력으로 그와 함께 살리라**는 구문은 그리스도의 살아 계심에 참여하는 것을 의미한다. 여기서 σὺν은 하나님의 능력으로 신자들이 그리스도의 부활의 삶에 그와 함께 동참한다는 의미에서 참여와 유대 관계를 나타낸다. 여기서 한 가지 주목해야 할 점은 그리스도에게 참여한다는 표현이 그리스도의 죽음과 같이 과거의 어떤 사건에 참여하는 것을 나타내기보다는 일종의 미래적(그리고 어쩌면 현재적) 현실을 반영한다는 것이다.²⁹

---

28 BDAG, 962.
29 일부 학자는 여기서 염두에 두고 있는 것이 종말론적 미래가 아니라 단지 현재적 양상뿐이라고 주장한다. Kruse, *2 Corinthians*, 219, n. 1; Hughes, *2 Corinthians*, 479-80.

καὶ ὑμᾶς νεκροὺς ὄντας [ἐν] τοῖς παραπτώμασιν καὶ τῇ ἀκροβυστίᾳ τῆς σαρκὸς ὑμῶν, συνεζωοποίησεν ὑμᾶς **σὺν αὐτῷ**, χαρισάμενος ἡμῖν πάντα τὰ παραπτώματα.
또 범죄와 육체의 무할례로 죽었던 너희를 하나님이 **그와 함께** 살리시고 우리의 모든 죄를 사하시고(골 2:13).

이 σὺν αὐτῷ 용례는 그리스도와 함께 있는 삶과도 관련이 있지만, 여기서는 그리스도의 부활이라는 과거의 사건과 관련이 있다. 이러한 사실은 앞 절에 의해 확인된다. **너희가 세례로 그리스도와 함께 장사되고 또 죽은 자들 가운데서 그를 일으키신 하나님의 역사를 믿음으로 말미암아 그 안에서 함께 일으키심을 받았느니라**(2:12). 이 구절은 그리스도의 부활을 명시적으로 언급할 뿐만 아니라 신자들이 그 사건 안에서 그리스도와 함께 살아났음을 말해준다. 그리스도와 함께 살아남으로써 그리스도의 부활에 동참한다는 개념은 그리스도와 함께 그 사건에 참여하는 것을 묘사한다.[30]

ὅταν ὁ Χριστὸς φανερωθῇ, ἡ ζωὴ ὑμῶν, τότε καὶ ὑμεῖς **σὺν αὐτῷ** φανερωθήσεσθε ἐν δόξῃ.
너희 생명이신 그리스도께서 나타나실 그 때에, 너희도 **그와 함께** 영광중에 나타나리라(골 3:4).

이 σὺν αὐτῷ는 앞에서 논의한 로마서 8:32의 경우와 마찬가지로 **연결의 표지**를 나타내거나[31] 혹은 다른 대부분의 경우와 마찬가지

---

30 "골로새 교인들은 죽었다가 다시 살아나신 그리스도와 함께 생명을 얻게 되었다. 따라서 그들이 가진 새 생명은 그가 죽은 자들 가운데 다시 살아나실 때 받은 그 새 생명을 공유하는 것이다." O'Brien, *Colossians, Philemon*, 123.
31 Harris는 "Σὺν αὐτῷ는 그가 나타나실 때 '그와 함께'(참조. 롬 8:17) 혹은 '그의 행렬에'

로 동반 혹은 유대 관계를 나타낼 수 있다. 만약 연결의 표지라면 σὺν αὐτῷ는 참여의 결과를 나타낼 수도 있지만, 그렇다고 해서 그리스도에의 참여를 반드시 의미할 필요는 없다. 이 어구는 연결의 표지로서 단지 신자들도 그리스도가 장차 나타나실 때 그와 함께 나타날 것임을 강조한다고도 볼 수 있다.

그러나 현 문맥은 그리스도에게 참여하는 것을 염두에 두고 있음을 시사한다. 첫째, 이 구절의 전반절은 **너희 생명이신 그리스도께서 나타나실 때**라는 표현으로 참여에 관한 서곡을 연주한다. 그리스도가 너희의 생명이라는 말은 참여를 의미한다. 왜냐하면 신자들은 그리스도에게 참여함으로써 다시 살아났기 때문이다. 더 나아가 앞에서 살펴본 바와 같이 앞 구절은 그리스도와의 연합을 나타낸다. **이는 너희가 죽었고 너희 생명이 그리스도와 함께 하나님 안에 감추어졌음이라** (3:3). 그리스도의 나타나심에 관한 언급이 그리스도가 신자들의 생명이라는 진술과 연결되어 있기 때문에 우리가 그와 함께 장차 나타나는 것은 그리스도에게 참여하는 것을 표현한다고 보아야 한다.[32]

εἰ γὰρ πιστεύομεν ὅτι Ἰησοῦς ἀπέθανεν καὶ ἀνέστη, οὕτως καὶ ὁ θεὸς τοὺς κοιμηθέντας διὰ τοῦ Ἰησοῦ ἄξει **σὺν αὐτῷ**.
우리가 예수께서 죽으셨다가 다시 살아나심을 믿을진대, 이와 같이 예수를 통해 자는 자들도 하나님이 **그와 함께** 데리고 오시리라(살전 4:14).

이 σὺν αὐτῷ는 하나님께서 그리스도를 데리고 오실 때 신자들도

를 의미하는데 이는 그가 신자들의 부활의 변화된 모습(고전 15:20, 23, 49)에 관한 모형으로서 '영광의 몸으로' 하늘에 살아 계시기 때문(빌 3:20-21)"이라고 주장한다. Harris, *Colossians and Philemon*, 141.

32 "이미 그들에게 깊숙이 임한 그의 구원의 영광의 내면적 계시는 그리스도와 그의 백성의 연합의 위대한 성취이자 장차 올 온전한 계시의 전조다." Bruce, *Colossians, Philemon, Ephesians*, 136.

그와 함께 그 사건에 동참할 것이라는 의미에서 연관성을 표현한다.[33] 이것은 반드시 그리스도에게로의 참여를 의미하지는 않는다. 왜냐하면 하나님의 동인의 대상에 포함되는 것과 그리스도의 죽음에 참여하는 것이 똑같다고 볼 수는 없기 때문이다.

그럼에도 골로새서 3:4과 마찬가지로 여기서 σὺν αὐτῷ가 동반과 유대 관계를 나타낸다는 점에서 그리스도에게로의 참여를 나타낼 가능성이 높다. 비록 신자들과 그리스도가 하나님의 동인의 대상인 것은 맞지만, 이것은 그리스도와 신자들이 하나님 아버지의 행위의 대상으로 묘사되는 다른 참여 예문들과 다르지 않다. 그리스도와 함께 살리심을 받았다는 내용(엡 2:5)이 그 예 중의 하나다. 더 나아가 신자들을 가리켜 **그리스도를 통해**(διὰ τοῦ Ἰησοῦ) **자**는 자들로 묘사하는 현 문맥은 그리스도와의 연합을 염두에 두고 있는 것이 분명하다. 결론적으로 이 구절은 그리스도의 재림 이전에 죽은 신자들이 그분과의 연합으로 인해 그 결정적인 사건에 참여하게 될 것을 시사한다.

> τοῦ ἀποθανόντος ὑπὲρ ἡμῶν, ἵνα εἴτε γρηγορῶμεν εἴτε καθεύδωμεν ἅμα **σὺν αὐτῷ** ζήσωμεν.
> 예수께서 우리를 위하여 죽으사, 우리로 하여금 깨어 있든지 자든지 **자기와 함께** 살게 하려 하셨느니라(살전 5:10).

이 σὺν αὐτῷ 예문은 이 전치사가 지니고 있는 의미가 부사 ἅμα("함께")에 의해 보강된다는 점에서 흥미롭다. 이 부사에 관한 BDAG 항목 중에서 기능상 여기에 가장 어울리는 하위 범주는 **유대 관**

---

33 Morris는 바울이 여기서 예수가 백성들을 그와 함께 영광 속으로 데려갈 것을 말하기보다는 예수의 재림을 언급할 개연성이 매우 높다고 주장한다. "그는 그들이 그 위대한 날에 일어날 사건들에 참여하는 것을 염두에 둔다." Morris, *Thessalonians* (NICNT), 140.

계의 표지인 것으로 보인다. 아무튼 BDAG는 ἅμα가 여격 지배 전치사로 사용될 수 있다는 점 및 이 용례가 σύν과 더불어 중복된 의미를 표현한다는 점을 들어 이 용례를 여기에 포함시킨다.[34]

그러나 여기서 ἅμα가 σύν의 기능을 이해하는 데에도 **도움을 준다**는 점에서 단지 중복적인 표현으로만 보는 것은 옳지 않다. 이 부사가 생략되면 σύν은 동반과 유대 관계 혹은 연결 중 하나를 나타내는 것으로 해석될 수 있다. 이 부사는 그 자체로 유대의 표지 기능을 할 수 있기 때문에 σύν도 그런 의미로 해석할 수 있는 개연성을 높여준다. 다시 말하면 ἅμα는 우리가 σύν을 어떻게 읽어야 하는지를 알려주는 기능을 한다. 결론적으로 σὺν αὐτῷ는 그리스도에게로의 참여와 유대 관계를 나타내며 따라서 그리스도에게 참여하는 의미를 전달한다.[35] 신자는 우리를 위해 죽으신 그분과 함께 살게 될 것이다.

따라서 이 하위 범주에 속한 여섯 번의 σὺν αὐτῷ 용례 중 5회는 동반 혹은 유대 관계를 통해 그리스도에게로의 참여를 표현하며(고후 13:4; 골 2:13; 3:4; 딤전 4:14; 5:10), 1회는 연관성을 표현한다(롬 8:32).

5.6 Σύν 합성어

앞에서 살펴본 바와 같이 σὺν (τῷ) Χριστῷ, σὺν κυρίῳ, σὺν αὐτῷ는 바울 서신에서 모두 열한 번 등장한다. 그 외에도 이 어구들과 유사한 개념들을 전달하는 다른 표현들도 많이 있다. 이들은 주로 σύν 합성어 형태로 등장한다. 우리는 이러한 합성어들을 다른 여러 비합성어

---

34 BDAG, 49.
35 Morris는 이 어구가 그리스도와 신자들의 연합을 나타낸다고 본다. Morris, *Thessalonians* (NICNT), 162.

구와 서로 비교해볼 필요가 있다.

συνετάφημεν οὖν αὐτῷ διὰ τοῦ βαπτίσματος εἰς τὸν θάνατον, ἵνα ὥσπερ ἠγέρθη Χριστὸς ἐκ νεκρῶν διὰ τῆς δόξης τοῦ πατρός, οὕτως καὶ ἡμεῖς ἐν καινότητι ζωῆς περιπατήσωμεν.

그러므로 우리가 그의 죽으심과 합하여 세례를 받음으로 **그와 함께 장사되었나 니**. 이는 아버지의 영광으로 말미암아 그리스도를 죽은 자 가운데서 살리심과 같이, 우리로 또한 새 생명 가운데서 행하게 하려 함이라(롬 6:4).

그리스도와 함께 장사된다는 것은 그와 함께 그의 죽음에 참여하는 것을 의미한다.[36] 이 접두사의 기능은 동반과 유대 관계를 표현하며 결과적으로 신자들이 개념적으로나 영적으로 이 그리스도 사건에 참여하는 것을 나타낸다.[37] 이 개념은 참여와 합일이라는 주제가 확연하게 드러나는 현 문맥에 의해서도 확인된다. 로마서 6:3은 그리스도 예수와 그의 죽음으로 세례를 받는 것을 언급한다.[38] 신자들은 6:5에서 그의 죽으심과 같은 모양으로 그와 함께 연합한 자가 되고 6:6에서는 그와 함께 십자가에 못 박혔으며 6:8에서는 그와 함께 죽었다가 다시 산다(아래를 보라).

εἰ γὰρ **σύμφυτοι** γεγόναμεν τῷ ὁμοιώματι τοῦ θανάτου αὐτοῦ, ἀλλὰ καὶ τῆς ἀναστάσεως ἐσόμεθα.

만일 우리가 그의 죽으심과 같은 모양으로 **연합한 자**가 되었으면, 또한 그의 부

---

36 Cranfield는 장사(burial)가 죽음의 사실을 가장 뚜렷하게 나타내는 방법이라고 여긴다. "어떤 사람의 친척과 지인들이 그의 몸을 무덤 속에 남겨두고 그냥 집으로 돌아갈 때 비로소 사람들은 그 사람이 더 이상 자신들과 함께 삶을 나누지 못한다는 불가피한 사실에 직면하게 된다." Cranfield, *Romans*, 1:304.
37 Moo, *Romans*, 363-67.
38 이 구절에 관해서는 4장(§4.5)을 참조하라.

활과 같은 모양으로 연합한 자도 되리라(롬 6:5).

합성어 σύμφυτος는 **어떤 경험에 연루되는 것**과 관련이 있으며 누군가 혹은 무언가와 동일시되는 것을 의미한다.[39] 따라서 **그와 연합한다**는 것은 그리스도에게로의 참여를 나타낼 가능성이 매우 높다. 우리는 이미 그리스도의 죽음에 참여하는 개념에 관해 여러 차례 살펴본 바 있지만, 여기서는 τῷ ὁμοιώματι τοῦ θανάτου αὐτοῦ, **그의 죽으심과 같은 모양으로**라는 어구에 의해 이 개념이 다소 복잡해진다. 그의 죽으심과 같은 **모양**으로 그리스도와 연합하는 것은 무엇을 의미하는가? BDAG에 따르면 이 ὁμοίωμα 용례는 **공통된 경험을 하는 상태**를 전달하는 기능으로 분류된다.[40] 그렇다면 **그의 죽으심과 같은 모양**이라는 문구는 그리스도의 죽음에 참여하는 것과 관련하여 무언가 특별한 것을 반드시 의미할 필요는 없다.[41] 사실 BDAG는 이 부분을 **만일 우리가 그의 죽으심과 같은 모양으로(=그의 죽음과 같이) 연합했다면**으로 의역한다.[42]

그러나 한 가지 문제가 아직 남아 있다. 지금까지는 참여 용어가 어떤 **상태**에 함께 참여하는 것보다는 어떤 **사건**들에 참여하는 데 사용되었다면, "우리는 연합했다"(σύμφυτοι γεγόναμεν)라는 구문은 어떤 사건보다는 상태를 나타낸다. 그럼에도 ὁμοίωμα는 어떤 공통된 경험을

---

39 BDAG, 960.
40 Ibid., 707.
41 Moo는 비록 바울의 ὁμοίωμα 용법이 어떤 특정한 관점에서 그리스도의 죽음을 묘사한 것으로 보면서도 이 같은 입장을 취한다. 그는 이 용법은 신자들이 그리스도의 죽음에 참여함으로써 그의 죽음에 순종하는 뉘앙스를 부각시킨다고 결론 내린다. Moo, *Romans*, 369-70. Moo와는 대조적으로 Dunn은 "그의 죽으심과 같은 모양"이라는 어구가 어떤 면에서 역사적 사건과는 구별되는 뉘앙스를 함축한다고 생각한다. 하지만 그는 이 어구가 "회심과 헌신의 관점에서 볼 때는 그리스도의 죽음에 상응하는 표현"일 수 있다는 유사한 결론에 도달한다. Dunn, *Romans 1-8*, 330-31.
42 BDAG, 707.

한 상태를 지칭하며 이것은 어떤 사건을 함께 경험하는 현실을 반영한다. 참여 용어는 이 구절이 공통된 경험—그리스도의 죽음—과 연관된 상태를 지칭한다는 점에서 적절하다. 따라서 이 구문은 신자들이 함께하는 참여에 강조점을 둔다. 그들은 그의 죽음을 함께 경험함으로써 그리스도와 연합한다.

> τοῦτο γινώσκοντες ὅτι ὁ παλαιὸς ἡμῶν ἄνθρωπος **συνεσταυρώθη**, ἵνα καταργηθῇ τὸ σῶμα τῆς ἁμαρτίας, τοῦ μηκέτι δουλεύειν ἡμᾶς τῇ ἁμαρτίᾳ.
>
> 우리가 알거니와 우리의 옛 사람이 예수와 **함께 십자가에 못 박힌 것은**, 죄의 몸이 죽어 다시는 우리가 죄에게 종노릇 하지 아니하려 함이니(롬 6:6).

그리스도와 함께 십자가에 못 박힌다는 표현은 바울 서신에서 단 두 번 언급된다(아래의 갈 2:19을 보라).[43] 그중 하나인 이 예문은 그리스도의 죽음에 참여하는 것을 이야기한다.[44] 십자가에 못 박힌다는 표현이 죽음의 용어가 주를 이루는 문맥에서 사용되었다는 점은 주목할 만하며 따라서 이 사실은 그리스도의 죽음의 역사적 특수성을 강조한다. 이 표현은 기원후 33년경 예루살렘 외곽에서 일어난 그의 실제적인 십자가 죽음에 초점을 맞춘다. 결과적으로 십자가에 함께 못 박힌다는 표현은—바울의 첫 독자들에게는 그들이 그리스도를 믿기 수십 년 전에 일어난 사건이지만—그리스도의 죽음에의 참여라는 독특성을 강조한다.

---

43 그러나 갈 5:24과 6:14에는 십자가에 함께 못 박힌다는 것에 관한 암묵적 언급이 두 번 나온다.
44 Moo, *Romans*, 372.

εἰ δὲ ἀπεθάνομεν σὺν Χριστῷ, πιστεύομεν ὅτι καὶ **συζήσομεν αὐτῷ**.

만일 우리가 그리스도와 함께 죽었으면, 또한 **그와 함께 살**줄을 믿노니(롬 6:8).

이 합성동사는 신자들이 그리스도의 생명에 참여할 것이라는 점에서 그리스도에게로의 참여를 의미한다.[45] **그와 함께 산다**는 표현이 (συζήσομεν αὐτῷ) 참여의 개념 없이 동반의 의미를 전달할 수도 있지만, 그럴 개연성은 낮다. 이 구절의 첫 번째 절은 그리스도와 함께 죽었다는 것을 표현하는데 이것은 그리스도에게 참여하는 것과 관련된 개념으로 이미 자주 등장한 바 있다. 따라서 두 번째 절도 마찬가지로 참여를 나타낼 가능성이 높다. 이러한 사실은 그리스도의 생명이 죽음으로부터 부활함으로 말미암았다는 6:9에 의해서도 확인된다. 신자들은 그리스도의 부활에 참여하기 때문에(6:5) 그 부활로 말미암은 그리스도의 생명에 또한 참여한다. 6:11이 이러한 결론을 지지한다. 즉 신자들은 그리스도 예수 안에서 하나님께 대하여 산 자들이다.[46]

우리의 두 번째 관심사는 첫 번째 절이 비합성어구 σὺν Χριστῷ를 사용하는 반면, 두 번째 절은 합성동사 "함께 살다"(συζάω)를 사용한다는 점과 관련이 있다. 이 두 절 간의 분명한 평행 구조는 σύν 합성어와 비합성어 사이에 큰 차이점이 없음을 보여준다.

εἰ δὲ τέκνα, καὶ κληρονόμοι · κληρονόμοι μὲν θεοῦ, **συγκληρονόμοι**

---

45 Jewett는 이 동사를 광의적인 의미에서 "인생 전반에 걸쳐 이루어지는 그리스도와의 연대"를 가리키는 것으로 본다. Robert Jewett, *Romans* (Hermeneia; Minneapolis: Fortress, 2007), 406. 그러나 **그와 함께 사는 것과 그리스도와 함께 죽는 것**의 대칭적 관계를 감안하면 여기서는 부활한 생명을 염두에 두고 있을 가능성이 더 높다.

46 따라서 Moo는 "우리가 그와 함께 산다"(συζήσομεν αὐτῷ, 6:8)는 구문은 그리스도의 부활에 현재 참여하는 것을 나타내는 것이지 그에 대한 미래적 기대를 나타내지 않는다고 정확하게 지적한다. Moo, *Romans*, 377. 이와 상반된 입장은 Dunn, *Romans 1-8*, 322를 참조하라.

δὲ **Χριστοῦ**, εἴπερ *συμπάσχομεν* ἵνα καὶ *συνδοξασθῶμεν*.

자녀이면 또한 상속자 곧 하나님의 상속자요 **그리스도와 함께 한 상속자**니, 우리가 **그와 함께 영광을 받기** 위하여 **고난도 함께 받아야** 할 것이니라(롬 8:17).

이 구절은 그리스도에게로의 참여를 특별히 풍성하게 나타낸다. 신자들은 그리스도와 함께 상속을 받고, 그리스도와 함께 고난을 받으며, 그리스도와 함께 영광을 받을 자로 묘사된다. 그러나 마지막 두 σύν 합성어가 어떤 행위에 참여하는 것을 가리킨다는 점에서 참여를 나타내는 표현으로 보아야 하지만, "공동상속자들"(συγκληρονόμοι)도 그렇게 보아야 하는지는 불분명하다. 신자들은 하나님의 상속자들(κληρονόμοι μὲν θεοῦ)인데 이것은 어떤 신분의 상태를 나타내는 것으로 이해해야 할 것이다.⁴⁷ 그런데 이것이 그리스도와 함께하는 행위보다는 그와 함께 공유하는 상태이므로 συγκληρονόμοι는 그리스도와의 연합을 나타내는 것으로 보는 것이 더 타당하다.

전후 문맥에서 한 합성어는 연합을 나타내고 다음 두 합성어는 참여를 나타낼 수도 있는지 반론이 제기될 수도 있겠지만, 이러한 우려는 불필요하다. 물론 이 두 개념은 서로 긴밀하게 연관되어 있다. 비록 한 어휘는 그리스도와의 연합이라는 정적 개념을 나타내고 다른 어휘는 그리스도가 경험한 사건들에 참여하는 역동적 개념이라고 볼 수도 있지만, 사실 이 둘은 궁극적으로 동일한 영적 실체를 지칭하는 것으로 이해할 수 있다. 두 어휘의 상호 연관성은 이 책에서 나중에 다루어질 것이다.

---

47 Moo는 "하나님의"(θεοῦ)를 근원의 소유격 혹은 주격 소유격으로 보고 신자들은 오직 그리스도를 통해 그리고 그분 안에서 공유되는 약속된 하나님의 유산을 상속받게 된다는 의미로 해석한다. Moo, *Romans*, 505.

ὅτι οὓς προέγνω, καὶ προώρισεν **συμμόρφους** τῆς εἰκόνος τοῦ υἱοῦ αὐτοῦ, εἰς τὸ εἶναι αὐτὸν πρωτότοκον ἐν πολλοῖς ἀδελφοῖς.
하나님이 미리 아신 자들을 또한 그 아들의 형상을 **본받게** 하기 위하여 미리 정하셨으니, 이는 그로 많은 형제 중에서 맏아들이 되게 하려 하심이니라(롬 8:29).

이 σύν 합성어(συμμόρφους)는 우리 논의의 포괄성을 보장하는 차원에서 여기에 포함되지만, 신자들이 그리스도의 **형상**을 본받도록 예정된 자로 묘사된다는 점에서 우리의 연구 범주를 벗어난다고 할 수 있다. 여기서 "형상"(εἰκόνος)이 무엇을 의미하든지 간에[48] 이것은 그리스도 자신을 직접적으로 지칭하는 것으로 보이지 않는다. 크랜필드는 이 구절이 고난과 순종의 삶 가운데 점차적으로 그리스도를 본받아가는 모습을 염두에 두고 있다고 보는데[49] 이는 이 구절을 일종의 윤리적 교훈으로 이해하는 것이다. 결과적으로 그리스도의 형상을 본받는다는 것은 그리스도와의 연합과 거의 동일한 현실을 가리킨다고 보기 어렵다. 이것은 오히려 신자들이 그리스도의 삶의 패턴과 그 내러티브를 본받는 것을 가리킨다.[50]

ἐγὼ γὰρ διὰ νόμου νόμῳ ἀπέθανον, ἵνα θεῷ ζήσω. **Χριστῷ συνεσταύρωμαι.**
내가 율법으로 말미암아 율법에 대하여 죽었나니, 이는 하나님에 대하여 살려 함이라. **내가 그리스도와 함께 십자가에 못 박혔나니**(갈 2:19).

---

48 Cranfield는 사람이 하나님의 형상으로 창조되었다는 사상(창 1:27)과 그리스도가 하나님의 참 형상이라는 사상(고후 4:4; 골 1:15)이 현 문맥의 배후에 자리한다고 본다. Cranfield, *Romans*, 1:432.
49 Ibid., 1:432.
50 그리스도를 본받음 혹은 십자가를 본받음(cruciformity)에 관한 추가 논의는 11장을 보라.

앞에서 살펴본 로마서 6:6과 마찬가지로 그리스도와 함께 십자가에 못 박히는 것은 그리스도의 죽음에 참여한다는 인상적인 이미지를 상기시킨다. 복음서에서 "못 박히다"(συσταυρόω)라는 동사가 문자적으로 예수와 함께 다른 사람이 동시에 십자가에 못 박힌 것을 묘사하는 데 사용되었다는 사실은 이 참여 용어의 극적인 측면을 부각시켜준다 (마 27:44; 막 15:32; 요 19:32).[51]

καὶ ὄντας ἡμᾶς νεκροὺς τοῖς παραπτώμασιν **συνεζωοποίησεν τῷ Χριστῷ**—χάριτί ἐστε σεσῳσμένοι—καὶ **συνήγειρεν** καὶ **συνεκάθισεν** ἐν τοῖς ἐπουρανίοις ἐν Χριστῷ Ἰησοῦ.

허물로 죽은 우리를 **그리스도와 함께 살리셨고**(너희는 은혜로 구원을 받은 것이라). 또 **함께 일으키사** 그리스도 예수 안에서 그와 **함께 하늘에 앉히시니**(엡 2:5-6).

이 두 구절에 등장하는 세 개의 σύν 합성어는 함께 살리심을 받고, 함께 승천하여, 하늘에 함께 앉혀진 그리스도에게 참여하는 것을 나타낸다는 점에서 동반과 유대 관계를 표현한다.[52] 바르트는 σύν 접두사가 공동 부활에 참여하는 유대인들과 이방인들에 관한 언급이라고 주장하지만,[53] 링컨은 이 해석의 부적절함을 지적한다.[54] 신자들은 그리스도의 이러한 핵심 사건들에 참여하기 때문에 그의 부활 및 승천과 관련하여 그리스도께 해당되는 내용은 그를 믿는 자들에게도 동일하게 적용된다. 이 구절은 "그리스도와의 관계를 염두에 두고 있는데 이는 신자들이 맞이할 장래 운명에 영향을 준다. 왜냐하면 그리스도의 운명에 참

---

51 Martyn, *Galatians*, 278.
52 Mitton은 이 구절들을 그리스도에게로의 참여와 유대 관계, 그리고 하나됨을 반영하는 것으로 본다. Mitton, *Ephesians*, 88-89.
53 참조. M. Barth, *Ephesians 1-3*, 220.
54 "이것은 5, 6절에서 말하고자 하는 바가 아니며 1:20과의 평행 구조는 신자와 그리스도의 관계가 저자의 초점이 아님을 보여준다." Lincoln, *Ephesians*, 101.

여하는 것을 수반하기 때문이다."⁵⁵

> τοῦ γνῶναι αὐτὸν καὶ τὴν δύναμιν τῆς ἀναστάσεως αὐτοῦ καὶ [τὴν] κοινωνίαν [τῶν] παθημάτων αὐτοῦ, **συμμορφιζόμενος** τῷ θανάτῳ αὐτοῦ.
>
> 내가 그리스도와 그 부활의 권능과 그 고난에 참여함을 알고자 하여 그의 죽으심을 **본받아**(빌 3:10).

이 구절은 부분적으로 그리스도에게로의 참여를 염두에 둔다는 점에서 흥미로운 구절인데 이 개념은 참여가 **함의하는 바**와 맞물려 있다. 앞의 두 구절은 **그리스도를 얻음**(3:8)과 **그 안에서 발견됨**(3:9)과 **그의 고난과 교제함**(3:10)을 언급하는데 이것은 그리스도와의 연합 혹은 참여를 의미한다고 볼 수 있다. 그러나 우리는 10절에서 그를 알며 그의 부활의 능력을 알고 그의 죽음을 본받는다는 개념들을 발견한다. 이 개념들은 그리스도와 그의 부활을 바울의 지식의 대상으로 지칭하기 때문에 정확하게 그리스도에게로의 참여로 보기 어렵다. 그리스도를 아는 것은 그 안에서 발견되는 것과 같은 것이 아니다. 왜냐하면 전자의 개념은 그리스도를 목적어로 취하지만, 후자의 개념은 그와 함께 하는 것을 의미하기 때문이다. 이와 같은 이유에서 그의 부활의 능력을 아는 것 또한 그의 부활에 참여하는 것과 다르다. 전자는 부활을 앎의 대상으로 보는 반면, 후자는 부활의 일부가 되는 것을 의미한다. 이와 마찬가지로 그리스도의 죽음을 본받는 것은 그리스도의 죽음에 참여하는 것과 다르다. 전자는 그의 죽음을 누군가가 본받아야 할 삶의 패턴으로 보는 반면, 후자는 그 죽음의 일부가 되는 것을 의미한다.

우리가 한 가지 더 주목해야 할 것은 BDAG가 이 σύν-합성어를

---

55 Ibid.

같은 **모습을 취함**으로 정의한다는 점이다.[56] 모습(form)에 관한 언급은 이 동사가 어떤 행위와 관련된다는 것을 시사한다. 따라서 바울은 신자로서의 자신의 행위를 염두에 둔다. 그는 자신의 삶과 사역에서 그리스도의 죽음을 본받아야 하는 것이다. 이러한 사실은 바울이 자기 자신을 아직 온전히 성숙하지 못하며(3:12) 앞에 있는 것을 잡으려는 자(3:13)로 묘사하는 다음 두 구절에 의해 확인된다.

비록 우리는 바울이 자기 자신을 그리스도 사건에 참여함으로써 그리스도의 죽음에 이미 참여한 자로 여긴다는 사실을 알고 있지만, 이 σύν 합성어는 여기서 구체적으로 그 개념을 전달하지 않는다. 물론 이 두 개념이 서로 연관된 것은 사실이지만, 바울은 오히려 자신의 삶과 사역을 그리스도의 삶의 패턴에 맞추는 것을 염두에 두고 있다.[57] 비록 이러한 참여가 그의 삶과 사역을 그리스도의 죽음을 본받는 것으로 이어지기는 하지만 이런 삶의 방식을 그리스도에게 참여하는 것으로 보기 어렵다.[58] "이제 바울은—그리고 함축적인 의미에서는 빌립보 교인들도—신자들이 그리스도를 대신해 고난받는 삶을 하나님께서 그들로 하여금 그리스도를 '본받도록' 인도하시는 하나님의 손길로 본다."[59]

ὃς μετασχηματίσει τὸ σῶμα τῆς ταπεινώσεως ἡμῶν **σύμμορφον** τῷ σώματι τῆς δόξης αὐτοῦ κατὰ τὴν ἐνέργειαν τοῦ δύνασθαι αὐτὸν καὶ ὑποτάξαι αὐτῷ τὰ πάντα.

그는 만물을 자기에게 복종하게 하실 수 있는 자의 역사로 우리의 낮은 몸을 자기 영광의 몸의 **형체와 같이** 변하게 하시리라(빌 3:21).

---

56 BDAG, 958.
57 Fee는 이 표현이 바울의 죽음과 순교를 염두에 두고 있다는 해석을 올바르게 거부한다. "바울은 죽음에 관해 말하기보다는 그리스도의 죽음과 부합하는 그런 종류의 고난에 관해 말한다." Fee, *Philippians*, 334, n. 66.
58 십자가를 본받음, 즉 그리스도의 죽음을 본받는 것에 관한 추가 논의는 11장을 참조하라.
59 Fee, *Philippians*, 333-34.

비록 이 σύν 합성 형용사(σύμμορφον)가 어떤 미래적 현실을 지칭하지만, 그리스도의 **모양**(likeness) 혹은 **형상**(form)을 본받는 것을 언급한다는 점에서 앞의 예문과—사실 그 동사와 어원이 같음—유사하다. 앞의 예문과 마찬가지로 이 σύν 합성어는 그리스도에게 참여하는 것 자체를 나타내는 것으로 보긴 어렵다. 이 단어는 신자들의 몸이 그리스도의 몸과 **같이** 될 것임을 의미하지만, 그의 몸에 참여하는 것과는 다른 것이다.

앞의 예문이 바울의 삶과 사역이 그리스도의 죽음을 본받는 것이라는 점에 관해 논했다면 여기서는 신자들의 몸이 예수의 부활하신 몸의 모양 혹은 형태로 변할 것을 논한다. 고면의 십자가를 본받음(cruciformity)이라는 개념에 입각해서 보자면, 그리스도의 죽음을 본받는 것은 그의 부활에 참여하는 것으로 이어진다. 승귀와 영광을 맛보기 이전에 자기 비하와 고난이 있었던 그리스도의 내러티브는 신자들의 경험에서도 동일하게 나타난다.[60]

συνταφέντες αὐτῷ ἐν τῷ βαπτισμῷ, ἐν ᾧ καὶ **συνηγέρθητε** διὰ τῆς πίστεως τῆς ἐνεργείας τοῦ θεοῦ τοῦ ἐγείραντος αὐτὸν ἐκ νεκρῶν.
너희가 세례로 **그리스도와 함께 장사되고** 또 죽은 자들 가운데서 그를 일으키신 하나님의 역사를 믿음으로 말미암아 **그 안에서 함께 일으키심을 받았느니라** (골 2:12).

이 두 σύν 합성어(συνταφέντες αὐτῷ와 συνηγέρθητε)는 동반과 유대

---

60 그의 말을 직접 인용하자면, "십자가에 못 박혀 죽으시고 승귀하신 그리스도의 내러티브는 교회 공동체의 고유한 삶의 내러티브가 이루어지고 형성되어가는 규범적인 삶의 내러티브다." Gorman, *Cruciformity*, 44[강조는 원저자의 것임]. 그는 죽음과 부활은 그리스도 자신이 경험한 것이었기 때문에, 신자들도 이와 동일한 내러티브를 본받아야 한다고 논증한다.

관계를 의미하며 그리스도와 함께 그의 매장과 부활의 사건에 참여하는 것을 나타낸다. 영적인 의미에서 신자들은 이러한 그리스도 사건에 참여한다. "그리스도의 장사됨(고전 15:4)이 그의 죽음에 종지부를 찍은 것처럼 골로새 교인들이 세례를 통해 그와 함께 장사되었다는 것은 그들이 진정으로 그의 죽음에 참여했고 또한 그의 무덤에 매장되었다는 것을 보여준다."[61]

εἰ οὖν **συνηγέρθητε τῷ Χριστῷ**, τὰ ἄνω ζητεῖτε, οὗ ὁ Χριστός ἐστιν ἐν δεξιᾷ τοῦ θεοῦ καθήμενος.
그러므로 너희가 **그리스도와 함께 다시 살리심을 받았으면**, 위의 것을 찾으라. 거기는 그리스도께서 하나님 우편에 앉아 계시느니라(골 3:1).

이 σύν 합성어(συνηγέρθητε)는 앞의 예문의 것과 동일하며, 신자들이 그리스도의 부활에 참여하는 것을 지칭한다. 그러나 우리는 이 예문을 통해 바울이 신자들에게 권면하면서 그리스도에게 참여하는 개념을 어떻게 사용하는지 보게 된다. 그리스도와 함께 다시 살리심을 받았기 때문에 신자들은 이러한 현실을 염두에 두고 그리스도께서 계시는 곳인 위로부터 오는 것을 추구해야 한다. 라이트가 지적했듯이 "그들은 이미 새로운 시대에 들어갔고 거기에 속할 자격을 얻었기 때문에 하나님의 백성의 신분을 얻기 위해 분투할 필요가 없다. 그들은 이미 그것을 소유하고 있다. 그들은 이제 단순히 그러한 삶이 그들의 삶에서 실현되도록 허용하면 되는 것이다."[62]

이 하위 범주에 속한 17회의 σύν 합성어 용례 중 14회는 동반 혹

---

61 "이것은 마치 그들도 예수가 죽었던 것처럼 죽었다거나 혹은 예수가 무덤에 장사되었던 **것처럼** 그들도 장사되었다는 것이 아니다.…그들은 오히려 그와 함께 십자가상에서 죽었으며 그와 함께 그의 무덤에 장사되었다." O'Brien, *Colossians, Philemon*, 118.
62 Wright, *Colossians and Philemon*, 131.

은 유대 관계를 나타내는데, 그중 13회는 참여를 나타내고(롬 6:4, 5, 6, 8; 8:17 [x2]; 갈 2:19; 엡 2:5, 6 [x2]; 골 2:12 [x2]; 3:1), 1회는 연합을 나타낸다(롬 8:17). 한편 나머지 3회의 용례는 그리스도와의 연합과 직접적으로 관련이 없다(롬 8:29; 빌 3:10, 21).

5.7 요약

σύν 합성어는 거의 대부분 그리스도에게로의 참여를 나타낸다. 그런 의미에서 이 합성어들은 거의 대부분 참여를 나타내는 σὺν Χριστῷ 및 그 변형 어구 등 비합성어 용법과 유사하다. 비록 이 단어들이 다른 기능도 수행하긴 하지만, σύν 합성어와 비합성어 표현들은 모두 참여라는 근본적인 의미를 공유한다. 신자들은 **그리스도와 함께** 그의 죽음, 매장, 부활, 승천, 영화, 하늘 보좌에 앉으심에 동참한다. 이러한 현실들은 신자에게 매우 의미 있는 상황을 나타내기 때문에 이 현실을 관통하는 이 참여의 개념은 사도 바울의 신학적 틀 안에서 매우 핵심적인 요소가 아닐 수 없다.

그리스도를 통해

6.1 서론

ἐν Χριστῷ 어구 용법 중 일부는 그리스도의 도구성을 다양한 방식으로 나타낸다. 신자들에게 일어나는 많은 일들이 **그리스도 안에서** 이루어지는데 때로는 이런 일들이 **그리스도를 통해** 이루어지는 것으로 표현되기도 한다(3장을 보라). 그런 의미에서 그리스도와의 연합이라는 큰 주제 하에 그리스도의 도구성을 나타내는 다른 표현들도 여기서 논의되는 것은 극히 자연스러운 일이다. 그리스어에서 전치사 διά가 기본적으로 도구를 나타낸다는 점에서 이번 장에서는 διὰ Χριστοῦ 및 그 변형 어구들을 살펴볼 필요가 있다.

6.2 ~를 통해(Διά)

로버트슨에 의하면 διά의 어원은 δύο("둘")에서 시작해 "둘에 의하여(by-twain), 둘 사이에서(be-tween), 둘로(in two, in twain)"의 개념으로 발전했다.[1] 따라서 "**사이**(be-tween) 개념은 신약성서에서 합성어뿐 아니라 비합성어로도 자주 등장한다."[2] 더 나아가 "~ 사이에"란 개념은 두 사물 사이를 통과한다는 개념으로 발전했다.[3] 그런 의미에서 로버트슨에 의하면 "'통해'는 διά의 본래적 의미는 아니지만 그럼에도 아주 보편화된 의미다."[4]

BDAG가 분류한 διά의 주 용법은 다음과 같다.[5]

소유격과 함께 사용될 경우
① 지역 혹은 물체를 통과하는 것을 묘사하는 표지, ~을 통해, ~을 거쳐
② 시간의 표지
③ 무언가가 성취되거나 유발되는 도구 혹은 상황의 표지, ~에 의하여, ~을 거쳐, ~을 통해
④ 인격적 매개의 표지, ~을 통해, ~에 의하여

목적격과 함께 사용될 경우
① 어떤 지역을 통과하는 것을 묘사하는 표지, ~을 통해
② 무언가의 원인을 나타내는 표지

1　Robertson, *Grammar*, 580. 참조. Harrison, *Greek Prepositions*, 187; Dutton, *Prepositional Phrases*, 14.
2　Robertson, *Grammar*, 580.
3　Ibid., 581.
4　Ibid. BDAG는 이 전치사가 표현하는 근본적인 개념은 분리의 개념이라고 설명한다. BDAG, 223.
5　BDAG, 223-26. Dutton, *Prepositional Phrases*. Dutton은 일반적으로 인식되지 않는 고대 그리스어에서 이 전치사가 지닌 몇몇 다른 용법을 소개한다. 관용어구들 안에서(18-19); 격언적 어구들 안에서(20); 군대, 소송 절차, 수사학의 영역, 경기의 영역과 관련된 전문적인 용어들과 함께(20-21); 행동을 나타내는 동사와 함께(29-30); 배분적 용법으로(31); 배태된 표현으로(32); 유연하고 생생한 표현(32)등과 더불어 사용된다.

διὰ Χριστοῦ 어구와 관련하여 διά의 가장 적절한 용법은 도구성(③)과 인격적 매개(④)를 나타내는 두 소유격 용법이다. 비록 BDAG가 이 두 용법을 서로 구분하긴 하지만, 이 두 용법은 때때로 도구성(인격적이든 아니든 간에)이란 명목 하에 하나로 통일된다.[6] 사실 agency(동인/매개)라는 용어는 최소한 두 가지 의미로 사용될 수 있는데 종종 관련 서적에서는 확실히 규정된 정의 없이 등장한다. agency의 한 가지 의미는 **도구성**과 똑같은 의미로 이해하는 것이다. 따라서 이 의미는 어떤 행위가 어떤 사람 혹은 사물을 통해 이루어지는 것을 나타낼 때 사용된다. agency의 또 다른 의미는 누군가/무언가를 통해 이루어지는 도구적 개념보다는 오히려 어떤 행동의 주체가 되는 사람 혹은 동인으로 이해하는 것이다.

따라서 우리는 우리 논의의 명료성을 확보하는 차원에서 이 책에서 채택한 용어를 정의할 필요가 있다. **도구성**이란 용어는—그것이 인격적 도구이든 혹은 비인격적 도구이든 간에—누군가 혹은 무언가를 통해 어떤 행위가 성취되는 것을 나타낼 때 사용된다. 한편 **동인**이란 용어는 어떤 행위의 행위자를 **나타낼 경우에 국한될 것이므로** 도구성과 중복되지 않는다. 마지막으로 한 가지 유의할 점은 사용된 전치사 자체가 도구성 혹은 동인을 나타내는 것이 아니라 적절한 문맥 안에서 이에 어울리는 명사들과의 조합에 의해 그 기능이 결정된다는 점이다.[7] 이제부터 우리는 바울 서신에 등장하는 διὰ Χριστοῦ와 διὰ ··· Χριστοῦ 용법을 자세히 살펴보고자 한다.

---

6 예컨대, 참조. Albrecht Oepke, "διά," *TDNT*, 2:66-67.
7 Harrison, *Greek Prepositions*, 190.

6.3 "그리스도를 통해" 사람들에게 성취되거나 그들에게 주어진 것

δικαιωθέντες οὖν ἐκ πίστεως εἰρήνην ἔχομεν πρὸς τὸν θεὸν **διὰ τοῦ κυρίου ἡμῶν Ἰησοῦ Χριστοῦ**.

그러므로 우리가 믿음으로 의롭다 하심을 받았으니, 우리 주 예수 **그리스도로 말미암아**[**그리스도를 통해**]* 하나님과 화평을 누리자(롬 5:1). [* "말미암아"의 사전적 의미는 "어떤 현상이나 사물 따위가 원인이나 이유가 되다"인데, 이 표현은 그리스어 "~통해"(διά)의 도구나 수단의 의미를 정확하게 전달해주지 못한다—편집자 주]

이 διὰ … Χριστοῦ 예문은 도구성 혹은 동인의 의미로 해석될 수 있다. 이 어구는 그리스도가 신자들로 하여금 하나님과 더불어 평화를 누리게 한 분이라는 의미에서 동인임을 나타낼 수 있다. 이러한 해석은 하나님의 동인이 이 구절에 분명하게 나타나 있지 않기 때문에 가능하다. 물론 이 해석은 설득력이 떨어진다.

또한 이 어구는 그리스도가 신자들로 하여금 하나님과 더불어 평화를 누리게 하는 인격적 도구임을 나타낼 수도 있다. 하나님은 이 도구의 동인이며 신자들에게 평화를 주신 분이시다. 그러나 이러한 해석은 바울의 사상과 부합하긴 하지만, 이 구절은 하나님을 동인으로 명시하지 않는다. 신자들이 하나님과 더불어 누리는 평화에 하나님의 동인이 내포되어 있다고 전제할 수는 있지만, 그 사실이 명시적으로 언급되진 않는다.

그러나 더 넓은 문맥을 보면 하나님의 동인이 **드러난다**. 로마서 4:17-25을 통해 우리는 하나님이 아브라함과 모든 믿는 자를 의롭다고 하시는 분임을 확인한다. 따라서 앞에서 전개한 내용을 요약하는 5:1을 읽어보면 **그러므로 우리가 믿음으로 의롭다 하심을 받았으니**는 하나님의 동인을 이미 전제한다. 그는 신자들을 믿음으로 의롭다고 선언하신 분이시다. 이러한 해석은 하나님의 동인을 단순히 전제하는 것이 아니라 그 동인이 앞 단락에서부터 이 구절에 이르기까지 이미 칭의와 관련하여 내재해 있었음을 인정한다. 뿐만 아니라 1절 상반절은 원인을 나타내는 종속 분사절로서 **우리 주 예수 그리스도를 통해 하나님과 더불어 우리가 화평을 누린다**라는 독립절로 이어진다. 신자들은 이미 의롭다 함을 받았기 때문에 하나님과 더불어 평화를 누린다.

결과적으로 상반절에 내재된 동인은 하반절의 의미에도 영향을 줄 수밖에 없다. 하나님은 신자들이 얻은 의의 동인이며 이 의는 하나님과 평화를 누리게 한다. 하나님은 우리가 그분과 누리는 평화의 동인이다. 따라서 **우리 주 예수 그리스도를 통해**라는 어구는 동인보다는 **도구**를 표현한다. 그리스도는 하나님께서 우리에게 평화를 주시는 인격적 도구다.[8]

εἰ γὰρ τῷ τοῦ ἑνὸς παραπτώματι ὁ θάνατος ἐβασίλευσεν διὰ τοῦ ἑνός, πολλῷ μᾶλλον οἱ τὴν περισσείαν τῆς χάριτος καὶ τῆς δωρεᾶς τῆς δικαιοσύνης λαμβάνοντες ἐν ζωῇ βασιλεύσουσιν **διὰ** τοῦ ἑνὸς Ἰησοῦ **Χριστοῦ**.

한 사람의 범죄로 말미암아 사망이 그 한 사람을 통하여 왕 노릇 하였은즉, 더욱 은혜와 의의 선물을 넘치게 받는 자들은 한 분 예수 **그리스도로 말미암아** [**그리스도를 통해**] 생명 안에서 왕 노릇 하리로다(롬 5:17).

앞의 예문과 마찬가지로, 이 διὰ ⋯ Χριστοῦ 어구도 동인이나 도구를 나타낼 수 있다. 만약 그리스도의 도구 되심을 나타낸다면 인접

---

8 Moo는 이것을 "그리스도 안에서 행하시는 하나님의 칭의 행위"라고 부른다. Moo, *Romans*, 299.

문맥에서 가장 가능성이 높은 동인은 바로 신자들이다. 그들은 그리스도를 통해 생명 안에서 왕 노릇할 것이므로 그들이 이러한 현실을 유발시킨 자들이라는 것이다. 그러나 이러한 해석은 바울의 견해와 정면으로 충돌한다. 하나님의 동인은 신자들이 왕 노릇하는 상황에는 적절할지 모르지만, 명시적으로 나타나 있지 않다. 하지만 **은혜와 의의 선물이 넘친다**는 구문에 하나님의 동인이 암시되어 있다고도 볼 수 있다. 왜냐하면 그 은혜가 5:15에서 **하나님의** 은혜로 묘사되기 때문이다.[9]

그럼에도 도구적 해석을 지지하는 가장 강력한 증거는 이 구절에 담겨 있는 그리스도와 아담의 평행 구조다. "한 사람을 통하여 왕 노릇하였은즉"(ἐβασίλευσεν διὰ τοῦ ἑνός)과 "한 분 예수 그리스도를 통해 왕 노릇 하리로다"(βασιλεύσουσιν διὰ τοῦ ἑνός Ἰησοῦ Χριστοῦ)는 모두 같은 동사(βασιλεύω) 및 같은 전치사구 διὰ τοῦ ἑνός를 사용하면서 구조상 평행을 이룬다. 아담과 관련해서는 "한 사람의 범죄로 인해 사망이 그 한 사람을 통해(διὰ τοῦ ἑνός) 왕 노릇 하였"다고 되어 있는데 이는 **그 한 사람**의 도구를 통해 촉발된 **사망**의 동인을 염두에 둔 것이 분명해 보인다. 만약 그 한 사람인 아담이 사망이라는 동인의 도구라면—본문이 분명히 보여주듯이—그리스도 역시 도구일 수밖에 없다는 결론에 도달하게 된다. 사망이 아담을 통해 왕 노릇했듯이 신자들도 그리스도를 통해 생명 안에서 왕 노릇하게 될 것이다.

그러나 이러한 해석이 지닌 어려움은 아담의 도구성과 그리스도의 도구성 간의 평행이 사망의 동인과 신자들의 동인 간의 평행을 전제한 것이라는 점이다. 결국 아담을 통해 왕 노릇하는 것은 사망이고 그리스도를 통해 왕 노릇하는 것은 신자들이라는 것이다. 그러나 만약 현

---

9   Cranfield도 이에 동의한다. "ἡ χάρις τοῦ θεοῦ καί('하나님의 은혜와') 다음에 나오는 이 은혜는 그리스도의 은혜라기보다 하나님의 은혜로 이해하는 편이 더 자연스럽다." Cranfield, *Romans*, 1:285-86.

문맥에서 신자들을 동인으로 보는 것이 적절하지 않다면-앞에서 이미 제안했듯이-사망과 신자들 간의 구조적 평행을 어떻게 설명할 것인가? 이 질문에 대한 답은 **은혜와 의의 선물을 넘치게 받는 자들**이라는 신자들에 관한 묘사에 달려 있다.

이 묘사는 부차적인 내용이 아니다. 이것은 신자들이 생명 안에서 왕 노릇할 것이라는 바울의 주장에 근거를 제시해준다. 신자들은 하나님의 은혜와 의의 선물을 받았다. 그들은 이로써 사망의 통치보다 우위를 차지한다. 신자들이 생명 안에서 왕 노릇하는 동인이 될 수 있는 것은 하나님의 동인이 선행되었기에 가능한 것이다. 말하자면 신자들로 하여금 그리스도를 통해 생명 안에서 왕 노릇하게 하시는 하나님의 동인에는 두 단계가 있다고도 볼 수 있다. 아니 어쩌면 하나님을 유일한 동인으로 간주하고-동인은 어떤 행위의 기원이나 촉발 혹은 원천과 관련이 있기 때문에-신자들을 은혜와 의의 선물을 통해 생명 안에서 왕 노릇할 수 있는 능력을 부여받은 자들로 간주하는 것이 더 나을 수도 있다.

> ἵνα ὥσπερ ἐβασίλευσεν ἡ ἁμαρτία ἐν τῷ θανάτῳ, οὕτως καὶ ἡ χάρις βασιλεύσῃ διὰ δικαιοσύνης εἰς ζωὴν αἰώνιον **διὰ Ἰησοῦ Χριστοῦ** τοῦ κυρίου ἡμῶν.
> 이는 죄가 사망 안에서 왕 노릇 한 것 같이, 은혜도 또한 의로 말미암아 왕 노릇하여 우리 주 예수 **그리스도로 말미암아** [그리스도를 통해] 영생에 이르게 하려 함이라(롬 5:21).

이 διὰ ⋯ Χριστοῦ 예문은 도구 혹은 동인을 의미한다. 만약 도구를 의미한다면 하나님이 동인으로서 그리스도를 통해 영생을 가져다주셨다는 의미가 된다. 이러한 의미는 하나님의 동인이 인접 문맥이나 넓은 문맥에 명시적으로 언급되지 않아도 성립 가능하며 심지어는 그럴 가능성이 더 높다. 지금까지 우리는 특별히 구원의 문제와 관련하여 하나님의 동인과 그리스도의 도구라는 역할에 대해 이미 파악한 바 있기에 이 경우가 여기에도 적용된다고 볼 수 있다.[10]

그럼에도 하나님의 동인이 명시적으로든 암시적으로든 표현되지 않은 상황에서는 바울의 의도를 넘겨짚지 않는 것이 가장 바람직하다. 이 구절에서는 διὰ … Χριστοῦ가 그리스도를 영생의 원천으로 규정하면서 도구보다는 동인을 나타냈을 것으로 보인다. 그리스도의 동인에 관해서는 이미 앞 장들에서 살펴본 바 있으며 우리가 지금까지 이해한 바로는 바울의 사상과 모순되지 않는다. 따라서 이 용례는 그리스도를 영생의 동인이자 원천으로 보는 것이 가장 타당해 보인다.

> ὥστε, ἀδελφοί μου, καὶ ὑμεῖς ἐθανατώθητε τῷ νόμῳ **διὰ** τοῦ σώματος τοῦ **Χριστοῦ**, εἰς τὸ γενέσθαι ὑμᾶς ἑτέρῳ, τῷ ἐκ νεκρῶν ἐγερθέντι, ἵνα καρποφορήσωμεν τῷ θεῷ.
>
> 그러므로 내 형제들아, 너희도 **그리스도의 몸으로 말미암아** [그리스도의 몸을 통해] 율법에 대하여 죽임을 당하였으니, 이는 다른 이 곧 죽은 자 가운데서 살아나신 이에게 가서 너희가 하나님을 위하여 열매를 맺게 하려 함이라(롬 7:4).

이 διὰ … Χριστοῦ 예문은 그리스도의 몸을 신자들이 죽임을 당하게 하는 도구로 규정한다. 우리는 단지 그리스도의 **몸**이 언급되었다고 해서 이 예문을 **그리스도를 통해**라는 범주에서 제외시킬 필요는 없다. 왜냐하면 이 어구가 그리스도를 통해 이루어진 무언가를 지칭하기 때문이다. 단 한 가지 차이점은 이 어구가 그의 **몸**을 언급함으로써 그 사실이 보다 더 구체적이며 실제적으로 묘사되었다는 것뿐이다.

그러나 이 예문이 도구나 동인을 나타내는 것인지에 관한 질문은

---

10   참조. Dunn, *Romans 1-8*, 288.

아직 남아 있다. 여기서도 하나님의 동인이 명시적으로 언급되어 있지 않아 이 어구가 그리스도(혹은 십자가에 달리신 그리스도의 몸)의 동인을 나타낼 가능성도 있다.

그러나 십자가에 달리신 그리스도의 몸이 도구성을 나타낸다는 해석이 더 타당해 보이며 하반절이 이 사실을 암시한다. **이는 다른 이 곧 죽은 자 가운데서 살아나신 이에게 가서 너희가 하나님을 위하여 열매를 맺게 하려 함이라.** "죽은 자 가운데서 살아나신 이"로 묘사된 그리스도는 하나님의 동인을 암시한다. 그리스도는 스스로 살아나신 것이 아니라 그의 아버지에 의해 다시 살아나신 것이다. 하나님의 동인이 그리스도의 부활과 관련하여 여기에 암시되어 있다면, 그리스도의 동인은 그의 죽음과 관련하여 암시되어 있다고 볼 수 있다. 그리고 만약 그리스도의 죽음이 여기에 해당된다면 그리스도를 통한 신자들의 죽음도 이에 해당된다. 따라서 우리는 십자가에 달리신 그리스도의 몸이라는 도구를 통해 죽음에 이르게 하시는 하나님이 신자들의 죽음의 동인이라고 결론 내린다.

십자가에 달리신 그리스도의 몸이 도구로 규명된 상황에서 우리는 이제 그것을 통해 신자들이 어떻게 죽음에 이르게 되는지를 고찰해볼 필요가 있다. 이에 관한 명시적 언급이 전혀 없어도 우리는 드러나지 않은 바울의 논리적 사고를 파악할 수 있다. 신자들이 그리스도의 몸을 통해 죽임을 당하려면 그 몸과 어떤 유대 관계가 필요하다. 그런데 여기서 그 연결고리가 바로 그리스도에게 참여하는 것이라고 제안한다면 다소 사변적일 수 있지만, 참여의 개념이 신자들과 그리스도의 몸 사이에 일종의 유대 관계를 창출해낸다는 점에서 잘 조화를 이룬다.[11] 신자들이 이러한 유대 관계 속에서 십자가에 달리신 그리스도의 몸을 통해 죽임을 당하게 하시는 하나님의 행위는 신자들이 그의 죽

---

11 Ibid., 362. 이와는 대조적으로 Cranfield는 "바울은 그들이 이제 그리스도와(그의 몸 안에

음에 참여함으로써 성취된다.

τῷ δὲ θεῷ χάρις τῷ διδόντι ἡμῖν τὸ νῖκος **διὰ** τοῦ κυρίου ἡμῶν Ἰησοῦ **Χριστοῦ**.
우리 주 예수 **그리스도로 말미암아**[**그리스도를 통해**] 우리에게 승리를 주시는 하나님께 감사하노니(고전 15:57).

이 διὰ … Χριστοῦ 예문은 그리스도의 도구성을 직설적으로 표현한다. 하나님의 동인은 **우리에게 승리를 주시는 하나님께 감사하노니**를 통해 명시적으로 나타난다. 이 승리를 주시는 그리스도의 도구성은 **우리 주 예수 그리스도를 통해**라는 구문이 분명하게 보여준다.[12]

ὅτι καθὼς περισσεύει τὰ παθήματα τοῦ Χριστοῦ εἰς ἡμᾶς, οὕτως **διὰ** τοῦ **Χριστοῦ** περισσεύει καὶ ἡ παράκλησις ἡμῶν.
그리스도의 고난이 우리에게 넘친 것 같이, 우리가 받는 위로도 **그리스도로 말미암아**[**그리스도를 통해**] 넘치는도다(고후 1:5).

여기서 διὰ τοῦ Χριστοῦ는 신자들에게 하나님의 위로를 전달하는 그리스도의 도구성을 나타낸다. 이 사실은 하나님의 동인이 1:4에 분명하게 언급되어 있다는 점을 통해 확인된다. **우리의 모든 환난 중에서 우리를 위로하사 우리로 하여금 하나님께 받는 위로로써 모든 환난 중에 있는 자들을 능히 위로하게 하시는 이시로다**. 신자들은 하나님으로

서) 하나가 되었기 때문에 그의 죽음에 참여한다고 말하기보다는 그리스도가 그들이 자신과 하나가 되게 하려고 죽으셨다(그리고 이것은 그들은 하나님의 관점에서도 역시 죽었다는 것을 의미함)고 말한다"고 주장한다. Cranfield, *Romans*, 1:336.

12 Ciampa and Rosner, *1 Corinthians*, 837.

부터 위로를 받는데 이 위로는 그리스도의 인격을 통해 넘쳐흐른다.[13]

> τὰ δὲ πάντα ἐκ τοῦ θεοῦ τοῦ καταλλάξαντος ἡμᾶς ἑαυτῷ **διὰ Χριστοῦ** καὶ δόντος ἡμῖν τὴν διακονίαν τῆς καταλλαγῆς
>
> 모든 것이 하나님께로 났으며 그가 **그리스도로 말미암아**[그리스도를 통해] 우리를 자기와 화목하게 하시고 또 우리에게 화목하게 하는 직분을 주셨으니(고후 5:18).

여기서도 διὰ Χριστοῦ는 하나님의 동인을 구현하는 그리스도의 도구성을 표현한다. 하나님은 신자들을 자신과 화해시켰으며 이것은 그리스도의 인격과 사역을 통해 이루어졌다.

> Παῦλος ἀπόστολος οὐκ ἀπ᾽ ἀνθρώπων οὐδὲ δι᾽ ἀνθρώπου ἀλλὰ **διὰ Ἰησοῦ Χριστοῦ** καὶ θεοῦ πατρὸς τοῦ ἐγείραντος αὐτὸν ἐκ νεκρῶν.
>
> 사람들에게서 난 것도 아니요, 사람으로 말미암은 것도 아니요, 오직 예수 **그리스도**와 그를 죽은 자 가운데서 살리신 하나님 아버지**로 말미암아**[아버지를 **통해**] 사도 된 바울은(갈 1:1).

문자적으로 바울은 자신의 사도직을 **예수 그리스도를 통해** 위임받았다고 서술한다. 우리는 여기서 그리스도가 아버지와 더불어 이 사도의 임명권을 행사하셨음을 본다. 그러나 이 διὰ … Χριστοῦ 용례가 도구성 혹은 동인을 나타내는지는 아직 불투명하다. 도구적 해석은 **예수 그리스도를 통해**(διὰ Ἰησοῦ Χριστοῦ)라는 어구가 그리고 하나님 아버

---

13 "3-4절에서 바울은 고난 중에 받은 위로로 인해 하나님을 찬양했고 여기서는 그리스도의 고난에 참여함으로써 누리는 영광이 항상 하나님의 위로에 참여하는 기쁨을 동반한다는 바울의 설명으로 이어진다." Kruse, *2 Corinthians*, 61.

지(καὶ θεοῦ πατρὸς)와 연결되어 있어서 현 문맥에서는 그리스도의 역할과 아버지의 역할 사이에 뚜렷한 차이점이 없다는 어려움에 직면한다. 도구적 해석이 설득력이 있으려면 하나님의 동인이 분명히 나타나야 하는데 그리스도와 하나님이 서로 밀접하게 연결되어 있어서 그러한 차이를 발견하기가 어렵다.

그러나 하나님을 수식하는 구문—그를 죽은 자 가운데서 살리신—이 하나님의 동인을 나타낸다고도 볼 수 있다. 하나님께서 그리스도를 살리신 분이시기 때문에 바울을 사도로 임명한 그리스도의 사역의 배후에는 하나님이 계시다는 것이다. 그러나 이 해석은 개연성이 낮아 보인다. 첫째, 그리스도를 살리신 하나님의 사역과 그리스도께서 바울을 임명한 것 간에 직접적인 인과 관계가 있는 것으로 보이지 않는다. 일반적으로 동인과 도구의 관계는 직접적인 관계를 형성한다. 둘째, 이러한 하나님에 대한 묘사는 이 구절에서 그리스도와 하나님이 모두 전치사 διά의 목적어라는 사실과 썩 잘 어울리지 않는다. 이 전치사는 도구성과 동인 중 어느 하나를 나타낼 가능성은 있지만, 이 두 가지 의미—첫 번째 목적어로는 그리스도를 통한 도구성을, 두 번째 목적어로는 하나님을 통한 동인을—를 동시에 나타낼 가능성은 희박해 보인다.

그럼에도 이 διά … Χριστοῦ가 이중 동인을 나타낼 수 있다는 점에서 그리스도와 하나님을 모두 동인으로 볼 가능성도 있다. 이 두 주체가 모두 바울에게 사도직 임명권을 행사한 당사자인 셈이다.[14] 이러한 해석은 구문론적으로도 가장 잘 어울리며 심지어 더 넓은 문맥에서도 미묘한 역할을 수행한다. 바울이 곧이어 그리스도가 다메섹 도상에서 자신

---

14   이것은 Martyn의 지적과도 일치한다. "갈 1:1의 두 '디아' 용례는 '~에 의해'(by)라는 단어로 번역하는 것이 가장 좋다. 바울은 이 구절 전체에서 자기를 보내는 일에 누가 중재했는지에 대한 오해보다는 누가 그를 보냈는지에 대한 오해를 해소하는 데 관심을 둔다." Martyn, *Galatians*, 83.

에게 나타나신 사건에 대해 서술하듯이(1:15-16) 이 구절 역시 그리스도 혼자 바울에게 사도직을 위임하지 않았음을 보여준다. 바울을 사도로 부르는 사건에는 그리스도와 그의 아버지가 함께 연루되어 있다. 그리스도가 바울에게 나타나신 계시 사건은 **부활하신** 주님을 만나는 경험을 포함하기 때문에 바울이 하나님을 묘사할 때마다 왜 그리스도를 죽은 자들 가운데서 살리신 분으로 묘사하는지를 어느 정도 설명해준다.

οὐδὲ γὰρ ἐγὼ παρὰ ἀνθρώπου παρέλαβον αὐτὸ οὔτε ἐδιδάχθην ἀλλὰ **δι᾽** ἀποκαλύψεως Ἰησοῦ **Χριστοῦ**.
이는 내가 사람에게서 받은 것도 아니요 배운 것도 아니요 오직 예수 **그리스도**의 계시**로 말미암은** [**그리스도**의 계시**를 통한**] 것이라(갈 1:12).

"예수 그리스도의 계시를 통해"(δι᾽ ἀποκαλύψεως Ἰησοῦ Χριστοῦ)라는 구문은 다음과 같이 세 가지로 번역될 수 있다. 이 계시는 예수 그리스도**로부터** 온 계시이거나(원천의 소유격), 예수 그리스도**에 관한** 계시이거나(보충적 소유격), 예수 그리스도**를** 계시함(내용의 소유격)일 수 있다. 비록 이 표현을 예수 그리스도**로부터** 온 계시라는 의미에서 근원을 나타낸다고 보는 것이 일반적인 해석이지만, 오히려 **내용**을 나타낼 개연성이 더 높아 보인다. 바울은 복음을 예수 그리스도**를** 계시함을 통해 받았다. 이런 해석이 지지를 받는 가장 중요한 이유는 바울이 1:15-16에서 하나님이 **내 안에 그의 아들을 계시하시기를**(ἀποκαλύψαι τὸν υἱὸν αὐτοῦ ἐν ἐμοί) 기뻐하셨다고 말하기 때문이다. **그의 아들**은 **계시하다** 동사의 직접목적어다. 따라서 바울은 그리스도**에 관한** 메시지가 자신에게 계시되었다고 말하는 것이 아니라 그리스도 자신이 자기에게 나타나셨다라고 말한다.[15]

---

15 참조. Martyn, *Galatians*, 144. "만약 16절이 12절의 내용을 설명하는 것이라면(그럴 가능

사실 1:16 하반절의 **내가 그의 아들을 이방인들 가운데 전하기 위하여**가 이 같은 사실을 확인해준다. 바울은 여기서도 **내가 그에 관해 전하기 위하여**라고 말하지 않고, **내가 그를 전하기 위하여**라고 말한다. 따라서 예수 그리스도 자신이 바울에게 나타나신 하나님의 계시이기 때문에 여기 1:12에서도 소유격 Ἰησοῦ Χριστοῦ는 그 계시의 내용을 나타내는 것으로 보아야 한다. 바울은 그리스도가 자신에게 나타나심으로써 복음을 받은 것이다.

그렇다면 이 δι᾿ … Χριστοῦ 예문은 그리스도의 도구성이나 동인을 지칭하는 것이 아니라 **그리스도의 계시**의 도구 혹은 동인을 지칭하는 것이다. 바울은 여기서 그리스도의 인격이 행한 행위에 대해 말하지 않기 때문에 이 개념을 인격적으로 보긴 어렵다. 아마도 이 사실은 이 어구가 동인을 나타낼 가능성을 배제한다. 아무튼 BDAG는 이 용법을 **인격적** 동인으로 지칭한다.[16] 하지만 이 어구는 여기서 그리스도의 계시의 도구성을 나타낼 가능성이 더 높다. 비록 이 계시에 담긴 하나님의 동인이 이 구절에 명시적으로 나타나 있지는 않지만, 그 동인은 곧이어 1:15-16에서 발견된다. **그러나…[하나님께서] 그의 아들을…내 속에 나타내시길 기뻐하실 때에**. 이 두 구절에서 하나님은 분명히 그리스도가 바울에게 보여준 계시의 창시자이자 당사자로 간주되기 때문에 하나님의 동인은 1:12에서도 발견된다고 볼 수 있다. 결과적으로 바울은 인간을 통해 복음을 받은 것이 아니다. 하나님께서는 그리스도의 계시라는 도구를 통해 그에게 계시하신 것이다.[17]

προορίσας ἡμᾶς εἰς υἱοθεσίαν **διὰ** Ἰησοῦ **Χριστοῦ** εἰς αὐτόν, κατὰ

성이 높음) 바울은 이 두 구절에서 모두 자신에게 그리스도를 전격적으로 계시하신 하나님의 행위에 대해 언급한다."

16　BDAG, 225.
17　Martyn, *Galatians*, 144.

τὴν εὐδοκίαν τοῦ θελήματος αὐτοῦ.
그 기쁘신 뜻대로 우리를 예정하사 예수 **그리스도로 말미암아**[**그리스도를 통해**] 자기의 아들들이 되게 하셨으니(엡 1:5).

이 διὰ … Χριστοῦ 예문은 신자들을 양자 삼으시는 문맥에 나타난 그리스도의 도구성을 나타낸다. 하나님은 신자들의 입양을 예정하신 분으로서 분명히 그 입양의 동인이며 그는 이 일을 자신의 호의와 뜻에 따라 행하셨다.

πεπληρωμένοι καρπὸν δικαιοσύνης τὸν **διὰ** Ἰησοῦ **Χριστοῦ** εἰς δόξαν καὶ ἔπαινον θεοῦ.
예수 **그리스도로 말미암아**[**그리스도를 통해**] 의의 열매가 가득하여 하나님의 영광과 찬송이 되기를 원하노라(빌 1:11).

이 διὰ … Χριστοῦ 예문은 도구적으로 해석될 수도 있지만, 인접 문맥이나 주변 문맥에 하나님의 동인이 나타나 있지 않기 때문에 그리스도의 동인을 나타내는 것으로 보는 것이 더 타당해 보인다. 비록 **하나님의 영광과 찬송**이라는 구문이 하나님의 동인을 암시한다고 볼 수 있을지 모르지만, 이 경우는 그렇지 않다. 여기서 εἰς의 기능은 목적을 나타낸다.[18] 바울이 신자들의 삶이 의의 열매로 가득 차도록 기도한 것은 하나님께 영광과 찬양을 돌리기 위함이지만, 여기서는 하나님이 그 행위의 동인이 될 필요는 없다. 따라서 이 διὰ … Χριστοῦ는 동인을 의미한다고 보는 것이 가장 바람직하다. 예수 그리스도는 하나님께 영광과 찬양을 돌리기 위해 신자들의 삶을 의의 열매로 가득 채우시는 분이시다.

---

18 Fee, *Philippians*, 105.

ὅτι οὐκ ἔθετο ἡμᾶς ὁ θεὸς εἰς ὀργὴν ἀλλὰ εἰς περιποίησιν σωτηρίας **διὰ** τοῦ κυρίου ἡμῶν Ἰησοῦ **Χριστοῦ**

하나님이 우리를 세우심은 노하심에 이르게 하심이 아니요, 오직 우리 주 예수 **그리스도로 말미암아**[그리스도를 통해] 구원을 받게 하심이라(살전 5:9).

이 διὰ ⋯ Χριστοῦ 용례는 신자들의 구원과 관련된 그리스도의 도구성을 나타낸다. 여기서 하나님의 동인은 명시적으로 나타난다. **하나님이 우리를 세우심은 노하심에 이르게 하심이 아니요, 오직⋯구원을 받게 하심**이며 그리스도는 하나님께서 신자들에게 주시는 구원을 얻도록 하시는 도구이자 통로다.

οὗ ἐξέχεεν ἐφ ἡμᾶς πλουσίως **διὰ** Ἰησοῦ **Χριστοῦ** τοῦ σωτῆρος ἡμῶν.

우리 구주 예수 **그리스도로 말미암아**[그리스도를 통해] 우리에게 그 성령을 풍성히 부어 주사(딛 3:6).

이 διὰ ⋯ Χριστοῦ 용례도 그리스도의 도구성을 나타낸다. 하나님의 동인은 하나님이 **부어주셨다**는 동사의 주어라는 사실에 의해 표현된다. 그는 우리 구주 예수 그리스도라는 도구를 통해 신자들에게 자신의 영을 부어주셨다.

이 하위 범주에 속한 13회의 διὰ ⋯ Χριστοῦ 용례 중 10회는 도구를(롬 5:1, 17; 7:4; 고전 15:57; 고후 1:5; 5:18; 갈 1:12; 엡 1:5; 살전 5:9; 딛 3:6), 3회는 동인을(롬 5:21; 갈 1:1; 빌 1:11) 각각 나타낸다.

6.4 "그리스도를 통한" 신자들의 행동

πρῶτον μὲν εὐχαριστῶ τῷ θεῷ μου **διὰ** Ἰησοῦ **Χριστοῦ** περὶ πάντων ὑμῶν ὅτι ἡ πίστις ὑμῶν καταγγέλλεται ἐν ὅλῳ τῷ κόσμῳ.

먼저 내가 예수 **그리스도로 말미암아** [그리스도를 통해] 너희 모든 사람에 관하여 내 하나님께 감사함은 너희 믿음이 온 세상에 전파됨이로다(롬 1:8).

이 διὰ ··· Χριστοῦ는 하나님 혹은 그리스도의 동인과 무관하다. 우리는 여기서 오히려 바울의 동인을 나타내는 어구를 발견한다. 그는 하나님께 감사를 드리는 당사자이며 어쨌든 그의 감사 행위는 그리스도를 통해 실현된다. 우리가 여기서 채택한 정의에 따르면 이러한 διὰ ··· Χριστοῦ 용법은 기능상 도구적이라고 할 수 있다. 그러나 BDAG는 이 용례를 매개를 나타내는 한 예로 분류한다.[19] 비록 이 용법이 동인보다는 도구의 의미를 전달하는 것으로 보는 것이 더 적절해 보이지만, 현 문맥에서는 매개의 의미와 더 잘 어울린다. 바울은 여기서 그리스도가 어떤 행위를 하는 분으로—즉 하나님의 동인에 관하여 지금까지 우리에게 익숙한 의미로—이해하지 않는다. 오히려 바울은 그리스도라는 매개를 통해 하나님께 감사를 표현한다.[20] 그리스도는 매개자로서 바울의 감사 행위의 수단이다. 결과적으로 이 어구는 도구적으로 이해하는 것이 가장 적절하다.

οὐ μόνον δέ, ἀλλὰ καὶ καυχώμενοι ἐν τῷ θεῷ **διὰ** τοῦ κυρίου ἡμῶν Ἰησοῦ **Χριστοῦ** δι᾽ οὗ νῦν τὴν καταλλαγὴν ἐλάβομεν.

그뿐 아니라 이제 우리로 화목하게 하신 우리 주 예수 **그리스도로 말미암아** [그

---

19 BDAG, 225.
20 Dunn, *Romans 1-8*, 28.

리스도를 통해] 하나님 안에서 또한 즐거워하느니라(롬 5:11).

앞의 예문과 마찬가지로 이 διὰ … Χριστοῦ 용례도 신자들의 행위와 관련하여 매개를 통한 그리스도의 도구성을 표현한다.²¹ 신자들은 그리스도가 매개하는 하나님과의 관계를 통해 그분 안에서 기뻐한다 (혹은 자랑한다).

χάρις δὲ τῷ θεῷ **διὰ** Ἰησοῦ **Χριστοῦ** τοῦ κυρίου ἡμῶν. Ἄρα οὖν αὐτὸς ἐγὼ τῷ μὲν νοΐ δουλεύω νόμῳ θεοῦ τῇ δὲ σαρκὶ νόμῳ ἁμαρτίας
우리 주 예수 **그리스도로 말미암아**[**그리스도를 통해**] 하나님께 감사하리로다. 그런즉 내 자신이 마음으로는 하나님의 법을 육신으로는 죄의 법을 섬기노라(롬 7:25).

이 구절의 앞 부분은 문자적으로 읽으면 **우리 주 예수 그리스도를 통해 하나님께 감사**[**하리로다**]가 된다. 따라서 이 문장은 어떤 신자의 행동을 보고하는 것이 아니다. 오히려 이 문장은 바울이 예수 그리스도를 통해 하나님께 감사를 드린다는 의미에서 바울이 행한 행동**이다.²²** 따라서 비록 이것이 **그리스도를 통한** 감사 행위를 **보고하기보다는 실행에 옮기는 것이라** 할지라도 이 감사에 대한 언급은 이 하위 범주에 포함될 수 있다. 그러므로 이 διὰ … Χριστοῦ 어구는 그리스도의 매개적 도구성을 나타낸다. 다시 말하면 감사를 드리는 바울의 동인은 바로

---

21 Ibid., 261.
22 이 구절의 첫 문장은 바울이 롬 7:13-25에서 자기 자신을 가리켜 말하는지 혹은 어떤 중생하지 않은 사람을 대신해 말하는지에 대한 문제와는 별도로 바울 자신의 고백으로 간주해야 한다. "중생하지 않은 자의 견해를 채택하더라도 이 시점에서 그리스도인 바울은 자기자신의 감사를 포함시켰다고 가정해야 한다." Moo, *Romans*, 467.

그분을 통해 가능해진다.

> παρακαλῶ δὲ ὑμᾶς, ἀδελφοί, **διὰ** τοῦ κυρίου ἡμῶν Ἰησοῦ **Χριστοῦ** καὶ διὰ τῆς ἀγάπης τοῦ πνεύματος συναγωνίσασθαί μοι ἐν ταῖς προσευχαῖς ὑπὲρ ἐμοῦ πρὸς τὸν θεόν.
> 형제들아, 내가 우리 주 예수 **그리스도**와 성령의 사랑으**로 말미암아**[**그리스도와 성령의 사랑을 통해**] 너희를 권하노니, 너희 기도에 나와 힘을 같이하여 나를 위하여 하나님께 빌어(롬 15:30).

여기서 제기되는 첫 번째 질문은 **주 예수 그리스도를 통해**와 **성령의 사랑을 통해**라는 두 절이 바울 자신의 행동을 수식하는지 혹은 바울이 로마 교인들이 취하기를 원하는 행동을 수식하는지와 관련이 있다. 즉 바울은 여기서 형제들에게 자기가 그리스도를 통해 개인적으로 호소한다고 말하는 것일 수도 있고 혹은 그들이 그리스도를 통해 열정적인 기도에 참여하기를 원한다고 말하는 것일 수도 있다. 문법적으로는 후자의 해석도 가능하지만, 전자의 해석이 더 개연성이 높다. 첫째, 이런 어구들은 뒤에 오는 내용보다는 앞에 있는 내용을 수식하는 것이 보다 더 일반적이다. 둘째, 바울의 호소와 로마 교인들이 기도에 참여하는 것은 모두 그리스도를 통해 이루어지는 것으로 이해될 수 있지만, 그들이 열정적인 기도에 참여하는 것을 성령의 사랑을 통해 이루어지는 것으로 보기에는 적지 않은 어려움이 따른다. 그러나 바울을 수식하는 "성령의 사랑"은 바울의 권면이 사랑에서 비롯되었음을 나타낸다. 따라서 이 두 절은 로마 교인들이 취해야 할 행동보다는 바울의 행동을 수식하는 것으로 보는 것이 적절하다.

따라서 διὰ ⋯ Χριστοῦ가 바울의 행동과 연관되어 사용되긴 하지만, 이 경우에는 바울의 행동이 독자들을 향한 것이므로 이 어구가 바울과 하나님 간의 매개를 가리키지 않는다. 사실 매개의 의미는 여기서 전혀 고려되지 않았던 것으로 보인다. 그렇다면 우리는 여기서 그리스도의 도구성을 어떻게 이해해야 할까? 지금까지 논의된 도구성은 매개의 의미가 배제되어 있어서 현 문맥에 어울리지 않으며 그리스도가 바울의 행동에 어떤 의미로든 영향을 행사한다고 보는 것도 적절치 않아 보인다. 이러한 바울의 행동이 성령의 사랑에 의해 실현된다는 의미는 더더욱 아닐 것이다.

오히려 여기서 말하는 도구성은 BDAG가 **화법동사**(Saying Verbs) **와 함께 사용되어 말하는 방식을 나타내는 용법으로 분류하는 항목에 해당한다.**[23] 이러한 διά의 기능은 어떤 행위가 일어나는 방식을 묘사한다. 사도행전 15:32는 이러한 용법을 잘 보여준다. **유다와 실라는… 긴 메시지로 형제를 격려하고 그들을 굳건하게 했다.** 이 예문에서 διὰ λόγου πολλοῦ는 "긴 메시지로"(with a long message)로 번역할 수 있는데 이는 유다와 실라가 형제들을 격려하는 방식을 나타낸다. 이와 마찬가지로, διὰ … Χριστοῦ도 바울이 독자들에게 호소하는 방식을 표현하는 것으로 보인다. 그는 그들에게 "그리스도로"(with Christ) 호소한다. 이것은 바울이 "자신의 애원하는 마음을 충분히 전달하기 위해 그리스도의 권위에 호소한다"는 것을 의미한다.[24]

μόνῳ σοφῷ θεῷ, **διὰ Ἰησοῦ Χριστοῦ**, ᾧ ἡ δόξα εἰς τοὺς αἰῶνας, ἀμήν.

지혜로우신 하나님께 예수 **그리스도로 말미암아** [**그리스도를 통해**] 영광이 세세 무궁하도록 있을지어다. 아멘(롬 16:27).

이 용례는 **그리스도를 통한** 신자의 행동을 **실행**한다는 의미에서

---

23   BDAG, 224.
24   Cranfield, *Romans*, 2:776.

앞서 이미 살펴본 로마서 7:25와 유사하다. 여기서 우리는 그리스도의 매개적 도구를 통해 하나님께 찬양을 올려드리는 바울을 본다.[25]

> αὐτὸς δὲ ἐγὼ Παῦλος παρακαλῶ ὑμᾶς **διὰ** τῆς πραΰτητος καὶ ἐπιεικείας τοῦ **Χριστοῦ**, ὃς κατὰ πρόσωπον μὲν ταπεινὸς ἐν ὑμῖν, ἀπὼν δὲ θαρρῶ εἰς ὑμᾶς.
> 너희를 대면하면 유순하고 떠나 있으면 너희에 대하여 담대한 나 바울은 이제 **그리스도**의 온유와 관용**으로** 친히 너희를 권하고(고후 10:1).

여기서 "그리스도의 온유와 관용으로"로 번역된 구문은 직역하면 "그리스도를…통해"다. 고린도 교인들을 향한 바울의 호소는 **그리스도를 통해** 이루어진다. 그런데 여기서는 그리스도의 도구성을 보다 더 구체적으로 나타내는 그리스도의 온유와 관용이 덧붙여진다. 이러한 그리스도의 성품이 언급되었다는 사실은 이 도구가 **방식**의 도구일 개연성을 높여준다. 특히 διά가 "화법동사"와 함께 사용될 때 나타나는 이러한 기능은 어떤 행동을 취하는 방식을 묘사한다.[26] 로마서 15:30에서와 마찬가지로 διά … Χριστοῦ는 바울이 독자들에게 호소하는 방식을 표현한다.[27] 그는 **그리스도의 온유와 관용으로** 그들에게 호소하는데, 이는 그의 행위가 그리스도의 성품에 기반을 두고 있다는 사실을 말해준다.

이 하위 범주에 속한 6회의 διά … Χριστοῦ 용례 중 4회는 일반적 유형의 도구성을 표현하며(롬 1:8; 5:11; 7:25; 16:27), 2회는 방식을 나타

---

25 관계대명사 ᾧ는 "홀로 지혜로우신 하나님"을 선행사로 받을 가능성이 가장 높다. Moo, *Romans*, 941, n. 34.
26 BDAG, 224.
27 이와는 대조적으로 Kruse는 **그리스도의 온유와 관용**이 바울의 호소 자체보다도 그의 호소에 대한 고린도 교인들의 반응을 수식한다고 본다. "그는 그들이 자신의 호소를 받아들이고 이에 합당한 행동으로 반응하기를 원한다." Kruse, *2 Corinthians*, 172.

내는 도구성을 표현한다(롬 15:30; 고후 10:1).

6.5 "그리스도를 통한" 칭의

δικαιοσύνη δὲ θεοῦ **διὰ** πίστεως Ἰησοῦ **Χριστοῦ** εἰς πάντας τοὺς πιστεύοντας. οὐ γάρ ἐστιν διαστολή.
곧 예수 **그리스도**를 믿음**으로 말미암아** [예수 **그리스도**에 대한 믿음**을 통해**] 모든 믿는 자에게 미치는 하나님의 의니 차별이 없느니라(롬 3:22).

바울은 그의 서신에서 "[예수] 그리스도의 믿음을 통해"(διὰ πίστεως [Ἰησοῦ] Χριστοῦ)라는 어구를 모두 세 번 언급한다. 그중 첫 번째에 해당하는 이 예문은 이 소유격 어구의 의미를 둘러싼 치열한 논쟁의 중심에 서 있다. 전통적인 해석은 "예수 그리스도의 믿음"(πίστεως Ἰησοῦ Χριστοῦ)이란 어구를 목적격 소유격으로—**그리스도에 대한 믿음**—간주하지만, 최근 학계에서는 주격 소유격으로—**그리스도의 신실하심**—보는 학자들이 점차적으로 늘어나는 추세다.

비록 이 이슈를 여기서 충분히 깊게 다룬다는 것은 불가능하지만, 몇 가지 중요한 사항을 짚고 넘어갈 필요는 있어 보인다. 목적격 소유격 독법에 대한 반론 중 하나는 이것이 명백한 동어 반복에 해당한다는 것이다. **모든 믿는 자에게 [주어지는] 예수 그리스도를 믿는 믿음을 통한 하나님의 의**. 이 해석을 따르면 "예수 그리스도를 믿는 믿음을 통한 하나님의 의"라는 표현은 하나님의 의가 그리스도를 믿는 믿음을 통해 주어진다는 의미인데 "모든 믿는 자에게"라는 표현도 이와 거의 같은 의미라는 것이다. 주격 소유격 독법은 하나님의 의가 그리스도의 신실하심을 통해 모든 믿는 자에게 주어진다고 주장함으로써 이러한 명백한 동어 반복을 제거한다. 그러나 목적격 소유격 독법은 "**모든 믿는**

자에게"라는 구문이 단지 동어 반복이 아니라 하나님의 의는 모든 신자에게 주어진다는 사실을 강조한다는 해석에 의해 지지를 받는다. 즉 "모든"(πάντας)은 두 번째 절이 제공하는 추가적 요소에 불과하다는 것이다. 또한 이 같은 해석은 "그런즉 차별이 없느니라"는 마지막 절에 의해서도 지지를 받는다. 모든 신자는 어떠한 차별도 없이 그리스도를 믿는 믿음을 통해 하나님의 의를 받는다. 우리는 각각 한쪽 견해를 강화하는 논증을 추가적으로 제시할 수도 있지만,[28] 일단은 목적격 소유격 독법이 주격 소유격 독법보다 약간 더 설득력이 있어 보인다.[29]

그러나 우리가 어떤 독법을 채택하든지 간에 "예수 그리스도의 믿음"(πίστεως Ἰησοῦ Χριστοῦ)은 신자들이 의롭다 하심을 얻는 그리스도의 도구성을 나타낸다. 만약 이것이 **예수 그리스도를 믿는 믿음**이라면 그리스도를 신뢰하는 것이 하나님의 의를 가져다주며, 만약 **예수 그리스**

---

[28] 최근 발표된 이 구절의 주격 소유격 독법에 관해서는 Douglas A. Campbell, "The Faithfulness of Jesus Christ in Romans 3:22," in *The Faith of Jesus Christ: Exegetical, Biblical, and Theological Studies* (ed. Michael F. Bird and Preston M. Sprinkle; Milton Keynes: Paternoster/Peabody, MA: Hendrickson, 2009), 57-71을 참조하라. 목적격 소유격 독법에 관해서는 R. Barry Matlock, "Saving Faith: The Rhetoric and Semantics of πίστις in Paul," in *The Faith of Jesus Christ: Exegetical, Biblical, and Theological Studies*, 73-89를 참조하라. Watson도 "바울의 전치사구 믿음 진술들은 하박국 2:4의 ἐκ πίστεως 로부터 유래한다"고 주장하면서 목적격 소유격 독법을 지지하는 논증을 펼치는데 이는 주격 소유격 관점과 상반된다. Francis Watson, "By Faith (of Christ): An Exegetical Dilemma and its Scriptural Solution," in *The Faith of Jesus Christ: Exegetical, Biblical, and Theological Studies*, 162. 또한 동일 저자의 *Paul, Judaism, and the Gentiles: Beyond the New Perspective* (rev. ed.; Grand Rapids: Eerdmans, 2007), 243-44도 참조하라. Porter와 Pitts는 언어학적 관점에서 목적격 소유격 독법이 주격 소유격 독법보다 약간 더 설득력이 있다고 주장한다. Stanley E. Porter and Andrew W. Pitts, "Πίστις with a Preposition and Genitive Modifier: Lexical, Semantic, and Syntactic Considerations in the πίστις Χριστοῦ Discussion," in *The Faith of Jesus Christ: Exegetical, Biblical, and Theological Studies*, 33-53.

[29] 다른 학자들은 주격-목적격 이분법을 거부하며 πίστεως Χριστοῦ를 하나의 신학적 용어(해석자가 선호하는 어떠한 신학적 개념으로라도 채워진)로 보는 "제3의 관점"을 제안한다. 참조. Preston M. Sprinkle, "Πιστίς Χριστοῦ as an Eschatological Event," in *The Faith of Jesus Christ: Exegetical, Biblical, and Theological Studies*, 165-84.

도의 신실하심이라면 그리스도가 이루어낸 성과가 [신자들로 하여금] 그의 의에 참여하게 한다. 우리의 논의와 관련해서는 우리에게는 이러한 결론만으로도 충분하다.

εἰδότες ὅτι οὐ δικαιοῦται ἄνθρωπος ἐξ ἔργων νόμου ἐὰν μὴ **διὰ πίστεως Ἰησοῦ Χριστοῦ**, καὶ ἡμεῖς εἰς Χριστὸν Ἰησοῦν ἐπιστεύσαμεν, ἵνα δικαιωθῶμεν ἐκ πίστεως Χριστοῦ καὶ οὐκ ἐξ ἔργων νόμου, ὅτι ἐξ ἔργων νόμου οὐ δικαιωθήσεται πᾶσα σάρξ.

사람이 의롭게 되는 것은 율법의 행위로 말미암음이 아니요, 오직 예수 **그리스도를 믿음으로 말미암는** 줄 알므로 [**그리스도**에 대한 **믿음을 통한** 것임을 알므로], 우리도 그리스도 예수를 믿나니, 이는 우리가 율법의 행위로써가 아니고 그리스도를 믿음으로써 의롭다 함을 얻으려 함이라. 율법의 행위로써는 의롭다 함을 얻을 육체가 없느니라(갈 2:16).

이 "예수 그리스도의 믿음을 통해"(διὰ πίστεως Ἰησοῦ Χριστοῦ) 어구는 목적격 소유격—**예수 그리스도를 믿는 믿음을 통해**를 의미함—으로 해석될 수 있지만, 주격 소유격—**예수 그리스도의 신실하심**—으로도 얼마든지 해석이 가능하다.[30] 이 해석을 지지하는 가장 중요한 근거는 그다음 구문에 있다. 그리고 우리도 그리스도 예수를 믿었다. διὰ πίστεως Ἰησοῦ Χριστοῦ를 그리스도를 믿는 믿음으로 이해하면 이 해

---

30   이 입장에 관한 광범위한 논의는 Martyn, *Galatians*, 263-75를 참조하라. 참조. Richard B. Hays, *The Faith of Jesus Christ: The Narrative Substructure of Galatians 3:1-4:11* (1983; repr. Grand Rapids: Eerdmans, 2002), 123-24, 162; D. W. B. Robinson, "Faith of Jesus Christ'—A New Testament Debate," *RTR* 29 (1970): 79-80; Ardel B. Caneday, "The Faithfulness of Jesus Christ as a Theme in Paul's Theology in Galatians"', in *The Faith of Jesus Christ: Exegetical, Biblical, and Theological Studies*, 185-205. 주격적 소유격 독법에 상반되는 입장은 James D. G. Dunn, "Once More, ΠΙΣΤΙΣ ΧΡΙΣΤΟΥ," in *The Faith of Jesus Christ: The Narrative Substructure of Galatians 3:1-4:11*, 256-59, 261-62를 참조하라.

석은 그다음 절을 동어 반복으로 만들어 결국 같은 내용을 두 번 반복하는 셈이 된다. 이에 비해 πίστεως Ἰησοῦ Χριστοῦ에 대한 주격 소유격 해석은 상호 보완적인 두 가지 개념을 모두 표현한다. 첫째, 사람들은 **예수 그리스도의 신실하심**에 의해 의롭게 되고 둘째, 우리는 그리스도를 믿음으로 의롭다 하심을 받는다.[31]

이와 관련하여 바울은 신자들이 그리스도의 신실하심과 그 결과로 나타나는 의에 참여한다는 사실을 암시한다. 비록 이렇게 그리스도의 의에 참여한다는 사실이 어쩌면 διὰ … Χριστοῦ 표현을 제외하고는 직접 언급되지는 않지만, 그리스도에게 참여하는 개념을 통해 표현될 수 있다. 그리스도에게로의 참여 개념은 바울이 자신은 **그리스도와 함께 십자가에 못 박혔다**(2:19)고 말하는 바로 다음 문맥에 분명히 나타나 있다. 바울의 사고를 재구성해보면 그는 그리스도의 십자가에 못 박히심(2:19)과 그 결과로 얻어진 생명(2:20)에 참여함으로써 그리스도의 신실하심에 의해 성취된 그리스도의 의 선언에도 참여한다고 볼 수 있다.

앞에서 다룬 로마서 3:22와 마찬가지로 "예수 그리스도의 믿음"(πίστεως Ἰησοῦ Χριστοῦ)이 주격 소유격이든 목적격 소유격이든 상관없이 이 어구는 율법의 행위들의 (잘못된) 도구성과 대비되는 그리스도의 도구성을 나타낸다.

καὶ εὑρεθῶ ἐν αὐτῷ, μὴ ἔχων ἐμὴν δικαιοσύνην τὴν ἐκ νόμου ἀλλὰ τὴν **διὰ** πίστεως **Χριστοῦ**, τὴν ἐκ θεοῦ δικαιοσύνην ἐπὶ τῇ πίστει,

그 안에서 발견되려 함이니 내가 가진 의는 율법에서 난 것이 아니요, 오직 **그리스도를 믿음으로 말미암은** 것이니 [**그리스도**에 대한 **믿음을 통한** 것이니] 곧 믿

---

31 여기서 이 문제와 관한 논의의 세부 내용을 모두 다룬다는 것은 불가능하며 우리는 단지 "이 문제는 최근 수십 년간 광범위하게 논의되어왔을 뿐 아니라 때로는 치열한 논쟁으로까지 이어졌다"고 말할 수 있을 뿐이다. Martyn, *Galatians*, 251.

음으로 하나님께로부터 난 의라(빌 3:9).

갈라디아서 2:16과 마찬가지로 여기서도 "그리스도의 믿음을 통해"(διὰ πίστεως Χριστοῦ)는 엄청난 논쟁의 대상이다. 여기서도 바울이 소유한 의는 그리스도의 신실하심에 근거한다는 해석과 함께 주격 소유격 독법이 더 지지를 받는다.[32] 여기서도 이 Χριστοῦ가 주격적이든 목적격적이든 상관없이 이 διὰ … Χριστοῦ 용례는 바울로 하여금 의로운 신분에 이르게 한 그리스도의 도구성을 나타낸다는 것이다. **하나님으로부터 [난] 의**라는 구문이 표현하듯이 이 의는 결국 그리스도의 신실하심(혹은 그리스도를 믿는 믿음)에 근거하여 신자들에게 이 의를 부여하시는 하나님의 동인에 의한 것이다.

이 하위 범주에 속한 3회의 διὰ … Χριστοῦ 용례는 모두 도구적이다(롬 3:22; 갈 2:16; 빌 3:9).

6.6 "그리스도를 통한" 신자들의 특성

πεποίθησιν δὲ τοιαύτην ἔχομεν **διὰ τοῦ Χριστοῦ** πρὸς τὸν θεόν.
우리가 **그리스도로 말미암아**[**그리스도를 통해**] 하나님을 향하여 이 같은 확신이 있으니(고후 3:4).

여기서 말하고자 하는 특성은 확신이다. 이러한 특성은 자연적으로 생긴 것도, 노력해서 생긴 것도 아니다. 이것은 그리스도를 통해 주어진다. 여기에 나타난 그리스도의 도구성은 이 도구성이 바울로 하여

---

32   이 해석을 지지하는 보다 상세한 논의는 O'Brien, *Philippians*, 391-400을 참조하라. 이 견해에 대한 반론은 Fee, *Philippians*, 325, n. 44를 참조하라.

금 **하나님을 향해** 확신을 갖도록 한다는 의미에서 매개적이라고 할 수 있다.[33] 또한 이것은 "우리의 자격은 하나님께로부터 온다"(3:5-6)는 다음 구절에서도 확인된다. 이 구절들은 하나님의 동인을 보여주기 때문에 3:4의 그리스도의 도구성을 입증해준다.[34]

6.7 "그리스도를 통한" 삼위일체

ἐν ἡμέρᾳ ὅτε κρίνει ὁ θεὸς τὰ κρυπτὰ τῶν ἀνθρώπων κατὰ τὸ εὐαγγέλιόν μου **διὰ Χριστοῦ** Ἰησοῦ.
곧 나의 복음에 이른 바와 같이 하나님이 예수 **그리스도로 말미암아**[**그리스도를 통해**] 사람들의 은밀한 것을 심판하시는 그날이라(롬 2:16).

"그리스도를 통해"(διὰ Χριστοῦ)라는 어구는 "내 복음에 이른 바와 같이"(κατὰ τὸ εὐαγγέλιόν μου)를 수식할 수도 있지만—이 경우 바울은 자신의 복음이 **그리스도를 통해 온** 것으로 묘사함—"하나님이 심판하시는 날"(ἐν ἡμέρᾳ ὅτε κρίνει ὁ θεὸς)을 수식하는 것으로 보인다. 전자의 해석은 바울의 복음이 **그리스도를 통해** 계시되었다는 뜻이다. 이러한 해석은 가능하긴 하지만, 상당히 어색하다. 후자의 해석은 비록 삽입구적인 표현으로 볼 수 있는 κατὰ τὸ εὐαγγέλιόν μου가 앞에 나오긴 하지만, διὰ Χριστοῦ가 앞 절의 내용을 이어받는 것으로 해석한다. 만약 이 해석이 옳다면 이 문장은 내 복음에 의하면 사람들이 은밀하게 감춘 것을 하나님이 <u>그리스도 예수를 통해</u> 심판하시는 그날에로 의역될

---

33 이것이 바울의 역할을 가리킨다고 보는 Bouttier의 견해의 옳고 그름을 떠나서 이와 같은 확신은 그리스도의 중재를 통해 올 수밖에 없다. 참조. Bouttier, *En Christ*, 33ff.
34 Kruse, *Corinthians*, 91-92.

수 있다. 그렇게 되면 이 구절은 하나님의 심판 행위에 대한 그리스도의 도구성을 나타내며[35] 이는 결과적으로 그리스도 안에서 역사하시는 하나님의 사역의 삼위일체적 특성을 나타낸다.

τὰ δὲ πάντα ἐκ τοῦ θεοῦ τοῦ καταλλάξαντος ἡμᾶς ἑαυτῷ **διὰ Χριστοῦ** καὶ δόντος ἡμῖν τὴν διακονίαν τῆς καταλλαγῆς.
모든 것이 하나님께로 났으며 그가 **그리스도로 말미암아**[그리스도를 통해] 우리를 자기와 화목하게 하시고 또 우리에게 화목하게 하는 직분을 주셨으니(고후 5:18).

이 구절에 나타난 하나님의 동인은 최소한 세 가지다. 첫째, **모든 것이 하나님으로부터** 났다. 둘째, 하나님은 **우리를 자기와 화해시키셨다**. 셋째, 하나님은 **우리에게 화해의 사역을 맡겨주셨다**. 이러한 하나님의 동인에 관한 선언 중에는 **그리스도를 통해** 우리를 자기와 화목하게 하는 행위가 포함된다.[36] 바울의 암묵적 삼위일체론은 그리스도를 하나님의 화해의 도구로 본다.

Παῦλος ἀπόστολος οὐκ ἀπ᾽ ἀνθρώπων οὐδὲ δι᾽ ἀνθρώπου ἀλλὰ **διὰ Ἰησοῦ Χριστοῦ** καὶ θεοῦ πατρὸς τοῦ ἐγείραντος αὐτὸν ἐκ νεκρῶν.
사람들에게서 난 것도 아니요, 사람으로 말미암은 것도 아니요, 오직 예수 그리스도와 그를 죽은 자 가운데서 살리신 하나님 **아버지로 말미암아**[오직 예수 **그리스도**와 그를 죽은 자 가운데서 살리신 아버지**를 통해**] 사도 된 바울은(갈 1:1).

---

35 Dunn, *Romans 1-8*, 103-4; Moo, *Romans*, 155. 이와 상반되는 입장은 Cranfield, *Romans*, 1:163을 참조하라.
36 Bouttier, *En Christ*, 31-35.

여기서 바울은 자신의 사도직이 사람들로부터(ἀπ' ἀνθρώπων) 난 것도 아니며, 사람을 통해(δι' ἀνθρώπου) 주어진 것도 아니고, 오직 그리스도와 하나님을 통해(διὰ Ἰησοῦ Χριστοῦ καὶ θεοῦ) 온 것이라고 말한다. 우리는 여기서 하나님의 동인과 협력 관계에 있는 그리스도의 도구성을 발견하기보다는 그리스도와 하나님이 모두 διά라는 한 가지 전치사에 의해 수식된다는 사실을 발견한다. 따라서 우리는 그리스도와 하나님을 이 사건의 동인으로 보아야 한다(이 절에 관해서는 §6.3을 보라). 바울의 사도직은 하나님과 그리스도가 삼위일체적인 협력 관계 속에서 수여한 것이다.

προορίσας ἡμᾶς εἰς υἱοθεσίαν **διὰ Ἰησοῦ Χριστοῦ** εἰς αὐτόν, κατὰ τὴν εὐδοκίαν τοῦ θελήματος αὐτοῦ.
그 기쁘신 뜻대로 우리를 예정하사 예수 **그리스도로 말미암아**[**그리스도를 통해**] 자기의 아들들이 되게 하셨으니(엡 1:5).

이 구절 역시 하나님의 동인을 염두에 둔 것이 분명하다. 즉 하나님이 신자들을 예정하셨다는 것이다. 그들을 아들로 입양한 것은 **하나님 자신을 위한 것**이며 **그의 기쁘신 뜻을 따라** 행해진 것이다. 신자들을 양자 삼으시는 하나님의 입양 사역은 그리스도의 도구성을 통해 성취된 것이며(이 구절에 관해서는 §6.3을 보라), 여기서도 바울의 암묵적 삼위일체론이 나타난다.

ὅτι οὐκ ἔθετο ἡμᾶς ὁ θεὸς εἰς ὀργὴν ἀλλὰ εἰς περιποίησιν σωτηρίας **διὰ** τοῦ κυρίου ἡμῶν Ἰησοῦ **Χριστοῦ**
하나님이 우리를 세우심은 노하심에 이르게 하심이 아니요, 오직 우리 주 예수 **그리스도로 말미암아**[**그리스도를 통해**] 구원을 받게 하심이라(살전 5:9).

이 구절에서는 하나님께서 신자들로 하여금 구원을 받게 하신 분이라는 의미에서 하나님의 동인이 명시적으로 나타난다. 또한 신자들의 구원은 그리스도의 도구성을 통해 이루어진다. 따라서 아버지의 사역과 아들의 사역은 하나님의 구원 계획 안에서 필수 불가결적으로 연결되어 있다(이 구절에 관해서는 §6.3을 보라).

οὗ ἐξέχεεν ἐφ ἡμᾶς πλουσίως **διὰ Ἰησοῦ Χριστοῦ** τοῦ σωτῆρος ἡμῶν.
우리 구주 예수 **그리스도로 말미암아** [그리스도를 통해] 우리에게 그 성령을 풍성히 부어 주사(딛 3:6).

관계대명사 οὗ는 3:5에 언급된 성령을 지칭하며, 이 성령은 하나님(동사 ἐξέχεεν의 주어)에 의해 부어진다. 성령은 하나님에 의해 그리고 **그리스도를 통해** 신자들에게 부어진다. 그리스도는 성령을 부어주시는 하나님의 동인을 구현하는 도구다. 따라서 우리는 여기에 삼위일체 하나님의 세 인격이 모두 관여하고 있음을 목격한다(이 구절에 관해서는 §6.3을 보라).

이 하위 범주에 속한 6회의 διὰ … Χριστοῦ 용례 중 5회는 도구적으로(롬 2:16; 고전 5:18; 엡 1:5; 살전 5:9; 딛 3:6), 1회는 동인을(갈 1:1) 나타내는 데 사용된다. 이러한 διὰ … Χριστοῦ 용례는 하나님과 그리스도의 상호 협력 관계를 나타낸다는 의미에서 바울의 삼위일체 사상을 반영한다.

6.8 "그리스도를 통해"의 변형

지금까지 논의된 다른 어구들과 마찬가지로 바울 서신에는 διὰ

Χριστοῦ 어구에 상응하는 다른 표현들도 종종 등장한다. 이런 경우에는 Χριστοῦ 대신에 관계대명사나 인칭대명사가 주로 사용된다.

6.8.1 "그리스도를 통해" 사람들에게 성취되거나 그들에게 주어진 것

> περὶ τοῦ υἱοῦ αὐτοῦ τοῦ γενομένου ἐκ σπέρματος Δαυὶδ κατὰ σάρκα, τοῦ ὁρισθέντος υἱοῦ θεοῦ ἐν δυνάμει κατὰ πνεῦμα ἁγιωσύνης ἐξ ἀναστάσεως νεκρῶν, Ἰησοῦ Χριστοῦ τοῦ κυρίου ἡμῶν, **δι' οὗ** ἐλάβομεν χάριν καὶ ἀποστολὴν εἰς ὑπακοὴν πίστεως ἐν πᾶσιν τοῖς ἔθνεσιν ὑπὲρ τοῦ ὀνόματος αὐτοῦ.
>
> 그의 아들에 관하여 말하면 육신으로는 다윗의 혈통에서 나셨고 성결의 영으로는 죽은 자들 가운데서 부활하사 능력으로 하나님의 아들로 선포되셨으니, 곧 우리 주 예수 그리스도시니라. **그로 말미암아**[그를 통해] 우리가 은혜와 사도의 직분을 받아 그의 이름을 위하여 모든 이방인 중에서 믿어 순종하게 하나니 (롬 1:3-5).

5절의 δι' οὗ의 선행사는 "우리 주 예수 그리스도"(3절)다. 바울은 자기가 받은 은혜와 사도 직분은 **그리스도를 통해** 받은 것이라고 단언한다. 비록 은혜와 사도 직분을 주시는 하나님의 동인이 5절에는 명시적으로 나타나 있진 않지만 2-4절에 걸쳐 **나타나 있기** 때문에 그럴 가능성이 높다. 따라서 바울이 받은 하나님의 은혜와 사도 직분은 그리스도의 매개적 도구성을 통해 주어진 것이다.[37]

> δικαιωθέντες οὖν ἐκ πίστεως εἰρήνην ἔχομεν πρὸς τὸν θεὸν διὰ τοῦ κυρίου ἡμῶν Ἰησοῦ Χριστοῦ **δι' οὗ** καὶ τὴν προσαγωγὴν ἐσχήκαμεν

---

37 Moo, *Romans*, 51.

τῇ πίστει εἰς τὴν χάριν ταύτην ἐν ᾗ ἑστήκαμεν καὶ καυχώμεθα ἐπ᾽ ἐλπίδι τῆς δόξης τοῦ θεοῦ.

그러므로 우리가 믿음으로 의롭다 하심을 받았으니 우리 주 예수 그리스도로 말미암아 하나님과 화평을 누리자. 또한 **그로 말미암아**[그를 통해] 우리가 믿음으로 서 있는 이 은혜에 들어감을 얻었으며 하나님의 영광을 바라고 즐거워하느니라(롬 5:1-2).

여기서도 δι᾽ οὗ의 선행사는 "우리 주 예수 그리스도"(1절)다.[38] 바울은 신자들이 **그분을 통해** 자신들이 서 있는 은혜에 들어감을 얻는다고 말한다. 비록 신자들은 그리스도를 통해 하나님과 화평을 누린다고 묘사되어 있지만, 하나님의 동인은 여기에 명시적으로 나타나지 않는다. 따라서 여기에 나타나 있는 도구성은 매개적 도구성이다. 그리스도는 신자들이 하나님과 관계에서 누리는 화평을 가져다주는 분이다.

συνίστησιν δὲ τὴν ἑαυτοῦ ἀγάπην εἰς ἡμᾶς ὁ θεός, ὅτι ἔτι ἁμαρτωλῶν ὄντων ἡμῶν Χριστὸς ὑπὲρ ἡμῶν ἀπέθανεν. πολλῷ οὖν μᾶλλον δικαιωθέντες νῦν ἐν τῷ αἵματι αὐτοῦ σωθησόμεθα **δι᾽ αὐτοῦ** ἀπὸ τῆς ὀργῆς.

우리가 아직 죄인 되었을 때에 그리스도께서 우리를 위하여 죽으심으로 하나님께서 우리에 대한 자기의 사랑을 확증하셨느니라. 그러면 이제 우리가 그의 피로 말미암아 의롭다 하심을 받았으니 더욱 **그로 말미암아**[그를 통해] 진노하심에서 구원을 받을 것이니(롬 5:8-9).

여기서 δι᾽ αὐτοῦ의 선행사는 그리스도이며(8절) 신자들은 **그를**

---

38 5:1의 "우리 주 예수 그리스도를 통해"(διὰ τοῦ κυρίου ἡμῶν Ἰησοῦ Χριστοῦ)의 매개적 도구성에 관해서는 §6.3을 참조하라.

통해 진노하심으로부터 구원을 받는다. 이와 관련된 하나님의 동인은 8절에서 찾아볼 수 있다. 우리가 아직 **죄인 되었을 때에 그리스도께서 우리를 위하여 죽으심으로 하나님께서 우리에 대한 자기의 사랑을 확증하셨느니라.** 이 구절은 그리스도의 죽음이 하나님의 사랑 때문에 일어났음을 암시한다. 따라서 결국 그리스도의 피를 통한 희생과 그를 통해 진노하심으로부터 건짐을 받는 구원 이면에는 하나님의 동인이 있음을 알 수 있다. 그러므로 그리스도의 도구성은 이러한 것들과 관련된 하나님의 동인을 실현한다.[39]

οὐ μόνον δέ, ἀλλὰ καὶ καυχώμενοι ἐν τῷ θεῷ διὰ τοῦ κυρίου ἡμῶν Ἰησοῦ Χριστοῦ **δι' οὗ** νῦν τὴν καταλλαγὴν ἐλάβομεν.

그뿐 아니라 이제 우리도 우리 주 예수 그리스도를 통해 하나님 안에서 즐거워하느니라. 이제 우리는 **그를 통해** 이 화목하게 하심을 받았느니라(롬 5:11; 저자 사역).

이 구절의 상반절이 그리스도를 통해 신자들이 즐거워하는 내용을 언급했다면(§6.4를 보라) 하반절은 **그를 통해** 화해가 이루어졌다고 말한다. 하나님의 암묵적인 동인과 더불어 그리스도는 화해를 가져다주는 도구다. 결국 신자들은 그분 안에서 즐거워한다.[40]

ἐμοὶ δὲ μὴ γένοιτο καυχᾶσθαι εἰ μὴ ἐν τῷ σταυρῷ τοῦ κυρίου ἡμῶν Ἰησοῦ Χριστοῦ, **δι' οὗ** ἐμοὶ κόσμος ἐσταύρωται κἀγὼ κόσμῳ.

그러나 내게는 우리 주 예수 그리스도의 십자가 외에 결코 자랑할 것이 없으니, **그리스도로 말미암아**[**그를 통해**] 세상이 나를 대하여 십자가에 못 박히고 내가

---

39 Murray, *Romans*, 1:169-71.
40 "바울은 **우리 주 예수** 안에서 일어난 하나님의 행위로 인해 우리의 소유가 된 그 놀라운 **화해**를 다시 한번 찬양한다." Ernest Best, *The Letter of Paul to the Romans* (CBC; Cambridge; Cambridge Univ. Press, 1967), 58.

또한 세상을 대하여 그러하니라(갈 6:14).

이 예문은 명시적인 동인이 없다는 점에서 흥미롭다. 하지만 세상에 대하여 십자가에 못 박힌다는 바울의 말은 상당히 애매모호하다. 뿐만 아니라 세상이 그리스도를 **통해** 바울에 대하여 못 박힌다는 것이 무슨 뜻인지도 불분명하다. 만약 δι' οὗ를 그리스도의 도구성을 나타내는 것으로 이해한다면[41] 세상이 바울에 대하여 십자가에 못 박히고, 또한 바울이 세상에 대하여 못 박히는 데 그리스도가 실제적으로 한 행동이 무엇인지도 분명하지 않다. 이것은 일종의 은유적인 표현으로 해석하는 것이 좋아 보인다. 바울은 이 세상에 대한 염려와 욕망이 그리스도를 통해 "죽었고" 자기 자신도 이 세상에 대하여 "죽었다"고 말한다. 그는 세상을 만족시키기 위해 살지 않으며 세상도 그를 만족시키지 않는다. 바울은 이 표현을 통해 세상과 육신과 마귀가 자신을 지배하지 못하는 그리스도 영역 안에서 새롭게 누리는 영적인 삶을 지칭할 가능성이 높다.[42]

만약 이 해석이 맞다면 세상이 자신에 대해 십자가에 못 박히고 자신도 세상에 대해 십자가에 못 박히는 것을 새로운 영적 삶으로 묘사하는 바울의 말은 상당히 의미심장하다. 이러한 표현은 분명히 그리스도의 십자가를 가리키며 그리스도의 십자가는 그의 도구성을 나타내는 것이 분명하다. 바울은 자기 자신이 십자가에 못 박히는 것을 자기 자

---

41 이 관계대명사의 선행사가 그리스도 대신 "십자가"(σταυρός)일 수도 있지만, 어느 쪽을 선택하든지 요점은 같다. "δι' οὗ가 그리스도의 십자가를 가리키는지 혹은 그리스도 자신을 가리키는지는 크게 중요하지 않다. 왜냐하면 바울에게 '그리스도'는 항상 십자가에 못 박히신 구속자 그리스도이기 때문이다." H. D. Betz, *Galatians: A Commentary on Paul's Letter to the Churches in Galatia* (Hermeneia; Philadelphia: Fortress, 1979), 318.

42 "십자가에 못 박히신 그리스도와 하나가 된다는 것은…더 이상 '세속적인' 혹은 '육신적인' 유익이 그 사람의 생각과 삶을 지배하지 않는 것을 의미한다." Longenecker, *Galatians*, 295.

신이 친히 그리스도의 십자가에 참여하는 것으로 이해한다. 아울러 이 사실은 그리스도의 도구성의 본질을 잘 보여준다. 세상이 자기에 대해 못 박히고 바울이 세상에 대해 못 박히는 것은 그리스도에게 참여함을 통해서만 가능하다. 그렇다면 이 구절은 바울이 신자들은 **그리스도의 십자가에 못 박히신 몸을 통해 율법에 대하여 죽임을 당했다**고 말하는 로마서 7:4과 평행을 이룬다. 그 구절에서 율법에 대해 죽는 것은 오직 그리스도와 함께 십자가에 못 박힘으로써만 가능하며 여기서 세상에 대해 죽는 것도 역시 마찬가지다.

> καὶ ἐλθὼν εὐηγγελίσατο εἰρήνην ὑμῖν τοῖς μακρὰν καὶ εἰρήνην τοῖς ἐγγύς · ὅτι **δι' αὐτοῦ** ἔχομεν τὴν προσαγωγὴν οἱ ἀμφότεροι ἐν ἑνὶ πνεύματι πρὸς τὸν πατέρα.
> 또 오셔서 먼 데 있는 너희에게 평안을 전하시고 가까운 데 있는 자들에게 평안을 전하셨으니, 이는 **그로 말미암아[그를 통해]** 우리 둘이 한 성령 안에서 아버지께 나아감을 얻게 하려 하심이라(엡 2:17-18).

이 δι' αὐτοῦ는 그리스도의 도구성을 나타내지 않는 것으로 보는 것이 타당해 보인다. 그 이유는 "한 성령 안에서"(ἐν ἑνὶ πνεύματι)라는 구문이 암시하듯이 성령이 그 도구성 기능을 할 수도 있기 때문이다. 그렇다면 δι' αὐτοῦ는 **동인**을 나타내는 것으로 보는 것이 가장 좋다. 그리스도는 신자들이 아버지께 나아가도록 도모하시며[43] 이 사역은 성령의 도구성을 통해 이루어진다.

이 하위 범주에 속한 6회의 δι' οὗ/αὐτοῦ 용례 중 5회는 도구성을

---

43 Larkin은 δι' αὐτοῦ가 "중재적 동인(intermediate agent)"을 나타낸다고 본다. Larkin, *Ephesians*, 43. 이 용어는 그리스도의 동인을 나타내는 동시에 여기에 나타난 그 동인의 목적, 곧 아버지께 나아가도록 도모하는 목적도 가리킨다는 점에서 유용한 용어다.

나타내며(롬 1:5; 5:2, 9, 11; 갈 6:14), 1회는 동인을 나타낸다(엡 2:18).

6.8.2 "그리스도를 통한" 신자들의 행동

καὶ πᾶν ὅ τι ἐὰν ποιῆτε ἐν λόγῳ ἢ ἐν ἔργῳ, πάντα ἐν ὀνόματι κυρίου Ἰησοῦ, εὐχαριστοῦντες τῷ θεῷ πατρὶ **δι' αὐτοῦ**.

또 무엇을 하든지 말에나 일에나 다 주 예수의 이름으로 하고 **그를 힘입어** 하나님 아버지께 감사하라(골 3:17).

이 예문에서 동인은 그리스도를 통해 하나님께 감사해야 하는 바울의 독자들에게 적용된다. 신자들의 감사를 도모하는 그리스도의 역할은 아마도 도구적으로 이해하는 것이 가장 좋아 보이지만, 신자들이 감사를 드릴 때마다 그것을 **가능하게 하는** 그리스도가 필요하다고 말하기에는 다소 억지가 있다. 그보다는 그리스도가 아버지께 나아가는 길을 열어주셨기 때문에 신자들은 하나님께 감사할 수 있다는 의미에서 매개적 도구성이 더 적절해 보인다.[44]

6.8.3 "그리스도를 통한" 삼위일체

ἀλλ' ἡμῖν εἷς θεὸς ὁ πατὴρ ἐξ οὗ τὰ πάντα καὶ ἡμεῖς εἰς αὐτόν, καὶ εἷς κύριος Ἰησοῦς Χριστὸς **δι' οὗ** τὰ πάντα καὶ ἡμεῖς **δι' αὐτοῦ**.

그러나 우리에게는 한 하나님 곧 아버지가 계시니 만물이 그에게서 났고 우리도 그를 위하여 있고 또한 한 주 예수 그리스도께서 계시니 만물이 **그로 말미암고** [**그를 통해**] 우리도 **그로 말미암아** [**그를 통해**] 있느니라(고전 8:6).

---

44   Ernst Lohmeyer, *Die Briefe an die Philipper, an die Kolosser und an Philemon* (Göttingen: Vandenhoeck & Ruprecht, 1964), 152.

창조에서 나타난 아버지의 동인과 창조에서 나타난 그리스도의 도구성 사이에는 모종의 대칭이 존재한다. 만물은 아버지로부터 났고 만물은 **그리스도를 통해** 났다. 이 구절에서 우리의 호기심을 끄는 부분은 "우리도 그를 위하여 있고"(καὶ ἡμεῖς εἰς αὐτόν)와 "우리도 그를 통해 났다"(ἡμεῖς δι' αὐτοῦ)라는 두 구문이다.[45] 적어도 후자의 구문은 만물이 **그리스도를 통해** 났다는 사실과 연계되어 있어 보인다. 물론 바울은 여기서 단순히 "만물"이 인류(혹은 인간의 부분집합으로서 신자들)를 포함한다는 것을 말하려고 했을 수도 있다. 그러나 이러한 해석의 문제점은 이것이 전자의 구문에는 똑같이 적용되지 않는다는 점이다. 즉 "우리도 그를 위하여 있고"(καὶ ἡμεῖς εἰς αὐτόν)는 "만물이 그에게서 났고"(ἐξ οὗ τὰ πάντα)와 동일하게 조화를 이루지 않는다. 아무튼 바울은 여기서 만물은 그리스도를 통해 창조되었고 신자들은 그를 통해 새 창조에 참여하게 되었음을 말하고자 했을 가능성이 높다.[46] "그리스도는 아버지의 창조 계획을 모두 성취하시는 도구로 이해된다."[47] 따라서 이 구절은 **그리스도를 통해**라는 용어가 표현할 수 있는 삼위일체적 뉘앙스를 분명하게 나타낸다.

ὅσαι γὰρ ἐπαγγελίαι θεοῦ, ἐν αὐτῷ τὸ ναί· διὸ καὶ **δι' αὐτοῦ** τὸ ἀμὴν τῷ θεῷ πρὸς δόξαν δι' ἡμῶν.
하나님의 약속은 얼마든지 그리스도 안에서 "예"가 되니. 그런즉 **그로 말미암아 [그를 통해]** 우리가 "아멘"하여 하나님께 영광을 돌리게 되느니라(고후 1:20).

하나님의 약속은 얼마든지 그리스도 안에서 "예"가 된다는 구문

---

45 이 어구들에 관한 상세한 논의는 Thiselton을 참조하라. Thiselton, *1 Corinthians*, 635-38.
46 Ciampa와 Rosner는 "모든 피조물은 그를 통해 창조되었고 새 창조에 대한 우리의 경험도 그를 통해 이루어졌다"고 의역한다. Ciampa and Rosner, *1 Corinthians*, 384.
47 Ibid.

과 **그로 말미암아 우리가 "아멘"하여**라는 구문 사이에는 흥미로운 평행이 존재한다. 전치사구 ἐν αὐτῷ와 δι᾽ αὐτοῦ는 서로 같은 것을 의미하는 것으로 보인다. 첫 번째 어구에서 그리스도 안에서의 **예**는 그가 하나님의 약속을 성취하는 것을 가리키며 이것은 ἐν αὐτῷ의 도구적 용법으로 이해하는 것이 가장 좋다.[48] 이와 마찬가지로 δι᾽ αὐτοῦ는 그리스도가 **아멘**이 성취되는 도구임을 표현하며 또한 이는 하나님의 약속의 완성을 가리키는 것으로 보인다. 이 **아멘**은 하나님의 영광을 위해 그리스도를 통해 제공되며 또한 이는 **우리를 통해** 나타난다. 따라서 그의 **아멘**에 나타난 그리스도의 도구성은 하나님께 드리는 영광이 신자들을 통해 표현된다는 점에서 신자들의 도구성을 용이하게 한다고 말할 수 있다.[49]

> καὶ ἐλθὼν εὐηγγελίσατο εἰρήνην ὑμῖν τοῖς μακρὰν καὶ εἰρήνην τοῖς ἐγγύς· ὅτι **δι᾽ αὐτοῦ** ἔχομεν τὴν προσαγωγὴν οἱ ἀμφότεροι ἐν ἑνὶ πνεύματι πρὸς τὸν πατέρα.
>
> 또 오셔서 먼 데 있는 너희에게 평안을 전하시고 가까운 데 있는 자들에게 평안을 전하셨으니, 이는 **그로 말미암아[그를 통해]** 우리 둘이 한 성령 안에서 아버지께 나아감을 얻게 하려 하심이라(엡 2:17-18).

§6.8.1에서 살펴보았듯이 이 δι᾽ αὐτοῦ 예문은 그리스도의 도구성보다는 그리스도의 동인을 나타내며 이 구절에 나타난 분명한 삼위일체적 특성—그리스도의 동인과 성령의 도구성과 아버지를 향한 매

---

48 이 구절에서 ἐν αὐτῷ이 수행하는 기능에 관해서는 3장, §3.11.3.1을 참조하라.
49 Kruse는 이 사실을 다음과 같이 요약한다. "우리가 그리스도 안에서 그 예(Yes)를 확인하는 하나님의 약속들에 관해 우리의 '아멘'을 덧붙일 때에만 비로소 그 약속들은 우리에게 효력이 발생하며 그로 인해 우리는 우리에게 주어진 그의 은혜에 관해 진심으로 하나님께 영광을 돌릴 수 있게 된다." Kruse, *2 Corinthians*, 76.

개—때문에 여기에 포함된 것이다.

ὅτι ἐν αὐτῷ ἐκτίσθη τὰ πάντα

ἐν τοῖς οὐρανοῖς καὶ ἐπὶ τῆς γῆς,

τὰ ὁρατὰ καὶ τὰ ἀόρατα,

εἴτε θρόνοι εἴτε κυριότητες

εἴτε ἀρχαὶ εἴτε ἐξουσίαι.

τὰ πάντα **δι' αὐτοῦ** καὶ εἰς αὐτὸν ἔκτισται.

만물이 그에게서 창조되되

하늘과 땅에서

보이는 것들과 보이지 않는 것들과

혹은 왕권들이나 주권들이나

통치자들이나 권세들이나

만물이 다 **그로 말미암고 [그를 통해** 그리고] 그를 위하여 창조되었고(골 1:16-17).

δι' αὐτοῦ의 선행사는 이 본문에서 하나님의 창조 사역의 도구로 묘사된 성자 그리스도다(1:13). 비록 하나님의 동인이 명시되어 있진 않지만, 이 단락이 하나님께서 창조자시라는 성서적 세계관을 공유하는 독자들에게 이야기하고 있기 때문에 이 단락은 그 사실을 전제한다.[50] 그리스도의 창조 사역은 이 사실에 기초한다.[51] 따라서 그리스도의 도구성과 더불어 하나님의 암묵적 동인을 감안하면 우리는 창조 사역에서도 삼위일체적 특성을 보게 된다.

---

50 "그리스도는…창조자가 아니라 창조 사역의 매개자이시다." Eduard Schweizer, *The Letter to the Colossians: A Commentary* (trans. Andrew Chester; Minneapolis: Augsburg, 1982), 70, n. 39.

51 비록 우리는 지금까지 하나님의 동인이 명시적으로 나타나지 않는 문맥에 그리스도의 도구성을 부여하는 것을 꺼려왔지만, 성서적 세계관을 가진 사람은 그 누구도 하나님의 동인을 의심하지 않기 때문에 창조는 특별한 경우라고 할 수 있다.

¹⁹ ὅτι ἐν αὐτῷ εὐδόκησεν πᾶν τὸ πλήρωμα κατοικῆσαι

²⁰ καὶ **δι᾽ αὐτοῦ** ἀποκαταλλάξαι τὰ πάντα εἰς αὐτόν,

εἰρηνοποιήσας διὰ τοῦ αἵματος τοῦ σταυροῦ αὐτοῦ,

[δι᾽ αὐτοῦ] εἴτε τὰ ἐπὶ τῆς γῆς.

εἴτε τὰ ἐν τοῖς οὐρανοῖς

¹⁹ 하나님께서는 모든 충만으로

예수 안에 거하게 하시고

²⁰ 그의 십자가의 피로 화평을 이루사

만물 곧 땅에 있는 것들이나 하늘에 있는 것들이

그로 말미암아 [그를 통해] 자기와 화목하게 되기를 기뻐하심이라(골 1:19-20).

이 단락에서는 하나님의 동인이 분명하게 나타나 있으며(**하나님께서는…기뻐하신다**),⁵² 하나님의 화해 사역에 나타난 그리스도의 도구성이 δι᾽ αὐτοῦ가 나타내려는 명백한 의미다. 하나님께서는 그리스도의 십자가의 피를 통해 만물과 자신을 화해시키신다.

καὶ πᾶν ὅ τι ἐὰν ποιῆτε ἐν λόγῳ ἢ ἐν ἔργῳ, πάντα ἐν ὀνόματι κυρίου Ἰησοῦ, εὐχαριστοῦντες τῷ θεῷ πατρὶ **δι᾽ αὐτοῦ**.

또 무엇을 하든지 말에나 일에나 다 주 예수의 이름으로 하고, **그를 힘입어** 하나님 아버지께 감사하라(골 3:17).

이 구절은 이미 앞에서 논의된 바 있으며(§6.8.2를 보라) 삼위일체론적 함의 때문에 여기에 포함된다. 그리스도는 아버지께 대한 우리의 감

---

52 비록 그리스어 본문에는 "하나님"(ὁ θεός)이 명시되어 있지 않지만, 하나님이 19절의 "기뻐하다"(εὐδόκησεν) 동사의 주어라는 사실에는 의심의 여지가 없다. Lightfoot, *Saint Paul's Epistles to the Colossians and to Philemon*, 158.

사를 매개한다.

이 하위 범주에 속한 일곱 번의 δι' οὗ/αὐτοῦ 용례 중 여섯 번은 도구성을(고전 8:6 [x2]; 고후 1:20; 골 1:16, 20; 3:17), 한 번은 동인을(엡 2:18) 나타낸다.

6.9 요약

바울의 διὰ Χριστοῦ 용법은 도구성(그리고 종종 동인)을 나타낸다고 볼 수 있으며 때때로 매개적 도구성으로도 볼 수 있다. "그리스도는 다른 이의 행위를 매개한다."[53] 이러한 도구성과 매개의 예들은 하나님의 창조 사역(고전 8:6; 골 1:16), 구원과 화해의 계시(고후 5:18; 골 1:20), 성령을 부어주심(딛 3:6) 등과 연관되어 있다.[54]

던은 διὰ Χριστοῦ 관용구가 ἐν Χριστῷ와 σὺν Χριστῷ와도 밀접하게 연관되어 있다고 본다.[55] 바울은 "'그리스도를 통해' 발생하거나 발효하는 하나님의 구원, 위임, 혹은 최종적 사역"을 말하기 위해 이 어구를 사용한다.[56] 하지만 던은 바울이 하나님과 신자들의 관계를 논하기 위해 이 어구를 사용할 수 있다는 점을 올바르게 인정한다. 신자들은 "그리스도를 통해" 하나님께 감사를 드린다. 또한 바울은 다른 신자들과 관련해서도 이 어구를 사용한다. 그는 "'우리 주 예수 그리스도를 통해' 로마에 있는 청중에게 호소한다."[57]

---

53 Oepke, "διά," 2:67.
54 Ibid., 67.
55 Dunn, *Paul the Apostle*, 406.
56 Ibid.
57 Ibid.

은유

7.1 서론

우리는 앞에서 네 장에 걸쳐 그리스도와의 연합과 관련된 표현들을 여러 전치사구를 중심으로 살펴보았다. 전치사구들을 심도 있게 다루는 작업은 분명 중요하지만(특히 이전에 이루어진 연구가 여기에 중점을 둠), 이러한 용어의 의미가 밝혀진다고 해서 그리스도와의 연합이라는 주제가 모두 파악되는 것은 아니다. 전치사구들에 관한 전수 조사가 이루어졌다고 해서 우리가 그리스도와의 연합에 관한 바울의 모든 사상을 섭렵했다고 생각하는 것은 오산이다. 오히려 바울은 그리스도와의 연합에 관한 자신의 생각을 주로 은유를 통해 표현한다.[1] 이번 장에서 우리는 바울이 그리스도와의 연합에 관한 사상을 나타내기 위해 사용한 다양한 종류의 은유를 살펴볼 것이다. 여기에는 바울이 교회를 그리스도의 몸으로, 하나님의 성전 혹은 집으로, 그리고 그리스

---

1 참조. Hans Burger, *Being in Christ: A Biblical and Systematic Investigation in a Reformed Perspective* (Eugene, OR: Wipf & Stock, 2009), 162-63.

도의 신부로 묘사하는 내용이 포함된다. 아울러 신자들이 반드시 "입어야" 하는 새 옷과 관련된 용어도 함께 검토될 것이다.

이전 장들과 마찬가지로 우리는 이번 장에서도 유관 용어들을 철저하게 분석하되 모든 본문을 차례대로 다룰 것이다. 한 가지 중요한 차이점이 있다면 이번 장에서는 손상원의 단행본인 『바울 인간론의 집단적 요소들』과 지속적으로 대화해 나갈 것이다.[2] 2001년에 출간된 이 훌륭한 연구서는 이번 장에서 다루어질 논의에 많은 도움을 주는데 우리는 그중 주요 결과물을 중점적으로 다루면서 옳다고 여겨지는 내용만 받아들일 것이다. 이 책의 주 관심사는 바울의 인간론에 담긴 집단적 요소다. 저자는 ἐν Χριστῷ 용어 및 관련 어구들과 바울의 아담-그리스도 모형론, 그리고 그리스도의 몸, 하나님의 성전 혹은 집, 그리스도의 신부 등 교회에 대한 다양한 은유적 표현을 조사한다. 이번 장에서 우리는 손상원의 연구 내용 중 ἐν Χριστῷ(및 관련 용어)와 아담-그리스도 모형론은 잠시 제쳐 두고 교회의 이미지들에 관한 연구를 먼저 다룰 것이다. 손상원의 주 관심사가 그리스도와의 연합보다는 바울의 인간론에 있기 때문에 우리로서는 그와 약간 다른 질문들에 관심을 기울이며 여러 면에서 그의 접근과는 다소 다른 방향으로 나아갈 것이다.

7.2 그리스도의 몸

그리스도의 몸은 바울이 교회의 본질을 묘사할 때 사용한 매우 중요한 은유 중 하나다.[3] 이 은유가 등장하는 개별 본문은 이 단락에서 다

---

2   Sang-Won (Aaron) Son, *Corporate Elements in Pauline Anthropology: A Study of Selected Terms, Idioms, and Concepts in the Light of Paul's Usage and Background* (AnBib 148; Rome: Editrice Pontificio Istituto Biblico, 2001).

3   바울의 "몸" 용어 사용 배경이 우리의 주 관심사는 아니다. 그럼에도 70인역에 관한 Ziesler

루어진다. 때로는 이 개념이 단지 **몸**이라는 용어만으로도 표현될 수 있기 때문에 본문에 **그리스도의 몸**이라는 표현이 반드시 들어 있을 필요는 없다.

또한 우리는 교회가 언급된 용례에만 집중할 뿐 **몸**(σῶμα)이라는 단어가 사용된 용법을 전부 다루지는 않는다. 왜냐하면 우리는 **그리스도의 몸**이라는 은유가 그리스도와의 연합을 이해하는 데 어떠한 도움을 줄 것인지에만 관심을 두고 있기 때문이다. 만약 교회가 그리스도의 몸이고 그분이 그 머리라면 이 은유는 연합의 의미를 전달한다고 보아야 한다. **그리스도의 몸**이라는 개념의 본질은 그리스도와 그의 백성들의 통합, 연합, 합일을 나타낸다. "일반적으로 말해서 교회를 그리스도의 몸으로 표현하는 것은 그리스도와 그의 교회 사이에 존재하는 특별하면서도 밀접한 관계와 사귐을 나타내는 것이다."[4] **그리스도의 몸**이라는 은유가 나타내는 의미를 탐구하는 것도 중요하지만, 우리는 이 은유의 전반적인 측면을 전부 파헤치기보다는 이 은유가 그리스도와의 연합이라는 주제에 어떤 기여를 하는지에 관심을 둘 것이다.

καθάπερ γὰρ ἐν ἑνὶ **σώματι** πολλὰ μέλη ἔχομεν, τὰ δὲ μέλη πάντα

의 관찰은 주목할 만하다. "바울은 분명 70인역의 의미에 한정될 수 없다. 그가 사용한 어휘에 영향을 미친 다른 요소들도 분명 있었으며 원칙적으로 우리는 그가 일종의 혁신자였을 가능성도 열어놓아야 한다. 우리가 확실하게 결론 내릴 수 있는 것은 그가 알고 있던 그리스어 성서는 σῶμα를 일반적으로 살아있거나 혹은 죽은 육체적 몸을 가리키는 데 사용했지만, 때로는 그 육체를 통해 인식되는 인격을 가리키기 위해서도 사용했다는 것이다." John A. Ziesler, "ΣΩMA in the Septuagint," *NovT* 25 (1983): 144. Wedderburn도 이와 마찬가지로 바울의 용법의 기원을 영지주의 사상에서 찾으려는 시도에 반대하면서 다음과 같이 주장한다. "우선 '그리스도의 몸'이라는 개념 자체부터 다루자면 이 개념 안에서 어떤 영지주의적 교리를 찾으려는 시도는 이 개념이 마니(Mani) 이전의 비기독교적 영지주의 자료에서 사용되었다는 확실한 근거가 없을 뿐만 아니라 기독교 자료에서도 뚜렷하게 나타나지 않는다는 매우 심각한 문제에 봉착하게 된다." A. J. M. Wedderburn, "The Body of Christ and Related Concepts in 1 Corinthians," *SJT* 24 (1971): 85.

4   Herman Ridderbos, *Paul: An Outline of his Theology* (trans. John Richard de Witt; Grand Rapids: Eerdmans, 1975), 362.

οὐ τὴν αὐτὴν ἔχει πρᾶξιν, οὕτως οἱ πολλοὶ ἓν **σῶμά** ἐσμεν ἐν Χριστῷ, τὸ δὲ καθ᾽ εἷς ἀλλήλων μέλη.

우리가 한 **몸**에 많은 지체를 가졌으나 모든 지체가 같은 기능을 가진 것이 아니니, 이와 같이 우리 많은 사람이 그리스도 안에서 한 **몸**이 되어 서로 지체가 되었느니라(롬 12:4-5).

여기서 바울은 인간의 몸(12:4)을 그리스도 안에 있는 신자들의 몸(12:5)과 비교한다. 인간의 몸이 다양한 기능을 가진 서로 다른 부분으로 이루어진 것처럼 신자들의 몸도 많은 지체로 구성되어 있지만 여전히 **그리스도 안에서 한 몸**이다. 더 나아가 바울은 12:6-8에서 몸의 지체들이 수행하는 다양한 기능을 설명한다. 몸이라는 은유는 각 개인의 독특성을 유지하면서도 연합의 개념을 강하게 나타낸다. 여러 지체는 한 몸 안에서 하나이면서도 서로 다른 기능을 수행한다. 사실 **많은 사람**이 그리스도 안에서 한 몸을 이루지만, 동시에 각 개인은 **서로에게 지체**가 된다. 끝으로 **몸**은 여기서 **그리스도 안에서** 한 몸으로 묘사되는데[5] 이는 은유와 연합 용어 간의 분명한 연관성을 보여준다. 베스트가 주장했듯이 "**그리스도와 연합된** 자들은 또한 서로 **연합**되어 있어서 상호 간의 연합이 증진되도록 힘써야 한다."[6]

οὐκ οἴδατε ὅτι τὰ σώματα ὑμῶν μέλη Χριστοῦ ἐστιν; ἄρας οὖν τὰ μέλη τοῦ Χριστοῦ ποιήσω πόρνης μέλη; μὴ γένοιτο. [ἢ] οὐκ οἴδατε ὅτι ὁ κολλώμενος τῇ πόρνῃ ἓν **σῶμά** ἐστιν; ἔσονται γάρ, φησίν, οἱ δύο εἰς σάρκα μίαν.

너희 **몸**이 그리스도의 지체인 줄을 알지 못하느냐? 내가 그리스도의 지체를 가

---

5   "교회는 한편으로는 '그리스도의 몸'이며 다른 한편으로는 '그리스도 안에 있는 한 몸'이다." Son, *Corporate Elements*, 93.
6   Best, *Romans*, 141.

지고 창녀의 지체를 만들겠느냐? 결코 그럴 수 없느니라. 창녀와 합하는 자는 그와 한 **몸**인 줄을 알지 못하느냐? 일렀으되 둘이 한 육체가 된다 하셨나니(고전 6:15-16).

이 두 구절은 그리스도의 몸을 명시적으로 언급하지는 않지만, 그 안에 그 개념이 암시되어 있다. 신자들의 몸은 **그리스도의 지체**로 묘사된다. 바울은 여기서 μέλη(문자적으로 "지체")라는 단어를 사용하는데, 바울은 이 단어를 로마서 12:4-5에서 그리스도의 몸과 비교되는 신자들의 지체들을 가리키는 데도 사용한다.[7] 신자들의 몸을 그리스도의 "지체"로 묘사하는 것은 그들을 그리스도의 "몸에 속한 부분"으로 간주하는 것이다. 따라서 비록 이 표현 자체가 여기서 생략되었다 하더라도 여기에 사용된 이미지는 그리스도의 몸이라는 개념을 연상시킨다.[8]

둘째, 신자들을 그리스도의 "지체"로 보는 개념은 단지 은유적인 표현만은 아니며 이 은유가 가리키는 어떤 영적 실체가 실제로 존재하는 것으로 보인다. 이러한 사실은 바울의 경고에서도 분명히 드러난다. **내가 그리스도의 지체를 가지고 창녀의 지체를 만들겠느냐? 결코 그럴 수 없느니라**. 창녀와의 성적 결합은 그녀와의 실제적인 "지체 관계"를 창출하는데, 이는 (부정적인 차원에서) 그리스도 안에서 이루어지는 지체 관계와 유사하다고 할 수 있다. 이러한 부정적 유비의 본질은 영적인 실체와 육체적인 실체가 서로 분리될 수 없다는 사실에 기초한다고 볼 수 있다. 그리스도의 몸의 지체가 된다는 것은 (육체적인 실체보다는) 영적인 실체를 가리키는 것이 분명하지만, 이러한 영적인 실체는 육체적인 실체와 결코 분리될 수 없다. 그렇다면 그리스도의 몸에 속한 영적

---

7 Ciampa and Rosner, *1 Corinthians*, 257.
8 손상원은 너희 몸은 그리스도의 지체라는 구문이 너희는 그리스도의 지체다 혹은 너희는 그리스도의 몸의 지체다라는 말과 "거의 같은" 표현으로 본다. Son, *Corporate Elements*, 88.

지체가 창녀와 육체적으로 결합하는 행위는 당연히 부적절한 것이다. 바울이 이러한 결합을 끔찍할 정도로 부적절한 것으로 본 사실은 그리스도의 몸의 지체가 된다는 바울의 은유적 표현이 실제적으로 하나의 영적인 실체를 가리키는 것임을 보여준다.[9] 우리가 영적인 실체에 관해 논할 때 은유와 실체를 서로 분리하는 것이 어려울 수도 있지만, 적어도 어떤 영적인 실체가 실제로 **존재한다**는 사실은 분명하다. 즉 바울의 몸 용어는 단순히 하나의 예를 들어 설명하기 위한 것이 아니다.

세 번째 이슈는 성적 결합이 육체적 결합을 완성하는 것으로 간주된다는 사실이다. 이것이 두 남녀의 관계에서는 전혀 놀라운 일이 아니지만(성서신학도 결혼에 관해 그렇게 가르침), 그리스도와 그의 몸의 관계에 있어서는 또 다른 문제다.[10] 이 문제는 아마도 그리스도와 그의 교회 간의 결혼 은유를 다루는 부분에서 다시 다루어지겠지만, 최소한 여기서 우리가 유의해야 할 점은 몸 은유와 결혼 은유가 서로 연관되어 있다는 것이다.

> τὸ ποτήριον τῆς εὐλογίας ὃ εὐλογοῦμεν, οὐχὶ κοινωνία ἐστὶν τοῦ αἵματος τοῦ Χριστοῦ; τὸν ἄρτον ὃν κλῶμεν, οὐχὶ κοινωνία τοῦ **σώματος** τοῦ Χριστοῦ ἐστιν; ὅτι εἷς ἄρτος, ἓν **σῶμα** οἱ πολλοί ἐσμεν, οἱ γὰρ πάντες ἐκ τοῦ ἑνὸς ἄρτου μετέχομεν.
>
> 우리가 축복하는바 축복의 잔은 그리스도의 피에 참여함이 아니며 우리가 떼는 떡은 그리스도의 **몸**에 참여함이 아니냐? 떡이 하나요 많은 우리가 한 **몸**이니, 이는 우리가 다 한 떡에 참여함이라(고전 10:16-17).

---

9 Ciampa와 Rosner는 이로써 "**그리스도와의 연합**은 창녀와의 연합과 결코 양립될 수 없다는 사실이 드러났다"고 주장한다. Ciampa and Rosner, *1 Corinthians*, 257[강조는 원저자의 것임].

10 이 본문에서 다루는 "신자와 그리스도 간의 결혼을 통한 연합의 개념"에 관한 Ciampa와 Rosner의 논의도 참조하라(Ibid., 259-60).

이 구절에서는 **축복의 잔**이 **그리스도의 피**로 묘사된 것처럼 성만찬의 떡은 **그리스도의 몸**으로 묘사된다. 오직 하나의 떡—따라서 그리스도의 한 몸—만이 존재하기 때문에 많은 사람이 **한 몸**으로 간주된다. 왜냐하면 모든 신자가 그 그리스도의 한 떡/몸을 공유하기 때문이다. 바울은 여기서 한 가지 은유를 사용해 어떤 다른 것을 설명한다. 물론 **한 떡**은 신자들이 함께 참여하는 실제적인 식사보다는 그리스도의 몸을 지칭하지만, 그 식사는 다른 어떤 것의 실례로 사용된다. 신자들이 모여 한 덩어리의 떡을 서로 나누고 그것을 통해 하나가 되듯이 그들은 그리스도의 한 몸을 서로 나누며 하나가 된다.[11]

이 유비가 그리스도와의 연합에 부여하는 의미는 두 가지다. 첫째, 이미 앞에서 지적했듯이 **몸**이라는 은유는 하나와 여럿의 개념을 가능하게 한다. 단일성과 다양성은 그리스도의 몸 안에 공존한다. 둘째, 그리스도의 몸인 "떡"에 참여하는 것은 실제적으로 그 몸을 **생산**한다고도 볼 수 있다. 즉 신자들은 **한 떡**을 서로 나눔으로써 **한 몸**을 이루게 되는 것이다. 다시 말하면 신자들은 그리스도의 몸에 참여함으로써 그 몸의 일부가 된다. 신자들은 그리스도와 연합함으로써 그분의 몸의 일부가 되는 것이다.

> ὁ γὰρ ἐσθίων καὶ πίνων κρίμα ἑαυτῷ ἐσθίει καὶ πίνει μὴ διακρίνων τὸ **σῶμα**.
> 주의 **몸**을 분별하지 못하고 먹고 마시는 자는 자기의 죄를 먹고 마시는 것이니라(고전 11:29).

이 구절은 성만찬과 이를 악용한 고린도 교인들에 관한 본문(11:17-34)

---

11   이 구절들에 관한 Thiselton의 광범위한 논의도 참조하라. Thiselton, *1 Corinthians*, 755-71.

인데 몸에 관한 바울의 언급은 다소 모호하다. 하나의 자연스러운 해석은 성만찬이 그리스도의 죽음을 선포하는 것이기 때문에(11:25-26) 여기서 **몸**은 십자가상에 바쳐진 그리스도의 육신을 가리킨다는 것이다. 따라서 죽음에 넘겨진 그리스도의 몸을 분별하지 못하고 성만찬에 참여하는 자들은 누구나 심판을 받게 될 것이다. 이 본문은 궁극적으로 고린도 교인들이 이 성만찬과 관련하여 어떤 태도를 보여 왔으며 또 다른 이들을 얼마나 홀대해 왔는지를 보여준다. 그들의 내부 당파적 분열이 이를 잘 대변한다(11:18-22).

이러한 넓은 맥락을 고려하면 **몸을 분별한다**는 것은 그리스도의 공동체 안에서 서로를 돌보는 것과 관련이 있다. 따라서 그리스도 안에 있는 신자들의 몸을 분별하지 못한 채 성만찬에 참여하는 자들은 누구나 심판을 받게 될 것이다. 손상원이 인정하듯이 "이 본문에서 몸이 그리스도 자신의 몸을 가리키는지 혹은 교회를 가리키는지를 판단하는 것은 불가능하지는 않지만 매우 어려운 일이다."[12] 그가 제시한 해결책은 그리스도 자신의 몸과 교회의 몸을 "엄격하게 구별"하지 않는 것이다.[13] 모울의 주장처럼 이 경우는 십자가에 달린 그리스도의 몸과 성만찬을 통해 그리스도의 몸에 참여하는 신자들의 몸을 모두 가리키는 **이중의 뜻**(double entendre)으로 보는 것이 적절해 보인다.[14]

그리스도와의 연합의 견지에서 보면 이 구절에서 새롭게 얻을 정보는 그리 많지 않다. 그리스도에게 참여한다는 것이 신자들끼리도 서로 참여하는 결과를 가져온다는 것에 관해서는 이미 살펴본 바 있다. 즉 이 구절은 몸에 합당하게 행동하지 않는다면 심판을 받아도 마땅하다는 사실을 일깨워준다.

---

12 Son, *Corporate Elements*, 91.
13 Ibid., 92.
14 C. F. D. Moule, *The Origin of Christianity* (Cambridge: Cambridge Univ. Press, 1977), 73.

καθάπερ γὰρ τὸ **σῶμα** ἕν ἐστιν καὶ μέλη πολλὰ ἔχει, πάντα δὲ τὰ μέλη τοῦ **σώματος** πολλὰ ὄντα ἕν ἐστιν **σῶμα**, οὕτως καὶ ὁ Χριστός · [13] καὶ γὰρ ἐν ἑνὶ πνεύματι ἡμεῖς πάντες εἰς ἓν **σῶμα** ἐβαπτίσθημεν, εἴτε Ἰουδαῖοι εἴτε Ἕλληνες εἴτε δοῦλοι εἴτε ἐλεύθεροι, καὶ πάντες ἓν πνεῦμα ἐποτίσθημεν. [14] καὶ γὰρ τὸ **σῶμα** οὐκ ἔστιν ἓν μέλος ἀλλὰ πολλά. [15] ἐὰν εἴπῃ ὁ πούς · ὅτι οὐκ εἰμὶ χείρ, οὐκ εἰμὶ ἐκ τοῦ σώματος, οὐ παρὰ τοῦτο οὐκ ἔστιν ἐκ τοῦ **σώματος**; [16] καὶ ἐὰν εἴπῃ τὸ οὖς · ὅτι οὐκ εἰμὶ ὀφθαλμός, οὐκ εἰμὶ ἐκ τοῦ σώματος, οὐ παρὰ τοῦτο οὐκ ἔστιν ἐκ τοῦ **σώματος**; [17] εἰ ὅλον τὸ **σῶμα** ὀφθαλμός, ποῦ ἡ ἀκοή; εἰ ὅλον ἀκοή, ποῦ ἡ ὄσφρησις; [18] νυνὶ δὲ ὁ θεὸς ἔθετο τὰ μέλη, ἓν ἕκαστον αὐτῶν ἐν τῷ **σώματι** καθὼς ἠθέλησεν. [19] εἰ δὲ ἦν τὰ πάντα ἓν μέλος, ποῦ τὸ **σῶμα**; [20] νῦν δὲ πολλὰ μὲν μέλη, ἓν δὲ **σῶμα**. [21] οὐ δύναται δὲ ὁ ὀφθαλμὸς εἰπεῖν τῇ χειρί · χρείαν σου οὐκ ἔχω, ἢ πάλιν ἡ κεφαλὴ τοῖς ποσίν · χρείαν ὑμῶν οὐκ ἔχω · [22] ἀλλὰ πολλῷ μᾶλλον τὰ δοκοῦντα μέλη τοῦ **σώματος** ἀσθενέστερα ὑπάρχειν ἀναγκαῖά ἐστιν, [23] καὶ ἃ δοκοῦμεν ἀτιμότερα εἶναι τοῦ **σώματος** τούτοις τιμὴν περισσοτέραν περιτίθεμεν, καὶ τὰ ἀσχήμονα ἡμῶν εὐσχημοσύνην περισσοτέραν ἔχει, [24] τὰ δὲ εὐσχήμονα ἡμῶν οὐ χρείαν ἔχει. ἀλλὰ ὁ θεὸς συνεκέρασεν τὸ **σῶμα** τῷ ὑστερουμένῳ περισσοτέραν δοὺς τιμήν, [25] ἵνα μὴ ᾖ σχίσμα ἐν τῷ **σώματι** ἀλλὰ τὸ αὐτὸ ὑπὲρ ἀλλήλων μεριμνῶσιν τὰ μέλη. [26] καὶ εἴτε πάσχει ἓν μέλος, συμπάσχει πάντα τὰ μέλη · εἴτε δοξάζεται [ἓν] μέλος, συγχαίρει πάντα τὰ μέλη. [27] ὑμεῖς δέ ἐστε **σῶμα** Χριστοῦ καὶ μέλη ἐκ μέρους.

몸은 하나인데 많은 지체가 있고 **몸**의 지체가 많으나 한 **몸**임과 같이 그리스도도 그러하니라. [13] 우리가 유대인이나 헬라인이나 종이나 자유인이나 다 한 성령으로 세례를 받아 한 몸이 되었고 또 다 한 성령을 마시게 하셨느니라. [14] **몸**은 한 지체뿐만 아니요 여럿이니. [15] 만일 발이 이르되 나는 손이 아니니 **몸**에 붙지 아니하였다 할지라도 이로써 **몸**에 붙지 아니한 것이 아니요, ¹⁶ 또 귀가 이르되 나는 눈이 아니니 **몸**에 붙지 아니하였다 할지라도 이로써 **몸**에 붙지 아니한 것이 아니니, ¹⁷ 만일 온 **몸**이 눈이면 듣는 곳은 어디며 온 몸이 듣는 곳이면 냄새 맡는 곳은 어디냐? ¹⁸ 그러나 이제 하나님이 그 원하시는 대로 지체를 각각 **몸**에 두셨으니, ¹⁹ 만일 다 한 지체뿐이면 **몸**은 어디냐? ²⁰ 이제 지체는 많으나 **몸**은 하나라 ²¹ 눈이 손더러 내가 너를 쓸 데가 없다 하거나 또한 머리가 발더러 내가 너를 쓸 데가 없다 하지 못하리라. ²² 그뿐 아니라 더 약하게 보이는 **몸**의 지체가 도리어 요긴하고 ²³ 우리가 **몸**의 덜 귀히 여기는 그것들을 더욱 귀한 것들로 입혀 주며 우리의 아름답지 못한 지체는 더욱 아름다운 것을 얻느니라. 그런즉 ²⁴ 우리의 아름다운 지체는 그럴 필요가 없느니라. 오직 하나님이 **몸**을 고르게 하여 부족한 지체에게 귀중함을 더하사, ²⁵ **몸** 가운데서 분쟁이 없고 오직 여러 지체가 서로 같이 돌보게 하셨느니라. ²⁶ 만일 한 지체가 고통을 받으면 모든 지체가 함께 고통을 받고 한 지체가 영광을 얻으면 모든 지체가 함께 즐거워하느니라. ²⁷ 너희는 그리스도의 **몸**이요 지체의 각 부분이라(고전 12:12-27).

그리스도의 몸에 관한 이 탁월한 논의에서는 몸의 단일성과 다양성이 상세하게 다루어진다. 바울은 개별 부분이 몸 안에서 저마다의 역할을 수행한다는 점과 이러한 지체들의 다양성이 몸의 올바른 작동에 필수적이라는 점을 강조한다. 각 지체가 모두 눈이라면 몸에는 아무런 유익이 없다는 것이다(12:16).

그리스도와의 연합과 관련된 주요 요소들은 12절과 27절에 담겨 있다. 12절은 몸이 많은 지체를 지니면서도 한 몸이듯이 그리스도 역시 마찬가지라는 사실을 분명히 보여준다.[15] 그리스도의 몸은 많은 지체를

---

15   손상원은 "이 유비는 여기서 교회보다는 그리스도에 관해 제시된다"는 사실에 큰 의미를 둔다. "이것은 의미가 있다. 왜냐하면 이것은 σῶμα가 단지 하나의 은유 이상이라는 것뿐만 아니라 그리스도와 교회 사이에는 특별한 관계가 존재한다는 사실도 나타내기 때문이다." Son, *Corporate Elements*, 85.

가진 하나의 몸인데 이는 인간의 몸과도 유사하다. 이 개념은 한 몸 안에 있는 다양성의 중요함을 부각시키는 나머지 부분에서도 중요한 역할을 한다.

27절은 신자들과 관련하여 그들이 **그리스도의 몸이요 그 몸의 각 지체**임을 지적함으로써 이러한 현실을 강조한다. 그들은 한 몸을 형성하는 **동시에** 그 몸의 지체들이다. 결과적으로 신자들과 그리스도의 연합은 하나로 통합하는 결과를 초래할 뿐만 아니라 서로를 구별하는 결과도 초래한다. 신자들은 그리스도의 몸이다. 그들은 모두 하나가 되어 단일 공동체를 형성한다. 하지만 신자들은 또한 몸의 각 지체들이며 그들이 하나가 되었다고 해서 그들이 지닌 개인의 고유성과 다양성이 소멸되는 것은 아니다.

> καὶ πάντα ὑπέταξεν ὑπὸ τοὺς πόδας αὐτοῦ καὶ αὐτὸν ἔδωκεν κεφαλὴν ὑπὲρ πάντα τῇ ἐκκλησίᾳ, ἥτις ἐστὶν τὸ **σῶμα** αὐτοῦ, τὸ πλήρωμα τοῦ τὰ πάντα ἐν πᾶσιν πληρουμένου.
> 또 만물을 그의 발아래에 복종하게 하시고 그를 만물 위에 교회의 머리로 삼으셨느니라. 교회는 그의 **몸**이니 만물 안에서 만물을 충만하게 하시는 이의 충만함이니라(엡 1:22-23).

우리는 그리스도의 몸에 관한 언급을 통해 교회가 그분의 몸이며 그리스도가 **교회를 위한 만물의 머리** 되심을 확인한다. 그리스도가 몸의 **머리**라는 사실을 처음으로 암시하는 이 구절은 잠재적 혼동을 일으킬 만한 문제 두 가지를 제기한다. 첫째, 지금까지는 교회가 그리스도의 몸으로서 "완전한" 몸이라는 생각에 의문을 제기할 이유가 전혀 없었다. 몸의 지체들의 다양성과 관련된 논의가 일부 진행되었던 것은 사실이지만, 이 몸의 포괄성에 관해서는 전혀 의심의 여지가 없었다.

하지만 여기서 바울은 그리스도 자신이 그 몸의 머리라고 말한다.[16] 이 사실은 지금까지 제기되지 않았던 질문을 제기한다. 만약 그리스도가 몸의 머리라면 교회는 단순히 몸의 나머지 부분만을 차지한다는 말인가? 둘째, 그리스도가 몸의 머리라는 개념은 그분은 자신의 몸의 나머지 부분을 구성하지 않는 것을 암시하는 듯 보인다. **머리**라는 개념이 **몸** 은유에 도입되기 이전에는 신자들의 몸은 그리스도의 **부분**이었다. 그들은 그리스도에게 통합되었고 그분과 관련된 몸의 부분과 교회와 관련된 몸의 부분 사이에 뚜렷한 구분 없이 그들은 그분의 지체가 되었다. 그러나 이제는 **몸** 은유에 **머리**라는 요소가 추가됨으로써 그리스도와 교회의 개념적 관계에 다소 변화가 생겼다. 이제는 그리스도를 가리키는 머리와 몸의 나머지 부분 사이에 구분이 생긴 것이다.

첫 번째 난제만을 독립적으로 다룬다는 것은 불가능할 수도 있지만, 두 번째 난제를 먼저 다룬다면 보다 수월하게 해결될 수도 있다. 사실 두 번째 난제는 이 구절의 마지막 절을 고려하면 완화될 수 있다. **만물 안에서 만물을 충만하게 하시는 이의 충만함이니라**(1:23). 이 구절은 **그의 몸**과 동격으로서 어떤 식으로든 이 어구를 규정한다. 그리스도의 몸은 만물을 충만하게 하시는 이의 **충만함**으로 묘사되는데, 여기서 핵심은 특별히 교회와 관련하여 그리스도가 모든 만물을 충만하게 하

---

16 그러나 Ridderbos는 이러한 연관성에 반대하며 다음과 같이 주장한다. "우리는 인간의 몸 안에 있는 관계성에서 기인한 생리적 관념들을 만들어내서는 안 되며 오히려 이 개념은 인간 공동체의 구조와 관계를 통해 이해되어야 한다." Ridderbos, *Paul*, 382. 비록 그리스도의 머리됨은 생리적으로보다는 관계적으로 이해해야 한다는 그의 주장은 받아들여야 하겠지만, 이러한 주장은 반드시 머리의 은유와 몸의 은유 간의 연관성과 모순되는 것은 아니다. 이 두 가지 은유가 동일한 문맥에서 등장할 경우에 이 둘의 연관성은 의도된 바가 아니라는 제안은 수용하기 어렵다. 이런 의미에서 Williams가 인정하듯이 "이 두 가지 은유가 동시에 등장할 경우 '몸'과 '머리'의 연계는 '머리'에 특별한 의미를 부여한다." David J. Williams, *Paul's Metaphors: The Context and Character* (Peabody, MA: Hendrickson, 1999), 90. 이와 마찬가지로 Bedale도 "물론 바울이 '몸'(σῶμα)이 언급되는 인접 문맥에서 인체 해부학적인 이미지를 전혀 의도적으로 언급하지 않으면서 '머리'(κεφαλή)를 사용했을 가능성은 거의 없어 보인다"고 말한다. Stephen Bedale, "The Meaning of κεφαλή in the Pauline Epistles," *JTS* 5 (1954): 214.

신다는 것이다. 아무튼 이러한 표현이 지칭하는 형이상학적인 실체가 무엇이든 간에 그리스도와 그의 몸을 둘로 나누는 이분법적인 사고는 결국 잘못된 것이다.[17] 그리스도는 만물을 충만하게 하시며 그의 몸은 그분의 충만함이다. 즉 그리스도가 자신의 몸의 머리가 되신다는 것이 그가 몸 전체에 참여하지 않는다는 것을 의미한다면 이는 전혀 이치에 맞지 않는 것이다.

그리스도와의 연합과 관련하여 이 본문이 새롭게 제시하는 내용은 두 가지다. 첫째, 신자들이 그리스도와 연합하여 그의 몸에 참여하는 것이 사실이지만, 또한 동시에 그리스도가 자신의 고유한 인격을 그대로 유지하는 것도 사실이다. 몸 전체가 그리스도에게 참여하며 또한 그분의 충만함이지만, 오직 그분만이 그 몸의 머리가 될 수 있다. 이러한 유형의 연합과 구별은 앞에서 살펴본 몸의 통일성 및 지체들의 다양성과 유사한 면이 있다. 비록 신자들은 한 몸이지만, 그들은 개별적으로 그 몸의 지체들이다(고전 12:27). 이와 마찬가지로 몸 전체가 그리스도에게 참여하지만, 그의 머리 됨은 그에게만 해당되는 유일무이한 특권이다.

첫 번째 요점과 관련이 있는 두 번째 요점은 우리가 그리스도의 몸에 참여함으로써 그분과 연합한다고 해서 신자들에 대한 그리스도의 권위가 약화되는 것은 아니라는 것이다. 그리스도와 연합한 자들과 그분 사이에 남아 있는 일부 차이점은 그들에 대한 그분의 권위적 위치다. 따라서 그리스도와의 영적 연합이라는 실체가 아무리 광범위하고 포괄적이라 할지라도 모든 구별이 사라지는 것은 아니다.

---

17 따라서 여기서 바울은 "단지 머리에 속한 몸의 나머지 부분들로서가 아닌 전체적인 몸으로서의 교회를 표현한다"는 손상원의 주장은 궁극적으로 타당하다. Son, *Corporate Elements*, 95.

αὐτὸς γάρ ἐστιν ἡ εἰρήνη ἡμῶν, ὁ ποιήσας τὰ ἀμφότερα ἓν καὶ τὸ μεσότοιχον τοῦ φραγμοῦ λύσας, τὴν ἔχθραν ἐν τῇ σαρκὶ αὐτοῦ, τὸν νόμον τῶν ἐντολῶν ἐν δόγμασιν καταργήσας, ἵνα τοὺς δύο κτίσῃ ἐν αὐτῷ εἰς ἕνα καινὸν ἄνθρωπον ποιῶν εἰρήνην καὶ ἀποκαταλλάξῃ τοὺς ἀμφοτέρους ἐν ἑνὶ **σώματι** τῷ θεῷ διὰ τοῦ σταυροῦ, ἀποκτείνας τὴν ἔχθραν ἐν αὐτῷ.

그는 우리의 화평이신지라. 둘로 하나를 만드사 원수 된 것 곧 중간에 막힌 담을 자기 육체로 허시고 법조문으로 된 계명의 율법을 폐하셨으니, 이는 이 둘로 자기 안에서 한 새 사람을 지어 화평하게 하시고, 또 십자가로 이 둘을 한 **몸**으로 하나님과 화목하게 하려 하심이라. 원수 된 것을 십자가로 소멸하시고(엡 2:14-16).

손상원의 지적에 따르면 "2:16에 나오는 '한 몸'이 십자가에서 희생당한 그리스도 개인의 몸을 가리키는지 아니면 교회를 가리키는지에 관해 학자들은 서로 다른 견해를 견지한다."[18] 그는 후자의 입장을 지지하므로 몸 은유에 관한 논의에 이 본문을 포함시킨다. 나는 이 본문이 전자의 해석을 지지한다고 논증할 것이므로 이 본문은 이 은유를 이해하는 데 직접적으로 기여하지는 않는다.[19] 하지만 이 본문을 여기에 포함시키는 이유는 이 본문이 학문적인 토론에서 차지하는 비중 때문이다. 손상원의 논증과 관련하여 우리는 다음 세 가지 요점에 주목하고자 한다.

첫째, 손상원은 "만약 바울이 그리스도 자신의 몸을 언급하고자 했다면, 그는 '한 몸'이라는 표현보다는 '그의 몸'이라는 표현을 사용했

---

18 Ibid.
19 그럼에도 대다수 주석가들은 손상원의 입장을 지지한다. 참조. Best, *Ephesians*, 265. 이와는 달리 Barth는 "한 몸"은 "메시아의 육체적 몸, 더 구체적으로는 십자가에 못 박힌 그의 몸"을 가리킨다고 본다. M. Barth, *Ephesians 1-3*, 298.

을 것"이라고 주장한다.[20] 그러나 바울이 할 수 있는 말과 할 수 없는 말을 임의적으로 지정하는 해석은 설득력이 떨어진다. **한 몸**이라는 어구는 단순히 현 문맥에서 두 적대적인 집단의 화해를 강조하려는 바울의 의도로 설명될 수 있다. 한 몸이라는 표현은 단지 둘이 하나가 되었다는 사실을 강조할 뿐이다.

둘째, 손상원은 여기서 "'한 몸'은 '하나'(2:14)와 '한 새 사람'(2:15)과 분명히 평행을 이루기 때문에 이 세 가지 표현은 모두 동일한 실체를 지칭한다고 볼 수밖에 없다"고 주장한다.[21] 이 주장은 첫 번째 주장보다는 설득력이 있긴 하지만, "한 몸"이 "하나"와 "한 새 사람"과 필연적으로 평행을 이루어야만 하는 것은 아니다. 물론 **하나**라는 용어가 공통적으로 사용된 사실은 주목할 만한 사항이지만, 손상원의 분석은 14-16절에 나타나는, 즉 소위 전치사 "안에"(ἐν)의 삼중 용법이라는 또 다른 주목할 만한 특수 상황을 고려하지 않는다. 바울은 2:16에서 **한 몸 안에**라고 말하는데 이는 **자기 육체 안에서**(2:14)와 **자기 안에서**(2:15)라는 표현과 평행을 이룬다고 볼 수 있다.

사실 이러한 병행 구조는 손상원이 제시한 것들보다 더 강력하다. 전치사 ἐν이 사용된 어구들은 각각 어떤 행위가 일어나는 영역을 지칭한다. **자기 육체 안에서** 그는 법조문으로 된 계명의 율법을 폐하셨으니(14-15절) 이는 이 둘로 **자기 안에서** 한 새 사람을 짓고(15절) 또 둘을 **한 몸 안에서** 하나님과 화목하게 하려 하심이라(16절). 계명을 폐하는 일은 그의 육체의 영역 안에서 이루어진다. 한 새 사람을 창조하는 일도 그분 자신의 영역 안에서 이루어진다. 둘을 화해시키는 일도 한 몸이라는 영역 안에서 이루어진다. 이 세 ἐν 표현이 모두 이러한 핵심적 행위가 이루어지는 영역을 언급한다는 점에서 **한 몸 안에서는 하나**

---

20 Son, *Corporate Elements*, 95.
21 Ibid., 96.

(14절) 및 **한 새 사람**(15절)과 평행을 이루기보다는 다른 두 "안에서" 전치사구와 평행을 이룰 개연성이 더 높다.

셋째, 손상원은 "'한 몸 안에서'라는 표현은 골로새서 3:15에서도 나타나는데 거기서는 분명히 교회를 지칭한다"고 지적한다.[22] 이 논증도 바울이 어떤 표현을 쓸 것인지를 손상원이 결정한다는 점에서 첫 번째 논증과 유사하다. 골로새서 3:15에서 동일한 표현이 교회를 지칭하는 것은 사실이지만, 그렇다고 해서 그 표현이 여기서도 반드시 교회를 지칭해야 하는 것은 아니다. 십자가에 달리신 그리스도의 몸과 그의 몸인 교회 사이의 밀접한 연관성을 감안하면 바울이 동일한 표현을 가지고 어느 하나를 언급하는 데 사용했을 것이라는 생각은 결코 지나치지 않다. 결국 바울은 **몸**이라는 단어를 아무런 거리낌 없이 두 가지 모두를 지칭하는 데 사용한다.

결과적으로, **한 몸 안에서**는 십자가에 달리신 그리스도의 몸을 가리키며 십자가 및 원수를 소멸한다는 내용을 언급하는 다음 구문들과도 가장 잘 어울린다. 따라서 여기서 바울은 화목하게 하는 그리스도의 십자가의 죽음의 역할과 십자가에 달리신 그분의 몸에 대해 언급한다.

ἓν **σῶμα** καὶ ἓν πνεῦμα, καθὼς καὶ ἐκλήθητε ἐν μιᾷ ἐλπίδι τῆς κλήσεως ὑμῶν.
몸이 하나요 성령도 한 분이시니, 이와 같이 너희가 부르심의 한 소망 안에서 부르심을 받았느니라(엡 4:4).

여기에 언급된 **몸**은 인접 문맥이 신자 간의 하나 됨에 관한 것이라는 점에서(4:1-3) 교회를 가리키는 것이 분명하다.[23] 4-6절은 교회의

---

22 Ibid.
23 John Muddiman, *The Epistle to the Ephesians* (BNTC; New York: Continuum, 2001),

존재를 규정하는 특징을 열거함으로써 이러한 하나 됨을 강조한다. 즉 한 몸, 한 성령, 한 소망, 한 주, 한 믿음, 한 세례, 한 하나님 아버지만이 존재한다. 이번 장의 이 단락은—몸의 하나 됨에 관한 이 언급과 더불어—몸 안에 존재하는 다양한 측면들을 상세하게 다루는 4:11-13과 긴장 관계에 놓여 있다.

> καὶ αὐτὸς ἔδωκεν τοὺς μὲν ἀποστόλους, τοὺς δὲ προφήτας, τοὺς δὲ εὐαγγελιστάς, τοὺς δὲ ποιμένας καὶ διδασκάλους, πρὸς τὸν καταρτισμὸν τῶν ἁγίων εἰς ἔργον διακονίας, εἰς οἰκοδομὴν τοῦ **σώματος** τοῦ Χριστοῦ, μέχρι καταντήσωμεν οἱ πάντες εἰς τὴν ἑνότητα τῆς πίστεως καὶ τῆς ἐπιγνώσεως τοῦ υἱοῦ τοῦ θεοῦ, εἰς ἄνδρα τέλειον, εἰς μέτρον ἡλικίας τοῦ πληρώματος τοῦ Χριστοῦ.
>
> 그가 어떤 사람은 사도로, 어떤 사람은 선지자로, 어떤 사람은 복음 전하는 자로, 어떤 사람은 목사와 교사로 삼으셨으니, 이는 성도를 온전하게 하여 봉사의 일을 하게하며 그리스도의 **몸**을 세우려 하심이라. 우리가 다 하나님의 아들을 믿는 것과 아는 일에 하나가 되어 온전한 사람을 이루어 그리스도의 장성한 분량이 충만한 데까지 이르리니(엡 4:11-13).

교회의 하나 됨을 강조하는 단락(4:1-6)에서 몸을 언급한 데 이어 바울은 이제 교회를 구성하는 이들의 몇몇 개별적 역할을 구체적으로 언급함으로써 몸의 다양성을 부각시킨다. 이 본문에는 몸의 은유를 이해하는 데 도움이 되는 새로운 요소들이 몇 가지 나타난다.

첫째, 몸의 다양성은 목회 사역에서 성도들의 훈련을 도모하는 데 도움을 준다. 사도, 예언자, 전도자, 목자-교사 등의 역할은 몸의 모든 지체를 포괄적으로 규정하지 않는다. 즉 이러한 역할은 **모든 이**가 아니

182-84.

라 **몇몇 이**에게 주어지며[24] 교회를 향한 그들의 섬김은 그 다양성으로부터 비롯된다.

둘째, 분명한 것은 그리스도의 몸은 반드시 **세워져야** 한다는 점이다. 이러한 몸을 세우는 과정은 4:13이 잘 보여주듯이 단순히 새로운 신자들이 몸에 추가되는 것을 가리키기보다는 그 몸이 성숙하고 강건해지는 것을 의미한다. 따라서 몸은 단순히 그리스도에게 참여하기만 하는 정적인 존재가 아님을 암시한다. 몸은 각 지체들의 사역을 통해 변화하고 발전한다.

셋째, 몸은 단순히 역동적으로 자라고 성숙할 뿐 아니라 **우리가 다…믿음에 하나가 될 때까지**라는 구문이 잘 표현해주듯이 점차적으로 **하나 됨**이 강화되는 방향으로 나아간다. 여기서 새롭게 주목할 만한 사실은 몸이 하나가 된다는 것은, 앞에서 여러 차례 몸의 하나 됨에 관한 일관된 언급이 있었음에도 불구하고, 진행형이라는 사실이다. 이렇게 한편으로는 견고하게 하나된 몸과 다른 한편으로는 하나 됨을 향해 지속적으로 나아가는 몸이 서로 공존하는 현실은 다음 두 가지 방식 중 하나로 설명될 수 있다. 첫째, 이것은 종말이 현 시대에 도래했다는 바울의 종말론적 사고방식의 결과라고 할 수 있다. 이러한 사고방식은 바울 서신 전반에 걸쳐 분명히 나타나며 **이미 그러나 아직**이라는 긴장 관계를 유발한다. 따라서 몸의 하나 됨의 개념은 비록 미래에 속한 종말론적 현실이긴 하지만, 바울신학의 많은 부분을 지탱하는 도래한 종말론(inaugurated eschatological thinking)으로 인해 현재적 현실을 가리킨다고도 볼 수 있다. 따라서 몸이 하나 됨으로 성장해야 할 필요성은 현실을 반영하는 표현이며, 이러한 현실은 완전히 하나 된 종말론적

---

24 τοὺς μὲν ἀποστόλους, τοὺς δὲ προφήτας, τοὺς δὲ εὐαγγελιστάς, τοὺς δὲ ποιμένας καὶ διδασκάλους라는 구문에서 계속 연결되는 μέν … δέ … δέ … δέ 구문을 주목하라.

현실과 긴장 관계 속에서 공존한다.²⁵

둘째, 그러나 이보다 단순한 해결책이 더 좋은 대안일 수 있다. 성숙해가는 연합과 완전한 연합의 공존 관계를 바울의 도래한 종말론에서 파생된 현재 진행형적 사역으로 보기보다는 **영적** 현실과 **육신적** 현실의 공존이라는 관점으로 설명하는 것이 더 나아 보인다.²⁶ 다시 말하면 몸의 완전한 연합은 현실을 반영하는 영적 사실이다. 즉 그리스도께 속한 자들은 이미 한 몸—불가분하며 부패하지 않은—이라는 것이다. 그 이유는 신자들과 그리스도의 영적 연합이 결코 훼손될 수 없기 때문에 신자 간의 영적 연합도 완전하다는 것이다. 그러나 이 세상을 살아가는 우리의 육신적 존재가 의미하는 바는 몸의 영적 연합이 교회의 부패하고 불완전한 경험을 통해 표현된다는 것이다.

> ἀληθεύοντες δὲ ἐν ἀγάπῃ αὐξήσωμεν εἰς αὐτὸν τὰ πάντα, ὅς ἐστιν ἡ κεφαλή, Χριστός, ἐξ οὗ πᾶν τὸ **σῶμα** συναρμολογούμενον καὶ συμβιβαζόμενον διὰ πάσης ἁφῆς τῆς ἐπιχορηγίας κατ᾽ ἐνέργειαν ἐν μέτρῳ ἑνὸς ἑκάστου μέρους τὴν αὔξησιν τοῦ **σώματος** ποιεῖται εἰς οἰκοδομὴν ἑαυτοῦ ἐν ἀγάπῃ.
>
> 오직 사랑 안에서 참된 것을 하여 범사에 그에게까지 자랄지라. 그는 머리니 곧 그리스도라. 그에게서 온 **몸**이 각 마디를 통하여 도움을 받음으로 연결되고 결합되어 각 지체의 분량대로 역사하여 그 **몸**을 자라게 하며 사랑 안에서 스스로 세우느니라(엡 4:15-16).

---

25 참조. Lincoln, *Ephesians*, 256. 이것은 "바울의 '이미'와 '아직' 간의 종말론적 긴장이 교회의 현실에 적용된 버전이다."
26 O'Brien은 이 두 가지 가능성을 결합하는 듯하다. "몸 은유는 두 시대의 '이미와 아직'의 긴장 관계를 반영한다.…이것은 천상적 실체이면서 지상적 현실이기도 하다." O'Brien, *Ephesians*, 317.

이 본문은 그리스도를 몸의 **머리**로 언급할 뿐 아니라 몸의 지속적인 성숙에 **도움을 주는** 분으로도 언급한다. 또한 몸의 각 지체가 지닌 다양성(**각 마디를 통하여**)과 교회에 대한 이들의 섬김(**각 지체의 분량대로 역사하여**)을 묘사하기도 한다. 이러한 개념들은 이미 앞에서 다룬 본문들에서 개별적으로 나타났지만, 여기서는 두 가지 새로운 관심 포인트에 주목할 필요가 있다.

첫째, 몸은 **머리이신 그분에게까지** 자라나야 할 뿐만 아니라 **그분으로부터** 자라나야 하는 것으로 묘사된다. 이 두 표현을 몸이라는 은유에 적용해보면 굉장히 어색하다. 그 이유는 몸이 그 머리**에게까지** 자란다거나 몸이 그 머리**로부터** 자란다는 모습 모두 이상하기 때문이다. 바울은 이 은유를 인체 해부학적인 한계를 넘어서까지 확대 적용하면서 단순히 자신이 염두에 둔 개념을 전달하는 데만 집중하는 것으로 보인다. 머리**에까지** 자란다는 표현은 그리스도를 본받고 그를 닮아가며 신자들과 그리스도의 "하나 됨으로 성장"하는 것을 가리킨다고 볼 수 있다. 그분**으로부터** 자란다는 표현은 그리스도가 몸의 근원이라는 의미다. 그리스도가 몸의 근원이며 성장을 위한 원동력이다. 따라서 비록 머리에까지 자란다거나 머리로부터 자란다는 개념이 몸 은유의 다소 어색한 확대 적용일 수는 있지만, 또한 이는 그리스도의 몸의 유기적 본질을 더욱 강화해준다. 머리와 몸은 역동적이면서도 유기적으로 하나가 된다.

둘째, 그리스도가 몸의 근원이며 성장을 돕는 원동력이지만, 몸 또한 스스로 자신을 세워나간다는 점도 확인된다. 그리스도가 몸을 성장시켜나가는 과정 속에서도 각 지체는 이러한 성장에 관여한다. 따라서 그리스도의 몸이 성장해나가는 과정에는 상호 간의 협력과 참여가 필요하다. 비록 몸이 자신의 성장에 관한 책임을 그리스도를 제외한 채 홀로 떠맡을 수는 없겠지만, 이러한 책임으로부터 온전히 자유로울 수도 없다.

그리스도와의 연합이라는 관점에서 몸 은유가 이렇게 두 방향으로 확대 적용된 사실은, 신자들과 그리스도의 연합이 그리스도로부터 뿐만 아니라 그리스도께까지 성장하는 것을 수반하는 유기적인 연합임을 상기시킨다. 그리스도는 우리 연합의 근원이자 목표다. 우리는 그분으로부터 기원하며 그분을 닮아가야 한다.[27] 더 나아가 몸의 이러한 역동적인 성장은 그리스도에 의해 촉진될 **뿐만 아니라** 각 지체들의 기여로 이루어진다.

> ὅτι ἀνήρ ἐστιν κεφαλὴ τῆς γυναικὸς ὡς καὶ ὁ Χριστὸς κεφαλὴ τῆς ἐκκλησίας, αὐτὸς σωτὴρ τοῦ **σώματος**.
> 이는 남편이 아내의 머리됨이 그리스도께서 교회의 머리됨과 같음이니, 그가 바로 **몸**의 구주시니라(엡 5:23).

몸에 관한 이 은유는(다음에 다룰 은유와 더불어) 그리스도를 교회의 남편으로 묘사한다는 점에서 확대된 은유에 속한다. 결혼이라는 은유는 이번 장 뒷부분에서 다룰 예정이므로 여기서는 길게 다루지 않고 단지 **몸**이라는 표현의 역할에만 집중하고자 한다. 여기서도 그리스도는 **교회의 머리**로 묘사되는데 이것은 마지막 구문에 등장하는 몸에 관한 언급과 연관된다. 그리스도가 교회의 머리가 된다는 사실은 남편이 아내의 머리가 되는 것에 비유되는데 이 유비에 관해서는 나중에 살펴볼 예정이다.

이와 더불어 우리는 그리스도를 **몸의 구주**로 묘사하는 내용을 처음 접하게 된다. 여기서도 바울은 몸 은유의 경계를 확대한다. 왜냐하

---

27 참조. Best, *Ephesians*, 413. "이것은 정적인 교회의 그림이 아니라 성장하고 성숙해가는 교회의 그림이다.…이 교회는 그 목표(13절)를 향해 움직이며 구주이자 머리이신 그리스도의 사랑과 능력을 통해 이러한 활동을 할 수 있는 힘을 공급받는다."

면 이 **몸**은 그리스도가 "그것을 구원했을" 때 아직 존재하지 않았기 때문이다. 이 몸은 그리스도의 죽음과 부활을 통해 생겨났다. 이러한 사건이 일어나기 이전에는 구원할 몸이 아직 없었다. 물론 바울이 말하고자 하는 바는 그리스도가 장차 자신의 몸의 지체가 될 자들의 구주시라는 것이다.[28] 그 몸을 형성할 신자들을 구원하셨기에 그분은 몸의 구주시다.

> οὐδεὶς γάρ ποτε τὴν ἑαυτοῦ σάρκα ἐμίσησεν ἀλλὰ ἐκτρέφει καὶ θάλπει αὐτήν, καθὼς καὶ ὁ Χριστὸς τὴν ἐκκλησίαν, ὅτι μέλη ἐσμὲν τοῦ **σώματος** αὐτοῦ.
> 누구든지 언제나 자기 육체를 미워하지 않고 오직 양육하여 보호하기를 그리스도께서 교회에게 함과 같이 하나니, 우리는 그 **몸**의 지체임이라(엡 5:29-30).

바울은 여기서 교회를 그리스도 자신의 육체에 비유하면서 몸 은유를 더욱 강화한다. 비록 여기서 논의된 이슈가 아내들을 돌보는 남편에 관한 것이지만, 몸과 육체의 관계를 따라 그리스도도 자신의 교회를 이렇게 돌보신다는 사실은 분명하다.[29] 우리는 그리스도와의 연합이라는 관점에서 그리스도가 한 몸의 지체로서 자신과 연합한 자들을 양육하며 돌보신다는 점에 주목할 필요가 있다. 우리는 그분의 육체다.

> καὶ αὐτός ἐστιν ἡ κεφαλὴ τοῦ **σώματος** τῆς ἐκκλησίας ·
> ὅς ἐστιν ἀρχή,
> πρωτότοκος ἐκ τῶν νεκρῶν,
> ἵνα γένηται ἐν πᾶσιν αὐτὸς πρωτεύων

---

28 O'Brien, *Ephesians*, 415.
29 Schnackenburg, *Ephesians*, 253.

> 그는 **몸**인 교회의 머리시라.
> 그가 근본이시요
> 죽은 자들 가운데서 먼저 나신 이시니
> 이는 친히 만물의 으뜸이 되려 하심이요(골 1:18).

여기서도 그리스도는 **교회**와 동격인 **몸**의 머리로 묘사된다. **그가 근본이시요 죽은 자들 가운데서 먼저 나신 이시니**라는 다음 구문이 교회를 가리키는 것인지 아니면 앞 구절(1:15-17)에 언급된 온 우주를 가리키는지를 분별하기란 그리 쉽지 않다. 그러나 **죽은 자들 가운데서 먼저 나신 이**라는 구문이 15절의 **모든 피조물보다 먼저 나신 이**라는 구문과 평행을 이룬다는 점에서 전자의 해석이 보다 더 개연성이 높아 보인다. 15-17절이 온 우주보다 탁월하신 그리스도의 지위를 언급한다는 점과 위에 언급된 구문들을 포함한다는 점을 감안하면 아마도 18절 전체는 (적어도) **먼저 나신 이**라는 평행 구문과 더불어 교회를 가리킬 가능성이 높다.[30] 더 나아가 우리는 **죽은 자들 가운데서 먼저 나신 이**와 **모든 피조물보다 먼저 나신 이** 사이의 평행의 본질에 유의할 필요가 있다. 왜냐하면 전자의 구문은 부활에 관한 언급으로서 교회와 연관된 것이지 온 우주에 관한 것이 아니기 때문이다.

결과적으로, 그리스도가 죽은 자들 가운데서 먼저 나신 분이기 때문에 그리스도의 몸과 부활 사이에는 암묵적인 연결고리가 존재한다. 이러한 연결고리를 지나치게 강조하지 않더라도 우리는 이 몸이 그리스도의 부활을 통해 세워졌다고 말할 수 있다. 그리스도는 교회의 시작이며 이는 궁극적으로 그가 **친히 만물의 으뜸이 되려 하심이다**.

νῦν χαίρω ἐν τοῖς παθήμασιν ὑπὲρ ὑμῶν καὶ ἀνταναπληρῶ τὰ

---

30   Moule, *Colossians and Philemon*, 69.

ὑστερήματα τῶν θλίψεων τοῦ Χριστοῦ ἐν τῇ σαρκί μου ὑπὲρ τοῦ **σώματος** αὐτοῦ, ὅ ἐστιν ἡ ἐκκλησία.

나는 이제 너희를 위하여 받는 괴로움을 기뻐하고 그리스도의 남은 고난을 그의 **몸**된 교회를 위하여 내 육체에 채우노라(골 1:24).

이 난해 구절에서[31] 교회는 또다시 그리스도의 몸으로 명시된다. 이 본문이 지닌 난점은 최소한 세 가지다. 첫째, **그의 몸을 위한 그리스도의 고난**이란 무엇인가? 둘째, 어떤 의미에서 그리스도의 고난이 **남아 있다**는 것인가? 셋째, 바울이 **그리스도의 남은 고난**을 자신의 육체에 채운다는 말의 의미는 무엇인가? 이제 이 질문에 관한 답을 간략하게 정리해보고자 한다.

첫째, **그리스도의 고난**은 그가 죄를 대신 짊어지고 죽으신 죽음을 가리킨다고 볼 수 있다.[32] 비록 그리스도가 죽으실 때 교회는 아직 존재하지 않았지만(앞에서 논의된 엡 5:23 참조), 그의 죽음과 부활은 그의 몸인 교회를 탄생시켰다. 하지만 이것이 바울이 여기서 말하고자 한 바라고 단정지을 수는 없다. 우선, 대다수의 영역본이 자연스럽게 제시한 번역에도 불구하고 **그의 몸을 위하여**라는 구문은 실제적으로 **그리스도의 고난**을 수식하지 않을 수도 있다. 그리스어 원문의 어순은 **내 육체에**(ἐν τῇ σαρκί μου)가 **그리스도의 고난**(τῶν θλίψεων τοῦ Χριστοῦ)과 **그의 몸을 위하여**(τοῦ σώματος αὐτοῦ) 사이에 위치해 있어서 문자적 어순은 **나는 채운다. 그리스도의 남은 고난을 내 육체에 그의 몸을 위하여**가 된다. 이는 적어도 다음 두 가지 질문을 추가적으로 제기한다.

한편으로 이 구절은 바울이 자신의 육체에 부족한 것을 그리스도의 몸을 위해 채운다는 의미로 해석될 수 있다. 다시 말하면 바울의

---

31 이 구절에 관한 세밀한 분석은 O'Brien, *Colossians, Philemon*, 75-81을 참조하라.
32 이와 상반된 견해는 Schweizer, *Colossians*, 101을 참조하라.

행동이 **그의 몸을 위한** 것이지, 그리스도의 고난이 그렇다는 것이 아니다. 그러나 다른 한편으로는 **내 육체에**(ἐν τῇ σαρκί μου)라는 전치사구가 **그리스도의 고난**(τῶν θλίψεων τοῦ Χριστοῦ)을 괄호 처리하기 위해 **내가 채우노라**(ἀνταναπληρῶ)와 **내 육체에** 사이에 위치함으로써 이 세 가지 요소가 모두 하나의 개념으로 통일될 수도 있다. 만약 이 해석이 맞다면 **내 육체에**가 **그리스도의 고난**과 연결돼 **나는 그의 몸을 위하여 그리스도의 남은 고난을 내 육체에 채우노라**로 번역이 가능하다. 이렇게 되면 바울의 행동이 그의 몸을 위한 것이라기보다는 **그리스도의 고난이 그의 몸을 위한** 것이라는 의미가 된다.

어순에 의해 제기되는 두 번째 질문은 그리스도의 고난이 통상적인 의미에서 남아 있다는 것인지 아니면 그것이 바울의 육체 안에 남아 있다는 것인지와 관련이 있다. 이 질문은 굉장히 중요한 질문이다. 만약 전자의 해석이 맞다면 이는 마치 그리스도의 고난이 교회 성장을 위해 충분하지 않다는 의미로 이해될 수 있다. 한편 후자의 해석을 취한다면 바울은 그리스도의 고난의 충분성에 관해 말하려는 것이 아니라 자기 자신이 그 고난을 어느 정도 본받고 있는지에 관해 말한다. 우리가 이 질문과 앞 단락에서 제기된 질문에 어떻게 답하느냐에 따라 이 구절 전체에 관한 이해가 달라질 수 있으며 또한 첫 번째 단락에서 제기한 두 번째 질문과 세 번째 질문에 관한 답도 달라질 것이다.

이러한 질문에 접근하는 가장 좋은 방법은 문맥을 잘 살피는 것이다. 바울은 여기서 자신이 교회를 위해 당하는 고난(1:24)과 자신이 교회의 종이 되었다는 사실(1:25), 이방인에게 복음을 선포해야 하는 사명(1:27), 그리고 이러한 사역을 위한 자신의 방법과 목적(1:28) 등에 관해 이야기한다. 바울은 이 모든 것을 하기 위해 **내 속에서 능력으로 역사하는 이의 역사를 따라 힘을 다하여 수고한다**(1:29). 이 마지막 구절은 바울이 자기의 수고를 자기 안에서 역사하는 그리스도의 능력에 힘입은 것으로 본다는 점에서 매우 중요하다. 이러한 사상은 바울이 그리스도와의 연합이라는 개념을 어떻게 이해하는지를—그리스도의 능력이 자신 안에서 강하게 역사하는 것—보여주고 1:24을 이해하는 실마리도 함께 제공해준다. 1:29이 능력 가운데 역사하시는 그리스도와 연합하는 것이 무엇인지를 보여준다면 1:24은 고난받는 그리스도와 연합하는 것이 무엇인지를 보여준다고 할 수 있다. 바울은 그리스도의 능력이 "자기 안에" 있는 것처럼 그리스도의 고난도 "자기 안에" 있다고 본다.[33] 따라서 그리스도의 고난은 통상적인 의미에서 남아 있는 것이 아니라 구체적으로 바울의 육체와 관련해 남아 있는 것으로 해석하는 것이 바람직하다. 바울의 요지는 그가 그리스도의 남은 고난을 자신의 육체에 채우고 있다고 말하는 것이다. 그는 아직 고난받는 종이신 그리스도를 완전히 본받지 못했으며 그 목표를 향해 수고하고 있는 중이다.

이와 같은 해석은 앞서 제기된 질문에도 답변을 제공해준다. 만약 바울이 그리스도의 고난과 관련하여 자신이 채워야 할 것이 있다고 말한다면 **그의 몸을 위하여**라는 구문은 그리스도의 고난이 아니라 바울이 해야 할 행동을 가리킨다. 바울은 교회를 섬기는 목적으로 그리스도의 고난을 더욱 본받을 필요가 있음을 이야기하며 이것이 이 단락 전체가 말하고자 하는 내용이다.

우리는 이 모든 내용을 다음과 같이 정리할 수 있다. 바울은 자기 자신의 고난과 그리스도의 고난을 완전히 본받고자 하는 열망에 관해 논한다.[34] 그는 자신을 그리스도의 능력과 동일시한 것처럼(1:29) 자기 자신을 그리스도의 고난과 동일시하며 그리스도의 고난과 관련하여 부족한 부분을 자기 자신 안에 채운다. 이 모든 것은 그리스도의 몸, 즉 교회를 위한 것이며, 바울은 이를 위해 교회의 일꾼이 된 것이다.

---

33 참조. Wright, *Colossians and Philemon*, 88-89. 그는 이것을 바울이 그리스도의 삶으로 통합됨을 나타내는 표현으로 간주한다.
34 Bruce의 입장도 이와 비슷하다. Bruce, *Colossians, Philemon, Ephesians*, 83.

바울이 그리스도의 고난과 하나 되고 그것을 본받고자 하는 모습은 그리스도와의 연합에 관한 우리의 이해를 향상시켜준다. 그리스도에게로의 참여는 그리스도께 속한 부요함과 특권에 참여하는 축복을 신자들에게 줄 뿐만 아니라 그리스도의 고난에 참여하는 것 역시 그들에게 요구한다. 바울에게 있어 그리스도의 고난에 참여한다는 것은 그의 교회를 위한 섬김과 복음을 위해 겪는 고난을 통해 이루어진다.

> καὶ οὐ κρατῶν τὴν κεφαλήν, ἐξ οὗ πᾶν τὸ **σῶμα** διὰ τῶν ἁφῶν καὶ συνδέσμων ἐπιχορηγούμενον καὶ συμβιβαζόμενον αὔξει τὴν αὔξησιν τοῦ θεοῦ.
> 머리를 붙들지 아니하는지라. 온 **몸**이 머리로 말미암아 마디와 힘줄로 공급함을 받고 연합하여 하나님이 자라게 하시므로 자라느니라(골 2:19).

소위 골로새 이단을 후원하는 사람들을 경고하는 문맥에서 등장하는 이 구절은 몸의 성장에 관한 이야기를 아주 흥미롭게 묘사한다. 이미 앞에서 논의된 에베소서 4:16과 마찬가지로 여기서도 몸은 머리**로부터** 발전한다. 비록 몸은 머리로부터 성장하지만, 이러한 현상은 **마디와 힘줄**의 기능과 더불어 동시에 일어난다(엡 4:16 논의도 참조). 여기서 마디와 힘줄은 몸의 여러 지체들이 수행하는 다양한 역할과 봉사를 나타내는 것으로 보인다.[35]

더 나아가 이러한 몸의 성장은 **하나님께로부터** 오는 것으로 묘사된다. 따라서 이 구절은 몸의 성장과 발전을 일으키는 동력에 관해 풍성하게 설명해준다. 몸은 머리이신 그리스도로부터 성장하고 교회의 다양한 은사들을 통해 영양을 공급받으며 하나님께로부터 오는 양분으

---

35 물론 이것은 특정 직분을 맡은 자들을 특별히 가리키는 것은 아니다. Schweizer, *Colossians*, 164.

로 발전한다. 그리스도와의 연합과 관련하여 생각해본다면 우리는 여기서 머리 되신 그리스도와 함께 연합함으로써 활력이 넘치고 유기적으로 움직이며 역동적으로 살아 있는 몸을 발견한다. 신자들이 그리스도와 함께 누리는 연합은 정적인 것이 아니라 하나님의 역사를 통해, 그리고 신자들의 역할을 통해 발전해나간다.

> καὶ ἡ εἰρήνη τοῦ Χριστοῦ βραβευέτω ἐν ταῖς καρδίαις ὑμῶν, εἰς ἣν καὶ ἐκλήθητε ἐν ἑνὶ **σώματι** · καὶ εὐχάριστοι γίνεσθε.
> 그리스도의 평강이 너희 마음을 주장하게 하라. 너희는 평강을 위하여 한 **몸**으로 부르심을 받았나니, 너희는 또한 감사하는 자가 되라(골 3:15).

이 구절에서 신자들은 그리스도의 평화를 위하여 **한 몸으로** 부르심을 받는다. 흥미로운 점은 단수 **한 몸**과 복수 **너희 마음들**이 교차적으로 등장한다는 것이다. 몸의 각 지체는 한 몸의 안녕을 위해 그리스도의 평화가 지배하도록 해야 한다. 결국에는 많은 사람 가운데 임하는 평화가 이 본문의 더 넓은 문맥이 말하고자 하는 하나 됨을 촉진시킨다. **이 모든 것 외에 사랑을 더하라. 이는 온전하게 매는 띠니라** (3:14). 사랑이 하나로 묶는 띠를 형성하듯, 평화는 그 몸의 모습을 만들어나간다.

7.2.1 몸을 세우는 일

지금까지 살펴본 여러 본문을 통해 우리는 **몸** 혹은 **그리스도의 몸**이라는 은유가 담고 있는 의미가 얼마나 풍성하며 다양하게 적용될 수 있는지를 알게 된다. 몸은 유기적인 존재로서 그리스도 안에서 하나이면서도 또한 성장하며 성숙해간다.[36] 몸은 서로 다른 지체들로 구성

---

36 몸의 유기성에 관한 Bavinck의 사상을 분석한 Burger의 연구도 참조하라. Burger, *Being in*

되어 있으면서도 여전히 하나다. 이러한 하나 됨은 신자들이 단순히 그리스도와 하나 된 것뿐만 아니라 자기들끼리도 서로 연결되어 있음을 의미한다.[37] 몸의 지체들이 서로 공유하는 다양한 은사들과 역할들은 몸이 성장하고 세워져감에 따라 몸의 하나 됨을 더욱 향상시킨다. 그리스도는 몸의 머리이며 몸은 그로부터(from) 성장하고 그를 향해(into) 성장한다. 비록 몸은 하나님의 역사로 성장하지만, 또한 이를 지탱하는 마디와 힘줄을 통해 세워져나간다. 몸은 그리스도에게 참여함으로써 "그리스도 안에" 있지만, 그럼에도 그리스도는 홀로 몸의 머리로서 따로 구별된다. 마지막으로 **몸**이라는 용어는 은유적이면서도 이를 초월한다.[38] 이 용어는 어떤 구체적인 실체를 가리킨다.[39] "바울이 언급하는 '몸'은 은유적인 표현임에는 틀림없지만, 그가 이 은유를 통해 표현하는 하나 됨은 존재론적인 실체에 기초한다."[40] 이 같은 사실은 신자들이 자기 자신의 육체를 대하는 방식에 대해서도 중요한 함의를 지닌다.

우리는 그리스도와의 연합이 바로 이렇게 엄청난 표현 능력을 자랑하는 **몸** 은유의 핵심 요소라고 말할 수 있다.[41] "신자들은 그리스도

Christ, 134.

37 "이는 그리스도께 속하면서도 다른 이들도 함께 속한다는 의미이기에 어느 하나만을 선택하는 것은 전체적으로 균형 잡힌 건전한 관점을 놓치는 것이다." Dunn, Paul the Apostle, 406. 참조. Davies, Paul, 55.

38 몸 용어와 관련된 두 가지 주요 견해에 관한 손상원의 개관도 참조하라. "(1) 어떤 이는 은유적인 의미로, (2) 다른 이는 실제적인 의미로 이해한다." Son, Corporate Elements, 102-8.

39 "바울에게 있어서 그리스도의 신비적인 몸은 회화적인 표현도 아니고 상징적이거나 윤리적인 숙고로부터 나온 개념도 아닌 실제적인 존재다." Schweitzer, Mysticism, 127. 참조. Ridderbos, Paul, 376; Son, Corporate Elements, 108; J. Christiaan Beker, Paul the Apostle: The Triumph of God in Life and Thought (Edinburgh: T&T Clark, 1980), 307-8.

40 Daniel G. Powers, Salvation through Participation: An Examination of the Notion of the Believers' Corporate Unity with Christ in Early Christian Soteriology (Leuven: Peeters, 2001), 71.

41 Ridderbos, Paul, 372도 이에 동의한다. "그리스도께 속함으로써 신자들이 된 것처럼…그

에게 통합됨으로써 그와 함께 공동체적 하나 됨을 이룩하는데, 교회를 그리스도의 몸으로 지칭하는 바울의 표현은 기본적으로 바로 이 하나 됨을 나타낸다."⁴² 슈바이처가 지적하듯이 **그리스도 안에 있음**(being-in-Christ)은 그의 몸에 참여하는 것과 같다.⁴³ 이 단락을 시작하면서 언급했던 것처럼 머리와 유기적으로 연결된 몸의 개념은 연합과 참여라는 의미를 함축한다. 칼뱅은 다음과 같이 지적한다. "그러므로 머리와 지체들이 서로 연합하는 것, 그리스도께서 우리 마음에 거하시는 것—즉 그 신비적인 연합—은 우리에게는 너무나도 중요한 것으로서 그리스도께서는 우리의 것이 되신 후에는 그분이 받으신 첫 번째 선물을 우리도 그와 함께 공유하도록 하신다."⁴⁴

이것은 결코 머리가 절단된 몸이 아니다! 몸은 머리에 속해 있으며 이 머리는 몸을 공유하고 그 형태를 만들고 몸의 성장을 촉진시키며 그 몸을 돌본다. 몸은 "그리스도 안에" 있으며(롬 12:5), 또한 그 머리이신 그리스도를 향해 자라간다(엡 4:15). 비록 그리스도와의 연합과 관련된 전치사구적 용어가 몸 은유와 관련하여 자주 등장하진 않지만, 연합의 개념은 결코 이 은유와 무관하지 않을 뿐 아니라 사실상 이 은유를 항상 내포한다.

들은 또한 그리스도께 속했기 때문에 그의 지체가 되고 모두 함께 그와 한 몸이 된다." 참조. Ernst Käsemann, *Perspectives on Paul* (trans. Margaret Kohl; London: SCM, 1971), 106.
42 Son, *Corporate Elements*, 110.
43 "'그리스도 안에 있음'이라는 표현은 그리스도의 신비적인 몸에 참여하는 자가 되는 것에 관한 축약어일 뿐이다." Schweitzer, *Mysticism*, 122.
44 John Calvin, *Institutes of the Christian Religion* (ed. John T. McNeill; trans. Ford Lewis Battles; Philadelphia: Westminster, 1960), 3.11.10 (p. 737).

7.3 성전과 건물

성전 혹은 건물 은유는 바울이 교회를 묘사하는 데 상당히 유용하다. **성전**과 **건물**을 서로 다른 두 개의 은유로 분리해서 다룰 수도 있지만, 둘이 서로 밀접하게 연관되어 있으므로 우리는 여기서 한꺼번에 논의하고자 한다. 이와 관련된 단어로는 ναός(성전), ἱερόν(성전), οἰκοδομή(집) 등 세 가지가 있는데 우리는 이 세 단어를 차례대로 검토할 것이다. 바울이 사용하는 ναός라는 단어는 한 경우를 제외하고는(아래 참조) 모두 교회를 은유적으로 언급하기 때문에 여기서 모두 다룰 것이다. ἱερόν은 단 한 번 사용되는데 바울은 이 단어를 은유적인 의미로 사용하지 않는다. 그러나 본 연구의 완성도를 높이기 위해 여기에 포함시킨다.

οἰκοδομή의 경우는 다소 복잡하다. 바울은 이 단어를 주로 두 가지 방식으로 사용한다. 우리의 관심사이기도 한 첫 번째 방식은 건축과정을 거쳐 지어진 건물을 묘사한다.[45] 지어진 건물이라는 개념은 종종 교회를 은유적으로 묘사하는데 우리는 이 모든 용례를 아래에서 다룰 것이다. οἰκοδομή가 사용되는 두 번째 방식은 건축을 통해 세워진 물리적 건물보다는 건물이 지어지는 **과정**을 나타낸다.[46] 이 용법은 은유적으로도 사용된다. 바울은 이러한 은유적 용법을 (건물을) **세우거나** (덕을) **세운다**는 의미에서 신자들과 교회를 강건하게 하는 것을 가리켜 사용한다. 하지만 이러한 용법이 교회 그 자체보다는 교회에 **영향을 끼치는** 어떤 과정을 지칭하기 때문에 여기서는 다루지 않을 것이다.[47] 우리의 관심사는 바울이 하나님의 백성을 일종의 건물로 묘사하는 데 있

---

45   BDAG, 697.
46   Ibid., 696-97.
47   이러한 οἰκοδομή의 용법은 롬 14:19; 15:2; 고전 14:3, 5, 12, 26; 고후 10:8; 12:19; 13:10; 엡 4:12, 16, 29 등에서 발견된다.

지, 그들의 신앙을 세우는 일 자체에 있지 않다.

οὐκ οἴδατε ὅτι **ναὸς** θεοῦ ἐστε καὶ τὸ πνεῦμα τοῦ θεοῦ οἰκεῖ ἐν ὑμῖν; εἴ τις τὸν **ναὸν** τοῦ θεοῦ φθείρει, φθερεῖ τοῦτον ὁ θεός· ὁ γὰρ **ναὸς** τοῦ θεοῦ ἅγιός ἐστιν, οἵτινές ἐστε ὑμεῖς.

너희는 너희가 하나님의 **성전**인 것과 하나님의 성령이 너희 안에 계시는 것을 알지 못하느냐? 누구든지 하나님의 **성전**을 더럽히면 하나님이 그 사람을 멸하시리라. 하나님의 **성전**은 거룩하니 너희도 그러하니라(고전 3:16-17).

고린도 교인들은 여기서 하나님의 성전,[48] 즉 하나님의 영이 거하시는 곳으로 묘사된다.[49] "만약 하나님의 임재가 성전을 가장 본질적으로 정의하는 것이라면 성령의 내주하심은 바로 이 회중을 가장 본질적으로 정의한다."[50] 더 나아가 하나님의 성전이 거룩한 것처럼 고린도 교인들도 그의 성전이기 때문에 역시 거룩하다.

바울은 하나님의 거룩한 성전이라는 구약성서의 이미지를 하나님의 백성에게 분명하게 적용한다. 이렇게 함으로써 그는 새 언약 공동체에 관한 무언가를 전달하기 위해 (한때) 구체적 실체(이었던 것)를 은유적으로 사용한다. 이 성전은 돌로 지어진 것이 아니라 사람들로 구성되며, 하나님의 영은 사람들이 각자 자신에게 허용된 구역까지만 접근할 수 있었던 물리적인 건물 안에 거하시는 것이 아니라 이제는 사람들 안에

---

48 HCSB는 ναός를 모두 **성전**(temple)보다는 **성소**(sanctuary)로 번역한다. 그러나 **성전**이 ναός에 맞는 번역일 뿐만 아니라 바울 서신의 문맥에도 더 잘 어울리기 때문에 우리는 ναός가 지칭하는 대상을 **성전**으로 부를 것이다.
49 바울도 몇 구절 앞에서(3:9) 교회를 하나님의 집(οἰκοδομή)으로 언급한다(아래 논의 참조).
50 Constantine R. Campbell, "From Earthly Symbol to Heavenly Reality: The Tabernacle in the New Testament," in *Exploring Exodus: Literary, Theological and Contemporary Approaches* (ed. Brian S. Rosner and Paul R. Williamson; Nottingham, UK: Apollos, 2008), 184.

거하신다.[51]

비록 여기서는 이 성전과 그리스도의 관계에 관한 언급이 없지만, 이 은유는 하나님이 그의 백성과 한 공동체로서 하나가 되는 개념을 이해하는 데 유용하다. 그 이유는 하나님의 영이 그의 백성 가운데 거하시기 때문이다. 하나님의 백성은 하나님께서 거하시는 "장소"이며 그런 의미에서 그들은 옛 성전의 기능을 대체했다. 이로써 한때 원 성전에 적용되었던 경고 조항, 즉 성전을 파손하거나 하나님의 거룩하심을 훼손하는 자들에게 내려졌던 심판까지도 그들에게 적용되게 되었다.

ἢ οὐκ οἴδατε ὅτι τὸ σῶμα ὑμῶν **ναὸς** τοῦ ἐν ὑμῖν ἁγίου πνεύματός ἐστιν οὗ ἔχετε ἀπὸ θεοῦ, καὶ οὐκ ἐστὲ ἑαυτῶν; ἠγοράσθητε γὰρ τιμῆς · δοξάσατε δὴ τὸν θεὸν ἐν τῷ σώματι ὑμῶν.

너희 몸은 너희가 하나님께로부터 받은바 너희 가운데 계신 성령의 **전**인 줄을 알지 못하느냐? 너희는 너희 자신의 것이 아니라 값으로 산 것이 되었으니, 그런즉 너희 몸으로 하나님께 영광을 돌리라(고전 6:19-20).

이 구절은 바울이 고린도전서에서 신자들을 성전으로 묘사하는 두 번째 경우다. 앞에서 살펴본 3:16-17과는 달리, 여기서는 **몸**이 구체적으로 성전으로 언급된다. 뿐만 아니라 3:16-17의 공동체적인 모습과는 대조적으로 여기서 바울은 **각 개인**의 몸에 관해 언급하는 것으로 보

---

51 Bonnington은 바울이 고린도전서에서 다루는 의제는 "성전 대체 신학"을 설명하는 것이 아니라고 지적하면서 오히려 성전 관련 용어는 하나님의 백성의 거룩함과 순결을 강조하기 위해 사용된다고 주장한다. 비록 이 본문들의 문맥이 거룩함과 순결 문제를 다룬다고 정확하게 진단하는 Bonnington의 견해가 맞고 심지어 성전 대체 모티프가 바울의 주 관심사가 아니라 할지라도 여기서 이 사상과 관련된 의미를 완전히 부인하기는 어렵다. 참조. Mark Bonnington, "New Temples in Corinth: Paul's Use of Temple Imagery in the Ethics of the Corinthian Correspondence," in *Heaven on Earth* (ed. T. Desmond Alexander and Simon Gathercole; Carlisle, UK: Paternoster, 2004), 152-58.

인다. 나는 이 점에 관해 이미 다음과 같이 설명한 바 있다.

비록 소유대명사는 복수형이지만, 몸에 관한 두 차례 언급은 모두 단수형이다. 구문론적으로 볼 때 "몸"은 여기서 관련된 자 모두(공동체적인 성전)에게 속한 한 몸을 가리키며 집단적인 기능을 지닌다고 볼 수 있다. 한편 전체 문맥은 바울이 각 개인을 염두에 둔 것으로 보인다. 왜냐하면 바울은 매춘 문제를 비롯해 창녀와 관계를 맺은 사람이 어떻게 그 여인과 하나가 되고(6:16) "음행하는 자는 [어떻게] 자기 몸에 죄를 범하게 되는지"(6:18)에 관해 논하기 때문이다. 따라서 복수형 대명사는 고린도 교회를 구성하는 많은 개인의 몸을 나타내는 것으로 보는 것이 가장 자연스럽다.[52]

여기서도 각 개인의 몸을 성전으로 규정하는 기준은 신자들(이 경우에는 개별 신자들) 안에 거하시는 성령의 임재 여부다. 성전은 하나님께서 거하시기로 선택하신 곳이다. 비록 개별 신자들을 대상으로 말하긴 하지만, 복수형 소유대명사가 사용되었다는 점은 바울이 지금 공동체적 언어를 사용해 각 개인에게 말하고 있음을 보여준다. 그들은 개인들이 모인 하나의 집단이다.[53] 앞의 예문과 같이 여기서도 그리스도와 신

---

52 Campbell, "Tabernacle," 185. 참조. Son, *Corporate Elements*, 123-24; R. J. McKelvey, *The New Temple: The Church in the New Testament* (London: Oxford Uiv. Press, 1969), 52; Fee, *1 Corinthians*, 264; F. F. Bruce, *1 and 2 Corinthians* (NCB; London: Oliphants, 1971), 65; C. K. Barrett, *A Commentary on the First Epistle to the Corinthians* (HNTC; New York: Harper & Row, 1968), 151.

53 Son, *Corporate Elements*, 124. 참조. Andrea Spatafora, *From the "Temple of God" to God as the Temple: A Biblical Theological Study of the Temple in the Book of Revelation* (Rome: Gregorian Univ. Press, 1997), 117, n. 101. "그러나 바울의 관점은 각 개인이 독자적으로 하나님의 성전이라고 믿었던 스토아 사상가들의 관점과는 전혀 다른 것이다. 사도 바울에게 이것은 무엇보다도 신자가 성전인 교회에 속한 결과다. 그럼에도 지체들은 전체의 본질

자들이 어떻게 합일체가 될 수 있는지에 관해서는 명시적으로 언급되지 않는다. 하지만 하나님의 영이 그들 가운데 거하시기 때문에 하나님은 그의 백성과 하나가 된다.

> τίς δὲ συγκατάθεσις **ναῷ** θεοῦ μετὰ εἰδώλων;
> ἡμεῖς γὰρ **ναὸς** θεοῦ ἐσμεν ζῶντος, καθὼς εἶπεν ὁ θεὸς ὅτι
> $ἐνοικήσω ἐν αὐτοῖς καὶ ἐμπεριπατήσω
> καὶ ἔσομαι αὐτῶν θεὸς καὶ αὐτοὶ ἔσονταί μου λαός$.
> 하나님의 **성전**과 우상이 어찌 일치가 되리요?
> 우리는 살아 계신 하나님의 **성전**이라. 이와 같이 하나님께서 이르시되
> "내가 그들 가운데 거하며 두루 행하여
> 나는 그들의 하나님이 되고 그들은 나의 백성이 되리라"(고후 6:16).

여기서도 하나님의 백성은 하나님의 성전과 동일시된다. 바울은 **우리는 살아 계신 하나님의 성전**이라고 말하면서 하나님께서 장차 자기 백성 가운데 거하시겠다는 의지를 표명하는 레위기 26:12, 예레미야 32:38, 에스겔 37:27을 차례로 인용한다. 이로써 하나님께서 자기 백성과 함께 **거하신다**는 사실이 그 백성을 성전으로 지명하는 데 핵심적인 요소로 대두된다.

> ἐν ᾧ πᾶσα οἰκοδομὴ συναρμολογουμένη αὔξει εἰς **ναὸν** ἅγιον ἐν κυρίῳ, ἐν ᾧ καὶ ὑμεῖς συνοικοδομεῖσθε εἰς κατοικητήριον τοῦ θεοῦ ἐν πνεύματι.
> 그의 안에서 건물마다 서로 연결하여 주 안에서 **성전**이 되어 가고, 너희도 성령 안에서 하나님이 거하실 처소가 되기 위하여 그리스도 예수 안에서 함께 지어

을 공유한다."

져 가느니라(엡 2:21-22).

그리스도 예수께서 친히 모퉁잇돌이 되시고, 사도들과 선지자들의 터 위에 세우심을 입은(2:20) 하나님의 가족(οἰκεῖοι τοῦ θεοῦ, 2:19)의 구성원에 관해 이야기하면서 바울은 하나님의 백성을 거룩한 성전으로 지어져가는 건물에 비유한다. 하나님의 백성을 성전으로 언급한 이전의 경우들과는 달리 이 두 구절은 그리스도와의 통합을 세 번에 걸쳐 구체적으로 명시한다. 그리스도는 2:21과 2:22에 사용된 두 관계대명사(ἐν ᾧ)의 선행사로서 이 건물은 **그분 안에서** 함께 연결되며 **그분 안에서** 하나님이 성령으로 거하실 처소로 지어져간다. 더 나아가 이 건물은 **주 안에서** 거룩한 성전으로 자라간다. 피터슨도 인정한 것처럼 "바울은 에베소서에서 **그리스도와 하나가 된 그리스도인들**은 성전의 이상(the Temple ideal)을 성취한다고 주장한다."[54]

이 두 구절은 다양한 이유에서 큰 관심을 불러일으킨다. 첫째, 여기서도 하나님의 백성을 그분의 성전으로 묘사하는 데 있어 가장 중요한 요소가 바로 하나님이 성령으로 그들 가운데 거하신다는 사실이다.

둘째, 그리스도와의 통합 개념과 성전 이미지의 융합은 이 성전 은유를 보다 완숙된 삼위일체적 개념으로 발전시킨다. 성전은 **그리스도 안에 있으며 하나님이 성령으로 거하실 처소로 세워져간다.**

셋째, 하나님의 백성이 그분이 거하실 처소가 되기 위해 함께 **지어져간다**는 점에서 성전 은유는 역동적인 성격을 띤다.[55] 여기서 사

---

54 David Peterson, "The New Temple: Christology and Ecclesiology in Ephesians and 1 Peter," in *Heaven on Earth* (ed. T. Desmond Alexander and Simon Gathercole; Carlisle, UK: Paternoster, 2004), 165[강조는 원저자의 것임].

55 "하나님(혹은 그리스도)을 단순히 집의 정적인 기초로만 여겨서는 안 된다. 그분은 지금 적극적으로 집을 짓고 계신다." Thomas R. Schreiner, *Paul: Apostle of God's Glory in Christ* (Downers Grove, IL: InterVarsity Press, 2001), 21. 성전의 지속적인 성장과 관련하여 Beale은 다음과 같이 언급한다. "에덴의 경계선과 그 이후의 모든 성전은 하나님

용된 동사 συνοικοδομεῖσθε는 직설법 현재형 동사로서 **함께 지어진다**(is built together, 2:22)로 번역될 수도 있지만, 이 동사의 진행적인 상(Aktionsart)을 고려한 번역인 **지어져간다**(is being built)도 이 동사의 미완료 상(相)을 잘 고려한 번역이라고 할 수 있으며 현 문맥도 이를 지지한다.[56] 분사 συναρμολογουμένη(서로 연결하여)와 직설법 현재형 αὔξει(자라가고, 2:21)도 모두 진행의 의미를 가지기 때문에 συνοικοδομεῖσθε 역시 그런 의미로 이해해야 한다.

넷째, 이 은유는 하나님의 백성이 주 안에서 거룩한 성전으로 **성장한다**(2:21)는 의미에서 유기적이다. 이러한 유기적인 특성은 건물이 **성장하면서도 지어져간다**(2:22)는 식으로 묘사되는 두 은유의 독특한 혼합을 만들어낸다.

다섯째, 바울이 성전은 더 이상 건물이 아니라 사람임을 말하고자 이 은유를 사용했다는 점을 감안하면 여기서 성전이 **건물**로 묘사된 것은 상당히 아이러니하다. 성전은 건물이 아니라 사람들이지만, 동시에 사람들은 – 물론 은유적이지만 – 건물로 묘사된다.

ὁ ἀντικείμενος καὶ ὑπεραιρόμενος ἐπὶ πάντα λεγόμενον θεὸν ἢ σέβασμα, ὥστε αὐτὸν εἰς τὸν **ναὸν** τοῦ θεοῦ καθίσαι ἀποδεικνύντα ἑαυτὸν ὅτι ἔστιν θεός.

의 충만한 임재로 온 세계를 둘러싸기까지 확장하는 목적을 가지고 있었다. 그러나 이 목적은 그리스도 안에서 온전히 성취되기 시작하기 전에는 결코 성공적으로 이루어지지 않았다. 고린도전서 3장에서도 확인했듯이 여기서도 온 세계에 퍼져있는 이방인들을 포함하기 위해 그 경계선이 확장된다는 점에서 이 성전은 확장되기 시작했다. 성전은 말세에 하나님의 임재가 온 땅에 가득할 때까지 더 많은 사람을 포함시키기 위해 지속적으로 확장해 나갈 것이다(참조. 엡 4:13)." G. K. Beale, *The Temple and the Church's Mission: A Biblical Theology of the Dwelling Place of God* (NSBT 17; Downers Grove, IL: InterVarsity Press, 2004), 263. 『성전 신학』(새물결플러스 역간).

56 Constantine R. Campbell, *Basics of Verbal Aspect in Biblical Greek* (Grand Rapids: Zondervan, 2008), 63.

그는 대적하는 자라. 신이라고 불리는 모든 것과 숭배함을 받는 것에 대항하여 그 위에 자기를 높이고 하나님의 **성전**에 앉아 자기를 하나님이라고 내세우느니라(살후 2:4).

이 구절은 바로 앞 절에 나오는 **불법의 사람**에 관한 언급으로서 우리 논의와는 관련이 없다.

Οὐκ οἴδατε ὅτι οἱ τὰ **ἱερὰ** ἐργαζόμενοι [τὰ] ἐκ τοῦ **ἱεροῦ** ἐσθίουσιν, οἱ τῷ θυσιαστηρίῳ παρεδρεύοντες τῷ θυσιαστηρίῳ συμμερίζονται. **성전**의 일을 하는 이들은 **성전**에서 나는 것을 먹으며, 제단에서 섬기는 이들은 제단과 함께 나누는 것을 너희가 알지 못하느냐?(고전 9:13)

이 구절은 바울이 자신이 섬기는 신자들로부터 후원을 받을 권리가 있다고 변론하는 문맥에서 발견된다. 이러한 문맥에서 바울은 제사장들에 관해 언급하는데 그들은 자신들이 섬겼던 성전으로부터 먹을 음식을 공급받았다. 비록 바울이 언급한 성전이 그리스도인 공동체를 가리킨다는 의미에서(바울은 이미 앞에서 이를 하나님의 새 성전으로 언급한 바 있기 때문에) 이 용어를 **중의적**으로 사용했다고 주장할 수도 있지만, 그럴 가능성은 거의 없다. 바울이 현 문맥에서 성전 은유를 염두에 두고 있다는 암시가 전혀 없기 때문에 그는 단순히 여기서 자신이 말하고자 하는 바를 예를 들어 설명하고 자기의 요점을 뒷받침하기 위해 옛 성전을 언급한다고 보는 것이 훨씬 더 타당해 보인다.[57]

θεοῦ γάρ ἐσμεν συνεργοί, θεοῦ γεώργιον, θεοῦ **οἰκοδομή** ἐστε.
우리는 하나님의 동역자들이요, 너희는 하나님의 밭이요, 하나님의 **집**이니라

---

57 Ciampa and Rosner, *1 Corinthians*, 412.

(고전 3:9).

여기서는 하나님의 백성을 집으로 묘사한 은유가 하나님의 밭이라는 비유와 혼용된다. 직전 세 구절이 농사 은유를 사용해 교회의 성장을 묘사했다면(3:6-8) 그 농사 은유는 이 구절에서 갑자기 집 은유로 바뀌고, 이어지는 구절은 이에 관해 이야기한다(3:10-15).[58] 우리 논의의 관점에서 볼 때 이러한 집 은유에서 가장 주목할 만한 점은 하나님의 집이 그리스도 위에 세워진다는 점이다. **이 닦아 둔 것 외에 능히 다른 터를 닦아 둘 자가 없으니 이 터는 곧 예수 그리스도라**(3:11). 여기서 우리는 그리스도와의 통합이라는 개념을 보게 된다. 하나님의 백성은 그리스도 위에 "세워지고" 그리스도는—이 은유의 본질대로—마치 한 건물의 터가 각 부분으로 구성된 그 전체 구조와 결합된 것처럼 하나님의 백성과 하나가 된다.

> οἴδαμεν γὰρ ὅτι ἐὰν ἡ ἐπίγειος ἡμῶν οἰκία τοῦ σκήνους καταλυθῇ, **οἰκοδομὴν** ἐκ θεοῦ ἔχομεν, οἰκίαν ἀχειροποίητον αἰώνιον ἐν τοῖς οὐρανοῖς.
> 만일 땅에 있는 우리의 장막 집이 무너지면, 하나님께서 지으신 **집** 곧 손으로 지은 것이 아니요 하늘에 있는 영원한 집이 우리에게 있는 줄 아느니라(고후 5:1).

여기에 사용된 집 은유는 비록 명료하진 않지만, 한 개인의 천상적인 몸을 나타내는 것으로 보인다. 이 구절에 나오는 집은 어쩌면 하나님의 백성을 가리킨다고도 볼 수 있다.[59] 그렇게 볼 수 있는 이유는 여기에

---

58 "집 이미지에서 성전 이미지로의 이동이 다소 갑작스러워 보이지만, 성전도 하나의 집이며 구약성서에서도(가령 스 5:3-4) 집으로 언급되기 때문에 이는 논리적인 전환이라고 할 수 있다." Son, *Corporate Elements*, 122.
59 예를 들면 E. Earle Ellis, "The Structure of Pauline Eschatology (II Corinthians v. 1-10),"

등장하는 **장막**(τοῦ σκήνους)이라는 단어가 일반적으로 신약성서에서 하나님이 자기 백성 가운데 거하시는 것을 가리킬 때가 많기 때문이다.[60]

하지만 더 넓은 문맥은 이러한 해석을 지지하지 않는다. 바울은 4:16에서 다음과 같이 말한다. 그러므로 우리가 낙심하지 아니하노니 **우리의 겉 사람은 낡아지나 우리의 속사람은 날로 새로워지도다.** 여기서 **겉 사람**은 분명 연약해지고 썩어질 이 땅의 물리적인 몸을 의미한다. 이 겉 사람은 곧 무너질 **이 땅의 집, 장막과 연관된다**(5:1). 이와 같은 연장선상에서 바울은 5:6, 8에서 이렇게 선언한다. **그러므로 우리가 항상 담대하여 몸으로 있을 때에는 주와 따로 있는 줄을 아노니… 우리가 담대하여 원하는 바는 차라리 몸을 떠나 주와 함께 있는 그것이라.** 이 구절에는 몸(τοῦ σώματος)이라는 단어가 명시되어 있기 때문에 여기에는 썩어지기 마련인 이 땅의 몸으로 사는 것과 영원히 **주와 함께 거하는 것**의 차이를 부각시키려는 바울의 의도가 담겨 있다. 따라서 이 집 은유는 각 개인의 부활의 몸과 관련이 있으며 그리스도와의 통합 개념과는 직결되지 않는다. 그럼에도 우리는 손상원의 지적에 주목할 필요가 있다.

> 따라서 고린도후서 5:1의 "하늘에 있는 우리 집"이 각 개별 신자들의 부활의 몸에 대한 매우 중요한 함의를 담고 있지만, 이 집은 그리스도 안에서 이미 새로운 시대가 완전히 도래함으로 형성된 집단적 연대의 틀에서 이해되어야 한다. 이는 고린도전서 15:44-49에 묘사된 "육의 몸"(σῶμα ψυχικόν)과 "신령한 몸"(σῶμα πνευματικόν)이 모두 바로 앞 단락(15:21-22)에서 소개

---

in *Paul and His Recent Interpreters* (Grand Rapids: Eerdmans, 1979), 35-48을 참조하라. Ellis는 천상의 집 개념은 그리스도와 신자들의 연대를 나타내는 은유로서 성전을 가리킨다고 주장한다.

60 참조. Campbell, "Tabernacle," 177-95.

된 아담-그리스도 모형론의 틀에서 이해되어야 하는 것과도 일맥상통한다.[61]

ἐν ᾧ πᾶσα **οἰκοδομὴ** συναρμολογουμένη αὔξει εἰς ναὸν ἅγιον ἐν κυρίῳ, ἐν ᾧ καὶ ὑμεῖς συνοικοδομεῖσθε εἰς κατοικητήριον τοῦ θεοῦ ἐν πνεύματι.

그의 안에서 **건물**마다 서로 연결하여 주 안에서 성전이 되어 가고, 너희도 성령 안에서 하나님이 거하실 처소가 되기 위하여 그리스도 예수 안에서 함께 지어져 가느니라(엡 2:21-22).

앞에서 언급한 것처럼 이 집 은유는 성전 은유뿐 아니라 그리스도와의 통합 개념과도 분명히 연관된다. 이 은유는 하나님이 그의 영으로 내주하시는 하나님의 백성을 역동적, 유기적, 그리고 삼위일체적으로 묘사한다.

이 단락을 마무리하기에 앞서 우리는 손상원이 성전 은유와 집 은유와 관련된 본문에 디모데전서 3:15도 함께 포함시켰다는 점에 주목할 필요가 있다.[62]

ἐὰν δὲ βραδύνω, ἵνα εἰδῇς πῶς δεῖ ἐν **οἴκῳ** θεοῦ ἀναστρέφεσθαι, ἥτις ἐστὶν ἐκκλησία θεοῦ ζῶντος, στῦλος καὶ ἑδραίωμα τῆς ἀληθείας.

만일 내가 지체하면 너로 하여금 하나님의 **집**에서 어떻게 행하여야 할지를 알게 하려 함이니, 이 집은 살아 계신 하나님의 교회요 진리의 기둥과 터니라(딤전 3:15).

---

61 Son, *Corporate Elements*, 130.
62 사실 손상원은 이 여러 은유를 다루는 장에 **집**(οἶκος) 은유도 포함시킨다. 우리는 딤전 3:15이 그 은유와 관련된 유일한 본문이기 때문에 **집**을 이 단락에 포함시키지 않았으며, 정말 이 본문이 여기에 속하는지도 단정하기 어렵다.

손상원은 "하나님의 집을 '기둥'(στῦλος)과 '터'(ἑδραίωμα)라는 건축 용어와 밀접하게 연결시킨 점은 이 집이 하나님의 성전을 가리킬 개연성이 더 높다는 것을 의미한다"고 주장한다.[63] 하지만 이러한 해석은 설득력이 높지 않기 때문에 우리는 이 본문이 성전 은유를 사용한다고 보지 않는다.[64]

7.3.1 성전 건물의 모양

바울은 성전과 건물 은유를 대단히 비중 있게 다룬다. 이 은유들은 교회의 공동체적 특성을 핵심적으로 전달하며 개인을 가리키는 몇 안 되는 경우에도 교회의 집단성에 의해 제약을 받는다. 손상원이 요약하듯이 "여기에 기본적으로 깔려 있는 개념은 신자들이 그리스도 안에서 하나를 형성한다는 집단적 연대성이다. 몸의 여러 부분이 한 몸 전체를 이루며 건물의 여러 부분이 한 건물 전체를 만들어내듯이 신자들도 집단적 연대를 형성한다. 그들은 유기적으로나 구조적으로 서로 연결되어 있다."[65]

하나님의 백성은 하나님이 그들 가운데 성령으로 거하기로 작정하셨기 때문에 새로운 성전으로 간주된다. "개별 신자나 교회는 모두 성령의 임재 때문에 하나님의 성전으로 불린다."[66] 한때는 이러한 특권이 성전의 물리적 건물에만 한정되었다. 하지만 이제는 그리스도 안에

---

63 Son, *Corporate Elements*, 134.
64 Marshall은 여기서 성전을 언급할 잠재적 가능성을 인지하면서도 그 가능성을 거부한다. "따라서 여기서 사용된 그림은 '새 성전' 사상을 표현할 수 있을지는 모르지만, 디모데전서에 나타난 윤리적 가르침은 그러한 사상을 본 서신의 지배적인 주제로 보기 어렵게 만든다." 더 나아가 목회 서신에서는 "하나님의 백성이 실제적으로 '하나님의 집'(οἶκος θεοῦ)과 동일시되지 않는다. 하나님의 집은 그의 백성이 실제로 사는 실체다." Marshall, *Pastoral Epistles*, 508.
65 Son, *Corporate Elements*, 136.
66 Edmund P. Clowney, "The Biblical Theology of the Church," in *The Church in the Bible and the World* (ed. D. A. Carson; Exeter, UK: Paternoster, 1987), 26-27.

서 교회가 그 건물을 대체했다. 비록 그리스도에게 통합된다는 개념이 분명 성령으로 자신의 거룩한 성전에 거하시는 하나님과의 하나 됨을 의미하지만, 성전 은유는 에베소서 2:21-22을 제외하고는 그리스도와의 통합이라는 개념과 명시적으로 연관되어 있지 않다.

하나님의 백성은 또한 은유적인 의미에서 그리스도가 그 건물의 터가 되고 유능한 건축가인 바울이 세워나가는 어떤 건물로 묘사된다. 또한 에베소서 2:21-22은 이 은유가 그리스도와의 통합이라는 개념을 전달한다는 것을 보여주는데, 거기서 그리스도는 건물의 터로 묘사된다.[67] 이러한 터는 그 건물과 밀접하게 연결되어 있어 불가분의 관계를 형성한다.[68] 더 나아가 건물 은유는 성전 은유와도 분명하게 연결된다. 따라서 이 본문은 이 두 가지 은유에 대한 가장 직접적인 설명이자 자기 백성을 향한 하나님의 목적에 관한 가장 성숙된 삼위일체적 이미지를 제공한다.

7.4 결혼

바울은 여러 차례에 걸쳐 그리스도와 교회의 관계를 결혼에 비유한다. 결혼 은유는 다른 은유들만큼 자주 등장하지는 않지만 그럼에도 바울의 사상에서 중요한 부분을 차지한다. 특별히 주목할 점은 사도 바울이 특정한 신학적·윤리적 문제들을 그리스도와 교회의 혼인 관계에 근거하여 설명한다는 것이다. 이 결혼 은유가 직접적으로 사용되지 않은 본문에서조차 그 은유가 바울의 신학적 사유에 영향을

---

67 Thomas G. Allen, "Exaltation and Solidarity with Christ: Ephesians 1:20 and 2:6," *JSNT* 28 (1986): 112.

68 Burger, *Being in Christ*, 239.

미쳤는지에 대한 문제는 차치하더라도, 일단은 이 은유가 분명하게 언급된 분문을 중심으로 살펴보고자 한다.

결혼 은유는 지금까지 살펴본 은유들에 비해 등장 횟수가 적은 것 외에도 이 은유와 관련된 구체적인 어휘가 없다는 특징을 가지고 있다. 이 은유는 오히려 결혼과 관련된 다양한 어휘와 개념을 통해 감지된다. 따라서 어떤 본문들은 결혼 은유와의 연관성이 분명하게 드러나는 반면, 다른 본문들은 보다 더 미묘한 방식으로 나타난다. 이러한 이유에서 우리는 바울이 말하고자 하는 뉘앙스가 어떠한지 주의 깊게 검토할 필요가 있다. 그렇게 함으로써 우리는 그리스도께서 자기 백성과 한 몸을 이루신다는 바울의 기본적 논리를 파악할 수 있을 것이다.

ἢ ἀγνοεῖτε, ἀδελφοί, γινώσκουσιν γὰρ νόμον λαλῶ, ὅτι ὁ νόμος κυριεύει τοῦ ἀνθρώπου ἐφ᾽ ὅσον χρόνον ζῇ; ἡ γὰρ ὕπανδρος γυνὴ τῷ ζῶντι ἀνδρὶ δέδεται νόμῳ· ἐὰν δὲ ἀποθάνῃ ὁ ἀνήρ, κατήργηται ἀπὸ τοῦ νόμου τοῦ ἀνδρός. ἄρα οὖν ζῶντος τοῦ ἀνδρὸς μοιχαλὶς χρηματίσει ἐὰν γένηται ἀνδρὶ ἑτέρῳ· ἐὰν δὲ ἀποθάνῃ ὁ ἀνήρ, ἐλευθέρα ἐστὶν ἀπὸ τοῦ νόμου, τοῦ μὴ εἶναι αὐτὴν μοιχαλίδα γενομένην ἀνδρὶ ἑτέρῳ. ὥστε, ἀδελφοί μου, καὶ ὑμεῖς ἐθανατώθητε τῷ νόμῳ διὰ τοῦ σώματος τοῦ Χριστοῦ, εἰς τὸ γενέσθαι ὑμᾶς ἑτέρῳ, τῷ ἐκ νεκρῶν ἐγερθέντι, ἵνα καρποφορήσωμεν τῷ θεῷ.

형제들아, 내가 법 아는 자들에게 말하노니, 너희는 그 법이 사람이 살 동안만 그를 주관하는 줄 알지 못하느냐? 남편 있는 여인이 그 남편 생전에는 법으로 그에게 매인 바 되나, 만일 그 남편이 죽으면 남편의 법에서 벗어나느니라. 그러므로 만일 그 남편 생전에 다른 남자에게 가면 음녀라. 그러나 만일 남편이 죽으면 그 법에서 자유롭게 되나니, 다른 남자에게 갈지라도 음녀가 되지 아니하느니라. 그러므로 내 형제들아, 너희도 그리스도의 몸으로 말미암아 율법에 대하여 죽임을 당하였으니, 이는 다른 이 곧 죽은 자 가운데서 살아나신 이에게 가서 우리가 하나님을 위하여 열매를 맺게 하려 함이라(롬 7:1-4).

비록 연합의 개념이 암시되어 있다고 볼 수도 있지만, 바울은 여기서 결혼 은유를 그리스도와 신자들의 연합이라는 개념에 직접적으로 적용하지는 않는다. 바울은 신자들과 모세 율법의 관계를 설명하기 위해 결혼의 법적 기준을 도입한다. 결혼한 여인은 남편이 죽기까지는 그에게 매여 있지만, 죽은 후에는 그 매임으로부터 자유로워진다(7:2). 바울은 또한 신자들은 율법에 대해서는 죽임을 당하였지만, 이제는 그리스도께 속해 있다고 주장한다(7:4).

바울은 여기서 여인과 신자를 비교 대상으로 설정하지만, 흥미로운 사실은 여인이 남편의 죽음을 통해 자유롭게 되는 반면 신자는 죽임을 당한 것으로 묘사된다는 점이다(7:4). 그런 의미에서 이 비유는 현실과는 모순을 일으키는 것처럼 보인다. 왜냐하면 여인의 경우에는 그의 남편이 죽지만, (여인과 비교 대상인) 신자의 경우에는 신자 **자신**이 죽기 때문이다.[69] 그러나 예화와 현실 간의 이러한 불협화음은 보기보다는 그렇게 간단하지만은 않다. 신자는 **십자가에 달리신 그리스도의 몸을 통해** 율법에 대해 죽임을 당한 자로 묘사된다. 그리스도는 율법의 짐을 지고 죽으심으로써 율법의 요구를 성취한다. 따라서 **율법 아래 계신 그리스도**(Christ-under-law)는 남편에 대한 의무가 그의 죽음과 동시에 충족된다는 의미에서 예화에 나오는 죽은 남편과 평행을 이룬다고 볼 수 있다. 율법의 요구 사항이 그리스도의 죽음으로 충족되었으므로 그의

---

69 Dodd는 이러한 어려움을 다음과 같이 호소한다. "혼란을 더욱 가중시키자면 첫 남편인 율법이 죽는 것이 아니라 그리스도인이 율법에 대해 죽임을 당한다. 따라서 이 예화는 엉뚱한 데로 흘러갈 수밖에 없다." C. H. Dodd, *The Epistle to the Romans* (1932; repr. London: Fontana, 1959), 120. Dodd는 아마도 이 지점에서 바울을 온전히 이해하지 못한 것으로 보인다.

죽음에 참여하는 자들은 **율법에 대하여 죽임을 당한** 것으로, 즉 각 신자에 대한 죽음의 요구 사항이 충족된 것으로 묘사될 수 있다.

신자들은 그리스도의 죽음을 통해 율법의 요구가 충족된 결과로 율법으로부터 자유하게 되고(여인이 남편의 죽음과 함께 혼인 관계의 매임으로부터 자유하게 된 것처럼) 이제는 다른 이에게 속할 수 있게 되었다(여인이 재혼할 수 있게 된 것처럼). **율법 아래 계신 그리스도**가 죽은 첫 번째 남편에 비유된다면 부활하신 그리스도는 여인이 결혼하게 될 새 남편에 비유된다. 그러므로 신자들은 그리스도께 속하기 위해 율법으로부터 자유롭게 된다.

비록 바울은 이와 같이 "다른 이에게 속하는 것"을 그리스도와 신자 간의 결혼으로까지 묘사하지는 않지만, 이 본문은 그러한 관계를 암시한다고 볼 수 있다. 결혼 비유에 등장하는 여인과 신자 간의 평행 관계가 말해주듯 여인이 재혼할 수 있는 자유를 얻게 된 것처럼 신자들도 이와 유사한 결합을 통해 그리스도께 속할 수 있는 자유를 얻게 된다. 따라서 언쇼는 다음과 같이 결론 내린다.

> 이러한 배경을 놓고 볼 때, 바울의 이 결혼 비유는 **이 여인의 첫 번째 결혼을 그리스도의 죽음 안에서 신자가 그분과 연합하는 것으로 이해하고 이 여인의 두 번째 결혼은 그리스도의 부활 안에서 신자가 그분과 연합하는 것으로 이해할** 때에만 올바른 의미를 가진다.[70]

하지만 그리스도께의 이러한 귀속 관계를 결혼으로 묘사하려면 예화로부터 현실로의 비논리적인 비약이 필요하다는 반론이 제기될

---

70 J. D. Earnshaw, "Reconsidering Paul's Marriage Analogy in Romans 7.1-4," *NTS* 40 (1994): 72[강조는 원저자의 것임].

수 있다. 그러나 결혼의 법적 관계는 단순히 율법 및 그리스도에 대한 신자의 관계를 하나의 예로 설명할 뿐이다. 따라서 신자가 그리스도와 "결혼했다"라고 말하는 것은 이 비유의 요점을 놓치는 것이다. 만약 이 예화를 통해 신자가 그리스도와 결혼한 것이라는 결론에 도달한다면, 논리적으로 신자도 지금까지 율법과 "결혼한" 상태였다고 보아야 하는데 이러한 논리는 성립되기 어렵다.

물론 이와 같은 반론도 전혀 일리가 없는 것은 아니다. 그러나 이 본문에는 혼인 관계와 신자가 그리스도와 맺는 관계 사이에 어떤 유사성이 있다는 단서들이 발견된다. 첫 번째 단서는 **너희도 그리스도의 몸으로 말미암아 율법에 대하여 죽임을 당하였으니**(7:4)가 연상시키는 참여의 개념이다. 신자들은 그리스도의 십자가에 달리신 몸에 참여하는데 이는 한 몸으로 연합하는 결혼 개념과 별반 차이가 없다. 두 번째 단서는 **이는 너희가 다른 이에게 속하기 위해서**(εἰς τὸ γενέσθαι ὑμᾶς ἑτέρῳ, 7:4)라는 절이다. 이 표현은 "속한다"는 의미를 명시적으로 나타내지 않는다는 점에서 다소 모호한 면이 있지만, 문맥에 비추어 살펴보면 여기서 말하는 결합이 결혼이라는 결합과 어느 정도 유사한 점이 있다고 보아도 무방할 것이다.[71]

따라서 이 본문은 그리스도와 신자들의 관계와 관련하여 결혼과 유사한 무언가를 연상시킨다고 볼 수 있다.[72] 이 본문에는 그리스도에게 참여한다는 개념이 명시적으로 나타나 있으며 신자들은 결혼 서약

---

71 Best는 이 본문이 의심의 여지없이 그리스도와 신자들 간의 결혼을 염두에 둔다고 본다. Ernest Best, *The Letter of Paul to the Romans* (CBC; Cambridge: Cambridge Univ. Press, 1967), 77-78.

72 Earnshaw는 이 본문을 다음과 같이 의역한다. "나의 독자인 너희들은 그리스도와 함께 그의 죽음에 참여함으로써 모세의 율법으로부터 자유롭게 되었고 부활하신 그리스도와 연합함으로 새로운 삶을 시작하게 되었다. 그러므로 너희는 여러 가지 면에서 재혼한 과부와도 같다. 왜냐하면 그러한 여인은 첫 번째 남편의 죽음이 가져다준 법적 결과에 참여하여 그 첫 번째 결혼을 통제하던 법으로부터 자유롭게 되었고 두 번째 남편과 새로운 삶을 시작했기 때문이다." Earnshaw, "Marriage Analogy," 73.

에 상응하는 방식으로 그리스도께 속한 자들로 묘사된다.[73]

> οὐκ οἴδατε ὅτι τὰ σώματα ὑμῶν μέλη Χριστοῦ ἐστιν; ἄρας οὖν τὰ μέλη τοῦ Χριστοῦ ποιήσω πόρνης μέλη; μὴ γένοιτο. οὐκ οἴδατε ὅτι ὁ κολλώμενος τῇ πόρνῃ ἓν σῶμά ἐστιν; ἔσονται γάρ, φησίν, *οἱ δύο εἰς σάρκα μίαν*. ὁ δὲ κολλώμενος τῷ κυρίῳ ἓν πνεῦμά ἐστιν;
> 너희 몸이 그리스도의 지체인 줄을 알지 못하느냐? 내가 그리스도의 지체를 가지고 창녀의 지체를 만들겠느냐? 결코 그럴 수 없느니라. 창녀와 합하는 자는 그와 한 몸인 줄을 알지 못하느냐? 일렀으되 "둘이 한 육체가 된다" 하셨나니 주와 합하는 자는 한 영이니라(고전 6:15-17).

이 본문에서는 결혼 은유가 더욱 분명하게 나타난다. 이 은유는 두 가지 방식으로 표현되는데 두 방식 모두 한 몸이라는 결혼의 특성과 관련이 있다. 첫째, 바울은 신자의 몸을 **그리스도의 지체**(μέλη Χριστοῦ, 6:15)로 묘사한다. μέλος라는 단어는 문자적으로 몸의 한 "부분"을 의미하며 비유적인 의미로는 한 집단의 "구성원"을 나타낸다.[74] 바울은 종종 몸 은유를 사용해 하나님의 백성을 표현하는데 이는 바울이 신자들을 그리스도의 **몸의 지체**로 묘사하기 위해 μέλος를 은유적인 의미로 사용한다는 것을 암시한다. 그리스도의 **몸의 지체**가 된다는 것은 의미하는 바가 크다. 즉 **어떤 창녀의 지체**(πόρνης μέλη)가 된다는 것은 오히려 그리스도의 몸에 중대한 해를 입히는 행위라는 것이다.

바울이 여기서 성관계를 언급하고 있다는 사실이 아직 확고하게 드러나지 않았다면 그는 바로 다음 구절에서 이 사실을 분명하게 드러

---

73 Earnshaw(Ibid., 88)는 바울의 "참여적 구원론"(participationist soteriology)을 "이 혼란 속에서 질서를 되찾을 수 있는 유일한 해석학적 열쇠"로 간주한다.
74 BDAG, 628.

낸다. **창녀와 합하는 자는 그와 한 몸인 줄을 알지 못하느냐**(6:16). 창녀와의 성적 결합은 당연히 부적절한 행위다. 왜냐하면 신자들은 그리스도의 몸의 지체이기 때문이다.[75] 우리의 논의와 관련하여 한 가지 주목해야 할 점이 있다. 그것은 성관계(성서는 오직 결혼을 통해서만 성관계가 올바르게 이루어질 수 있다고 봄)를 나타낼 때와, 그리스도와 신자의 관계를 나타낼 때에 같은 단어(μέλος)가 사용된다는 점인데 이는 이 두 관계가 서로 닮은 부분이 있음을 보여준다. 물론 두 관계 사이에는 중요한 차이점들도 존재한다. 하나는 은유적이고 다른 하나는 실제적이다. 하나는 성적인 것과 무관하고 다른 하나는 성적이다. 하나는 영적인 반면, 다른 하나는 육적이다. 그렇기 때문에 둘 사이의 유사성을 지나치게 강조할 수는 없다(아래 논의 참조). 그럼에도 결혼에서 가장 중요하다고 할 수 있는 요소, 즉 서로 한 몸을 나눈다는 점에서 이 둘 사이에는 중요한 평행이 존재한다. 신자들은 그리스도의 몸에 참여하기 때문에 창녀와 서로 몸을 나누어서는 안 된다. 파워스가 지적했듯이 "바울이 고린도 지역의 성적 문란함에 반대하는 이유는 전적으로 신자들과 그리스도 간의 집단적 하나 됨에 근거한다. 그리스도인들과 그리스도의 하나 됨이 바울의 전체 논증의 기초를 이룬다."[76]

둘째, 바울은 **창녀와 합하는 자는 그와 한 몸**(6:16)이라는 주장을 뒷받침하기 위해 창세기 2:24(LXX)을 인용한다. **일렀으되 둘이 한 육체가 된다 하셨나니**. 창세기 2:21-25이 첫 결혼이자 원형적인 결혼을

---

75 손상원은 "그러나 누군가가 그리스도와 맺은 연합을 깨뜨리는 것은 성관계 자체가 아니라 부도덕한 성관계다"라고 올바르게 지적한다. Son, *Corporate Elements*, 149. 그는 이 사실을 다음 진술에서 더욱 발전시킨다. "성관계로 만들어진 '한 몸' 연합은 그리스도와 맺은 '한 몸(영)' 연합에 상응할 수도 있고 반대로 이와 대조될 수도 있다. 결혼이라는 맥락에서는 이것이 신자들과 그리스도의 '한 몸' 연합에 긍정적이며 양립 가능한 보충제 역할을 할 수 있지만, 부도덕한 관계의 맥락에서는…그리스도와의 공동체적 연합과 상반된다"(Ibid., 165).

76 Powers, *Salvation through Participation*, 150.

묘사하기 때문에 바울이 이 본문을 인용한 사실은 그가 창녀와의 성관계가 이 성스러운 한 몸의 관계를 얼마나 부적절한 관계로 전락시킨다고 여겼는지를 잘 보여준다. 이미 앞에서 지적했듯이 바울은 서로 몸을 나눈다는 개념이 창녀와의 성관계와 그리스도의 몸에 속한 지체들 간의 관계가 얼마나 유사한지를 너무 잘 보여준다고 생각한다. 창세기 2:24의 인용을 통해 창녀와의 성관계가 결혼과 연결되어 있음이 밝혀짐으로써, 바울은 그리스도와 그 몸을 이루는 지체들의 연합을 결혼이라는 한 몸 관계로 간주한다. 다시 말하면 만약 창녀와 성관계를 맺는 것이 한 몸이 되는 결혼 관계를 만들어낸다면 그리스도와 그의 지체들의 관계 역시 동일한 결과를 낳는다는 것이다. 왜냐하면 몸을 서로 나눈다는 것이 이 두 그림의 공통점이기 때문이다. 창세기 2:24가 중요한 이유는 바울이 이 구절을 **결혼**으로 묘사한다는 데 있다.[77]

17절은 바울의 논지를 더욱 예리하게 표현한다. **주와 합하는 자는 한 영이니라**. 첫째, **주와 합하는 자**라는 구문과 **창기와 합하는 자**(6:16)라는 구문은 **합하는 자**(ὁ κολλώμενος)라는 공통된 표현을 통해 정확하게 평행을 이룬다. 이는 성관계와 그리스도-신자 관계의 상호 유사성을 재확인해준다. 둘째, 바울은 두 그림 사이에 닮지 않은 부분은 서로 구분한다. 주와 연합한다는 것은 **영적인** 연합을 의미하므로(주와 합하는 자는 **한 영이니라**) **몸의 지체들**이라는 용어는 은유적인 표현이다. 따라서 은유적으로 한 몸이 된다는 의미의 영적인 연합은 성관계와는 무관하다고 보는 것이 타당하다(이러한 구별은 이미 앞에서 예상된 것임).[78]

바울은 이 본문에서 교회를 명시적으로 그리스도의 신부라고 부

---

77 참조. Ciampa and Rosner, *1 Corinthians*, 259-60.
78 "이러한 하나 됨은 성관계처럼 육체적 연합이 아니라 성령 안에서의 하나 됨이다.…결국 이러한 이미지는 연합의 순간이 실제로 존재한다는 사실을 보여주며 이 연합의 본질을 보다 더 명료하게 해준다. 이 연합은 실제적이며 결혼에서의 성적 연합에 비교될 수도 있지만, 그리스도와 성령이 모두 그 안에서 어떤 역할을 담당하신다는 점에서 더욱 복잡한 연합이다." Burger, *Being in Christ*, 240.

르거나 그리스도를 교회의 남편이라고 부르지 않으며 이 둘 사이의 관계를 결혼이라고도 부르지 않는다. 그럼에도 앞에서 제시된 증거들은 바울이 그리스도와 그의 백성의 관계를 영적 결혼으로 본다는 사실을 충분히 지지해준다. 신자들은 영적으로 주와 연합한 자들이며 은유적으로 표현하자면 한 육체의 연합을 이룬 자들이다. 남편과 아내가 한 몸을 나누듯이 신자들도 그리스도와 한 몸을 서로 공유한다.

> ζηλῶ γὰρ ὑμᾶς θεοῦ ζήλῳ, ἡρμοσάμην γὰρ ὑμᾶς ἑνὶ ἀνδρὶ παρθένον ἁγνὴν παραστῆσαι τῷ Χριστῷ· φοβοῦμαι δὲ μή πως, ὡς ὁ ὄφις ἐξηπάτησεν Εὔαν ἐν τῇ πανουργίᾳ αὐτοῦ, φθαρῇ τὰ νοήματα ὑμῶν ἀπὸ τῆς ἁπλότητος [καὶ τῆς ἁγνότητος] τῆς εἰς τὸν Χριστόν.
>
> 내가 하나님의 열심으로 너희를 위하여 열심을 내노니, 내가 너희를 정결한 처녀로 한 남편인 그리스도께 드리려고 중매함이로다. 그러나 나는 뱀이 그 간계로 하와를 미혹한 것 같이, 너희 마음이 그리스도를 향하는 진실함과 깨끗함에서 떠나 부패할까 두려워하노라(고후 11:2-3).

이 본문에서 바울은 그리스도와 그의 백성 간의 결혼 관계를 명시적으로 언급한다. 바울은 고린도 교인들을 **한 남편에게** 중매하여 (ἡρμοσάμην) 그 남편에게 **정결한 처녀**(παρθένον ἁγνὴν)로 드린다. ἁρμόζω라는 동사가 반드시 결혼을 위한 중매를 의미할 필요는 없으며[79] ἑνὶ ἀνδρὶ라는 표현이 **한 남편에게**보다는 **한 남자에게**를 의미할 수도 있지만, **처녀**로 드린다는 표현이 이러한 문제들을 전부 해결해준다. 바울은 지금 결혼을 언급한다. 고린도 교인들은—하나님의 백성으로서—은유적인 의미에서 그리스도의 신부로 그려진다.

두 가지 흥미로운 점이 이 본문에서 나타난다. 첫째, 바울은 자신

---

79   BDAG, 132.

의 사역을 고린도 교인들을 그리스도께 **중매하는 것**으로 보기 때문에 그리스도와 고린도 교인들 간의 결혼은 미래 지향적으로 보인다. 중매라는 개념은 본질상 결혼이 아직 완성되지 않았음을 의미한다.

하지만 이 문제는 보기보다 그리 단순하지 않다. 만약 부정과거 직설법 동사인 ἡρμοσάμην을 **내가 너희의 결혼을 약속했다**(I have promised you in marriage)라고 번역한다면, 이 번역은 바울이 말하는 시점에서는 약혼한 상태를 의미하므로 약속은 했지만 아직 실현되지 않은 상태를 나타낸다. 하지만 이 번역도 최상의 번역은 아니다. 이 부정과거 동사는 **내가 약속했다**(I promised you in marriage)로도 번역될 수 있기 때문에 말하는 시점에서 아직 약혼한 상태라는 의미를 배제할 수도 있다(NIV와 ESV의 경우). 만약 이 번역을 선택한다면 바울은 **이미** 완료된 과거의 약혼을 언급한 것일 수도 있다.[80] 즉 바울은 과거에 고린도 교인들이 그리스도와 혼인 관계를 맺어 하나가 되도록 그들을 준비시켰고 신자가 된 이후에는 그리스도와 연합하게 되었다는 것을 의미한다.[81] 이러한 해석은 결혼 은유를 현재적 사실로 표현하는 다른 본문들과 조화를 이룬다.

두 번째로 흥미로운 점은 11:3이 우리가 그리스도와의 연합을 이해하는 데 어떠한 도움을 주느냐는 것이다. 바울은 고린도 교인들이 미혹되어―원형적 아내인 하와처럼―그들의 생각이 타락하고 그리스도를 향한 순전한 헌신에서 이탈하지 않을까 우려한다. 그렇다면 그리스도를 향한 헌신에서 이탈하는 것은 혼인 관계를 깨는 불성실한 행위로

---

80 이러한 완성은 재림 때 일어난다는 것이 주석가들의 표준적 견해이지만, 현 문맥에서는 그런 내용이 명시되어 있지 않을뿐더러 암시되어 있다는 증거도 전혀 없다. 예컨대, Hughes, *2 Corinthians*, 374; Martin, *2 Corinthians*, 333을 참조하라.
81 이는 Berger의 견해에 반하는 것이다. "결론적으로 그리스도와 교회는 여기서 약혼은 했지만 아직 결혼하지 않은 짝으로서 그리스도가 다시 오실 때 이루어질 결혼을 기다리는 상태에 있는 것으로 그려진다. 따라서 이 연합의 순간은 종말론적 의미를 지닌다." Burger, *Being in Christ*, 241.

간주될 수 있다. 이 사실은 그리스도와의 연합이라는 영적 현실을 강조한다. 결혼 관계에서 불성실한 행위를 한다는 것은 우상의 유혹을 받거나 거짓 교사들의 유혹을 받아 영적인 헌신에서 이탈하는 것이다. 이러한 개념이 그리 놀랍지 않은 이유는 하나님의 신부로 여겨지던 그의 백성들이 반복적으로 다른 신들과 음행하는 내용이 이미 구약성서에 나오기 때문이다.[82]

또한 11:3이 11:2에 대한 우리의 이해를 왜곡시키기 때문에 현재 약혼한 상태와 미래의 결혼이라는 해석을 지지할 수도 있다. 이러한 견해는 고린도 교인들의 부족한 헌신에 대한 바울의 우려를 그들의 혼전 성관계와 연관시킨다. 물론 이러한 해석도 타당성이 없지 않으며 어떤 면에서는 상당히 자연스러워 보인다. 하지만 그들의 부족한 헌신이 그들의 결혼 관계—반드시 혼전 성관계의 문제가 아닌—에 영향을 끼치는 것으로 보는 견해 역시 자연스럽고 하와에 관한 언급도 이러한 해석에 힘을 실어준다. 원형적 아내였던 하와는 뱀으로부터 유혹을 받기 이전에(창 3장) 이미 자신의 남편과 한 몸이었다(창 2:18-25). 3:12-16이 보여주듯이 이러한 유혹은 하와와 그 남편의 관계를 뒤틀리게 만들었다. 따라서 바울은 유혹과 타락이 결혼 관계에 어려움을 초래한다는 사실을 보여주기 위해 창세기에 나오는 이야기들을 폭넓게 사용한 것으로 보인다. 따라서 고린도 교인들은 자신들의 남편이신 그리스도를 향한 정절을 지키기 위해 그러한 일들을 피해야 한다.

> [22]αἱ γυναῖκες τοῖς ἰδίοις ἀνδράσιν ὡς τῷ κυρίῳ, [23]ὅτι ἀνήρ ἐστιν κεφαλὴ τῆς γυναικὸς ὡς καὶ ὁ Χριστὸς κεφαλὴ τῆς ἐκκλησίας, αὐτὸς σωτὴρ τοῦ σώματος · [24]ἀλλὰ ὡς ἡ ἐκκλησία ὑποτάσσεται τῷ Χριστῷ, οὕτως καὶ αἱ γυναῖκες τοῖς ἀνδράσιν ἐν παντί. [25]Οἱ

---

82 구약성서에 등장하는 결혼 은유는 12장에서 다루어질 것이다.

ἄνδρες, ἀγαπᾶτε τὰς γυναῖκας, καθὼς καὶ ὁ Χριστὸς ἠγάπησεν τὴν ἐκκλησίαν καὶ ἑαυτὸν παρέδωκεν ὑπὲρ αὐτῆς, ²⁶ἵνα αὐτὴν ἁγιάσῃ καθαρίσας τῷ λουτρῷ τοῦ ὕδατος ἐν ῥήματι, ²⁷ἵνα παραστήσῃ αὐτὸς ἑαυτῷ ἔνδοξον τὴν ἐκκλησίαν, μὴ ἔχουσαν σπίλον ἢ ῥυτίδα ἤ τι τῶν τοιούτων, ἀλλ᾽ ἵνα ᾖ ἁγία καὶ ἄμωμος. ²⁸οὕτως ὀφείλουσιν [καὶ] οἱ ἄνδρες ἀγαπᾶν τὰς ἑαυτῶν γυναῖκας ὡς τὰ ἑαυτῶν σώματα. ὁ ἀγαπῶν τὴν ἑαυτοῦ γυναῖκα ἑαυτὸν ἀγαπᾷ. ²⁹Οὐδεὶς γάρ ποτε τὴν ἑαυτοῦ σάρκα ἐμίσησεν ἀλλὰ ἐκτρέφει καὶ θάλπει αὐτήν, καθὼς καὶ ὁ Χριστὸς τὴν ἐκκλησίαν, ³⁰ὅτι μέλη ἐσμὲν τοῦ σώματος αὐτοῦ. ³¹ἀντὶ τούτου καταλείψει ἄνθρωπος [τὸν] πατέρα καὶ [τὴν] μητέρα καὶ προσκολληθήσεται πρὸς τὴν γυναῖκα αὐτοῦ, καὶ ἔσονται οἱ δύο εἰς σάρκα μίαν. ³²τὸ μυστήριον τοῦτο μέγα ἐστίν· ἐγὼ δὲ λέγω εἰς Χριστὸν καὶ εἰς τὴν ἐκκλησίαν.

²²아내들이여, 자기 남편에게 복종하기를 주께 하듯 하라. ²³이는 남편이 아내의 머리됨이 그리스도께서 교회의 머리됨과 같음이니 그가 바로 몸의 구주시니라. ²⁴그러므로 교회가 그리스도께 하듯 아내들도 범사에 자기 남편에게 복종할지니라. ²⁵남편들아, 아내 사랑하기를 그리스도께서 교회를 사랑하시고 그 교회를 위하여 자신을 주심 같이 하라. ²⁶이는 곧 물로 씻어 말씀으로 깨끗하게 하사 거룩하게 하시고 ²⁷자기 앞에 영광스러운 교회로 세우사 티나 주름 잡힌 것이나 이런 것들이 없이 거룩하고 흠이 없게 하려 하심이라. ²⁸이와 같이 남편들도 자기 아내 사랑하기를 자기 자신과 같이 할지니, 자기 아내를 사랑하는 자는 자기를 사랑하는 것이라. ²⁹누구든지 언제나 자기 육체를 미워하지 않고 오직 양육하여 보호하기를 그리스도께서 교회에게 함과 같이 하나니, ³⁰우리는 그 몸의 지체임이라.

³¹그러므로 사람이 부모를 떠나

그의 아내와 합하여

그 둘이 한 육체가 될지니,

³²이 비밀이 크도다. 나는 그리스도와 교회에 대하여 말하노라(엡 5:22-32).

남편과 아내에 관해 길게 논하는 이 본문에서 바울은 결혼 은유를 가장 뚜렷하게 그리스도와 교회의 관계에 적용한다. 바울은 이 은유를 너무나 강하게 적용한 나머지 이 은유를 그리스도와 교회 간의 관계의 모범으로 제시하기보다는 남편과 아내의 관계의 모범으로 제시한다. 그리스도가 교회의 머리이듯이 남편은 아내의 머리다(5:23). 교회가 그리스도께 복종하듯이 아내들도 남편들에게 복종해야 한다(5:24). 남편들은 그리스도가 교회를 사랑하셨던 것처럼 자기 아내들을 사랑해야 한다(5:25). 그리스도가 교회에게 하시듯이 남편들도 아내들을 자기 몸처럼 사랑해야 한다(5:29). 남자는 자기 부모를 떠나 자기 아내와 연합하고 그의 아내와 한 몸을 이룰 것인데, 이 비밀은 그리스도와 교회에 관한 것이다(5:32).

이 본문에는 흥미로운 내용이 많지만, 우리는 그리스도와의 연합을 이해하는 데 결혼 비유가 어떠한 역할을 하는지에만 집중하고자 한다. 바울이 그리스도와 교회의 관계를 결혼에 빗대어 은유적으로 묘사한다는 데에는 의심의 여지가 없다. 5:22-30이 단순히 그리스도와 교회의 관계를 남편과 아내 관계를 예를 들어 설명할 뿐 교회를 그리스도의 아내로 혹은 그리스도를 교회의 남편으로 명시하지 않는다고 볼 여지가 전혀 없는 것은 아니지만, 5:30-31은 그럴 가능성을 완전히 배제한다. 5:30에서 창세기 2:24을 인용한 바울은 5:32에서 자신이 그리스도와 교회에 관해 말한다는 점을 분명하게 밝힌다.[83] 창세기 2:24은 바로 이 관계에 적용되는 것으로서 이는 그리스도가 그의 아내인 교회

---

83 "바울은 창 2:24을 인용함으로써 결혼을 통한 하나 됨을 그리스도와 교회에 관한 위대한 비밀의 일환으로서 성서가 보여주는 하나님의 창조 계획 속에 둔다." John Paul Heil, *Ephesians: Empowerment to Walk in Love for the Unity of All in Christ* (Studies in Biblical Literature 13; Atlanta: Society of Biblical Literature, 2007), 251.

와 연합하여 둘이 "한 육체"가 됨을 의미하는 것이다.[84] 손상원은 이러한 관계를 다음과 같이 요약한다.

> 이 두 관계와 창세기 2:24, 즉 아담과 하와의 결혼 관계 사이에는 분명한 모형론적 대비가 가능하다. 수학적 기호로 표시한다면 다음과 같다. 남편/아내(인간의 결혼)=그리스도/교회(신적 결혼)=아담/하와(원형적 결혼). 남편과 아내 사이에 이루어지는 인간의 결혼 관계는 그리스도와 교회 사이의 신적 연합의 틀 안에서 설명되며 이 두 관계는 모두 창세기 2:24에서 제정된 아담과 하와 사이에 이루어진 "한 육체"의 결혼 연합에 근거한다.[85]

따라서 5:22-30은 바울이 진정으로 그리스도를 남편으로, 그리고 교회를 아내로 여긴다는 사실을 염두에 두고 논의되어야 한다. 하지만 우리는 그 이전에 먼저 5:30-31이 그리스도와의 연합을 이해하는 데 어떤 공헌을 하는지를 살펴보아야 한다. 남편과 아내가 은유적인 의미에서 연합하여 한 육체가 된다는 것은 그리스도와 교회 사이에 존재하는 깊은 연합을 나타낸다. 이 은유는 인격적인 것으로서, 바울이 지금까지 그리스도와의 연합을 묘사하기 위해 사용한 그 어떤 은유보다 훨씬 더 친밀한 연합을 의미한다. 사실 이 은유는 여러 다양한 의미를 함축하는데 이중 거의 대부분은 여기서 다뤄지지 않을 것이다. 바울은 5:22-30에서 이러한 한 몸 됨의 연합이 담고 있는 여러 가지 함의를 이끌어낸다.

---

84 Köstenberger도 이에 동의한다. "따라서 어떤 의미에서 바울은 그리스도와 교회를 마치 남편과 아내처럼 이 세상에서 밀접하게 연합된 한 사람으로 생각한다(참조, 창 2:24)." Andreas J. Köstenberger, "The Mystery of Christ and the Church: Head and Body, 'One Flesh,'" *TJ* 12 (1991): 91.

85 Son, *Corporate Elements*, 155-56.

첫째, 결혼이라는 친밀한 관계는 그리스도와 그의 신부 사이에 존재하는 차이점을 제거하지 않는다. 우리는 여기서 신자의 정체성이 신과 연합함으로써 사라져버리는 일종의 모호한 신비주의보다는, 남편과 아내가—비록 연합되어 있지만—분명하게 구별되고 이 관계 속에서 각자 자신의 고유한 역할을 수행한다는 사실을 확인한다.

둘째, 교회는 머리이신 그리스도께 복종한다(5:22-24). 따라서 그들의 한 몸 됨의 연합은 그리스도의 주 되심을 훼손하지 않으며 교회로 하여금 불순종에 빠지도록 조장하지도 않는다. 복종이 이 본문에서 유일하게 교회의 행위로 언급된다는 사실은 교회의 삶에서 복종이 얼마나 중요한지를 강조할 뿐 아니라, 결혼의 다른 측면과 관련하여 그리스도는 교회를 책임지고 교회는 이를 받아들이는 수동적인 위치에 있다는 것을 보여준다.

셋째, 아내는 그리스도의 돌보심을 받는 자일 뿐, 결혼은 그리스도가 예비하시고 주도하시며 보존하신다. 그리스도는 교회를 사랑하고 교회를 위해 자신을 내어주심으로써(5:25) 그 몸의 구주가 되신다(5:23). 그리스도는 자신에게 흠 없이 드려질 수 있도록 교회를 거룩하게 하신다(5:26-27). 그리스도는 공급하시고 돌보심으로써 교회를 보존하신다(5:29). 이 모든 사실은 그리스도와의 한 몸 됨의 연합이 은혜의 주도 하에 이루어진다는 사실을 강조한다. 이 연합은 신자들이 신비적인 훈련이나 영적 진보를 통해 "성취하거나" 접근할 수 있는 것이 아니다. 교회는 전적으로 그리스도가 교회를 향해 찾아오시는 은혜의 수혜자일 뿐이다.

이러한 세부적인 내용들은 교회와 그리스도의 연합에 관한 바울의 개념을 이해하는 데 결혼 은유가 얼마나 중요한지를 잘 보여준다. 몸 은유를 제외하면 연합의 개념을 이처럼 상세하게 다루는 은유는 아마 없을 것이다. 바울은 그리스도와의 연합이 지닌 여러 측면이 부각되거나 또는 명료해지도록 결혼 은유를 다각적으로 사용한다. 이 은유는 그리스도와의 연합이 그리스도와 교회의 차별성이나 정체성을 훼손하지 않으며 교회에 관한 그리스도의 주 되심을 약화시키지도 않는다. 결혼 은유는 이 연합을 제정하신 그리스도의 주도적이며 적극적인 역할을 잘 설명해줌으로써 이러한 연합이 은혜의 역사임을 잘 드러낸다.

7.4.1 결혼은 중요하다

바울이 그리스도와 그의 백성 간의 관계를 묘사하기 위해 결혼 은유를 직접적으로 사용한 경우는 (많아야) 네 번에 불과하다. 하지만 횟수가 적다는 이유로 이 은유의 중요성이 간과되어서는 안 된다. 바울은 결혼 은유를 사용해 그리스도와의 연합을 가장 심오하고도 유용하게 묘사한다. 바울은 다른 은유들에서는 거의 찾아볼 수 없을 만큼 상세한 방식으로 이 은유를 사용한다. 따라서 이 결혼 은유는 바울의 윤리 사상을 이해하는 데 매우 중요한 신학적 기초를 제공한다.

    결혼 은유는 한 육체로의 결합이라는 친밀함 때문에 매우 인격적인 특성을 지닌다. 다시 말하면 그리스도와의 연합은 단순히 신자들을 그리스도의 영역의 한 부분으로 지정하는 일반적인 의미에서의 영적 현실이 아니다. 물론 그리스도의 영역에서 사는 것이 그리스도와의 연합이 의미하는 바의 일부임엔 틀림없지만, 결혼 은유는 이보다 한층 더 나아간다. 교회는 다른 모든 이를 배제시킬 정도로 친밀하면서도 본질적으로 그리스도와 결혼한 자들이다.

    이 은유는 그리스도의 정체성과 교회의 정체성을 모두 보존한다. 왜냐하면 결혼의 연합 안에서는 남편과 아내의 구체적인 역할을 각자가 수행하기 때문이다.[86] 이런 측면에서 보면 결혼 은유는 그리스도와의 연합에 관한 올바르지 않은 이론들, 특히 신자들이 신적 본질 안으

---

86 "남편과 아내는 결혼을 통해 한 공동의 몸을 이루는 동시에 서로 구별된 개인으로서 존재한다. 이 '한 몸' 연합은 그들의 개인적 차이점들을 제거하지 않는다.…이와 마찬가지로 신

로 흡수된다는 식의 신비주의적 경향에 반대한다. 교회는 고유한 정체성을 잃어버린 채 주님과 구별 불가능한 상태에서 신성이라는 영적 바다에서 소멸되는 존재가 아니다. 교회는 오히려 그리스도께 순복하고 거룩한 삶을 통해 헌신하면서 그리스도의 신부라는 정체성을 유지한다. 더 나아가 신자들은 "각자가 지닌 인종적·사회적·성별적(gender) 독특성의 상실"[87]을 경험하지 않는다.

결혼 은유는 교회의 삶에도 매우 중요한 의미를 지닌다. 이 은유는 성적 방종에 맞서 절제된 윤리적인 삶을 강조하고 불성실한 영적 생활을 금지하며 교회로 하여금 자신의 남편에게 복종할 것을 요구한다. 결혼 관계는 그리스도가 자신의 아내인 교회를 구원하고 예비하며 돌보는 남편의 의무를 철저히 수행한다는 의미에서 그리스도와의 연합에 기여한 은혜를 부각시킨다.

7.5 새 옷

이번 장에서 살펴볼 마지막 은유는 **그리스도로 옷 입는 것**과 관련된다. 이 개념은 은유적인 의미에서 그리스도를 신자들을 단장하는 옷으로 묘사하며 신자들은 그 옷을 입을 것을 권유받는다. 이 은유의 핵심 어휘는 "입다"(ἐνδύω)로서 스스로 옷을 입거나 다른 사람에게 옷을 입힐 때 사용되는 표준적인 동사다. 이 동사는 또한 "특성, 덕성, 의

자들은 다른 이들이나 그리스도와 함께 공동의 몸을 구성할 때에도 그들만의 개별성을 유지한다"(Ibid., 168).

[87] Ibid. "이러한 견해를 견지하는 학자들은 흔히 갈 3:27-28에 호소한다.…그러나 바울은 이 본문에서 그리스도와의 통합이 사람의 인종적, 사회적, 성별적 독특성을 제거한다고 가르치지 않는다. 그는 여기서 기본적으로 그리스도 안에서 모든 신자가 공동체적으로 하나가 되었다는 점에 관심을 두는데 이 하나됨은 그들의 인종적·사회적·성별적 독특성을 초월하기도 하고 변화시키기도 하지만 이를 완전히 제거하지는 않는다."

도 등을 취함"[88]을 가리키는 은유적인 용법으로도 사용된다.

언뜻 보면 이 은유는 신자들이 **그리스도로 옷 입는 것**을 선택해야 한다는 의미를 내포한다는 점에서 지금까지 살펴본 다른 은유들과 구별된다. 이것은 그리스도께로 회심하는 "선택"이 아니라 그리스도인으로서의 삶의 경험에 대한 언급이다. 즉 이미 그리스도와 연합한 자로 여겨지는 이들이 **그리스도로 옷 입을 것**을 권유받는 것이다. 이와는 대조적으로 다른 은유들은 단순히 신자들의 선택이나 행동에 좌우되지 않는 영적 현실을 가리킨다. 신자들은 그리스도의 몸의 지체다. 그들은 그리스도의 성전 혹은 건물이다. 그들은 그리스도와 결혼하여 한 몸을 이루는 관계를 맺는다. 이것들은 모두 그리스도인의 실존에 있어 타협할 수 없는 것들이며 단순히 그들에게 **주어진 것들**이다. 따라서 우리가 여기서 던져야 할 질문은 옷 입음의 은유가 진실로 그리스도와의 연합을 가리키느냐 혹은 다른 어떤 것을 가리키느냐 하는 것이다.

두 번째 특성은 옷 입음의 은유와 몸, 성전, 건물, 결혼 등의 은유가 어떤 면에서 다른지에 관한 것이다. 후자의 은유들은 영속성(permanence)을 내포하는 반면, 옷 입음의 은유는 그런 영속성을 무조건 내포하지는 않는다. 아무튼 옷은 언제든지 갈아입을 수 있는 것이다. 더 나아가 다른 은유들은 근본적으로 그리스도와 함께 하나가 된다는 개념을 전달한다. 그리스도의 몸의 일부가 된다는 것은 신자가 그 몸의 지체로서 그리스도와 연결된다는 것을 의미한다. 그리스도가 모퉁잇돌이 된 그 건물의 일부를 형성한다는 것은 신자가 그 건물을 훼손하지 않고는 그리스도라는 터와 분리될 수 없음을 의미한다. 그리스도와 결혼한다는 것은 영원히 지속될 한 몸 됨의 연합을 뜻한다. 하지만 옷 입음의 은유는 반드시 그리스도와 하나 됨을 의미하지는 않는다. 왜냐하면 옷은 단순히 겉에 입는 의복에 불과하며 그 옷을 입은 사람과 "결

---

[88] BDAG, 333-34.

합"되는 것은 아니기 때문이다. 이제 우리는 이러한 특성을 염두에 두고 관련 본문들을 살펴보고자 한다.

> ἡ νὺξ προέκοψεν, ἡ δὲ ἡμέρα ἤγγικεν. ἀποθώμεθα οὖν τὰ ἔργα τοῦ σκότους, **ἐνδυσώμεθα** [δὲ] τὰ ὅπλα τοῦ φωτός. ὡς ἐν ἡμέρᾳ εὐσχημόνως περιπατήσωμεν, μὴ κώμοις καὶ μέθαις, μὴ κοίταις καὶ ἀσελγείαις, μὴ ἔριδι καὶ ζήλῳ, ἀλλὰ **ἐνδύσασθε** τὸν κύριον Ἰησοῦν Χριστὸν καὶ τῆς σαρκὸς πρόνοιαν μὴ ποιεῖσθε εἰς ἐπιθυμίας
> 밤이 깊고 낮이 가까웠으니, 그러므로 우리가 어둠의 일을 벗고 빛의 갑옷을 **입자**. 낮에와 같이 단정히 행하고 방탕하거나 술 취하지 말며, 음란하거나 호색하지 말며, 다투거나 시기하지 말고, 오직 주 예수 그리스도로 **옷 입고** 정욕을 위하여 육신의 일을 도모하지 말라(롬 13:12-14).

윤리적인 내용을 다루는 이 본문은 ἐνδύω라는 단어를 두 차례 사용한다. 한 번은 **빛의 갑옷**과 관련해 사용하고 다른 한 번은 **주 예수 그리스도**와 관련해 사용한다. 만약 13:12과 13:14 사이의 평행 관계가 의도적이라면 **어둠의 일**은 **육신의 일**과 한 쌍을 이루고 **빛의 갑옷을 입는 것**은 주 예수 그리스도로 옷 입는 것과 한 쌍을 이룰 것이다.[89] 이 두 구절의 평행 관계가 의도적이든 아니든 간에 **그리스도로 옷 입으라**는 권면은 윤리적인 명령으로 보인다. 이러한 사실은 본문의 윤리적 문맥뿐만 아니라 이 권면이 **정욕을 위하여 육신의 일을 도모하지 말라**는 구문과 대조를 이룬다는 점에 의해 확인된다. 즉 그리스도로 옷 입는다는 것은 새로운 삶의 방식을 제시한다.

따라서 이 본문이 그리스도와의 연합이라는 주제와 직접적으로 관련이 있는지는 명확하지 않다. 왜냐하면 옷 입으라는 언급은 그리스

---

89 Cranfield에 의하면 후자의 어구가 전자의 어구를 해석한다. Cranfield, *Romans*, 2:688.

도와의 영적 연합에 대한 언급이 아닐 수도 있기 때문이다. 그럼에도 바울의 논리가 두 단계에 걸쳐 진행되고 그중 하나만 윤리적인 성격을 띨 가능성도 없지 않다. 만약 바울의 논리가 압축된 것이라면 바울은 **주 예수 그리스도로 옷 입으라**는 구문을 통해 그리스도와의 연합이라는 개념을 전달하고자 했으며 그 연합으로부터 야기되는 윤리적 교훈들은 단순히 전제된 것일 수도 있다. 다시 말하면 이 구문 자체가 영적 연합을 나타낸다 하더라도 그리스도와의 연합이 내포하는 윤리적 함의는 이러한 윤리적 맥락에 매우 중요한 의미를 지닐 수 있다는 것이다. 이것이 김정훈의 결론이다. 그는 "바울은 우리가 어떤 옷을 입으면 그것이 우리 자신의 지배적인 부분이 되듯이 그리스도로 옷 입으면 그분이 신자가 지닌 본성의 근본적인 부분이 되어 경건한 행실이 거기로부터 나오게 된다는 것을 의미하는 듯하다고 제안한다."[90]

ἰδοὺ μυστήριον ὑμῖν λέγω · πάντες οὐ κοιμηθησόμεθα, πάντες δὲ ἀλλαγησόμεθα, ⁵²ἐν ἀτόμῳ, ἐν ῥιπῇ ὀφθαλμοῦ, ἐν τῇ ἐσχάτῃ σάλπιγγι · σαλπίσει γὰρ καὶ οἱ νεκροὶ ἐγερθήσονται ἄφθαρτοι καὶ ἡμεῖς ἀλλαγησόμεθα. ⁵³Δεῖ γὰρ τὸ φθαρτὸν τοῦτο **ἐνδύσασθαι** ἀφθαρσίαν καὶ τὸ θνητὸν τοῦτο **ἐνδύσασθαι** ἀθανασίαν. ⁵⁴ὅταν δὲ τὸ φθαρτὸν τοῦτο **ἐνδύσηται** ἀφθαρσίαν καὶ τὸ θνητὸν τοῦτο **ἐνδύσηται** ἀθανασίαν, τότε γενήσεται ὁ λόγος ὁ γεγραμμένος · κατεπόθη ὁ θάνατος εἰς νῖκος.

보라! 내가 너희에게 비밀을 말하노니 우리가 다 잠 잘 것이 아니요 마지막 나팔에 순식간에 홀연히 다 변화되리니 ⁵²나팔 소리가 나매 죽은 자들이 썩지 아니할 것으로 다시 살아나고 우리도 변화되리라. ⁵³이 썩을 것이 반드시 썩지 아니

---

90   Jung Hoon Kim, *The Significance of Clothing Imagery in the Pauline Corpus* (JSNTSup 268; London: T&T Clark, 2004), 139.

할 것을 **입겠고** 이 죽을 것이 죽지 아니함을 **입으리로다**.

⁵⁴이 썩을 것이 썩지 아니함을 **입고** 이 죽을 것이 죽지 아니함을 **입을** 때에는 "사망을 삼키고 이기리라"고 기록된 말씀이 이루어지리라(고전 15:51-54).

마지막 날에 있을 신자들의 부활에 관한 내용을 담은 이 본문에서 옷 은유는 신자들이 장차 겪게 될 변화를 언급한다. 썩을 것이 썩지 아니할 것을 입게 되고 죽을 것은 죽지 아니함을 입게 된다. 따라서 옷 은유는 현재의 상태보다는 미래의 상태를 언급하며 윤리적인 명령보다는 어떤 상황을 가리킨다.

이 본문에서 신자가 입는 옷은 그리스도가 아니라 **썩지 아니함**(incorruptibility)과 **죽지 아니함**(immortality)이다. 이는 이 은유가 그리스도와의 연합을 염두에 둔 것인지 아니면 단순히 변화된 신체적 현실(a changed anatomical reality)을 보여주기 위해 사용된 것인지에 관한 질문을 제기한다. 비록 이 은유가 그리스도와의 연합과는 직접적인 연관이 없을 수도 있지만, 더 넓은 문맥은 적어도 이 연합의 개념이 배경에 깔려있음을 암시한다. 15:49은 **우리가 흙에 속한 자의 형상을 입은 것 같이 또한 하늘에 속한 이의 형상을 입으리라**는 내용이다.[91] 여기서 하늘에 속한 이는 그리스도를 가리키며 흙에 속한 아담과 대조된다. **하늘에 속한 이의 형상**을 지닌다는 개념은 비록 이례적인 표현이긴 하지만, 적어도 그리스도와의 연합이라는 의미를 내포한다.

썩지 아니함과 **죽지 아니함**이 하늘에 속한 이의 형상과 관련이 있는 한, 우리는 이러한 특성들로 옷 입는다는 것이 하늘에 속한 이 곧 그리스도의 형상을 지닌 결과라고 결론 내릴 수 있다.[92] 만약 그리스도의

---

91 흥미롭게도 Fee는 15:49의 "우리는 지녔다"(ἐφορέσαμεν)라는 동사를 "옷 입음에 관한 은유"로 간주한다. Fee, *1 Corinthians*, 794.
92 김정훈은 이와 유사한 입장을 취한다. "무엇보다도 이 이미지는 타락한 아담의 육체적 특질(physicality)이 지배하는 현재의 몸이 두 번째 아담의(즉 부활하신 그리스도의) 영성

형상을 지닌다는 것이 그리스도와의 연합을 나타내는 것으로(혹은 암시하는 것으로) 볼 수 있다면 썩지 아니함과 죽지 아니함으로 옷 입는 것도 그분과의 연합으로부터 유발된 결과라고 할 수 있다.

οἴδαμεν γὰρ ὅτι ἐὰν ἡ ἐπίγειος ἡμῶν οἰκία τοῦ σκήνους καταλυθῇ, οἰκοδομὴν ἐκ θεοῦ ἔχομεν, οἰκίαν ἀχειροποίητον αἰώνιον ἐν τοῖς οὐρανοῖς. ²καὶ γὰρ ἐν τούτῳ στενάζομεν τὸ οἰκητήριον ἡμῶν τὸ ἐξ οὐρανοῦ ἐπενδύσασθαι ἐπιποθοῦντες, ³εἴ γε καὶ **ἐκδυσάμενοι** οὐ γυμνοὶ εὑρεθησόμεθα. ⁴καὶ γὰρ οἱ ὄντες ἐν τῷ σκήνει στενάζομεν βαρούμενοι, ἐφ᾽ ᾧ οὐ θέλομεν **ἐκδύσασθαι** ἀλλ᾽ **ἐπενδύσασθαι**, ἵνα καταποθῇ τὸ θνητὸν ὑπὸ τῆς ζωῆς

만일 땅에 있는 우리의 장막 집이 무너지면, 하나님께서 지으신 집 곧 손으로 지은 것이 아니요 하늘에 있는 영원한 집이 우리에게 있는 줄 아느니라. ²참으로 우리가 여기 있어 탄식하며 하늘로부터 오는 우리 처소로 덧입기를 간절히 사모하노라. ³이렇게 **입음**은 우리가 벗은 자들로 발견되지 않으려 함이라. ⁴참으로 이 장막에 있는 우리가 짐 진 것 같이 탄식하는 것은 **벗고자 함**이 아니요 오히려 **덧입고자 함**이니, 죽을 것이 생명에 삼킨바 되게 하려 함이라(고후 5:1-4).

앞의 본문과 마찬가지로 여기서도 옷 은유는 불멸의 몸으로 바뀔 미래의 변화를 언급한다.⁹³ 비록 이 본문이 부활의 몸에 관해 말한다는 사실이 고린도전서 15:51-54에 비해 덜 명료하지만, "**땅에 있는 우리의 장막 집**"과 "**하늘에 있는 영원한 집**", "**이 장막**"과 "**하늘로부터 오는 처소**", "**죽을 것**"과 "**생명**" 등 일련의 대비를 통해 그 사실은 점진적

(spirituality)으로 충만한 부활의 몸으로 대체될 것(49절)이라는 의미를 담는다." Kim, *Clothing Imagery*, 208-9.
93 Kim, *Clothing Imagery*, 221.

으로 더욱 명료해진다. 마지막 대비는 바울이 15:54에서 우아하게 묘사한 변화, 즉 죽을 것이 죽지 않을 것으로 바뀌는 변화를 여기서도 염두에 둔 것임을 확인해준다.

"우리가 이렇게 입음은"(5:3)이라는 구문은 "하늘로부터 오는 우리 처소"(5:2)와 평행을 이루고, "덧입고자 함이니"라는 구문은 "생명"과 평행을 이룬다(5:4). 이는 옷 은유가 여기서도 부활의 몸을 나타낸다는 사실을 보여준다. **벗은** 채로 있다는 것은 현재 **여기** 있다는 것을 의미한다(5:3).[94] 하지만 이러한 이미지들이 그리스도와의 연합을 암시하거나 그 이면에 있는지는 불분명하다. 앞에서 살펴본 고린도전서 15장과는 달리 이 본문의 넓은 문맥은 그리스도와의 연합을 그만큼 암시하지는 않는다. 바울의 전반적인 사상으로 미루어 볼 때 부활과 부활의 몸은 그리스도에게로의 참여의 산물이라고도 볼 수 있지만, 옷 은유는 이러한 이해를 명확하게 대변해주지 않는다.

> πάντες γὰρ υἱοὶ θεοῦ ἐστε διὰ τῆς πίστεως ἐν Χριστῷ Ἰησοῦ · ὅσοι γὰρ εἰς Χριστὸν ἐβαπτίσθητε, Χριστὸν **ἐνεδύσασθε**.
>
> 너희가 다 믿음으로 말미암아 그리스도 예수 안에서 하나님의 아들이 되었으니, 누구든지 그리스도와 합하기 위하여 세례를 받은 자는 그리스도로 **옷 입었느니라**(갈 3:26-27).

현 문맥은 신자들이 하나님의 자녀의 신분, 즉 그리스도와 함께 세례를 받은 백성의 신분과 관련이 있다. 이러한 내용은 회심한 이후 모든 신자에게 적용되는 영적 현실을 나타낸다. 사실, **그리스도와 함께**

---

94 Martin은 벗는다(3절)는 이미지가 죽음과 재림 사이의 중간 상태를 나타낸다고 보지만 이는 설득력이 없다. 2-3절에는 역행적 평행 관계가 자리한다. A B B' A', 즉 **여기 있어**(A)는 **벗음**(A')과 평행을 이루고, **하늘로부터 오는 우리 처소**(B)는 **입음**(B')과 평행을 이룬다. Martin, *2 Corinthians*, 105-6.

세례를 받는다는 것은 회심을 가리킨다고 볼 수 있다.[95] 따라서 여기서 그리스도로 옷 입는다는 것은 어떤 권고 사항이 아니라 사실에 대한 진술이다. 그리스도와 함께 세례를 받은 자들은 모두 그리스도로 옷 입은 것이다. 이 사실은 여기에 사용된 표현에서 드러나는데, 로마서 13:14은 명령법($\dot{\epsilon}\nu\delta\acute{u}\sigma\alpha\sigma\theta\epsilon$)을 사용한 반면, 이 본문은 직설법 부정과거($\dot{\epsilon}\nu\epsilon\delta\acute{u}\sigma\alpha\sigma\theta\epsilon$)를 사용한다.[96]

이 예문은 이번 단락의 서론에서 제기되었던 옷 은유의 몇몇 특성을 무시한다. 이 본문에서 그리스도로 옷 입는다는 것은 비영속성을 의미하지 않는다. 이것이 그리스도와 함께 세례를 받는 영단번의 사건(a once-for-all-event)과 연관되어 있기 때문에 이 은유는 영속적인 영적 현실을 가리킨다. 그뿐 아니라 여기에 사용된 은유에는 "선택"의 의미가 담겨 있지 않다. 신자들은 자기가 그리스도로 옷 입을지 여부를 결정할 자유가 없다. 오히려 이 은유는 그리스도와 함께 세례를 받음으로써 따라오는, 결코 타협할 수 없는 결과를 사실적으로 진술한다.

다시 말하면 이 옷 은유 용법은 그리스도와의 연합을 나타낼 가능성이 높다.[97] 사실 버거는 이 예문과 관련하여 "옷 이미지는 그리스도 안에 있는 신자와 그리스도와의 연합을 명료하게 만든다"고 선언한다.[98] 이 은유의 영속성, 세례와의 연관성, 신자들의 영적 신분에 관한 문맥에서 이 은유가 차지하는 위치 등은 그리스도와의 연합과 잘 부합한다.[99]

---

95 10장(§10.17)을 보라.
96 둘의 그리스어 형태는 거의 같지만, 접두모음(ϵ)이 추가된 $\dot{\epsilon}\nu\epsilon\delta\acute{u}\sigma\alpha\sigma\theta\epsilon$는 분명 직설법이다.
97 "'너희는 그리스도로 옷을 입었다'라는 바울의 표현은 그리스도와 하나가 된 결과로서 그리스도의 본성을 공유한다는 의미를 전달한다. 그 이유는 성서에서 겉옷의 이미지가 대부분 내면의 변화를 가리키기 때문이다." William J. Dumbrell, *Galatians: A New Covenant Commentary* (Blackwood, South Australia: New Creation Publications, 2006), 64.
98 Burger, *Being in Christ*, 243.
99 참조. Kim, *Clothing Imagery*, 116. 김정훈은 "이 모든 사항은 갈 3:27의 그리스도로 옷 입는다는 이미지가 신자가 그리스도와 함께 세례를 받는 것을 상징한다는 우리의 견해를 뒷

μὴ ψεύδεσθε εἰς ἀλλήλους, ἀπεκδυσάμενοι τὸν παλαιὸν ἄνθρωπον σὺν ταῖς πράξεσιν αὐτοῦ καὶ **ἐνδυσάμενοι** τὸν νέον τὸν ἀνακαινούμενον εἰς ἐπίγνωσιν κατ᾽ εἰκόνα τοῦ κτίσαντος αὐτόν.
너희가 서로 거짓말을 하지 말라. 옛 사람과 그 행위를 벗어 버리고 새 사람을 **입었으니**, 이는 자기를 창조하신 이의 형상을 따라 지식에까지 새롭게 하심을 입은 자니라(골 3:9-10).

이 옷 은유는 전혀 또 다르다. 로마서 13:12-14과 같이 윤리적인 문맥에서 등장하는 이 문구는 로마서 본문처럼 윤리적인 권면을 하지도 않고 그리스도로 옷 입는 것을 가리키지도 않는다. 다만 **새 사람**을 입으라고 말한다. 이 본문은 "선택"을 암시하는 권면보다는 영속적인 현실을 표현한다는 점에서 갈라디아서 3:26(위를 보라)과 유사하다. 하지만 갈라디아서 3:26과 다른 점은 여기서 말하는 영속적인 영적 현실은 그리스도가 아닌 **새 사람**을 입는 것을 나타낸다는 사실이다.

가장 먼저 제기되는 질문은 **새 사람**이 누구를 가리키느냐는 것이다. 단순히 **옛 사람**과의 대비로 해결될 문제가 아니다. 왜냐하면 **옛 사람**이 그리스도 자신과 대비될 수도 있고 혹은 그리스도 안에서 새롭게 회복된 신자와 대비될 수도 있기 때문이다. 그러나 이 새 사람이 **자기를 창조하신 이의 형상을 따라 지식에까지 새롭게 하심을 입은 자**(3:10)라는 구문에 비추어 볼 때 여기서 말하는 새 사람은 그리스도로 이해될 수 없다.[100] 비록 그리스도를 하나님의 형상으로 묘사하는 본문이 있긴 하지만(골 1:15), **새롭게 하심을 입는다**(ἀνακαινούμενον)라는 표현은 이 새 사람이 그리스도 안에서 새로운 삶을 사는 신자를 가리킨다

받침해준다"고 주장한다.
100 김정훈은 "그러나 '새 사람'은 그리스도 자신과 직접적으로 하나가 될 수 없다. 만일 그렇다면 우리는 그리스도(=새 사람)가 자신의 모본을 따라 새로워졌다고 말해야 하는데 이는 이치에 맞지 않는다"고 말한다. Kim, *Clothing Imagery*, 163.

는 해석에 힘을 실어준다.

현 문맥에서 이 새 사람은 3:3과 연관 지어 이해하는 것이 가장 바람직하다. **이는 너희가 죽었고 너희 생명이 그리스도와 함께 하나님 안에 감추어졌음이라.** 이 구절에서 **옛 사람**은 영적으로 죽었고 **새 사람**은 그리스도와 함께 산다. 그리스도와 함께 사는 이 새로운 삶은 **그러므로 땅에 있는 지체를 죽이라**(3:5)로 시작하는 바울의 윤리적 권면(3:5-10)의 기초가 된다. 따라서 3:9-10을 담고 있는 이 윤리적인 문맥은 신자들과 그리스도와의 연합에 기초를 둔다.[101]

이러한 내용들을 종합해 보면 골로새서 3:10의 **새 사람을 입으라**는 표현은 그리스도와의 연합을 직접적으로 언급하기보다는 그분과의 연합과 더불어 존재하는 새로운 삶을 가리킨다고 결론 내릴 수 있다. 따라서 새로운 삶을 촉구하는 윤리적 명령들은 그리스도와 함께 감추어져 있는 영적 현실로부터 비롯된다.

ἐνδύσασθε οὖν, ὡς ἐκλεκτοὶ τοῦ θεοῦ ἅγιοι καὶ ἠγαπημένοι, σπλάγχνα οἰκτιρμοῦ χρηστότητα ταπεινοφροσύνην πραΰτητα μακροθυμίαν.

그러므로 너희는 하나님이 택하사 거룩하고 사랑 받는 자처럼, 긍휼과 자비와 겸손과 온유와 오래 참음을 **옷 입고**(골 3:12).

새 사람을 입으라는 단락에 이어 등장하는 이 은유는 심지어 몇 구절 안에서도 상당한 유연성을 보여준다. 앞에서 이미 증명했듯이 **새 사람을 입었다**(3:10)는 것은 신자의 새로운 삶을 가리키며 이러한 새로

---

101 "이러한 새로운 인간성은 곧 참 사람이신 메시아와 연합되어 그를 본받게 된 자들의 연대성이다.⋯인간은 결국 그리스도 안에서 비로소 하나님께서 의도하신 그 존재가 될 수 있다." Wright, *Colossians and Philemon*, 138.

운 현실과 관련하여 윤리적 명령들이 수반된다. 3:12에 나타난 권면은 그리스도 안에서 사는 새 삶으로부터 주어지는 윤리적 결과를 잘 보여주는 예라고 할 수 있다. 신자들은 하나님의 선택을 받은 자들로서(그의 백성으로서) 긍휼과 자비와 겸손과 온유와 오래 참음을 **옷 입어야** 한다.

로마서 13:12과 마찬가지로, 이러한 덕목을 **옷 입으라**는 권면은 그리스도인으로서의 삶을 살기 위해 신자들이 택해야 하는 하나의 "선택"임을 암시한다. 이러한 행동은 신자들에게 요구되는 의무사항이기도 하지만(따라서 어떤 의미에서는 "선택"의 대상이 아니지만), 이러한 윤리적 명령이 지닌 본질은 신자들이 하나님의 백성이라는 신분에 위배되는 삶을 살기보다는 그 신분에 합당한 삶을 살 것을 결단해야 한다는 것이다.

이와 같은 명령이 그리스도와의 연합이라는 개념과 어떻게 연결되는지 분별하기란 그리 쉽지 않다. 이에 대한 유일한 해결책은 앞에서 언급했던 두 단계 논리를 적용하는 것이다. 즉 윤리적 명령들은 이미 존재하는 그리스도와의 연합의 당연한 귀결이라는 것이다. 실제로 3:12에 이어지는 문장은 이에 관한 단서를 어느 정도 제시해준다. **누가 누구에게 불만이 있거든 서로 용납하여 피차 용서하되 주께서 너희를 용서하신 것 같이 너희도 그러하고**(3:13). 여기서 볼 수 있듯이 신자들이 서로 용서해야 한다는 권면은 주님이 신자들을 용서해주신 것으로부터 비롯된 것이다. 주님이 그들을 용서해주셨기 때문에 그들 또한 용서하는 삶을 살아야 한다.

물론 용서하는 동기는 그리스도와의 연합 자체보다는 그분을 본받음을 통해 주어진다. 그럼에도 3:13은 윤리적인 행동이 신자와 주님이 맺은 관계에 기초한다는 좋은 예를 제시해준다.[102] 더 나아가 긍휼,

---

102 "그리스도 안에 있는 자는 문제들과 불평들이 그 몸 안에서 일어날 때 비로소 그리스도 안에서 새로워졌다는 것이 무슨 의미인지를 제대로 보여줄 것이다. 타인을 향한 배려는 그때

자비, 겸손, 온유, 오래 참음 등 3:12에 열거된 덕목들도 우리의 삶의 모범이 되시는 주님으로부터 비롯된다고 말할 수 있다.

> ὑμεῖς δὲ οὐχ οὕτως ἐμάθετε τὸν Χριστόν, 21εἴ γε αὐτὸν ἠκούσατε καὶ ἐν αὐτῷ ἐδιδάχθητε, καθώς ἐστιν ἀλήθεια ἐν τῷ Ἰησοῦ, 22ἀποθέσθαι ὑμᾶς κατὰ τὴν προτέραν ἀναστροφὴν τὸν παλαιὸν ἄνθρωπον τὸν φθειρόμενον κατὰ τὰς ἐπιθυμίας τῆς ἀπάτης, 23ἀνανεοῦσθαι δὲ τῷ πνεύματι τοῦ νοὸς ὑμῶν 24καὶ **ἐνδύσασθαι** τὸν καινὸν ἄνθρωπον τὸν κατὰ θεὸν κτισθέντα ἐν δικαιοσύνῃ καὶ ὁσιότητι τῆς ἀληθείας.
>
> 오직 너희는 그리스도를 그같이 배우지 아니하였느니라. 21진리가 예수 안에 있는 것 같이 너희가 참으로 그에게서 듣고 또한 그 안에서 가르침을 받았을진대, 22너희는 유혹의 욕심을 따라 썩어져 가는 구습을 따르는 옛 사람을 벗어 버리고, 23오직 너희의 심령이 새롭게 되어 24하나님을 따라 의와 진리의 거룩함으로 지으심을 받은 새 사람을 **입으라**(엡 4:20-24).

언뜻 보면 이 본문은 골로새서 3:9과 동일한 내용을 다루는 것처럼 보인다. 골로새서에서 **새 사람을 입으라**는 구문은 그리스도 안에 있는 새 생명이라는 기존의 영적 실재를 가리킨다. 하지만 문제는 훨씬 더 복잡하다. 비록 위에서 제시한 **새 사람을 입으라**는 번역은 기존의 상태(a prior fact of existence)를 암시하지만, 아주 좋은 번역은 아니다. 부정사 ἐνδύσασθαι("입다")는 4:21에서 직설법 ἐδιδάχθητε("너희는 가르침을 받다") 이후에 이어지는 일련의 부정사 중 하나다. 이 문장의 구조는 다음과 같다. **너희는 그분으로부터 가르침을 받았다**(ἐδιδάχθητε, 4:21), **옛 사람을 벗어 버리고**(ἀποθέσθαι, 4:22), **너희의 심령이 새롭게 되고**

드러나는 것이다." Thompson, *Colossians and Philemon*, 84.

(ἀνανεοῦσθαι, 4:23), **새 사람을 입으라고**(ἐνδύσασθαι, 4:24). 따라서 이러한 구조는 **새 사람을 입으라**가 그리스도가 신자들에게 전해주신 가르침의 일부라는 점을 보여준다. 신자들은 옛 사람을 벗어버리고 새롭게 되어 새 사람을 입으라는 가르침을 받는다.

4:24이 신자들의 올바른 행동에 관한 그리스도의 가르침을 다룬다는 점에서 이 본문은 신자들이 이미 결정적으로 새 사람을 입은 기존의 상태를 가리키지 않는다. 그런 의미에서 에베소서 4:24은 **새 사람을 입으라**는 문구를 신자들이 그리스도 안에서 누리는 새 생명이라는 영적 실재를 가리키는 데 사용하는 골로새서 3:9과 다르다. 하지만 이러한 영적 실재는 에베소서 4:24이 말하는 내용과 큰 차이는 없다. 왜냐하면 4:24의 마지막 절은 이 새 사람을 **하나님을 따라 의와 진리의 거룩함으로 지으심을 받은 자**로 지칭하기 때문이다. 따라서 우리는 이 새 사람이 이미 창조된 존재이며 4:24의 전반절은 신자에게 이 새 사람을 입으라고 권면한다는 사실을 확인한다. 다시 말하면 이 윤리적 명령은 신자들로 하여금 이미 이루어진 자신의 **존재**에 어울리는 **존재**가 될 것을 요구한다(the ethical injunction requires believers to be what they already are).[103] 그들은 하나님의 사역을 통해 이미 존재하는 새 사람을 입어야 한다.

따라서 이 본문은 골로새서 3:9과는 달리, 윤리적 명령을 제시하지만 이미 창조된 기존 실재를 새롭게 적용하는 명령이다. 신자들은 이미 형성된 자신의 존재에 어울리는 존재가 되어야 한다. 그들은 그리스도 안에 있는 자들에게 부합되는 삶을 살아야 한다.

τοῦ λοιποῦ, ἐνδυναμοῦσθε ἐν κυρίῳ καὶ ἐν τῷ κράτει τῆς ἰσχύος αὐτοῦ. **ἐνδύσασθε** τὴν πανοπλίαν τοῦ θεοῦ πρὸς τὸ δύνασθαι ὑμᾶς στῆναι πρὸς τὰς μεθοδείας τοῦ διαβόλου.

---

103 Schnackenburg, *Ephesians*, 201.

끝으로 너희가 주 안에서와 그 힘의 능력으로 강건하여지고 마귀의 간계를 능히 대적하기 위하여 하나님의 전신 갑주를 **입으라**(엡 6:10-11).

여기서도 옷 은유는 윤리적 명령과 연관되어 있다. 비록 하나님의 전신갑주를 입는다는 개념이 앞에서 다룬 본문들보다 더 모호한 면이 없지 않지만, 현 문맥은 이 명령이 그리스도인의 삶과 관련이 있다는 점을 분명하게 보여준다. 하나님의 전신갑주를 입음으로써 신자들은 **마귀의 간계를 능히 대적**할 수 있다. 명령의 형태를 띠는 이 본문은 앞에서 다룬 여러 예문에서 발견되는 유형의 "선택"을 암시하며 어떠한 유형의 기존 상태도 가리키지 않는다.

그리스도와의 연합이라는 측면에서 이러한 옷 은유의 사용은 주님과의 친밀한 관계를 시사한다. 왜냐하면 신자들은 **주님으로 인해 강건해져야** 하고(6:10) **하나님의 전신갑주를 입어야** 하기 때문이다(6:11). 신자들이 주님으로 인해 강건해질 수 있는 방법은 바로 하나님의 갑주를 입는 것이다.[104] 그의 갑주를 공유한다는 사실은 신자들과 주님과의 연합 혹은 참여를 암시한다. 물론 그 본질이 무엇인지를 세부적으로 파악할 수는 없지만 말이다.

7.5.1 입는다는 표현

지금까지 살펴본 바에 의하면 옷 은유는 주로 세 가지 방식으로 사용된다. 첫 번째 용법은 주로 윤리적 문맥에서 사용되는데 **입는다**는 표현은 어떤 특정한 행동을 취하는 것을 가리킨다. 신자들은 **새 사람** 또는 예수 그리스도뿐 아니라 겸손과 온유와 인내까지도 입어야 한다. 이러한 윤리적 용법은 비록 그리스도와의 연합으로부터 비롯된다고

---

104 T. Y. Neufeld, *Put on the Armour of God: The Divine Warrior from Isaiah to Ephesians* (Sheffield: Sheffield Academic, 1997), 118.

도 볼 수 있지만, 이 개념을 직접적으로 다루지는 않는다.

옷 은유의 두 번째 주요 용법은 재림 시 죽을 몸이 죽지 않을 몸으로 변화되는 것을 가리킨다. 이것은 현재적인 실재보다 미래적인 실재이며 그리스도의 형상을 지님으로써 가능하다. 김정훈이 지적했듯이 "바울이 고린도전서 15:49, 50, 51-56과 고린도후서 5:1-4에서 사용한 옷 이미지는 신자들이 그리스도의 재림 때 자신들의 실존에 큰 변화를 경험하게 될 것이라는 그의 강한 확신과 연관된다."[105]

옷 은유의 세 번째 주요 용법은 신자들의 영속적인 (그리고 현재적인) 영적 상태와 관련이 있다. 신자들은 그리스도로 옷 입었으며 이 사건은 그리스도와 함께 세례 받은 사건과 분명히 일치한다. 또한 이것은 그들의 회심을 가리킨다. 태너힐에 의하면 "그리스도와 함께 죽고 다시 사는 것과 옛 사람을 벗고 새 사람을 입는다는 개념은 사실 저자에게 있어서 동일한 의미를 가진다."[106] 따라서 이러한 용법은 신자들이 자신들의 행실과 관련하여 어떤 "선택"이나 결단을 내려야 하는 것을 암시하기보다는 어떤 영속적인 실재를 나타낸다. 또한 적어도 몇몇 경우에는 이 은유가 그리스도와의 연합을 나타내는 데 사용된다는 점이 명백하다.

옷 은유를 그리스도께 적용하여 사용하기는 쉽지 않다. 신자들이 그리스도로 "옷 입는다"는 것은 무슨 의미일까? 바울은 이 부분을 상세하게 설명하지 않는데 이것이 은유가 지닌 힘이면서 난점이기도 하다. 하지만 비켄하우저는 이 은유를 다음과 같이 합리적으로 설명한다.

"그리스도로 옷 입는다"는 표현은 그리스도를 모든 사람을 위

---

105 Kim, *Clothing Imagery*, 222.
106 Tannehill, *Dying and Rising*, 52.

해 마련된 천상의 예복에 비유하는 은유다. 이 예복을 입음으로써 사람들은 새로운 세계로 들어가며 이 새로운 세계로 둘러싸이게 된다. 그리스도와 맺은 이 새로운 관계는 단순히 윤리적이지 않으며 존재론적이다. 이 관계는 단순히 새로운 행동 규범에 한정된 것이 아니다. "그리스도로 옷 입는" 사람은 그리스도의 존재에 참여하며 이러한 참여는 "우리 안에 계신 그리스도" 즉 "새 사람"을 만들어낸다.[107]

비켄하우저의 설명이 우리가 지금까지 이끌어낸 결론들과 전반적으로 일치하는 것은 사실이지만, 바울은 그 어느 곳에서도 그리스도를 명시적으로 "천상의 예복"으로 지칭하거나 "이 예복을 입음"으로써 새로운 세계로 들어간다고 말하지 않는다. 더 나아가 비록 이 은유가 본질상 단순히 윤리적이지만은 않다는 그의 주장은 옳지만, 이 은유가 어떤 의미에서 "존재론적"인지는 분명치 않다. 과연 우리는 이 지점에서 "'그리스도로 옷 입는' 사람은 그리스도의 존재에 참여"한다는 결론을 내릴 수 있을까? 이 은유가 사용된 본문에 비추어 볼 때 이와 같은 주장을 뒷받침할 근거는 없다.

웨더번은 다른 대안을 제시한다. "고대 세계에서 사제들과 여사제들과 예배자들은 종종 자신들이 섬기는 신의 의복과 배지(insignia)를 착용한 자들로 여겨지기도 하고 그렇게 묘사되기도 했다."[108] 그는 이러한 현상이 신성화(deification)를 상징하기보다는 "그 의복을 입은 자의 소속감"과 헌신을 상징한다고 주장한다.[109] 웨더번은 이러한 통찰을 바울이 사용한 표현에 적용함으로써 다음과 같은 결론을 도출한다. "그

---

107 Wikenhauser, *Mysticism*, 32.
108 A. J. M. Wedderburn, *Baptism and Resurrection: Studies in Pauline Theology against Its Graeco-Roman Background* (WUNT 44; Tübingen: Mohr, 1987), 337.
109 Ibid.

리스도로 옷 입는 그리스도인은 그로 인해 그리스도가 되는 것이 아니라 그리스도의 성품과 하나님께 성별된 그리스도를 공유하고…그리스도께 속하며…그리스도 안에서 하나님에 의해 창조된 새로운 인류의 일부가 된다."[110] 하지만 이러한 재구성의 문제점은 바울이 옷 입는다는 용어를 단지 그리스도께만 국한시키지 않는다는 것이다. 그는 이 은유를 실생활을 위한 덕목이나 **새 사람**에게도 적용해 사용한다. 물론 이와 같은 것들은 (이미 여러 차례 제안한 바와 같이) 그리스도로 옷 입은 것의 당연한 귀결이라고도 볼 수 있지만, 바울이 이 은유를 기존의 종교적 전통으로부터 도출해냈을 개연성을 떨어뜨린다.[111]

신자는 이미 그리스도로 **입었으며** 또한 그리스도로 **옷 입어야 한다**. 옷 은유의 세 가지 용법 중 (부활 용법을 제외한) 나머지 두 가지 용법은 그리스도와의 연합이라는 영속적인 영적 실재와[112] 이 실재를 일상의 실존에 지속적으로 적용해야 한다는 윤리적 명령을 모두 담고 있다는 점에서 서로 연관되어 있다. 따라서 이 은유는 어떤 문맥에서는 영구성을, 또 다른 문맥에서는 일시성을 나타낸다. 또한 이 은유는 어떤 문맥에서는 "선택" 또는 최소한 교훈을, 또 다른 문맥에서는 사실 그대로에 관한 진술을 나타낸다. 마지막으로 버거가 요약한 바와 같이 이 은유는 "부활(고린도전후서), 옛 사람과 새 사람(골로새서와 에베소서), 덕목(골 3:12)뿐 아니라 그리스도 자신(갈 3:27; 롬 13:14)을 언급하는 데 사용될 수 있다."[113] 따라서 옷 은유를 그리스도를 윤리적으로 본받는

---

110 Ibid., 338-39.
111 사실 "누군가의 삶에서 신이 가진 고유한 신적 자질과 능력을 소유하는 일"은 Wedderburn이 인용한 종교적 전통에 포함되어 있다(Ibid., 337). 그러나 다른 점은 그러한 자질과 능력은 신자들이 입은 옷에 기록된 신으로부터 유래하는 반면, 바울의 표현에서는 그러한 자질과 실생활의 덕목들이 그대로 열거된다는 점이다. 즉 신자들이 그리스도로 옷 입는다고 해서 인내가 저절로 전가되는 것이 아니라, 인내로 "옷 입어야" 하는 것이다.
112 "그리스도로 옷 입는다는 것이 기본적으로 그리스도와의 세례적 연합을 가리킨다는 데는 의심의 여지가 없다." Kim, *Clothing Imagery*, 227.
113 Burger, *Being in Christ*, 244.

삶을 수반하는 그리스도와의 연합에 관한 상징으로 보는 김정훈의 해석은 타당해 보인다. "마치 옷을 입은 것처럼 그리스도로 옷 입은 이 상태(즉 그리스도와의 연합이라는 상태)에 들어간 자는 반드시 그의 실천적인 삶 속에서도 윤리적인 변화를 드러내야 한다."[114]

7.6 요약

바울이 사용한 은유적 용어는 그리스도와의 연합이라는 영적 실재를 설명해주는 데 있어 매우 효율적인 도구 중 하나다. 그리스도의 몸 은유는 교회를 하나의 유기적 존재로서 각 구성원이 그리스도에 참여하며 서로 연합된 존재로 묘사한다. 이 은유는 본질적으로 연합을 암시한다. 성전과 건물 은유는 교회의 공동체적 본질을 전달한다. 성전은 하나님이 성령으로 자신의 백성들 가운데 거하신다는 사실을 묘사하며, 건물은 그리스도를 기초로 하는 통합된 구조물을 나타낸다. 결혼 은유는 교회가 그리스도와의 인격적이며 배타적인 결합을 통해 영적 연합을 이룬다는 사실을 심오하게 묘사한다. 그리스도는 교회를 구원하시고 예비시키시며 돌보시는 반면, 교회는 그 머리에 복종한다. 옷 입는다는 은유는 그리스도에 대한 회심과 더불어 그에 수반되는 윤리적 실천을 묘사한다. 신자는 그리스도로 **옷 입었으며** 또한 그리스도로 **옷 입어야** 한다. 이 은유는 그리스도를 본받는 삶을 필연적으로 수반하는 그리스도와의 연합에 대한 상징이다.

114　Kim, *Clothing Imagery*, 225.

2부 결론

2부에서는 바울 서신에 나타난 그리스도와의 연합이라는 주제와 관련된 증거를 수집하고 검토했다. 이 작업의 출발점은 ἐν Χριστῷ 어구였는데, 그 변형 어구인 ἐν κυρίῳ와 ἐν αὐτῷ도 연구 범위에 포함되었다. 이 어구들은 상호 교환적으로 사용 가능하며 다양한 의미들을 전달하지만, 주로 도구적 혹은 영역적 기능을 수행한다.

그다음으로 살펴본 어구는 εἰς Χριστόν과 그 변형 어구들이었다. 전치사 ἐν으로부터 εἰς로의 이동이 사전적 의미에서는 큰 차이를 나타내지 않지만, 후자는 전자와 다소 중첩되는 부분을 가지면서도 분명한 차이점을 보여준다. εἰς Χριστόν 어구는 일반적으로 어떤 목표를 향한 이동을 나타내기도 하고 관련의 의미를 표현하기도 한다. 이 어구는 경우에 따라 **그리스도에 대하여, 그리스도에게까지, 그리스도에 관하여, 그리스도를 위하여** 등으로 번역되기도 하는데 이러한 표현들은 ἐν Χριστῷ를 통해 표현되는 그리스도와의 연합이라는 주제와는 전혀 관련이 없다. ἐν Χριστῷ와 εἰς Χριστόν에 이어 우리는 σὺν Χριστῷ 어구 및 그 변형 어구들을 살펴보았다. 비록 전치사 σὺν은 ἐν과 εἰς가 지닌 사전적 의미를 공유하지는 않지만, σὺν Χριστῷ는 이미 다른 어구들을 통해 나타난 그리스도와의 연합이라는 주제와 관련이 있으며 그리스도에게 참여한다는 의미를 전달한다.

그리스도의 도구성은 이미 앞에서 논의된 여러 어구를 통해 나타난 개념이었기 때문에 우리는 그다음으로 διὰ Χριστοῦ 어구를 살펴보았다. διὰ Χριστοῦ도 도구성이라는 개념을 표현하기 때문에 그리스도와의 연합을 나타내는 표현들 가운데 포함되었다.

마지막으로 우리는 그리스도와의 연합을 표현하기 위해 사용된 여러 다양한 은유를 검토했다. 몸, 성전, 건물, 결혼, 옷 등의 은유들이 각각 그리스도와의 연합이라는 주제에 기여한다는 사실도 확인했다.

몸, 성전, 건물 등의 은유는 각 구성원이 그리스도와 연합한 하나님의 백성의 통합을 나타낸다. 결혼 은유는 그리스도와 그의 신부인 교회 간의 영적 연합을 나타낸다. 옷 은유는 신자들이 그리스도와의 연합을 통해 자신들이 지닌 고유한 특성을 드러내야 함을 보여준다.

2부의 논의는 바울 사상을 이해하는 데 필요한 많은 통찰을 제공해주었으며 이와 더불어 더욱 상세하고 섬세하게 점검되어야 할 엄청난 분량의 정보도 제공해주었다. 물론 이러한 정보를 처리하는 작업은 일정 부분 3부의 과제다. 우리는 그리스도와의 연합이라는 바울의 개념이 어떠한 의미와 중요성을 담고 있으며 아울러 바울 사상의 다른 주요 범주들과 어떻게 연관되는지를 탐구하기 위해 지금까지 2부에서 관찰한 내용들을 십분 활용할 것이다.

제3부

신학적 연구

⋮

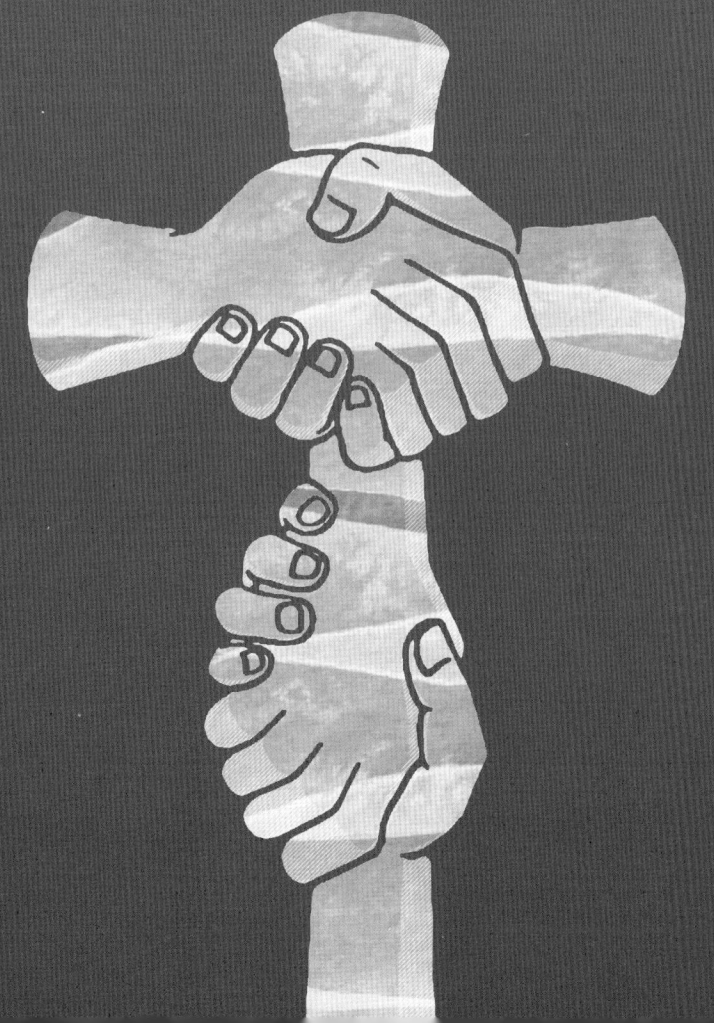

그리스도와의 연합과 그리스도의 사역

8.1 서론

비록 그리스도와의 연합이라는 주제에 대한 수많은 방법론이 (이 주제에 관한 다양한 묘사와 논란이 되는 상대적인 의미와 다양한 함의와 더불어) 존재하는 것이 사실이지만, 일관된 사실이 한 가지 있다. 그것은 바로 바울의 사고에서 그리스도와의 연합은 그리스도의 사역과 불가분의 관계에 있다는 것이다. 따라서 이번 장에서 수행해야 할 과제는 바로 이 기정사실을 명료하게 서술하는 것이다. 우리는 우리에게 주어진 이 과제를 그리스도와의 연합이 그리스도 자신의 사역과 어떻게 연관되는지를 검토하고 이미 앞에서 분석한 바울 용어에 대한 세부적인 내용을 적절하게 요약하는 방식으로 수행해나갈 것이다.

던은 ἐν Χριστῷ 어구 및 관련 어구들은 "'그리스도 안에서' 이미 일어났거나 혹은 그리스도가 아직 해야 할 구속 행위를 특별히 언급"하며 그리스도의 사역과 관련하여 상대적으로 객관적인 방식으로 사용된다고 정확하게 진단한다.[1] 개핀은 이 용법을 가리켜 **구속사적 '그리스도 안에'"** 용법(the redemptive-historical 'in Christ')이라고 명명한다.[2]

그러나 이 용법은 신자들을 그리스도 안에 있는 **존재**로 지칭하는 보다 주관적인 용법과 구별된다.³ 이러한 주관적인 용법은 전통적으로 바울 사상에서 신비적인 요소로 간주되어왔다. 비켄하우저가 진술하듯이 "'그리스도 안에' 어구가 담긴 본문 중에는 바울이 그리스도를 하나님의 사역의 수단으로 언급한 본문이 있는가 하면"⁴ 어떠한 신비적인 의미도 들어 있지 않은 본문도 있다.

더 나아가 비켄하우저는 영어권의 모든 바울 해석자가 직면하는 문제를 지적하면서 바울은 "우리가 '그리스도에 의해'(by Christ)라고 읽어야 할 자리에 종종 '그리스도 안에'(in Christ)라고 썼다"고 말한다.⁵ 한편으로 이 문제는 그리스어가 도구성을 다양한 방법으로 표현하지만 바울은 전치사 ἐν을 선호한다는 사실을 인정함으로써 언어학적 차원에서 해결될 수 있다. 그렇게 되면 바울이 왜 "그리스도에 의해"라고 하기보다는 "그리스도 안에서"(대충 번역했을 때)라고 하는지를 묻는 것은 아무런 의미가 없다. 왜냐하면 ἐν Χριστῷ는 단순히 "그리스도에 의해"를 다른 방식으로 표현한 것일 뿐이기 때문이다.

다른 한편으로 몇몇 본문에 분명하게 나타나는 ἐν Χριστῷ의 도구성은 "그리스도에 의해"에 비해 미묘한 차이가 있을 수도 있다. 우리는 이것이 사실인지 또는 그 차이점이 무엇인지 결코 확실하게 알 길은 없다. 하지만 비켄하우저는 바울이 ἐν Χριστῷ를 도구적으로 사용하면

---

1 Dunn, *Paul the Apostle*, 397.
2 Richard B. Gaffin, "Union with Christ: Some Biblical and Theological Reflections," in *Always Reforming: Explorations in Systematic Theology* (ed. A. T. B. McGowan; Leicester, UK: Apollos, 2006), 275.
3 Dunn, *Paul the Apostle*, 398.
4 Wikenhauser, *Mysticism*, 24.
5 Ibid., 25. 참조. A. J. M. Wedderburn, "Some Observations on Paul's Use of the Phrases 'In Christ' and 'With Christ,'" *JSNT* 25 (1985): 90. "이 '그리스도 안에' 용례들과 διά+소유격을 사용하여 '그리스도를 통해' 우리에게 무언가가 행해졌음을 말하는 본문들 사이에는 거의 차이점이 없다."

서 그리스도가 하나님의 은혜로운 임재의 자리, 곧 하나님이 인간의 구원을 계획하시고 실행에 옮기시는 장소라는 사실을 부각시키고자 했을 것"이라고 제안한다.[6] 다시 말하면 이 어구는 그리스도의 도구적인 사역을 가리킬 뿐만 아니라 하나님의 뜻이 실행되는 "자리"로서의 그리스도를 가리킨다. 이 개념은 나중에 삼위일체 사상을 다룰 때 추가적으로 논의되겠지만, 현재로서는 이 개념이 그리스도의 사역과 관련된 부분에만 주목하고자 한다. 이는 ἐν Χριστῷ 및 관련 용어의 "객관적인" 용법들—그리스도를 하나님의 뜻의 수단으로 보는—도 연합이라는 포괄적인 주제로부터 결코 분리될 수 없음을 의미한다. 성부 하나님은 그리스도와 연합된 상태에서 역사하시기 때문에 그리스도의 도구적인 사역은 두 인격의 신적 교제를 표현한다.

그리스도의 사역과 관련하여 추가적으로 논의되어야 할 문제는 신자들이 어떻게 그리스도가 성취하신 일에 참여하느냐 하는 것이다. 사실 이 문제는 엄격한 의미에서 그리스도의 구속사적 사역이 지닌 객관성을 뛰어넘어 개편이 말하는 "**실존적인 혹은 좀 더 나은 표현으로, 적용적인 '그리스도 안에'**" 사역으로 나아가는 것을 의미한다.[7] 칼뱅은 이 적용적인 "그리스도 안에" 사역이 구원에 있어서 필수적이라고 생각했다. "먼저 우리는 그리스도가 우리 밖에 계시고 우리가 그와 격리되어 있는 한 그가 인류의 구원을 위해 고난당하시고 행하신 모든 일은 우리에게 아무런 유익이 없고 무가치하다는 사실을 알아야 한다."[8] 구속사적 (객관적) "그리스도 안에" 용어가 아버지와 그리스도의 연합에 관해 무언가를 확실히 보여준다면, 이 실존적인 혹은 적용적인 "그리스도 안에" 용어는 신자들이 그리스도와 함께 누리는 연합을 나타낸다.

---

6   Wikenhauser, *Mysticism*, 25.
7   Gaffin, "Union with Christ," 275.
8   Calvin, *Institutes*, 3.1.1 (p. 725).

이러한 문제들과 다른 문제들을 다루기 위해서는 우선 2부에서 진행된 연구 결과를 다시 들여다볼 필요가 있다. 다양하고 수많은 본문에서 그리스도의 사역이 그리스도와의 연합과 직접적으로 연관되어 있다는 사실은 그리 놀랄 만한 일은 아닐 것이다.⁹ 2부의 여러 장에서 다룬 내용들을 선별적으로 개관해보면 이 사실은 더욱 명료해질 것이다.

8.2 Ἐν Χριστῷ

전치사구 ἐν Χριστῷ를 다룬 3장에서 우리는 §3.3 "'그리스도 안에' 있는 사람들을 위해 성취되거나 그들에게 주어진 것"의 결론으로서 이 어구가 다음의 주제들과 관련된 그리스도의 사역과 직결되어 있다는 사실을 지적했다. 이는 곧 구속(롬 3:24), 영생을 주심(롬 6:23; 딤후 1:1), 거룩하게 하심(고전 1:2), 하나님의 은혜를 주심(고전 1:4; 딤후 1:9), 화목(고후 5:19), 자유를 주심(갈 2:4), 이방인에게 아브라함의 복을 주심(갈 3:14), 모든 신령한 복을 주심(엡 1:3), 그리스도와 함께 일으키심을 받고 그와 함께 하늘에 앉음(엡 2:6), 신자들이 선한 일을 위해 지음을 받음(엡 2:10), 용서(엡 4:32), 하나님의 공급(빌 4:19), 구원(딤후 2:10) 등이다. §3.3의 결론에서 지적한 바와 같이 ἐν Χριστῷ의 경우는 이와 같은 주제들과 관련하여 도구적인 기능을 수행하는 경향이 뚜렷하게 드러난다. 자기 백성들을 위한 하나님의 사역은 그리스도를 통해 이루어지거나, 그리스도에 의해 통제를 받거나, 혹은 그리스도와 연관이 있다. 자기 백성들을 향한 하나님의 선물은 그리스도를 통해 신자들에게 주어진다.

---

9   칭의 주제는 11장에서 독립적으로 다루어질 것이다.

8.3 Ἐν αὐτῷ

역시 3장에서 우리는 전치사구 ἐν αὐτῷ를 다루면서 §3.11.3.1 "'그 안에' 있는 사람들을 위해 성취되거나 그들에게 주어진 것"의 결론으로서 이 어구가 다음의 주제들과 관련된 그리스도의 사역과 직결되어 있다는 사실을 지적했다. 이는 곧 영적 부요함을 주심(고전 1:5), 하나님의 약속의 성취(고후 1:19-20), 선택(엡 1:4), 창조(골 1:16), 그리스도와의 연합(골 2:10), 신자들이 영화롭게 됨(살후 1:12) 등이다. 예상한 바와 같이 이 중 일부는 그리스도의 도구성 혹은 동인을 나타낸다.

8.4 Σὺν Χριστῷ

5장에서 우리는 전치사구 σὺν Χριστῷ를 다루면서 §5.3 "**그리스도와 함께**"의 결론으로서 이 어구가 그리스도와 함께 죽음(롬 6:8; 골 2:20)과 관련된 그리스도의 사역과 직결되어 있다는 사실을 지적했다. 이 두 본문은 모두 그리스도와 함께 그의 죽으심에 참여하는 것을 나타낸다.

8.5 Σὺν αὐτῷ

역시 5장에서 우리는 전치사구 σὺν αὐτῷ를 다루면서 §5.5 "**그와 함께**"의 결론으로서 이 어구가 그리스도의 부활(고후 13:4; 골 2:13; 살전 5:10)과 관련된 그리스도의 사역과 직결되어 있다는 사실을 지적했다. 이 분문들은 각각 그리스도와 함께 그의 부활의 생명에 참여하는 것을 나타낸다.

8.6 Σύν 합성어

또다시 5장에서 우리는 σύν 합성어들을 다루면서 §5.6 "Σύν 합성어"의 결론으로서 이 합성어들이 그리스도의 죽음(롬 6:4-5; 빌 3:10; 골 2:12), 그의 부활의 생명(롬 6:8; 엡 2:5; 빌 3:21; 골 2:12; 3:1), 그의 고난과 영광(롬 8:17), 그의 승천(엡 2:6) 등과 관련된 그리스도의 사역과 직결되어 있다는 사실을 지적했다. 신자들은 그리스도의 사역에 있어 이와 같은 측면에서 그리스도에게 참여한다.

8.7 Διὰ Χριστοῦ

6장에서 우리는 전치사구 διὰ Χριστοῦ를 다루면서 §6.3과 §6.8.1 "'그리스도를 통해' 사람들에게 성취되거나 그들에게 주어진 것"의 결론으로서 이 어구가 다음의 주제들과 관련된 그리스도의 사역과 직결되어 있다는 사실을 지적했다. 이는 곧 은혜를 주심(롬 1:5), 하나님과 누리는 화평을 주심(롬 5:1), 영생(롬 5:21), 율법에 대하여 죽음(롬 7:4), 사망을 이김(고전 15:57), 화목(롬 5:11; 고후 5:18), 예정과 입양(엡 1:5), 아버지께 나아감(엡 2:18), 구원(롬 5:9; 살전 5:9), 성령을 주심(딛 3:6) 등이다. 동인을 나타내는 로마서 5:21과 에베소서 2:18을 제외하고 이 본문들은 모두 그리스도의 도구성을 나타낸다.

8.8 그리스도의 몸

7장에서 우리는 바울이 그리스도와의 연합과 관련하여 사용한 다양한 은유들을 다루었다. 특히 그리스도의 몸을 다룬 §7.2는 이 은유가 그리스도가 교회의 머리 되심(엡 1:22-23; 4:15-16; 골 1:18; 2:19), 유대인과 이방인이 하나님과 화목함(엡 2:14), 구원(엡 5:23) 등과 관련된 그리스도의 사역과 연결되어 있음을 보여준다.

8.9 성전과 건물

역시 7장에서, 특히 성전 은유와 건물 은유를 다룬 §7.3은 이 은유들이 하나님의 백성들을 세우고 자라게 하는 그리스도의 사역과 연결되어 있음을 보여준다.

8.10 결혼

역시 7장에서, 특히 결혼 은유를 다룬 §7.4는 이 은유가 교회를 향한 그리스도의 사랑과 자기 자신을 내어주심(엡 5:25), 교회를 성결케 하시고 깨끗하게 하심(엡 5:26), 교회를 거룩하고 흠이 없게 하심(엡 5:27), 교회를 돌보심(엡 5:29)과 관련된 그리스도의 사역과 연결되어 있음을 보여준다.

8.11 종합

지금까지 요약적으로 그리고 선별적으로 개관한 내용들은 바울의 관심사인 그리스도의 사역에 관한 거의 모든 요소가 어떤 방식으로든지 그리스도와의 연합이라는 주제와 연결되어 있음을 보여준다. 곧 구원, 구속, 화목, 창조, 선택, 예정, 입양, 성화, 머리 되심, 돌보심, 그의 죽음, 부활, 승천, 영광, 자신을 내어주심, 은혜, 평강, 영생, 성령, 영적 부요함과 복, 자유 등을 주심, 하나님의 약속 성취 등이 모두 그리스도와의 연합과 관련이 있다.

그리스도의 다양한 사역이 그리스도와의 연합과 관련된 방식은 사역의 본질 및 사용된 용어에 따라 다르게 나타난다. 전치사구 ἐν Χριστῷ와 διὰ Χριστοῦ를 사용하는 본문들은 하나님의 동인과 더불어 그리스도의 도구성을 나타내거나 좀 더 드물게는 그리스도의 동인을 나타내는 경향이 있다. 따라서 그리스도가 자기 백성을 향한 하나님의 뜻을 수행한다는 의미에서 이러한 유형의 "연합"을 중재적이라고 부르는 것이 적절해 보인다. 이러한 중재적 도구성은 아버지로부터 시작해서 아들을 통해 그의 백성에게로 나아가는 인간 지향적인 본문에서 흔히 발견된다.

독립적으로든 합성어의 한 부분으로든 간에 전치사 σύν이 등장하는 본문들은 신자들이 그리스도의 다양한 사역에 참여하는 것을 나타낸다. Σύν 합성어들과 관련된 그리스도의 사역의 범위는 ἐν Χριστῷ 및 διὰ Χριστοῦ 와 관련된 그리스도의 사역에 비해 대체적으로 그리스도의 고난, 죽음, 부활, 승천, 영화에 국한된다는 점에서 보다 더 제한적이다. 그리스도와 함께 그의 사역에 참여하는 것은 중재적인 연합의 의미보다는 가장 대표적인 의미의 연합을 뜻한다. 그리스도는 자신이 관여하는 사건들에 신자들이 참여하는 동안 그들을 대표하신다. 또한 이는 신자들이 그리스도의 죽음, 부활, 승천 등과 같은 사건에 참여함에 따라 그들의 전 인격이 결정된다는 의미에서 개인적인 성격을 띤다.

몸, 건물, 성전, 그리고 결혼 은유들의 사용은 그리스도의 사역과 관련하여 또 다른 유형의 연합을 나타낸다. 이러한 은유들은 그리스도와 신자들의 관계가 정적인 성격의 연합임을 보여준다. 신자들은 그리스도의 사역의 수혜자들이지만, σύν 합성어 표현들이 보여주듯이 그리스도의 사역에 참여하는 자들로 묘사되지 않는다. 오히려 하나님의 백성들은 그리스도가 머리가 되시는 몸의 지체로 묘사되거나, 그가 세우시는 건물의 한 부분이거나, 또는 그가 돌보시고 사랑하시는 결혼 상대자로 묘사된다. 이 은유들은 통합과 하나 됨을 의미하며 그리스도에 의해 창조되고 그에 의해 지속적으로 양육받는 실재들을 묘사한다.

8.12 그리스도와 함께 죽고 다시 살아남

그리스도와의 연합과 그리스도의 사역의 관계에서 가장 중요한 요소 중 하나는 그와 함께 죽고 그와 함께 부활하는 것이다. 죄를 위한 그리스도의 죽음과 새로운 생명으로 다시 살아나는 그의 부활은 신자들이 그 사건들에 참여함으로써 그들에게 적용된다. 이제 우리는 이 주제에 관해 살펴보고자 한다.

8.12.1 로마서 6장에 관한 크랜필드의 견해

크랜필드는 로마서 6:1-14에 관해 설명하면서 서로 다른 네 가지 의미에서 우리가 그리스도와 함께 죽고 또한 (그에 상응하는) 네 가지 의미에서 우리가 그와 함께 부활하는 것에 관해 말할 수 있다고 주장한다.[10] 크랜필드에 의하면 이와 같이 그리스도와 함께 죽고 다시 사는 것의 의미들은 서로 밀접하게 연관되어 있지만 또한 철저하게 구별될 필요가 있다.[11] 이 네 가지 의미는 (1) 사법적 의미, (2) 세례적 의미, (3) 도덕적 의미, (4) 종말론적 의미 등이다.[12]

    (1) 사법적 의미와 관련하여 크랜필드는 그리스도와 함께 죽은 신

---

10   C. E. B. Cranfield, "Romans 6:1-14 Revisited," *ExpTim* 106 (1994): 40-41.
11   Cranfield, "Romans 6 Revisited," 40.
12   Ibid., 40-41.

자들과 더불어 "사랑하시는 자기 아들을 통해 스스로 우리 죄를 담당하신 하나님의 결정"에 주목한다.[13] 하나님은 신자들의 죄악의 삶을 과거의 일로 돌리기로 결정하셨고 이 결정은 신자들의 신분에 큰 변화를 가져다 주었다. 크랜필드는 이러한 내용이 특히 로마서 6:2, 8에서 드러난다고 본다.[14] "하나님은 그들이 그리스도의 죽음과 더불어 죽고 그의 부활과 더불어 살아나도록 작정하셨다."[15]

(2) 세례적 의미와 관련하여 크랜필드는 로마서 6:3-4a에서 신자들의 세례와 그리스도의 죽음 간의 밀접한 관계에 주목한다. "그들은 그의 죽음과 합하여 세례를 받았다. 그들은 이 세례를 통해 그와 함께 장사되었다."[16] 그러나 그는 이 새 생명은 세례를 통해 오는 것이 아님을 지적한다. 왜냐하면 "그것[세례]은 복음 사건들에 기초하기" 때문이다. "[바울은] 세례가 그리스도와 더불어 죽는 이 죽음에 실제적인 영향을 미친다고 생각하지 않았음이 분명하다. 세례는 이러한 관계를 맺기보다는 이미 성립된 관계를 보여준다."[17] 더 나아가 크랜필드는 비록 세례 모티프가 그리스도와 함께 부활한다는 의미를 함축하지만, 부활 개념과 명시적으로 연관되어 있지 않다고 정확하게 지적한다. "만약 세례가 오직 그리스도의 죽음에 대한 그들의 관심의 표시였고 그의 부활에 대한 그들의 관심의 표시는 아니었다면 이것은 아무런 가치가 없다. 왜냐하면 그리스도의 죽음이 그의 부활이라는 후속 사건과 분리된 상태에서는 아무런 구원의 효력이 없기 때문이다."[18]

(3) 도덕적 의미와 관련하여 크랜필드는 로마서 6:2을 핵심 구절로 본다. "2절에서 '죄에 대하여 죽은 우리가 어찌 그 가운데 더 살리

13　Ibid., 41.
14　Ibid.
15　Ibid.
16　Ibid.
17　Ibid.
18　Ibid., 42.

요'라는 말은 우리가 죄 가운데 계속해서 살지 않고 죄에 대해 죽어야만 한다는 인식을 보여준다."[19] 그리스도와 함께 죽는 신자들의 죽음의 객관적 사실은 죄에 대해 죽었다는 사실을 삶으로 보여주어야 한다는 주관적 의무를 수반한다. 이와 마찬가지로 크랜필드는 로마서 6:4을 신자들이 그리스도의 부활에 합당한 삶을 살아야 한다는 지침으로 이해한다. "'새 생명 가운데서 행함'으로 표현된 도덕적 행실은 일종의 부활로 간주된다."[20]

(4) 종말론적 의미와 관련하여 크랜필드는 보다 덜 직접적인 증거를 로마서 6:1-14에서 발견한다. 육체적 죽음은 죄에 대한 최종적 죽음을 가져오며 "이것은 따로 명시하지 않아도 너무나 명백한 우리의 여덟 가지 의미 체계 중 한 항목이다."[21] 그러나 그는 6:8b이 마지막 부활 때 신자들이 다시 부활하는 것을 이차적으로 가리킨다고 본다.[22]

크랜필드가 제시한 그리스도와 함께 죽고 다시 사는 것에 관한 여덟 가지 의미 체계는 로마서 6:1-14의 복합적인 사상을 파악하는 데 유익한 가이드가 됨과 동시에 그리스도와 함께 죽고 다시 사는 개념에 담긴 미묘한 의미들이 무엇인지 밝혀준다. 그리스도와 함께 죽고 다시 사는 것의 도덕적이며 종말론적인 측면을 각각 가리키는 이 의미 체계의 세 번째와 네 번째 범주는 이 책에서 그리스도인의 삶(10장)과 그리스도와의 연합에 대한 정의(종말론이 논의될 12장)와 관련되어 있기에 여기서는 다루지 않을 것이다. 하지만 첫 번째와 두 번째 범주에 관해서는 추가적 검토가 필요하다. 그리스도와 함께 죽고 다시 사는 것의 세례적 의미를 다루는 두 번째 범주를 먼저 검토한 후 사법적 의미에 관한 논의로 이어가고자 한다.

---

19 Ibid.
20 Ibid.
21 Ibid., 43.
22 Ibid.

그리스도의 죽으심과 합하여 세례를 받는다는 개념은 결코 간단한 문제가 아니며 비록 크랜필드가 제시한 해결책이 합리적으로 보이긴 하지만 그에 대한 반론도 만만치 않다.[23] 크랜필드는 로마서 6:3에서 세례가 함의하는 바가 신자들과 그리스도의 연합이나 새 생명 혹은 회심이 세례 의식을 통해 주어진다는 것은 아니라고 주장한다. 그는 이것이 당연하다고 여기지만("[바울은] 세례가 그리스도와 더불어 죽는 이 죽음에 실제적으로 영향을 미친다고 생각하지 않았음이 분명하다"), 이러한 그의 주장은 검증해 볼 가치가 있다. 크랜필드의 주장이 타당성이 있으려면 바울은 세례를 반드시 은유적으로 언급해야만 하는데 만약 바울이 그렇게 사용하지 않는다면 신자들이 세례 의식을 통해 문자적으로 그리스도와 연합한다는 사실을 부인하기가 어렵게 되기 때문이다.[24] 로마서 6:3의 세례를 은유적으로 읽는 입장은 "우리가 그의 죽으심과 합하여 세례를 받음으로 그와 함께 장사되었나니"라는 6:4에 의해 지지를 받는다. 이

---

[23] 예컨대 Bousset는 이와 상반된 견해를 강하게 견지한다. "여기서(롬 6장) 바울은 그의 그리스도 신비주의의 가장 특징적인 사상 중 하나를 세례 의식과 관련되어 있던 종교적 행사 내지 연출과 연결시킨다는 것이 분명하다. 여기서 우리는 바울이 이미 공동체 안에 존재했던 사상, 즉 그리스도인들이 세례 의식을 통해 종교적으로 그리스도와 성례적 친밀함을 갖게 된다는 확신에 기초를 두고 설명을 개진한다는 인상을 지울 수 없다." Bousset, *Kyrios Christos*, 157. Dunn은 더욱 균형 잡힌 관점을 제시한다. "이 어구는 그 자체로 신적 행위가 이 의식 행위 안에 그리고 그 의식 행위를 통해 발생하는지…아니면 단지 그 의식 행위에 의해 형상화되는 것인지에 관한 질문을 제기한다. 나는 후자의 입장이 더 설득력이 있다고 생각한다." Dunn, *Romans 1-8*, 311(327-29도 보라).

[24] Bousset는 세례에 관한 바울의 언급을 문자적으로 이해하면서 다음과 같이 결론 내린다. "그에게 있어서 세례는 신비주의 수행자가 신과 결합되거나 혹은 신으로 덧입는 입회식과 같은 역할을 한다.…따라서 세례 가운데 그리스도인들은 아들과 하나가 되고 그 결과 그들은 아들들이 된다." Bousset, *Kyrios Christos*, 158. 이러한 견해는 헬레니즘의 신비주의 신앙과 "바울의 그리스도 신비주의 사이에 분명한 유사성이 존재한다"는 Bousset의 주장과 잘 어울린다. Bousset, *Kyrios Christos*, 170. 비록 Bousset가 바울과 헬레니즘의 신비주의 종교들 사이에 중요한 차이점이 많다는 것을 인식하긴 하지만, 그는 몇몇 유사점도 발견하는데 이를테면 이러한 종교에서 큰 비중을 차지하는 입회 의식이 그중 하나로 꼽힌다. 결과적으로 Bousset는 롬 6장에서 신비주의 종교들의 여러 입회 의식과 유사한 내용을 너무 쉽게 발견했고 그렇게 함으로써 세례 문제에 관한 바울의 폭넓은 사고를 잘못 표현하게 되었다고 볼 수 있다.

구절은 문자적으로 읽을 경우 이치에 맞지 않기 때문에 여기서 장사되었다는 표현은 은유적으로 이해해야 하는 것이 분명하다.[25]

세례 전반에 관한 바울의 사상을 폭넓게 이해하지 않고는 추가적인 논의가 진행되기 어렵다. 이 주제에 관한 세밀한 분석은 우리의 연구 범위를 넘어서지만, 몇 가지는 짚고 넘어갈 필요가 있다.[26] 첫째, 바울은 세례를 여러 차례 언급하는데 이 사실은 이 주제가 그에게 중요한 주제임을 시사해준다고도 볼 수 있다.[27] 둘째, 그러나 바울은 고린도전서 1:14-17에서 자기가 고린도 교인 중에서 누구에게 세례를 주었는지를 기억하지 못할 뿐 아니라(16절) "그리스도께서 나를 보내심은 세례를 베풀게 하려 하심이 아니요, 오직 복음을 전하게 하려 하심"(17절)이라고 선포하면서 물리적인 세례의 의미를 약화시키는 것처럼 보인다. 셋째, 이 마지막 포인트는 바울이 세례를 언급할 경우 대부분 은유적인 의미로 사용할 개연성이 매우 높다는 것을 의미한다(물론 고전 1:16에서처럼 문맥상 그런 의미가 아닌 것이 분명한 경우를 제외하고는 말이다). 이 점을 염두에 두면 우리는 물리적인 세례를 가볍게 여기는 듯한 그의 태도와 다른 본문에서 세례를 진지하게 여기는 그의 태도를 서로 조화시킬 수

---

25   6:4의 세례를 "거의 확실하게" 의식적인 행위(앞 구절에서는 은유적 의미의 세례로 보았음에도 불구하고)로 간주하는 Dunn은 바로 이 점을 간과하는 것으로 보인다. Dunn, *Romans 1-8*, 313. 만약 "은유"가 6:4에서 사용된 바울의 어구에 관한 가장 적절한 명칭이 아니라면, 그리스도와 함께 장사되었다는 것이 문자적 서술이 아닌 한, 이는 아마도 "영적"(spiritual)이라는 표현이 더 나아 보인다. Beasley-Murray는 이 사실을 적절하고 능숙하게 요약한다. "'우리가 그와 함께 장사되었다'는 말은 세례를 받은 장소가 우리의 무덤이 된다는 것이 아니라 우리가 그리스도의 무덤에 안치되었다는 것이 바로 세례 행위의 본래 의미임을 보여준다. 기원후 30년경 예루살렘의 어느 무덤에서 그리스도와 함께 장사되었다는 것은 우리의 죽음이 바로 그분이 골고다에서 죽은 죽음이라는 사실을 명확하게 보여준다." G. R. Beasley-Murray, *Baptism in the New Testament* (London: Macmillan, 1962), 133.

26   이 주제를 광범위하게 다룬 연구로는 Beasley-Murray, *Baptism*을 참조하라.

27   βαπτιζ-단어군의 동족어는 바울 서신에서 모두 열세 번(롬 6:3-4; 고전 1:13-17; 10:2; 12:13; 15:29; 갈 3:27; 엡 4:5; 골 2:12) 등장한다.

있다. 이러한 태도는 후자가 은유적일 경우—즉 세례가 물리적인 실체보다 영적인 실체를 묘사할 경우—서로 모순되지 않는다. 바울은 영적인 세례를 진지하게 여긴다. 물리적인 세례는 부차적인 문제다.

이로써 우리는 그리스도의 죽음에 참여하는 세례가 그의 죽음 안에서 신자가 그리스도와 연합하는 수단으로서의 물리적인 세례 의식을 묘사하는 것이 아니라는 크랜필드의 진술을 확증하게 된다. 그리스도의 죽음에 참여하는 세례는 그리스도와 함께 죽는 영적 실체에 관한 은유적 표현이다. 이 사실은 우리를 그의 의미 체계 중 첫 번째 범주인 그리스도와 함께 죽고 다시 사는 것의 사법적 의미에 대한 논의로 인도한다.

바울은 신자들이 죄에 대해 죽었으며(롬 6:2) 그리스도와 함께 살게 될 것이라고 말한다(롬 6:8). 이 진술들이 로마서 5:12-21의 사법적 내용과 밀접한 관계에 있다는 사실은 의미심장하다. 이 단락은 죄와 죽음(롬 5:12), 죄와 율법(롬 5:13), 죄와 심판(롬 5:16), 죄와 정죄(롬 5:16) 등의 상호 연관성을 인정한다. 이에 대한 응답으로서 로마서 5장의 나머지 부분은 의의 통치를 통해 영생에 이르도록 하시는 예수 그리스도 안에서 신자들에게 주어진 하나님의 은혜의 선물에 관해 이야기한다(롬 5:17-21). 이러한 문맥을 고려하면 그리스도와 함께 죽고 다시 사는 것에 관한 사법적 해석은 분명히 타당하다.

이어지는 단락인 로마서 6:1-14은 일차적으로 그리스도 안에서 얻은 새 생명에 관한 도덕적 의미와 관련이 있지만, 5:12-21의 사법적 배경도 이와 결코 무관하지 않다. 그리스도와 함께 죽고 다시 사는 것에 관한 논의를 통해 바울은 예수 그리스도 안에서 주어진 하나님의 선물이 어떻게 죄와 사망이 담고 있는 사법적 함의들을 전복시켰는지에 관한 역학적 논리를 보여준다. 이 논리는 다음과 같다. 죄의 결과는 사망과 심판과 정죄를 가져온다. 죄악에 물든 인류를 위해 대표적 죽음을 죽으신 그리스도는 죄에 대한 율법적 요구를 만족시키셨다. 이러한 율법적 요구가 죽음에 의해 만족된 이상 그리스도의 새 생명은 더 이상

죄 혹은 그 죄가 수반하는 사법적 결과에 매이지 않게 된다. 그리스도의 대표적 죽음이 가져다주는 혜택은 그의 죽음과 함께 그와 하나가 되는 것이다. 바로 이 시점에서 참여 개념과 대표 개념이 서로 만난다. 신자들은 그리스도의 죽음과 부활에 영적으로 참여하며 그리스도는 이 사건들에서 그들을 대표하신다.[28] 따라서 바울은 그리스도와 함께 죽은 자들은 그와 함께 십자가에 못 박혔고(롬 6:6) 이로써 죄에 대한 종노릇은 끝이 나고 사망으로부터 자유하는 부활이 주어졌다고(롬 6:8-9) 담대히 선포한다.

따라서 그리스도와 함께 죽고 다시 사는 것에 대한 사법적 의미를 로마서 6:1-14에서 확인한 크랜필드의 견해는 타당하다. 사실 이 세례 모티프의 사법적 성격을 제대로 파악하지 못하고서는 이 본문을 올바로 이해하는 것은 불가능하다. 신자들이 율법의 정죄와 사망으로부터 자유를 얻게 된 이유는 그들이 그리스도와 함께 죽고 다시 살아남으로써 율법의 공의로운 요구가 만족되었기 때문이다.

8.12.2 로마서 6장에 관한 태너힐의 견해

태너힐 역시 그리스도와 함께 죽고 다시 사는 모티프에 관한 연구에 또 다른 중요한 기여를 한다. 그의 기본적인 논제는 다음과 같다. "바울이 주장하듯이 만약 신자가 그리스도와 함께 죽고 다시 살아난다면 그리스도의 죽음과 부활은 단순히 신자에게 혜택이 주어지는 사건이 될 뿐만 아니라 신자 자신이 이 사건에 참여하는 사건이 된다. 신자가 누리게 될 이 새 생명은 바로 이러한 구원 사건에 개인적으로 참여하는 것에서 비롯된다."[29]

---

28 "바울은 그리스도의 십자가 죽음의 사실성 안에서 한 개인이 죽었다는 것뿐만이 아니라 자신의 개인사에서도 죄의 지배를 받았던 옛 자아가 그리스도와 함께 십자가에 못 박혔다는 사실을 설파한다." Michael Parsons, "In Christ in Paul," *VE* 18 (1988): 31.

29 Tannehill, *Dying and Rising*, 1.

로마서 6장과 관련하여 태너힐은 그리스도와 함께 죽고 다시 사는 모티프로부터 나온 매우 핵심적인 주제 하나에 주목한다. "[바울은] 그리스도와 함께 죽고 다시 산다는 개념에 관심을 가지는데, 그 이유는 이 개념이 죄의 옛 통치에 대해 죽고 하나님께 대해 다시 사는 것을 함축하기 때문이다."[30] 이 주장은 태너힐이 종말론—크랜필드의 로마서 6장에 관한 의미 체계 중 네 번째 범주에 해당하는—을 이 본문의 핵심 주제로 이해한다는 사실을 말해주는데 이는 죄의 통치와 새 생명의 통치에 대한 구별이 궁극적으로 종말론적인 특성을 띠기 때문이다.

만약 태너힐의 주장이 옳다면 이 사실은 우리가 로마서 6장을 이해하는 데 매우 흥미로운 반전을 제공한다. 그 이유는 크랜필드가 직접적인 증거를 거의 제시하지 못했던 항목[종말론적 의미—역자 주]이 이제는 해당 본문의 핵심 주제로 떠오르게 되었기 때문이다. 그런 의미에서 한 가지 유의할 점은 크랜필드의 "종말론" 용어 사용이 "마지막 때의 일들"에 관한 연구 등 문자적인 적용에 국한된다는 사실을 인식하는 것이다. 이것이 그가 이 용어를 오직 "죄에 대한 마지막 죽음"과 "마지막 부활"과 관련하여 사용하는 이유다. 그러나 태너힐은 기본적으로 죄와 사망의 통치 영역과 생명의 통치 영역 간의 관계에 주목하면서 이 두 통치 영역의 구별은 본질상 종말론적임을 강조한다. 다시 말해 종말론에 관한 태너힐의 이해는 "마지막 때"에 일어날 일들에 국한되지 않고 이 상반된 통치권이 지닌 현재적 의미를 포함한다. 그는 이 사실을 다음과 같이 설명한다.

바울이 4-5절에서 보여주듯이 그에게 있어서 새 생명에의 현재

---

30 Ibid., 9. 참조. Ned Wisnefske, "Living and Dying with Christ: Do We Mean What We Say?," *WW* 10 (1990): 254. "그리스도교는 두 시대의 대대적인 단절을 선언한다. 우리의 이전 삶은 침체된 상태에서 죽어가지만, 새 생명, 곧 하나님 자신의 생명은 우리와 연합되어 있어서 우리를 재창조한다."

적 참여에 관한 언급으로부터 미래의 부활에 관한 언급으로 이동하는 것은 대단한 일이 아니다. 바울에게 이 두 측면은 그리스도인이 종말론적 삶에 참여하는 모습의 두 가지 양상일 뿐이며 그는 이 두 가지 측면 사이를 손쉽게 이동할 수 있다.[31]

따라서 우리는 태너힐과 크랜필드가 사용한 "종말론" 용어 사이에 미묘한 차이가 있음을 기억할 필요가 있다. 이 의미 차이 자체가 문제가 되는 것은 아니지만, 그 차이를 인식하는 것은 필요하다. 왜냐하면 이 차이가 왜 크랜필드는 로마서 6장에서 그리스도와 함께 죽고 다시 사는 것의 종말론적 성격에 관한 직접적인 증거를 거의 발견하지 못한 반면, 태너힐은 그러한 증거가 본문에 만연해 있다고 보는지를 잘 설명해주기 때문이다.

아무튼 태너힐에게 있어서 로마서 6장 전체는 본질상 종말론적이다. "이 장 처음부터 마지막까지 바울은 그리스도인과 죄의 통치의 관계에 관심을 둔다."[32] 더 나아가 두 상반된 통치권에 관한 개념(죄/죽음 vs. 그리스도 안에 있는 새 생명)은 그리스도와 함께 죽고 다시 사는 것에 관한 태너힐의 이해에서 중요한 위치를 차지한다.

바울이 말하는 그리스도와 함께 죽고 다시 살아남이 무엇을 의미하는지를 이해하기 위해서는 이 두 통치권과 관련된 개념을 연구해야만 한다. 두 통치권 및 그 주인들 사이의 대비는 단지 로마서 6장 전체의 근간일 뿐 아니라 그리스도와의 죽음을 과거의 사건으로 말하는 모든 본문의 특징이기도 하다. 우리는 오직 이 사실의 온전한 의미를 통해서만 바울이 말하는 그리스도와

---

31 Tannehill, *Dying and Rising*, 11.
32 Ibid., 10.

함께 죽고 다시 사는 모티프가 무엇을 의미하는지 확실히 이해할 수 있다.[33]

태너힐의 이해에 따르면 이 두 통치권과 그리스도와 함께 죽고 다시 사는 모티프의 관계는 주권 교체와 관련이 있다. "이것은 옛 주인에 대해 죽고 새 주인에 대해 사는 것을 의미한다."[34] 그리스도와 함께 죽음으로써 신자는 옛 시대의 권세들에 대해 죽고 새 권세 아래 있는 새 생명으로 들어간다.[35]

그리스도와 함께 죽고 다시 사는 모티프에 관한 태너힐의 해석은 높이 평가할 만하며 통치권의 전환을 묘사하는 부분은 실로 강력한 설득력을 지닌다. 그의 해석은 로마서 6장이 "죄"를 어떤 통치권, 영역, 혹은 시대로 묘사한다는 그의 주장에 근거하는데 이런 그의 주장은 모든 이에게 자명한 것은 아니기에 추가적 검증이 필요하다.

태너힐의 견해를 지지하는 입장에 따르면 로마서 6:6은 더 이상 "죄에 종노릇"하지 않는 상태(τοῦ μηκέτι δουλεύειν ἡμᾶς τῇ ἁμαρτίᾳ)를 언급한다. 6:7에서는, 죄가 마치 어떤 사로잡는 세력이기라도 한 것처럼, 어떤 사람이 "죄의 세력으로부터 자유롭게"(δεδικαίωται ἀπὸ τῆς ἁμαρτίας) 되는 것은 오직 죽음을 통해서다. 6:9에서는 사망이 더 이상 그리스도를 주장하지 못하는 것(θάνατος αὐτοῦ οὐκέτι κυριεύει)으로 묘사된다. 신자들은 6:12에서 "죄가 지배하지 못하게"(μὴ οὖν βασιλευέτω ἡ ἁμαρτία) 하라는 교훈을 받고 6:13에서는 몸의 지체를 (불의의 무기로) 죄에게 내

33　Ibid., 14-15.
34　Ibid., 18.
35　Ibid., 21. 참조. Morna D. Hooker, *From Adam to Christ: Essays on Paul* (Cambridge: Univ. of Cambridge Press, 1990; repr. Eugene, OR: Wipf & Stock, 2008), 34. "그러므로 '그리스도 안에' 있는 것, 세례를 통해 그와 함께 하는 것, 그리하여 그와 함께 죽고 그와 함께 살아나는 것은 죄에 대한 그의 죽음 및 죄의 권세로부터의 그의 해방에 참여한다는 의미이다."

어주지 말라는 교훈을 받는다(παριστάνετε τὰ μέλη ὑμῶν ὅπλα ἀδικίας τῇ ἁμαρτίᾳ). 6:14에서는 "죄가 너희를 주장하지 못하리니"(ἁμαρτία γὰρ ὑμῶν οὐ κυριεύσει)라고 말씀하신다. 6:16에서는 바울이 신자들은 죄의 종이 되든지 아니면 순종의 종이 될 것이라고 진술한다(δοῦλοί ἐστε ᾧ ὑπακούετε, ἤτοι ἁμαρτίας εἰς θάνατον ἢ ὑπακοῆς εἰς δικαιοσύνην). 6:17에서는 바울이 그의 독자들은 "본래 죄의 종"이었다고 말한다(ἦτε δοῦλοι τῆς ἁμαρτίας). 6:20은 신자들이 이전에는 "죄의 종"(δοῦλοι ἦτε τῆς ἁμαρτίας)이었다고 말하고 6:22은 그들이 그 죄로부터 해방되었다고 말한다(νυνὶ δὲ ἐλευθερωθέντες ἀπὸ τῆς ἁμαρτίας).

물론 이 중 몇몇 구절은 바울이 죄를 사람들로 하여금 죄악에 물든 욕망에 종노릇하도록 만드는 주관적 경험으로 언급한다는 점에서 보다 더 실존적인 의미로 해석될 수도 있다. 그러나 이 본문들이 죄를 어떤 통치권 혹은 영역으로, 그리고 사람들이 그 아래서 그 구속력에 의해 종노릇하는 것으로 묘사한다고 이해하는 것이 현 문맥에 더 잘 어울린다고 할 수 있다. 이러한 현실은 죄의 주관적 경험이 지닌 영향력을 부인하는 것은 아니지만(사실 이 둘은 공존함), 로마서 6장이 말하고자 하는 바를 더욱 명료하게 해준다. 바울은 신자들이 그리스도 안에서 죄와 사망의 통치하에 있던 상태에서 새 생명과 의의 통치하에 있는 상태로 전환하는 경험을 묘사하는 데 집중한다. 따라서 태너힐은 6장에서 "두 통치권"의 중요성과 더불어 그리스도와 함께 죽고 다시 사는 모티프가 이러한 종말론적 주제와 관련이 있다는 점을 정확하게 인식했다는 평가를 받는다.

태너힐은 그리스도와 함께 죽고 다시 살아남과 두 통치권 종말론의 관계를 그리스도를 포괄적 인물로 이해하는 개념을 통해 발전시킨다. 바울이 그리스도의 죽으심과 합하여 세례를 받는 것에 관해 말할 때 태너힐은 그 "세례를 포괄적 혹은 집단적 인물(an inclusive or corporate person)인 그리스도께 들어가는 것"으로 간주한다.[36] 그리스도는 포괄적 인물로서 바울의 새로운 통치 개념과 밀접하게 연관되어 있다. "그리스도는 포괄적 인물로서 자신 안에서 새로운 통치를 대변하고 또한 이를 체현한다."[37] 태너힐에 의하면 바울은 신자가 그리스도 안에 포함된 존재이기 때문에 당연히 그리스도의 죽음에도 참여한다고 말할 수 있다. "우리는 사상이 담고 있는 포괄성을 염두에 두고 그리스도와 함께 죽고 다시 살아남을 이해해야 한다."[38]

그리스도를 포괄적 인물로 이해하는 태너힐의 이 개념은 구약 사상으로부터 기인할 수도 있고 그렇지 않을 수도 있는 "집단적 인격성"(corporate personality)이라는 개념에 의존하지 않는다.[39] 오히려 그

---

36 Tannehill, *Dying and Rising*, 24.
37 Ibid.
38 Ibid.
39 Ibid., 29. 이 주제는 치열한 논쟁의 대상이다. 이 논의의 역사에 관한 개관은 David Timms, "The Pauline Use of en Christo: Re-examining Meaning and Origins—A Linguistic Analysis" [PhD thesis, Macquarie University, 2000], 40-47을 참조하라. 대표적인 견해들의 실례를 드는 것이 유익하리라 생각된다. 이 주제는 두 가지 이슈와 관련이 있다. 첫째, 과연 "집단적 인격성"이라는 개념이 구약성서에 존재하는지에 관한 문제로서 이것이 만약 존재한다면 그 범위가 어느 정도인가? 둘째, 과연 이 개념이 (어떻게 정의되든지 간에) 바울 사상의 배후에 자리하는지에 관한 문제이다. 이 용어의 구약성서 및 바울 관련성을 지지하는 입장에서 Ridderbos는 백성 전체의 단일 대표가 해당 백성과 관계를 맺으므로 이 백성은 그들의 대표와 동일시된다고 주장한다. "바울은 전체가 하나 안에 들어 있다는 이러한 집단적 연관성을 그리스도와 그의 백성에게 적용한다." Ridderbos, *Paul*, 62. 이와 마찬가지로, Beker는 바울의 "통합 사상"이 집단적 인격성이라는 유대교적 개념에서 기인하며 그중 몇 가지 요소가 바울에게서도 발견된다고 본다. "(1) 전체를 위한 하나, (2) 전체 안에 있는 하나, (3) 전체를 위해 단번에." Beker, *Paul the Apostle*, 310. 손상원 또한 이 개념을 옹호하며 이 개념이 "그리스도 안에 있음"에 관한 다른 어떤 설명보다 우월하다고 평가한다. 왜냐하면 "(1) 이 개념은 이 고정문구의 장소적 용법을 인정하며, (2) 그리스도를 한 인격체로 보기 때문이다." Son, *Corporate Elements*, 27, 119. Ahern은 이 개념이 구약성서에서 빈번하게 발견되며 바울을 이해하는 데에도 중요하다고 본다. Barnabas M. Ahern, "The Christian's Union with the Body of Christ in Cor, Gal, and Rom," *CBQ* 23 (1961): 201. 집단적 인격성 개념에 반대하는 Porter는 이 "신성한 소"[이 표현은 소를 신성한 동물로 여기는 힌두교인의 풍습과 관련된 관용어로서 비판을 초월하여 비합리적으로 받아들여지는 사상이나 관습 및 제도 등을 가리킴—역자 주]는 이미 죽었고 "이미 매장할 때가 지났다"고 주장한다. 그는 이스라엘의 집단적 삶은 "집단적 대표성"(corporate representation)이라는 용어에 의해 그 의미가 더 잘 전달된다고 주

리스도의 포괄성은 그의 죽음과 부활의 종말론적 특성에 의존한다. 그의 논리는 다음과 같다. 바울은 그리스도와 함께 죽고 살아남을 옛 통치권의 종식 및 새 통치권의 수립과 연관 짓는데 바로 이 이유 때문에 이것들은 종말론적 사건으로 간주되는 것이다.[40] "이것들이 옛 통치권 전체에 영향을 미치는 종말론적 사건이기 때문에 이것들은 또한 포괄적인 사건이다."[41] 모든 사람은 이 두 통치권 중 어느 하나에 포함되어 있다. 이 두 통치권 자체는 선이든 악이든 어느 한쪽에 속할 것을 요구한다. 그리스도의 죽음과 부활은 옛 통치권에 **영향을 미치고** 새 통치권을 **촉발시키기** 때문에 종말론적인 사건일 뿐 아니라 또한 포괄적인 사건이다. 신자들은 새 통치권에 속해 있는 한 그리스도의 종말론적 죽음

장한다. Stanley E. Porter, "Two Myths: Corporate Personality and Language/Mentality Determinism," *SJT* 43 (1990): 289-307. Timms는 구약성서의 집단적 인격성에 관한 증거는 빈약하고 논쟁의 여지가 있다고 본다. Timms, "Pauline Use of *en Christo*," 47. Rogerson은 집단적 인격성 개념에 관한 집착은 혼란만 초래한다고 제안한다. John W. Rogerson, "The Hebrew Conception of Corporate Personality: A Re-Examination," *JTS* 21 (1970): 15. Wedderburn은 "집단적 인격성"이라는 용어가 주는 난해함을 인정하면서도 "이 용어를 지지하려는 과장된 주장만을 고집하지 않는다면 이 개념에 의해 표현되는 사상에 전적으로 공감하는" 중재적인 입장을 견지한다. Wedderburn, *Baptism and Resurrection*, 352. Schreiner는 바울 기독론이 지닌 대표성을 인정하면서도 일부 학자가 이 집단적 인격성 개념을 과도하게 취급했다는 데에 동의한다. Schreiner, *Paul*, 158. Tannehill은 만약 "집단적 인격성"을 민족이나 국가가 전체를 대표하는 한 사람과의 연대성을 언급하는 것으로 이해한다면 "이는 우리가 바울을 이해하는 데 무언가 기여하는 바가 있겠지만, 바울의 공동적인 혹은 포괄적인 사고 패턴에 관한 충분한 설명은 되지 못한다"라고 지적한다. Tannehill, *Dying and Rising*, 29. Bassler 역시 집단적 인격성이 지닌 대표성을 인정하긴 하지만, 이것은 "바울의 용어가 제시하는 연합과 통합의 개념과는 동떨어진 것"이라고 주장한다. Jouette M. Bassler, *Navigating Paul: An Introduction to Key Theological Concepts* (Louisville: Westminster John Knox, 2007), 41. 제시된 증거에 대한 가장 탁월한 평가는 "집단적 대표성"이라는 Porter의 개념에 가까워 보인다. 이 개념은 공유된 **인격성**(a shared *personality*)이라는 복잡한 문제를 극복하면서도 이스라엘의 연대성을 정당하게 유지한다는 평가를 받는다. 그럼에도 Tannehill과 Bassler가 지적하듯 집단적 대표성은 바울의 사상을 충분히 담아내지 못하며 오직 그 사상을 구성하는 한 가지 요소일 뿐이다.

40 Tannehill, *Dying and Rising*, 30.
41 Ibid.

과 부활에 참여하게 된다. 이는 새 통치 영역의 구성원이 되었다는 것을 의미한다. "모든 사람이 한 시대 안에 존재한다는 것이 이 결정적 사건들에 기초하며 이 사건들에 의해 결정되기 때문에 이 시대 전체는 이 사건들에 참여한다. 그리스도와 함께 죽고 다시 살아남과 관련이 있어 보이는 이러한 포괄적인 용어도 이와 유사한 의미를 가진다."[42]

이러한 설명 방식은 신자들이 자신들보다 시간적으로 앞선 사건들에 참여한다는 시차적인 문제를 해결해준다. "이러한 시간적 차이는 바울에게 그리스도와 함께 죽고 다시 살아남과 관련하여 어떠한 심각한 문제도 초래하지 않는다."[43] 각 개인들은 그들이 존재하는 통치 영역으로부터 분리되어 있지 않으며 "새 통치권은 역사의 발전 과정에서 대체될 수 있는 세계 역사의 한 시대가 아니라 역사 가운데 감추어진 어떤 것이다."[44]

궁극적으로 로마서 6장에 나타난 바울 사상에 관한 태너힐의 재구성은 그리스도와 함께 죽고 다시 살아남이 두 통치권과 어떠한 관련이 있고 왜 본질적으로 종말론적인 사건이며 시공간을 초월하는 사건인지에 관한 탁월한 설명을 제공해준다. 더 나아가 이러한 재구성은 앞서 살펴본 크랜필드의 분석과 상반되지 않으며 오히려 서로 보완하는 역할을 한다. 크랜필드가 지적했듯이 로마서 6장에 언급된 그리스도와 함께 죽고 다시 살아남은 사법적·세례적·도덕적·종말론적 요소들을 모두 포함한다. 그러나 태너힐의 설명은 바울 사상의 "심층 구조"를 올바로 파악할 뿐 아니라 이 요소들이 어떻게 일관되게 서로 조화를 이루는지에 관한 명쾌한 설명을 제공해준다. 뿐만 아니라 이러한 "심층 구조"는, 태너힐이 갈라디아서, 에베소서, 골로새서, 고린도후서 등에서도

---

42 Ibid., 39-40.
43 Ibid., 40.
44 Ibid.

이러한 일관성을 논증했듯이 로마서 6장의 범위를 넘어서는 귀한 가치를 지닌다. 그는 이를 다음과 같이 요약한다. "앞에서 논의된 본문들은 그리스도와 함께 죽고 다시 살아남에 관한 바울의 개념이 그의 종말론적 문맥에서 이해되어야 함을 분명히 보여준다. 이 핵심 개념은 신자들이 포괄적인 사건인 그리스도의 죽음 안에서 옛 시대에서 새 시대로 전환하는 결정적인 사건이 발생했음을 보여준다."[45]

8.13 새 아담

우리는 그리스도를 새 아담으로 이해하는 바울의 사상과 씨름하려는 노력 없이는 결코 그리스도의 사역에 관한 논의를 제대로 마무리했다고 말할 수 없을 것이다. 비록 이 단락이 로마서 6장에 관한 논의 다음에 온다는 것이—아담 기독론에 관한 주요 본문이 바로 앞 단락인 로마서 5:12-21이기 때문에—일반적인 상식에 어긋나 보일지 모르지만, 이러한 "엉뚱함" 속에서도 여기에는 어떤 체계가 자리한다. 태너힐은 로마서 6장에 나타난 바울 사상의 "심층 구조"를 명쾌하게 설명한 바 있기 때문에 이 설명은 로마서 5:12-21을 이해하는 데에도 도움을 줄 수 있다. 왜냐하면 태너힐이 이미 지적했듯이 이 본문 역시 동일한 토대 위에 세워졌을 개연성이 높기 때문이다. "만약 두 본문에 등장하는 두 통치권의 대비가 내포하는 중요성을 감안하면 이 두 단락의 연관성은 더욱 명료해진다."[46]

---

45 Ibid., 70.
46 Ibid., 26.

8.13.1 로마서 5장

비록 로마서 5:12-21을 "집단적 인격성"이라는 개념을 통해 해석하는 것이 일반적이긴 하지만, 이러한 접근은 바람직하지 않다.[47] 이 개념을 사용하는 전형적인 해석은 아담과 그리스도를 모든 인류가 그 안으로 흡수되는 두 집단적 인물로 간주한다. 죄에 종노릇하는 자들은 아담에게 통합된 반면, 새 생명을 얻은 자들은 그리스도에게 통합된다.[48] 다음과 같은 크라이처의 진술은 이러한 견해의 대표적인 예다. "아담과 그리스도는 모두 그들을 추종하는 자들을 대표한다는 점에서 서로 짝을 이룬다. 양자는 각각 자신 안에 인류를 포괄한다. 양자는 각각 한 시대의 모형론적인 인물로 제시된다. 양자는 각자가 행한 행위를 통해 자신들을 추종하는 사람들이 따를 패턴을 설정한다."[49]

이러한 주장 중에는 동의할 만한 내용이 많이 있지만, "양자는 인

---

[47] Best가 제시한 연대성과 집단적 인격성의 차이점에 착안하여 Beasley-Murray는 "아담은 인류의 머리로서 모든 인류에게 영향을 미치지만 그들에 의해 영향을 받지 않는 존재로서 인류와 독특한 연대 관계에 있는 존재로 비춰진다. 그러나 우리는 인류에 속한 모든 자가 아담의 인격을 나타낸다고 주장할 수는 없다. 각 개인은 아담으로 인해 죄를 짓고 죽을 수도 있지만, 전 인류는 죄를 짓고 죽게 되는 인격으로 지음 받지는 않았다"고 주장한다. Beasley-Murray, *Baptism*, 137. 그러나 Beasley-Murray는 그리스도와 관련해서는 집단적 인격성을 지지한다. "그러나 두 번째 아담의 경우 우리는 포괄적인 인격으로 비칠 수 있는 한 사람을 보게 된다. 그가 죽었을 때 그에게 속한 자들은 그와 함께 죽었다. 그가 다시 살아났을 때 그들은 그와 함께 다시 살아났다." Beasley-Murray, *Baptism*, 137.

[48] Schreiner는 이 문제에 관해 균형 잡힌 견해를 제시한다. "의심의 여지없이 몇몇 학자는 이 집단적 인격성을 지나치게 강조한다. 그러나 아담과 그리스도 간의 대비는 바울 기독론의 대표자적 특성을 지지하며 그들이 인류의 머리라는 사실도 분명하다." Schreiner, *Paul*, 158.

[49] L. Joseph Kreitzer, "Christ and Second Adam in Paul," *CV* 32 (1989): 87. 참조. Dodd, *Romans*, 100-101. 이와 비슷한 차원에서 Barcley의 다음 진술은 완벽하지도 않지만 그렇다고 아주 잘못되지도 않았다. "그렇다면 '아담 안에' 혹은 '그리스도 안에' 있다는 것은 연대, 참여, 소속, 공동적 포괄성 등의 개념을 수반한다. '그리스도 안에' 있는 신자들은 그리스도와 함께 연대한다. 그들은 그들의 집단적 대표이신 그분에게 속한다." William B. Barcley, "*Christ in You*": *A Study in Paul's Theology and Ethics* (Lanham, MD: Univ. Press of America, 1999), 113. 아담 혹은 그리스도와의 연대는 단순히 신자들의 집단적 인격과 관련이 있다기보다는 구체적으로 그들의 통치권과 관련이 있다.

류를 각각 자신 안에 포괄한다"는 진술에는 문제점이 있다. 로마서 5:12-21에 관한 이러한 해석이 초래하는 문제 중 하나는 신학적 관점에서 볼 때 왜 아담에게 이와 같은 특권이 주어져야 하는지가 분명하지 않다는 것이다. 왜 그리스도 밖에 있는 모든 인류가 아담에게 포함되는가? 왜 인류가 그에게 통합되는가? 왜 아담의 행동들이 모두에게 "전가"되어야 하는가? 비록 우리로 하여금 멈칫거리게 만드는 이러한 해석의 몇몇 실례가 있는 것도 사실이지만, 아무튼 이러한 해석은 잘못된 근거에서 나온 것이다. 아담과 그리스도의 대비에서 큰 비중을 차지하는 개념은 "집단적 인격성"이 아니라 그들이 대표하는 상반된 통치권이다. 만약 로마서 6장에 관한 태너힐의 해석이 옳다면—우리는 이미 앞에서 그의 해석이 옳다고 논증했는데—로마서 5:12-21에 나타난 바울 사상을 떠받치는 하부 구조는 집단적 인격성보다는 죄와 생명이라는 "두 통치권"에 의존할 개연성이 더 높다.

이러한 개념은 "양자는 각각 한 시대의 모형론적인 인물로 제시된다"는 크라이처의 진술에서도 나타난다. 따라서 크라이처의 견해는 태너힐의 입장과 완전히 부조화를 이루는 것은 아니다. 왜냐하면 두 학자 모두 아담과 그리스도가 대표하는 통치권 혹은 시대의 중요성을 인정하기 때문이다. 그러나 태너힐의 입장이 지닌 장점은 모든 인류가 아담에게 통합된다는 개념을 필요로 하지 않는다는 것이다. 즉 인류는 아담이 **대표하는** 통치권에 참여하지만, 아담 자신은 인류를 대표하는 집단적 **인격체**가 아니다.

로마서 5:12-21과 바울 사상의 하부 구조—또는 "심층 구조"—가 지닌 공통점은 아담과 그리스도가 각각 통치권 안으로 들어가는 입구라는 점이다.[50] 죄와 사망에 대한 첫 통치권은 "한 사람으로 말미암아

---

50   참조. Dunn, *Romans* 1-8, 289. "바울은 이 인물[아담]이 그 자체로 한 개인으로 비춰지기보다는 우리가 '시대적 인물'이라고 부를 만한 한 개인 이상의 인물로, 즉 인류 역사의 첫

죄가 세상에 들어오고 죄로 말미암아 사망이"(롬 5:12) 들어왔을 때 확립되었다. 상반절을 집단적 인격성이라는 렌즈를 통해 읽으면 우리는 바울이 왜 그 나머지 문장을 다음과 같이 이어가는지 의아해 할 수밖에 없다. "이와 같이 모든 사람이 죄를 지었으므로 사망이 모든 사람에게 이르렀느니라." 만약 집단적 인격성을 지지하는 견해가 제안하듯이 아담의 죄가 그가 대표하는 모든 이에게 전가되었다면 아담의 죄가 그들의 죄도 되기 때문에 "모든 사람이 죄를 지었으므로"라는 말은 무의미해진다. 그렇다면 이 문장 하반부의 "모든 사람이 죄를 지었다"라는 말은 은유적으로(즉 아담의 죄 안에서 "모든 사람이 죄를 지었다"라는 의미로) 이해되어야 한다. 하지만 집단적 인격성을 염두에 두지 않았다면 이러한 억지 주장은 불필요해진다. 바울은 아담의 죄가 모든 인류에게 전가되었다고 말하기보다는 그가 추후 모든 사람이 뒤따라 들어간 암흑의 통치 영역의 문을 열었다고 말한다. 왜냐하면 "모든 사람"은 상징적인 의미에서가 아니라 실제적인 의미에서 "죄를 지었기" 때문이다.[51] 결국 아담의 역할은 이 흑암의 통치 영역의 시작을 알리는 것이었다. 그는 모든 인류가 그 길을 걷도록 문을 활짝 열어놓았다.

바울은 바로 이런 의미에서 "한 사람의 범죄로 인하여 많은 사람이 죽었다"(롬 5:15)라고 말할 수 있게 된 것이다. 그는 아담이 범한 죄 하나가 모든 인류에게 전가되었다고 말하는 것이 아니라 죄와 사망의 통치권이 "많은 사람"을 주장하게 되었다고 말한다. 이와 마찬가지로 "한 사람의 범죄로 말미암아 사망이 그 한 사람을 통하여 왕 노릇하였다"(롬 5:17)라는 진술도 마치 아담이 그 통치권의 "군주"인 양 사망

중대한 단계를 시작함으로써 그 단계에 속한 이들을 위해 그 단계의 성격을 결정짓는 인물로 비춰지기를 원한다. 이와 마찬가지로 Moo도 "이 시점에서 바울의 주안점은 아담의 행위가 지닌 집단적인 의미에 있기보다는 죄와 사망이 세상에 들어오게 된 도구로서 행한 그의 역할에 있다"고 지적한다. Moo, *Romans*, 321.

51 Dunn, *Romans 1-8*, 290.

의 대리 통치자(death's vice-regent)임을 의미하지 않는다. 오히려 이 진술은 죄와 사망의 통치권으로 들어가는 "입구"로서 아담이 그의 발자취를 따르는 모든 사람을 사망이 다스리도록 허용했다는 의미다. 또한 "한 범죄로 많은 사람이 정죄에 이르렀다"(롬 5:18)와 "한 사람이 순종하지 아니함으로 많은 사람이 죄인 되었다"(롬 5:19)라는 진술 역시 아담을 통해 시작된, 죄와 사망이 지배하는 통치를 언급한다. 모든 사람이 죄를 지었으므로 사망이 그 모든 사람에게 미치게 되었기 때문에(롬 5:12) 아담은 그 통치권으로 들어가는 입구 역할을 한다.[52]

이와 같은 맥락에서 그리스도를 새 아담으로 소개하는 로마서 5:12-21도 집단적 인격성보다는 생명과 의라는 새 통치권으로 들어가는 것과 관련이 있다. 이는 "넘치는 은혜와 의의 선물"(롬 5:17)이 이 새 통치권으로 들어가게 하신 예수 그리스도를 통해 다스리게 되었음을 의미한다. 바울이 "한 의로운 행위를 통해 모든 사람이 의롭다 하심을 받아 생명에 이르렀다"(롬 5:18)고 말할 때, 이 진술은 생명이라는 새 통치권으로 들어가는 모든 사람을 가리킨다. "많은 사람이 의인이 되리라"(롬 5:19)는 말도 그리스도의 새로운 통치 영역의 구성원들을 가리킨다. 그러므로 로마서 6장은 이 두 통치권의 대비와 신자들을 이 새로운 통치 영역으로 들어가게 하는 수단을 거듭 강조한다. 즉 이는 오직 그리스도의 죽음과 부활에 참여함으로써만 가능하다.

로마서 5:12-21에 대한 이러한 접근도 집단적 인격성 개념에 기반을 둔 다른 접근들이 담고 있는 함의를 많이 내포하고 있다. 아담과 그리스도를 인류의 두 대표로 묘사하는 내용은 여전히 유효하다. 아담은 정죄 아래에서 종노릇하는 인류를 대표하는 반면, 그리스도는 의 아래에서 자유를 누리는 인류를 대표한다. 그러나 이 대표성의 본질은 (아담과 관련해서는) 죄의 전가 혹은 (그리스도와 관련해서는) 의의 전가라는

---

52   Moo, *Romans*, 339.

개념에 의존하지 않는다. 이 대표성은 오히려 역학적인 동시에 상징적이다. 이 대표성은 아담과 그리스도가 다른 사람들이 각자의 통치권으로 들어갈 수 있는 수단을 제공함으로써 그 문을 열어놓았다는 의미에서 역학적이다. 이는 마치 그리스도가 구속된 인류를 새 생명의 통치권으로 인도하는 장치(mechanism)이듯이 아담은 모든 인류를 사망의 통치권으로 끌어들이는 장치다. 또한 양자 모두 각각의 영역에서 "첫 번째 사람"이기 때문에 각자의 통치권에 대한 상징적 대표다. 리더보스는 이 사실을 다음과 같이 명쾌하게 표현한다.

> 아담은 죄가 세상에 들어오고 또 죄를 통해 사망이 들어오도록 한 장본인이고 그리스도는 의와 생명을 부여하는 장본인이다. 그리스도와 아담은 두 시대 곧 생명의 시대와 사망의 시대의 위대한 대표로서 서로 대비된다. 그런 의미에서 한 시대 전체와 인류 전체를 대표하는 아담은 "오실 자"(14절), 즉 두 번째 사람과 그가 대표하는 장차 올 시대의 모형이라고 명명될 수 있다. 최초의 조상이 죄와 사망을 세상에 들여왔듯이 그리스도도 그의 순종(즉 그의 죽음)과 그의 부활을 통해 새 인류에게 생명이 돋트게 하셨다.[53]

모나 후커 역시 아담으로부터 그리스도로의 통치권 전환의 중요성을 바울 사상의 심층 구조 안에서 감지한다. "바울에게 있어 인간의 연대성 개념은 그의 사상의 하부 구조에서 절대적으로 중요한 요소로

---

53 Ridderbos, *Paul*, 57. 그는 고전 15:4에서도 동일한 사고가 작용한다고 본다. "사도 바울의 의도는 여기서도 마찬가지로 그리스도의 부활을 단순히 모든 신자가 경험하게 될 미래의 부활에 관한 상징 혹은 가능성으로 지칭하려는 것이 아니다. 오히려 그리스도는 두 번째 사람이자 마지막 아담으로서 재창조된 새 생명이 그의 부활 안에서 이미 드러났으며 이 시대에 현실이 된 분이시다." Ridderbos, *Paul*, 57.

서 그가 사용하는 모든 이미지보다 훨씬 더 근본적이라고 할 수 있다. 또한 그에게 있어 인류의 구속은 무엇보다도 아담의 영역으로부터 그리스도의 영역으로 이동하는 것이다."[54]

이런 논의와 더불어 우리는 이제 우리의 주된 관심사인 그리스도와의 연합 또는 후커가 표현하듯이 "인간의 연대성"이란 주제로 되돌아가고자 한다. 그리스도와 함께 죽고 다시 산다는 것은 이와 같이 그리스도와의 연대성 및 이러한 핵심 사건들에의 참여를 나타낸다. 이 참여는 아담이 대표하는 죄와 사망의 옛 통치권으로부터 벗어나는 것을 가능케 하고 그리스도가 대표하는 생명과 의의 새 통치권으로의 진입을 도모한다.

8.13.2 고린도전서 15장

바울이 고린도전서 15장에서 아담에 관해 두 차례 언급한 사실도 매우 중요하다. "아담 안에서 모든 사람이 죽은 것 같이 그리스도 안에서 모든 사람이 삶을 얻으리라"는 고린도전서 15:22에 관해 주석하면서 베커는 이렇게 말한다. "이 구문은 본질적으로 참여적-도구적 의미를 가지며 그리스도의 죽음 및 부활과 함께 도래한 새 시대로의 전환을 의미한다."[55] 이와 같은 해석은 로마서 5:12-21에 관한 우리의 해석과 유사한 부분이 많다.

하지만 일부 학자는 이 구절을 이렇게 이해하지 않는다. 손상원은 고린도전서 15:22을 "이제 인류 전체는 아담 안에서 혹은 그리스도 안에서 집단적으로 존재한다"는 의미로 이해한다.[56] 유의미하게도 손상

54　Hooker, *From Adam to Christ*, 41.
55　Beker, *Paul the Apostle*, 272.
56　Son, *Corporate Elements*, 63. 손상원은 "집단적 인격성" 개념에 가해졌던 비판적 평가를 인식하지만, 이 개념이 적절하다고 여긴다(p. 79). "[바울이] 아담-그리스도 모형론을 구속과 부활에 관한 그의 가르침에 적용할 때 그는 일종의 인류 연대성을 분명히 전제한다. 이러한 전제는 아마도 구약성서에 나타난 '집단적 인격성' 개념에 의해 가장 잘 설명될 수

원은 왜 바울이 이런 결론에 도달할 수밖에 없었는지를 설명하는 데 어려움이 있음을 인정한다. "안타깝게도 바울은 아담과 그리스도가 어떻게 인류 전체의 운명과 존재 양식을 결정했는지 설명하지 않는다."[57] 그럼에도 손상원은 15:22에서 "아담 안에"와 "그리스도 안에"라는 어구의 전치사 ἐν은 "아담과 그리스도를 인간이 존재하는 영역으로 묘사한다. 이는 고린도전서 15:22에서 아담과 그리스도가 대표적 인물 이상이라는 것을 의미한다. 그들은 자신들 안에 자신들의 추종자들을 포함하는 집단적 인물이다"라고 주장한다.[58]

이러한 주장은 바울이 사용한 전치사 하나에 의존한다는 점에서 상당히 과감한 주장이다. 하지만 15:22의 "아담 안에"와 "그리스도 안에"라는 어구가 이 인물들의 집단적 성격을 가리킨다고 해석하는 편보다는 이 어구들을 "아담의 영역 안에"와 "그리스도의 영역 안에"에 대한 축약어로 해석하는 편이 더 나아 보인다.[59] 사실 로마서 5장과 6장의 경우처럼 전후 문맥은 바울이 두 통치권 간의 대비를 염두에 두고 있음을 보여준다. 그는 그리스도가 "나라"를 아버지께 바치시고(고전 15:24) "모든 통치와 권세와 능력"을 멸하시며(고전 15:24) 그의 원수들을 다스리시고(고전 15:25) 사망을 멸하시는 것(고전 15:26)에 관해 언급한다. 이러한 언급들은 두 통치권이 서로 대립하는 상태에 있다고 보는 근본적 사고 구조를 보여준다. 바로 이 근본적 사고 구조가 15:22의 "아담 안에"와 "그리스도 안에"라는 어구를 이해하는 가장 좋은 길잡이가 된다. 바울은 이 어구들을 통해 각각의 인물이 대표하는 통치권을 지칭하고자 한 것이다.

있다." Son, *Corporate Elements*, 82.
57 Ibid., 64.
58 Ibid.
59 참조. Thiselton, *1 Corinthians*, 1282. "바울은 이러한 사고의 연결고리를 나타내기 위해 아담 안에 있는 자들과 그리스도 안에 있는 자들이라는 축약어를 사용한다."

아담에 관한 두 번째 언급은 45-49절에서 발견된다. 이 구절들 역시 아담과 그리스도를 대비시킨다. 아담은 "생령이 되었고" "마지막 아담은 살려주는 영이 되었다"(고전 15:45). 첫 사람은 "땅에서 났으니 흙에 속한 자이거니와 둘째 사람은 하늘에서 났느니라"(15:47). 따라서 모든 인류는 이 두 "아담" 중 어느 한편과 관련이 있다. "무릇 흙에 속한 자들은 저 흙에 속한 자와 같고 무릇 하늘에 속한 자들은 저 하늘에 속한 이와 같으니"(고전 15:48) "우리가 흙에 속한 자의 형상을 입은 것 같이 또한 하늘에 속한 이의 형상을 입으리라"(고전 15:49).

그런데 여기서 문제는 바울이 아담과 그리스도를 (손상원이 주장하듯이) 집단적 인물들로 제시하느냐 아니면 단순히 그들의 개별 영역의 대표로 제시하느냐는 것이다. 이 본문에는 15:22에서처럼 (손상원이 집단적 인격성을 나타낸다고 보는) "아담 안에"와 "그리스도 안에"라는 어구에 상응하는 표현이 없다. 그 대신에 우리는 "흙에 속한 자와 같고"(οἷος ὁ χοϊκός)와 "하늘에 속한 자와 같다"(οἷος ὁ ἐπουράνιος; 15:48)는 흥미로운 표현들을 발견한다. 이 표현들은 집단적 인격성이라는 렌즈를 통해 해석될 수도 있지만, 그 렌즈가 없이도 잘 읽힌다. 각자의 통치권으로 들어가는 길을 열어놓은 아담과 그리스도와 함께 그들의 통치권에 속한 자들은 그들의 발자취를 따르는 자들로 묘사된다. 그들은 각각 아담의 영역 혹은 그리스도의 영역에 속하기 때문에 아담과 "같거나" 그리스도와 "같다." 여기서 바울은 단순히 전자는 아담 자신에게 통합되고 후자는 그리스도 자신에게 통합된다고 진술하는 것이 아니다. 여기서도 바울 사상의 심층 구조는 각 통치권의 두 대표를 통해 그가 사용한 용어의 "피상적" 수준에서 감지되는 두 통치권 간의 대비와 관련이 있을 개연성이 매우 높다.[60]

---

60 이 결론들은 바울 사상에서 발견되는 아담과 그리스도의 관계에 관한 Timms의 요약적 진술과 잘 조화를 이룬다. "아담을 한 집단적 인물로 보는 아담 신학은 1세기경 유대 문헌에

8.14 참여와 구원

구원의 구속사적 요소들은 그리스도의 사역에서 매우 중요한 부분을 형성한다. 이제 우리는 이 주제와 관련하여 논쟁의 대상으로 자리 잡은 분야를 검토하고자 한다. 이 논쟁의 중심에는 그리스도와의 연합—그리고 특별히 참여—이 자리 잡고 있다. 일반적으로 그리스도의 구원 사역을 대속적(substitutionary)으로 이해하는 신학적 접근들은 구원의 참여적인 성격을 무시하는 오류를 범한다는 주장이 있어 왔다. 이 논제와 관련하여 학문적 대화가 가능한 학자들이 여럿 있지만, 대니얼 파워스의 2001년 연구는 우리에게 특별한 관심을 불러일으킨다.[61] 파워스는 이 문제를 바울의 관련 본문들을 세밀하게 조사하는 방식으로 접근한다. 그는 바울이 이해하는 구원은 그리스도의 대속(the substitution of Christ)에 의해 성취되는 것이 아니라 그리스도에게 참여(participation with Christ)함으로 성취된다고 논증한다. 갈라디아서 2:20에 관한 파워스의 해석은 이에 대한 좋은 예다.

> 바울이 그리스도는 "나를 사랑하사 나를 위하여(ὑπέρ) 자기 자신을 버리셨다"라고 할 때, 그는 그리스도가 자신의 죽음으로 신자들을 대표했다는 것을 의미한다. 바울은 그리스도가 신자들을 대신해서 죽으셨다거나 혹은 신자들의 자리에서 죽으셨다는

는 존재하지 않는다.…앞선 논의의 관점에서 볼 때, 우리는 '아담 안에'(ἐν τῷ Ἀδάμ)라는 어구가 어떤 연합을 의미하지도 않을뿐더러 어떤 신비적 연합은 더더욱 의미하지 않는다고 정당하게 결론지을 수 있다. 우리로 하여금 아담을 '보편적 사람'이자 인류의 조상이라고 결론짓도록 하는 본문이 일부 존재하긴 하지만, 그렇다고 해서 ἐν τῷ Ἀδάμ의 영역적 의미를 정당화하지는 않는다. 사실 이와는 대조적으로 문맥에 근거한 증거는 ἐν이 주로 도구적 의미를 나타내어 아담을 그의 모든 후손이 맞이할 운명의 촉발자이거나 원인 제공자로 이해한다. 이 마지막 포인트는 주로 랍비 문헌을 주해하는 학자들에 의해 강조된다." Timms, "Pauline Use of en Christo," 60.

61 Powers, *Salvation through Participation*.

말을 하려고 한 것이 아니다. 왜냐하면 그는 그리스도의 죽음에 신자들도 연루되어 있다고 보기 때문이다. 오히려 바울은 그리스도가 신자의 운명에 깊이 관여함으로써 자신의 죽음으로 신자들을 대표한다고 본다. 그는 그 신자들을 **대표하여** 자신을 버리신 것이다.[62]

파워스는 그리스도와 함께 구원에 참여하는 것의 의미를 강조한다. 그는 그리스도와 신자가 서로 "깊이 연관됨으로써" 이 대표성이 활성화된다고 역설한다. "바울의 구원 개념은 본질적으로 신자들이 그리스도와 함께 연합되어 있다는 그의 전제와 깊이 얽혀 있다. 바울에게 구원이란 신자들이 그리스도의 죽음과 부활에 참여할 때에만 가능하다."[63] 지금까지 이 책에서 확인된 증거들을 보면 우리는 바울의 구원 개념에서 참여의 중요성을 강조한 파워스의 견해에 동의할 수밖에 없다. 갈라디아서 2:20은 이 사실을 뒷받침해주는 한 가지 예일 뿐이며, 파워스는 동일한 요점을 다른 본문들을 통해서도 설득력 있게 논증한다.

파워스가 긍정하는 내용은 타당성이 있어 보인다. 하지만 그가 부정하는 내용도 타당한지는 분명치 않다. 참여의 개념이 곳곳에 만연해 있다고 해서 바울의 구원 논의에 대속의 개념이 빠져 있다고 과연 말할 수 있을까? 혹자는 파워스가 참여와 대속 개념을 너무 지나치게 대치시킴으로써 잘못된 이분법적 사고를 하는 것은 아닌지 의아해 하기도 한다. 파워스의 이러한 이분법적 사고의 중심에는 양편이 모두 참여하는 행위를 두고 과연 대속적이라고 볼 수 있느냐 하는 의구심이 자리 잡고 있는 듯하다. 파워스는 우리가 다음 장에서 살펴볼 고린도후

---

62 Ibid., 124[강조는 원저자의 것임].
63 Ibid., 169.

서 5:21을 주석하는 가운데 자신의 주장과 상반되는 입장을 소개하면서 이렇게 진술한다. "대속 사역을 통해 대속자는 대속 받은 자의 자리를 취하게 됨으로써 대속 받은 자는 이제 법적으로 자신의 것이 된 신분(혹은 상태)에 개인적으로 참여하지 않는다."[64]

이러한 대속 개념을 감안하면 우리는 파워스가 왜 대속을 참여와 상호 배타적인 관계에 두는지 알 수 있다. 만약 누군가가 대리인의 역할을 하게 되면 (당연히) "다른 이는 직접적으로 그에게 참여하지 않는다." 이러한 결론은 사실 상식에 해당한다. 아무튼 어떤 대리인에 의해 대체된 자는 동시에 그 대리인과 함께 자신의 지위를 계속 유지할 수 없음은 자명한 이치다. 상투적인 표현을 빌리자면 이는 모순 어법에 해당한다. 그러나 아무리 상식적인 이해와 표현이 중요하다 할지라도 최종적 판단 기준은 반드시 사도 바울 자신의 글, 곧 그의 내부 논리가 되어야 한다. 그렇다면 과연 바울은 대속을 참여와 상반된 개념으로 여기는가?

이 질문에 답변하기는 그리 쉽지 않다. 우리는 여기서 몇 가지 짚고 넘어갈 필요가 있다. 우선 바울은 자신이 구원에 기여한 것에 관해 전혀 언급하지 않는다. 비록 그가 그리스도의 고난에 참여하는 것에 관해서는 언급할 수 있지만(가령 고후 1:5), 이것은 바울이 사도적 사역 중에 겪는 고난을 가리킬 개연성이 매우 높다. 그는 그 어디에서도 자신이 어떤 식으로든 그리스도의 사역에 참여함으로써 자신의 죄를 위해 죽었다든지 죄에 대한 값을 대신 치렀다든지 또는 자신의 사역으로 악을 정복했다든지 하는 말은 힌트조차 남기지 않는다. 그리스도가 이 모든 일을 이루셨고 바울은 이에 대하여 하나님께 영광을 돌린다. 왜냐하면 이 모든 것은 은혜로 주어진 것이기 때문이며 더 정확히 말하면 바울은 이 일에 아무것도 기여할 수 없었기 **때문이다**. 그렇다고 해서 파

---

64 Ibid., 79-80.

워스가 바울을 반(半)펠라기우스주의자로 간주한다는 의미는 아니다. 오히려 이 사실은 우리로 하여금 바울이 그리스도의 죽음과 부활에 참여한다는 것의 의미를 숙고하도록 만든다. 만약 바울이 자신을 그리스도의 사역에 참여하는 자로 여기면서도 그 성취된 구원 및 획득된 승리에 대한 공로를 전혀 자신에게 돌리지 않는다면(그리고 모두 그리스도께 돌린다면) 그의 참여는 그리스도의 행위로부터 받은 혜택일 뿐 거기에 기여한 것은 없다는 뜻이다. 이것은 상식적인 의미의 참여가 아니다. 오히려 이것은 다른 이가 이룬 성과에 과분하게 포함되는 것이다. 따라서 그리스도에게 참여하는 것에 관한 바울의 이해는 그리스도 사역의 유일성을 훼손하지 않는다. 그리스도는 하나님의 아들이시고 구원자이시며 부활하신 주님이시다. 바울은 이 중에 아무것도 아니다. 그리스도에게 참여하는 것에 관한 바울의 이해에 이러한 그리스도의 유일성이 자리하기 때문에 올바르게 이해만 한다면 대속 개념의 자리는 얼마든지 남아 있다.

이것들을 서로 연결하는 개념적 연결고리가 바로 대표성(representation)이다. 파워스는 이 용어를 자유롭게 사용한다. 그는 바울의 사상을 묘사하는 데 대속(substitution)이라는 용어보다는 이 용어가 더 유용하다고 여긴다. 하지만 바로 이 지점에서 대속의 개념이 들어설 수 있는 공간이 생긴다. 왜냐하면 대표성은 그 의미 속에 대속을 포괄하기 때문이다. 일반 영어 용법에 따르면[65] 대표(representation)는 다른 이를 대신하여 행동하는 것을 의미한다. 우리가 일반적으로 대체(substitution)라는 단어가 상기시키는 의미를 떠올리지 않고 이 개념을 상상하기는 쉽지 않다.[66] 이 개념의 본질상 "다른 이를 대신하여"라는

---

65 우리는 결국 이러한 신학적 차이점을 분석하기 위해 영어 단어들을 살펴본다.
66 Stewart에 의하면 그리스도를 대속자로 이해하는 바울의 사상은 언제나 그리스도를 대표자로 이해하는 사상과 공존한다. James S. Stewart, *A Man in Christ: The Vital Elements of St. Paul's Religion* (London: Hodder & Stoughton, 1935; repr. Vancouver: Regent

어구는 다른 이의 자리에 서는 것—다른 이들을 위해 행동함으로써 그들이 자기 자신들을 위해 행동할 필요가 없게 하는 것—을 말한다. 따라서 대표 개념을 말한다는 것은 대리 개념을—최소한 어느 정도는—인정하는 것이다.[67] 그런 의미에서 대표는—그에 수반되는 대리의 의미와 더불어—참여에 관한 바울의 이해를 (비록 시대착오적 발상이긴 하지만) 반(半)펠라기우스주의로부터 지켜준다. 비록 바울이 그리스도와 그의 사역에 참여함을 통해 혜택을 입는 자이지만, 그리스도는 여전히 죄와 사망을 담당하신—그리고 그것들을 전복시킨—바울의 대표자이시다.

그러므로 우리는 파워스가 긍정하는 것—바울이 이해하는 구원 개념에서 참여와 대표가 차지하는 중심적 역할—은 옳지만, 그가 부정하는 것은 옳지 않다는 결론에 도달한다. 그 이유는 대속이 대표 안에 포함되어 있으며 참여와도 모순되지 않기 때문이다. 라이트가 확언하듯이 "메시아는 자신이 대표자이시기 **때문에** 대속자도 되실 수 있다."[68]

8.15 결론

이 장에서는 특히 그리스도의 사역이라는 주제와 관련된 2부의 석의 결과물을 종합했는데 그의 사역의 거의 모든 요소가 사실상 그와의 연합과 연결되어 있음을 확인하게 되었다. 그리스도와 함께 죽고 다시 산다는 것은 신자들이 그의 대표적 죽음 및 부활과 하나가 되는 것

College, 2002), 242.
67　Dahms가 표현하듯이 우리의 대표자이신 그리스도는 "우리가 바랄 수는 있어도 실현할 수 없었던 하나님께 대한 완전한 복종"을 실현하셨다. John V. Dahms, "Dying with Christ," *JETS* 36 (1993): 23.
68　N. T. Wright, *Justification: God's Plan and Paul's Vision* (London: SPCK, 2009), 84-85.

을 의미하며 이는 신자가 죄와 사망의 통치권에 대해서는 죽고 그리스도의 영역 안에서 새 생명으로 들어가는 일종의 주권 교체를 수반한다. 바울의 새 아담이라는 주제는 아담과 그리스도를 각자의 통치권으로 들어가는 입구로 간주하는 이 두 통치권 개념과 관련이 있다. 그러므로 그리스도의 대표적이며 대속적인 행위들에 참여한다는 것은 반드시 부활의 생명을 가져다준다.

그리스도와의 연합과
삼위일체

9.1 서론

바울 서신에 나타나는 한 가지 중요한 신학적 주제는 아마도 성부, 성자, 성령의 상호 교류와 관련된 것이다. 우리는 이제 그리스도와의 연합과 바울의 암묵적 삼위일체론이 서로 어떻게 연관되어 있는지를 살펴보고자 한다. 우선 2부 내용에 관한 선별적 개관은 이 두 주제의 연관성을 잘 보여줄 것이다. 아무튼 이 작업은 앞 장에서 다룬 그리스도의 사역에 관한 내용과 어느 정도 중복될 수 있다. 이 두 논의는 상호 배타적이지는 않지만, 명료성을 높이는 차원에서 서로 구별하여 다룬다. 석의 과정을 거쳐 얻어진 통찰을 근거로 본 논의는 그리스도와의 연합과 직결되는 현대 삼위일체 사상과 일부 관련이 있는 이슈를 고찰하는 방향으로 나아갈 것이다.

9.2 Ἐν Χριστῷ

우리는 3장에서 전치사구 ἐν Χριστῷ를 다루면서 §3.10 "'그리스도 안에서'의 삼위일체"의 결론으로서 이 어구가 다음의 주제들과 관련하여 성부 그리고/혹은 성령과 직결되어 있다는 사실을 주목했다. 여기에는 생명의 성령(롬 8:2), 하나님의 사랑(롬 8:39), 하나님의 은혜(고전 1:4; 엡 2:7), 하나님의 화목 사역(고후 5:19), 성령의 약속(갈 3:14), 자기 백성을 향한 하나님의 아버지 되심(갈 3:26), 하나님의 축복(엡 1:3), 창조(엡 2:10), 하나님의 영광(엡 3:21; 빌 4:19), 하나님의 용서(엡 4:32), 하나님의 소명(빌 3:14), 하나님의 평강(빌 4:7), 하나님의 뜻(살전 5:18) 등이 포함된다. 이 구절들 가운데 대부분은 하나님은 동인(agent)이며 그리스도는 그의 뜻을 이행하는 도구로서 성부와 성자 간의 역동적 관계를 묘사한다. 이는 ἐν Χριστῷ 어구를 통해 표현되는 그리스도와의 연합의 중재적 요소를 더욱 부각시킨다. 비록 인간은 하나님의 사역과 은사의 수혜자로서 그리스도와의 연합에 관심을 두겠지만, 하나님 편에서는 그리스도를 통해 인간을 향해 자신의 뜻을 드러내시려는 의지가 담겨 있다.

9.3 Ἐν αὐτῷ

역시 3장에서 우리는 전치사구 ἐν αὐτῷ를 다루면서 §3.11.3.5 "'그 안에서'의 삼위일체"의 결론으로서 이 어구가 다음의 주제들과 관련하여 성부 그리고/또는 성령과 직결되어 있다는 사실을 주목했다. 여기에는 하나님의 약속의 성취(고후 1:20), 하나님의 의(고후 5:21), 선택(엡 1:4), 하나님의 뜻의 계시(엡 1:9), 하나님의 신성의 충만(골 2:9), 통치자들과 권세들에 대한 하나님의 승리(골 2:15) 등이 포함된다. ἐν Χριστῷ

의 경우와 마찬가지로 이 가운데 대부분은 하나님의 동인과 관련된 그리스도의 도구성을 표현한다.

9.4 Σὺν Χριστῷ

5장은 (거의) 모든 σύν 관련 용어를 신자들이 그리스도와 함께 그의 사역에 참여하는 측면에서 분석했기 때문에 삼위일체에 관한 개별 단락이 특별히 필요하지 않았다. 그럼에도 몇몇 본문에서는 성부 그리고/또는 성령과 직결된 용어가 발견되었고 우리는 §5.3에서 σὺν Χριστῷ 어구가 하나님과 함께 누리는 생명과 관련이 있음을 확인했다(골 3:3).

9.5 Σὺν αὐτῷ

역시 5장에서 우리는 전치사구 σὺν αὐτῷ를 다루면서 §5.5의 결론으로서 이 어구가 모든 것을 주시는 하나님의 공급(롬 8:32), 하나님의 능력(고후 13:4), 부활(살전 4:14; 5:10)의 주제들과 관련하여 성부 그리고/또는 성령과 직결된다는 사실을 주목했다.

9.6 Σύν 합성어

역시 5장에서 우리는 σύν 합성어들을 다루면서 §5.6의 결론으로서 이 합성어들이 하나님의 상속(롬 8:17), 부활(엡 2:5; 골 2:12), 승천(엡 2:6)의 주제들과 관련하여 성부 그리고/또는 성령과 직결되어 있다는 사실을 주목했다.

σύν 관련 용어는 그리스도에게 참여하는 것을 나타내지만, 이 용어가 신자들이 그리스도와 하나 되는 것에 초점이 맞추어져 있더라도 성부와 성령과의 연관성도 함께 발견된다는 사실을 주목했다. 따라서 그리스도에게 참여하는 것은 단순히 신자들과 그리스도의 일대일의 관계만을 의미하는 것이 아님이 분명하다. 또한 이는 아버지와 성령이 동시에 나타난다는 점에서 삼위일체적 함의를 담고 있다.

9.7 Διὰ Χριστοῦ

6장에서 우리는 전치사구 διὰ Χριστοῦ를 다루면서 §6.7의 결론으로서 이 어구가 심판(롬 2:16), 화목(고후 5:18), 예정과 입양(엡 1:5), 구원(살전 5:9), 하나님의 성령 부어주심(딛 3:6) 등의 주제들과 관련하여 성부 그리고/또는 성령과 직결되어 있다는 사실을 주목했다.

9.8 Διὰ Χριστοῦ의 변형

역시 6장에서 우리는 διὰ Χριστοῦ 관련 어구들을 다루면서 §6.8.3의 결론으로서 이 어구들이 창조(고전 8:6; 골 1:16), 하나님의 약속의 성취(고후 1:20), 성령으로 인해 성부에게로 나아감(엡 2:18), 화목(골 1:20), 감사(골 3:17) 등의 주제들과 관련하여 성부 그리고/성령과 직결되어 있다는 사실을 주목했다. Διὰ Χριστοῦ 용법과 변형 어구들은 ἐν Χριστῷ 어구의 용법들과 유사하게 일반적으로 하나님의 동인과 관련된 그리스도의 도구성을 나타낸다.

9.9 그리스도의 몸

바울이 그리스도와의 연합과 관련해 사용한 다양한 은유들을 다룬 7장에서 우리는 그리스도의 몸이라는 은유가 성령으로 세례 받음(고전 12:13), 하나님이 몸을 질서 있게 하심(고전 12:18, 24), 유대인과 이방인의 하나님과의 화해(엡 2:16), 성령의 유일성(엡 4:4) 등의 주제들과 관련하여 성부 그리고/또는 성령과 연결되어 있다는 사실을 주목했다.

9.10 성전과 건물

역시 7장에서 우리는 성전과 건물 은유들이 성령이 내주하시는(고전 3:16) 하나님의 성전으로서의 신자들(고전 3:16-17; 고후 6:16), 성령이 거하시는 성전인 각 신자들(고전 6:19), 성령으로 거하시는 하나님의 처소로서의 성전(엡 2:22), 하나님의 집인 신자들(고전 3:9) 등의 주제들과 관련하여 성부 그리고/또는 성령과 연결되어 있다는 사실을 주목했다.

9.11 종합

지금까지 요약·선별적으로 살펴본 바에 의하면 그리스도와의 연합과 관련된 용어와 은유 중에는 어떤 면에서 바울의 암묵적 삼위일체론과도 연관된 경우가 여럿 있다. 성부 하나님과 관련하여 우리는 다음의 개념들이 모두 그리스도와의 연합과 연결되어 있다는 사실을 확인했다. 하나님의 사랑, 그의 은혜, 그의 아버지 되심, 그의 복, 그의 영광, 그의 용서, 그의 부르심, 그의 평강, 그의 뜻, 그의 상속, 그의 약속, 그의 신성의 충만, 그의 원수들에 대한 승리, 그의 능력, 그의 성전, 그의 처소, 하나님의 창조 사역, 화목, 부활, 승천, 예정, 입양, 심판, 구원, 아버지께 나아감 등이 여기에 포함된다. 성령과 관련해서는 성령의 약속, 성령을 부어주심, 성령으로 세례 받음, 성령의 성전이라는 주제들이 그리스도의 연합과 연결되어 있다.

바울의 암묵적 삼위일체론이 그리스도와의 연합과 어떻게 서로 연관되어 있는지는 논의되는 주제와 사용되는 용어에 따라 다르게 나타난다. ἐν Χριστῷ와 διὰ Χριστοῦ (및 각각의 변형 어구들)의 용법에서 두드러지게 나타나는 도구성은 그리스도 사역의 중재적 성격을 강하게 드러낸다. 그러나 이 관찰은 단지 그리스도와의 연합과 관련된 그리스도의 사역의 의미만을 밝혀주는 것이 아니라, 그리스도와의 연합이라는 주제가 하나님에 대해서도 깊은 관심을 가지고 있음을 보여준다. 그리스도의 중재적 사역은 한편으로는 인간과 관련되어 있고 다른 한편으로는 하나님과 관련되어 있다. 따라서 그리스도와의 연합이 단지 그와 신자들의 연합만을 염두에 두지 않고 그리스도와 성부 및 성령과의 연합도 동시에 염두에 두고 있다는 사실을 인정할 필요가 있다.

바울의 다양한 σύν 표현들을 통해 묘사되는 그리스도에게로의 참여는 중재적이진 않지만, 우리는 여기서도 하나님과의 밀접한 연관성을 확인했다. 이 사실은 그리스도와의 연합과 삼위일체 하나님의 다른 두 인격의 관계가 단순히 중재의 본질에 의해 비롯되지 않는다는 사실을 보여준다. 다시 말하면 그리스도와의 연합의 삼위일체적 양상은 하나님과 인간 사이의 그리스도의 중재적 역할에 국한되지 않는다는 것이다.

더 나아가 통합(incorporation)과 관련된 은유들도 삼위일체적 요소들과 밀접하게 연관되어 있다. 우리는 하나님이 교회의 질서를 세우시는 분으로서 그리스도의 몸에 직접적인 관심을 가지고 계시고 이 몸을 통해 유대인과 이방인을 화목하게 하신다는 사실을 확인했다. 성령으로 세례 받는 것 또한 그리스도의 몸과 직접적으로 연관되어 있다. 그리스도의 몸이라는 표현과 더불어 신자들의 공동체 또한 하나님이 거하시고 성령이 거하시는 하나님의 성전이자 하나님의 집으로 언급된다. 결과적으로 이러한 은유적인 표현은 그리스도와의 연합의 문제를 직간접적으로 언급할 뿐만 아니라 자기 백성의 집단적 본질과 하나님의 관계를 이해하는 데에도 도움을 준다.

그리스도와의 연합의 삼위일체적 양상들에 관한 논의를 계속하기에 앞서 우리는 앞에서 요약한 연구 결과가 우리에게 주는 의미를 고찰해볼 필요가 있다. 그리스도와의 연합에 담긴 하나님 지향적 요소들을 살펴볼 때 우리는 그리스도와의 연합을 단순히 인간의 관점에서만 숙고하는 신약학계의 추세에 반대한다. 이 주제에 관한 대부분의 논의는 이 주제가 단지 그리스도와 우리 사이의 관계만을 염두에 두고 있다고 여긴 채 신자들이 그분과 연합되고 그의 사역에 참여하는 것이 무엇을 의미하는지에 집중한다. 그러나 우리는 그리스도와 신자들의 연합, 참여, 합일 등을 묘사하는 데 사용되는 용어가 동일하게 성부와 성자와 성령의 관계를 나타내는 데에도 사용된다는 사실을 이미 확인한 바 있다. 이러한 연합, 참여, 합일 등의 개념은 삼위일체 하나님의 삼위 사이에도 존재하며 또한 삼위 간의 상호 교류를 성부의 뜻이 그리스도를 통해 그리고 성령에 의해 실현되는 것으로 묘사한다. 칼 바르트가 인정하듯이

> 물론 그리스도 안에 있는 이 역사적 존재는 하나님이 최우선적으로 "그리스도 안에서" 세상을 자기와 화목하게 하셨다는 사실(고후 5:19)에 의해 결정적으로 결정된다.…그들은[신자들은] 그리스도 안에 있음으로써 하나님이 최우선적으로 그분 안에 계신 것과, 하나님이 그분 안에서 세상과 그들을 위해 행하신 것,

그리고 하나님이 그분 안에서 그들에게 부여하고 주신 것을 획득하고 공유한다.[1]

결론적으로 그리스도와의 연합은 단순히 인간과 그리스도의 관계 이상의 것을 다룬다고 보는 것이 타당하다. 사실 그리스도와의 연합이 그저 인간과 그리스도만을 다룬다고 생각하는 것은 상당히 심각한 오류를 범하는 것일 수 있다. 바울이 말하는 그리스도와의 연합이라는 주제는 우리와 그리스도의 연합에 관한 만큼이나 그리스도와 성부와 성령의 연합에 관한 것이다.

우리는 이제 그리스도와의 연합과 연관된 삼위일체론이 제기하는 특정한 신학적 이슈들을 살펴보고자 한다. 첫째, 우리는 성부 하나님과 그리스도와의 연합에 집중할 것이다. 여기서 가장 핵심적인 질문은 그리스도와의 연합이 성부와의 연합도 내포하느냐는 것이다. 둘째, 우리는 성령과 그리스도와의 연합에 집중할 것이다. 셋째, 우리는 삼위일체의 본질과 관련된 그리스도와의 연합의 본질을 검토하고 이 둘이 서로 어느 정도 연관되어 있는지를 평가할 것이다.

9.12 성부 하나님과 그리스도와의 연합

슈바이처는 바울이 하나님과 하나가 되거나 혹은 하나님 안에 거하는 것에 관해 전혀 말하지 않는다고 지적한다. 비록 바울은 신자들의 하나님의 아들 됨을 역설하지만, 그는 "하나님의 아들 됨을 그리스도와의 직접적인 신비적 관계로 보지 않고 그리스도와의 신비

---

1   K. Barth, *Church Dogmatics*, IV/3.2, 546.

적 연합을 통해 중재되고 성립된 것으로 본다."[2] 따라서 "바울 서신에는 하나님 신비주의(God-mysticism)가 존재하지 않는다. 오직 사람이 하나님과의 관계 속으로 들어가는 수단으로서 그리스도 신비주의(Christ-mysticism)가 있을 뿐이다."[3]

사실 바울은 성부 하나님을 신자들 안에 내주하시는 분으로 거의 언급하지 않는다. 비켄하우저는 "바울이 오직 두 본문에서만 하나님이—하나님의 영과 구별되어—사람들 안에 거하신다고 말한다는 사실은 의미심장하다. 사실 이 두 본문은 모두 구약성서 인용문이다(고후 6:16[레 26:12]; 고전 14:25[사 45:15])."[4] 비록 일부 주석가가 신자들과 그리스도의 연합이 일종의 신학적 필연성에 의해 성부와의 연합도 함축하거나 혹은 유발한다고 생각하지만,[5] 이러한 사실은 바울의 용어를 통해 직접적으로 나타나지 않는다. 바울은 신자들이 그리스도 안에 혹은 성령 안에 있다고 언급하는 선을 넘지 않는다. 따라서 그리스도와의 연합과 성부와의 연합의 관계를 먼저 다루는 것은 바람직하지 않다. 바울은 이에 관해 다루지도 않을뿐더러 이는 그의 사고에서도 나타나지 않는다. 혹자는 바울의 암묵적 삼위일체론이 그리스도를 통해 이루어지는 신자들과 성부의 연합을 암시할 뿐 아니라 이를 수반하기 때문에 바울의 사고에서 미처 서술되지 않은 측면에 해당한다고 주장할 수 있다.

---

2   Schweitzer, *Mysticism*, 3.
3   Ibid. 사실 Schweitzer는 바울의 사상에 "하나님 신비주의"가 있음을 인정하지만, 그에게 이것은 그리스도 신비주의와 동시대적이 아니다. "이 둘은 시간적으로 차이가 있다. 이를테면 하나님 신비주의가 가능해질 때까지 그리스도 신비주의가 자리를 지킨다." 이것이 Schweitzer가 이해하는 그리스도 신비주의의 종말론적 의미에 일부다. 이것은 하나님 신비주의가 궁극적으로 나타나기 직전의 마지막 현실인 것이다(Ibid., 12-13).
4   Wikenhauser, *Mysticism*, 67.
5   예컨대, 참조. Stewart, *A Man in Christ*, 170. "바울이 생각하는 그리스도와의 연합은 하나님과의 연합이다. 그는 믿음의 최종 목표에 이르지 못하는 신비주의를 전혀 알지 못한다. 예수와 극도로 친밀한 관계를 나타내는 그의 모든 표현 이면에는 하나님이라는 가장 위대하고 궁극적인 사실이 있다."

신학자로서 바울은 자신이 자신의 상황 대응적인 서신에서 언급했거나 언급하지 않은 것에 의해 제약을 받지 않으며 그의 신학적 사고는 당연히 그가 남긴 증거를 토대로 우리가 재구성할 수 있는 것보다 훨씬 더 깊고 넓다.

그럼에도 불구하고 우리가 반드시 고려해야 할 절충안이 있다. 이 절충안은 양쪽 입장의 통찰을 존중하고 이 둘을 서로 통합하려고 노력한다. 첫째, 바울이 "그리스도 안에"라는 어구와 그 관련 용어에 상응하는 표현을 성부에게는 사용하지 않는다는 사실은 큰 의미가 있다. 우리는 이 사실을 너무 쉽게 간과해서는 안 된다. 그 이유는 바울이 특별히 "그리스도 안에"라는 표현을 그렇게 자주 사용함에도 불구하고 그가 왜 이 표현을 성부와 관련하여 사용하는 것을 그렇게 자제했는지 의구심이 들기 때문이다. 그러므로 우리는 "하나님과의 연합"이나 혹은 "아버지 안에"라는 용어를 마치 바울이 사용하기라도 한 것처럼 사용하는 것을 자제해야 한다. "그리스도 안에"—그리고 그보다 드물게 "성령 안에"—에 대한 바울의 강조는 그의 기독론과 성령론이 지닌 특유한 기능을 반영할 개연성이 높다. 성령을 통해 신자들 안에 거하시는 이는 그리스도시고 신자들은 성령을 통해 그리스도**에게** 통합된다. 하지만 성부에 관해서는 이와 같은 내용이 언급되지 않는다. 그렇게 되면 성자의 특유한 역할과 성령의 보조적인 역할이 약화될 것이기 때문이다.

둘째, 바울의 암묵적 삼위일체론이 지닌 영향력은 결코 과소평가되어서는 안 된다. 바울이 그리스도와의 연합을 성부와 신자의 관계에서 중요한 의미를 지닌 개념으로 간주한다는 사실에는 조금도 의문의 여지가 없다. 이는 단순히 죄악에 물든 인간이 근접할 수 없는 거룩하신 분께 나아갈 수 있도록 그리스도가 사람들과 성부 사이를 중재하셨기 때문만이 아니다. 또한 이는 그리스도가 그의 아버지와 심오한 방식으로 연합되신 하나님의 아들이심을 바울이 잘 알고 있기 때문이다. 성부와 성자의 연합은 바로 성자와 연합된 신자가 성부와도 관계를 맺게 되었음을 의미한다.

이 두 사실을 함께 고려하면 그리스도와의 연합이 지닌 삼위일체적 함의는 성령을 통해, 성자 안에서, 그리고 성부와의 관계의 관점에서 바라보아야 한다. 그리스도와의 연합은 성부와의 실제적인 관계를 야기하지만, 사실 "연합"이라는 용어는 그리스도께 한정되어 있기에 이 관계를 성부와의 연합으로 묘사하지 않는 편이 바람직하다. 결국 교회는 **그리스도**의 신부이기 때문에 그분과 한 몸이 된다. 바울은 그 어느 본문에서도 이 은유를 성부와 관련하여 사용하지 않는다. 따라서 우리가 성부와의 관계라는 개념을 사용하면, 우리는 바울이 사용한 용어를 존중하면서도 그리스도와의 연합의 신학적 함의 중 하나인 그리스도를 통해 우리가 성부와 교제를 나누게 된다는 사실도 표현할 수 있다.

따라서 우리는 "하나님과의 연합"이라는 표현을 자제할 필요가 있다. 하지만 "그리스도 안에"라는 표현이 성부와도 깊게 연관되어 있음을 인식할 필요가 있다. 앞에서 살펴본 바와 같이 "그리스도와의 연합"은 신자들과 그리스도의 연합에 관한 것인 만큼 성부와 성자의 연합에 관한 것임이 분명하다.[6] 성부 하나님은 "그리스도 안에" 계시며 그 안에서 그리고 그를 통해 일하신다. 그리스도는 성부의 뜻을 이행하는 도구이시며 인류를 향한 그분의 모든 행위는 성자를 통해 중재된다. 그런 의미에서 바울이 사용한 표현을 빌리자면 우리는 그리스도와의 연합이 단순히 그분과 우리의 연합과 그 결과로 맺어진 우리와 성부의 관계에 관한 것이 아님을 인식해야 한다. 그리스도와의 연합은 성부

---

6   이로써 그리스도와의 연합이 하나님과의 연합을 수반하지 않는다면 "하나님은 배후로 물러나게 된다"는 Stewart의 우려는 경감되고 "하나님이 뒤로 물러나신다는 말은 사실과 거리가 멀다. 하나님은 어디에나 계신다. 그는 바울이 생각하는 사고 곳곳에 계시며 바울이 의도하는 그리스도 지향적 행동 하나하나에 계신다"(Ibid., 172)라는 그의 주장은 여전히 유효하다.

와 성자의 관계뿐만 아니라 성부가 그리스도를 통해 인류에게 "다가오는 것"이기도 하다. 그리스도와의 연합이 내포하는 이 "양면성"을 인정할 때에만 우리는 바울의 용어와 그의 예리한 신학을 제대로 이해할 수 있다.

9.13 성령과 그리스도와의 연합

그리스도와의 연합에 관한 바울의 사고에서 성령의 역할은 매우 다양하다.[7] 성령의 중요한 역할 중 하나는 신자들 안에 그리스도가 임하게 하시는 것이다.[8] 비록 바울이 그리스도는 아버지의 우편에 앉아 계신다고 말하지만, 그리스도는 신자들 안에 임재하시는 것도 사실이다. 그럼에도 이 두 진술은, 비켄하우저가 정확하게 파악하듯이, 서로 모순되는 것이 아니다. 왜냐하면 "성령이 그 둘 사이의 연결고리가 되시기 때문이다."[9] 성령은 그리스도가 신자들 안에 거하시도록 중재하시기 때문에 그리스도는 "성부와 함께" 계시는 동시에 "그의 백성

---

[7] Calvin이 성령의 사역(구속의 적용)에 관한 논의를 그리스도와의 연합이라는 주제로 되돌아가서 다루기 시작한다는 사실을 지적한 Horton의 관찰은 주목할 만하다. "우리를 위한 그리스도의 사역은 성령에 의해 성취되는 그와 우리의 연합 및 우리 안에서 행하시는 그의 사역과 반드시 구별되어야 하지만 결코 분리되어서는 안 된다." Horton, *Covenant and Salvation*, 146. 조금 더 거슬러 올라가서 Kelly도 교부 신학자 에피파니우스(주후 310-403년경)가 "성령은 성삼위일체를 묶는 존재였을 뿐만 아니라 신자를 그리스도와 하나로 묶는 존재였다"라고 가르쳤다는 사실에 주목한다. Douglas F. Kelly, "Prayer and Union with Christ," *SBET* 8 (1990): 121.

[8] 손상원은 성령을 받는 것과 "그리스도로 옷 입는다"는 바울의 은유 사이에는 유기적인 연관성이 있음을 보여준다. "성령을 받는 것은 '그리스도로 옷 입는 것'의 핵심이다. 그리스도로 옷 입을 때 그리스도의 영은 신자에게 들어가시고 그의 전 존재를 지배하시며 신자와 그리스도의 연합을 완성하신다(참조. 갈 4:19)." Son, *Clothing Imagery*, 120. "그리스도로 옷 입는다"는 표현과 이 표현이 반영하는 옷 입음의 이미지에 관한 더 상세한 설명은 7장을 참조하라.

[9] Wikenhauser, *Mysticism*, 89.

들 가운데"에도 계신다.[10] 스미드스는 이 사실을 이렇게 표현한다. "성령은 승리하신 예수 그리고 그분과 하나가 된 모든 자를 서로 연결하는 살아 있는 연결고리이다.…그분과 우리 사이에는 시공간적인 격차가 없다."[11] 이는 "성령이 예수 그리스도를 전체적으로 그리고 완전하게 대표하신다"는 사실에 기인한다.[12] 바르트가 요약하듯이 "우리 안에 계신 성령의 은사와 사역은 곧 예수 그리스도가 믿음에 의해 우리 안에 거하시며, 연대와 연합을 통해 우리와 하나가 되시며, 우리도 그분과 하나가 된다는 것을 의미한다."[13]

바울은 "그리스도 안에"와 함께 "성령 안에"라는 표현을 사용하는 것도 마다하지 않았다. 비켄하우저는 이렇게 설명한다. "바울은 '성령 안에'라는 어구를 열아홉 차례 사용하는데 그는 종종 그리스도에 관한 진술과 동일한 내용으로 성령에 관해서도 진술한다."[14] 스미드스는 바울이 성령 안에서 누리는 우리의 삶과 그리스도 안에서 누리는 우리의 삶 사이에 어떠한 구별도 두지 않는다고 주장한다.[15] 그럼에도 "성령 안에서"라는 표현은 신자의 삶과 특별히 연관된 것으로 보인다. 비켄하우

---

10 그러나 이 사실은 그리스도가 성부의 우편에 앉아 계신다는 것이 그가 계신 "물리적 장소"를 가리키기보다는 그의 통치와 권위를 나타내는 표현임을 인정할 때에만 성립된다는 전제를 필요로 한다. Wikenhauser, *Mysticism*, 89.

11 Lewis B. Smedes, *Union with Christ: A Biblical View of the New Life in Jesus Christ* (rev. ed.; Grand Rapids: Eerdmans, 1983), 26.

12 Ibid., 48.

13 K. Barth, *Church Dogmatics* II/2, 780.

14 Wikenhauser, *Mysticism*, 53.

15 Smedes, *Union with Christ*, 45. 참조. Bousset, *Kyrios Christos*, 160. "그 두 고정문구는 완전히 동일시되어서 서로 자유롭게 상호 교환적으로 사용될 수 있다. 그리스도인은 '성령 안에'(ἐν πνεύματι) 있듯이 '그리스도 안에'(ἐν Χριστῷ) 있다. 성령이 신자들 안에 거하시듯이 그리스도 또한 그들 안에 거하신다." Tannehill 역시 이와 비슷한 진술을 한다. "'하나님의 영', '그리스도의 영', '그리스도' 등과 같은 상호 교환적인 용어들은 신자들 안에 거하시고 그들 안에서 역사하시면서 새 시대에 역동하시는 능력을 나타낸다. 한 어구로부터 다른 어구로의 이동은 '성령 안에' 있는 것, 하나님의 영을 '너희 안에' 거하시게 하는 것, '그리스도의 영'을 가지는 것, 그리스도가 '너희 안에' 계시는 것 사이에 어떤 뚜렷한 차이가 없음을 보여준다." Tannehill, *Dying and Rising*, 60.

저는 이를 다음과 같이 설명한다.

> 바울이 이 두 어구를 동일한 개념으로 사용하는 경우들을 면밀히 조사해보면 한 가지 흥미로운 사실이 발견된다. 바울은 구원 자체에 관해 말할 때는 언제나 "그리스도 안에"라는 어구를 사용하는 반면, "성령 안에"라는 어구는 자연인의 삶과 대비되는 신앙인의 행실에 관해서나 특별히 "육체"(σάρξ)의 삶과 대비되는 새로운 영역의 삶에 관해서나 혹은 신자의 내면적인 삶에 관한 성령의 영향력에 관해 설명할 때 사용한다.[16]

슈바이처는 예수의 죽음과 부활에 참여하는 현실을 확증하는 성령의 역할을 올바르게 지적한다. "성령의 소유를 신자 안에서 이미 실현되고 있는 부활의 증거로 간주하면서 바울은 그리스도의 죽음과 부활을 배경으로 하는 종말론적 관점에서 너무나 자명한 무언가를 주장한다."[17] 이로써 성령은 신자들이 그리스도의 부활에 참여할 뿐 아니라 "그들이 하나님의 자녀이며 그가 보시기에 의롭게 되었다"는 확신을 신자들에게 심어주신다.[18] 그런 의미에서 리더보스는 "따라서 성령 안에 있다는 것은 기본적으로 개인적인 범주가 아니라 교회론적인 범주"라고 지적한다.[19] 그리스도에게 통합된 신자는 성령으로 세례를 받은 자이다. "그리스도의 한 몸에 속한다는 것은 한 성령을 공유한다는 것을 의미한다."[20]

---

16 Wikenhauser, *Mysticism*, 54.
17 Schweitzer, *Mysticism*, 160.
18 Ibid., 166-67.
19 Ridderbos, *Paul*, 221.
20 Ibid. 성령과 그리스도의 이러한 친밀한 유대 관계는 "다윗 계통의 메시아가 하나님의 영을 받음으로써 평화의 왕국이 도래하게 할 수 있다"는 사상에 기초한 예언자적 종말론에 그 기원을 둔다. Schweitzer, *Mysticism*, 160. 그런 의미에서 성령은 "부활의 능력이 나타나

신자의 삶에서 성령은 그리스도와의 연합이 실제로 실현되도록 하는 수단이 되신다. "그러므로 그리스도 안에 거한다는 신비적 교리에 있어서 윤리란 성령의 역사와 다를 바 없다."[21] 사실 바울에게 있어 "성령은 기본적으로 사람 안에서 활동하는 신적 능력"이며 신자는 그분으로부터 새 힘을 얻는다.[22] 부분적으로 성령의 사역이 함축하는 의미는 그리스도인의 삶의 집단적 특성과 관련이 있다. 던도 인정하듯이 "바울이 사용한 용어는 그리스도가 중심이 되고 그의 성령을 통해 야기되는 하나님의 장엄하고 우주적인 운동에 다른 이들과 함께 참여한다는 상당히 심오한 의미를 가지고 있다."[23] 더 나아가 성령은 그리스도와의 연합이 기도에 미치는 영향과 더불어 그리스도 안에 있는 자들의 기도 생활에도 중대한 영향을 미친다.[24]

9.14 그리스도와의 연합의 삼위일체적 특성

그리스도와의 연합에 담긴 삼위일체적 특성과 관련된 핵심적인 질문은 그리스도와의 연합이 그리스도와 성부 하나님 간의 연합을 반영하는 방식과 관련이 있다. 이 두 가지가 어떤 수준에서 서로 연관되어 있으며 이 둘을 서로 비교하는 것이 얼마나 의미가 있을까? 다우티는 복음서에서는 그리스도와 성부의 상호 내주가 강조되지만, 서신서에서는 신자들과 그리스도의 상호 내주가 강조된다는 점을 지적한다.[25] 이 사실은 부분적으로 사복음서(특히 요한복음)가 많은 경우 예수가 자

는 모습"이다(Ibid., 166).
21 Ibid., 294.
22 Wikenhauser, *Mysticism*, 57.
23 Dunn, *Paul the Apostle*, 404.
24 Kelly, "Prayer and Union," 135.
25 Norman F. Douty, *Union with Christ* (Swengel, PA: Reiner, 1973), 147.

신에 대해 가르치신 말씀과 사역을 담고 있는 반면, 바울은—그의 서신이 갖는 상황 대응적 특성을 통해—그리스도의 인격과 사역이 교회의 삶에 주는 함의에 특별한 관심을 보인다는 사실을 대변한다. 따라서 사복음서가 그리스도와 성부의 상호 내주하심에 관심을 보이고, 바울은 신자와 그리스도의 상호 내주하심을 강조한 것은 그리 놀랄 만한 일이 아니다.

최근에 논의되는 삼위일체론에서는 삼위일체의 내적 활동의 본질을 묘사하기 위해 **페리코레시스**(περιχώρησις)라는 개념을 도입한다. 이 고대 용어는 나지안주스의 그레고리오스(기원후 329-389년경) 이래 사용되어왔고 다마스쿠스의 요한네스(기원후 676-749년경)에 의해 한층 더 발전되었다. 이 용어는 성부, 성자, 성령이 각각 다른 위격에 참여한다는 상호 내주에 초점을 맞춘다. 이러한 사고는 요한복음 17장에 기록된 예수의 기도를 연상시킨다. "아버지여, 아버지께서 내 안에, 내가 아버지 안에 있는 것 같이 그들도 다 하나가 되어 우리 안에 있게 하사…곧 내가 그들 안에 있고 아버지께서 내 안에 계시어 그들로…하나가 되게 하려 함은"(요 17:21, 23). 예수의 말씀과 일치하는 또 다른 부분은 삼위일체의 내적 활동을 초월하여 인류를 포괄하는 페리코레시스 개념의 확장성이다. 스페이들이 요약하듯이 이것은 "우리 안에 계신 하나님과 하나님 안에 거하는 우리, 그리고 서로 내주하는 우리와 관련이 있다. 삼위일체 하나님은 상호 교제하는 자신의 삶을 인간과 서로 나누면서 인간으로 하여금 하나님뿐 아니라 다른 이들과도 교제하는 가운데 하나의 연합체로서 살아가게 하신다."[26]

하지만 다우티는 신자들과 그리스도의 상호 내주와 성부와 그리스도의 상호 내주를 너무 밀접하게 연결시키는 것을 경계한다. "그러나 그리스도와 신자들 간의 상호 내주는 오직 성부와 사람이신 그리스

---

26   Todd H. Speidell, "A Trinitarian Ontology of Persons in Society," *SJT* 47 (1994): 284.

도 자신 사이에 존재하는 상호 내주와 유사할 뿐 서로 동등한 것이 아니다."[27] 비록 신자들과 그리스도 사이의 연합이 그와 성부 간 연합의 패턴을 따르는 것일 수도 있지만, "그것과 동등하다고 말할 수는 없을 것이다."[28] 사이프리드 역시 페리코레시스라는 용어가 "그 단순함에 있어서는 아름답고 유용하지만", "연합 속에서 서로에게 들어가는 하나님과 죄인의 차이점"을 묘사하기에는 부적절하다고 경고한다.[29]

이 주제는 신자들의 신성화(deification or theosis)와도 관련이 있다. 비록 특별히 그리스 정교회 신학에서 이 주제에 관해 깊은 관심을 보여온 것이 사실이지만, 우리는 과거 논의에 초점을 맞추기보다는 최근 논의에 기여한 몇몇 저자에게 집중하고자 한다. 신성화에 관한 정교회 교리를 해설하면서 마인도르프와 토비어스는 "신성화는 범신론적인 의미에서 인간이 '하나님이 되는 것'을 의미하지 않는다"라고 선언한다.[30] 오히려 이 개념은 하나님과의 인격적인 관계 및 "그리스도의 몸과 하나님의 백성의 모임인 교회의 성례를 통해 하나님의 생명에" 참여하는 것이다.[31] 이와 마찬가지로 메츠거는 그리스도와의 연합을 "믿음 안에서 우리의 마음을 그리스도와 하나 되게 하시는 성령의 인격적인 중

---

27 Douty, *Union with Christ*, 147.
28 Ibid., 148.
29 Mark A. Seifrid, "Paul, Luther, and Justification in Gal 2:15-21," *WTJ* 65 (2003): 228-29.
30 John Meyendorff and Robert Tobias, eds., *Salvation in Christ: A Lutheran-Orthodox Dialogue* (Minneapolis: Augsburg, 1992), 20.
31 Ibid. 신성화는 일반적으로 정교회 신학과 관련이 있지만, Luther와 Calvin에 관한 최근 평가는 그들의 글에서도 신성화의 한 유형이 발견된다고 한다. Billings는 Calvin이 특정한 종류의 신성화를 가르친다고 주장한다. "바울과 요한의 특정 본문들에서 사용된 참여, 접붙임, 양자 삼음 등의 용어들을 다루면서 Calvin은 창조와 구속에서 인간과 하나님의 차별된 연합을 주장하며 인간이 삼위일체 하나님에게 참여하는 것에 관해 가르친다" J. Todd Billings, "United to God through Christ: Assessing Calvin on the Question of Deification," *HTR* 98 (2005): 316-17. Billings에 따르면 Calvin은 "신자들은 단지 그리스도의 신성에 참여할 뿐만 아니라 그리스도의 전 인격에 참여한다. 이렇게 그리스도에게 참여함으로써 신자들은 삼위일체에 참여한다"고 믿었다(Ibid., 327).

재를 통해 삼위일체의 삶에 인격적으로 참여하는 역동성"으로 이해한다.[32]

그러나 브렉은 정교회의 관점이 신성으로 흡수되어 개인의 인격이 상실된다는 뉘앙스를 배제하면서도 "신성화"(divinization or deification)가 문자적으로 "하나님의 존재에 '존재론적'으로 참여하는 것"을 의미한다는 입장을 견지한다고 설명한다.[33] "하나님의 존재에 존재론적으로 참여하는 것"이라는 강한 표현에도 불구하고 신성화는 신자들이 하나님이 되는 것이 아니라 "피조물인 인간이 피조되지 않은 하나님의 활력 또는 은혜에 참여하기 위해 인격적인 관계로 들어가는 것"을 의미한다.[34] 헬미니아크는 인간의 신성화를 가능케 하는 것이 바로 (그의 성육신과 더불어) 그리스도와의 연합이라고 주장한다. "예수 그리스도 안에서 인간에게 최초로 신성화가 실제적 가능성이 되었다. 실제로 일어난 이 사건은 확실히 일어날 수 있는 사건이다."[35] "신-인 가능성을 도모하는 이 연대성은 바로 그리스도 안에서 이루어지는 집단적 연합(collective union)이다."[36]

이러한 신성화 이론은 인간이 피조물이 아니라거나 창조자와 피조물 간에 구별이 없다는 방향으로 나아가는 통로일 뿐이라는 식으로 풍자해서는 안 된다. 헬미니아크에 의하면 "신성화된 인간들은 서로 구별될 뿐만 아니라 하나님의 실체로부터 구별되기 때문에 하나님의 위

---

32   Paul Louis Metzger, "Luther and the Finnish School—Mystical Union with Christ: An Alternative to Blood Transfusions and Legal Fictions," *WTJ* 65 (2003): 208-9.

33   John Breck, "Divine Initiative: Salvation in Orthodox Theology," in *Salvation in Christ: A Lutheran-Orthodox Dialogue* (ed. John Meyendorff and Robert Tobias; Minneapolis: Augsburg, 1992), 117.

34   Ibid., 117-18.

35   Daniel A. Helminiak, "Human Solidarity and Collective Union in Christ," *AThR* 70 (1988): 53.

36   Ibid., 54.

격들로부터도 구별된다."[37] 신성화를 이런 의미로 이해하면 인간은 극도로 한정된 의미에서만 "신"(divine)으로 묘사될 수 있다. 인간은 하나님이 되지도 않을뿐더러 그의 신적 존재와 혼합되지도 않는다. 따라서 비록 헬미니아크가 "그리스도 안에서 이루어지는 집단적 연합과 삼위일체 안에 존재하는 위격들의 연합"[38]을 서로 비교하지만, 그는 동시에 "그리스도 안에서 이루어지는 인간의 집단적 연합은 세 위격들의 연합과는 다르다"고 말한다.[39]

이 점에 있어서는 헬미니아크의 주장이 분명히 옳다. 그리스도와의 연합은 하나님의 위격들 간의 관계와 유사해 보일 수 있다. 하지만 이 연합은 이와 동일한 성격의 연합이 아니며 우리가 삼위일체 하나님을 신성을 가진 분으로 보듯이 인간을 신성화하지도 않는다.[40] 따라서 여기서 제기되는 질문은 "신성화"라는 용어가 실제로 도움이 되는지 아니면 그 의미를 더욱 명료하게 하려는 수많은 수식어에 의해 서서히 자취를 감추게 될 것이냐는 것이다. 어쩌면 이 용어는 그리스도와의 연합과 관련하여 "신비주의"라는 용어와 유사한 면이 있다. 이 용어는 계속해서 수식어를 필요로 한 나머지 결국에는 무용지물이 되고 말았다.[41]

머레이는 유사성(analogy)과 동일성(identity)의 차이를 지적하면서

---

37 Ibid., 58.
38 Ibid., 57.
39 Ibid., 58.
40 이와 마찬가지로 Wesche는 "**테오시스**가 신적 로고스 안에서 하나님과 교제하는 영원한 생명의 신비이며 신적 로고스 안에서 이루어지는 하나님과의 교제는 '하나님의 형상과 모양으로 창조된' 인간의 본질 자체이기 때문에" 그는 테오시스를 "인간 본질의 수정이나 파괴가 아니라 그것이 완성되는 신비"라고 묘사한다. Kenneth Paul Wesche, "Eastern Orthodox Spirituality: Union with God in Theosis," ThTo 56 (1999): 31. 그러나 Wesche가 여기서 인간과 하나님 간의 구별을 강조하더라도 그가 "인간은 하나님이 될 수 있다"(Ibid., 33)고 말하는 강한 표현을 막지 못한다.
41 어쩌면 이는 신학에 관한 동방과 서방의 접근 방식들의 근본적인 차이를 부각시키는지도 모른다. 전자가 체계적인 형식화를 거부한다면 후자는 미묘한 차이와 제약 조건으로 가득 찬 조직화된 체계를 지향한다.

문제의 핵심을 파악한다.

그리스도와의 연합은 우리가 삼위 하나님께 통합되는 것을 의미하지 않는다. 이것이 이 위대한 진리가 겪어야 했던 수많은 잘못된 왜곡 중 하나다. 그러나 이러한 왜곡된 사고는 언제나 우리 사고의 지침이 되는 가장 기본적인 원리 하나를 무시하는데 그것이 바로 유사성은 동일성을 의미하지 않는다는 것이다. 우리는 무언가를 서로 비교할 때 그것들을 서로 동일시하지 않는다.[42]

비록 삼위일체의 본질이 우리가 그리스도와의 연합을 이해하는 데 도움을 주는 것은 사실이지만, 이 사실을 지나치게 확대 해석해서는 안 된다. 삼위일체의 위격들은 상호 내주를 통해 서로 관계를 맺으며 이러한 상호 내주는 신자들과 그리스도 간의 관계의 본질을 나타낸다. 그러나 머레이의 강조점은 이러한 비교가 단지 유사성을 보여줄 뿐 신자들의 신성화를 의미하거나 심지어 그리스도와 우리 사이의 관계가 삼위 일체 하나님 안에서 이루어지는 관계와 동일하다는 것을 의미하지 않는다는 것이다. 그럼에도 그리스도와의 연합이 삼위일체 구성원들과 신자들의 관계를 내포한다는 데에는 조금도 의심의 여지가 없다. 신자들이 성부 하나님 및 성령과 나누는 교제는 "그리스도와의 연합을 동시에 수반하는"[43] 영적 현실이다.

고면은 십자가를 본받음(cruciformity)이라는 개념을 통해 신성화에 접근하는 다소 차별된 방법을 발전시켰다. 이 개념은 십자가에 달리신 그리스도를 본받는다는 것을 가리킨다. 그의 주장은 십자가를 본

---

42 Murray, *Redemption*, 208-9.
43 Ibid., 212.

받음은 사실 하나님을 본받음(theoformity) 혹은 신성화라는 것이다. 왜 나하면 "그리스도와 하나가 된다는 것은 하나님과 하나가 되는 것이고, 그리스도와 같이 된다는 것은 하나님과 같이 되는 것이며, 그리스도 안에 거한다는 것은 하나님 안에 거하는 것"이기 때문이다.[44] 또한 고먼은 "그리스도 안에" 있다는 바울의 표현은 "'하나님 안에/그리스도 안에/성령 안에'에 대한 그의 축약어"라고 제안한다.[45] 비록 우리는 이 주장에 전적으로 동의할 수는 없지만,[46] 바울의 그리스도 중심 사상(christocentricity)은 사실상 암묵적 삼위일체론과 다를 바 없다는 고먼의 지적은 타당하다고 할 수 있다.[47] 고먼은 동방 교회의 전통은 사람들이 작은 신들이 된다는 것을 의미하지 않으며 반면 "신성화는 인간이 하나님과 **같이** 되는 것을 의미한다"며 이 둘의 차이점을 적절하게 구별한다.[48] "신성화는 하나님의 의도와 행동, 인간의 변화, 그리고 인간의 **목적**(telos)—곧 하나님과의 연합—에 관한 것이다."[49]

9.15 결론

이 장에서는 특히 바울의 암묵적 삼위일체론과 관련된 2부의 석의 결과물을 종합했다. 그리스도는 인간을 향한 성부의 뜻을 이행하는 도

---

44 Gorman, *Inhabiting the Cruciform God*, 4.
45 Ibid. Gorman은 또 다른 책에서 이렇게 부연한다. "신자들이 그리스도의 영 안에 산다고 말하는 것은 그들이 십자가를 본받기를 원하는 삼위일체 하나님(the three-in-one cruciform God) 안에 거한다고 말하는 것이다." Michael J. Gorman, *Reading Paul* (Eugene, OR: Cascade, 2008), 127.
46 우리는 "그리스도 안에"가 매번 하나의 개념을 표현하는 고정문구가 아님을 논증한 바가 있다. 이 어구는 문맥에 따라 넓은 스펙트럼의 다양한 의미를 가진다(3장을 참조하라).
47 Gorman, *Inhabiting the Cruciform God*, 4.
48 Ibid.
49 Ibid., 4-5.

구적 중재자이시며 그리스도에게 통합되는 것은 곧 성령이 거하시는 하나님의 성전의 일원이 되는 것을 의미한다. 또한 그리스도의 중재 사역은 한편으로는 인간과, 그리고 다른 한편으로는 하나님과 관련된다. 따라서 그리스도와의 연합은 신자들과 그리스도의 연합을 **비롯해** 그리스도와 성부 그리고 성령과의 연합을 수반한다. 비록 바울이 연합이라는 용어를 "성부 안에"가 아닌 "그리스도 안에"와 "성령 안에" 거하는 것에 국한시켜 사용하지만, 사실 그리스도와의 연합은 신자들을 성령의 임재와 함께 성부와의 교제 속으로 이끌어간다. 성령은 신자들 안에 그리스도가 거하게 하시며 그의 죽음과 부활에 참여함이 그들 안에서 실현되게 하신다. 또한 그는 신자들로 하여금 그리스도와의 연합이 담고 있는 실천적 함의를 삶으로 실현하게 하신다. 비록 신자들과 그리스도 사이의 연합이 성부와 그리스도 간의 연합의 패턴을 따르는 것이 사실이지만, 이 둘이 서로 같은 것은 아니다. 우리의 연합은 신자들이 삼위일체 하나님의 일원이 되는 것을 의미하지 않는다. 오히려 신중하게 제한된 의미의 **신성화**가 우리가 하나님과 같이 될 수 있다는 의미의 인간 변화를 가리킨다.

그리스도와의 연합과
그리스도인의 삶

10.1 서론

바울은 신자들이 이 세상에서 어떤 정체성을 가지고 살며 하나님과 다른 신자들 그리고 세상과의 관계 속에서 어떻게 행동해야 하는지에 관해 큰 관심을 가진다. 이에 대한 그의 관심은 흔히 심오한 신학적 주제들에 대한 그의 실천적 해설의 결과라고 할 수 있는 그의 서신들에서 상당히 큰 비중을 차지한다. 이제 우리는 그리스도인의 삶이―여기서 사용된 이 용어는 정체성과 활동을 포함해 광범위한 이슈들을 아우름―그리스도와의 연합이라는 주제와 어떻게 연관되어 있는지를 살펴보고자 한다. 여기에는 바울과 같은 개인의 구체적인 활동을 비롯해 바울의 독자들과 관련된 문제와 모든 신자와 관련된 일반적인 문제가 전부 포함된다.[1] 지금까지 그래왔던 것처럼 이 두 주제의

---

1 사실 바울의 인간론은 대체적으로 그리스도와 인간의 관계에 관한 그의 이해에 기초한다. 바울에 의하면 "사람은 오직 그리스도와의 관계 속에서만 진정으로 사람이 되기 때문에" 바울의 인간론은 본질상 그리스도 중심적이라고 Nelson은 주장한다. William R. Nelson, "Pauline Anthropology: Its Relation to Christ and His Church," *Int* 14 (1960):

관계를 탐구하기 위해 우리는 먼저 2부에서 여러 장에 걸쳐 논의되었던 내용들을 선별적으로 개관할 것이다.

10.2 Ἐν Χριστῷ

3장에서 우리는 전치사구 ἐν Χριστῷ를 다루면서 §3.4 "'그리스도 안에서'의 신자들의 행동"의 결론으로서 이 어구가 말하기(롬 9:1; 고후 2:17; 12:19), 자신이 아닌 그리스도를 자랑함(롬 15:17; 빌 3:3), 바울의 행실(고전 4:17) 등의 주제와 관련하여 그리스도인의 삶의 영역과 직결되어 있다는 사실을 주목했다.

Ἐν Χριστῷ에 관해 다루면서 우리는 §3.5 "'그리스도 안에' 있는 자들의 특성"과 §3.6 "'그리스도에 대한' 믿음"의 결론으로서 이 어구가 다음의 주제들과 관련하여 그리스도인의 삶의 영역과 직결되어 있다는 사실을 주목했다. 여기에는 그리스도 예수를 자랑함(고전 15:31), 그리스도 예수 안에서 갖는 확신(빌 1:26), 그리스도 안에서 주는 권면(빌 2:1), 그리스도 예수의 마음(빌 2:5), 그리스도 안에서 드러나는 성숙함(골 1:28), 그리스도 예수 안에서 나타나는 믿음과 사랑(딤후 1:13), 은

---

27. 손상원도 이 개념을 탐구하지만, 인간의 집단성(corporeality)에 초점을 맞춘다. "바울은 인간을 오직 한 개인에 국한되지 않는 존재로 이해한다. 비록 한 사람이 자신의 물리적인 몸의 제약에 의해 다른 이들로부터 분리되지만, 그의 존재는 결코 그 자신에게만 국한되지 않는다. 어떤 의미에서 그의 존재는 자신의 개인적 경계선을 넘어 다른 이들 및 그리스도와 더불어 한 집단 합일(체, 몸)을 형성하면서도 자신의 개별성을 상실하지 않는다." Sang-Won (Aaron) Son, "Implications of Paul's 'One Flesh' Concept for His Understanding of the Nature of Man," *BBR* 11 (2001): 121-22. 이 동일한 문제에 대한 삼위일체적 접근에 관하여 Speidell은 "하나님은 세 위격을 지닌 탁월하신 존재이시므로 하나님의 형상으로 창조된 인간은 하나님과 다른 사람들 그리고 세상과 관계를 맺는 사람으로서 반드시 살아야 하고 또한 그렇게 살 수 있다"라고 말한다. Speidell, "Trinitarian Ontology," 283.

혜 가운데 강함(딤후 2:1), 경건한 삶(딤후 3:12), 그리스도 안에서 담대함(몬 8), 그리스도에 대한 믿음(고전 15:19; 갈 3:26; 엡 1:1; 골 1:4; 딤전 3:13; 딤후 3:15) 등이 포함된다.

역시 ἐν Χριστῷ와 관련하여 우리는 §3.8 "'그리스도 안에서'의 새로운 신분"의 결론에 주목한다. 그리스도 안에 거하는 신자들의 신분은 그리스도인의 삶에 있어서 결코 없어서는 안 되는 필수 요소다. 왜냐하면 바울은 신자들이 어떻게 그리스도에 비추어 자신들을 이해하고 올바른 정체성을 확립할 수 있는지에 관심을 기울이기 때문이다. Ἐν Χριστῷ는 다음의 주제들과 관련하여 그리스도인의 삶의 영역과 직결되어 있다. 하나님께 대하여 살아 있기(롬 6:11), 정죄로부터 자유하기(롬 8:1), 한 몸의 지체가 되기(롬 12:5), 새로운 피조물이 되기(고후 5:17), 하나님의 자녀가 되기(갈 3:26), 예수 그리스도 안에서 하나가 되기(갈 3:28), 하나님의 약속 안에서 이방인이 유대인과 더불어 서로 지체가 되기(엡 3:6) 등이 여기에 속한다.

§3.9 "신자를 나타내는 완곡어법으로서의 '그리스도 안에'"에서는 ἐν Χριστῷ와 관련된 또 다른 소주제가 논의된다. 이 단락은 이 어구가 그리스도인을 가리키는 명칭을 나타내는 용례들을 다룬다. 이러한 ἐν Χριστῷ 용법이 여기에 포함된 이유는 신자들의 정체성이 그리스도인의 삶의 영역에 속하기 때문이다. §3.9의 결론은 이 어구가 그리스도 안에서 함께 일하는 동역자들(롬 16:3, 9), 회심한 자(롬 16:7; 고전 16:24; 고후 12:2), 그리스도 안에 있는 어린아이들(고전 3:1), 그리스도 안에 있는 스승(고전 4:15), 그리스도 안에 있는 교회들(갈 1:22; 살전 2:14), 그리스도 안에 있는 성도들(빌 1:1; 4:21), 그리스도 안에서 갇힌 자(빌 1:13; 몬 23) 등과 같이 여러 개인과 집단을 묘사하는 기능을 수행한다는 것이다.

10.3 Ἐν κυρίῳ

3장에서 우리는 전치사구 ἐν κυρίῳ를 다루면서 §3.11.2.2 "**'주 안에서'의 신자들의 행동**"의 결론으로서 이 어구가 다음의 주제들과 관련하여 그리스도인의 삶의 영역과 직결되어 있다는 사실을 주목했다. 다른 신자들을 영접하고 문안하기(롬 16:2; 고전 16:19), 주 안에서 수고하기(롬 16:12; 고전 15:58), 주 안에서 자랑하기(고전 1:31; 고후 10:17), 주 안에서 증언하기(엡 4:17), 주 안에서 부모에게 순종하기(엡 6:1; 골 3:20), 기뻐하기(빌 3:1; 4:4, 10), 굳게 서기(빌 4:1; 살전 3:8), 같은 마음을 품기(빌 4:2), 아내가 남편에게 복종하기(골 3:18), 다른 신자들을 권면하기(살전 4:1; 살후 3:12), 다른 이들을 다스리기(살전 5:12) 등이 여기에 포함된다.

역시 ἐν κυρίῳ 어구를 다루는 §3.11.2.3 "**'주 안에'** 있는 자들의 특성"과 §3.11.2.4 "**'주 에 대한'** 믿음"의 결론은 이 어구가 확신(갈 5:10), 갇힌 자가 되기(엡 4:1), 빛이 되기(엡 5:8), 기쁨(몬 20), 믿음(엡 1:15; 빌 2:19) 등의 주제와 관련하여 그리스도인의 삶의 영역과 직결되어 있다는 사실을 보여준다.

역시 ἐν κυρίῳ와 관련하여 §3.11.2.5 "신자를 나타내는 완곡어법으로서의 **'주 안에서'**"의 결론은 이 어구가 주 안에 있는 친구들(롬 16:8), 회심한 자(롬 16:11; 고전 7:39), 주 안에 있는 아들(고전 4:17), 사도(고전 9:2), 일꾼(엡 6:21), 형제들(빌 1:14; 몬 16), 종(골 4:7) 등과 같은 여러 개인과 집단을 묘사하는 기능을 수행한다는 것이다.

분명 ἐν Χριστῷ 및 ἐν κυρίῳ라는 표현은 이 어구에 의해 정의되는 신자들의 행동, 특성, 신분이라는 다양한 내용과 더불어 그리스도인의 삶의 영역과 매우 밀접하게 얽혀 있다. 더 나아가 이 표현은 그리스도를 믿는 신자들을 묘사하기 위한 바울의 축약어다. 이 어구들은 매우 포괄적이어서 어떤 사람의 영적 상태와 그리스도에 대한 충성을 상당히 명료하게 표현해준다.

10.4 Σὺν Χριστῷ

5장은 모든 σύν 관련 용어를 그리스도의 사역과 관련하여 그와의 연대성의 측면에서 분석했기 때문에 그리스도인의 삶에 관한 단락이 개별적으로 들어 있지 않았다. 그럼에도 몇몇 본문에서는 이러한 용어들이 신자들의 행동, 특성, 신분과 직결되어 나타난다. σὺν Χριστῷ에 관하여 다룬 §5.3에서 우리는 이 용어들이 그리스도와 함께 이미 죽음(롬 6:8; 골 2:20), 그리스도와 더불어 감추어진 생명(골 3:3) 등의 주제와 연결되어 있음을 주목했다.

10.5 Σὺν αὐτῷ

전치사구 σὺν αὐτῷ를 다루면서 우리는 §5.5 "그와 함께"의 결론으로서 이 어구가 그리스도와 함께 살기(고후 13:4; 살전 5:10)와 그와 함께 살리심을 받기(골 2:13)와 직결되어 있다는 사실을 주목했다.

10.6 Σύν 합성어

σύν 합성어들을 다루면서 우리는 §5.6의 결론으로서 이 합성어들이 다음의 주제들을 통해 그리스도인의 삶과 직결되어 있다는 사실을 주목했다. 여기에는 그리스도와 함께 죽기(롬 6:4-5), 그리스도와 함께 살기(롬 6:8), 그리스도와 함께 상속자가 되기(롬 8:17), 그리스도와 함께

고난 받기(롬 8:17), 그리스도와 함께 영광 받기(롬 8:17), 그리스도와 함께 살리심을 받기(엡 2:5), 그리스도와 함께 하늘에 앉기(엡 2:6), 그리스도와 함께 장사되기(골 2:12), 그리스도와 함께 일으키심을 받기(골 2:12; 3:1) 등이 포함된다.

σύν 관련 용어들은 그리스도인의 삶이 내포하는 그리스도에게로의 참여를 표현한다. 여기에는 그리스도와 함께 고난 받기, 그리스도와 함께 죽기, 그리스도와 함께 일으키심을 받기, 그리스도와 함께 살기, 그리스도와 함께 하늘에 앉기, 그리스도와 함께 영광 받기 등의 내용이 포함된다. 바울은 이처럼 심오한 실재들이야말로 신자들이 어떤 정체성을 가지고 이 세상을 살아야 하는지에 대한 근본적인 의미를 담고 있다고 생각한다.

10.7 Διὰ Χριστοῦ

6장에서 우리는 전치사구 διὰ Χριστοῦ를 다루면서 §6.4 "**그리스도를 통한**' 신자들의 행동"의 결론으로서 이 어구가 감사(롬 1:8; 7:25), 즐거워하기(롬 5:11), 권면(롬 15:30; 고후 10:1), 찬양(롬 16:27) 등과 관련하여 그리스도인의 삶의 영역과 직결되어 있다는 사실을 주목했다. 이러한 행동들은 그리스도의 도구성을 통해 수행된다. 즉 그리스도는 신자들로 하여금 하나님께 감사와 찬양을 드리고 즐거워하며 다른 이들을 권면하는 일을 가능케 하신다.

10.8 그리스도의 몸

바울이 그리스도와의 연합과 관련해 사용한 다양한 은유를 다루었던

7장 가운데 특히 §7.2에서 그리스도의 몸이라는 은유는 다음과 같은 주제와 관련하여 그리스도인의 삶의 영역과 연결되어 있다. 여기에는 몸 안에 있는 신자들의 단일성과 다양성(롬 12:4-5; 고전 12:12-27), 성적 순결(고전 6:15-16), 한 몸을 공유하기(고전 10:16-17; 11:29; 엡 4:4; 골 3:15), 몸을 세우기(엡 4:12, 15-16), 그리스도의 몸의 지체가 되기(엡 5:30) 등이 포함된다.

10.9 성전과 건물

§7.3의 성전 은유와 건물 은유는 성령이 거하시는(고전 3:16; 엡 2:21-22) 하나님의 성전이자(고전 3:16; 6:19; 고후 6:16; 엡 2:21) 하나님의 집(고전 3:9; 엡 2:21)으로서의 신자들의 신분과 관련하여 그리스도인의 삶과 연결되어 있다.

10.10 결혼

§7.4의 결혼 은유는 그리스도와 하나 된 자로서(고전 6:1-17), 그리스도와 결혼하기로 약속되고(고후 11:2-3), 성적 순결(고전 6:15-17)과 그리스도에 대한 복종(엡 5:24)이라는 실천적 함의와 더불어 그리스도와 한 몸을 이룬(엡 5:31-32) 신자들의 신분과 관련하여 그리스도인의 삶과 연결되어 있다.

10.11 새 옷

7장에서 마지막으로 다룬 은유는 새 옷(§7.5)에 관한 것이었다. 이 은유는 그리스도 혹은 그와 관련된 것을 **입는 것**을 가리킨다. 이 은유는 그리스도인의 삶과 직접적으로 연관되어 있으며 육신의 정욕에 대항하기(롬 13:14), 긍휼, 자비, 겸손, 온유, 오래 참음으로 옷 입기(골 3:12), 하나님의 전신 갑주 입기(엡 6:11) 등 강력한 실천적 함의를 내포한다.[2] 또한 이 은유는 신자들의 신분을 표현한다. 곧 세례를 받은 자들은 그리스도(갈 3:27) 또는 새 사람(골 3:9; 엡 4:24)으로 옷 입은 자들이다.

10.12 종합

지금까지 요약적·선별적으로 살펴본 바에 의하면 그리스도와의 연합과 관련된 용어와 은유들이 그리스도인의 삶의 영역과 연관된 경우가 여럿 발견된다. 신자들의 **정체성**과 **신분**은 신자들과 그리스도의 연합을 통해 주어지며 하나님께 대하여 살아 있기, 정죄로부터 자유하기, 한 몸, 새 창조, 하나님의 자녀, 공동 상속자, 그리스도 예수 안에서 하나, 그의 몸의 지체, 그리스도와 결혼, 그리스도와 한 몸, 그리스도와 함께 죽기, 그와 함께 장사되기, 그와 함께 일으키심을 받기, 그와 함께 영광 받기, 그리스도로 옷 입기, 그리스도와 함께 살기, 하나님의 성전이자 집이 되기 등과 같이 다양하게 묘사된다.

---

2   김정훈은 옷을 입는 이미지가 여러 가지 방식으로 윤리적 내용을 전달한다는 사실을 지적한다. 그는 이 이미지가 "그리스도인의 생애 전체"와 "그의 실천적 삶에서의 윤리적 변화"와 관련이 있다고 본다. Kim, *Clothing Imagery*, 2. 이 은유가 지닌 윤리적인 힘은 마치 의복이 그 의복을 입은 자의 성품을 드러내듯이 "그리스도 역시 그리스도인의 성품을 드러내신다"(Ibid., 117-18)는 전제로부터 비롯된다.

신자들의 **활동**은 신자들과 그리스도 간의 연합에 의해 제약을 받는다. 이 활동에는 말하기, 자랑하기, 다른 이들을 영접하기, 수고하기, 증언하기, 순종하기, 즐거워하기, 굳게 서기, 같은 마음을 품기, 그리스도께 복종하기, 다른 이들을 권면하기, 다스리기, 고난당하기, 하나님을 찬양하기, 성적 순결을 지키기, 공유하기, 하나님의 백성을 세우기, 하나님의 전신 갑주를 입기 등이 포함된다.

신자들의 **성품** 또한 신자들과 그리스도 간의 연합에 의해 제약을 받는다. 이 성품에는 믿음, 확신, 성숙, 사랑, 은혜, 경건, 담대함, 기쁨, 긍휼, 자비, 겸손, 온유, 인내 등이 포함된다.

마지막으로 바울이 누군가를 그리스도인이라고 부르기 위해 사용하는 **용어**도 그리스도와의 연합과 관련된 어휘에서 직접 가져왔다. 왜냐하면 신자들이 그리스도와 연관되어 있다는 사실이 너무나 의미심장한 나머지 이 용어는 그리스도인이라는 실존적 의미를 함축적으로 말해주기 때문이다. 따라서 개인들과 단체들은 주 안에서의 친구들, 회심한 자, 어린아이, 사도, 일꾼, 형제들, 종, 동역자, 갇힌 자, 스승, 그리스도 안에 있는 교회, 성도들 등으로 묘사된다.

간단하게 요약하자면 그리스도인의 삶의 거의 모든 측면은 신자와 그리스도 간의 연합과 직결되어 있다. 바울의 윤리학적 구조와 가르침에 있어서 표제적인 역할을 하는 신자들의 신분과 정체는 그리스도와의 연합과 불가분의 관계에 놓여 있다. 신자들의 활동과 성품은 바로 그 신분과 정체로부터 나오며 이것들은 다시 그리스도와의 연합과 깊이 관련되어 있다. 그리스도인의 삶은 그리스도와의 연합과 밀접하게 엮여 있어서 신자들을 가리키는 가장 좋은 표현은 바로 "그리스도 안에"다. 캠벨이 주장하듯이 우리는 바울이 "성령을 통해 그리스도에게 참여하는 특유의 윤리 체계를 제시한다"는 사실을 결코 부인할 수 없다.[3]

---

3 Douglas A. Campbell, *The Deliverance of God: An Apocalyptic Rereading of Justification*

이제 우리는 그리스도와 연합된 상태에서 이루어지는 그리스도인의 삶에 관한 중요한 논의 중 몇 가지 중요한 부분을 더욱 심층적으로 고찰하고자 한다.

10.13 그리스도의 죽음과 부활을 삶으로 살아내기

우리가 이미 살펴본 바와 같이 바울은 신자들이 그리스도와 함께 그의 죽음과 부활 사건에 참여하는 것에 대해 거침없이 이야기한다. 또한 그는 신자들이 그들의 현재 상태와 이로 인해 발생한 도덕적 의무를 이해할 수 있는 신학적 틀을 세우는 차원에서도 이 사실을 이용한다.[4] 태너힐은 "신자는 매일의 삶 속에서 그리스도의 죽음과 부활에 지속적으로 참여하기 때문에 이 사건들은 지속적으로 신자의 삶을 인증하는 역할을 한다"고 말한다.[5] 이 단락에서는 그리스도와 함께 죽고 다시 살아나는 것이 그리스도인의 삶에 대한 바울의 신념에 어떠한 영향을 미치는지를 다루고자 한다.

크랜필드에게 있어 그리스도인의 삶은 그가 로마서 6장에서 발견한 그리스도와 함께 죽고 다시 살아나는 것에 대한 "도덕적" 의미와 관

---

in Paul (Grand Rapids: Eerdmans, 2009), 607. Stewart에 의하면 그리스도와의 연합은 단지 "바울 신앙의 대들보"가 아니라 "그의 윤리의 최후의 희망 (the sheet-anchor of his ethics)"이다. Stewart, A Man in Christ, 194[강조는 원저자의 것임]. Thuruthumaly는 "그리스도는 바울의 영적인 삶이 이루어지는 영역"이라고 말한다. J. Thuruthumaly, "Mysticism in Pauline Writings," Bible Bhashyam 18 (1992): 147. 참조. Morna D. Hooker, "Interchange in Christ and Ethics," JSNT 25 (1985): 5-7.

4 Wisnefske는 이처럼 그리스도와 함께 죽고 다시 살아난다는 사실이 현대 교회의 신자들의 생각에 전혀 생기를 불어넣어주지 못하는 상황에 대해 안타까워한다. "우리는 우주적인 차원의 뉴스를 청취하고 있음에도 불구하고 고작 아주 사소한 종교적인 견해만 듣고 있다." Wisnefske, "Living and Dying," 254.

5 Tannehill, Dying and Rising, 1.

련이 있다. 그는 바울이 2절에서 던지는 질문―"죄에 대하여 죽은 우리가 어찌 그 가운데 더 살리요"―에는 신자들이 매일의 삶 속에서 죄에 대하여 죽고자 노력해야 한다는 답변이 암시되어 있다고 주장한다.[6] 다시 말해서 그리스도와 함께 죽는 것은 그의 죽음이라는 역사적 사건에 참여하는 것만이 아니라 죄에 대한 날마다의 전투에도 참여하는 것을 의미하며 그리스도는 이를 위해 먼저 죽으신 것이다. 더 나아가 크랜필드는 신자들이 새로운 삶을 살기 위해 그리스도의 부활에도 참여한다는 사실을 드러내야 할 책임이 있다고 제안한다. 부활은 우리에게 새로운 삶을 가져다주며 그리스도의 부활을 본받는 삶은 "우리의 일상생활에서" 나타난다.[7]

그리스도의 죽음과 부활에 참여한다는 바울의 사고 구조 안에는 뚜렷한 종말론적 긴장이 발견된다. 한편으로 신자들은 그리스도와 함께 역사의 특정 사건들에 참여하면서 이미 그와 함께 죽었다가 다시 살아났다. 다른 한편으로 신자들이 그 역사적 죽음과 부활에 참여한다는 것의 의미가 그들의 매일의 삶 속에서 나타난다는 점에서 그들은 예수의 죽음과 부활을 그들의 삶 속에서 구해 나간다.[8] 태너힐은 이러한 긴장 관계를 다음과 같이 묘사한다. 그는 신자의 삶 속에서 "그리스도와 함께 죽은 과거의 죽음이 지속적으로 나타나고 확인"된다는 의미에서 신자는 지속적으로 그리스도와 함께 죽는다고 말한다.[9] 이러한 종말론

---

6   Cranfield, "Romans 6 Revisited," 42.
7   Ibid.
8   참조. David T. Ejenobo, "Union with Christ: A Critique of Romans 6:1-11," *AJT* 22 (2008): 312. "여러 가지 의미에서 그리스도인은 이미 그리스도와 함께 죽고 살아난 자다. 그러나 어떤 의미에서는 그리스도와 함께 죽고 살아나는 것은 현재 성취되어 가는 과정에 있는 현재적 의무에 관한 문제이며 그리고 이것은 또 다른 의미에서 종말론적 약속으로서 장차 나타날 일이기도 하다."
9   Tannehill, *Dying and Rising*, 81. 참조. Gorman, *Cruciformity*, 32. "바울에게 있어 세례로 상징되는 이러한 그리스도와의 친밀한 합일은 단순히 어떤 일회적인 사건이 아니라 **지속적인** 죽음, 곧 지속적인 십자가에 못 박힘이다. 바울은 그리스도와 함께하는 자신의 전반적

적 긴장이 내포하는 의미는 그리스도의 죽음과 부활을 통해 그리스도와 연합한 신자들도 처음에는 전혀 달라 보이지 않는다는 것이다. 그리스도를 닮아가는 모습은 오히려 시간이 지나감에 따라 점점 더 큰 의미를 가지게 된다. 슈바이처는 이러한 긴장이 지닌 함의를 정확히 포착한다.

> 이렇게 죽고 다시 살아나는 것이 예수 안에서 공개적으로 드러났지만, 이 사실은 선택 받은 자 안에서 은밀하게 그러나 실제적으로 나타난다. 그들은 이제 그들의 집단성 안에서 예수 그리스도를 닮아가고 있기 때문에 비록 그들의 자연적 존재의 외관은 변하지 않은 채 남아 있지만, 그들은 그의 죽음과 부활을 통해 이미 그들 안에서 죽고 다시 살아나는 일이 다시 시작된 존재들이다.[10]

그리스도의 죽음과 부활에 참여하는 사람에게는 매우 실제적인 변화가 일어나지만, 이러한 변화의 결과는 겉으로 쉽게 드러나지 않을 수 있다.

그리스도와 함께 그의 죽음과 부활에 참여하는 것에 대한 윤리적 함의는 이 사건들의 본래 목적으로부터 도출된다. 비켄하우저는 이에 관해 흥미로운 접근을 시도한다. 그는 그리스도의 죽음을 "인류를 죄로부터 자유하게 하려는 온전히 윤리-종교적 목적을 위해" 성부에게 순종한 "최상의 윤리적 행동"으로 묘사한다.[11] 그리스도의 죽음의 본래 목적이 "윤리-종교적"이었기 때문에 그리스도의 죽음에 참여한다는

인 신앙을 '십자가에 함께 못 박힘'(co-crucifixion)이라는 전형적인 개념으로 표현한다.
10 Schweitzer, *Mysticism*, 110.
11 Wikenhauser, *Mysticism*, 146.

것에는 크나큰 의미가 담겨 있다. "그렇기 때문에 그리스도와의 신비적 교제는 이것이 윤리-종교적인 관계가 될 때까지는 결코 완성될 수 없다."[12] 비록 우리가 여기서 비켄하우저의 표현을 계속 사용할 필요는 없지만, 그리스도의 죽음의 본래 목적과 그 목적을 따라 사는 삶의 목적의 상호 연관성은 지속적으로 고찰해 볼 가치가 있다. 만약 그리스도의 죽음의 목적이—적어도 부분적으로—반역한 인류로 하여금 거룩하신 하나님과 관계를 맺게 하는 것이라면 화목이 이미 이루어진 이상 하나님과 이러한 관계를 맺은 자답게 사는 삶이 수반되어야 한다는 사실은 너무나도 당연한 일이다.

이러한 논리는 하나님과의 화목이 그리스도의 사역을 통해 이루어진 것이지 행위에 의한 것이 아니라며 거룩한 삶에 대한 성경적 근거를 찾는 데 어려움을 겪는 현대 그리스도인들의 보편화된 고민을 말끔히 해결해준다. 구원은 은혜로 주어진다는 명목하에, 그리고 율법주의를 배척한다는 명목하에 거룩한 삶의 중요성이 빛을 바래서는 안 된다. 이러한 무슨 무슨 "~주의"는 당연히 그리스도인의 삶에서 사라져야 하겠지만, 거룩하고 의로운 행실이 신자들에게 마땅히 주어진 소명임에는 틀림이 없다. 이미 앞에서 제시한 바와 같이, 만약 그리스도의 죽음과 부활의 본래 목적이 인간이 거룩하신 하나님께로 다시 회복되는 것이라면, 그리스도인의 삶의 목적도 그 회복된 관계에 걸맞은 삶이 되어야 한다. 바르트는 신자에게 적용되는 이 사실을 웅변적으로 잘 표현한다.

> 이제 그리스도께서 자기 자신을 신자와 연합하셨으므로 신자는 자기 자신이 그리스도와 연합된 상태에서 그를 믿고 순종하며 고백한다. 신자는 자기 자신을 먼저 자기에게 내어주신 그

---

12 Ibid., 146-47.

분에게 자신을 내어드리고 그분을 그분의 생각, 말, 의지, 행동의 출발점이자 목표로 삼는다. 그렇게 하는 이유는 이것이 바로 그분 자신이며 그분을 떠나서는 다른 어떤 출발점이나 목표가 있을 수 없고 신자는 그분 밖에 있지 않고 그분 안에 있기 때문이다.[13]

고먼은 신자들이 본받아야 할 그리스도의 "삶의 내러티브"(life-narrative)를 가지고 이 문제에 접근한다. "**십자가에 못 박히시고 승귀하신 그리스도의 이야기는 교회 공동체의 고유한 삶의 이야기가 이루어지고 그것에 의해 형성되는 규범적 삶의 이야기다.**"[14] 즉 고먼은 죽음과 부활이 바로 그리스도가 직접 경험하신 것—실로 없어서는 안 될 "길"—이었기 때문에 신자들은 바로 이와 동일한 이야기를 본받아야 하는 것이라고 주장한다. 이러한 패턴은 단순히 그리스도를 모방하는 것이 아니다. 사실 고먼에게 이 "모방"이란 단어는 바울의 의미를 충분히 포착하지 못한다. 그는 이와 관련하여 오히려 "십자가를 본받음"(cruciformity)이란 단어의 유용성을 주장한다.

그러므로 나는 십자가를 본받음이 흔히 그리스도를 "모방"한다는 표현보다 더 적절한 단어라고 제안한다. 십자가를 본받음은 그리스도 안에 살고 그와 함께 죽어 그리스도를 닮은 (십자가의) 사람을 낳는 지속적인 삶의 패턴을 의미한다. 십자가의 삶이란 개인에게나 공동체에게나 그리스도의 종이 되는 것이며 그리스도 안에 거함과 동시에 그 사람 안에 그분이 거하셔서 그분과

---

13   K. Barth, *Dogmatics*, IV/3.2, 544-45.
14   Gorman, *Cruciformity*, 44[강조는 원저자의 것임].

함께, 그분을 위해, 그분을 "따라" 사는 것을 의미한다.[15]

고먼에 의하면 십자가를 본받음은 신자의 삶이 그리스도의 죽음과 부활 이야기 사건에 따라 형성된다는 바울의 "내러티브 영성"(narrative spirituality)을 상기시킨다. 더 나아가 그리스도의 죽음과 부활과 승귀가 필연적으로 서로 연결된다는 사실은 그리스도와 연합된 삶에 대한 바울의 이해의 근간이 되는 논리를 제공한다. 그리스도와 연합한다는 것은 "**이러한 그리스도의 이야기에 대해 살아 있는 해설이 되는 것**"이며 거기에는 그분을 섬기고 순종하기 위해 자발적으로 권리를 포기하는 자기 비하와 그 비하 이후에 나타나는 승귀가 자리한다.[16] 고먼은 이 사실을 다음과 같이 요약한다. "십자가를 본받는다는 바울의 영성은 일종의 내러티브 영성이며 그의 영성을 형성하는 메타내러티브는 빌립보서 2:6-11이다."[17]

고먼의 접근은 흥미로울 뿐만 아니라 바울의 사상을 단순히 "그리스도를 모방하는 것"으로 보는 접근보다 훨씬 더 강하고 효과적인 것으로 보인다. 비록 고먼이 부활을 희생시키면서 그리스도의 죽음을 본

---

15 Ibid., 48-49. Hooker 역시 바울의 생각을 제대로 포착하기 위해서는 "본받음"(conformity)이라는 단어를 사용할 필요가 있다고 주장한다. "물론 이것은 모방이 아니라 본받음이며 바울의 중심 주제이기도 하다." Hooker, *From Adam to Christ*, 92.
16 Gorman, *Cruciformity*, 92[강조는 원저자의 것임].
17 Ibid. Hooker도 이 본문에 관해 거의 같은 요점을 제시한다. "빌립보서 2장 역시 동일하게 실천적이다. 그리스도의 자기 비하의 패턴은 그리스도인의 삶과 다른 동료들을 대하는 태도의 기초가 된다. 이것은 단순히 훌륭한 모범을 따르는 문제가 아니다. 그리스도인은 **반드시** 이와 같이 생각하고 행동해야 한다. 왜냐하면 그리스도의 행동이 그의 구속의 근거가 되기 때문이다. 만약 그가 그리스도의 행동과 자신의 행동의 연관성을 부인한다면 그는 그리스도 안에 있는 자기 존재를 부인하는 것이다. 그는 그리스도 **안에** 있기 때문에 반드시 이와 같이 행동해야 하며 이것이 바로 그리스도의 마음이다." Hooker, *From Adam to Christ*, 25. 그는 다시 이렇게 말한다(Ibid., 90-91). "바울은 복음이라는 구원 사건들과 그리스도 안에 있는 자들에게 합당한 행실 간의 관계에 관해 매우 깊은 이해를 가진다. 물론 그는 그리스도교의 윤리를 단순히 그리스도의 모본을 모방하는 문제로 여기지 않고 그리스도 안에 있는 자들에게 속한 참된 존재를 본받는 것으로 여긴다."

받는 부분을 부적절하게 강조했다고도 볼 수 있지만(특히 **십자가를 본받음**이라는 용어에서 알 수 있듯이), 고면은 이러한 문제 제기에 반대한다. 빌립보서 2:6-11에 근거한 바울의 이야기 영성에 의하면 비하와 죽음은 부활과 승귀로 이어진다. 바로 이 패턴이 그리스도의 경우에 적용되었고 이제 그리스도의 죽음을 본받는 신자에게 적용된다. 다시 말하면 십자가를 본받음은 그리스도의 죽음을 본받는 것뿐만 아니라 그의 부활과 고양을 본받는 것을 의미한다.[18]

이러한 연관성을 고려한다면 우리는 십자가를 본받음이라는 용어가 이 이야기의 결말을 무시한다고 볼 필요는 없다. 그리스도의 죽음과 부활을 따라 그리스도를 본받는 것은 바울의 윤리적 사고 안에서 단순 "모방"이 할 수 없는 역할을 그리스도와의 연합이 수행한다는 것을 인정한다. 신자는 그저 그리스도의 "발자취를 따라가는 것"이 아니라 바로 그 신자의 삶 속에서 나타나는 방식으로 그분의 사역에 참여한다. 그런 의미에서 고면의 논제는 이미 앞에서 다루었던 종말론적 긴장에 대한 유익한 사고논리를 제공해준다고 할 수 있다. 그리스도의 죽음과 부활을 본받음으로써 신자는 구원이라는 역사적 사건들에 참여하는 것은 물론, 그 사건들을 자신의 시대와 경험 속에서 구현해낸다.

10.14 그리스도와의 연합과 고난

바울의 사상에서 고난은 적어도 두 가지 방식으로 그리스도와 관련되어 있다. 첫째, 신자들이 그리스도를 따를 경우 고난은 그들의 삶 속에

---

18 Hooker도 다시 한번 이와 비슷한 점을 지적한다. "그리스도의 부활이 (그와 함께 고난받기로 작정한 자들에게) 부활과 영광을 가져다주듯이 바울이 경험한 위로 역시 (그의 고난에 참여하는 한) 고린도 교인들에게 위로를 가져다준다." Hooker, *From Adam to Christ*, 49.

서 나타나기 마련이다. 그리스도가 고난받으셨기 때문에 신자들도 그의 고난에 참여할 수밖에 없다. 둘째, 고난은 또한 그리스도와 함께 고난에 참여함으로써 따라온다. 사실, 슈바이처는 "그리스도의 고난의 길을 따른다는 생각은 고난 중에도 그리스도와 지속적으로 교제한다는 생각과 결코 무관할 수 없다"라고까지 말한다.[19] 다시 말해 슈바이처는 앞에서 언급한 첫 번째와 두 번째 포인트가 서로 하나로 묶여 있다고 생각한다. 즉 신자들은 그리스도와 함께 고난에 참여함으로써 고난 가운데 그리스도를 따르는 것이다.

바울 자신이 친히 경험한 고난은 우리의 고난이 그리스도에게 참여하는 것으로부터 기인한다는 것을 이해하는 데 좋은 본보기를 제공해준다. 이 문제와 관련하여 태너힐은 바울이 종종 자신의 고난을 "사망"(death) 혹은 "죽음"(dying)으로 묘사하는데 이는 그가 자신의 고난을 그리스도의 죽음에 참여하는 것으로 이해하는 것임을 보여준다고 지적한다.[20] 만약 이것이 사실이라면 바울이 고난을 그리스도인의 삶의 일상적인 부분으로 간주한다는 점에서 전혀 놀라운 일이 아니다. 프라우드푸트는 모든 신자가 "세례 시 그리스도의 고난과 더불어 사귀는 자리로 들어가게" 되므로 고난은 그리스도 안에 있는 사람에게 하나의 선택 사항이 아니라고 말한다.[21] 이것이 바로 바울이 어떻게 자신의 고난을 그리스도의 고난에 참여하는 것으로 묘사할 수 있는지를 대변해준다. 이는 "신자와 그리스도 간의 영적 연합의 본질이 자신의 삶 속에서 주님의 이중적 구원 경험—죽음과 부활—을 재현하는 것"과 다름없기 때문이다.[22]

---

19 Schweitzer, *Mysticism*, 144.
20 Tannehill, *Dying and Rising*, 86.
21 C. Merrill Proudfoot, "Imitation or Realistic Participation? A Study of Paul's Concept of 'Suffering with Christ,'" *Int* 17 (1963): 151. 세례에 관한 더 상세한 논의는 §10.17을 참조하라.
22 Ibid., 152.

바울이 고난을 죽음뿐만 아니라 부활과도 연관시킨다는 점을 감안하면 그리스도의 "이중적 구원 경험"에 관한 프라우드푸트의 인식은 상당히 의미가 있다. 신자의 새로운 삶에서 고난이 담당하는 역할과 관련하여 태너힐은 고난은 반드시 생명을 가져온다는 바울의 확신 이면에는 "구원 사건들의 패턴"이 자리한다고 설명한다. "하나님의 능력으로 예수의 죽음은 그의 부활로 이어졌다. 이와 마찬가지로 하나님은 신자의 삶에서도 죽음을 생명으로 바꾸신다."[23] 고먼도 "함께"라는 의미를 가진 접두사(co-prefix)가 바울의 사상을 이해하는 데 얼마나 중요한지를 강조하면서 이와 유사한 개념을 설파한다. "만일 우리가 그리스도와 함께 고난을 받으면 우리는 그와 함께 상속을 받을 자들이 되며 또한 그와 함께 영광도 받게 된다."[24]

이 모든 내용은 그리스도의 죽음과 부활에 참여하는 것이 단순히 구원과 관련된 신자의 신분의 문제만이 아님을 잘 보여준다. 프라우드푸트는 이 사실을 이렇게 요약한다. "이제 우리는 '부활의 능력'이 단순히 우리에게 **신분**이 아니듯 '사망의 능력'도 그렇지 않음을 본다. 이 능력은 바울의 매일의 경험에서 역사한다. 그는 자신과 그리스도의 교제가 고난으로 확대되는 과정에서 그 죽음을 끊임없이 **본받는다**."[25] 그렇다면 고난과 그리스도인의 삶에 관해 우리가 내릴 수 있는 결론은 고난을 그리스도에게 참여하는 것(*participatio Christi*)으로 보아야 마땅하며, 단순히 그리스도를 모방하는 것(*imitatio Christi*)으로 보아서는 안 된다는 것이다.[26] 신자들은 앞으로도 계속해서 그리스도의 죽음과 그의 부활의 능력에 참여하게 되는데 이 참여가 확실하게 보여줄 한 가지 분명한 사실은 바로 신자들이 앞으로도 계속해서 고난을 받게 될 것이라

---

23 Tannehill, *Dying and Rising*, 89.
24 Gorman, *Cruciformity*, 46.
25 Proudfoot, "Suffering with Christ," 152[강조는 원저자의 것임].
26 Ibid., 160.

는 것이다.[27]

10.15 그리스도의 몸 되기

그리스도와의 연합을 가장 효과적으로 표현하는 은유 중 하나는 신자들이 그의 몸 또는 그 몸의 지체가 된다는 은유다.[28] 이 은유는 바울의 교회론과 더불어 공동체 안에서 신자들이 서로 감당해야 할 책임을 이해하는 데 있어 극도로 중요하다. 던은 "이것은 그리스도께 속하는 것을 의미하지만, 또한 동시에 서로가 함께하지 않으면 공동체 전체의 균형과 건강을 깨뜨리게 된다는 명백한 함의와 더불어 서로 다른 이들에게도 속하는 것을 의미한다"고 말한다.[29] 또한 몸 은유는 바울이 하나님의 백성 안에 있는 단일성과 다양성의 중요성을 가르치기에 너무나도 좋은 교육 수단을 제공한다. 케제만이 설명하듯이 "바울에게 있어 그리스도의 몸 안에 있는 단일성은 모든 구성원의 동일성을 의미하지 않는다. 이것은 서로 다른 점들—다른 구성원들이 지닌 다른 은사들과 다른 약점들—이 가져오는 긴장을 견뎌낼 수 있는 연대성을 의미한다."[30]

27　Ibid.
28　Pelser는 바울의 **몸** 용어에 관한 비-은유적인 해석들을 조사한다. 그는 바울의 이러한 용어는 은유적으로 해석해야 하며, Perriman의 견해를 따라 이러한 은유적인 용어는 **실제적인** 무언가를 언급할 수 있다고 주장한다. "그러므로 바울이 교회를 몸이라는 은유를 통해 언급했다는 사실 자체는 이 언급이 비유적으로 해석되어야 한다는 것을 의미하지 않는다." Gert M. M. Pelser, "Once More the Body of Christ in Paul," *Neot* 32 (1998): 525-39. Field도 이 은유들의 교육적인 효과를 인정하며 논의한다. Barbara Field, "The Discourses behind the Metaphor 'The Church is The Body of Christ' as Used by St Paul and the "Post-Paulines," *AJT* 6 (1992): 88-107.
29　Dunn, *Paul the Apostle*, 406.
30　Käsemann, *Perspectives on Paul*, 3. 몸이 지닌 다양성에 대한 바울의 관심이야말로 그가 사용한 이 은유가 대부분의 고대 작가가 사용한 방식과 확실히 다르다는 점을 분명하게 해

파워스의 고린도전서 연구는 특히 성생활과 관련하여 몸 은유가 지닌 윤리적인 힘을 보여준다. 그는 고린도에서 나타나는 성적 문란에 관한 바울의 비판적 논증은 "신자들이 그리스도와 공동체적으로 하나라는 바울의 이해에 전적으로 기초한다"고 주장한다.[31] 고린도전서의 몸 은유가 지닌 의미를 더욱 폭넓게 고찰한 파워스는 그 의미를 이렇게 요약한다. "바울은 신자들이 그들을 '위하여 죽으신' 그리스도와 하나가 되었다고 단언한다. 그리고 신자들은 그리스도와의 연대에 힘입어 다른 이들과도 하나가 되었다."[32] 이와 같은 맥락에서 보우도 다음과 같이 진술한다. 신자들은 "그리스도의 몸과 유기적인 연합을 통해 그리스도인의 존재를 자신들의 삶으로 구현한다. 그 나머지는 모두 이 주장으로부터 비롯된다."[33]

이 은유의 힘은 이 은유가 그리스도와의 연합을 내포하는지 여부에 달려 있다. 그러나 이 은유가 신자들이 그리스도로부터 자라나고 그를 향해 자라가는 몸의 유기적 이미지보다는 단지 그들의 공동체적 특성을 나타낼 수도 있다. 하지만 리더보스는 이 가능성을 "극도로 피상적인"것으로 평가한다. 그는 이 은유가 신자들의 단일성과 다양성에 한정된다는 해석과 "['그리스도의 몸'에서] '그리스도의'는 오직 한정적 소유격 용법으로 보아야 한다"는 해석을 거부한다.[34]

몸 은유는 단순히 신자들의 단일성과 다양성을 가리키기보다는

준다. 예를 들어 스토아 학파의 용법에서 다양성은 정치적으로 실리적인 것으로 간주되지 않았다. Field, "Body of Christ," 96.

31 Powers, *Salvation through Participation*, 150. 이와 같은 맥락에서 Ellis도 몸 은유는 "[바울의] 신학 전체의 기초가 되며, 그의 성 윤리를 이해하는 데뿐만이 아니라 성만찬과 사역 그리고 그리스도인의 소망에 관한 그의 가르침을 이해하는 데에서도 결정적인 역할을 한다"고 말한다. E. Earle Ellis, "Sōma in First Corinthians," *Int* 44 (1990): 144.
32 Powers, *Salvation through Participation*, 55.
33 Barbara Bowe, "'You Are the Body of Christ': Paul's Understanding of the Human Person," *TBT* 29 (1991): 144.
34 Ridderbos, *Paul*, 370.

신자들이 그리스도의 지체라는 개념에 근거한다.³⁵ 신자들은 최초로 그리스도에게 참여할 그 몸의 한 지체로서 접붙여지며³⁶ "각 사람은 성령의 내주하심으로 그리스도와 연합하게 된다. 따라서 이렇게 그분과 연합된 모든 자는 다른 이들과도 서로 연합하게 된다."³⁷ 신자들의 단일성과 다양성이 이 은유를 통해 드러나는 것이 사실이지만, 그렇다고 해서 논리적으로 선행되는 그리스도와의 연합이 제외되는 것은 아니다. 리더보스는 교회의 연합이 무엇에 근거하며 왜 그리스도의 몸이라고 불릴 수 있는지를 잘 설명한다. "그는 이미 자신의 고난과 죽음으로 모든 지체를 대신해 교회를 대표하셨고 교회를 자신 안에서 새로운 단일체로 연합시키셨기 때문이다."³⁸

결론적으로 교회의 본질, 교회의 단일성과 다양성, 교회의 윤리적 기준, 교회의 구성원들의 공동체적 상호 관계 등에 관한 바울의 사상을 표현하는 데 있어 가장 효과적인 은유 중 하나인 이 몸 은유는 그리스도와의 연합에 기초한다. 신자들이 그리스도께 포함되듯이 그들은 그의 몸에 통합되어 그의 지체가 된다.

10.16 그리스도의 신부 되기

바울이 그리스도와의 연합을 묘사하는 데 사용한 또 다른 효과적인 은유는 결혼 또는 그리스도의 신부로서의 교회 은유다. 물론 성서 저자 중 바울만 이 은유를 사용한 것은 아니다. 구약성서에도 "결혼 은

---

35 "바울은 그리스도 안에 있는 **집단적 단일성**(corporate unity)을 나타내기 위해 '그리스도의 몸'이라는 이미지를 사용한다." Parsons, "In Christ in Paul," 37 [강조는 원저자의 것임].
36 Brian Daines, "Paul's Use of the Analogy of the Body of Christ: With Special Reference to 1 Corinthians 12," *EvQ* 50 (1978): 78.
37 Douty, *Union with Christ*, 238.
38 Ridderbos, *Paul*, 377.

유를 통해 하나님과 인간의 관계를 표현한 수많은 사례"가 나온다.[39] 하나님과 이스라엘의 언약 관계는 종종 남편과 아내의 관계로 묘사되며 구약성서에서도 상당히 친숙한 주제이기도 하다. 사실 이 은유는 신약성서의 다른 본문에서도 발견된다.[40] 따라서 이 결혼 은유는 다른 은유들처럼 오직 바울만 독특하게 사용한 은유가 아니다.

바울이 결혼 은유를 자신의 서신에서 명시적으로 사용한 경우는 (기껏해야) 네 번밖에 되지 않지만, 이 은유는 여전히 그리스도와의 연합을 이해하는 데 매우 중요한 역할을 한다. 7장에서 이미 입증된 바와 같이 이 은유는, 예컨대 신부에 대한 그리스도의 남편으로서의 의미를 길게 설명하는 에베소서 5:22-32에서처럼, 독특하리만큼 아주 세부적으로 묘사된다. 그리스도와 그의 교회가 "한 몸"이 되는 이 연합이 나타내는 친밀감은 그리스도와의 연합의 인격적인 성격을 부각시킨다.[41] 교회는 단순히 그리스도를 통해 구원 받고 그의 통치권 안에서 다스림을 받는 존재가 아니라 그 신랑과의 깊은 영적 관계에 참여하는 존재다.

결혼 은유는 그리스도인의 삶과 관련하여 여러 가지 함의를 담고

---

39 Richard D. Patterson, "Metaphors of Marriage as Expressions of Divine-Human Relations," *JETS* 51/4 (2008): 691. Patterson은 비록 고대 근동 문헌들도 신과 인간의 관계를 묘사하지만, 성서는 이러한 신과 인간의 관계를 묘사하기 위해 결혼 은유를 사용한다는 면에서 독특하다고 지적한다(Ibid., 690-91). 비록 결혼이라는 은유가 유일하게 성서에서만 등장하는 것이 사실이지만, Batey는 "한 육체"라는 개념은 분명 그렇지 않다는 것을 입증한다. 이 개념은 1세기에 하나 됨의 상징으로서 종교 및 철학 사상을 표현하기 위해 사용되었으며 유대인과 그리스인 모두에게 널리 알려져 있었다. Richard Batey, "The MIA ΣAPΞ Union of Christ and the Church," *NTS* 13 (1967): 271. 그러나 Batey는 바울이 사용한 "한 육체" 개념은 그리스도와 교회의 인격적이며 영속적인 연합을 표현한다는 의미에서 독특하다고 주장한다(Ibid., 279-80).

40 신랑이신 예수를 보조하는 자로 자신을 이해한 세례 요한(요 3:27-30)과 자신의 사명을 신랑의 사명에 빗대어 말씀하신 그리스도의 비유(마 9:15-16; 막 2:19-20), 그리고 혼인 잔치의 은유를 통해 그리스도의 재림을 묘사한 요한계시록 본문에 관한 논의를 위해서는 Patterson, "Metaphors of Marriage," 698-700을 참조하라.

41 손상원은 이 사실을 잘 묘사한다. "남편과 아내의 성적 연합과 그리스도와 교회의 영적 연합은 아담과 하와의 성적 연합과 모형론적으로 연관되어 있다(창 2:24)." Son, "One Flesh," 114.

있다. 7장에서 입증된 바와 같이 바울은 신자들이 부도덕한 성생활과 불성실한 영적 삶을 단절하고 교회가 그 머리되신 그리스도께 순종할 것을 교훈하기 위해 이 은유를 사용한다. 이 은유는 그리스도 안에 있는 하나님의 은혜에 신자들이 귀 기울일 것을 교회에 촉구한다. 왜냐하면 남편은 자기 아내를 구원하고 정결케 하며 돌보는 역할을 맡았기 때문이다.

10.17 그리스도와의 연합과 성례

성례(세례와 성찬)에 관한 문제뿐 아니라 이 성례와 그리스도와의 연합의 관계 문제도 그리 단순하지 않다. 그 이유는 이 문제를 바라보는 관점에 따라 한편에서는 성례와 그리스도와의 연합이 전혀 아무런 연관성이 없다고 보기도 하고, 다른 한편에서는 둘이 서로 밀접하게 연관되어 있다고 보기도 하기 때문이다.

전자의 견해는 다음과 같이 요약될 수 있다. 이 견해는 바울이 그리스도의 죽으심과 합하여 세례를 받는 것에 관해 말할 때, 그는 세례라는 성례(또는 행위)를 언급한 것이 아니라 순전히 은유적으로 표현한 것으로 본다. 그리스도의 죽으심과 합하여 세례를 받는 것은 그리스도와 함께 장사되는 것과 같으며 그의 죽음 안에서 그리스도와 연합하는 것을 다른 식으로 표현한 것뿐이다. 이것은 세례를 주는 행위와는 전혀 무관하다. 한편 성찬에 관해서는 바울이 그리스도와의 연합과 관련하여 언급조차 하지 않기 때문에 전혀 문제가 되지 않는다.

후자의 견해는 정반대의 입장을 취한다. 이 견해는 바울이 그리스도의 죽으심과 합하여 세례를 받는 것에 관해 말할 때, 그가 세례 행위 자체를 설명한다고 본다.[42] 세례는 신자들이 그리스도와 함께 그의 죽

---

42 Wedderburn의 지적에 따르면, 몇몇 학자는 그리스도와 함께 죽고 다시 살아나는 내용

음에 참여하는 수단이다. 바울은 이 용어를 은유적인 방식으로 사용하기보다는 오히려 구체적이고 독특한 방식으로 세례라는 성례를 교육적이며 효율적으로 사용한다. 즉 세례는 그리스도와의 연합으로 들어가는 의식인 셈이다. 한편 바울은 성찬에 관해 언급하는 고린도전서 11장에서 예수 자신의 몸과 피인 떡과 잔에 대한 예수의 말씀을 인용한다. 따라서 성찬에 참여한다는 것—그의 몸과 피를 먹고 마심—은 곧 그리스도와 교제를 나누는 것을 의미한다. 즉 이는 일종의 참여를 통한 헌신 행위(an act of participatory devotion)를 가리킨다.[43]

이 두 견해는 모두 긍정적인 평가와 비판적인 평가를 받을 만한 내용을 담고 있어서 중간 지점에서 합의점을 찾는 것이 중요하다. 첫 번째 견해의 장점은 바울이 그리스도의 죽으심과 합하여 세례를 받는 것에 관해 말할 때 전후 문맥은 그가 세례를 은유적으로 언급하는 것임을 암시한다는 것이다. 우리는 앞서 9장에서 로마서 6장에서 사용된 이 구문에 관해 논의했는데, 우리는 거기서 "그리스도와 함께 장사되었다"는 구문이 은유적인 표현일 수밖에 없기 때문에 이 세례에 관한 평행 구문도 은유적으로 해석해야 한다고 결론 내렸다. 한편, 두 번째 견해의 장점은 그리스도 자신이 떡과 잔에 부여한 상징적 의미를 감안한다면 본문에서 말하는 성찬이 특별히 그리스도와의 연합을 연상시킨다는 것이다.

첫 번째 견해의 약점은 그리스도의 죽으심과 합하여 세례를 받는다는 바울의 표현을 구체적인 세례 행위와 완전히 분리하기 어렵다는 것이다. 심지어 바울이 로마서 6장에서 이 용어를 은유적으로 사용

이 세례와 함께 언급될 때에는 그 배후에 세례 전승이 자리하는 것으로 본다. A. J. M. Wedderburn, "Hellenistic Christian Traditions in Romans 6," NTS 29 (1983): 341.
43 Stortz의 견해가 대표적인 예라고 할 수 있다. "성찬을 통해 그리스도는 우리 안에 거하시고 우리는 그리스도의 상한 몸을 우리 몸에 젊어진다. 세례를 통해 우리는 그리스도 안에 거하고 우리는 그리스도의 상한 몸 안으로 들어간다." Martha Ellen Stortz, "Indwelling Christ, Indwelling Christians: Living as Marked," CurTM 34 (2007): 178.

한다고 할지라도 이 은유가 일관된 의미를 지닐 수 있는 이유는 이 은유가 모든 사람이 이해하는 세례의 의미를 사용하기 때문이다. 비록 바울이 이 문맥에서 물리적인 세례 행위를 논하지 않을 수는 있지만, 그렇다고 이 사실이 이 은유와 실제적인 세례 행위와의 관계를 부정하는 것은 아니다.[44] 두 번째 견해의 약점은 바울이 신자들은 세례 행위를 통해 그리스도와 연합하게 된다고 말했을 가능성이 낮다는 것이다. 이 견해는 로마서 6장의 은유적 문맥과 상반될 뿐만 아니라 신자들은 어떤 외형적 **의식**이 아니라 **믿음**으로 그리스도와 연합한다는 바울의 확고한 신념과도 대립된다. 더 나아가 이 견해는 세례 행위에 대한 바울의 무관심한 태도와도 어울리지 않는다. 따라서 바울이 그리스도와의 연합이 세례 행위를 통해 이루어진다고 이해했다면 그는 분명 이 세례 행위를 그 무엇보다도 중요한 최고 위치에 놓았을 것이다.

한편 이 둘 사이의 중간적인 입장은 이 두 견해의 장점은 받아들이고 약점은 걸러내는 입장을 취한다. 이는 일단 바울이 그리스도의 죽으심과 합하여 세례를 받는다고 말할 때, 이 세례는 은유적인 의미를 담고 있음을 의미한다. 바울은 세례가 마치 일종의 입문 의식인 양 그리스도와의 연합이 세례 행위를 통해 이루어진다고 보지 않는다. 그리스도와의 연합은 믿음을 통해 이루어진다.[45] 그러나 바울의 표현은 세례 행위가 지닌 상징적 의미도 담고 있다. 바울이 말하는 세례는 우리가 그리스도의 죽음과 부활 안에서 그리스도와 연합되었음을 나타내는 물리적인 표지다. 이로써 우리는 로마서 6장에 성례의 의미를 부여하거나 세례를 일종의 입문 의식으로 여기는 오류를 범하지 않으면서도

---

44 "바울은 여기서 세례의 의미에 관해 숙고하는 것이 아니라 세례 받은 상태가 주는 의미, 즉 그리스도인의 존재의 본질에 관해 숙고한다." Wedderburn, "Romans 6," 341.
45 이와는 대조적으로 Letham은 "세례가 먼저 오고, 성령은 세례 안에서 그리고 세례를 통해 실효적으로 우리를 그리스도와 연합시키신다"고 주장한다. Robert Letham, *Union with Christ: In Scripture, History, and Theology* (Phillipsburg, PA: Presbyterian and Reformed, 2011), 138-39.

세례라는 성례와 그리스도와의 연합의 연관성을 확인하게 된다.

성찬과 관련하여 우리는 성찬이 지닌 상징적 의미가 그리스도와의 연합을 암시한다는 사실을 부인하기는 어렵다. 그리스도의 "몸"을 먹고 그의 "피"를 마신다는 것은 누군가가 그리스도에게 참여한다는 것을 나타내는 강력한 상징이다. 사실 이와 같은 교제를 시각적으로 이보다 더 효과적으로 표현할 수 있는 방법은 거의 없다.[46] 따라서 성찬을—적어도 바울의 사고에서—단순히 그리스도의 죽음에 참여하는 것에 대한 상징이 아니라 실제적인 참여 행위로 간주하는 것은 지나친 비약이다.[47]

비록 바울이 성찬을 매우 진지하게 취급하는 것이 사실이지만(고전 11:27-32), 그는 이 성찬을 신자가 그리스도에게 참여하는 것만큼 중요하게 생각하지는 않는다. 그는 평소에 **고난**을 강조하기 때문에 그가 그리스도의 고난에 참여하는 것을 자주 언급한다는 사실은 그리 놀랍지 않다. 그러나 성찬과 관련해서는 그렇지 않다. 성찬은 바울이 크게 관심을 둔 주제가 아니다. 결론적으로 바울은 이 두 성례를 그리스도와의 연합을 표현하는 상징적인 행위로 간주하는 것으로 보인다. 그는 이

---

46   이 상징성은 "고린도 교회의 단일성과 올바른 예배 행위를 위한 필수적인 요소, 곧 그리스도의 몸과 피에 공동체적으로 참여하는 것에 대해 바울이 보인 관심"으로 인해 더욱 강화된다. Lace Marie Williams-Tinajero, "Christian Unity: The Communal Participation in Christ's Body and Blood," *One in Christ* 40 (2005), 51. 주목할 점은 예수의 몸과 피에 참여하는 것이 그의 죽음에 참여한다는 것을 표현할 뿐만 아니라 "성육신하시고 살아 계신 인격적인 하나님과 연합된 예배자들의 새로운 현실"(Ibid., 51)을 나타낸다는 것이다. 그리스도와의 연합은 그의 백성들이 하나가 되는 연합을 의미하므로 성찬 역시 서로 연합된 공동체가 공동으로 누리는 현실이다. Wedderburn이 지적한 바와 같이 성찬은 모든 신자가 그리스도라는 한 인격에 참여한다는 개념을 유형적으로 표현해준다. Wedderburn, "Body of Christ," 79.
47   하지만 이 사실을 증명하기는 쉽지 않다. Williams-Tinajero는 "그리스도의 몸과 피가 '어떻게' 떡과 잔과 연관되는지 판단할 만한" 성서적 근거가 없다며 "모호한 본문들에서 이 요소들[떡과 잔]의 의미를 연역하기는 어렵다"고 주장한다. Williams-Tinajero, "Christian Unity," 57. 여러 교파가 신비적, 물리적, 실제적 임재를 비롯해 다양한 상징적 해석을 제시하는 이유도 바로 여기에 있다.

두 성례가 그리스도와의 연합이라는 결과를 가져오거나 이를 실현한다고 생각하지 않는다. 성례는 분명 중요한 상징이긴 하지만 그럼에도 어디까지나 상징일 뿐이다.

10.18 결론

이 장에서는 특히 그리스도인의 삶이라는 주제와 관련된 2부의 석의 결과물을 종합했다. 이로써 분명히 드러난 것은 그리스도와의 연합이 신자들의 다양한 행동, 특성, 신분 등과 관련이 있다는 사실이다. "그리스도 안에"라는 용어는 신자를 가리키는 약칭으로 사용되곤 한다. 그리스도에게 참여한다는 것은 신자들이 세상에 대하여 이미 죽었기 때문에 이제는 그리스도와 함께 고난을 받을 것이며 그분 안에서 주어진 새로운 정체성을 따라 살아야 한다는 것을 의미한다. 신자들은 그리스도의 몸의 지체로서 성적 순결뿐 아니라 단일성과 다양성이라는 측면에서도 이 몸을 존중해야 한다. 신자들은 그리스도로 옷 입은 자들이기 때문에 이제 그를 본받는 삶을 살아야 한다.

그러므로 "그리스도인의 제자도는 십자가에 달리신 주님과 합일체가 되는 것을 의미한다."[48] 그리스도와의 연합이 그리스도인의 삶에 미치는 여파는 실로 크다. 이 연합이 가져다주는 파생적 의미를 제대로 이해하지 못하고는 바울이 신자들에게 기대하는 것을 결코 이해할 수 없다. 비켄하우저는 이 사실을 이렇게 요약한다. "이 본문들은 모두 다양한 내용을 담고 있음에도 불구하고 그리스도가 그리스도인들의 진정한 생명력이 되신다는 데 의견을 같이한다. 그들에게 주어진 새로운 삶

---

48   Hooker, *From Adam to Christ*, 55.

은 그분과의 신비적인 연합에 달려 있다."⁴⁹ 따라서 "그리스도인은 그리스도 안에서 살고, 그분으로부터 모든 생명력을 부여받으며, 오직 그리스도와 연합된 상태에서 살 때에만 진정한 그리스도인이다."⁵⁰ 바클레이는 다음과 같이 마무리한다. "'그리스도 안에' 있다는 것은 그리스도께 속하고, 그리스도를 섬기며, 그리스도의 통치를 받는 것이다."⁵¹

---

49   Wikenhauser, *Mysticism*, 31.
50   Ibid.
51   Barcley, "*Christ in You*," 111.

그리스도와의 연합과 칭의

11.1 서론

최근 신약학계에서는 바울의 칭의론을 둘러싸고 수많은 논쟁이 벌어지고 있다. 그런데 이 논쟁의 일부가 바로 이 칭의와 그리스도와의 연합의 관계와 직결된다.[1] 특히 두 가지 쟁점이 뜨거운 논란을 일으

---

[1] Douglas Campbell이 최근에 집필한 방대한 저술은 그가 개인적, 근대적, 합리적, 내향적이라고 묘사하는 "칭의 이론"의 전반적인 적법성에 정면으로 도전한다. 그는 실제로 개신교 전체가 그동안 바울을 잘못 읽어왔다고 주장한다. 사실 이러한 주장은 새 관점과 옛 관점을 모두 공격하는 대담한 주장이다. 캠벨은 바울을 묵시적인 관점에서 다시 읽을 것을 제안한다. 그의 주장에 따르면 하나님의 구원은 그리스도가 그의 죽음을 통해 아담의 존재를 취하심으로써(Christ's assumption of Adamic ontology) 발생한다. 신자들은 그리스도와 함께 죽음으로써 응답하며 이를 통해 "그리스도 안에" 있는 새로운 존재를 수여받는다. 캠벨은 "바울의 성화에 관한 진술이 바로 복음이다. 성부의 뜻에 따라 성령의 사역을 통해 '그리스도 안에서' 이루어지는 구원과 성결, 곧 세례로 상징되는 이 전 과정에 관한 바울의 묘사가 바로 좋은 소식이다"라고 주장하면서 이러한 묵시적-참여적 복음(apocalyptic-participatory gospel)을 칭의와 대립시킨다. Campbell, *Deliverance of God*, 934. 비록 캠벨의 이 괄목할 만한 연구에 대해 여기서 일일이 논의할 수는 없겠지만, 그의 저술은 묵시적-참여적 도식이 칭의 이론과 서로 양립될 수 없음을 충분히 논증하지 못했다. 사실 캠벨은 이 긴장 관계(혹 이러한 긴장 관계가 존재한다 하더라도)를 지나치게 과장했다. 결국 캠벨의 다시 읽기는 칭의 이론이 바울 서신에 전혀 나타나 있지 않다고 주장

켰다. 첫 번째 쟁점은 1930년에 슈바이처가 제기한 것으로서 바울의 사고에서 칭의와 비교할 때 그리스도와의 연합이 지닌 상대적 중요성과 관련이 있다. 바울에게 있어 그리스도와의 연합은 칭의보다 더 중요한가? 후자는 단지 전자 안에 있는 부수적인 분화구에 불과한가?*

두 번째 쟁점은 그리스도와의 연합과 전가된 의의 개념의 관계를 다룬다. 어떤 교파들은 전가를 의가 신자들에게 부여되는 장치로 간주하는 반면, 다른 교파들은 그리스도와의 연합을 의의 부여를 유발하는 수단으로 간주한다. 이 두 가지 쟁점은 모두 깊은 고찰을 요구한다. 우리는 이 문제를 논의하기에 앞서 먼저 2부의 관련 연구 내용을 개관하고자 한다.

11.2 Ἐν Χριστῷ

전치사구 ἐν Χριστῷ를 다룬 3장에서 "'**그리스도 안에서**'의 칭의"라는 단락(§3.7)은 이 어구가 로마서 3:24과 갈라디아서 2:17에서 칭의와 명시적으로 연관되어 있다는 결론에 도달한다. 첫 번째 본문에서 칭의는 구속을 통해 하나님의 은혜로 이루어지며 "그리스도 안에서"(ἐν Χριστῷ) 이루어진 것으로 묘사된다. 우리는 은혜가 칭의를 가져다주는 동인인 반면, 그리스도 안에서 성취된 구속(in-Christ-redemption)은 칭의의 도구라고 논증한 바 있다. 두 번째 본문에서 칭의는 ἐν Χριστῷ와 직접적으로 연관되어 있고 여기서 이 전치사구는 칭의를 유발하는 그리스도의 동인을 나타낼 개연성이 매우 높다.

---

* 한다는 의미에서 받아들이기 어렵다.
"부수적인 분화구"로 번역된 "a subsidiary crater"라는 문구는 바울신학에서 중심적인 분화구로 묘사되는 "그리스도 안에 있음"에 미치지 못하는 칭의 교리의 위치를 나타내기 위해 슈바이처가 고안해낸 표현이다 — 역자 주.

11.3 Ἐν αὐτῷ

전치사구 ἐν αὐτῷ를 다룬 3장에서 "'그의 안에서'의 칭의"라는 단락(§3.11.3.4)은 이 어구가 고린도후서 5:21과 빌립보서 3:9에서 칭의와 직결되어 있다는 결론에 도달한다. 첫 번째 본문에서 ἐν αὐτῷ는 도구성을 나타내기 때문에 그리스도는 신자들이 "하나님의 의가 되게" 하는 도구의 역할을 한다. 두 번째 본문에서 ἐν αὐτῷ는 바울과 그리스도의 연합을 표현한다. 그는 그리스도를 얻었으며 그의 의에 동참한다.

11.4 Διὰ Χριστοῦ

전치사구 διὰ Χριστοῦ를 다룬 6장에서 "'그리스도를 통한' 칭의"라는 단락(§6.5)은 이 어구가 갈라디아서 2:16과 빌립보서 3:9에서 칭의와 직결되어 있다는 결론에 도달한다. 첫 번째 본문에서 "예수 그리스도의 믿음을 통해"라는 구문은 칭의 사역에서 율법의 행위라는 (허위) 도구성과 대비되는 그리스도의 도구성을 나타낸다. 두 번째 본문에서 "그리스도의 믿음을 통해"라는 구문은 바울에게 의로운 신분을 부여하는 그리스도의 도구성을 나타낸다.

11.5 종합

칭의와 그리스도와의 연합의 관계에 대한 논쟁의 중요성을 감안하면 바울 서신에서 이 두 개념이 서로 명시적으로 연결된 본문이 거의 없다는 사실은 매우 놀라운 일이다. 그리스도와의 연합이 바울 서신의 주요 주제인 그리스도인의 삶, 삼위일체론, 그리스도의 사역 등과 밀접하게 연관되어 있는 것에 비하면 그리스도와의 연합과 칭의의 관계는 상당히 미미해 보인다.

그러나 이와 같은 평가는 다음 세 가지 이유에서 전적으로 타당하지 못하다. 첫째, 칭의 개념은 그리스도의 사역에 속한 것이며, 바울의 삼위일체 사상과 그리스도인의 삶과도 어느 정도 연관되어 있다는 관점에서 보면 위의 분석은 칭의를 다소 인위적으로 격리시킨 인상을 준다. 이러한 격리 현상은 칭의의 높은 학문적 위상을 감안하여 칭의를 독립적으로 다루려는 시도의 결과라고도 볼 수 있다. 둘째, 다른 여러 주제와 같이 칭의 개념은 특정 어휘에 한정되어 있지 않을 뿐만 아니라 다양한 각도에서 다루어져야 한다. 셋째, 비록 그리스도와의 연합 용어와 칭의 용어가 서로 명시적으로 연관된 본문을 거의 찾아볼 수 없지만, 그래도 이 둘의 연관성은 확고하며 칭의와 관련해서는 그리스도의 도구성을 분명하게 보여준다.

11.6 칭의란 무엇인가?

앞에서 제기한 문제들을 논하기 이전에 먼저 다루어야 할 문제는 칭의에 대한 정의를 내리는 것이다. 이제 "칭의"의 의미는 더 이상 확정된 전제가 될 수 없다. 특히 바울의 새 관점을 주창하는 여러 학자의 저술과 관련하여 우리는 이제 바울에게 있어서 칭의란 무엇인가를 탐구해야 한다. 다만 한 가지 유의해야 할 점은 칭의가 그 자체로도 신약학의 거대한 주제이기 때문에 여기서는 부득이하게 간략하게 논의될 수밖에 없다는 것이다.

우리가 칭의에 관한 바울의 사고를 이해하려면 바울신학의 구조에서 칭의가 차지하는 위치를 파악하는 것이 매우 중요하다. 그리스도와의 연합의 경우와 마찬가지로 칭의와 다른 핵심 주제의 관계는 칭의의 의미와 기능을 파악하는 데 매우 중요한 역할을 한다. 또한 그리스도와의 연합과 마찬가지로 칭의와 종말론의 관계도 우리의 특별한 관심 대상이다.

슈바이처의 칭의 연구는 종말론에서부터 시작한다. "우리는 엄밀히 말해서 의는 미래에 속한 것이라는 인식에서 출발해야 한다."[2] 즉 의 혹은 의롭게 된 신분은 장차 올 최후 심판에서 내려질 의의 선언과 관련이 있다는 것이다.[3] 슈바이처에 의하면 바울은 미래와 현재가 서로 연결되어 있다는 사실을 그리스도와의 연합이라는 개념을 통해 이해했기 때문에 이 연합의 개념은 칭의와 종말론적으로 연결되어 있다. 비록 칭의는 미래에 속한 것이지만, 신자들은 그리스도와의 연합을 통해 이 칭의를 미리 맛보게 된다. 의는 "오직 그리스도 안에 거한 결과로서 얻게 된 것으로 간주될 수 있으며 신자들은 이를 통해 메시아 왕국에 합당한 신분을 미리 앞당겨 소유한다."[4]

이러한 논리를 고려하면 슈바이처가 왜 그리스도와의 연합이 바울에게 훨씬 더 근본적인 개념이라고 주장했는지를 알 수 있다. 그 이유는 바로 그리스도와의 연합이 칭의를 유발하기 때문이다. "이 의가 바로 그리스도 안에 있는 신분이 가져다주는 첫 번째 결과다. 이것으로부터 나머지 모든 것이 유래한다."[5] 따라서 바울이 믿음을 통해 의롭게 된다고 말할 때 슈바이처는 이 표현 안에 이미 그리스도와의 연합이라는 중간 단계가 전제되어 있어서 이 모든 의미를 담고 있는 하나의 축약어로 간주한다. 구속을 통해 주어지는 모든 축복은 그리스도 안에 있다는 사실로부터 나오고 이로써 믿음은 오직 그리스도와의 연합

---

2 Schweitzer, *Mysticism*, 205.
3 Ibid.
4 Ibid.
5 Ibid.

을 통해서만 작동한다는 것이다.⁶ 그래서 슈바이처는 "우리는 그리스도를 믿은 결과로 그리스도 안에 거함으로써 의를 소유한다"라고 말할 수 있는 것이다.⁷

라이트에게 의는 단순히 미래적 현실이 아니다. "칭의는 미래적인 **동시에** 현재적이다."⁸ 라이트에 의하면 바울의 칭의 교리는 네 가지 핵심 요소를 담고 있다. 첫째, 의는 이스라엘의 메시아이신 예수의 사역에 관한 것이다. 둘째, 칭의는 하나님이 아브라함과 맺은 언약에 관한 것으로서 이 언약의 목적은 이 세상을 구원하는 것이다. 셋째, 칭의는 하나님의 법정에 초점을 둔다. 넷째, 칭의는 종말론과 관련되어 있다.⁹ 이 네 가지 요소 중 세 가지는 거의 논쟁의 여지가 없다. 그 이유는 대다수 학자들이 이 칭의가 그리스도의 사역에 관한 것이고 법정에 초점을 두며 종말론적이라는 데 동의하기 때문이다. 논쟁의 여지가 다소 남아있는 부분은 라이트가 강조하는 칭의의 언약적 성격이다.

라이트는 의는 "어떤 규범을 따르는 것"(conformity with a norm)을 가리키며 이 개념이 하나님께 적용될 때는 "자기 자신이 세운 규범, 즉

---

6   Ibid., 206.
7   Ibid. Deissmann도 이와 유사한 개념을 이렇게 표현한다. "'믿음'으로부터'의 칭의 또는 믿음을 '통한' 칭의는 사실 믿음 '안에' 있는 칭의, '그리스도 안에' 있는 칭의, '예수 그리스도의 이름으로'의 칭의, '그리스도의 보혈로'의 칭의다. 믿음은 칭의의 선행 조건이 아니라, 칭의를 경험하는 것이다." Deissmann, *Paul*, 169-70. Gaffin도 이에 동의한다. "믿음에 의한 칭의가 아니라 믿음에 의한 부활하신 그리스도와의 연합(아마도 이 연합에서는 칭의의 양상이 가장 현저하게 드러남)이 바로 바울의 적용 구원론(Paul's applied soteriology)의 중심 사상이다." Gaffin, *Resurrection*, 132.
8   N. T. Wright, *The New Testament and the People of God* (Christian Origins and the Question of God 1; Minneapolis: Fortress, 1992), 336[강조는 원저자의 것임]. Käsemann은 이 사실을 다음과 같이 표현한다. "그리스도께서 한번 행하신 일은 지속적인 유효성을 지니며 그에게 속한 부분을 우리에게 주신다. 따라서 '그리스도 안에'는 과거에 한번 일어난 구원 사건의 역사적 범위와 바로 그 사건에 의해 설정되는 영역에 속하게 되는 것을 의미한다." Käsemann, *Perspectives on Paul*, 99-100.
9   Wright, *Justification*, ix-x.

언약에 관한 하나님의 충성심을 가리킬 개연성이 높다"고 주장한다.[10] 따라서 의의 언약적 성격에 관한 라이트의 이해는 예수 그리스도 안에서 자기 자신이 세운 "규범"을 따르시는 하나님에게서부터 재구성된다. 의의 네 가지 요소는 모두 그리스도 안에서 하나님이 행하신 일에 기초를 둔다. 첫째, 의는 메시아의 사역에 관한 것이다. 둘째, 하나님이 아브라함에게 주신 언약의 약속들은 그리스도 안에서 성취된다. 셋째, 예수가 의롭다 함을 받았기 때문에 그에게 속한 모든 자도 의롭다 함을 받는다. 넷째, 새로운 세상이 도래했다.[11] 이 요소들은 의의 메시아적·언약적·사법적·종말론적 측면을 성취한다.

라이트는 바울에게 있어 칭의란 "메시아 안에서" 발생한 그 무엇임을 인정한다. 신자의 의로운 신분은 그리스도에게 통합됨으로써 주어진다.[12] 이러한 통합은 칭의의 다른 요소들—"법정적 판결, 언약적 선언, 도래한 종말론의 공표"—이 확정되는 기초가 된다.[13] 이 마지막 요소—도래한 종말론의 공표—는 바울의 부활 종말론을 나타낸다. 왜냐하면 그리스도 안에 있는 자들은 마지막 날의 최후 신원(vindication)에 **앞서** 이미 의롭다고 인정받은 그리스도의 신분에 참여하기 때문이다.[14]

안타깝게도 몇몇 비평가는 라이트의 입장을 **전적으로** 언약적 혹은 사회학적이라고 풍자한다. 그러나 전혀 그렇지 않다. 그의 견해는 언약적이며 사회학적인 요소를 담고 있는 동시에 사법적이며 종말론적인 요소도 그대로 유지한다.[15] 라이트 자신의 말을 빌리자면 "법정 배

---

10   Ibid., 46.
11   Ibid., 80.
12   Ibid., 119.
13   Ibid., 128.
14   Ibid., 134.
15   Bird가 지적하듯이 "Dunn과 Wright는 칭의가 어떤 사람이 하나님 앞에서 갖는 지위에 영향을 미치기 때문에 최후 심판에서 하나님 앞에서 그들이 갖게 될 지위를 결정한다는 사실을 부인하지 않는다." Michael F. Bird, *The Saving Righteousness of God: Studies on Paul, Justification and the New Perspective* (Milton Keynes, UK: Paternoster, 2006), 29. 그럼에

경에서 '의'는—이것은 양식 있는 루터파 혹은 개혁파 신학자라면 절대 거부하지 않을 것임—**법정이 어떤 이에게 우호적인 판결을 내렸을 때 그가 지니게 된 신분**을 나타낸다."[16]

고먼은 라이트의 영향 하에 칭의에서 세 가지 요소를 발견한다. 이 요소들은 첫째, 하나님과의 올바른 관계이고, 둘째, 다른 이들과의 올바른 관계이며, 셋째, 심판의 날에 내려질 무죄 선고다.[17] "다시 말하면 칭의, 의, 그리고 이와 관련된 다른 영어 용어들은 **하나님과 이웃에 대한 언약적 신실함 및 하나님의 궁극적인 동의**를 가리킨다."[18] 의의 문제를 언약적으로 접근하는 입장들은 언약의 파트너로서 신자들로 하여금 자기 자신과 올바른 관계를 맺게 하시는 하나님과 더불어 다른 언약 구성원들과의 올바른 관계를 강조한다.[19] 따라서 칭의는 올바른 언약 관계, 즉 "(하나님을 향한) '수직적' 혹은 신학적 관계 및 이와 불가분의 관계인 (다른 이들을 향한) '수평적' 혹은 '사회적' 관계"를 확립하는 것을 가리킨다.[20] 따라서 이러한 의에 대한 언약적 접근들도 법정의 판결을 염두에 두기 때문에 칭의의 사법적인 측면을 부정하지 않는다. 그러나 이러한 사법적 요소들은 단지 바울이 말하는 칭의의 일부분에 불과하다. "사법적 이미지는 보다 광범위한 언약적·관계적·참여적·변혁적인 틀에 입각해 이해되어야 한다."[21]

그러나 슈라이너는 이러한 칭의에 관한 "언약적" 접근들을 비판한다. 그는 하나님의 의가 언약에 대한 하나님의 신실하심을 표현한다

도 Bird는 Dunn과 Wright가 칭의를 사회학적 개념과 교회론적 개념으로 축소시키는 "인상을 종종 준다"는 사실도 인정한다(Ibid., 100).
16　Wright, *Justification*, 69[강조는 원저자의 것임].
17　Gorman, *Cruciformity*, 136.
18　Ibid.[강조는 원저자의 것임].
19　Bassler, *Navigating Paul*, 68.
20　Gorman, *Inhabiting the Cruciform God*, 52–53.
21　Ibid., 54–55.

는 사실은 받아들이면서도 하나님의 의는 언약에 대한 그의 신실하심**이다**라고 말하는 것과는 다른 것이라고 주장한다.[22] "하나님의 의는 확실히 그의 언약적 약속들을 성취하지만, 그렇다고 해서 이것이 우리가 의를 언약적 신실하심으로 정의해야만 한다는 것으로 귀결될 수는 없다."[23] 슈라이너의 주장도 어떤 면에서는 일리가 있다. 의를 언약적으로 정의하는 것 자체가 용어의 혼동을 야기한다고도 볼 수 있다. 슈라이너 자신도 인정하듯이 하나님의 의와 그의 언약적 신실하심 사이에는 모종의 연관성이 존재하지만, 이러한 연관성이 곧 명시적 의미라고는 할 수 없다. 이 둘은 서로 연관되어 있지만 그렇다고 해서 동일한 것은 아니다.[24] 따라서 버드가 주장한 바와 같이 칭의는 "어떤 사람이 하나님 앞에서 갖는 신분에 관한 수직적 범주"로서 바울이 "이방인들이 **이방인으로서** 그리스도인의 교제 모임 안에 들어가는 것"이라고 주장하듯이 이 칭의 또한 언약적 **함의**를 담고 있다고 결론내리는 편이 더 바람직할 것이다.[25]

고먼은 라이트보다 한 걸음 더 나아가서 칭의의 사법적 측면을 윤리적 요소와 결합시킨다. 칭의는 불의한 자를 의로운 자로 만든다. "즉 칭의는 사람들을 하나님의 의/정의로 변화시키는 하나님의 행위다."[26] 따라서 신자들은 십자가에서 드러난 하나님의 정의를 수행할 수 있게

---

22 Schreiner, *Paul*, 199.
23 Ibid., 199.
24 이에 대해 Bird도 이렇게 말한다. "의는 다른 본문에서 하나님의 행위가 아니라 그의 구원 행위의 기초이자 근본적 이유로 나타난다. 따라서 이 의는 이스라엘에게 주신 언약적 약속에 대한 하나님의 신실하심을 내포할 수 있다.…그렇다면 하나님의 의는 그의 구원 행위에서 체현되고 구현된 하나님의 성품이며 이는 (이스라엘과 의인들에 대한) 신원(vindication)과 (이교도들의 세상과 악인들에 대한) 정죄(condemnation)를 의미한다." Bird, *Saving Righteousness*, 15.
25 Ibid., 113.
26 Gorman, *Inhabiting the Cruciform God*, 99.

된다.[27] 이것은 하나님의 의 선언의 필연적인 결과이며 이로써 "실제적이며 실존적인 변화의 과정"이 시작된다.[28] "'의롭게 되었다!'라는 하나님의 선언은 이제 '수행적 발언'(performative utterance)으로서 다시 되돌아오지 않고 변화를 일으키는 효력이 있는 말씀이다."[29] 고먼에 의하면 이것은 그리스도의 죽음의 희생적 의미를 약화시키지 않는다. 오히려 그의 죽음은 속성상 다의적 의미를 가지므로 의롭다 함을 받은 자들은 "율법을 준수하고 사랑을 실천할 수 있다. 왜냐하면 그들은 용서**받았고 해방되었으며 회복되었고** 성령으로 채워졌기 때문이다."[30]

바울의 말을 따르자면 칭의가 변화를 가져온다는 사실을 부인할 사람은 거의 없겠지만, 고먼은 바로 그 변화가 칭의가 **의미하는** 바의 한 부분을 차지한다고 주장하는 듯하다. 즉 변화는 단순히 칭의의 적용이나 결과가 아니라 칭의의 한 부분이라는 것이다. 이 부분에 있어서는 고먼이 너무 나아갔다. 바울의 사고 안에서 칭의는 그리스도의 사역에 기초하며, 본질상 사법적이고 종말론적이며 언약적인 배경을 가지고 있다고 볼 수 있다. 그러나 하나님의 무죄 선언을 나타내는 용어가 동시에 신자의 삶 속에서 의를 실현하는 것을 의미한다는 그의 주장은 지나치게 광의적이다. 칭의가 의의 선언과 의의 윤리적 실천을 모두 포괄하는 등 다의적 개념이라는 그의 제안은 궁극적으로 설득력이 떨어진다.

여기서 문제가 되는 부분은 앞에서 칭의의 언약적 정의와 관련하여 제기된 문제와 맥을 같이한다. 의의 선언과 그것으로부터 나올 것으로 기대되는 윤리적 행실의 연관성은 이 둘이 동일하다는 것을 의미하지 않는다. 슈라이너도 이 문제를 지적한다. 그는 윤리적 용어와 의라

---

27   Ibid., 99.
28   Ibid., 101.
29   Ibid.
30   Ibid., 102.

는 용어가 서로 연결되어 있다는 사실이 이 단어들이 동일한 의미를 지닌다는 것을 입증하지는 않는다고 주장한다.[31]

고먼의 주장에서 발견되는 또 다른 문제는 바울의 광범위한 윤리적 구조와 관련이 있다. 바울의 윤리가 "당신의 존재에 걸맞은 사람이 되라"(be what you are)로 요약될 수 있음은 이미 널리 알려져 있다. 만약 당신이 의롭다고 여김을 받았다면 당신의 행실에서 의로운 자의 모습을 보여라. 이러한 윤리 구조는 신자의 윤리적 행실이 은혜로 주어진 신분(grace-effected status)으로부터 나온다는 사실을 보여준다. 하나님은 죄인들이 자신과 올바른 관계를 맺은 자임을 선포하시고 그들은 그 신분에 걸맞은 삶을 살아야 하는 것이다. 그러나 칭의에 관한 고먼의 이러한 재구성은 이 두 부분을 하나로 묶어버린다. 곧 올바른 행위를 일으키는 신분이 결여되어 있다. 왜냐하면 신분과 올바른 행위는 동일한 개념의 양면이기 때문이다. 따라서 우리는 고먼이 도출해낸 최종 결론—신자들에게 의로운 신분을 부여하시는 하나님의 은혜는 의로운 삶에 대한 기대를 수반한다는 것—에는 동의할 수 있지만, 그의 전체 논지를 곧 바울이 "칭의"를 통해 말하고자 한 것으로 정의하는 데에는 동의할 수 없다. 칭의는 당연히 올바른 삶을 가져다주지만, 올바른 삶은 바울이 칭의를 통해 말하고자 한 것에 속하지 않는다. 칭의는 하나님의 언약적 약속들을 성취하는 차원에서 행해진, 곧 그리스도의 사역에 근거한 하나님의 종말론적-사법적 선언이다.

11.7 그리스도와의 연합과 칭의: 얼마나 중요한가?

이신칭의 교리는 중심 분화구—그리스도 안에 있음—의 가장자리에

---

31 Schreiner, *Paul*, 206-7.

형성된 부수적인 분화구에 불과하다는 슈바이처의 단언은 여전히 영향력을 행사한다.[32] 비록 슈바이처의 이 진술이 수많은 반대를 불러일으켰지만,[33] 이 결론에 이르게 한 통찰들은 아직도 학계에 큰 영향력을 미친다. 순전히 빈도수로만 측정한다면 그리스도와의 연합이 칭의보다 훨씬 더 큰 비중을 차지한다는 데에는 의심의 여지가 없다. 우리가 이미 살펴봤듯이 바울은 연합이라는 용어를 매우 다양한 개념 및 주제와 연결시키면서 빈번하게 사용한다. 그러나 빈도수 자체가 반드시 그 주제의 중요도를 결정하는 것은 아니다. 라이트는 바울 사상의 "중심"으로 칭의와 그리스도 안에 있는 것 중 어느 하나를 택일할 필요는 없다고 제안한다. "이 둘은 서로 대립되는 개념으로 이해해서는 안 되며 우리는 이 둘의 상호 연관성을 인정할 때에만 비로소 그 의미를 온전히 이해할 수 있다."[34]

그럼에도 지금까지 이 책이 제시한 연구 결과는 칭의가 그리스도와의 연합의 결과로 발생한다는 입장과 훨씬 더 잘 부합한다. 이 사실은 앞에서 이미 살펴보았듯이 그리스도와의 연합에 관한 용어가 칭의와 관련하여 도구적으로 사용된다는 사실에 의해서도 뒷받침된다. 칭의는 그리스도를 통해서 그리고 그리스도 안에서 일어나는 것이다. 뿐만 아니라 그리스도의 사역이 내포하는 이러한 다양한 의미가 종종 도구적 관계를 염두에 둔 그리스도와의 연합과 관련되어 있기 때문에, 연합이라는 주제가 다른 주제들을 야기하는 원천적 주제라고도 볼 수

---

32 Schweitzer, *Mysticism*, 224-25.
33 예를 들어 Beker를 참조하라. "바울의 논증을 담고 있는 문맥은 마치 그리스도에게 존재론적으로 참여하는 '중심 분화구'가 바울의 복음의 '참된 핵심'이고 믿음에 의한 칭의는 전적으로 부차적인 것처럼 보는 이분법적 해석을 허용하지 않는다." Beker, *Paul the Apostle*, 286. 참조. Schreiner, *Paul*, 194.
34 Wright, *Justification*, 201-2. 라이트의 분석에 의하면 칭의와 그리스도 안에 있음은 언약이라는 포괄적인 범주 안에서 하나로 통합된다. Wright, *Justification*, 203. 참조. Burger, *Being in Christ*, 259; Beker, *Paul the Apostle*, 259-60; Schreiner, *Paul*, 156-57; Bird, *Saving Righteousness*, 86.

있다. 그런 의미에서 칭의 역시 그리스도와의 연합으로부터 나오고 그리스도 안에서 공통된 뿌리를 두고 있다는 점에서 그리스도의 다른 사역들과도 잘 조화를 이룬다. 리더보스도 인정하듯이 "칭의 교리의 토대는…그리스도와 그에게 속한 자들의 집단적 하나 됨에 있다."[35]

이러한 주장은 칭의가 그리스도의 죽음과 부활 및 신원(vindication)과도 연관되어 있다는 사실에 의해서도 지지를 받는다. 우리는 신자들이 의에 이르는 과정의 각 단계에서 그리스도의 의가 담고 있는 여러 중요한 요소에 참여한다는 사실을 확인한다. 그들은 죄를 위해 죽으신 그리스도의 죽음에 참여할 뿐만 아니라 그의 의로우심을 입증한 부활에도 참여한다. 결론적으로 그리스도에게로의 참여는 반드시 칭의를 가져다준다. 또한 이것은 그리스도와의 연합이 가져다준 결과이기도 하다. 따라서 바울이 사법적 모델과 참여적 모델 등 두 개의 "구원론적 모델"[36]을 제시한다는 주장을 거부한 고먼의 견해는 타당하다. 오히려 바울이 가지고 있던 한 가지 구원론적 모델은 십자가에 함께 못 박힘(co-crucifixion)으로 주어지는 칭의다.[37]

11.8 의로우심을 입증한 부활

여러 학자는 바울 사상에서 칭의와 부활의 연관성을 발견한다.[38] 유대

---

35 Ridderbos, *Paul*, 169. "불경건한 자에 대한 칭의는 '그리스도 안에서' 일어나는 칭의이며 이는 그의 대속적 죽음과 부활에 기초할 뿐만 아니라 그에게 속한 자들이 그에게 집단적으로 포함됨으로써 발생한다"(Ibid., 175).
36 그는 이 견해를 주창하는 학자로 Bart Ehrman과 Douglas Campbell을 인용한다. Gorman, *Inhabiting the Cruciform God*, 42.
37 Gorman, *Inhabiting the Cruciform God*, 45.
38 예컨대, Burger, *Being in Christ*, 250; Bird, *Saving Righteousness*, 40-59; Michael F. Bird, "Progressive Reformed View," in *Justification: Five Views* (ed. James K. Beilby and Paul Rhodes Eddy; Downers Grove, IL: InterVarsity Press, 2011), 150. 물론 이 연관성은 무조

교 종말론은 마지막 날에 있을 의인들의 부활을 기대했으며 바울은 이러한 기대를 그리스도의 부활이 지닌 신학적 의미를 이해하는 데 사용했을 것으로 보인다.[39] 예수의 부활은 하나님 앞에서 그의 신원(vindication)을 알리는 역할을 한다. 그는 죽은 자들 가운데서 부활하심으로써 의롭다고 인정받았다.[40] 레덤이 진술하듯이 "그리스도는 그의 부활과 함께 두 번째 아담으로서 의롭다 함을 받았다."[41]

만약 그리스도의 칭의가 그의 부활을 통해 일어난 것이라면 신자들의 칭의는 그들이 그분께 참여함으로써 일어난다고 주장할 수 있다.[42] 따라서 버거는 이를 이렇게 기술한다. "그리스도께서 우리의 불의에 참여하셨듯이 우리도 이제 그의 신원에 참여하고 의롭다 함을 받게 된다. 우리의 칭의는 불의한 자가 그리스도의 신원에 은혜롭게 참여하는 것을 의미한다."[43] 신자들은 그리스도와 함께 죽고 살아남으로써 그의 부활을 통한 신원에 참여한다. 그들은 이 사건들에 참여함으로써

건 받아들여지지는 않는다. Wright는 "부활과 칭의를 서로 하나로 묶을 무언가가 있는 것 같은데 우리 서구 전통의 일각에서는 이 사실을 파악하는 데 실패했다"며 안타까워한다. Wright, *Justification*, 219.

39 Powers는 비록 바울이 신자의 종말론적 부활을 예수의 부활에 참여하는 것으로 이해하는 방향으로 발전시키긴 했지만, "바울이 이 개념의 주요 요소들을 유대 전승에서 빌려왔을 가능성을 너무 쉽게 배제해서는 안 된다. 사실, 「모세 승천기」에는 신자의 종말론적 부활을 예수의 부활에 참여하는 것으로 이해하는 바울의 사상과 유사하게 보이며 심지어는 이 사상의 기초가 될 만한 어떤 종말론적 사상들이 있다"고 말한다. Powers, *Salvation through Participation*, 215.

40 Ibid., 82-83; Hooker, *From Adam to Christ*, 40.

41 Letham, *Union with Christ*, 137.

42 Hooker도 이에 동의한다. "그리스도의 죽음과 부활이 많은 이에게 '칭의'를 가져다주는데 그 이유는 바로 자기 자신이 하나님에 의해 '의롭다고 인정받으시고' 의로 여김을 받으시기 때문이다." Hooker, *From Adam to Christ*, 31.

43 Burger, *Being in Christ*, 248. 참조. Bird, *Saving Righteousness*, 2. "예수의 부활은 그에게 내려진 칭의 선언이며 신자들은 이런 칭의를 받으신 메시아와 연합되어 있는 한 의롭다 함(칭의)을 받는다." "결과적으로 그리스도와의 연합은 의롭다 함을 받으신 메시아, 곧 그 의로우신 분과의 연합을 의미한다. 그의 부활 사건으로 인해 예수는 의와 구속의 핵심이 되시며 신자들은 오직 의롭다 함을 받으신 메시아와 연합되었다는 이유로 의롭다 함을 받는다"(Ibid., 56).

의롭다고 여김을 받는다.⁴⁴ 개핀도 이러한 논리를 지지한다. "상호 연대성을 고려하면 그리스도와 함께 살아난다는 것은 신자들에게도 그리스도의 부활이 그리스도 자신에게 주는 의미에 상응하는 의미를 부여한다."⁴⁵ 사실, 개핀은 이보다 훨씬 더 깊이 들어간다. 그는 바울이 신자의 칭의, 입양, 성화, 영화, 또는 이와 관련된 다른 어떤 혜택에 관해 말할 때마다 그가 항상 그리스도와 함께 부활하는 것을 염두에 두고 있다고 주장한다.⁴⁶

죄를 위해 죽으신 그리스도의 의는 그의 신원의 표증인 그의 부활을 통해 공표된다. 신자들은 그리스도와 함께 죽고 그와 함께 살아났으며 이로 인해 그와 함께 의롭다 함을 받는다. 그리스도의 의가 자신의 죽음과 부활의 결과이듯이 신자들의 칭의도 그들이 그리스도와 함께 죽고 다시 부활한 결과다.⁴⁷ 그런 의미에서 고먼은 "바울에게 있어 칭의란 그리스도와 함께 십자가에 못 박힘으로써 야기된 그리스도의 부활의 생명에 참여하는 경험"이라고 적절하게 설명한다.⁴⁸

---

44 Hooker도 이에 동의한다. "그리스도 안에 있다는 것은 바로 그 존재와 합일체가 되는 것이다. 따라서 만약 그가 부활하신 것과 의롭다고 인정받은 사실이 신자들에게 의롭다 함을 받게 하고 부활을 가져다준다면 이는 전혀 놀랄 만한 일이 아니다." Hooker, *From Adam to Christ*, 37.

45 Gaffin, *Resurrection*, 129; "더 정확히 말하면 신자가 그리스도와 함께 다시 살아났다는 개념은 그가 의롭다 함을 받고 자녀로 입양되고 성화되고 그리스도와 함께 영화된 자, 더 적절하게 표현하자면 그가 의롭다 함을 받으시고 아들로 입양되시고 성화되시고 영화되신 그리스도와 연합된 자일뿐 아니라 이러한 (실존적) 연합에 힘입어 이 모든 혜택을 누리게 된 자임을 천명한다"(Ibid.).

46 Ibid. 참조. Powers, *Salvation through Participation*, 83-84. "바울은 신자에게 주어진 화목, 칭의, 무죄 선언을 그리스도와 신자 그리고 신자와 그리스도의 상호 참여와 합일의 결과로 본다."

47 Gaffin도 이에 동의한다. "그렇다면 그리스도의 부활과 함께 주어진 그리스도의 칭의는 그리스도인들이 믿음으로, 부활하신 그리스도 곧 의롭다 함을 받으신 그리스도와 연합함으로써 그의 의가 그들의 의로 여겨지거나 그들에게 전가될 때 비로소 그들의 것이 된다." Richard B. Gaffin, "Justification and Eschatology," in *Justified in Christ: God's Plan for Us in Justification* (ed. K. Scott Oliphint; Fearn, Scotland: Mentor, 2007), 6.

48 Gorman, *Inhabiting the Cruciform God*, 40.

11.9 전가

최근 학계에서 논의되고 있는 두 번째 핵심 문제는 그리스도와의 연합과 전가된 의의 관계다. 신자들은 어떻게 의롭다고 칭함을 받는 것인가? 전가를 통해서인가 혹은 그리스도와의 연합을 통해서인가?[49] 사실 전가 교리 옹호자들이 자신들의 견해를 지지하는 본문 석의를 제시하기란 아직도 그리 쉽지 않다. 로마서 4장은 그동안 전가에 관한 논의에서 핵심 본문으로 간주되어왔다.[50] 비커스는 이 본문이 "'전가 본문'으로서는 최상의 본문"이라고 말한다.[51] 그러나 그는 심지어 이 본문도 "이 교리에 관한 세부 내용을 모두 담고 있지 않다"고 인정한다.[52] 실상 버드에 의하면 "그리스도의 의가 신자들에게 전가된다고 단언하는 본문은 신약성서에 전혀 없다."[53]

하지만 이 문제는 신학적으로 접근하는 것도 필요하다. 그래서 카슨은 다음과 같은 질문을 던진다. "혹 많은 말로 그리스도의 의가 그의 백성에게 전가된다고 **명시적으로** 말하는 바울 본문이 하나도 없다 하

---

49 Gundry의 견해에 의하면 이 문제는 그저 신자들이 **어떻게** 그리스도의 의를 부여받는가 하는 문제를 넘어선다. 그는 바울의 해당 본문들이 그리스도의 의보다는 **하나님**의 의를 말하기 때문에 신자들은 전혀 그리스도의 의를 받거나 그 의에 참여하지도 않는다고 주장한다. 우리의 죄는 그리스도에게 전가되지만, 그의 의는 우리에게 전가되지 않는다. 오히려 하나님은 믿음을 의로 여기신다는 것이다. Robert H. Gundry, "The Nonimputation of Christ's Righteousness," in *Justification: What's at Stake in the Current Debates* (ed. Mark Husbands and Daniel J. Treier; Downers Grove, IL: InterVarsity Press, 2004), 17-45.

50 새 관점의 접근들과 그 반대자들의 관점에 비추어 진행된 롬 4장에 대한 유익한 분석은 Gerhard H. Visscher, *Romans 4 and the New Perspective on Paul: Faith Embraces the Promise* (Studies in Biblical Literature 122; New York: Peter Lang, 2009)를 참조하라. 특히 전가에 관해서는 167-77을 참조하라.

51 "이에 대한 이유는 간단하다. '여기다'(λογίζομαι)라는 단어는 성서의 다른 어떤 본문에서보다 로마서 4장에서 훨씬 더 자주 등장한다." Brian J. Vickers, *Jesus' Blood and Righteousness: Paul's Theology of Imputation* (Wheaton, IL: Crossway, 2006), 71.

52 Ibid. 111.

53 Bird, *Saving Righteousness*, 2.

더라도, 과연 이 사상의 본질을 입증할 만한 성서적 증거는 존재하는가?"[54] 전가 개념은 과연 그리스도의 의가 신자들에게 부여되는 암묵적 장치(implicit mechanism)를 가리키는가? 논쟁의 반대 편에서는 신자들이 그리스도와의 연합을 통해 그들에게 주어지는 것이 그리스도의 의이기 때문에 바울의 신학적 틀 안에서 전가 교리를 임의적으로 도출해 낼 필요는 없다고 주장한다.[55] 다시 말하면 신자들은 그리스도와의 연합을 통해 의로 여겨지는 것이지, 전가를 통해서 의로 여겨지는 것이 아니라는 것이다.

본문 주해의 관점에서 보면 전자의 입장보다 후자의 입장을 견지하기가 보다 더 용이하다. 그리스도와의 연합과 더불어 그리스도의 도구성과 동인이 신자들에게 칭의를 가져다준다는 점은 이미 입증된 바 있다(롬 3:24; 고후 5:21; 갈 2:16-17; 빌 3:9). 비록 그리스도와의 연합과 칭의가 서로 직접적으로 연결된 본문이 몇 안 되는 것이 사실이지만, 의의 전가를 명시적으로 언급하는 본문들의 **부재**보다는 월등히 많다. 이러한 접근은 주해적 타당성 못지않게 신학적 정당성도 가진다.

하지만 혹자는 이러한 논쟁이 오히려 잘못된 이분법에 의한 것이 아닌지 의구심을 갖는다. 그리스도와의 연합과 전가를 대립시키는 것

---

54 D. A. Carson, "The Vindication of Imputation," in *Justification: What's at Stake in the Current Debates* (ed. Mark Husbands and Daniel J. Treier; Downers Grove, IL: InterVarsity Press, 2004), 50[강조는 원저자의 것임]. Vickers도 이와 동일한 주장을 한다. "비록 어느 한 본문도 전가의 모든 '구성 요소'를 포함하거나 논의하지 않지만, 이 교리는 바울 구원론의 한 구성 요소(component)를 차지한다." Vickers, *Imputation*, 18.

55 예를 들어 Powers는 바울 서신에 나타난 전가 개념에 관해 강력하게 반대한다. 그가 제시하는 두 핵심 포인트는 칭의에 관한 모든 핵심 본문에서 전가 개념이 부재하다는 것과 의는 신자들이 그리스도에게 참여함으로써 그들에게 부여된다는 것이다. Powers에게 있어 그리스도에게로의 참여는 전가나 대속의 가능성을 배제한다. "'그리스도는 우리를 위해 죽으셨다'라는 가장 초창기 신자들의 주장 이면에 자리한 가장 중요한 개념은 대표와 참여의 개념이지 대속의 개념이 아니다." Powers, *Salvation through Participation*, 234. 그러나 그리스도에게 참여한다는 것이—그리고 그리스도에 의해 대표된다는 것이—신학적 개념으로서의 대속이나 전가와 상호 배타적인지는 분명하지 않다.

이 과연 필요한가? 이 두 개념은 서로 양립할 수 있고 사실상 서로 하나라는 주장은 불가능한가? 전가는 하나의 신학적 개념으로서 그리스도와의 연합의 한 결실로 이해해야 한다는 것이 나의 주장이다. 신자들이 그리스도와 연합함으로써 그분의 의가 그들에게 전가되는 것이다. 사실 비커스도 전가 교리를 강하게 옹호하면서 이와 동일한 결론에 도달한다. "그리스도의 의의 전가가 그리스도와의 연합과 함께 일어난다는 사실은 아무리 강조해도 지나치지 않다. 오직 사람이 그리스도와 합일체가 될 때에만 그리스도의 의가 그 사람에게 전가되는 것이다."[56]

그런데 이러한 일괄적 설명이 설득력을 얻으려면 전가가 마치 한 은행 계좌에서 다른 은행 계좌로 자금이 이체되는 것처럼 그리스도의 의가 자신에게서 기계적으로 "빠져나가" 다른 이들에게 비인격적으로 들어가는 것으로 이해되어서는 안 된다. 이러한 이해는 신자들과 그리스도 간의 연합을 결코 올바르게 설명해주지 못한다. 카슨도 이 문제를 인식한다.

> 한편으로 칭의는 바울 서신에서 우리가 그리스도에게 통합되는 것, 곧 우리가 그리스도와 연합하는 것과 밀접하게 연결되어 있다.…만일 우리가 이러한 그리스도와의 연합을 제대로 이해하지 **못하고**…칭의나 전가를 이야기한다면 우리는 그리스도 안에 포함되는 것과 **거리가 먼**, 그리스도와의 연합과 **거리가 먼** 종류의 전이를 생각할 위험에 끊임없이 노출되게 된다.[57]

전가는 전적으로 타자에게 속한 의를 아무런 자격 없이 받는 것이

---

56 Vickers, *Imputation*, 237. 참조. Lane G. Tipton, "Union with Christ and Justification," in *Justified in Christ: God's Plan for Us in Justification* (ed. K. Scott Oliphint; Fearn, Scotland: Mentor, 2007), 23-49.

57 Carson, "Vindication," 72.

며 이러한 "타자의"(alien) 의는 두 당사자 간의 "비-타자화"(un-alienation)에 의해 주어지는 것으로 이해되어야 한다. 일단 신자들이 그리스도와 연합하게 되면 그의 의는 그들에게 공유된다.[58] 이로써 전가와 그리스도와의 연합은 쌍방의 근거가 되며 서로 공존한다.[59]

11.9.1 루터

우리가 기억해야 할 점은 전가에 관한 이러한 이해가 개신교 개혁주의 전통에서 전혀 낯설지 않다는 것이다. 사실 이것이 바로 루터와 칼뱅이 견지했던 입장이라고 주장되어왔다. 루터는 의의 전가가 신자들이 그리스도와 한 몸을 이루는 연합을 통해 일어난다고 보았다. 메츠거는 이 사실을 다음과 같이 표현한다.

> 우리는 우리가 의롭다고 칭함을 받았기 때문에 그리스도와 한 몸이 된 것이 아니다. 오히려 우리는 우리가 그리스도와 한 몸이기 때문에 의롭다고 칭함을 받는다. 우리는 이것을 전가된 의의 거부를 암시하는 것으로 이해해서는 안 된다. 그 이유는 전가된

---

58 Gaffin은 "타자의 의"(alien righteousness)라는 개념을 잘 설명한다. "의롭다고 여기는 의는 우리로부터 나오지 않는다. 이 의는 우리 자신의 것도 아니며 우리 자신의 행함으로부터 오는 것도 아니고, 다만 그리스도의 것이다. 여기서 유의할 점은 칭의의 유일한 근거가 되는 그리스도의 의를 그 무엇과도 그리고 죄인 안에서 일어나는 어떠한 변화와도 혼동하지 않는 것이다. 또한 여기서 우리가 유의할 점은 신자가 행하는 것이나 신자 안에서 일어나는 것과는 별개로 그리스도가 단번에 행하신 사역을 통해 나타난 칭의의 의가 완벽하면서도 온전하다는 사실을 희석시켜서는 안 된다는 것이다. 그런 의미에서 '타자의 의'라는 용어는 분명 사용 가능할 뿐만 아니라 매우 유익하다." Gaffin, "Union with Christ," 285.

59 Gaffin의 견해에 의하면 신자에게 부여된 의가 그리스도와 함께 다시 살아남으로써 주어진다는 사실은 전가 교리가 안고 있는 일부 문제를 해결해준다. 이를테면 경건하지 않은 자에게 주어지는 칭의는 "임의적인 것이 아니라 진리에 의한 것이며 이 개념은 (부활하신) 그리스도와 잘 조화를 이룬다." Gaffin, *Resurrection*, 132. 그렇다면 믿음에 의한 칭의는 일부 비판자가 주장한 바와 같이 사법적 허구가 아니라 그리스도의 부활에 참여하는 신자들에게 공유되는 그리스도의 칭의다. 참조. Bird, *Saving Righteousness*, 8-9; Vickers, *Imputation*, 216-22.

의 혹은 타자의 의라는 개념이 우리가 우리 스스로 의로운 자가 될 수 없다는 근본적인 진리를 전달하기 때문이다. 우리는 오직 그리스도와의 관계 속에서만 의로운 자들이다.[60]

루터는 의의 전가와 그리스도와의 연합 사이에서 어떠한 모순도 발견하지 못했다.[61] 후자는 전자를 수반한다. 한편으로 루터는 신자들의 어떤 행위에 의해서도 의가 발생하지 않는다는 의미에서 의를 타자적이며 수동적인 것으로 간주했다. 그러나 그리스도와 그의 백성 간의 결혼이 그의 의가 실제로 그들의 것이 된다는 것을 의미한다고 보았다.[62]

비록 종교개혁의 창시자가 그리스도와의 연합에 의존하는 전가 개념을 지지했음에도 불구하고 후대 개신교는 루터를 따르기보다는 멜란히톤을 따랐다. 멜란히톤은 기본적으로 십자가를 일종의 거래

---

60 Metzger, "Luther and the Finnish School," 206-7. Jenson도 "영혼은 마치 신랑이 신부와 연합하는 것처럼 믿음으로 그리스도와 '한 몸'을 이루어 그의 의를 소유함으로써 그리스도와 연합한다"는 내용을 Luther의 사상에서도 확인한다. Robert W. Jenson, "Response to Tuomo Mannermaa, 'Why Is Luther So Fascinating?,'" in *Union with Christ: The New Finnish Interpretation of Luther* (ed. Carl E. Braaten and Robert W. Jenson; Grand Rapids: Eerdmans, 1998), 23. 참조. Tuomo Mannermaa, "Justification and Theosis in Lutheran-Orthodox Perspective," in *Union with Christ: The New Finnish Interpretation of Luther*, 32. "의롭다 함을 얻는 믿음은 그리스도의 인격 안에서 하나님에게 참여하는 것을 의미한다." Simo Peura, "Christ as Favor and Gift *(donum)*: The Challenge of Luther's Understanding of Justification," in *Union with Christ: The New Finnish Interpretation of Luther*, 55. "따라서 그리스도인은 그리스도와의 관계 속에서 의롭다 함을 얻기 위해 그를 의지하며 그를 신뢰한다. 이러한 그리스도와의 연합이 바로 그리스도인의 구원의 기초가 된다." Sammeli Juntunen, "Luther and Metaphysics: What Is the Structure of Being according to Luther?" in *Union with Christ: The New Finnish Interpretation of Luther*, 152. "루터에 의하면 그리스도인은 '그리스도 안에' 있다. 그리스도인은 그리스도에게 참여함으로써 그분 안에 존재한다. 사람은 그리스도 안에 있기 때문에 의로운 것이다."
61 Vickers, *Imputation*, 27.
62 Stephen Westerholm, *Perspectives Old and New on Paul: The "Lutheran" Paul and His Critics* (Grand Rapids: Eerdmans, 2004), 32-33.

(transaction)로 생각했다. 사이프리드에 의하면 "후대 개신교가 일종의 슬로건과 같이 칭의를 '그리스도의 의의 전가'로 묘사한 것은 멜란히톤의 견해가 발전된 것이었다."[63] 전가는 루터와 멜란히톤의 사고에서 각각 다르게 작동했다. 후자의 경우에는 "그리스도의 십자가 사역과 신자들을 매개하기 위해 '전가'가 필요했던" 반면, 루터의 경우에는 "그리스도의 구원이 가져다주는 혜택들은 이미 믿음에 의한 연합을 통해 매개되었던 것이다."[64] 따라서 사이프리드는 전가라는 측면에서 칭의를 정의하려는 시도는 "후기 종교개혁적 개신교 사상을 따르는 것"이라고 주장한다.[65] 더 나아가 "루터를 이 패러다임 안으로 끌어들이는 것은 불가능하다. 멜란히톤 자신도 이를 시도했지만 실패하고 말았다. 그렇다면 과연 우리는 루터가 종교개혁의 울타리 밖에 있다고 선언해야 할 것인가?"[66]

11.9.2 칼뱅

칼뱅은 이 문제와 관련하여 멜란히톤보다는 루터에게 훨씬 더 가까웠다. 개핀은 다음과 같이 칼뱅의 입장을 적절하게 요약한다. "전가를 포함하여 칭의에 관한 자신의 견해를 피력함에 있어서 그는 언제나 이 개념을 명시적으로든 암묵적으로든 그리스도와의 연합과 연관시킨다."[67] 이와 관련하여 칼뱅은 이렇게 말한다.

---

63 Mark A. Seifrid, "Luther, Melanchthon and Paul on the Question of Imputation," in *Justification: What's at Stake in the Current Debates* (ed. Mark Husbands and Daniel J. Treier; Downers Grove, IL: InterVarsity Press, 2004), 144. 참조. Seifrid, "Justification in Galatians 2," 229-30.
64 Seifrid, "Luther, Melanchthon and Paul," 144-45.
65 Ibid., 149.
66 Ibid.
67 Gaffin, "Union with Christ," 285.

그러므로 우리는 머리와 지체들이 하나가 되는 것, 그리스도께서 우리의 마음에 내주하시는 것—즉 그 신비적인 연합—을 우리에게 최고로 중요한 것으로 여긴다. 이로써 우리의 소유가 되신 그리스도는 그에게 먼저 주어진 것에 우리도 그와 함께 참여하도록 하신다. 그러므로 우리가 그리스도가 우리와 멀리 떨어져 계신 분으로 생각하는 이유는 그분의 의가 우리에게 전가되도록 하기 위함이 아니라 우리가 그리스도로 옷 입고 그분의 몸에 접붙여졌기 때문이다.…이런 이유로 인해 우리는 우리가 그와 함께 의의 교제를 나눈다는 사실을 기뻐한다.[68]

칼뱅의 『기독교 강요』에 나오는 이 본문과 다른 몇몇 본문은 칼뱅이 그리스도와의 연합을 "시간적으로가 아니라면 논리적으로 칭의와 중생보다 앞선" 것으로 여기는 것 같다는 맥코맥의 견해에 신뢰감을 실어준다.[69] 빌링스에 의하면 "칭의에 관한 칼뱅의 신학은 그리스도와의 연합에 관한 그의 신학 안에서 잘 조화를 이룬다."[70] 호튼은 칭의에

---

68 Calvin, *Institutes*, 3.1.10 (p. 737). 이와 비슷한 진술들은 Calvin의 글에서 여럿 발견된다. 대표적인 것들은 다음과 같다. "우리의 의는 우리 안에 있지 않고 그리스도 안에 있다는 것, 우리가 의를 소유하는 것은 오직 그리스도의 의에 참여하기 때문이란 것을 여기서 알 수 있다. 참으로 우리는 그리스도와 함께 의를 완전히 또 풍부하게 가졌다.…그리스도에 의해서 의롭다고 인정받는다고 선언하는 것은 그리스도의 순종이 우리의 순종으로 인정된다는 점에서 우리의 의를 그리스도의 순종에 맡기는 것이 아니고 무엇이겠는가?"(3.1.23; p. 753); "그러나 우리는 칭의를 다음과 같이 정의한다. 즉 그리스도와 교제를 하게 된 죄인은 은혜로 하나님과 화목하게 되었으며, 동시에 그리스도의 피로 깨끗하게 되어 죄의 용서를 받으며, 그리스도의 의를 자기의 의같이 입고 하늘 심판대 앞에 자신 있게 서는 것이다"(3.17.8; p. 811)[김종흡 외 3인 공역, 『기독교 강요』(생명의말씀사, 1986) 한글 번역을 약간 수정함—편집자 주].
69 Bruce L. McCormack, "What's at Stake in Current Debates over Justification? The Crisis of Protestantism in the West," in *Justification: What's at Stake in the Current Debates* (ed. Mark Husbands and Daniel J. Treier; Downers Grove, IL: InterVarsity Press, 2004), 101.
70 J. Todd Billings, *Union with Christ: Reframing Theology and Ministry for the Church* (Grand Rapids: Baker, 2011), 7.

대한 칼뱅의 설명에서 상호 보완적인 강조점을 발견한다. 즉 그리스도의 의는 신자의 영역 "밖에" 있지만 그리스도와의 연합으로 인해 우리의 영역 밖에 머물러 있을 수 없다는 것이다.[71] 이런 타자적인 의는 신자들이 아닌 그리스도께 속한 것이지만, 그리스도는 밖에 계시지 않고 "자기 자신을 우리에게 그리고 우리를 자기 자신에게 결합시키신다."[72] 이렇게 해서 칼뱅은 "한편으로는 엄격한 실재론(a strict realism)을, 다른 한편으로는 독단적인 유명론(an arbitrary nominalism)을 피한다."[73]

우리가 이미 살펴본 바와 같이 전가에 관한 루터와 칼뱅의 이해는 신자들에게 속한 의가 그들 자신의 것이 아니라는 개념을 견지하는 데 유용하다. 이 의는 그들에게 부여된 것으로서 하나님의 은혜가 그들에게 주어진 것이다. 루터와 칼뱅의 정황에서 전가된 의는 의의 "외부(타자)적인" 특성을 희석시킴으로써 하나님의 은혜를 희석시켰던 중세 가톨릭교회의 가르침을 수정하려던 종교개혁자들의 노력의 관점에서 보면 특별한 의미를 가진다. 그러나 그리스도의 외부(타자)적인 의를 옹호하는 과정에서조차도 전가는 의가 그리스도의 인격으로부터 분리될 수 있는 어떤 추상적인 개념이 아니었다. 이것은 분명 루터나 칼뱅의 이해가 아니었다. 왜냐하면 그들은 그리스도의 의를 그리스도와의 영적 연합을 통해 신자들에게 주어진 것으로 여겼기 때문이다. 교회가 그리스도와 혼인 관계를 맺는 것도 남편이 자신에게 속한 것을 아내와 나눈다는 의미를 갖고 있다. 오직 남편이 그것을 결혼 관계 속으로 가지고 들어왔기 때문에 아내의 것이 된 것과 마찬가지다.

---

71 Vickers는 Calvin을 이렇게 해석한다. "그리스도의 의는 신자와 그리스도 간의 연합의 맥락 속에서 신자에게 전가된다." Vickers, *Imputation*, 36–37.
72 Horton, *Covenant and Salvation*, 145; Billings, *Union with Christ*, 27.
73 Horton, *Covenant and Salvation*, 146.

11.10 결론

이 장에서는 특히 2부의 칭의와 관련된 석의 결과물을 종합했는데 칭의가 그리스도와의 연합과 명시적으로 연관된 사례가 거의 없다는 것을 보여준다. 그럼에도 이런 본문들은 칭의의 과정에 그리스도의 도구성이 관여했음을 분명히 보여준다. 이 장에서는 정의(definition)의 문제도 다루어졌는데 우리는 칭의가 사법적이며 종말론적이긴 하지만 언약적 신실하심 혹은 윤리적 변화까지 포함하지는 않는다고 결론 내렸다. 물론 **함축적으로는** 칭의가 언약적 뉘앙스를 가지고 변화를 **이끌어내긴** 하지만 말이다. "그리스도 안에"라는 용어에 담긴 도구성은 칭의가 그리스도와의 연합의 결과의 일환으로 일어난다는 것을 의미한다. 따라서 이 두 개념은 서로 대치되기보다는 상호 연관성이란 관점에서 이해되어야 한다. 신자들의 칭의는 그들이 그리스도의 죽음과 부활에 참여하는 것에서 비롯된다. 그리스도의 의로움을 입증하는 부활은 그와 연합된 자들의 의로움도 입증해줄 뿐만 아니라 그들의 의가 된다. 마지막으로 전가의 신학적 의미는 그리스도의 의를 아무런 자격 없이 받는 것이며 그리스도의 의는 그분과의 연합을 통해 주어진다.

"그리스도와의 연합" 정의하기

12.1 서론

3부의 앞선 장들은 그리스도와의 연합이 바울신학의 주요 영역—그리스도의 사역, 삼위일체론, 그리스도인의 삶, 칭의 등—과 어떻게 연관되어 있는지를 탐구했다. 2부의 석의 작업에 기초하여 신학적 논의를 마무리한 현 시점에서 이제 우리는 "그리스도와의 연합"을 정의하는 문제와 직면한다. 비록 우리가 애초부터 하나의 정의를 제시하고 시작했지만(§1.7을 보라), 이제 우리는 이 정의가 바로 이 책의 많은 부분을 차지하는 주해-신학적 연구로부터 도출된 것임을 입증해야 한다. 일단 "그리스도와의 연합"에 대한 정의가 세워져야만 이 주제에 대한 선례에 관해서도 논의가 가능해진다.

12.2 연합, 참여, 합일, 통합

우선 이 단락에서는 그리스도와의 연합을 어떻게 정의할 것인가와 더불어 이 용어와 관련 용어들을 사용하는 것이 적절한 것인지를 논의하고자 한다. 이 단락의 결론은 이미 §1.7에서 제시되었지만, 다음 두 가지 이유에서 이 문제에 대한 보다 심층적인 논의를 지금까지 미루어왔다.

첫째, 이 책의 연구는 귀납적인 접근에 충실한 방식으로 수행하되 가급적이면 이 책의 방법론과 구조가 이 방식에 의해 형성되도록 많은 노력을 기울였다. 우리가 잘 아는 바와 같이 이런 방식의 연구는 전적으로 귀납적일 수만은 없고 연구 도중에 "그리스도와의 연합"과 관련하여 특정한 결정들—특히 이 개념과 관련된 바울의 용어를 규정하는 것들—을 내려야만 했다. 우리는 이런 논의가 초래할 어려움에 관해 이미 2부 초두에서 언급한 바 있다. 실제로 우리는 이 주제를 온전히 파악하지 못한 채 관련 자료를 결정해야 하는 불가피한 순환성(an inevitable circularity)과 마주해야 했다. 우리는 그리스도와의 연합에 관해 이미 정해진 어떤 의미를 상정하지 않고서는 어떤 전치사구들과 은유들이 이 주제와 관련된 것인지를 연역할 수 없었다. 이런 난관 속에서도 우리는 바울이 사용한 용어에 근거해 이 주제를 귀납적으로 접근한다는 목적하에 이 작업을 수행했다. 결과적으로 우리는 일단 필요한 모든 자료를 검토한 상태에서 최종 결론에 도달해야 한다. 그런데 이 최종 결론에 도달하려면 우리는 이 책의 연구 결과와 잘 부합하는 그리스도와의 연합에 대한 정의와 설명을 제시해야 한다.

둘째, 그리스도와의 연합에 관한 올바른 이해는 이 주제가 바울 서신의 다른 주제들과 어떤 방식으로 다양하게 연관되어 있는지를 검토하기 이전에는 불가능하다. 우리가 이미 살펴본 바와 같이 연합에 관한 용어는 바울 사상의 다른 주요 영역들과 서로 밀접하게 연결되어서 서로 영향을 주고받는다. 이런 이유에서 그리스도와의 연합은 독립된 개념으로 취급되어서는 안 되며 만약 그렇게 된다면 이 개념은 심각하게 왜곡될 수밖에 없다. 따라서 그리스도와의 연합에 관한 정의와 서술은 오직 바울신학의 전체적 구조 안에서 이 개념이 어떤 역할을 하는지를 올바로 이해할 때에만 가능하다. 마치 특정 용어들이 다른 용어들과의 관계 속에서만 제대로 이해될 수 있듯이 그리스도와의 연합 또한 다른 주제들과의 관계 속에서만 올바로 이해될 수 있다. 우리는 이러한 관계성을 추적한 후에야 비로소 올바른 결론에 도달할 수 있는 것이다.

12.2.1 "그리스도와의 연합" 서술하기

그리스도와의 연합을 **정의**하기에 앞서 우리는 먼저 이 개념을 **서술**할 필요가 있다. 사실 이 작업은 매우 복잡하고 어렵다. 왜냐하면 바울이 "연합"이란 용어를 다양한 방식으로 사용할 뿐만 아니라 그리스도와의 연합과 다른 주제들이 바울의 신학적 틀 안에서 서로 복잡하게 얽혀 있기 때문이다.[1] 이 시점에서 우리는 우리의 연구 결과를 요약 형식으로 재차 나열하는 것이 적절할 수도 있지만, 이러한 작업은 불가피하게도 바울 사상에 담긴 수많은 뉘앙스를 단조롭게 만들어버릴 수도 있다. 따라서 이 책을 읽는 독자들은 관련 내용들을 온전히 이해하기 위해서는 이 책의 앞부분을 다시 참고하기를 바란다.

아래에 제시된 항목들은 특별한 순서 없이 그리스도와의 연합에 관한 우리의 정의를 이해하는 데 도움을 줄 것이다.

12.2.1.1 위치

첫째, 그리스도와의 연합은 그리스도의 영역 안에서 우리의 위치와

---

1 Billings는 그리스도와의 연합을 이해함에 있어서 **입양**의 이미지를 중요하게 여긴다. Billings, *Union with Christ*, 15-21. 비록 입양이 바울 사상에서 중요한 개념이고(참조. 롬 8:15, 23; 9:4; 갈 4:5; 엡 1:5) **개념상** 그리스도와의 연합과 관련된 것이 분명하지만, 입양이 연합의 용어와 **명시적으로** 연결된 본문은 단 하나, 입양이 **그리스도를 통해**(διὰ Ἰησοῦ Χριστοῦ) 일어난다고 진술하는 엡 1:5뿐이다. 이와 같은 사실은 입양이—축복, 구속, 용서 등과 같이—우리와 그리스도의 연합을 **통해** 주어지지만, 그것이 곧 그리스도와의 연합이 **말하는 바**는 아님을 시사한다.

관련이 있다. 신자들은 그의 통치하에 놓여 있으며 우리의 삶은 그의 통치권이라는 영적 범위 안에서 이루어진다. 이러한 현실은 그리스도의 주권이 우리가 그리스도의 영역 안에서 어떠한 삶을 살아야 하는지를 규정하고 특히 죄와 사망의 영역의 존재와 구별되는 우리의 존재를 특징짓는다는 점에서 그리스도인의 삶의 본질을 보여준다.

12.2.1.2 합일

위치와 관련하여 그리스도와의 연합은 신자들과 그리스도 간의 합일을 수반한다. 그리스도의 통치 영역 안에 위치한[2] 신자들의 정체성은 그들이 둘째 아담이신 그리스도께 속해 있다는 사실에 의해 형성된다.[3] 우리는 아담에게 속하기보다는 그분의 소유로 구별되며 이 사실은 신자들이 또 누구이며 누구에게 충성해야 하는지에 대한 그들의 의식을 형성한다.[4]

12.2.1.3 참여

셋째, 그리스도와의 연합은 신자들이 그의 죽음, 장사, 부활, 승천, 영광을 포괄하는 그리스도 내러티브의 사건들에 참여하는 것을 수반한다.[5] 신자들은 그리스도와 함께 죽고 그와 함께 살아났다고 묘사되기 때문에 이 사건들이 담고 있는 의미는 그에게 중요한 만큼 우리에게도 중요하다.

---

2 Gorman, *Cruciformity*, 36; Walter Bartling, "The New Creation in Christ: A Study of the Pauline ἐν Χριστῷ Formula," *CTM* 21 (1950): 403.
3 Kreitzer, "Second Adam," 75-78.
4 사실 "그리스도인들의 전(全) 존재는 그리스도와 그들의 합일에 의해 그 윤곽이 드러난다." Powers, *Salvation through Participation*, 166.
5 Tannehill, *Dying and Rising*, 119; John D. Harvey, "The 'With Christ' Motif in Paul's Thought," *JETS* 35 (1992): 340; Gert M. M. Pelser, "Could the 'Formulas' *Dying* and *Rising with Christ* be Expressions of Pauline Mysticism?," *Neot* 32 (1998): 132.

12.2.1.4 통합

넷째, 그리스도와의 연합은 신자들이 그의 몸, 성전, 교회, 건물에 통합되는 것을 수반한다. 신자들은 그리스도에 의해 세워지고 형성되며 인도되는 한 공동체에 접붙임을 받는다.[6] 그들이 이 그리스도 공동체에 속한다는 것은 그들이 이 몸을 존귀하게 하기 위해 어떻게 살아야 하는지를 결정짓는다. 따라서 그리스도께 속한다는 것은 곧 우리가 서로에게 속해 있다는 것을 의미한다.

그러나 그리스도의 몸에 통합된다는 것이 "그리스도와의 연합"의 의미를 모두 대변해준다는 주장은 어폐가 있다. 슈바이처는 "'그리스도 안에 있음'이라는 표현은 그리스도의 신비적인 몸에 참여하는 자가 되는 것에 대한 축약어일 뿐"이라고 주장한 바 있다.[7] 비록 우리가 이미 확인한 바와 같이 그리스도의 몸에 참여한다는 것이 그리스도와의 연합의 한 가지 중요한 요소이긴 하지만, 슈바이처의 지지를 받지 못하는 다른 여러 개념도 아직 있다.

12.2.1.5 도구성

다섯째, 그리스도와의 연합은 그가 우리를 향한 하나님의 뜻을 이행하시는 방식과 관련이 있다. 그리스도는 인간의 유익을 위한 하나님의 동인의 도구가 되시며 이 도구성은 대체적으로 중재적 역할을 나타낸다. 따라서 우리와 그리스도의 연합은 우리로 하여금 하나님의

---

6   Ian A. McFarland, "The Body of Christ: Rethinking a Classic Ecclesiological Model," *IJST* 7 (2005): 239-45.

7   Schweitzer, *Mysticism*, 122. Bultmann 역시 "그리스도 안에"라는 어구를 "세례에 의해 '그리스도의 몸'과 결합된 상태"를 가리키는 "본질상 하나의 **교회론적인 고정문구**(an *ecclesiological* formula)"로 간주했다. 그러나 그는 가령 "아직 만들어지지 않은 형용사 '그리스도인의' 또는 이에 상응하는 부사의 부재를 보완해줄 수 있는 그리스도에 의해 결정된" 상태와 종말론적인 의미를 표현하는 등 이 어구의 다른 용법들도 인정한다. Bultmann, *New Testament*, 311.

축복에 참여하게 한다. 그리스도가 없다면 우리에게는 하나님도 없고, 우리를 향한 그의 행위도 없다.

12.2.1.6 삼위일체

여섯째, 그리스도와의 연합은 삼위일체의 내적 활동과 관련이 있다. 이것은 성부와 성자의 관계와 그리고 성령 안에서 이루어진 두 위격의 연합을 가리킨다. 이것은 단순히 신자와 그리스도의 관계에만 해당되는 것이 아니다. 성부의 뜻은 성자를 통해, 성령에 의해, 그리스도의 영광과 인간의 유익을 위해 성취된다. 이것은 그리스도와의 연합이라는 중재적 기능을 나타낸다. 성부 하나님은 성자를 통해, 그리고 그와의 연합에 힘입어 인류를 위해 역사하신다.

12.2.1.7 연합

일곱째, 그리스도와의 연합은 그와의 실제적인 영적 연합과 관련이 있다.[8] 신자들은 그리스도 "안에" 있고 그는 그들 안에 계시는 분

---

[8] "신비적 연합이 바로 그것인데 이는 이 연합이 영적인 것이기 때문이다. 이것은 결코 비물질적, 이상주의적인 의미에서 그런 것이 아니라 성령의 활동과 내주하심 때문인 것이다. 이 사실은 이 신비를 규정할 뿐 아니라 다른 종류의 연합과 혼동되지 않도록 보호해준다. 성령에 의해 촉발된 이 연합은 삼위일체의 위격들의 관계처럼 존재론적이지도 않고, 그리스도의 두 본성의 관계처럼 위격적(hypostatic)이거나 단일인격적(unipersonal)이지도 않으며, 인간의 인격을 구성하는 몸과 영혼의 관계처럼 심신상관적(psychosomatic)이지도 않고, 남편과 아내의 관계처럼 육적(somatic)이지도 않다. 또한 이 연합은 단순히 지성, 감성, 의지가 하나로 통일된 지적이거나 도덕적인 연합도 아니다." Gaffin, "Union with Christ," 273-74. Murray도 이와 비슷한 입장을 취한다. "그리스도와의 연합은 영적 관계를 염두에 두기 때문에 **영적**이다. 이것은 삼위일체-한 하나님 안에 세 위격들-에서 볼 수 있는 그런 종류의 연합이 아니다. 이것은 그리스도의 인격-한 인격 안에 두 본성-에서 볼 수 있는 그런 종류의 연합이 아니다. 이것은 인간-인간을 구성하는 몸과 영혼-에게서 볼 수 있는 그런 종류의 연합도 아니다. 이것은 단순히 감정, 정서, 지성, 정신, 마음, 의지, 의도 등의 연합도 아니다. 이것은 우리가 구체적으로 정의할 수 없는 연합이다. 그러나 이것은 성령의 본질 및 사역과 일치하는 극도로 영적인 속성을 지닌 연합으로서 우리의 분석력을 초월하는 실제적인 방식으로 그리스도께서 그의 백성 안에 거하시고 그의 백성이 그의 안에 거하는 연합이다." Murray, *Redemption*, 206[강조는 원저자의 것임].

으로 묘사되므로 거기에는 성령의 상호 내주하심이 존재한다.[9] 결혼을 통한 연합과도 비유되는[10] 이 상호 내주는 성부, 성자, 성령이 서로 함께 거하시는 삼위 하나님의 내적인 삶 속에 존재하는 관계에서 파생된 것으로 보인다. 성부가 성자 안에 거하시듯이 성자는 그의 백성들 가운데 거하신다. 결과적으로 신자들은 '신적 본질을 가진 관계 맺음'(divine-nature-of-relating)에 참여하긴 하지만, 그들 자신이 신적 존재가 되지는 않는다. 이런 그리스도와의 연합은 그리스도나 신자의 인격성을 손상시키지 않는다. 그 이유는 "각자가 자신의 인격을 보유할 뿐 아니라 한 인격이 다른 인격을 흡수함으로써 서로 혼합되지 않기 때문이다."[11]

12.2.1.8 종말론

여덟째, 그리스도와의 연합은 종말론적인 측면을 가진다.[12] 이 사실은 그리스도의 영역과 그리스도의 부활에의 참여에 대한 언급에서 암묵적으로 나타난다. 그리스도의 영역은 장차 올 의의 시대가 현재의 세계 안으로 들어오는 종말론적 실체로서 죄와 사망의 영역과 대조를 이룬다. 또한 소위 "시대의 중간에"(in the middle of time) 일어난 그리스도의 부활은 미래에 일어날 죽은 자들의 부활이 말세에 일어난 사건이다.[13] 따라서 그리스도의 부활에 참여하는 것은 종말론적 사건에 참여하는 것이다. 더 나아가 그리스도와의 연합과 칭의에 대한 총체적인 이해는 종말론적 뉘앙스를 띤다. 왜냐하면 칭의가—부활과 관련

---

9   Gorman, *Cruciformity*, 38.
10 Son, "One Flesh," 120-22.
11 Wikenhauser, *Mysticism*, 75; 102; K. Barth, *Dogmatics*, IV/3.2, 540.
12 Dunn, *Paul the Apostle*, 411-12.
13 바울은 "예수의 부활을 하나의 고립된 사건으로 간주하지 않으며 오히려 죽은 자들의 일반적인 부활이 시작되는 최초의 사건으로 간주했을 것이 분명하다." Schweitzer, *Mysticism*, 98.

하여—바로 현 시대 안으로 들어온 의에 대한 종말론적 선언이기 때문이다.

그러나 슈바이처는 그리스도와의 연합 중에서 이 요소를 지나치게 강조한다. 그는 그리스도 신비주의의 **유일한** 기능은 종말론적 기능이라며 이는 오로지 바울의 종말론적 문제들을 해결하기 위해 고안된 것으로 간주한다.[14] 만약 그리스도의 부활이 죽은 자들의 일반적인 부활의 시작이었다면 바울이 제기한 종말론적 문제는 신자들이—현재에 있으면서—어떻게 미래의 일에 참여하게 되느냐 하는 것이었다. 슈바이처는 이 문제를 그리스도 신비주의가 해결했다고 본다(§2.4를 보라). "따라서 그의 사상은 종말론 자체가 지닌 문제들에 의해 모든 측면에서 압력을 받았고 예수의 죽음과 부활에서 나타난 능력이 이미 메시아 왕국에 들어가도록 선택된 자들 안에서 역사하고 있었다는 역설적인 주장을 하는 방향으로 전개되었다."[15] 비록 그리스도와의 연합이 지닌 종말론적 성격은 받아들여져야겠지만, 이것을 전적으로 종말론적 문제에 대한 해결책의 관점에서만 바라보는 것은 환원주의적인 발상이 아닐 수 없다.[16] 그리스도와의 연합이라는 개념 안에는 단지 문제의 해결책뿐만 아니라 여러 가지 "비종말론적인" 요소들도 포함되어 있다.

12.2.1.9 영적 실재

마지막으로 그리스도와의 연합은 영적 **실재**(實在, reality)다.[17] 이 연합은 단순히 "그리스도와의 관계" 혹은 이와 관련된 다른 개념을 강렬

---

14 예를 들어 Schweitzer, *Mysticism*, 100-105를 참조하라.
15 Ibid., 100.
16 "Schweitzer는 신자가 그리스도에 통합된다는 바울의 견해가 그리스도의 부활과 그의 재림 간의 시간적 차이에 따른 딜레마로부터 발전했다고 잘못 설명했다." D. N. Howell, "The Center of Pauline Theology," *BSac* 151 (1994): 60-61.
17 "참여적 연합은 무언가를 대신해 사용된 일종의 비유적인 표현이 아니다. 이것은 이미 많은 학자가 주장했듯이 실제적이다." Sanders, *Palestinian Judaism*, 455.

하게 묘사하는 은유적인 표현이 아니다. 비록 바울이 교회와 그리스도의 연합을 논하면서 다양한 집단적 의미가 담긴 은유들을 사용하긴 하지만—우리가 이미 많은 지면을 통해 살펴본 바와 같이—이 은유들은 항상 어떤 구체적인 대상을 가리켰다.[18] 이 대상은 **영적**이지만, **실제적**이기도 하다. 슈바이처도 인정하듯이 "바울의 그리스도 신비주의에서 한 가지 우리를 놀라게 하는 것은 바로 그 비상할 정도로 실제적인 특성이다." 이것은 "그가 죽고 다시 살아남을 실제적으로 함께 경험하는 것"이다.[19]

12.2.2 "그리스도와의 연합" 정의하기

그리스도와의 연합을 정의하는 과제만큼이나 중요한 것은 이와 관련된 개념들을 표현하기 위해 사용되는 용어들이다. 앞에서 살펴본 이런 개념들로 미루어 보아 어느 한 용어가 이 주제가 담고 있는 폭넓고 다양한 개념들을 포괄적으로 표현해내기는 쉽지 않다. 이 문제는 다이스만이 바울의 신비주의에 관한 근대적 논의를 시작한 이래로 학자들을 지속적으로 괴롭혀왔다.

첫째, **신비주의**(mysticism)라는 용어는 여러 면에서 도움이 되지 못했다. 이 용어는 기껏해야 신과 관련된 것임을 막연하게 나타내는, 쓸모없이 모호한 용어가 되어버렸다.[20] 이 용어는 바울이 사용한 용어가

---

18 가령, Powers, *Salvation through Participation*, 71. "비록 '몸'에 관한 바울의 언급은 분명 은유적이지만, 그 은유를 통해 그가 표현한 연합은 어떤 존재론적인 실재에 기초한다. 신자는 참으로 그리스도 "안에" 있다." 참조. Ellis, "Sōma in First Corinthians," 138; Field, "Body of Christ," 88-94; Andrew C. Perriman, "'His Body, Which Is the Church…': Coming to Terms with Metaphor," *EvQ* 62 (1990): 140-41.
19 Schweitzer, *Mysticism*, 13. 그러나 Schweitzer는 그리스도 신비주의를 준-**육체적인** 실재(a quasi-*physical* reality)로 간주하며 이 사실을 지나치게 강조한다. "그러나 실제로 그리스도와 함께 죽고 다시 살아나는 것은 은유적이 아닌 준-육체적인 개념이다"(Ibid., 295). 그리스도와의 연합은 **실제적**(real)이지만 영적이다. 이것은 육체적인 것이 아니다.
20 "'신비주의'는 다소 모호한 용어이며, 이 주제를 둘러싼 논쟁은 전문 용어의 늪에 빠져 곧

묘사하려는 특정 개념들을 제대로 표현해주지 못했다. 더 나아가 **신비주의**는 이 용어가 종교사학파로부터 차용되었을 뿐만 아니라 일반적으로 이교적 신비주의 및 신비주의적 영성과 연관되어 있어서 상당한 혼동을 일으켰다. 이 용어는 다이스만(§2.2)과 슈바이처(§2.4)와 같은 학자들이 바울의 신비주의와 신비주의적 영성 사이에 존재하는 여러 차이점을 강조하던 시대에 와서는[21] 학자들이 제시한 수많은 수식어에 시달리다가 서서히 자취를 감추고 말았다.

둘째, **연합**이라는 용어 또한 자체적인 문제들을 가지고 있다. 이 용어는 아직도 여전히 가장 보편적으로 사용되고 있으며(사실 여기서 우리가 채택한 용어이기도 하다), 이 용어의 장점은 신자들과 그리스도 간의 믿음을 통한 연합을 잘 표현한다는 것이다. 또한 이 용어는 성부, 성자, 성령 간의 상호 내주 및 이에 상응하는 그리스도와 그의 백성 사이의 상호 내주와 관련해서도 사용될 수 있다. 그리스도와 교회의 결혼 관계는 그리스도와의 연합이 전달할 수 있는 또 다른 개념이기도 하다. 그러나 **연합**이라는 용어가 지닌 가장 큰 문제점은 이 용어가 상태나 존재 양식을 나타내는 **정적인** 표현이라는 것이다. 이 용어는 어떤 영적 실재를 나타내주긴 하지만, 어떤 역동적인 느낌을 전달해주지는 못한다. 특히 이 용어는 참여적인 요소—그리스도 내러티브에 담긴 **여러 중대 사건**의 역동적이며 능동적인 참여—를 제대로 표현해내지 못한다. **참여한다**는 것은 "행동"을 나타내는 반면, **연합**은 "존재"를 나타낸다. 연합은 (암시적으로) 합일(identification)과 통합(incorporation, 편입)보다는 더 낫지만, 연합이라는 용어가 이 두 개념을 자동적으로 떠오르게 하지는 않기 때문에 부연 설명이 요구된다.

셋째, **참여**라는 용어는 그 정반대의 문제를 지닌다. 이 용어는 그

사라지고 말 것이다." Davies, *Paul*, 13-14.
21   참조. Deissmann, *Paul*, 149-53; Schweitzer, *Mysticism*, 15-16, 22-23.

리스도 내러티브의 여러 사건에 참여한다는 의미를 전달하기 때문에 참여적인 의미를 부각하는 데 분명히 적합하다. 하지만 이 용어는 그리스도와 그의 백성 간의 믿음을 통한 연합이나 상호 내주와 같은 연합의 의미를 표현하기에는 불충분하다. 또한 이 용어는 혹 암시적으로라면 모를까 합일이나 통합을 표현해주지도 못한다. 그러므로 이 용어는 참여의 의미 외에는 바울의 핵심 개념을 뚜렷하게 전달하지 못한다. 비록 참여가 최근 신약학계에서 급상승하는 용어이긴 하지만(샌더스 이래로, §2.12), 이 용어는 그리스도와의 "연합"을 대체할 만한 대안이 아니며 결국에는 흐지부지 사라지고 말 것이다.

이와 같이 단 하나의 개념을 담은 용어들은 바울이 그리스도와 신자들 간의 관계에 관해 말하고자 한 내용을 모두 담아내기에는 불충분하며 어쩌면 어느 용어도 바울의 이 주제를 포괄적으로 담아내기는 어려울 것이다. 따라서 나는 이 주제를 올바로 담아내기 위해서는 연합, 참여, 합일, 통합이란 네 가지 용어가 모두 요구된다고 제안한다. **연합**(union)은 믿음을 통한 그리스도와의 연합, 상호 내주, 삼위일체 및 결혼 등의 개념을 총체적으로 나타낸다. **참여**(participation)는 그리스도 내러티브에 담긴 여러 사건에 참여하는 것을 표현한다. **합일**(identification)은 그리스도의 영역 안에서의 신자들의 위치와 그의 주권에 대한 그들의 충성을 나타낸다. **통합**(incorporation)은 그리스도의 몸을 이루는 지체들의 집단적 측면을 잘 담아낸다. 이 네 가지 용어는 총체적으로 "그리스도와의 연합"이라는 거대 주제(metatheme)와 관련된 바울의 모든 용어, 사상, 주제 등을 포괄하는 "우산"('umbrella')개념들이다. 더 나아가 바울이 연합, 참여, 합일, 통합 등에 담긴 함축적인 의미를 그리스도인의 삶이 어떠해야 하는지를 가르치기 위해 사용한다는 점에서 이 네 가지 용어는 윤리적인 면을 강조한다.

이 네 가지 용어가 나열된 순서는 상대적 중요도를 반영하지 않으며 서로 중복되는 의미의 비중도 반영하지 않는다. 그러나 이 용어들의 순서는 일종의 "논리적" 혹은 "신학적" 우선순위―중요도에 의한 것이 아닌 순서상의 우선순위―를 반영한다고 할 수 있다. 바울이 이런 개념들 저변에 깔려 있는 "논리"를 미리 구상했는지는 분명하지 않으며 이 사실은 그의 남아 있는 서신을 통해 검증될 수도 없다. 그럼에도 개념들의 논리적 순서를 재구성하는 노력은 필요해 보인다.

먼저 유념해야 할 점은 이와 같은 **논리적** 순서가 **시간적** 순서를 의미하지 않는다는 것이다. 이것은 마치 연합이 먼저 일어나고, **그다음에** 참여가, **그다음에** 합일이, **그다음에** 통합이 일어나는 것을 의미하지 않는다. 오히려 이 순서는 일종의 **"구원의 서정** 식의 그리스도와의 연합"(union-with-Christ ordo salutis)이라는 측면에서 볼 때 단지 (신학)논리적[(theo)logical]일 뿐, 이 모든 것은 "동시"에 "발생할" 가능성이 매우 높다. 신자는 믿음을 가지게 되는 순간 그리스도와 연합한다. 이 연합은 성령의 내주하심으로 확립된다. 따라서 그리스도와 연합된 사람은 그리스도와 함께 그의 죽음과 부활과 승천과 영광에 참여하게 된다. 신자는 그리스도의 죽음과 부활에 참여한 자로서 세상에 대하여 죽고 그리스도의 영역과 합일체가 된다. 신자는 그리스도의 영역의 한 지체로서 그의 몸에 통합된다. 왜냐하면 그리스도와의 연합은 바로 그의 다른 지체들과의 연합을 수반하기 때문이다.

하지만 **연합**, **참여**, **합일**, **통합**이란 표현을 한꺼번에 다 사용한다는 것은 상당히 거추장스러운 일이기에 우리는 편의상 **그리스도와의 연합**이라는 용어를 계속 사용하고자 한다. 하지만 이 표현은 이 시점부터 "연합, 참여, 합일, 통합"에 대한 약칭으로 통용된다.

12.3 연합, 참여, 합일, 통합의 선례

지금까지 그리스도와의 연합과 관련하여 학자들이 지속적으로 던진 질문 중에서 가장 중요한 질문은 바울의 이 사상에 대한 사상적 선례를 그리스-로마 사상에서 찾을 것인지 또는 유대 사상에서 찾을 것인지에 관한 것이었다. 이 질문은 특히 20세기 전반기에 학계의 큰 관심을 불러일으켰는데 최근에 와서는 거의 사라지다시피 했다고 해도 과언이 아니다. 그런 의미에서 이 책에서 지금까지 이 질문을 직접 거론하지 않은 것도 단순히 우연은 아니다.

지나간 과거의 연구들이 직면했던 문제 중 하나는 방법론적인 것이었다. 학자들은 먼저 어떤 사상에 대한 선례들을 재구성하는 작업에 해석학적 우선순위를 두었고 그 결과물을 그리스도와의 연합에 대한 바울의 이해를 파악하는 데 사용했다. 하지만 여기에는 문제가 있다. 실제적으로 "그리스도와의 연합"이 무엇을 의미하는지를 이해하지 못한다면 그리스도와의 연합에 대한 "선례들"을 아무리 재구성한다고 한들 아무런 소용이 없다는 것이다. 왜냐하면 일단 어떤 선례가 정해지면 이 선례는 해당 주제를 논의하는 방법에 영향을 미칠 수밖에 없고, 그렇게 되면 그리스도와의 연합은 그 선례들에 **입각하여** 해석되거나 또는 그 선례들과 **상반된** 관점에서—바울의 개념이 다른 개념들과 어떻게 다른지를 보여주며—해석되기 때문이다. 후자의 방법은 그리스도와의 연합이 오직 부정적으로만 해석되기 때문에 궁극적으로 거기서 도출된 결론은 확정적일 수 없다. 한편 전자의 방법은 바울 자신의 사고로부터 그 의미를 파악하기 이전에는 그리스도와의 연합의 의미를 추정할 수밖에 없다는 점에서 올바른 방법론으로 보기 어렵다.

이 책이 채택한 방법은 바울 정경으로부터 그리스도와의 연합에 대한 이해를 도출해내기 이전에는 선례에 대한 문제를 사전에 완전히 배제하는 것이었다. 혹자의 눈에는 일보 후퇴하는 것처럼 보일 수도 있지만, 이제 우리는 바울이 이 주제를 통해 무엇을 말하고자 했는지를 올바로 이해할 수 있는 지점에 도달했기 때문에 그리스도와의 연합의 선례들을 객관적으로 평가할 수 있는 위치에 서게 된 것이다.

첫째, 우리는 여기서 그리스도와의 연합에 대한 그리스-로마의 선례들을 살펴보려고 한다. 불트만을 비롯한 다른 학자들이 바울의 사상을 그리스-로마 사상과 결부시키려는 시도를 지속적으로 해왔지만, 결코 설득력을 얻지 못했고[22] 마침내는 폐지되고 말았다.[23] 바울이 이러한 선례들을 따르지 **않았다**는 사실이 점점 더 분명해지면서 학자들은 그리스-로마 사상과 유사한 점들을 부정적으로만 사용할 수 있게 되었다.[24] 다양한 종류의 이교적 신비주의는 바울과 거의 무관하다. 심지어 외관상으로만 유사한 세례 행위조차도 그리스-로마의 세례 행위와 비교해볼 때 바울의 의미와 현저하게 다르다는 것은 이미 충분히 입증된 바 있다.

둘째, 제2성전기 유대 신학은 바울의 신학적 사고의 사상적 배경을 형성하며 바울 사상의 범주들을 파악하는 데 도움을 주지만,[25] 궁극적으로는 바울이 생각하는 그리스도와의 연합의 포괄적인 의미를 제대로 설명해주지 못한다.[26] 슈바이처는 바울을 해석하는 데 있어서 후기 유대교의 묵시문학적 종말론에 의존했다(§2.4를 보라).[27] 비록 그가 바울 신비주의의 종말론적 양상을 강조한 부분은 상당한 영향력을 행사했지만, 바울을 지나치게 묵시문학적인 관점에서만 보려는 그의 시도는 거의 모두 받아들여지지 않았다.[28] 데이비스는 묵시문학적 종말론

---

22   참조. Bultmann, *New Testament*, 298-300.
23   일반화를 하자면 Davies는 "바울 사상의 헬레니즘적 양상들을 강조해온 학자들은 대체적으로 신약의 수많은 증거를 거부할 수밖에 없는 실정"이라고 말한다. Davies, *Paul*, 2. 보다 더 구체적으로 말하자면 "바울의 '신비주의'는 헬레니즘적일 수 없다. 바울은 헬레니즘적 신비주의자들이 말하듯이 신성화(being deified)에 관해 결코 말하지 않는다. 바울에게 있어 창조자와 피조물의 구별은 항상 유지되며 이는 그의 사상이 헬레니즘적 '신비주의'가 아닌 유대 '신비주의'에 가깝다는 것을 보여준다"(Ibid., 15; 참조. 88-93).
24   Bousset, *Kyrios Christos*, 164-66.
25   Davies, *Paul*, 15-16, 323.
26   Wedderburn, *Baptism and Resurrection*, 356.
27   Schweitzer, *Mysticism*, 37.
28   참조. Davies, *Paul*, xii-xv, 10.

을 넘어[29] 바울의 "육신"(σάρξ)과 "영"(πνεῦμα)의 구별[30] 및 아담의 인류 대표성(§2.11을 보라) 등 바울과 랍비 유대교 사이에 존재하는 유사점들을 지적했다.[31] 이러한 유사점들은 분명 우리에게 깨달음을 주며 바울의 신학 사상과도 잘 조화를 이루지만, 유대 배경을 놓고 볼 때에도 여전히 놀랄만큼 독창적인 바울의 그리스도와의 연합 개념을 충분히 설명해주지는 못한다.

셋째, 구약성서는 그리스도와의 연합에 대한 선례 문제와 관련하여 상대적으로 거의 다루어지지 않았다. 바울이 말하는 그리스도와의 연합과 유사한 내용이나 개념을 묘사하기 위해 그가 사용한 어휘와 전치사구들은 구약성서에서 발견되지 않는다. 그러나 바울 사상의 일부 줄기는 구약성서에서 그 선례들을 찾아 볼 수 있는데, 이 줄기들은 주로 바울이 연합을 표현하기 위해 사용한 은유들과 관련이 있다. 결혼,[32] 성전, 옷과 같은 은유들은 모두 그 선례들을 구약성서에서 발견할 수 있는데[33] 이것들은 특별히 논쟁의 여지가 없다. 이스라엘을 하나님의 신부로 언급하는 내용은 이미 우리에게 잘 알려져 있다(가령 겔 16장). 심지어 하나님이 그의 백성들과 함께 거하시는 장소로서 성전이 지닌 상징적인 의미는 우리에게 더욱 친숙하다(가령 왕상 8:27-30). 성전 의식과 관련된 제사장의 제복들은 대표와 중재의 상징이었다.

이런한 사상들은 각각 그리스도와의 연합에 관한 바울의 은유들과 잘 어울린다. 바울은 구약성서에 나타난 하나님의 결혼 이미지를 재

---

29 Schweitzer는 주류 유대교의 일반적인 특징들은 "신비주의와 상반된다"고 본다. Schweitzer, *Mysticism*, 36. 그러나 Davies는 Schweitzer가 "묵시문학적 유대교와 규범적 바리새 유대교"의 차이점을 지나치게 단순화시켰다고 주장한다. 그러나 유대교는 Schweitzer가 파악할 수 있었던 것보다 훨씬 더 다양하고 복잡하며 이 사실은 사해 사본에 의해 입증되었다. Davies, *Paul*, xii.
30 Ibid., 17-20.
31 Ibid., 52-57.
32 Patterson, "Metaphors of Marriage," 692-99.
33 Kim, *Clothing Imagery*, 102.

사용하여 그리스도는 남편이고 교회는 그의 신부라고 묘사한다. 성전 이미지는 이제 하나님이 그 안에 거하시는 하나님의 백성을 가리킨다. 신자들은 참되고 유일한 중재자이신 그리스도로 옷 입는다. 비록 결혼, 성전, 옷이라는 바울의 기독론적 해석은 과격하리만큼 혁신적이지만, 이에 대한 구약적 선례들은 명백하다고 할 수 있다.

그러나 구약성서는 상호 내주, 그리스도의 도구성, 그리스도의 **내세적**(other-worldly) 영역성,[34] 그리스도의 몸 등과 같은 개념들을 미리 내다보지 못한 듯하다. 따라서 바울 사상의 일부 줄기는 구약성서에서 그 선례들을 찾아볼 수 있지만, 다른 일부 줄기는 거기서 발견되지 않는다.

넷째, 앞에서 방금 언급된 사상들—상호 내주, 그리스도의 도구성, 그리스도의 내세적 영역성, 그리스도의 몸—은 요한복음에서 모두 발견된다고 볼 수 있다.[35] 이 사상들의 상호 연관성을 검토하기 이전에 우리는 과연 요한복음이 바울 서신의 신학적 선례가 될 수 있는지를 먼저 살펴보아야 한다. 요한복음은—심지어 이 복음서의 기록 연대를 가장 **빠른** 시기로 잡는다 하더라도—바울이 죽기 이전에 기록되지 않았을 가능성이 농후하다.[36] 바울이 요한복음 저작에 사용된 예수 전승의 일부를 알고 있었을 것이라는 추론은 역사적으로 가능하다.[37] 하지만

---

34   메시아의 **지상** 통치는 구약의 예언서에서도 찾아볼 수 있지만, 그리스도의 **내세적** 영역은 여전히 신약성서에서만 나타나는 독특한 요소로 남아 있다(물론 단 7장을 신약성서의 새로운 이해를 향한 첫 걸음으로 볼 수도 있지만 말이다).

35   참조. Vincent Taylor, *Forgiveness and Reconciliation: A Study in New Testament Theology* (2nd ed.; London: Macmillan, 1956), 145. "실제적으로 요한 신비주의는 바울 신비주의와 매우 유사하며 양자의 가장 큰 차이점은 전자의 경우에는 하나님 신비주의(a God-mysticism)도 나타나지만, 그리스도와 함께 죽고 살아난다는 개념은 등장하지 않는다는 것이다."

36   빠른 기록 연대(기원후 70년 이전)는 바울이 이 복음서의 최종 형태를 알고 있었을 가능성을 열어두지만, 이렇게 빠른 연대는 널리 수용되지 않고 있다. 참조. Leon Morris, *The Gospel According to John* (NICNT; rev. ed.; Grand Rapids: Eerdmans, 1995), 25-30.

37   Brown은 요한복음의 기초를 형성하는 역사적 전승이 기원후 40-60년까지 소급된다고

요한이 **바울**의 저술에 관해 알고 있었을 가능성도 있기 때문에 상황은 반전될 수도 있다. 즉 바울이 요한복음의 선례가 될 수도 있다. 따라서 바울 서신과 요한복음의 상호 연관성은 이론적으로 가능하다. 그럼에도 불구하고 "선례"(antecedent)라는 용어를 요한복음에 대해 사용하는 것은 현명해 보이지 않는다.

그렇다면 이 두 저작의 상호 유사점들은 어떤 것이 있을까? 첫째, 상호 내주 개념은 요한복음에 널리 퍼져 있다. 다음과 같은 예수의 말씀들을 주목하라.

- 내 살을 먹고 내 피를 마시는 자는 내 안에 거하고 나도 그의 안에 거하나니 (요 6:56).
- 내 안에 거하라. 나도 너희 안에 거하리라. 가지가 포도나무에 붙어 있지 아니하면 스스로 열매를 맺을 수 없음 같이, 너희도 내 안에 있지 아니하면 그러하리라(요 15:4; 참조. 15:5-7).
- 아버지께서 내 안에, 내가 아버지 안에 있는 것 같이, 그들도 다 하나가 되어 우리 안에 있게 하사, 세상으로 아버지께서 나를 보내신 것을 믿게 하옵소서 (요 17:21).
- 내가 그들 안에 있고 아버지께서 내 안에 계시어, 그들로 온전함을 이루어 하나가 되게 하려 함은, 아버지께서 나를 보내신 것과 또 나를 사랑하심 같이, 그들도 사랑하신 것을 세상으로 알게 하려 함이로소이다(요 17:23; 참조. 17:26).

예수의 이러한 진술들은 바울 서신에 나타난 그리스도와 신자들 간의 상호 내주와 잘 조화를 이룬다.

본다. Raymond E. Brown, *The Gospel According to John (i-xii)* (AB; Garden City, NY: Doubleday, 1966), lxxxvi. 참조. Richard Bauckham, *Jesus and the Eyewitnesses: The Gospels as Eyewitness Testimony* (Grand Rapids: Eerdmans, 2006, 『예수와 그 목격자들』, [새물결플러스 역간]), 특히 264-89.

둘째, 성부의 뜻을 수행하시는 성자의 도구성도 여러 구절에서 발견된다.

- 아버지께서 아무도 심판하지 아니하시고, 심판을 다 아들에게 맡기셨으니(요 5:22).
- 내게는 요한의 증거보다 더 큰 증거가 있으니, 아버지께서 내게 주사 이루게 하시는 역사(요 5:36).
- 내가 하늘에서 내려온 것은 내 뜻을 행하려 함이 아니요, 나를 보내신 이의 뜻을 행하려 함이니라(요 6:38).
- 내가 내 아버지의 이름으로 행하는 일들이 나를 증거하는 것이거늘(요 10:25b).
- 그러므로 내가 이르는 것은 내 아버지께서 내게 말씀하신 그대로니라(요 12:50).

그리스도는 자신의 사역이 성부의 뜻을 따를 뿐 아니라 그분의 뜻을 실현한다고 본다.

셋째, 그리스도의 내세적 통치 영역이라는 사상도 요한복음에서 발견된다.

- 너희가 세상에 속하였으면 세상이 자기의 것을 사랑할 것이나, 너희는 세상에 속한 자가 아니요 도리어 내가 너희를 세상에서 택하였기 때문에 세상이 너희를 미워하느니라(요 15:19).
- 내 나라는 이 세상에 속한 것이 아니니라. 만일 내 나라가 이 세상에 속한 것이었더라면, 내 종들이 싸워 나로 유대인들에게 넘겨지지 않게 하였으리라. 이제 내 나라는 여기에 속한 것이 아니니라(요 18:36).

이 구절들은 그리스도가 통치하는 내세적 통치 영역을 가리키며 거기서 그리스도는 신자들과 합일체가 된다.

넷째, 요한은 바울이 말하는 그리스도의 몸과 매우 유사한 개념을 설파한다.

- 나는 참 포도나무요 내 아버지는 농부라. 무릇 내게 붙어 있어 열매를 맺지 아니하는 가지는 아버지께서 그것을 제거해 버리시고, 무릇 열매를 맺는 가지는 더 열매를 맺게 하려 하여 그것을 깨끗하게 하시니라. 너희는 내가 일러준 말로 이미 깨끗하여졌으니 내 안에 거하라. 나도 너희 안에 거하리라. 가지가 포도나무에 붙어 있지 아니하면 스스로 열매를 맺을 수 없음 같이, 너희도 내 안에 있지 아니하면 그러하리라. 나는 포도나무요 너희는 가지라. 그가 내 안에, 내가 그 안에 거하면 사람이 열매를 많이 맺나니, 나를 떠나서는 너희가 아무것도 할 수 없음이라(요 15:1-5).

포도나무와 가지들 비유와 몸과 지체들 비유는 그리스도와 밀접하게 연결된 유기적인 관계를 나타낸다는 공통점을 갖고 있다. 신자는 포도나무의 가지 혹은 몸의 지체가 되지 못하면 결코 그리스도께 속한 자가 될 수 없다.

따라서 바울의 그리스도와의 연합이라는 주제에 담긴 이 네 가지 핵심 개념은 요한복음 전반에 걸쳐 나타난다. 과연 그리스도와의 연합에 대한 선례들은 요한복음에서 발견되는 것일까? 어쩌면 그리스도와의 연합에 대한 선례들은 **예수의 말씀에서** 발견된다고 말하는 편이 더 정확하다고 할 수 있다.[38] 요한복음에 기록된 예수의 말씀과 유대 종말론, 그리고 하나님과 인간의 결혼, 성전, 제사장의 제복 등에 관한 구약 사상들을 종합해보면 우리는 이 사상들이 바울의 그리스도와의 연합 사상에 담긴 주요 개념들과 갖는 밀접한 연관성을 발견할 수 있다. 바

---

38 비록 동일한 요점에 도달하기 위해 다른 길을 취하지만, Schweitzer 역시 그리스도와의 연합에 관한 바울의 이해에 미친 예수의 영향을 인정한다. "이는 예수의 설교 자체가 그리스도 신비주의를 포함하기 때문이다." Schweitzer, *Mysticism*, 105; "구속에 관한 바울의 신비주의적 교리는 예수의 복음에 그 뿌리를 둔다"(Ibid., 396).

울의 개념이 용어, 범위, 분포도 등에 있어서 기이하리만큼 독창적이기 때문에 이러한 연관성이 이 개념의 발전을 모두 설명해주지는 못하지만, 예수와 유대교, 그리고 구약성서로부터 공통적으로 영향을 받은 것은 분명해 보인다. 그런 의미에서 바울은 그리스도와의 연합을 무(無)에서 창출해낸 것이 아니다.

사실 바울의 그리스도와의 연합 사상이 탄생하도록 애초에 촉매제(catalyst) 역할을 한 사건은 예수가 다메섹 도상에서 **바울에게** 나타나신 사건이라고도 볼 수 있다. 다이스만은 바울이 다메섹 도상에서 부활하신 그리스도와 직면한 사건을 그의 "기초적인 신비적 경험"(basal mystical experience)으로 간주하며 "이른바 바울의 그리스도 신비주의라고 할 수 있는 것은 모두 이 최초 경험에 대한 반응"이라고 말한다(§2.2를 보라).[39] 특별히 "사울아, 사울아, 네가 어찌하여 나를 박해하느냐?"와 "나는 네가 박해하는 예수라"(행 9:4, 5)는 예수의 말씀은 그리스도와의 연합이라는 주제와 직결된다. 여기서 말하는 바울의 **그리스도인에 대한 박해**(persecution of Christians)는 곧 **그리스도에 대한 박해**(persecution of Christ)로 간주되며 이는 예수와 그의 추종자들 간의 합일체 개념을 강하게 드러낸다. 비록 바울은 이 말씀들이 그리스도와의 연합의 개념을 촉발시켰다고 직접적으로 시인하지는 않지만, 이 말씀들은 그럴 가능성을 확실히 담고 있다.

12.4 결론

이 장에서 우리는 그리스도와의 연합에 대한 정의를 내리고 그 의미를 기술함과 더불어 바울 사상의 선례들을 살펴보면서 이 책의 주요

---

39   Deissmann, *Paul*, 130-31.

결론들을 함께 제시했다. 그리스도와의 연합은 **연합**, **참여**, **합일**, **통합**으로 정의된다. 이 용어들은 다 함께 그리스도와 우리의 밀접한 관계를 나타내는 바울의 용어, 신학, 그리고 윤리적 사상에 대한 다양한 표현과 의미를 적절하게 표현해준다. **연합**(union)은 믿음을 통한 그리스도와의 연합, 상호 내주, 삼위일체, 결혼 등의 개념을 전달한다. **참여**(participation)는 그리스도 내러티브의 여러 사건에 참여하는 것을 가리킨다. **합일**(identification)은 그리스도의 영역 안에서의 신자들의 위치와 그의 주권에 대한 그들의 충성이라는 의미를 담고 있다. **통합**(incorporation)은 그리스도의 몸을 이루는 지체들의 집단적 측면을 표현한다. 이 용어들은 그리스도와의 연합이 지닌 다양한 특징들을 포괄적으로 이해할 수 있게 하는 포용성을 가진다. 이 용어들은 위치, 합일, 참여, 통합, 도구성, 삼위일체, 연합, 종말론, 영적 실재 등의 개념을 잘 표현해준다.

　　바울 사상의 개념적 선례들은 유대 신학과 구약성서, 그리고 다메섹 도상에서 그리스도를 만남으로 시작된 예수의 말씀에서 찾아볼 수 있다. 그리스도인들을 박해하던 사울이 실상은 부활하신 그리스도를 박해하고 있었다는 사실은 바울의 인생과 그의 세계관을 완전히 바꾸어놓았다.

함축적인 의미 및
향후 연구 방향

13.1 서론

이 마지막 장에서 우리는 이 책의 결론이 제기하는 두 가지 이슈에 관해 살펴보고 향후 연구 방향을 제시하기 위해 하나의 의제를 설정하고자 한다. 여기서 논의될 두 가지 이슈는 바울신학의 틀 안에서 그리스도와의 연합이 가지는 **중요성**과 그의 사상의 신학적 **구조**와 연관된다. 바울의 사고에서 그리스도와의 연합은 얼마나 중요한가? 그의 신학 구조 안에서 그리스도와의 연합은 어떤 자리를 차지하는가? 중심적인 자리를 차지하는가 아니면 어떤 다른 역할을 하는가? 이런 질문들은 단순하지도 않지만 그렇다고 서로 독립적이지도 않다. 우리는 이런 질문들에 대해 우리의 답변을 제시하고자 한다. 이어서 우리는 바울과 그리스도와의 연합에 관한 우리의 주해-신학적 연구를 발판으로 긍정적으로 고려해볼 만한 향후 연구 방향을 제시하고자 한다.

13.2 중요성

바울의 사고에서 그리스도와의 연합이 얼마나 중요한지에 대한 질문은 겉보기와는 달리 그리 단순하지 않다. 만약 이 문제를 순전히 통계적인 관점에서만 본다면 바울이 그리스도와의 연합과 관련된 용어를 사용하는 빈도수는 그 자체로 압도적이다. Ἐν Χριστῷ, εἰς Χριστόν, σὺν Χριστῷ, διὰ Χριστοῦ와 같이 다양한 용법을 통해 연합의 의미를 나타내는 다수의 전치사구와 더불어 결혼, 성전, 건물, 몸, 옷과 같이 다양한 은유들을 모두 감안한다면 이러한 통계적인 접근 방법은 그리스도와의 연합이 바울의 사상 가운데 가장 중요한 주제 중 하나— **최고로** 중요한 주제라고까지는 못하더라도—라는 결론에 도달하게 한다. 이 주제는 가령 칭의보다 훨씬 더 보편적이다. 이러한 이해는 후자가 그리스도 안에 있음(being-in-Christ)이라는 중심 분화구 안에 있는 부수적인 분화구에 불과하다는 슈바이처의 주장을 지지하는 **것처럼 보일 수** 있다.

그러나 그저 이러한 통계만 가지고 이 질문에 답할 수는 없다.[1] 어떤 주제의 중요성이 단순히 그 주제가 얼마나 자주 거론되는지에 의해 결정되어야 하는가? 이러한 접근 방법은 현실을 왜곡시킬 수 있다. 예를 들어 텔레비전 광고는 뉴스 프로그램보다 더 중요한가? 텔레비전 광고는 몇 배로 더 자주 방송되지만, 생각이 있는 지성인이라면 TV 광고가 뉴스보다(최소한 시청자에게는) 더 중요하다고 결론 내릴 사람은 거의 없을 것이다. 오히려 빈도와 반복은 그 자체만 가지고는 중요성을 측정하기에는 부적절하다. 그렇다고 해서 이런 기준들이 무의미한 것은 아니며 특정 주제들에 관한 반복적인 언급은 그 저자가 여러 주제를

---

[1] Howell은 이에 동의하지 않는다. "편만성은 중심성과 동등하지 않다." Howell, "Center," 62.

부각시키는 방법 중 하나라고 보아야 할 것이다. 그러나 중요성은 순전히 빈도수만 가지고 판단할 일이 아니다. 왜냐하면 한 저자가 자신이 중요하다고 생각하는 문제들에 독자들의 관심을 집중시킬 수 있는 다른 여러 방법이 있기 때문이다.

이와 같이 중요성을 나타내는 한 가지 중요한 지표는 저자가 해당 **주제를 직접적으로 다루는** 수준이다. 예를 들어 만약 저자가 어떤 주제를 상당한 지면을 할애해 자세하게 설명한다면 이는 곧 그가 우리로 하여금 그 주제에 관심을 갖기를 원한다는 것을 보여주는 것이다. 중요성은 빈도수가 부족하다고 해서 반드시 떨어지는 것은 아니다. 다시 말하면 어떤 특정 주제가 한 담화에서 오직 한 번만 다루어질 수는 있지만, 그 담화 안에 상당한 분량을 할애하고 그 문제를 직접적으로 다룬다면 그 주제의 중요성은 보장된다.

이와 같은 맥락에서 어떤 주제가 **간접적으로** 제시되거나 다른 주제보다 동일한 수준에서 다루어지지 않는다면 이 주제는 자연히 덜 중요한 주제로 여겨질 것이다. 이는 심지어 그 주제가 상대적으로 자주 언급되었다 하더라도 마찬가지다. 또한 만약 그 주제가 직접적으로 다루어지지 않고 단지 다른 주제들과 연관되어 등장한다면 아무리 자주 언급된다고 해도 그 중요성은 향상되지 않을 것이다.

이러한 사실들은 그리스도와의 연합이라는 주제와 이 주제가 바울의 신학적 틀 안에서 가지는 중요성의 문제에 불가피하게 영향을 미친다. 앞에서 이미 지적한 바와 같이 그리스도와의 연합은 자주 등장하는 주제이며 이 사실은 이 주제의 중요성을 뒷받침해준다. 그러나 단언할 수 없는 부분은 바울이 그리스도와의 연합을 얼마나 **직접적으로** 다루느냐는 것이다. 한편으로 그리스도와의 연합에 관한 많은 언급은 간접적으로 나타나거나 혹은 무심코 지나가면서 언급되기도 한다. 특히 ἐν Χριστῷ, εἰς Χριστόν, σὺν Χριστῷ, διὰ Χριστοῦ의 많은 용례가 여기에 해당된다. 상당히 많은 경우 이 어구들은 다른 주제들과 연관되어 사용된다. 또한 어떤 경우에는 바울의 표준적인 어휘의 일부분에 해당하기도 하며 본 논의에 기여하는 바가 없는 관용적 표현에 불과할 때도 있다. 따라서 단지 바울이 ἐν Χριστῷ 어구를 자주 사용한다는 사실을 근거로 그리스도와의 연합이 그에게 매우 중요하다고 추론하는 것은 잘못된 판단이다.

다른 한편으로 몇몇 ἐν Χριστῷ, εἰς Χριστόν, σὺν Χριστῷ, διὰ Χριστοῦ 용례는 그리스도와의 연합을 직접적으로 설파하는 과정에서 사용된 것으로 보인다. 이런 경우가 얼마나 자주 일어나며 또한 어느 본문들이 이런 경우에 해당하는지는 아래에서 논의할 것이다.

이 주제의 중요성을 평가하는 일에 있어서 그리스도와의 연합을 표현하는 은유들도 까다롭기는 마찬가지다. 전치사구들의 경우와 마찬가지로 몸, 교회, 건물, 결혼, 옷 은유들의 일부 용례는 그리스도와의 연합을 직접적으로 다루기 **위해** 사용되지 않는다. 이러한 용례들은 간접적이거나 관용적이며 바울의 직접적인 관심사는 아니다. 한편 다른 용례들에서는 이 은유들이 바울의 관심의 대상일 수는 있지만, 반드시 그리스도와의 연합이라는 주제를 설파하기 위해 사용되지는 않는다. 실제로 이 은유들은 그 은유의 **주된** 목적은 아니더라도 종종 그리스도와의 연합을 **암시한다**. 또한 어떤 경우에는 은유들이 바울의 직접적인 관심을 받기도 하고 그리스도와의 연합을 분명하게 나타내기도 한다. 이 부분에서도 이런 경우가 얼마나 자주 일어나며 어느 본문들이 여기에 해당되는지는 아래에서 다루어질 것이다.

요약하자면 바울의 신학적 틀 안에서 그리스도와의 연합이 얼마나 중요한지에 관한 문제는 그리 간단하지 않으며 그 중요성에 기여하는 여러 요소에 대한 주의 깊은 고찰을 요구한다. 우리는 먼저 그리스도와의 연합이라는 주제를 **직접적으로 다루는** 본문들을 검토하고자 한다. 이 작업을 위한 완벽한 방법은 없지만, 우리는 각 본문의 핵심 주제들을 먼저 파악하고 각 본문이 그리스도와의 연합을 직접적으로 설파하는지를 평가하면서 해당 문맥을 주의 깊게 살펴볼 것이다. 각 해당 본문은 편의상 여기에 다시 인용될 것이지만, 2부에서 이미 제시된 주해는 반복되지 않을 것이다. 오히려 각 본문은 본 장의 목적에 따라 논의될 것이다.

13.2.1 중요한 본문

ἢ ἀγνοεῖτε ὅτι, ὅσοι ἐβαπτίσθημεν εἰς Χριστὸν Ἰησοῦν, εἰς τὸν θάνατον αὐτοῦ ἐβαπτίσθημεν;
무릇 그리스도 예수와 합하여 세례를 받은 우리는 그의 죽으심과 합하여 세례를 받은 줄을 알지 못하느냐(롬 6:3).

이 구절은 그리스도와 합하여 세례를 받는 것에 관해 말한다. 바울은 그러므로 세례를 받은 자는 모두 그의 죽으심과 합하여 세례를 받았다고 표현한다. 그리스도와 합하여 그리고 그의 죽으심과 합하여 세례를 받는다는 개념은 이 구절이 그리스도에게 참여하는 것을 염두에 둔다는 사실을 확인해준다. 또한 이 구절에서 바울의 주된 관심사가 그의 죽으심에 그리스도와 함께 참여하는 것을 나타내는 것이기 때문에 여기서 참여가 직접적으로 다루어진다는 사실은 분명하다. §4.5를 참조하라.

συνετάφημεν οὖν αὐτῷ διὰ τοῦ βαπτίσματος εἰς τὸν θάνατον, ἵνα ὥσπερ ἠγέρθη Χριστὸς ἐκ νεκρῶν διὰ τῆς δόξης τοῦ πατρός, οὕτως καὶ ἡμεῖς ἐν καινότητι ζωῆς περιπατήσωμεν.
그러므로 우리가 그의 죽으심과 합하여 세례를 받음으로 그와 함께 장사되었나니, 이는 아버지의 영광으로 말미암아 그리스도를 죽은 자 가운데서 살리심과 같이, 우리로 또한 새 생명 가운데서 행하게 하려 하심이라(롬 6:4).

바울은 3절의 사상을 이어가며 여기서 그리스도의 죽으심과 합하여 세례를 받음으로써 그와 함께 그의 장사에 참여하는 것을 설명한다. 그 결과로 그리스도의 부활은 신자들에게 새로운 삶의 방식을 가져다준다. 이 절의 마지막 구절은 바울의 폭넓은 윤리적 관심을 드러낸다. 따라서 이 구절은 이러한 윤리적 교훈을 주기 위해 그리스도에게로의 참여를 직접적으로 다룬다. §5.6을 참조하라.

εἰ γὰρ σύμφυτοι γεγόναμεν τῷ ὁμοιώματι τοῦ θανάτου αὐτοῦ, ἀλλὰ καὶ τῆς ἀναστάσεως ἐσόμεθα.
만일 우리가 그의 죽으심과 같은 모양으로 연합한 자가 되었으면, 또한 그의 부활과 같은 모양으로 연합한 자도 되리라(롬 6:5).

이 구절은 분명히 그리스도에게 참여하는 문제를 직접적으로 다룬다. 이 구절은 그리스도의 죽으심과 같은 모양으로 참여하는 것을 언급하며 그 결과로 그의 부활과 같은 모양으로도 참여하게 될 것을 언급한다. §5.6을 참조하라.

εἰ δὲ ἀπεθάνομεν σὺν Χριστῷ, πιστεύομεν ὅτι καὶ συζήσομεν αὐτῷ.
만일 우리가 그리스도와 함께 죽었으면, 또한 그와 함께 살줄을 믿노니(롬 6:8).

여기서도 그리스도에게 참여하는 문제를 직접적으로 다룬다. 바울은 그의 죽으심에 참여하는 것은 그와 함께 생명에로 참여하는 결과를 가져다준다는 사실을 재차 반복한다. §5.6을 참조하라.

ὥστε, ἀδελφοί μου, καὶ ὑμεῖς ἐθανατώθητε τῷ νόμῳ διὰ τοῦ σώματος τοῦ Χριστοῦ, εἰς τὸ γενέσθαι ὑμᾶς ἑτέρῳ, τῷ ἐκ νεκρῶν ἐγερθέντι, ἵνα καρποφορήσωμεν τῷ θεῷ.

그러므로 내 형제들아, 너희도 그리스도의 몸으로 말미암아 율법에 대하여 죽임을 당하였으니, 이는 다른 이 곧 죽은 자 가운데서 살아나신 이에게 가서 우리가 하나님을 위하여 열매를 맺게 하려 함이라(롬 7:4).

여기서 바울은 신자들이 그리스도의 십자가 죽음에 참여하기 때문에 더 이상 율법 아래에 있지 않고 그 결과 그리스도께 속한 자가 된다는 문제를 다룬다. 그리스도의 십자가의 죽음에 참여하는 것과 그리스도에게 속하는 것은 모두 그리스도와의 연합을 직접적으로 언급하는 것과 같다. §6.3을 참조하라.

εἰ δὲ τέκνα, καὶ κληρονόμοι · κληρονόμοι μὲν θεοῦ, συγκληρονόμοι δὲ Χριστοῦ, εἴπερ συμπάσχομεν ἵνα καὶ συνδοξασθῶμεν.
자녀이면 또한 상속자 곧 하나님의 상속자요 그리스도와 함께 한 상속자니, 우리가 그와 함께 영광을 받기 위하여 고난도 함께 받아야 할 것이니라(롬 8:17).

이 구절에서 바울의 주된 포인트는 신자들이 하나님의 상속자이며 그리스도와 함께 공동 상속자라는 사실이다. 이 사실은 신자들이 그리스도와 함께 그의 고난에, 그리고 그 결과로 그의 영광에 참여한다는 사실에 근거한다. 비록 그리스도에게로의 참여가 여기서 일차적 논점은 아닐 수 있지만, 이 주제는 하나의 필수적 근거 논증으로서 직접적으로 다루어진다. §5.6을 참조하라.

οὕτως οἱ πολλοὶ ἓν σῶμά ἐσμεν ἐν Χριστῷ, τὸ δὲ καθ᾽ εἷς ἀλλήλων μέλη.
이와 같이 우리 많은 사람이 그리스도 안에서 한 몸이 되어 서로 지체가 되었느니라(롬 12:5).

여기서 바울의 관심사는 교회 안에서 나타나는 단일성 및 다양성과 관련이 있으며 이 논증의 핵심은 신자들이 그리스도와 통합되었다는 사실이다. 따라서 여기서도 그리스도와의 통합이 직접적으로 다루어진다. §3.8을 참조하라.

> ἐξ αὐτοῦ δὲ ὑμεῖς ἐστε ἐν Χριστῷ Ἰησοῦ, ὃς ἐγενήθη σοφία ἡμῖν ἀπὸ θεοῦ, δικαιοσύνη τε καὶ ἁγιασμὸς καὶ ἀπολύτρωσις.
> 너희는 하나님으로부터 나서 그리스도 예수 안에 있고, 예수는 하나님으로부터 나와서 우리에게 지혜와 의로움과 거룩함과 구원함이 되셨으니(고전 1:30).

이 구절은 그리스도 안에 있는 것의 일부 필연적 결과를 나타내며 그리스도와의 연합을 다룬다. 즉 그는 우리를 위해 지혜와 의로움과 거룩함과 구속이 되셨다. 그리스도는 **우리를 위해** 이것들이 되시고, 이것들은 **그리스도 예수 안에**라는 어구로 표현되는 그리스도와의 연합에 기인한다. 따라서 그리스도와의 연합은 분명히 여기서도 직접적으로 중요하게 다루어진다. §3.10을 참조하라.

> οὐκ οἴδατε ὅτι τὰ σώματα ὑμῶν μέλη Χριστοῦ ἐστιν; ἄρας οὖν τὰ μέλη τοῦ Χριστοῦ ποιήσω πόρνης μέλη; μὴ γένοιτο. οὐκ οἴδατε ὅτι ὁκολλώμενος τῇ πόρνῃ ἓν σῶμά ἐστιν; ἔσονται γάρ, φησίν, οἱ δύο εἰς σάρκα μίαν.
> 너희 몸이 그리스도의 지체인 줄을 알지 못하느냐? 내가 그리스도의 지체를 가지고 창녀의 지체를 만들겠느냐? 결코 그럴 수 없느니라. 창녀와 합하는 자는 그와 한 몸인 줄을 알지 못하느냐? 일렀으되 "둘이 한 육체가 된다" 하셨나니(고전 6:15-16).

여기서 바울의 윤리적 관심의 필수적인 요소는 그리스도와의 연합의 실재다. 신자들의 몸은 그리스도의 지체이며 신자가 창녀와 한 몸이 되어서는 안 되는 이유가 바로 여기에 있다. 비록 이 구절의 일차적인 관심사가 신자들의 행실에 있지만, 그리스도와의 연합도 이러한 바울의 권면을 강화하는 차원에서 직접적으로 다루어진다. §7.2, 4를 참조하라.

> ἀλλ᾽ ἡμῖν εἷς θεὸς ὁ πατὴρ ἐξ οὗ τὰ πάντα καὶ ἡμεῖς εἰς αὐτόν, καὶ εἷς κύριος Ἰησοῦς Χριστὸς δι᾽ οὗ τὰ πάντα καὶ ἡμεῖς διαὐτοῦ. 그러나 우리에게는 한 하나님 곧 아버지가 계시니 만물이 그에게서 났고 우리도 그를 위하여 있고, 또한 한 주 예수 그리스도께서 계시니 만물이 그로 말미암고 우리도 그로 말미암아 있느니라(고전 8:6).

여기서 바울의 주된 관심사는 한 분 하나님과 한 주 예수 그리스도의 유일성을 선언하는 것이다. 바울은 그리스도의 유일성을 강조하는 차원에서 만물이 그를 통해 특히 신자들이 그를 통해 존재하게 되었다고 말한다. 비록 이 구절은 지금까지 검토한 다른 구절들과 다르지만, 그리스도에게로의 참여라는 개념은 신자들이 그리스도를 통해 존재하게 되었다는 주장에 의해 표현된다. 그리고 비록 이러한 참여 개념이 일차적인 관심사는 아니지만, 이 주제는 그리스도의 유일성을 확립하는 데 필요한 핵심 요인으로서 직접적으로 다루어진다. §6.8.3을 참조하라.

> τὸ ποτήριον τῆς εὐλογίας ὃ εὐλογοῦμεν, οὐχὶ κοινωνία ἐστὶν τοῦ αἵματος τοῦ Χριστοῦ; τὸν ἄρτον ὃν κλῶμεν, οὐχὶ κοινωνία τοῦ σώματος τοῦ Χριστοῦ ἐστιν; ὅτι εἷς ἄρτος, ἓν σῶμα οἱ πολλοί ἐσμεν, οἱ γὰρ πάντες ἐκ τοῦ ἑνὸς ἄρτου μετέχομεν.
> 우리가 축복하는바 축복의 잔은 그리스도의 피에 참여함이 아니며, 우리가 떼는

떡은 그리스도의 몸에 참여함이 아니냐? 떡이 하나요 많은 우리가 한 몸이니, 이는 우리가 다 한 떡에 참여함이라(고전 10:16-17).

성만찬에서 잔과 떡을 나누는 것으로 표현된 그리스도의 피와 몸에 참여하는 것은 그리스도와의 연합을 나타낸다. 그리스도의 몸 안에서 이루어지는 이 연합이 직접적으로 의미하는 바는 많은 자가 하나라는 것이다. 이 구절들은 그리스도와의 연합을 직접적인 방식으로 분명하게 다룬다. §7.2를 참조하라.

ὥσπερ γὰρ ἐν τῷ Ἀδὰμ πάντες ἀποθνήσκουσιν, οὕτως καὶ ἐν τῷ Χριστῷ πάντες ζωοποιηθήσονται.
아담 안에서 모든 사람이 죽은 것 같이, 그리스도 안에서 모든 사람이 삶을 얻으리라(고전 15:22).

신자들이 그리스도 안에서 삶을 얻으리라는 내용과 같이 이 구절은 그리스도에게로의 참여를 직접적으로 다룬다. §3.11.1.1을 참조하라.

ὥστε εἴ τις ἐν Χριστῷ, καινὴ κτίσις · τὰ ἀρχαῖα παρῆλθεν, ἰδοὺ γέγονεν καινά
그런즉 누구든지 그리스도 안에 있으면 새로운 피조물이라. 이전 것은 지나갔으니, 보라! 새 것이 되었도다(고후 5:17).

신자들이 새로운 피조물이라는 주장은 그들이 그리스도 안에 있다는 사실에 근거한다. 따라서 그리스도와의 연합은 이 구절의 주된 관심사다. §3.8을 참조하라.

τὸν μὴ γνόντα ἁμαρτίαν ὑπὲρ ἡμῶν ἁμαρτίαν ἐποίησεν, ἵνα ἡμεῖς

γενώμεθα δικαιοσύνη θεοῦ ἐν αὐτῷ.
하나님이 죄를 알지도 못하신 이를 우리를 대신하여 죄로 삼으신 것은, 우리로 하여금 그 안에서 하나님의 의가 되게 하려 하심이라(고후 5:21).

그리스도가 **우리를 위한 죄**(sin for us)가 되셨다는 개념은 신자들이 죄를 담당하신 그의 죽음 안에서 그와 함께하는 연합을 표현한다. 이와 마찬가지로 신자들은 그리스도와의 연합을 통해 하나님의 의가 된다. 따라서 이 구절은 그리스도와의 연합에 관한 직접적인 설명을 분명하게 제공해준다. §3.11.3.4, 5를 참조하라.

ζηλῶ γὰρ ὑμᾶς θεοῦ ζήλῳ, ἡρμοσάμην γὰρ ὑμᾶς ἑνὶ ἀνδρὶ παρθένον ἁγνὴν παραστῆσαι τῷ Χριστῷ.
내가 하나님의 열심으로 너희를 위하여 열심을 내노니, 내가 너희를 정결한 처녀로 한 남편인 그리스도께 드리려고 중매함이로다(고후 11:2).

그리스도와의 결혼이라는 이 은유는 그와 연합했다는 사실을 심오하게 전달한다. 따라서 여기서도 그리스도와의 연합은 직접적으로 다루어진다. §7.4를 참조하라.

καὶ γὰρ ἐσταυρώθη ἐξ ἀσθενείας, ἀλλὰ ζῇ ἐκ δυνάμεως θεοῦ. καὶ γὰρ ἡμεῖς ἀσθενοῦμεν ἐν αὐτῷ, ἀλλὰ ζήσομεν σὺν αὐτῷ ἐκ δυνάμεως θεοῦ εἰς ὑμᾶς.
그리스도께서 약하심으로 십자가에 못 박히셨으나 하나님의 능력으로 살아 계시니, 우리도 그 안에서 약하나 너희에게 대하여 하나님의 능력으로 그와 함께 살리라(고후 13:4).

바울은 그의 사역 팀이 그리스도와 연합된 가운데 연약하다고 말하면서도 그들이 그와 연합된 가운데 다시 살리라고 단언한다. 비록 이 문맥에서 그의 주된 관심사는 자신의 사도적 권위를 주장하는 것이지만, 그가 그리스도와 연합되었다는 사실이 그가 말하고자 하는 핵심 요지다. 따라서 이 주제는 이 구절의 주된 관심사다. §3.11.3.3과 §5.5를 참조하라.

> ὅσοι γὰρ εἰς Χριστὸν ἐβαπτίσθητε, Χριστὸν ἐνεδύσασθε.
> 누구든지 그리스도와 합하기 위하여 세례를 받은 자는 그리스도로 옷 입었느니라(갈 3:27).

그리스도와 합하여 세례를 받는다는 개념과 그리스도로 옷을 입는다는 개념은 모두 연합과 관련이 있기 때문에 이 주제는 이 구절의 주된 관심사다. §4.5를 참조하라.

> οὐκ ἔνι Ἰουδαῖος οὐδὲ Ἕλλην, οὐκ ἔνι δοῦλος οὐδὲ ἐλεύθερος, οὐκ ἔνι ἄρσεν καὶ θῆλυ · πάντες γὰρ ὑμεῖς εἷς ἐστε ἐν Χριστῷ Ἰησοῦ.
> 너희는 유대인이나 헬라인이나 종이나 자유인이나 남자나 여자나 다 그리스도 예수 안에서 하나이니라(갈 3:28).

이 구절의 주된 관심사는 그리스도의 영역 안에서 신자들의 하나 됨과 신자들 가운데 존재하는 차이점들이 이러한 하나 됨을 약화시키거나 훼손하지 않는다는 사실을 나타내는 것이다. 이 하나 됨은 그리스도의 영역과의 집단적 합일에 근거한다. 신자들은 그리스도의 영역 안에 있기 때문에 모두 그 안에서 하나다. 따라서 그리스도와의 합일은 신자들의 하나 됨이라는 신학적 토대 위에서 직접적으로 다루어진다. §3.8을 참조하라.

καὶ καὶ αὐτὸν ἔδωκεν κεφαλὴν ὑπὲρ πάντα τῇ ἐκκλησίᾳ, ἥτις ἐστὶν τὸ σῶμα αὐτοῦ, τὸ πλήρωμα τοῦ τὰ πάντα ἐν πᾶσιν πληρουμένου.
또 만물을 그의 발아래에 복종하게 하시고 그를 만물 위에 교회의 머리로 삼으셨느니라. 교회는 그의 몸이니 만물 안에서 만물을 충만하게 하시는 이의 충만함이니라(엡 1:22-23).

여기서 바울의 주된 관심사는 그리스도와 교회의 관계의 본질을 다루는 것이다. 그는 교회의 머리시며 교회는 그의 몸이다. 교회는 만물을 충만하게 하시는 그리스도의 **충만함**(fullness of Christ)이다. 머리와 몸의 은유들은 신자들이 그리스도와 통합되었다는 의미를 심오하게 전달한다. 따라서 이 본문은 그리스도와의 통합을 직접적으로 다루는 본문 중 하나다. §7.2를 참조하라.

καὶ ὄντας ἡμᾶς νεκροὺς τοῖς παραπτώμασιν συνεζωοποίησεν τῷ Χριστῷ,—χάριτί ἐστε σεσῳσμένοι—καὶ συνήγειρεν καὶ συνεκάθισεν ἐν τοῖς ἐπουρανίοις ἐν Χριστῷ Ἰησοῦ.
허물로 죽은 우리를 그리스도와 함께 살리셨고 (너희는 은혜로 구원을 받은 것이라). 또 함께 일으키사 그리스도 예수 안에서 함께 하늘에 앉히시니(엡 2:5-6).

그리스도와 함께 살리심을 받고 그와 함께 일으키심을 받으며 또 그와 함께 하늘에 앉히심을 받았다는 내용에서 알 수 있듯이 이 두 절은 그리스도에게로의 참여를 직접적으로 염두에 두고 있다. §5.6을 참조하라.

τὸν νόμον τῶν ἐντολῶν ἐν δόγμασιν καταργήσας, ἵνα τοὺς δύο κτίσῃ ἐν αὐτῷ εἰς ἕνα καινὸν ἄνθρωπον ποιῶν εἰρήνην.
법조문으로 된 계명의 율법을 폐하셨으니, 이는 이 둘로 자기 안에서 한 새 사람을 지어 화평하게 하시고(엡 2:15).

둘로 한 새 사람을 창조했다는 것은 유대인 신자들과 이방인 신자들의 하나 됨을 가리키며 바울은 이 하나 됨이 그리스도 안에서 창조되었다고 말한다. **한 새 사람**을 그리스도 **안에서** 지음 받은 존재로 묘사하는 것은 서로 멀리 떨어져 있던 두 당사자들이 그리스도와 공동적으로 통합됨으로써 화평하게 되었다는 의미를 전달한다. 유대인과 이방인의 이런 하나 됨이 이 구절의 주된 관심사이며 이 하나 됨의 토대는 그리스도와의 통합이다. 따라서 그리스도와의 통합 자체가 이 구절의 핵심 이슈는 아니더라도 여기서 직접적으로 거론되는 것은 분명하다. §3.11.3.1을 참조하라.

ἐν ᾧ πᾶσα οἰκοδομὴ συναρμολογουμένη αὔξει εἰς ναὸν ἅγιον ἐν κυρίῳ.
그의 안에서 건물마다 서로 연결하여 주 안에서 성전이 되어 가고(엡 2:21).

그리스도 안에서 서로 연결되어 커지는 건물에 관한 이미지는 그리스도와의 통합을 표현한다. 이러한 통합은 분명 이 구절의 주된 관심사다. §3.11.4.1과 §7.3을 참조하라.

ἀληθεύοντες δὲ ἐν ἀγάπῃ αὐξήσωμεν εἰς αὐτὸν τὰ πάντα, ὅς ἐστιν ἡ κεφαλή, Χριστός, ἐξ οὗ πᾶν τὸ σῶμα συναρμολογούμενον καὶ συμβιβαζόμενον διὰ πάσης ἁφῆς τῆς ἐπιχορηγίας κατ᾽ ἐνέργειαν ἐν μέτρῳ ἑνὸς ἑκάστου μέρους τὴν αὔξησιν τοῦ σώματος ποιεῖται εἰς οἰκοδομὴν ἑαυτοῦ ἐν ἀγάπῃ.
오직 사랑 안에서 참된 것을 하여 범사에 그에게까지 자랄지라. 그는 머리니 곧 그리스도라. 그에게서 온 몸이 각 마디를 통하여 도움을 받음으로 연결되고 결합되어 각 지체의 분량대로 역사하여 그 몸을 자라게 하며 사랑 안에서 스스로 세우느니라(엡 4:15-16).

신자들은 그리스도에게까지 자라야 하며 온 몸은 그 몸으로부터 자라나야 한다. 몸은 유기적으로 그 머리에 연결되어 있어서, 그리스도와의 연합이라는 개념을 견고하게 해준다. 따라서 여러 지체의 활동을 통해 몸이 성장한다고 말하는 이 두 구절의 주된 관심사는 그리스도와의 연합임이 분명하다. §4.9.2와 §7.2를 참고하라.

οὐδεὶς γάρ ποτε τὴν ἑαυτοῦ σάρκα ἐμίσησεν ἀλλὰ ἐκτρέφει καὶ θάλπει αὐτήν, καθὼς καὶ ὁ Χριστὸς τὴν ἐκκλησίαν, ³⁰ ὅτι μέλη ἐσμὲν τοῦ σώματος αὐτοῦ. ³¹ ἀντὶ τούτου καταλείψει ἄνθρωπος [τὸν] πατέρα καὶ [τὴν] μητέρα καὶ προσκολληθήσεται πρὸς τὴν γυναῖκα αὐτοῦ, καὶ ἔσονται οἱ δύο εἰς σάρκα μίαν. ³² τὸ μυστήριον τοῦτο μέγα ἐστίν· ἐγὼ δὲ λέγω εἰς Χριστὸν καὶ εἰς τὴν ἐκκλησίαν.
누구든지 언제나 자기 육체를 미워하지 않고 오직 양육하여 보호하기를 그리스도께서 교회에게 함과 같이 하나니, ³⁰ 우리는 그 몸의 지체임이라. ³¹ 그러므로 사람이 부모를 떠나 그의 아내와 합하여 그 둘이 한 육체가 될지니, ³² 이 비밀이 크도다. 나는 그리스도와 교회에 대하여 말하노라(엡 5:29-32).

바울은 에베소서 5:32에서 자신이 창세기 2:24을 인용한 이유는 그리스도와 교회의 관계의 본질을 설명하는 데 있다고 말한다. 그러면서 바울은 교회가 그리스도 자신의 몸이자 그의 몸의 지체들이며 그의 아내라고 묘사한다. 결혼 은유는 여기서 그리스도와 그의 백성의 연합에 관한 깊은 통찰을 제공해주며 이 주제는 여기서 직접적으로 다루어진다. §4.8과 §7.2를 참조하라.

ἀλλὰ μενοῦνγε καὶ ἡγοῦμαι πάντα ζημίαν εἶναι διὰ τὸ ὑπερέχον τῆς γνώσεως Χριστοῦ Ἰησοῦ τοῦ κυρίου μου, δι' ὃν τὰ πάντα ἐζημιώθην, καὶ ἡγοῦμαι σκύβαλα, ἵνα Χριστὸν κερδήσω καὶ εὑρεθῶ ἐν αὐτῷ, μὴ ἔχων ἐμὴν δικαιοσύνην τὴν ἐκ νόμου ἀλλὰ τὴν διὰ πίστεως Χριστοῦ, τὴν ἐκ θεοῦ δικαιοσύνην ἐπὶ τῇ πίστει.

또한 모든 것을 해로 여김은 내 주 그리스도 예수를 아는 지식이 가장 고상하기 때문이라. 내가 그를 위하여 모든 것을 잃어버리고 배설물로 여김은 그리스도를 얻고 그 안에서 발견되려 함이니. 내가 가진 의는 율법에서 난 것이 아니요 오직 그리스도를 믿음으로 말미암은 것이니, 곧 믿음으로 하나님께로부터 난 의라(빌 3:8-9).

여기서 바울은 그리스도를 얻고, 그 안에서 발견되고, 그리스도를 통해 의를 얻는 것을 언급한다. 이것들은 각각 어떤 의미에서든 그리스도와의 연합을 가리키며, 바울이 이제부터 **배설물**로 여기는 것들과 대치된다. 그리스도와의 연합은 여기서도 직접적으로 거론된다. §3.11.3.3과 §6.5를 참조하라.

ὅτι ἐν αὐτῷ κατοικεῖ πᾶν τὸ πλήρωμα τῆς θεότητος σωματικῶς, καὶ ἐστὲ ἐν αὐτῷ πεπληρωμένοι, ὅς ἐστιν ἡ κεφαλὴ πάσης ἀρχῆς καὶ ἐξουσίας.

그 안에는 신성의 모든 충만이 육체로 거하시고 너희도 그 안에서 충만하여졌으니, 그는 모든 통치자와 권세의 머리시라(골 2:9-10).

이 구절에서는 두 유형의 그리스도와의 연합이 언급된다. 첫 번째 유형은 하나님의 본질의 충만이 그리스도 안에 거하신다는 의미에서 하나님과 그리스도 간의 연합을 나타낸다. 두 번째 유형은 신자들이 그 분 안에서 충만하여졌다는 내용과 함께 신자들과 그리스도의 연합을 나타낸다. 이 두 유형의 연합이 이 두 절의 주 관심사다. §3.11.3.1, 4를 참조하라.

συνταφέντες αὐτῷ ἐν τῷ βαπτισμῷ, ἐν ᾧ καὶ συνηγέρθητε διὰ τῆς πίστεως τῆς ἐνεργείας τοῦ θεοῦ τοῦ ἐγείραντος αὐτὸν ἐκ νεκρῶν · καὶ ὑμᾶς νεκροὺς ὄντας [ἐν] τοῖς παραπτώμασιν καὶ τῇ ἀκροβυστίᾳ τῆς σαρκὸς ὑμῶν, συνεζωοποίησεν ὑμᾶς σὺν αὐτῷ, χαρισάμενος ἡμῖν πάντα τὰ παραπτώματα.

너희가 세례로 그리스도와 함께 장사되고 또 죽은 자들 가운데서 그를 일으키신 하나님의 역사를 믿음으로 말미암아 그 안에서 함께 일으키심을 받았느니라. 또 범죄와 육체의 무할례로 죽었던 너희를 하나님이 그와 함께 살리시고 우리의 모든 죄를 사하시고(골 2:12-13).

이 두 절에서는 신자들이 그리스도와 함께 장사되고 그와 함께 일으키심을 받고 살리심을 받았다는 내용과 더불어 그리스도에게로의 참여가 분명하게 다루어진다. §3.11.4.1, 5.5, 6을 참조하라.

εἰ ἀπεθάνετε σὺν Χριστῷ ἀπὸ τῶν στοιχείων τοῦ κόσμου, τί ὡς ζῶντες ἐν κόσμῳ δογματίζεσθε;

너희가 세상의 초등학문에서 그리스도와 함께 죽었거든, 어찌하여 세상에 사는 것과 같이 규례에 순종하느냐?(골 2:20)

여기서도 신자들이 그리스도와 함께 죽었다는 내용과 더불어 그리스도에게로의 참여가 거론된다. §5.3을 참조하라.

εἰ οὖν συνηγέρθητε τῷ Χριστῷ, τὰ ἄνω ζητεῖτε, οὗ ὁ Χριστός ἐστιν ἐν δεξιᾷ τοῦ θεοῦ καθήμενος.

그러므로 너희가 그리스도와 함께 다시 살리심을 받았으면 위의 것을 찾으라. 거기는 그리스도께서 하나님 우편에 앉아 계시느니라(골 3:1).

여기서도 다시 한번 신자들이 그리스도와 함께 죽었다는 내용과 더불어 그리스도에게로의 참여가 거론된다. §5.6을 참조하라.

> ἀπεθάνετε γὰρ καὶ ἡ ζωὴ ὑμῶν κέκρυπται σὺν τῷ Χριστῷ ἐν τῷ θεῷ ·ὅταν ὁ Χριστὸς φανερωθῇ, ἡ ζωὴ ὑμῶν, τότε καὶ ὑμεῖς σὺν αὐτῷ φανερωθήσεσθε ἐν δόξῃ.
> 이는 너희가 죽었고 너희 생명이 그리스도와 함께 하나님 안에 감추어졌음이라. 우리 생명이신 그리스도께서 나타나실 그 때에 너희도 그와 함께 영광중에 나타나리라(골 3:3-4).

바울은 신자들의 생명이 그리스도와 함께 하나님 안에 감추어져 있고 그리스도께서 나타나실 때에 그들도 그와 함께 나타날 것이라고 말한다. 이 두 개념은 그리스도와의 연합을 강하게 드러내며, 따라서 이 구절의 주 관심사다. §5.3, 5를 참조하라.

> εἰ γὰρ πιστεύομεν ὅτι Ἰησοῦς ἀπέθανεν καὶ ἀνέστη, οὕτως καὶ ὁ θεὸς τοὺς κοιμηθέντας διὰ τοῦ Ἰησοῦ ἄξει σὺν αὐτῷ.
> 우리가 예수께서 죽으셨다가 다시 살아나심을 믿을진대, 이와 같이 예수 안에서 자는 자들도 하나님이 그와 함께 데리고 오시리라(살전 4:14).

바울은 여기서 그리스도께서 오시기 전에 이미 죽은 신자들은 그가 오실 때에 함께 데리고 오실 것이라고 말한다. 신자들은 그때에 그리스도와 함께할 것이라는 점에서 여기서도 그리스도에게 참여한다는 개념은 직접적으로 거론된다. §5.5를 참조하라.

> τοῦ ἀποθανόντος ὑπὲρ ἡμῶν, ἵνα εἴτε γρηγορῶμεν εἴτε καθεύδωμεν ἅμα σὺν αὐτῷ ζήσωμεν.

> 예수께서 우리를 위하여 죽으사 우리로 하여금 깨어 있든지 자든지 자기와 함께 살게 하려 하셨느니라(살전 5:10).

그리스도와 함께 산다는 것은 그리스도에게로의 참여를 표현하며 이 구절의 주 관심사임을 보여준다. §5.5를 참조하라.

앞의 목록은 연합, 참여, 합일, 통합을 직접적으로 거론하는 본문들을 한눈에 파악하려는 목적으로 마련되었다. 그러나 목록은 절대적인 객관성을 확보할 수 없으며 나는 이 목록이 최종적이라기보다는 일종의 가이드 정도라고 간주한다. 혹자는 둘이나 세 개의 다른 본문이 이 목록에 포함되어야 한다거나 또는 반대로 이 목록에 포함되지 말아야 한다고 주장할 수도 있다. 이러한 주의 사항을 염두에 두더라도 앞의 목록에 의하면 그리스도와의 연합은 대략 서른 두 개의 본문에서 직접적으로 거론되는 것으로 나타난다. 이런 통계를 더욱 복잡하게 만드는 요인은 이 본문들 가운데 일부는 그리스도와의 연합을 한 번 이상 언급하기 때문이며 이는 이 주제의 직접적인 언급 횟수를 더욱 증가시킨다.

이제 우리는 바울의 사고에서 그리스도와의 연합이 가지는 중요성을 고찰하는 문제로 돌아가고자 한다. 비록 더 많은 본문이 그리스도와의 연합을 암시하지만, 우리는 **직접적인 관심사**로 거론되는 대략 서른 두 개의 본문들을 따로 추렸다. 그러므로 이제 우리 앞에 놓인 질문은 바로 이것이다. 서른 두 차례씩이나 직접 거론되는 이 주제는 과연 얼마나 중요한 것일까? 나는 이 주제가 정말 중요하다고 생각한다. 물론 간접적인 언급들까지 직접적인 언급들과 동일한 수준으로 취급한다면 그 중요성은 훨씬 더 과장될 수 있다. 하지만 이런 우를 범하지 않더라도 그리스도와의 연합이 사도 바울의 사고에서 너무나도 중요하다는 사실은 인정할 수밖에 없다.[2]

---

2 이것은 철저한 통계의 결과가 아니다. 왜냐하면 그러한 통계는 서른 두 개의 용례들과 바

그리스도와의 연합에 대해 직접적으로 언급하는 횟수 외에도 이 주제의 중요성을 가늠할 수 있는 기준은 이 주제가 바울 사상의 구조 안에서 어떤 역할을 담당하느냐다. 이제 우리는 여기서 그 복잡한 문제를 다루고자 한다.

13.3 바울 사상의 구조

바울 사상의 구조는 서로 복잡하게 연결된 수많은 주제를 담고 있다. 물론 이 주제들은 체계적으로 제시되지 않는다. 학자들은 오랫동안 이 주제 간의 논리적 관계를 서술하려는 노력에 상당한 에너지를 쏟아왔으며 이 사실 자체가 이 과제의 복잡성을 잘 대변해준다. 특히 어떤 부류의 학자들은 바울의 신학적 틀의 "열쇠"(key)를 파악하려는 노력을 지속적으로 해왔다. 이 학자들은 이 열쇠만 정확히 파악한다면 바울의 사고를 제대로 "밝혀낼"(unlock) 수 있을 뿐만 아니라, 그가 정말 말하고자 한 바와 그가 가장 중요하게 생각하는 주제들을 온전히 파악할 수 있으리라 믿었다. 이러한 탐구의 취지가 제대로 이루어진다면 바울이 말하는 복음이란 무엇이며 구원은 어떻게 일어나고 칭의가 의미하는 바가 무엇인지 등에 대한 이해를 향상시키는 것만큼이나 엄청난 파장을 일으킬 것이다. 바울의 사상을 이해하는 "열쇠"를 추적하는 작업은 하나님의 의가 그리스도에 대한 믿음을 통해 신자들

울의 다른 주제들이 직접적으로 다루어지는 경우들을 비교하는 과정을 필요로 하기 때문이다. 그와 같은 분석은 이 책의 범위를 넘어설 뿐 아니라 큰 도움이 되지도 않는다. 직접 다루어진 경우의 횟수를 비교해서 어떤 주제가 다른 주제보다 더 중요하다고 판단하는 것은 큰 의미가 없다. 사실 그런 접근 방법은 잘못된 판단을 야기하기 쉽다. 이와는 대조적으로 그리스도와의 연합에 관한 서른두 번의 직접적 언급이라는 통계는 이 주제를 개괄적으로 말하거나 이 주제에 관한 직접적인 언급이 적지 않은 숫자이며 간접적인 언급보다 훨씬 더 적은 숫자임을 입증하는 데에는 유용하다.

에게 부여된다는 마르틴 루터의 발견으로까지 소급될 수도 있다. 루터 자신도 이 발견이 바울 서신을 이해하는 문을 열어주었을 뿐만 아니라, 그리스도인이 된다는 것이 무슨 의미인지에 대한 그의 전반적인 인식을 완전히 바꾸어놓았다고 평가한다.

한편 이와 밀접하게 연관된 또 다른 문제는 바울신학의 "중심"(centre)에 관한 문제다. "열쇠"라는 것이 모든 것을 밝혀주거나 잃어버린 퍼즐의 한 조각을 제공해준다면 바울 사상의 "중심"은 다른 모든 내용 중에서 가장 중심이 되는 그 한 주제를 가리킨다. 이것은 전체 구조의 토대이자 활력소와도 같다. 이것은 가장 필수적인 요소로서 다른 모든 내용보다 우위를 차지한다.

바울신학의 "중심"을 찾는 작업이 유익한 것인지—또는 심지어 정당한 것인지—여부와는 상관없이 이러한 작업은 엄청난 결과를 가져다줄 수 있는 잠재력을 가진다. 사도 바울의 사고의 "중심"으로 어느 사상이나 주제를 설정하든지 간에 이 작업은 바울을 면밀히 다시 읽을 것을 요구한다. 왜냐하면 그 해당 주제는 서로 복잡하게 얽혀 있는 다른 여러 사상 및 주제와의 관계 속에서 이해되기 때문이다. 다시 말하면 어떤 해석자는 자신이 채택한 바울의 "최대 관심사"를 근거로 바울을 어떤 특정 방식으로 읽을 것이고 또 다른 해석자는 그 "최대 관심사"를 이와는 다르게 파악함으로써 또 다른 방식으로 바울을 읽을 것이다.

비록 이것을 당연하게 받아들일 수도 있지만, 동시에 조작이라는 수단을 통해 남용될 위험성도 가진다. 어떤 이에게는 바울을 독자의 입맛에 맞추려는 열망이 더 강할 수도 있다. 바울 사상의 구조를 그대로 유지하면서도 이렇게 할 수 있는 한 가지 방법은 바울이 "정말로" 관심을 기울인 바가 무엇인지를 미리 정해놓고 바울을 읽는 것이다. 이렇게 되면 바울의 "최대 관심사"는 서신 전체에 퍼져 있는 지배적인 사상—즉 그의 사상의 풍부한 다양성과 뉘앙스 그리고 구체적인 내용을 아주 단조롭게 만드는—이 되고 만다. 이 "최대 관심사"는 또한 바울신학 전체를 왜곡시킬 수 있는 어떤 해석학적 원리로도 작용하게 된다.

따라서 바울신학의 "중심"을 추적하는 연구가 유익하거나 정당할 수도 있고 혹은 아예 그렇지 않을 수도 있지만, 이 작업이 매우 중요하다는 데에는 이견의 여지가 없다. 사실 나는 20세기 후반기에 걸쳐 학계에서 이루어진 대부분의 바울 논의는 이 관심사로 집약되었다고 감히 말하고 싶다. 실로 그리스도와의 연합이라는 바울의 개념을 둘러싼 학계의 논의를 개략적으로만 살펴보아도 그 동안의 논의가 이 개념이 바울의 사상에서 차지하는 위상에 초점을 맞춰왔음을 알 수 있다. 슈바이처 이후에도 그리스도와의 연합이 바울의 최대 관심사일 뿐 아니라 바울 서신의 다른 모든 주제도 이에 종속되거나 혹은 최소한 이로부터 파생된 것이라고 여기는 학자들이 수없이 많다.[3] 이러한 추세와 이 이슈의 중요성을 감안하면 이 이슈는 주의 깊게 숙고할 만한 가치를 가지고 있다.

13.3.1 바울신학의 "중심"?

바울신학의 "열쇠"(key) 혹은 "중심"(centre)을 추적하는 연구는 과연 정당한가? 우리는 여기서 "열쇠"와 "중심"이라는 개념을 따로 분리해서 다루고자 한다. 왜냐하면 이 두 개념은 서로 미묘한 차이점이 있기 때문이다. 바울 사상의 "중심"을 추적하는 연구의 기저에는 그 형태에 대한 어떤 전제가 깔려 있다. 이 사실을 잘 표현해줄 수 있는 은유가 하나 있다. 그것이 바로 중심으로부터 많은 바큇살이 뻗어 있는 바퀴다. 바울 사상의 각 요소는 그의 신학의 "중심"으로부터 뻗어 나오

---

[3] 예를 들어, Terrance Callan, *Dying and Rising with Christ: The Theology of Paul the Apostle* (New York: Paulist, 2006); Sanders, *Palestinian Judaism*, 502; Gorman, *Inhabiting the Cruciform God*, 171을 참조하라.

며, 서로 연관이 없어 보이는 바퀴의 "살들"이 사실은 그 공통된 중심에 의해 서로 연관되어 있듯이 바로 이 바울신학의 중심이 그의 신학 전체에 일관성을 제공한다는 것이다.[4] 그러나 바울의 사고의 형태에 대한 이러한 전제는 이미 입증된 것이 아니라 하나의 추정일 뿐이다. 왜냐하면 이것을 입증하기란 거의 불가능하기 때문이다.

만약 우리가 바울의 사고의 형태에 대한 이런 전제를 받아들이지 않는다면 "중심"이 존재할 가능성은 훨씬 더 줄어들 것이다.[5] 예를 들면 바울의 사상은 중심으로부터 살들이 뻗어 있는 어떤 바퀴보다는 사상들이 서로 얽혀 있는 어떤 그물(a web of interconnected ideas)에 더 가깝다고도 볼 수 있다. 이러한 그물은 하나의 중심을 가질 수도 있고 그렇지 않을 수도 있다. 이를테면 거미줄은 하나의 중심점을 가지고 있지만, 거미줄의 나머지 부분은 그 중심으로부터 나오기보다는 서로 연결된 여러 동심원의 첫 번째 부분에 불과하다. 고기잡이 그물과 같은 또 다른 종류의 그물은 아예 어떤 확실한 중심점이 없다. 바울신학의 형태가 사상들이 서로 얽혀 있는 그물과 같다는 전제 역시 하나의 전제이며 그런 차원에서 이러한 전제는 바퀴 형태라는 전제보다 결코 더 타당성이 있다고 볼 수 없다.[6]

---

4   "중심이라는 개념은 한두 가지 이미지를 상기시킨다. 한 가지는 바퀴의 중심과 여러 바퀴살로 이루어진 바퀴 이미지인데 여기서 바퀴살은 바퀴의 중심으로부터 나올 뿐만 아니라 모두 독립적으로 바퀴의 중심과 연결되어 있다. 또 다른 이미지는 태양계의 이미지인데, 여기서 행성들은 태양을 중심으로부터 어떤 경우는 가까이, 또 어떤 경우는 더 바깥 편에 자리하는 등 다양한 거리에서 공전한다. 이 두 이미지에서 모두 중심은 각 부분을 서로 연결하는 기능을 하지 않기 때문에 전체 체계를 하나로 통합하지도 않는다." Gorman, *Cruciformity*, 370.

5   (앞의 책에서) Gorman은 최근에 이루어지고 있는 바울신학에 관한 서사적 접근들이 신학적 중심이라는 용어의 정당성에 의문을 제기한다고 지적한다. "이야기에는 줄거리와 패턴 그리고 심지어 중간 지점도 있지만 중심은 없다." 그러나 Gorman은 다른 곳에서 이러한 기존 학술 논의에 참여할 태세를 갖추고 **신성화**(theosis)를 바울신학의 중심으로 제시한다. Gorman, *Inhabiting the Cruciform God*, 171.

6   또 다른 제안은 집 이미지인데 여기서는 하나님이 다른 주제들의 기반이 된다. Schreiner,

따라서 서로 대립 관계에 있는 이 두 전제 가운데 (혹은 그 이상) 더 나은 하나를 찾으려는 노력을 하고 있기 때문에 우리는 이 문제에 더욱 신중하게 접근해야 한다. 그런데 우리에게는 어떤 하나를 더 선호할 만한 이유가 여럿 있다. 바퀴 형태 모델(wheel-shaped model)에 대한 반론은 이 중심이—지금까지도 지속되고 있는 중심에 관한 논쟁들이 증명해주듯이—그리 쉽게 추론될 수 없다는 것이다. 이 문제와 관련하여 지금까지 학계의 견해가 크게 흔들린 점을 감안하면 사실상 중심이 없다는 견해에 힘이 실린다.[7] 결국 다른 모든 사상보다 훨씬 더 중요한 무언가가—바퀴의 중심이 그래야 하는 것처럼—어느 정도 분명하게 두각을 나타내야 한다는 기대는 그리 불합리한 생각은 아닐 것이다. 그런데 지금까지 오래 지속되어온 이 논의가 아직도 어떤 합의점에 이르지 못했다면 문제가 있다는 것이다.[8]

따라서 바퀴 형태 모델이 지닌 위험성은 바퀴의 중심이 어떤 임의적인 판단에 의해 상정된다는 점에서 상승한다.[9] 바퀴 형태 모델은 그 중심에 속한 것으로 여겨지는 특정 자료들을 필연적으로 우선시할 수밖에 없기 때문에 무엇이 중심인지 확실히 알 수 없는 상황에서는 어떤 한 쪽을 크게 왜곡시킬 가능성이 높기 마련이다.[10] 마지막으로 바퀴 형태 모델에 대한 또 다른 반론은 바울이 자신의 생각을 이런 식으로 제

Paul, 19-22.
7   "하나의 '중심'(centre) 또는 '핵심'(core)을 말하는 것 자체가 그런 것이 단 하나만 있을 수 있다는 것을 전제하는데, 어쩌면 이것이 가장 먼저 고쳐져야 할 오류일 수도 있다." Jonathan Bishop, "The Gospel(s) According to Paul," *AThR* 76 (1994): 296.
8   Howell, "Center," 90.
9   "바울의 내부 논리의 방향을 추론한 후 그 결과들을 토대로 어떤 이론을 세우는 것은 위험스러운 일이다"(Ibid., 65).
10 Schreiner는 이러한 위험성에 관해 유익하게 반추한다. 그런데 여기에는 "정경 안의 정경"을 만들거나 혹은 한 주제가 다른 주제들을 지배하거나 또는 중심 주제와 충돌을 일으키는 자료를 배제시키는 등 바울을 임의적으로 해석할 가능성을 내포한다. Schreiner, *Paul*, 16-17.

시하지 않는다는 사실이다. 바울의 생각은 서로 복잡하게 얽혀 있는 다른 무수한 사상들로 구성되어 있어 매우 복잡하다. 따라서 거기서 하나의 공통분모를 찾는다는 것은 거의 불가능하다.

이와는 대조적으로 그물 형태 모델(a web-shaped model)은 그의 사상을 새롭게 재구성할 필요가 없다는 점에서 상당히 매력적이다. 그의 서신들은 주제에 따라 그리고 목회적인 목적에 따라 전개된다. 이 과정에서 어떤 생각들은 다른 생각들을 낳기도 하고, 어느 때는 어떤 생각이 돌고 돌기도 하고, 또 어느 때는 새로운 개념들로 확대되어 나가기도 한다. 그의 서신이 상황 대응적(occasional)이며 비조직적인(nonsystematic) 방식으로 기록되었다고 해서 그의 사고조차 질서정연하지 못할 것이라고 단정지을 수는 없다. 그의 사고는 바퀴 형태의 질서보다는 그물 형태의 질서에 더 잘 부합할 것 같다. 그물 형태의 질서를 지지하는 또 다른 요소는 어떤 자료를 다른 자료보다 더 우선시하는 성향과 대비되는 그 중립성이다. 하나의 중심이 없는 이런 종류의 질서는 여러 사상을 어떻게 한 가지 중심 사상으로 축약할 것인가보다는 여러 사상이 어떻게 서로 연관되는지를 분석하는 데 도움을 준다. 결과적으로 이러한 질서는 복잡성과 다양성을 모두 허용한다.

이러한 요인들을 고려하면 그물 형태 모델이 바울의 사상에 가장 알맞다는 결론에 도달하게 된다. 따라서 우리는 여기서 이 모델을 전제한다. 이러한 전제는 입증될 수도 없을 뿐만 아니라 석의 자료를 통해 증명될 수도 없다. 이것은 오히려 다른 대안들보다 바울의 저술의 본질을 더 잘 대변하는 이론 하나를 추가로 상정하는 것에 불과하다. 따라서 바울 사상의 중심을 추적하는 작업은 부적절해 보인다. 왜냐하면 그물 형태 모델은 이것을 허용하지 않기 때문이다. 혹 이 모델이 동심원들로 구성된 거미줄과 유사하다고 가정한다 하더라도 이 중심은 바퀴의 살들처럼 다른 사상들이 뿜어져 나오는 그런 중심이 아니다. 사실상 두 번째 원 다음부터는 어느 원도 중심과 직접적으로 연결되어 있지 않다.

13.3.2 바울신학의 "열쇠"?

일단 우리는 바울의 사상의 **중심**(centre)과 **열쇠**(key)의 차이점을 이해할 필요가 있다. **중심**은 다른 요소들을 통제하고 이 모든 요소에 일관성을 부여하는 한 가지 요소가 존재한다는 것을 전제한다. 이에 비해 **열쇠**는 전체를 이해하기 위해 무언가 잃어버린 것을 제공해준다. 다시 말하면 바울의 사상에 대한 열쇠는 통제(control)보다는 접근(access)에 관한 것이다. 열쇠는 분명 중요하다. 하지만 그 중요성은 문을 여는 데에 있지 그 나머지 모든 것을 열쇠로 만들어버리는 데에 있지 않다. 일단 문이 열리면 그 열쇠는 사고 구조 안에서 그 본래의 역할 외에는 더 이상 중요하지 않다.

만약 열쇠를 이렇게 이해한다면 이 열쇠는 어떤 고정화된 것이라기보다는 상황적인 것이 된다. 이 열쇠는 마치 어떤 직소 퍼즐의 잃어버린 한 조각과 같이 잘못 놓였거나 혹은 잊혔거나 아니면 오해받아온 어떤 요소를 가리킨다. 이 요소가 무엇을 가리키는지는 서로 다른 신학 전통들이 그들 자신만의 맹점(lacunae)을 가질 수 있다는 면에서 시간과 장소에 따라 달라질 수 있다. 만약 어느 특정 신학 전통이 바울 사상의 어떤 한 요소를—그것이 무엇이든지 간에—간과했다면 그 전통은 그 잃어버린 요소가 (재)발견되기까지 바울의 사상의 일관성을 파악하는 데에 어려움을 겪을 수밖에 없다.

예를 들어 루터의 경우 바울신학의 열쇠는 이신칭의였다. 왜냐하면 이 요소가 그때까지 올바로 이해되지 않았기 때문이다. 루터가 이 요소를 올바로 이해하게 되자 바울의 나머지 요소들은 다시 제자리를 찾게 된 것이다. 최근 바울신학계에서는 바울의 유대 신학적 유산이라든가 그리스도의 부활과 같은 어떤 다른 요소가 그의 사상의 열쇠가 되어야 한다고 주장할 수도 있다.

이런 경우 만약 이러한 열쇠가 필요하다면 바울신학의 열쇠를 거론하는 것은 전적으로 타당하다. 만약 최근 학계에서 바울 사상의 한 가지 요소가 그동안 간과되거나 혹은 오해되거나 아니면 잘못 배치되었다는 사실이 입증된다면 이를 바로잡는 일은 사도 바울에 대한 새로운 이해를 제시해줄 수 있다. 여기서 이것을 "새로운 이해"라고 묘사할 때 이것은 바울 해석사에 있어서 "새로운" 이해라기보다는 해당 신학 공동체에 한해 "새로운" 이해로 이해되어야 한다. 왜냐하면 이는 (아마도 잊힌) 어떤 상황으로의 복귀를 의미할 수도 있기 때문이다.

비록 이와 같은 열쇠의 발견이 매우 중요한 의미를 갖는다는 데에는 의심의 여지가 없지만, 이는 이 열쇠가 반드시 중심에 버금가는 중요성을 가지게 됨을 의미하지는 않는다. 앞에서 언급했듯이 이 열쇠의 중요성은 문을 여는 데에 있지 다른 모든 것의 질서를 세우는 데에 있지 않다. 안타깝게도 인간의 본성은 새로운 발견을 지나치게 강조하는 경향이 있다. 그 결과 바울 사상에 대한 열쇠가 마치 그의 사상의 중심인 것처럼 취급되는 경우가 종종 발생하며 이는 그의 사상의 왜곡을 불러올 수 있다. 어찌되었든 열쇠는 문을 여는 기능으로서 이해되어야 하고 바울의 사상을 이해하는 데 적절하게 (재)사용되어야 하지만, 다른 모든 요소를 이 열쇠에 종속시키는 것은 큰 잘못이다.

그런 의미에서 그리스도와의 연합을 바울신학을 여는 하나의 열쇠로 상정하는 것은 적절해 보인다. 다이스만과 슈바이처 이전에는 이 주제가 최소한 개신교 바울신학계의 일부 진영에서 간과되어온 것이 사실이다. 이러한 현상은 분명 그들의 연구—특히 슈바이처의 연구—가 수용되기 전까지는 지속되었다고 볼 수 있다. 사실 최근의 바울신학계에서 이 주제에 관해 큰 관심을 보이게 된 것도 샌더스의 연구와 함께 시작되었다고 본다면 이 주제는 아직 상대적으로 새로운 주제라고 할 수 있다. 왜냐하면 이러한 관심이 더욱 대중적인 수준의 신학으로까지 확대되려면 훨씬 더 오랜 시간이 걸릴 것이기 때문이다.

그리스도와의 연합이 바울신학을 여는 현대의 열쇠라고 볼 수 있는 일부 증거는 이 주제가 루터와 칼뱅에게서는 매우 중요한 위치를 차지하지만, 그들의 뒤를 이은 개혁주의 전통에서는 일관되게 나타나지 않는다는 사실에 있다. 이 주제는 오직 개혁주의 전통의 선조들에게서 두드러지게 나타났던 특징으로서 개신교 개혁주의 진영이 "재발견"한 주제에 불과하다고도 볼 수 있다. 결과적으로 이 주제는 한동안 파악하기 어려웠던 바울에 대한 이해(또는 최소한 그의 특정 요소들)로 되돌아가는 역할을 할 수 있을 것이다.

그러나 그리스도와의 연합을 바울신학의 열쇠로 간주한다고 해서 이 주제가 그의 신학 구조 안에서 차지하는 위치에 대한 질문에 어떤 답변을 제시해주는 것은 아니다. 왜냐하면 우리가 이해하는 이 열쇠의 기능은 중심을 차지하는 데 있기보다는 그 안으로 들어가는 문을 열어주는 데 있기 때문이다. 따라서 우리는 그리스도와의 연합이 바울의 신학적 틀 안에서 다른 주제들과 어떠한 상호작용을 하는지 파악하기 위해 이 책의 석의 결과를 활용할 필요가 있다. 이제 우리는 여기서 그 과제로 넘어가고자 한다.

13.3.3 바울 사상에서의 그리스도와의 연합의 역할

우리는 앞에서 그리스도와의 연합이라는 주제가 대략 바울 서신의 서른 두 본문에서 직접적으로 언급된다는 사실을 확인했다. 이는 언급의 빈도수 및 신학적 중요성이라는 차원에서 괄목할 만한 것이다. 그런데 그리스도와의 연합이 무심코 지나가면서 언급되거나 다른 주제들과 연관되어 언급되는 경우는 훨씬 더 많다. 사실 바울이 다루고 있는 거의 모든 주제는 어떻게든 그리스도와의 연합과 연관되어 있다.

우리는 이 사실을 어떻게 해석해야 하는가? 만약 앞에서 제안한 바와 같이 바울의 사상이 비유적으로 말해 (바퀴보다는) 그물과 같은 형태라면 나는 그리스도와의 연합이 이 모든 것을 하나로 묶는 튼튼한 "끈"(webbing)이라고 주장하고 싶다. 그리스도와의 연합은 어쩌면 부티에가 표현하듯이 "다른 모든 것을 밝히는 빛"처럼 다른 나머지 것들과 연관되어 있다.[11] 바울 서신의 모든 주제와 그의 목회적 관심사는 결국 하나의 공통된 끈—그리스도와의 연합—을 통해 전체와 잘 조화를 이룬다.[12] 끈이란 은유는 그리스도와의 연합의 빈번한 언급과도 잘 부합한다. 다시 말하면 이 주제가 바울 서신에 넓게 퍼져 있다는 것이다. 또한 이 은유는 이 주제가 곳곳에 넓게 퍼져 있긴 하지만, 대략 서른 두 차례만 **직접적으로** 언급된다는 사실과도 잘 부합한다. 따라서 이 주제는 **거의** 대체적으로 주된 이슈는 아니면서도 결코 바울의 관심 밖으로 사라지지 않는다. 이 주제는 다른 주제들을 억압하지 않으면서도 반드시 필요한 주제다. 그런 의미에서 우리는 신비주의나 참여가 바울신학을 상당히 잘 대변한다는 슈바이처(§2.4)와 샌더스(§2.12)의 지적에 동의하지만, 그리스도와의 연합이 그의 최대 관심사라는 것은 거부한다.

따라서 나는 그물 은유가 바울 사상의 구조를 가장 잘 설명해주며, 그리스도와의 연합이 그 모든 것을 하나로 묶는 끈이라고 생각한다. 이 주제는 바울신학의 깊이와 생명력을 재발견하게끔 하는 열쇠일 수는 있지만, 그의 사상의 중심은 아니다. 그런 의미에서 그리스도와의 연합은 필수 불가결하지만, "최대 관심사"는 결코 아니다. 궁극적으로 바울의 최대 관심사는 그리스도 안에 있는 하나님의 영광일 가능성이 가장 높다. 하웰은 이렇게 결론 내린다.

> 그리스도의 인격과 사역은 성부 하나님의 인격과 구속의 목적을 항상 그 기준점(reference point)으로 삼는다. 성자 하나님은 성부의 구속사적 사명을 성취하기 위해 오셨다(롬 8:3; 갈 4:4). 심지

---

11 Bouttier, *Christianity*, 118.
12 이것은 십자가를 본받음(cruciformity)—그리스도의 죽음과 부활에의 참여로 보는—을 바울의 삶의 "총체적인 서사적 경험"으로 본 Gorman의 묘사와도 유사하다. 이것은 그리스도를 본받는다는 것이 바울의 전체 경험을 결정하고 그 모든 면에 만연해 있다는 의미에서 총체적이라고 할 수 있다. Gorman, *Cruciformity*, 371.

어 그가 왕과 주로 높임을 받으신 것도 궁극적으로는 성부의 영광을 위한 것이었다(고전 15:28; 빌 2:11). 하나님만이 홀로 만물의 근원이시다(롬 11:36; 고전 8:6a). 인류와 멀리 되신 분도 하나님이시고 궁극적으로 인류로 부터 판단을 받으실 분도 하나님이시다. 성부 하나님은 계획하시고(예지와 선택) 주관하시며(구속사) 그가 창조하신 세계의 구속을 시작하시고 완성하신다(롬 8:18-25).[13]

그러므로 나는 그리스도와의 연합은 바울의 "최대 관심사"도 아니고 그의 신학적 틀의 중심도 아니라고 주장한다. 오히려 이 주제는 다른 모든 요소를 하나로 묶는 필수적인 요소다. 이 주제는 그물 형태를 지닌 바울의 신학적 틀 안에 있는 사상들을 서로 하나로 묶는 끈이다. 바로 이런 이유에서 우리는 우리가 하나님으로부터 받는 모든 축복은 그리스도와 우리의 연합을 통해 주어진다고 말할 수 있는 것이다. 신자들은 성령에 의해 믿음으로 그와 연합되어 그와 함께 죽고, 고난받고, 다시 살아나고, 영광을 돌리고, 그의 안에서 예정되고, 구속함을 받고, 그의 영역과 하나가 되고, 그의 백성들에게 통합됨으로써 하나님의 다양한 은혜를 향유하게 된다.

13.4 향후 연구 방향

이 책의 연구 결과로부터 파생되는 향후 연구 과제 중에서 가장 우선적으로 다루어져야 할 부분은 이 연구 자체를 주의 깊게 고찰하는 것이다. 나는 이 연구의 결론이 일반적으로는 바울 연구에, 그리고 구체

---

13   Howell, "Center," 70.

적으로는 그리스도와의 연합에 관한 후속 논의의 방향을 이끌어가기를 바란다. 첫째, 그리스도와의 연합을 연합, 참여, 합일, 통합으로 정의한 것은 바울의 다양하고 미묘한 용어 및 사상과 잘 부합한다. 이 용어들은 위치, 합일, 참여, 통합, 도구성, 삼위일체, 연합, 종말론 및 영적 실재 등의 특징들을 잘 아우른다.

둘째, 바울신학계는 이 책에서 제시된 철저한 본문 석의와 신학적 고찰이 잘 어우러진 연구 결과로부터 유익을 얻게 될 것이다. 그리스도와의 연합에 관한 이전 연구에서는 이처럼 세부적인 분석이란 측면에서 야심찬 연구가 전혀 없었을 뿐 아니라 주해와 신학을 이와 같이 의도적으로 통합하는 시도를 한 학자도 거의 없었다.

셋째, 만약 그동안 그리스도와의 연합이라는 주제가 간과되어왔다면 이제 이 주제는 반드시 회복되어야 한다. 이 주제를 무시하고 바울을 공정하게 이해한다는 것은 불가능하기 때문이다.

넷째, 만약 그리스도와의 연합의 중요성이 과장되어왔다면 이 주제는 필수적이지만 결코 중심적이지는 않다는 사실에 주목할 필요가 있다. 바울신학을 서로 연결하는 기능을 지닌 이 주제는 이 주제가 광범위하게 퍼져 있다는 사실과 상대적으로 직접적인 논의가 드물게 나타난다는 사실을 가장 잘 설명해주는 기능을 탁월하게 수행한다.

다섯째, 바울의 신학적 틀에 대한 그물 형태 모델은 그의 저술의 상황 대응적 성격 및 그의 신학에 분명한 "중심"이 없다는 사실과 잘 조화를 이룰 뿐 아니라 바울신학계 안에 내재된 일부 문제를 해결하는 데에도 도움을 줄 것이다.

여섯째, 바울 사상의 선례들을 예수의 말씀과 유대 신학 그리고 구약성서에서 발견할 수 있다는 인식은 지나친 주장이 아닐뿐더러 상당히 합리적이며 바울이 사용한 독창적인 용어 및 접근 방법과도 잘 부합한다.

이 연구로부터 파생되는 또 다른 향후 연구 과제는 바울 정경 밖에 나타난 그리스도와의 연합에 대한 탐구가 되어야 할 것이다. 이 책의 연구와 연계하여 바울 서신 밖에 나타난 이 주제에 관한 석의-신학적 접근은 성서신학적인 관점에서 크게 기여하리라 생각된다. 예를 들어 바울 서신과 요한복음의 관계를 심층적으로 탐구하는 것도 하나의 좋은 연구 소재가 될 수 있다. 또 다른 방법은 이 주제에 대한 구약성서의 선례들을 추가적으로 검토하는 것이다. 그리스도와의 연합에 대한 신약성서의 비(非)바울적인 표현들을 이 주제에 관한 바울의 개념과 비교하거나 대조하는 것도 가능하다. 이러한 연구 과제는 이 주제가 신약학계에서 바울 서신 외에는 거의 다루어지지 않았다는 점에서 반드시 다루어질 필요가 있다.

마지막으로 이 연구로부터 파생될 또 하나의 향후 과제는 목회와 신앙의 관점에서 그리스도와의 연합이 지닌 여러 함의를 유추하는 것이다. 이 작업은 중요한 신학적 관찰들이 교회의 삶에도 널리 유익을 끼치도록 하기 위해—학술적 수준보다는—보다 더 대중적인 수준에서 다루어질 수 있겠다. 한 가지 분명한 것은 그리스도와의 연합이 목회와 신앙의 측면에서도 상당히 풍부한 가르침을 줄 수 있는 가능성을 담고 있으며 모든 강단에서 선포될 뿐 아니라 모든 신자의 기본이 되어야 할 주제라는 것이다.

13.5 결론

앞 장에서 제시된 이 책의 주요 결론에 이어 이 마지막 장에서는 바울의 신학적 틀 안에서 그리스도와의 연합이 지닌 중요성과 그의 사상의 신학적 구조를 다루었다. 그리스도와의 연합은 바울신학의 여러 요소를 서로 연결하는 필수적인 주제다. 만약 바울의 신학적 틀이 여러 사상이 서로 얽혀 있는 그물과 같은 형태를 지닌 것으로 간주된다면, 그리스도와의 연합은 이 모든 것을 하나로 묶는 끈이다. 그리스도와의 연합의 이러한 역할은 이 주제가 바울 사상의 중심이 아니라는 사실을 함께 고려하면서도 동시에 이 주제의 빈번한 출현을 잘 설명해준다.

이제 이 책의 연구 결과들이 바울신학계 안에서 그리스도와의 연합에 관한 비(非)바울적인 표현들에 관한 연구 및 교회의 유익을 위해 이 주제가 목회와 신앙의 차원에서 반추되기를 소망하면서 이 글을 맺고자 한다.

참고 문헌

Aageson, J. W. "Paul and Judaism: The Apostle in the Context of Recent Interpretation." *Word and World* 20 (2000): 249-56.

Adams, Edward. *Constructing the World: A Study in Paul's Cosmological Language*. Studies of the New Testament and its World. Edinburgh: T&T Clark, 2000.

Ahern, Barnabas M. "The Christian's Union with the Body of Christ in Cor, Gal, and Rom." *Catholic Biblical Quarterly* 23 (1961): 199-209.

Allan, John A. "The 'In Christ' Formula in Ephesians." *New Testament Studies* 5 (1958): 54-62.

_____. "The 'In Christ' Formula in the Pastoral Epistles." *New Testament Studies* 10 (1963): 115-21.

Allen, Thomas G. "Exaltation and Solidarity with Christ: Ephesians 1:20 and 2:6." *Journal for the Study of the New Testament* 28 (1986): 103-20.

Arens, Edmund. "Participation and Testimony: The Meaning of Death and Life in Jesus Christ Today." *Concilium* 1 (1997): 112-19.

Barcley, William B. *"Christ in You": A Study in Paul's Theology and Ethics*. Lanham, MD: University Press of America, 1999.

Barnard, Jody A. "Unity in Christ: The Purpose of Ephesians." *The Expository Times* 120 (2009): 167-71.

Barnett, Paul. *The Message of 2 Corinthians: Power in Weakness*. The Bible Speaks Today. Leicester, UK: InterVarsity Press, 1988.

Barrett, C. K. *A Commentary on the First Epistle to the Corinthians*. Harper's New Testament Commentaries. New York: Harper & Row, 1968.

Barth, Karl. *Church Dogmatics* II/2: *The Doctrine of God*. Ed. G. W. Bromiley and T. F. Torrance. Trans. G. W. Bromiley et al. Edinburgh: T&T Clark, 1957.

_____. *Church Dogmatics* IV/3.2: *The Doctrine of Reconciliation*. Ed. G. W. Bromiley and T. F. Torrance. Trans. G. W. Bromiley. Edinburgh: T&T Clark, 1962.

Barth, Markus. *Ephesians: Introduction, Translation, and Commentary on Chapters 1-3*. Anchor Bible. Garden City, NY: Doubleday, 1974.

_____. *Ephesians: Introduction, Translation, and Commentary on Chapters 4-6*. Anchor Bible. Garden City, NY: Doubleday, 1974.

Bartling, Walter. "The New Creation in Christ: A Study of the Pauline ἐν Χριστῷ Formula." *Concordia Theological Monthly* 21 (1950): 401-18.

Bassler, Jouette M. *Navigating Paul: An Introduction to Key Theological Concepts*. Louisville: Westminster John Knox, 2007.

Batey, Richard. "Jewish Gnosticism and the 'Hieros Gamos' of Eph V:21-33." *New Testament Studies* 10 (1963): 121-27.

_____. "The MIA ΣΑΡΞ Union of Christ and the Church." *New Testament Studies* 13 (1967): 270-81.

Bauckham, Richard. *Jesus and the Eyewitnesses: The Gospels as Eyewitness Testimony*. Grand Rapids: Eerdmans, 2006. 『예수와 그 목격자들』(새물결플러스 역간).

Beale, G. K. *The Temple and the Church's Mission: A Biblical Theology of the Dwelling Place of God*. New Studies in Biblical Theology 17. Downers Grove, IL: InterVarsity Press, 2004. 『성전 신학』(새물결플러스 역간)

Beasley-Murray, G.R. *Baptism in the New Testament*. London: Macmillan, 1962.

Bedale, Stephen. "The Meaning of κεφαλή in the Pauline Epistles." *Journal of Theological Studies* 5 (1954): 211-16.

Beker, J. Christiaan. *Paul the Apostle: The Triumph of God in Life and Thought*. Edinburgh: T&T Clark, 1980.

Berkhof, Hendrik. *Christ and the Powers*. Trans. John H. Yoder. Scottdale, PA: Herald, 1977.

Best, Ernest. *The Letter of Paul to the Romans*. The Cambridge Bible Commentary. Cambridge: Cambridge University Press, 1967.

_____. *Ephesians*. International Critical Commentary. London: T&T Clark, 1998.

Betz, H. D. *Galatians: A Commentary on Paul's Letter to the Churches in Galatia*. Hermeneia. Philadelphia: Fortress, 1979.

Billings, J. Todd. "United to God through Christ: Assessing Calvin on the Question of Deification." *Harvard Theological Review* 98 (2005): 315-34.

_____. *Union with Christ: Reframing Theology and Ministry for the Church*. Grand Rapids: Baker, 2011.

_____. "John Calvin's Soteriology: On the Multifaceted 'Sum' of the Gospel." *International Journal of Systematic Theology* 11 (2009): 428-47.

Bird, Michael F. "Incorporated Righteousness: A Response to Recent Evangelical Discussion Concerning the Imputation of Christ's

Righteousness in Justification." *Journal of the Evangelical Theological Society* 47 (2004): 253-75.

———. *The Saving Righteousness of God: Studies on Paul, Justification and the New Perspective*. Milton Keynes, UK: Paternoster, 2006.

———. *Introducing Paul: The Man, His Mission and His Message*. Downers Grove, IL: InterVarsity Press, 2008.

———. "Progressive Reformed View." Pages 131-57 in *Justification: Five Views*. Ed. James K. Beilby and Paul Rhodes Eddy. Downers Grove, IL: InterVarsity Press, 2011. 『칭의 논쟁』(새물결플러스 역간)

Bishop, Jonathan. "The Gospel(s) According to Paul." *Anglican Theological Review* 76 (1994): 296-312.

Black, C. Clifton, II. "Pauline Perspectives on Death in Romans 5-8." *Journal of Biblical Literature* 103 (1984): 413-33.

Black, Matthew. "The Pauline Doctrine of the Second Adam." *Scottish Journal of Theology* 7 (1954): 170-79.

Bonnington, Mark. "New Temples in Corinth: Paul's Use of Temple Imagery in the Ethics of the Corinthian Correspondence." Pages 151-59 in *Heaven on Earth*. Ed. T. Desmond Alexander and Simon Gathercole. Carlisle, UK: Paternoster, 2004.

Bortone, Pietro. *Greek Prepositions: From Antiquity to the Present*. Oxford: Oxford University Press, 2010.

Bousset, Wilhelm. *Kyrios Christos: A History of Belief in Christ from the Beginnings of Christianity to Irenaeus*. Trans. John E. Steely. Nashville: Abingdon, 1970.

Bouttier, Michel. *En Christ: Étude d'exégèse et de théologie Pauliniennes*. Études d'histoire et de philosophie religieuses 54. Paris: Presses Universitaires de France, 1962.

———. *Christianity According to Paul*. Trans. Frank Clarke. Studies in Biblical Theology 49. London: SCM, 1966.

Bowe, Barbara. "'You Are the Body of Christ': Paul's Understanding of the Human Person." *Bible Today* 29 (1991): 139-44.

Braaten, Carl E., and Robert W. Jenson, eds. *Union with Christ: The New Finnish Interpretation of Luther*. Grand Rapids: Eerdmans, 1998.

Breck, John. "Divine Initiative: Salvation in Orthodox Theology." Pages 105-20 in *Salvation in Christ: A Lutheran-Orthodox Dialogue*. Ed. John Meyendorff and Robert Tobias. Minneapolis: Augsburg, 1992.

Brown, Raymond E. *The Gospel According to John (i-xii)*. Anchor Bible. Garden City, NY: Doubleday, 1966.

Bruce, F. F. *1 and 2 Corinthians*. New Century Bible. London: Oliphants, 1971.
_____. *The Epistle to the Galatians*. New International Greek Testament Commentary. Exeter, UK: Paternoster, 1982.
_____. *The Epistle to the Colossians, to Philemon, and to the Ephesians*. New International Commentary on the New Testament. Grand Rapids: Eerdmans, 1984.
_____. *Philippians*. New International Biblical Commentary. Peabody, MA: Hendrickson, 1989.
Bryan, C. "Law and Grace in Paul: Thoughts on E. P. Sanders." *St Luke's Journal of Theology* 34 (1991): 33-52.
Büchsel, Friedrich. "'In Christus' bei Paulus." *Zeitschrift fur die neutestamentliche Wissenschaft und die Kunde* 42 (1949): 141-58.
Bultmann, Rudolf. *Theology of the New Testament*. Trans. Kendrick Grobel. London: SCM, 1952.
_____. *Der zweite Brief an die Korinther*. Göttingen: Vandenhoeck & Ruprecht, 1976.
Burdon, Christopher J. "Paul and the Crucified Church." *Expository Times* 95 (1984): 137-41.
Burger, Hans. *Being in Christ: A Biblical and Systematic Investigation in a Reformed Perspective*. Eugene, OR: Wipf & Stock, 2009.
Burrell, David B. "Indwelling: Presence and Dialogue." *Theological Studies* 22 (1961): 1-17.
Byrne, Brendan. "Living out the Righteousness of God: The Contribution of Rom 6:1-8:13 to an Understanding of Paul's Ethical Presuppositions." *Catholic Biblical Quarterly* 43 (1981): 557-81.
Callan, Terrance. *Dying and Rising with Christ: The Theology of Paul the Apostle*. New York: Paulist, 2006.
Calvin, John. *Institutes of the Christian Religion*. Ed. by John T. McNeill. Trans. Ford Lewis Battles. Philadelphia: Westminster, 1960.
Campbell, Constantine R. *Verbal Aspect, the Indicative Mood, and Narrative: Soundings in the Greek of the New Testament*. Studies in Biblical Greek 13. New York: Peter Lang, 2007.
_____. *Verbal Aspect and Non-Indicative Verbs: Further Soundings in the Greek of the New Testament*. Studies in Biblical Greek 15. New York: Peter Lang, 2008.
_____. *Basics of Verbal Aspect in Biblical Greek*. Grand Rapids: Zondervan, 2008.
_____. "From Earthly Symbol to Heavenly Reality: The Tabernacle in

the New Testament." Pages 177-95 in *Exploring Exodus: Literary, Theological and Contemporary Approaches*. Ed. Brian S. Rosner and Paul R. Williamson. Nottingham: UK Apollos, 2008.

Campbell, Douglas A. *The Deliverance of God: An Apocalyptic Rereading of Justification in Paul*. Grand Rapids: Eerdmans, 2009.

―――. "The Faithfulness of Jesus Christ in Romans 3:22." Pages 57-71 in *The Faith of Jesus Christ: Exegetical, Biblical, and Theological Studies*. Ed. Michael F. Bird and Preston M. Sprinkle. Milton Keynes, UK: Paternoster; Peabody, MA: Hendrickson, 2009.

Campbell, James M. *Paul the Mystic: A Study in Apostolic Experience*. London: Andrew Melrose, 1907.

Caneday, Ardel B. "The Faithfulness of Jesus Christ as a Theme in Paul's Theology in Galatians." Pages 185-205 in *The Faith of Jesus Christ: Exegetical, Biblical, and Theological Studies*. Ed. Michael F. Bird and Preston M. Sprinkle. Milton Keynes, UK: Paternoster; Peabody, MA: Hendrickson, 2009.

Canlis, Julie. "Calvin, Osiander, and Participation in God." *International Journal of Systematic Theology* 6 (2004): 169-84.

Carpenter, Craig B. "A Question of Union with Christ? Calvin and Trent on Justification." *Westminster Theological Journal* 64 (2002): 363-86.

Carson, D. A. "The Vindication of Imputation." Pages 46-78 in *Justification: What's at Stake in the Current Debates*. Ed. Mark Husbands and Daniel J. Treier. Downers Grove, IL: InterVarsity Press, 2004.

Childs, Brevard S. *The Church's Guide for Reading Paul: The Canonical Shaping of the Pauline Corpus*. Grand Rapids: Eerdmans, 2008.

Ciampa, Roy E., and Brian S. Rosner. *The First Letter to the Corinthians*. Pillar New Testament Commentary. Grand Rapids: Eerdmans, 2010.

Clowney, Edmund P. "The Biblical Theology of the Church." Pages 13-87 in *The Church in the Bible and the World*. Ed. D.A. Carson. Exeter, UK: Paternoster, 1987.

Cranfield, C. E. B. *The Epistle to the Romans*. 2 vols. International Critical Commentary. London: T&T Clark, 1975.

―――. "Romans 6:1-14 Revisited." *Expository Times* 106 (1994): 40-43.

Dahms, John V. "Dying with Christ." *Journal of the Evangelical Theological Society* 36 (1993): 15-23.

Daines, Brian. "Paul's Use of the Analogy of the Body of Christ: With Special Reference to 1 Corinthians 12." *Evangelical Quarterly* 50 (1978): 71-78.

Davies, W. D. *Paul and Rabbinic Judaism*. 3rd ed. London: S.P.C.K., 1970.
Deissmann, Adolf. *Die Neutestamentliche Formel "In Christo Jesu."* Marburg, Germany: N.G. Elwert, 1892.
―――. *Paul: A Study in Social and Religious History*. 2nd ed. Trans. William E. Wilson. London: Hodder and Stoughton, 1926.
Dillistone, F. W. "How Is the Church Christ's Body?: A New Testament Study." *Theology Today* 2 (1945): 56-68.
Dodd, C. H. *The Epistle to the Romans*. London: Hodder & Stoughton, 1932; repr. London: Fontana, 1959.
Douty, Norman F. *Union with Christ*. Swengel, PA: Reiner, 1973.
Dumbrell, William J. *Galatians: A New Covenant Commentary*. Blackwood, South Australia: New Creation, 2006.
Dunn, James D. G. "Salvation Proclaimed: VI. Romans 6:1-11: Dead and Alive." *Expository Times* 93 (1982): 259-64.
―――. "Once More, ΠΙΣΤΙΣ ΧΡΙΣΤΟΥ." Pages 249-71 in *The Faith of Jesus Christ: The Narrative Substructure of Galatians 3:1-4:11*. Grand Rapids: Eerdmans, 2002 [originally published in *Pauline Theology, Vol. 4: Looking Back, Pressing On*. Society of Biblical Literature, 1997].
―――. *Romans 1-8*. Word Biblical Commentary. Dallas: Word, 1988.
―――. *Romans 9-16*. Word Biblical Commentary. Dallas: Word, 1988.
―――. *The Theology of Paul the Apostle*. Grand Rapids: Eerdmans, 1998.
Dutton, Emily Helen. *Studies in Greek Prepositional Phrases: διά, από, ἐκ, εἰς, ἐν*. Chicago: University of Chicago, 1916.
Earnshaw, J. D. "Reconsidering Paul's Marriage Analogy in Romans 7.1-4." *New Testament Studies* 40 (1994): 68-88.
Ejenobo, David T. "Union with Christ: A Critique of Romans 6:1-11." *Asia Journal of Theology* 22 (2008): 309-23.
Ellis, E. Earle, "The Structure of Pauline Eschatology (II Corinthians v. 1-10)." Pages 35-48 in *Paul and His Recent Interpreters*. Grand Rapids: Eerdmans, 1979.
―――. "Sōma in First Corinthians." *Interpretation* 44 (1990): 132-44.
Fee, Gordon D. *The First Epistle to the Corinthians*. New International Commentary on the New Testament. Grand Rapids: Eerdmans, 1987.
―――. *Paul's Letter to the Philippians*. New International Commentary on the New Testament. Grand Rapids: Eerdmans, 1995.
Field, Barbara. "The Discourses Behind the Metaphor 'The Church is The Body of Christ' as Used by St Paul and the 'Post-Paulines'." *Asia Journal of Theology* 6 (1992): 88-107.

Fitzmyer, Joseph A. *Romans*. Anchor Bible. New York: Doubleday, 1993.
Furnish, Victor Paul. *2 Corinthians*. Anchor Bible. Garden City, NY: Doubleday, 1984.
Gaffin, Richard B. *The Centrality of the Resurrection: A Study in Paul's Soteriology*. Grand Rapids: Baker, 1978.
_____. "Justification and Eschatology." Pages 1-21 in *Justified in Christ: God's Plan for Us in Justification*. Ed. K. Scott Oliphant. Fearn, Scotland: Mentor, 2007.
_____. "Union with Christ: Some Biblical and Theological Reflections." Pages 271-88 in *Always Reforming: Explorations in Systematic Theology*. Ed. A. T. B. McGowan. Leicester, UK: Apollos, 2006.
Gager, John G. *Reinventing Paul*. Oxford: Oxford University Press, 2000.
Garcia, Mark A. "Imputation and the Christology of Union with Christ: Calvin, Osiander and the Contemporary Quest for a Reformed Model." *Westminster Theological Journal* 68 (2006): 219-51.
_____. "Imputation as Attribution: Union with Christ, Reification and Justification as Declarative Word." *International Journal of Systematic Theology* 11 (2009): 415-27.
Garlington, Don B. "Imputation or Union with Christ? A Response to John Piper." *Reformation & Revival* 12 (2003): 45-113.
Gorman, Michael J. *Cruciformity: Paul's Narrative Spirituality of the Cross*. Grand Rapids: Eerdmans, 2001. 『삶으로 담아내는 십자가』(새물결플러스 역간)
_____. *Reading Paul*. Eugene, OR: Cascade, 2008.
_____. *Inhabiting the Cruciform God: Kenosis, Justification, and Theosis in Paul's Narrative Soteriology*. Grand Rapids: Eerdmans, 2009.
Green, Gene L. *The Letters to the Thessalonian*. Pillar New Testament Commentary. Grand Rapids: Eerdmans, 2002.
Gundry, Robert H. "The Nonimputation of Christ's Righteousness." Pages 17-45 in *Justification: What's at Stake in the Current Debates*. Ed. Mark Husbands and Daniel J. Treier. Downers Grove, IL: InterVarsity Press, 2004.
Guthrie, Donald. *The Pastoral Epistles*. Tyndale New Testament Commentaries. 2nd ed. Leicester, UK: InterVarsity Press, 1990.
Harink, Douglas. *Paul among the Postliberals: Pauline Theology beyond Christendom and Modernity*. Grand Rapids: Brazos, 2003.
Harris, Murray J. "Appendix: Prepositions and Theology in the Greek New Testament." Pages 1171-1215 in *New Interational Dictionary of New*

Testament Theology, vol. 3. Ed. Colin Brown. Carlisle: Paternoster, 1976.

_____. Colossians and Philemon. Exegetical Guide to the Greek New Testament. Grand Rapids: Eerdmans, 1991.

_____. The Second Epistle to the Corinthians. New International Greek Testament Commentary. Grand Rapids: Eerdmans, 2005.

_____. Prepositions and Theology in the Greek New Testament. Grand Rapids: Zondervan, 2012.

Harrison, Gessner. A Treaty on the Greek Prepositions, and on the Cases of Nouns with Which These Are Used. Philadelphia: Lippincott, 1858.

Hart, Trevor A. "Humankind in Christ and Christ in Humankind: Salvation as Participation in our Substitute in the Theology of John Calvin." Scottish Journal of Theology 42 (1989): 67-84.

Harvey, John D. "The 'With Christ' Motif in Paul's Thought." Journal of the Evangelical Theological Society 35 (1992): 329-40.

Hays, Richard B. The Faith of Jesus Christ: The Narrative Substructure of Galatians 3:1-4:11. Grand Rapids: Eerdmans, 2002 [originally published by the Society of Biblical Literature, 1983].

Heil, John Paul. Ephesians: Empowerment to Walk in Love for the Unity of All in Christ. Studies in Biblical Literature 13. Atlanta: Society of Biblical Literature, 2007.

Heinfetter, Herman. An Examination into the Significations and Senses of the Greek Prepositions. London: Cradock, 1850.

Helminiak, Daniel A. "Human Solidarity and Collective Union in Christ." Anglican Theological Review 70 (1988): 34-59.

Hoch, Carl B. "The Significance of the Syn-Compounds for Jew-Gentile Relationships in the Body of Christ." Journal of the Evangelical Theological Society 25 (1982): 175-83.

Hodge, Charles. A Commentary on the Epistle to the Ephesians. Geneva Series Commentary. London: Banner of Truth, 1964 [previously published in New York, 1856].

Hooker, Morna D. "Were there False Teachers in Colossae?" Pages 315-31 in Christ and Spirit in the New Testament. Ed. Barnabas Lindars and Stephen S. Smalley in honor of C. F. D. Moule. Cambridge: Cambridge University Press, 1973.

_____. "Interchange in Christ and Ethics." Journal for the Study of the New Testament 25 (1985): 3-17.

_____. From Adam to Christ: Essays on Paul. Eugene, OR: Wipf & Stock, 2008

[previously published by Cambridge University Press, 1990].
Horton, Michael S. *Covenant and Salvation: Union with Christ*. Louisville: Westminster John Knox, 2007.
Howard, George. "The Head/Body Metaphors of Ephesians." *New Testament Studies* 20 (1974): 350-56.
Howell, D. N. "The Center of Pauline Theology." *Bibliotheca Sacra* 151 (1994): 50-70.
Hughes, Philip Edgcumbe. *Paul's Second Epistle to the Corinthians*. New International Commentary on the New Testament. Grand Rapids: Eerdmans, 1962.
Hunn, Debbie. "Debating the Faithfulness of Jesus Christ in Twentieth Century Scholarship." Pages 15-31 in *The Faith of Jesus Christ: Exegetical, Biblical, and Theological Studies*. Ed. Michael F. Bird and Preston M. Sprinkle. Milton Keynes, UK: Paternoster; Peabody, MA: Hendrickson, 2009.
Jeal, Roy R. "A Strange Style of Expression: Ephesians 1:23." *Filología Neotestamentaria* 10 (1997): 129-38.
Jenson, Robert W. "Response to Tuomo Mannermaa, 'Why Is Luther So Fascinating?'." Pages 21-24 in *Union with Christ: The New Finnish Interpretation of Luther*. Ed. Carl E. Braaten and Robert W. Jenson. Grand Rapids: Eerdmans, 1998.
_____. "Response to Mark Seifrid, Paul Metzger, and Carl Trueman on Finnish Luther Research." *Westminster Theological Journal* 65 (2003): 245-50.
Jewett, Robert. *Romans*. Hermeneia. Minneapolis: Fortress Press, 2007.
Johnson, Marcus P. "Luther and Calvin on Union with Christ." *Fides et Historia* 39 (2007): 59-77.
Jones, R. Tudur. "Union with Christ: The Existential Nerve of Puritan Piety." *Tyndale Bulletin* 41 (1990): 186-208.
Juntunen, Sammeli. "Luther and Metaphysics: What Is the Structure of Being according to Luther?" Pages 129-60 in *Union with Christ: The New Finnish Interpretation of Luther*. Ed. Carl E. Braaten and Robert W. Jenson. Grand Rapids: Eerdmans, 1998.
Käsemann, Ernst. *Essays on New Testament Themes*. Trans. W. J. Montague. London: SCM, 1964.
_____. *New Testament Questions of Today*. Trans. W. J. Montague and Wilfred F. Bunge. London: SCM, 1969.
_____. *Perspectives on Paul*. Trans. Margaret Kohl. London: SCM, 1971.

Kelly, Douglas F. "Prayer and Union with Christ." *Scottish Bulletin of Evangelical Theology* 8 (1990): 109-27.

Kennedy, H. A. A. "Two Exegetical Notes on St. Paul." *Expository Times* 28 (1916-1917): 322-23.

Kilpatrick, George Dunbar. "Parallel to the New Testament use of SŌMA." *Journal of Theological Studies* 13 (1962): 117.

Kim, Jung Hoon. *The Significance of Clothing Imagery in the Pauline Corpus*. Journal for the Study of the New Testament Supplement Series 268. London: T&T Clark, 2004.

Konstan, David, and Ilaria Ramelli. "The Syntax of ἐν Χριστῷ in 1 Thessalonians 4:16." *Journal of Biblical Literature* 126 (2007): 579-93.

Köstenberger, Andreas J. "The Mystery of Christ and the Church: Head and Body, 'One Flesh'." *Trinity Journal* 12 (1991): 79-94.

Kreitzer, L. Joseph. "Christ and Second Adam in Paul." *Communio Viatorum* 32 (1989): 55-101.

Kruse, Colin G. *The Second Epistle of Paul to the Corinthians*. Tyndale New Testament Commentaries. Leicester, UK: InterVarsity Press, 1987.

Larkin, William J. *Ephesians: A Handbook on the Greek Text*. Baylor Handbook on the Greek New Testament. Waco, TX: Baylor University Press, 2009.

Lee, John A. L. *A History of New Testament Lexicography*. Studies in Biblical Greek 8. New York: Peter Lang, 2003.

_____. "The Present State of Lexicography of Ancient Greek." Pages 66-74 in *Biblical Greek Language and Lexicography: Essays in Honor of Frederick W. Danker*. Ed. Bernard A. Taylor et al. Grand Rapids: Eerdmans, 2004.

Lee, Kye Won. *Living in Union with Christ: The Practical Theology of Thomas F. Torrance*. Issues in Systematic Theology 11. New York: Peter Lang, 2003.

Letham, Robert. *Union with Christ: In Scripture, History, and Theology*. Phillipsburg: Presbyterian & Reformed, 2011.

Lightfoot, J. B. *Saint Paul's Epistles to the Colossians and to Philemon*. Grand Rapids: Zondervan, 1963 [originally published by Macmillan, 1879].

Lincoln, Andrew T. *Ephesians*. Word Biblical Commentary. Dallas: Word, 1990.

Lohmeyer, Ernst. *Die Briefe an die Philipper, an die Kolosser und an Philemon*. Göttingen: Vandenhoeck & Ruprecht, 1964.

Longenecker, Richard N. *Galatians*. Word Biblical Commentary. Dallas:

Word, 1990.

Luraghi, Silvia. *On the Meaning of Prepositions and Cases: The Expression of Semantic Roles in Ancient Greek*. Amsterdam: John Benjamins, 2003.

McCormack, Bruce L. "What's at Stake in Current Debates over Justification? The Crisis of Protestantism in the West." Pages 81-117 in *Justification: What's at Stake in the Current Debates*. Ed. Mark Husbands and Daniel J. Treier. Downers Grove, IL: InterVarsity Press, 2004.

MacGregor, G. H. C. "Principalities and Powers: The Cosmic Background of Paul's Thought." *New Testament Studies* 1 (1954-55): 17-28.

Maloney, Elliot C. "God's Power in Christ Jesus." *The Bible Today* 36 (1998): 349-53.

Mannermaa, Tuomo. "Justification and *Theosis* in Lutheran-Orthodox Perspective." Pages 25-41 in *Union with Christ: The New Finnish Interpretation of Luther*. Ed. Carl E. Braaten and Robert W. Jenson. Grand Rapids: Eerdmans, 1998.

_____. "Why is Luther so Fascinating? Modern Finnish Luther Research." Pages 1-20 in *Union with Christ: The New Finnish Interpretation of Luther*. Ed. Carl E. Braaten and Robert W. Jenson. Grand Rapids: Eerdmans, 1998.

Marshall, Bruce D. "Justification as Declaration and Deification." *International Journal of Systematic Theology* 4 (2002): 3-28.

Marshall, I. Howard. *The Pastoral Epistles*. International Critical Commentary. London: T&T Clark, 1999.

Martin, Ralph P. *2 Corinthians*. Word Biblical Commentary. Waco, TX: Word, 1986.

_____. *The Epistle of Paul to the Philippians*. Tyndale New Testament Commentaries. Rev. ed. Leicester, UK: InterVarsity Press, 1987.

Martin, T. "But Let Everyone Discern the Body of Christ (Colossians 2:17)." *Journal of Biblical Literature* 114 (1995): 249-55.

Martyn, J. Louis. *Galatians*. The Anchor Bible. New York: Doubleday, 1997.

Matlock, R. Barry. "Saving Faith: The Rhetoric and Semantics of πίστις in Paul." Pages 73-89 in *The Faith of Jesus Christ: Exegetical, Biblical, and Theological Studies*. Ed. Michael F. Bird and Preston M. Sprinkle. Milton Keynes, UK: Paternoster; Peabody, MA: Hendrickson, 2009.

McFarland, Ian A. "The Body of Christ: Rethinking a Classic Ecclesiological Model." *International Journal of Systematic Theology* 7 (2005): 225-45.

McGrath, Brendan. "'Syn' Words in Saint Paul." *Catholic Biblical Quarterly* 14 (1952): 219-26.

McKelvey, R. J. *The New Temple: The Church in the New Testament*. London, Oxford University Press, 1969.

Mead, James K. "'All of Our Griefs to Bear': A Biblical and Theological Reflection." *Reformed Review* 56 (2002): 5-18.

Merz, Annette. "Why Did the Pure Bride of Christ (2 Cor. 11.2) Become a Wedded Wife (Eph. 5:22-33)? Theses about the Intertextual Transformation of an Ecclesiological Metaphor." *Journal for the Study of the New Testament* 79 (2000): 131-47.

Metzger, Paul Louis. "Luther and the Finnish School — Mystical Union with Christ: An Alternative to Blood Transfusions and Legal Fictions." *Westminster Theological Journal* 65 (2003): 201-13.

Meyendorff, John, and Robert Tobias, eds. *Salvation in Christ: A Lutheran-Orthodox Dialogue*. Minneapolis: Augsburg, 1992.

Mitton, C. Leslie. *Ephesians*. New Century Bible. London: Oliphants, 1976.

Moo, Douglas J. *The Epistle to the Romans*. New International Commentary on the New Testament. Grand Rapids: Eerdmans, 1996.

Morris, Leon. *The Epistles of Paul to the Thessalonians*. Tyndale New Testament Commentaries. Rev. ed. Leicester: InterVarsity Press, 1984.

_____. *The First Epistle of Paul to the Corinthians*. Tyndale New Testament Commentary. Rev. ed. Leicester, UK: InterVarsity Press, 1985.

_____. *The First and Second Epistles to the Thessalonians*. New International Commentary on the New Testament. Grand Rapids: Eerdmans, 1991.

_____. *The Gospel According to John*. New International Commentary on the New Testament. Rev. ed. Grand Rapids: Eerdmans, 1995.

Moule, C. F. D. *The Epistles to the Colossians and to Philemon*. Cambridge Greek Testament Commentary. Cambridge: Cambridge University Press, 1958.

_____. *An Idiom Book of New Testament Greek*. 2nd ed. Cambridge: Cambridge University Press, 1959.

_____. *The Origin of Christianity*. Cambridge: Cambridge University Press, 1977.

Moulton, James Hope. *A Grammar of New Testament Greek*. Vol. 1: *Prolegomena*. 3rd ed. Edinburgh: T&T Clark, 1908.

Moulton, James Hope, and George Milligan. *Vocabulary of the Greek Testament*. Peabody, MA: Hendrickson, 2004.

Mounce, William D. *Pastoral Epistles*. Word Biblical Commentary. Nashville:

Nelson, 2000.
Muddiman, John. "Adam, the Type of the One to Come." *Theology* 87 (1984): 101-10.
_____. *The Epistle to the Ephesians*. Black's New Testament Commentary. Peabody, MA: Hendrickson, 2001 [originally published by Continuum, 2001].
Murray, John. *Redemption — Accomplished and Applied*. Grand Rapids: Eerdmans, 1955.
_____. *The Epistle to the Romans*. 2 vols. New International Commentary on the New Testament. Grand Rapids: Eerdmans, 1959.
Nardoni, Enrique. "Partakers in Christ (Hebrews 3.14)." *New Testament Studies* 37 (1991): 456-72.
Neder, Adam. *Participation in Christ: An Entry into Karl Barth's Church Dogmatics*. Columbia Series in Reformed Theology. Louisville: Westminster John Knox, 2009.
Nelson, J. Robert. "The Hard Reality of Dying and Living with Christ." *Theology Today* 18 (1961): 133-41.
Nelson, William R. "Pauline Anthropology: Its Relation to Christ and His Church." *Interpretation* 14 (1960): 14-27.
Nestle, E. and E., K. Aland, J. Karavidopoulos, C. Martini, and B. M. Metzger. *Novum Testamentum Graece*. 27th ed. Stuttgart: Deutsche Bibelgesellschaft, 1993.
Neufeld, T. Y. *Put on the Armour of God: The Divine Warrior from Isaiah to Ephesians*. Sheffield: Sheffield Academic, 1997.
Neugebauer, Fritz. "Das paulinische 'in Christo'." *New Testament Studies* 4 (1957-58): 124-38.
_____. *In Christus: Eine Untersuchung zum paulinischen Glaubensverständnis*. Göttingen: Vandenhoeck & Ruprecht, 1961.
O'Brien, Peter T. *Colossians, Philemon*. Word Biblical Commentary. Waco, TX: Word, 1982.
_____. *The Epistle to the Philippians*. New International Greek Testament Commentary. Grand Rapids: Eerdmans, 1991.
_____. *The Letter to the Ephesians*. Pillar New Testament Commentary. Grand Rapids: Eerdmans, 1999.
O'Neill, John. "The Absence of the 'In Christ' Theology in 2 Corinthians 5." *Australian Biblical Review* 35 (1987): 99-106.
Parsons, Michael. "In Christ in Paul." *Vox Evangelica* 18 (1988): 25-44.
Patterson, Richard D. "Metaphors of Marriage as Expressions of Divine

Human Relations." *Journal of the Evangelical Theological Society* 51/4 (2008): 689-702.

Pelser, Gert M. M. "Could the 'Formulas' *Dying* and *Rising with Christ* be Expressions of Pauline Mysticism?" *Neotestamentica* 32 (1998): 115-34.

_____. "Once More the Body of Christ in Paul." *Neotestamentica* 32 (1998): 525-45.

Perriman, Andrew C. "'His Body, Which Is the Church. ...': Coming to Terms with Metaphor." *Evangelical Quarterly* 62 (1990): 123-42.

Peters, Albert. "Union with Christ —An Indissoluble Union." *The Banner of Truth* 460 (2002): 17-21.

Peterson, David. "The New Temple: Christology and Ecclesiology in Ephesians and 1 Peter." Pages 161-76 in *Heaven on Earth*. Ed. T. Desmond Alexander and Simon Gathercole. Carlisle: Paternoster, 2004.

Peura, Simo. "Christ as Favor and Gift *(donum)*: The Challenge of Luther's Understanding of Justification." Pages 42-69 in *Union with Christ: The New Finnish Interpretation of Luther*. Ed. Carl E. Braaten and Robert W. Jenson. Grand Rapids: Eerdmans, 1998.

_____. "What God Gives Man Receives: Luther on Salvation." Pages 76-95 in *Union with Christ: The New Finnish Interpretation of Luther*. Ed. Carl E. Braaten and Robert W. Jenson. Grand Rapids: Eerdmans, 1998.

Piper, John. "A Response to Don Garlington on Imputation." *Reformation & Revival* 12 (2003): 121-28.

Porter, Stanley E. *Verbal Aspect in the Greek of the New Testament with Reference to Tense and Mood*. SBG 1. New York: Peter Lang, 1989.

_____. "Two Myths: Corporate Personality and Language/Mentality Determinism." *Scottish Journal of Theology* 43 (1990): 289-307.

_____. *Idioms of the Greek New Testament*. 2nd ed. Biblical Languages: Greek 2. Sheffield: Sheffield Academic, 1994.

Porter, Stanley E., and Andrew W. Pitts. "Πίστις with a Preposition and Genitive Modifier: Lexical, Semantic, and Syntactic Considerations in the πίστις Χριστοῦ Discussion." Pages 33-53 in *The Faith of Jesus Christ: Exegetical, Biblical, and Theological Studies*. Ed. Michael F. Bird and Preston M. Sprinkle. Milton Keynes, UK: Paternoster; Peabody, MA: Hendrickson, 2009.

Powers, Daniel G. *Salvation through Participation: An Examination of the*

Notion of the Believers' Corporate Unity with Christ in Early Christian Soteriology. Leuven: Peeters, 2001.

Proudfoot, C. Merrill. "Imitation or Realistic Participation? A Study of Paul's Concept of "Suffering with Christ'." *Interpretation* 17 (1963): 140-60.

Raunio, Antti. "Natural Law and Faith: The Forgotten Foundations of Ethics in Luther's Theology." Pages 96-124 in *Union with Christ: The New Finnish Interpretation of Luther*. Ed. Carl E. Braaten and Robert W. Jenson. Grand Rapids: Eerdmans, 1998.

Reinhard, Donna R. "Ephesians 6:10-18: A Call to Personal Piety or Another Way of Describing Union with Christ?" *Journal of the Evangelical Theological Society* 48 (2005): 521-32.

Ridderbos, Herman. *Paul: An Outline of his Theology*. Trans. John Richard de Witt. Grand Rapids: Eerdmans, 1975.

Robertson, A. T. *A Grammar of the Greek New Testament in the Light of Historical Research*. 4th ed. Nashville: Broadman, 1934.

Robinson, D. W. B. "'Faith of Jesus Christ'—A New Testament Debate." *Reformed Theological Review* 29 (1970): 71-81.

Rogerson, John W. "The Hebrew Conception of Corporate Personality: A Re-Examination." *Journal of Theological Studies* 21 (1970): 1-16.

Sabou, Sorin. "A Note on Romans 6:5: The Representation ('OMOIΩMA) of his Death." *Tyndale Bulletin* 55 (2004): 219-29.

Sanders, E. P. *Paul and Palestinian Judaism: A Comparison of Patterns of Religion*. Minneapolis: Fortress, 1977.

Schnackenburg, Rudolf. *The Epistle to the Ephesians*. Trans. Helen Heron. Edinburgh: T&T Clark, 1991.

Schreiner, Thomas R. *Paul: Apostle of God's Glory in Christ*. Downers Grove, IL: InterVarsity Press, 2001.

Schweitzer, Albert. *The Mysticism of Paul the Apostle*. Trans. William Montgomery. Baltimore: John Hopkins University Press, 1998.

Schweizer, Eduard. "Dying and Rising with Christ." *New Testament Studies* 14 (1967): 1-14.

_____. *The Letter to the Colossians: A Commentary*. Trans. Andrew Chester. Minneapolis: Augsburg, 1982.

Seifrid, Mark A. "Paul, Luther, and Justification in Gal 2:15-21." *Westminster Theological Journal* 65 (2003): 215-30.

_____. "Luther, Melanchthon and Paul on the Question of Imputation." Pages 137-52 in *Justification: What's at Stake in the Current Debates*. Ed. Mark Husbands and Daniel J. Treier. Downers Grove, IL:

InterVarsity Press, 2004.
Smedes, Lewis B. *Union with Christ: A Biblical View of the New Life in Jesus Christ*. Rev. ed. Grand Rapids: Eerdmans, 1983.
Smyth, Herbert Weir. *Greek Grammar*. Rev. Gordon M. Messing. Cambridge, MA: Harvard University Press, 1920.
Son, Sang-Won (Aaron). *Corporate Elements in Pauline Anthropology: A Study of Selected Terms, Idioms, and Concepts in the Light of Paul's Usage and Background*. Analecta Biblica 148. Rome: Editrice Pontificio Istituto Biblico, 2001.
_____. "Implications of Paul's 'One Flesh' Concept for His Understanding of the Nature of Man." *Bulletin for Biblical Research* 11 (2001): 107-22.
Spatafora, Andrea. *From the "Temple of God" to God as the Temple: A Biblical Theological Study of the Temple in the Book of Revelation*. Rome: Gregorian University Press, 1997.
Speidell, Todd H. "A Trinitarian Ontology of Persons in Society." *Scottish Journal of Theology* 47 (1994): 283-300.
Sprinkle, Preston M. "Πιστίς Χριστοῦ as an Eschatological Event." Pages 165-84 in *The Faith of Jesus Christ: Exegetical, Biblical, and Theological Studies*. Ed. Michael F. Bird and Preston M. Sprinkle. Milton Keynes: Paternoster, UK; Peabody, MA: Hendrickson, 2009.
Stendahl, Krister. "The Apostle Paul and the Introspective Conscience of the West." *Harvard Theological Review* 56 (1963): 199-215.
Stewart, James S. *A Man in Christ: The Vital Elements of St. Paul's Religion*. Vancouver, BC: Regent College, 2002 [originally published London: Hodder & Stoughton, 1935].
Stortz, Martha Ellen. "Indwelling Christ, Indwelling Christians: Living as Marked." *Currents in Theology and Mission* 34 (2007): 165-78.
Tamburello, Dennis E. *Union with Christ: John Calvin and the Mysticism of St. Bernard*. Columbia Series in Reformed Theology. Louisville: Westminster John Knox, 1994.
Tannehill, Robert C. *Dying and Rising with Christ: A Study in Pauline Theology*. Eugene, OR: Wipf & Stock, 2006 [previously published by Berlin: De Gruyter, 1967].
Taylor, Vincent. *Forgiveness and Reconciliation: A Study in New Testament Theology*. 2nd ed. London: Macmillan, 1956.
Thiselton, Anthony C. *The First Epistle to the Corinthians*. New International Greek Testament Commentary. Grand Rapids: Eerdmans, 2000.
Thompson, Marianne Meye. *Colossians and Philemon*. Two Horizons New

Testament Commentary. Grand Rapids: Eerdmans, 2005.

Thuruthumaly, J. "Mysticism in Pauline Writings." *Bible Bhashyam* 18 (1992): 140-52.

Timms, David. "The Pauline Use of *en Christo*: Re-examining Meaning and Origins — A Linguistic Analysis." PhD dissertation. Macquarie University, 2000.

Tipton, Lane G. "Union with Christ and Justification." Pages 23-49 in *Justified in Christ: God's Plan for Us in Justification*. Ed. K. Scott Oliphint. Fearn, Scotland: Mentor, 2007.

Turner, Nigel. *Grammatical Insights into the New Testament*. Edinburgh: T&T Clark, 1965.

Van Kooten, George H. *Cosmic Christology in Paul and the Pauline School: Colossians and Ephesians in the Context of Graeco-Roman Cosmology, with a New Synopsis of the Greek Texts*. Wissenschaftliche Untersuchungen zum Neuen Testament 2.171. Tübingen: Mohr Siebeck, 2003.

Vickers, Brian J. *Jesus' Blood and Righteousness: Paul's Theology of Imputation*. Wheaton, IL: Crossway, 2006.

Visscher, Gerhard H. *Romans 4 and the New Perspective on Paul: Faith Embraces the Promise*. Studies in Biblical Literature 122. New York: Peter Lang, 2009.

Wallace, Daniel B. *Greek Grammar beyond the Basics: An Exegetical Syntax of the New Testament*. Grand Rapids: Zondervan, 1996.

Wanamaker, Charles A. *The Epistles to the Thessalonians*. New International Greek Testament Commentary. Grand Rapids: Eerdmans, 1990.

Watson, Francis. *Paul, Judaism, and the Gentiles: Beyond the New Perspective*. Rev. and exp. Grand Rapids: Eerdmans, 2007.

_____. "By Faith (of Christ): An Exegetical Dilemma and its Scriptural Solution." Pages 147-63 in *The Faith of Jesus Christ: Exegetical, Biblical, and Theological Studies*. Ed. Michael F. Bird and Preston M. Sprinkle. Milton Keynes, UK: Paternoster; Peabody, MA: Hendrickson, 2009.

Wedderburn, A. J. M. "The Body of Christ and Related Concepts in 1 Corinthians." *Scottish Journal of Theology* 24 (1971): 74-96.

_____. "Hellenistic Christian Traditions in Romans 6." *New Testament Studies* 29 (1983): 337-55.

_____. "Some Observations on Paul's Use of the Phrases 'In Christ' and 'With Christ'." *Journal for the Study of the New Testament* 25 (1985):

83-97.

_____. *Baptism and Resurrection: Studies in Pauline Theology against Its Graeco-Roman Background*. Wissenschaftliche Untersuchungen zum Neuen Testament 44. Tübingen: Mohr, 1987.

Wesche, Kenneth Paul. "Eastern Orthodox Spirituality: Union with God in Theosis." *Theology Today* 56 (1999): 29-43.

Westerholm, Stephen. *Perspectives Old and New on Paul: The "Lutheran" Paul and His Critics*. Grand Rapids: Eerdmans, 2004.

Williams, David J. *Paul's Metaphors: The Context and Character*. Peabody, MA: Hendrickson, 1999.

Williams-Tinajero, Lace Marie. "Christian Unity: The Communal Participation in Christ's Body and Blood." *One in Christ* 40 (2005): 45-61.

Wikenhauser, Alfred. *Pauline Mysticism: Christ in the Mystical Teaching of St. Paul*. Trans. Joseph Cunnigham. New York: Herder and Herder, 1960.

Wisnefske, Ned. "Living and Dying with Christ: Do We Mean What We Say?." *Word and World* 10 (1990): 254-59.

Woodhouse, John. *Colossians and Philemon: So Walk in Him*. Fearn, Scotland: Christian Focus, 2011.

Worgul, George S. "People of God, Body of Christ: Pauline Ecclesiological Contrasts." *Biblical Theology Bulletin* 12 (1982): 24-28.

Wright, N. T. *Colossians and Philemon*. Tyndale New Testament Commentaries. Leicester, UK: Inxrsity Press, 1986.

_____. *The New Testament and the People of God*. Christian Origins and the Question of God 1. Minneapolis: Fortress, 1992.

_____. *Justification: God's Plan and Paul's Vision*. London: SPCK, 2009.

Yates, Roy. "A Note on Colossians 1:24." *Evangelical Quarterly* 42 (1970): 88-92.

_____. "A Re-examination of Ephesians 1:23." *Expository Times* 83 (1972): 146-51.

Zerwick, Maximilian. *Biblical Greek: Illustrated by Examples*. English edition adapted from 4th Latin ed. by Joseph Smith. Scripta Pontificii Instituti Biblici 114. Rome: Pontificio Instituto Biblico, 1963.

Ziesler, John A. "ΣΩMA in the Septuagint." *Novum Testamentum* 25 (1983): 133-45.

성구 색인

창세기
1:27 305n48
2:18-25 405
2:21-25 401
2:24 401-402, 407, 408, 515n41, 581
3 405
3:12-16 405

레위기
26:12 387, 480

사무엘상
2:10 203n160

사무엘하
19:44 83n12

열왕기상
8:27-30 560

에스라
5:3-4 391n58

시편
32:11 208
33:1 208
43:4 208

이사야
45:15 480

예레미야
9:24 203n160
32:38 387

에스겔
16 560
37:27 387

다니엘
7 561n34

하박국
2:4 334n28

마태복음
2:4 288
9:15-16 515n40
15:10-11, 15-20 217n179

마가복음
2:19-20 515n40
3:20 288
7:18-19 217
15:32 306

누가복음

1:20 264
10:40 287
13:9 264

요한복음

3:27-30 515
5:22 563
5:36 563
6:38 563
6:56 562
10:25 563
12:50 563
14:10-11 96
15:1-5 564
15:4, 5-7 19
15:19 563
17:21, 23 487, 562
17:26 562
18:36 563
19:32 306

사도행전

9:4, 5 565
13:42 264
15:32 331

로마서

1:2-4 342
1:3-5 342
1:3 342
1:5 347, 440
1:8 328, 332, 499
2:16 338, 341, 475
3:22 333, 336, 337
3:24 88, 116, 143-144, 438, 523, 538
4 537
4:17-25 315
4:20 196
5 448, 458, 464
5:1-2 343
5:1 315, 327, 343, 440
5:2 347
5:5 219
5:8-9 343
5:8 167
5:9 347, 440
5:11 329, 344, 347, 440
5:12-21 84, 448, 457-459, 461, 463
5:12 448, 460-461
5:13 448
5:14 462
5:15 317, 460
5:16 125, 448
5:17-21 448
5:17 316, 327, 460-461
5:18 19 461
5:21 318, 327, 440
6 443, 446, 449-453, 456-457, 459, 461, 503, 517-518
6:1-14 443, 445, 448-449
6:1-11 91
6:2 444, 448
6:3-4 444(4a), 447n27,
6:3 271, 272, 300, 446, 571
6:4-5 440, 498
6:4 258n229, 288, 300, 311, 445-446, 447n25, 571
6:5 288, 300-301, 303, 311, 572
6:6 288, 300, 302, 306, 311, 449, 452
6:7 452
6:8-11 258n229

6:8-9　449
6:8　289, 292, 300, 303, 311, 439, 440, 444-445, 448, 498, 572
6:9　145, 303, 452
6:10　145
6:11　83n12, 145, 151, 222, 303, 496
6:12　452
6:13　258n229, 452
6:14　453
6:15-23　91
6:16　453
6:17　453
6:20　453
6:22　91
6:23　83n12, 89, 91, 116, 438
7:1-4　397
7:2　397
7:4　319, 327, 346, 397, 399, 440, 573
7:13-25　329
7:25　329, 332, 499
8:1　83n12, 146, 151, 163, 496
8:2　162, 181, 473
8:3　595
8:15　548n1
8:17　288-289, 286n31, 304, 311, 440, 474, 498-499, 573
8:18-25　596
8:23　548n1
8:29　289, 305, 311
8:32　294, 296, 299, 474
8:39　83n12, 165, 167, 181, 473
9:1　117, 125, 495
9:4　548
11:36　280, 282, 596
12:4-5　356-357, 500
12:4　356
12:5　146, 151, 356, 382, 496, 573

12:6-8　356
13:12-14　413, 419
13:12　413, 421
13:14　413, 418, 427, 501
14:4　221
14:19　383n47
15:2　383
15:17　119-120, 123, 129, 495
15:18　120
15:30　330, 332-333, 499
16:2　199, 201n158, 205, 216, 497
16:3　152-153, 161, 223, 496
16:5　223, 264, 272
16:7　153, 496
16:8　222-223, 228, 497
16:9　153, 223, 496
16:10　126, 140, 223
16:11　222, 228, 497
16:12　200, 204, 215-216, 497
16:13　223, 228
16:22　201, 216
16:27　331-332, 499

고린도전서

1:1　93
1:2　91, 116, 438
1:4-5　229
1:4　83n12, 93, 116, 167, 181, 229, 438, 473
1:5　229, 237, 275n29, 439
1:13-17　447n27
1:14-17　447
1:16, 17　447
1:27　169, 362, 363
1:30　83n12, 168-169, 574
1:31　203, 206, 216, 497
3　388n55

3:1 153, 161, 496
3:6-8 391
3:9 384n49, 390, 476, 500
3:10-15 391
3:11 391
3:16-17 384-385, 476
3:16 476, 500
4:9 128
4:10 127, 140
4:15 154, 161, 184, 496
4:16 121
4:17 120, 125, 223, 228, 495, 497
5:18 341
6:15-17 400, 500
6:15-16 357, 500, 574
6:15 400
6:16 287, 386, 400-402
6:17 447
6:19-20 385
6:19 476, 497, 500
6:20 275n29
7:18 257
7:22 190, 199
7:24 191-192
7:39 224, 228, 497
8:6 281-282, 347, 352, 475, 575, 596
8:12 274, 276
9:1-15 225
9:1 204, 215-216, 225
9:2 224-225, 228, 497
9:13 390
10:2 447
10:16-17 358, 500, 576
11 517
11:8-9 192
11:8 192
11:11 192, 199

11:12 193
11:17-34 359
11:18-22 360
11:25-26 360
11:27-32 519
11:29 359, 500
12:12-27 362, 500
12:12 362
12:13 447, 476
12:16 362
12:18 476
12:24 476
12:27 365
14:3, 5 383n47
14:25 480
14:26 383n47
15:1 238
15:3 238
15:4 310, 462n53
15:18 83n12, 147, 151
15:19 141-142, 496
15:20 296n31
15:21-22 392
15:21 182-183
15:22 83n12, 182, 184, 463-465, 576
15:23 297n31
15:24 25, 26 464
15:28 596
15:29 447n27
15:31 129, 140, 495
15:44-49 392
15:45-49 465
15:45 465
15:47 465
15:48 465
15:49 297n31, 415, 425, 465
15:51-54 415-416

15:54 417
15:57 321, 327, 440
15:58 204, 215-216, 497
16:16 287
16:19 205, 216, 497
16:24 155, 161, 496

고린도후서

1:3-4 322
1:4 321
1:5 321, 327, 468
1:19-20 229, 237, 439
1:19 229, 237
1:20 229, 237, 245, 266, 348, 352, 473, 475
1:21 265-267, 269, 274
1:22 266-267
2:8 281-282
2:12 193-194, 199
2:14 183-184
2:17 121, 125, 495
3:4 337-338
3:5-6 338
3:12-18 95
3:14 94, 116
4:4 305n48
4:5 122
5:1-4 416, 425
5:1 391-392
5:2, 3, 4 416-417
5:6, 8 392
5:17 148, 151, 242, 496, 576
5:18 242-243, 322, 327, 339, 341, 352, 440, 475
5:19 96, 169, 181, 243, 438, 473, 478
5:21 242-243, 245-246, 249, 473, 524, 538, 577
6:15 141
6:16 387, 476, 480, 500
10:1 332-333, 499
10:8 383n47
10:17 206, 216, 496
11:2-3 403, 500
11:2 405, 577
11:3 404-405
12:2 156, 161, 496
12:19 123, 125, 383n47, 495
13:4 240, 242, 295, 299, 439, 474, 498, 577
13:10 383n47

갈라디아서

1:1 322, 323n14, 327, 339, 341
1:9 238
1:12 324-325, 327
1:15-16 324-325
1:16 325
1:22 156, 160-161, 496
2:3 257n226
2:4 83n12, 97, 116, 438
2:16-17 538
2:16 269-270, 277, 335, 337, 524
2:17 144, 523
2:19 288, 302, 305, 311, 336
2:20 83n12, 336, 466-467
3:8 99
3:10-14 99
3:14 83n12, 99, 116, 170, 181, 438, 473
3:23 275
3:24 275-276
3:25 275
3:26-27 417

3:26 141-142, 148, 151, 171, 419, 473, 496
3:27-28 411n87
3:27 272, 418n99, 427, 448n27, 501, 578
3:28 83n12, 149, 151, 496, 578
4:4 595
4:5 548n1
4:19 483n8
4:24-25 98
5:1-6 187
5:1 98, 186
5:2-3 257n226
5:6 186, 188
5:10 217, 220-221, 497
5:24 302n43
6:12-13 257n226
6:14 302n43, 345, 347

에베소서

1:1 141-142, 496
1:3 100-101, 116, 172, 230, 438, 473
1:4 230, 237, 246, 249, 439, 473
1:5 230, 281-282, 326-327, 340-341, 440, 475, 548n1
1:6 250, 258
1:7 251, 254-255
1:9-10 247
1:9 247, 249, 473
1:10-11 252
1:10 187-188, 247, 249, 252
1:11 252-253
1:12 186
1:13 252-253
1:15 221, 497
1:20 188, 190, 306n54
1:22-23 363, 441, 579
1:23 364
2 278
2:4 128
2:5-6 306, 311, 579
2:5 289, 298, 440, 474, 499
2:6 100, 102, 104, 116, 172, 181, 288-289, 438, 440, 474, 499
2:7-8 251
2:7 105, 116, 173, 281, 473
2:10 106, 116, 173, 181, 438, 473
2:11-12 107
2:12 231, 259
2:13-18 107
2:13 107, 231
2:14-16 366
2:14-15 231
2:14 367, 441
2:15 231, 237, 366-367, 579
2:16 232, 366-367, 476
2:17-18 346, 349
2:18 347, 352, 440, 475
2:19 388
2:20 194, 388
2:21-22 254, 258, 388, 393, 395, 500
2:21 194, 195, 199, 254, 278, 388, 389, 500, 580
2:22 195, 254, 288, 388-389, 476
3:6-10 259
3:6 149, 151, 288-289, 496
3:10 101
3:11 189-190, 259
3:12 259
3:21 174, 181, 473
4 278
4:1-6 369
4:1-3 368

4:1 218, 221, 497
4:4 368, 476, 500
4:5 447n27
4:11-13 369
4:12 383n47, 500
4:13 370, 388n55
4:15-16 371, 441, 500, 580
4:15 277-279, 382
4:16 379, 383n47
4:17 206, 213, 216, 497
4:19-20 232
4:20-24 422
4:21 232, 237, 422
4:24 423, 501
4:29 383n47
4:32 108, 116, 175, 181, 438, 473
5:5, 6 219
5:8 219, 221, 497
5:22-32 407, 515
5:22-30 407-408
5:22-24 409
5:23 373, 376, 407, 409, 441
5:24 407, 500
5:25 407, 409, 441
5:26-27 409
5:26 441
5:27 441
5:29-32 581
5:29-30 374
5:29 407, 409, 441
5:30-31 407-408
5:30 407, 500
5:31-32 500
5:32 276, 407, 581
6:1 207, 212, 216, 497
6:10-17 197
6:10 195-197, 199, 424
6:11 424

6:12 101
6:19 241
6:20 241-242
6:21 226-228, 497

빌립보서

1:1 157, 159, 161, 496
1:3-5 211
1:11 326-327
1:13 157, 161, 496
1:14 226, 228, 497
1:23 287, 292
1:26 129, 140, 495
1:29 277
2 508
2:1 130, 137, 140, 495
2:5 131, 140, 495
2:11 596
2:19 221, 497
3:1 208, 210, 216, 497
3:3 123, 125, 495
3:8-9 244, 582
3:8 307
3:9 83n12, 245, 307, 337, 524, 538
3:10 289, 307, 311, 440
3:12 308
3:13 308
3:14 176, 181, 473
3:20-21 297
3:21 289, 308, 440
4:1 83n12, 209, 213, 216, 497
4:2 209, 497
4:4 210, 216, 497
4:6-7 110
4:6 109
4:7 109, 116, 177, 181, 473
4:9 239

4:10-18　111
4:10　211
4:13　196
4:15-16　111
4:18　111, 211n170
4:19　110, 116, 178, 181, 438, 473
4:21　159, 161, 496

골로새서

1:2　159, 161
1:4　142, 148n93, 496
1:13　255, 350
1:14　255, 258
1:15-23　235
1:15-20　279
1:15-17　375
1:15　305n48, 419
1:16-17　234, 248, 282, 350
1:16　235, 237, 282, 352, 439, 475
1:17　235
1:18　375, 441
1:19-20　235, 351
1:19　235, 249
1:20　235, 278-279, 352, 475
1:22　134
1:24　376-378
1:25　27, 377
1:28　133, 140, 377, 495
1:29　377-378
2:2　255-256
2:3　255-258
2:4　256
2:5　270, 277
2:6-7　237
2:9-10　582
2:9　236, 248-249, 473
2:10　235-237, 439

2:11　236, 257, 258
2:12-13　583
2:12　236, 258-259, 288, 296, 309, 311, 440, 447n27, 474, 499
2:13　236, 289, 296, 299, 439, 498
2:14　248
2:15　248, 249, 473
2:19　379, 441
2:20　290, 292, 439, 498, 583
3:1　288, 310, 440, 583
3:3-4　584
3:3　287, 290-293, 297, 420, 474, 498
3:4　291, 296, 298-299
3:5-10　420
3:5　420
3:9-10　419-420
3:9　422-423, 501
3:10　419-420
3:12　420-422, 427, 501
3:13　421
3:14　380
3:15　368, 380, 500
3:17　347, 351-352, 417
3:18　211-212, 216, 497
3:20　212, 497
3:23　205
4:1　212n171
4:7　227-228, 497
4:17　198-199

데살로니가전서

2:13　239
2:14　160-161, 496
3:8　213, 216, 497
4:1-2　239
4:1　213, 215-216

4:2 213
4:14 297, 474, 584
4:16 150-151
4:17 287, 293
5:9 327, 340-341, 440, 475
5:10 287, 298, 439, 474, 498, 585
5:12 214, 216, 497
5:18 178, 181, 473

데살로니가후서

1:12 236-237, 439
2:4 390
3:4 220-221
3:6 239
3:12 215-216, 497

디모데전서

1:12 196
1:14 112, 115-116
3:13 142, 148n93, 496
3:15 393
4:10 12, 141
5:16 141

디모데후서

1:9 114, 116, 438
1:13 135, 140, 495
2:1 137, 140, 196, 496
2:10 115-116, 438
2:11 288-289
3:12 138, 140, 496
3:15 142, 148n93, 496
4:17 196
4:18 100-101

디도서

1:6 141
3:5 341
3:6 327, 341, 352, 391, 440, 475

빌레몬서

1:6 268-269
1:8 139-140, 496
1:16 227-228, 497
1:20 124-125, 220-221, 497
1:23 160-161, 496

베드로전서

1:11 264
5:14 83

요한계시록

5:13 233n197

인명 색인

A

Ahern, Barnabas M. 454n39
Allen, Thomas G. 395n67

B

Barcley, William B. 458n49, 521n51
Barnett, Paul 148n92, 230n194
Barrett, C. K. 386n52
Barth, Karl(바르트, 칼) 51, 52n109, 479n1, 484n13, 507n13, 552n11
Barth, Markus(바르트, 마르쿠스) 23, 23n6, 175n131, 197n154
Bartling, Walter 549
Bassler, Jouette M. 455n39, 529n19
Batey, Richard 515n39
Bauckham, Richard(보컴, 리처드) 562n37
Beale, G. K. 388n55
Beasley-Murray, G. R. 447n25, 458n47
Bedale, Stephen 364n16
Beker, J. Christiaan 34, 381n39, 454n39, 463n55, 533n33
Best, Ernest(베스트, 에른스트) 105n51, 107n53, 142n87, 173n128, 207n166, 232n196, 251n217, 252n219, 254n221, 259n231, 344n40, 356n6, 366n19, 373n27, 399n71
Betz, H. D. 345n41
Billings, J. Todd 488n31, 543n70, 544n72, 548n1
Bird, Michael F.(버드, 마이클 F.) 528n15, 530n24, 533n34, 534n38, 535n43, 537n53, 540n59
Bishop, Jonathan 590n7
Bonnington, Mark 385n51
Bortone, Pietro 80n3
Bousset, Wilhelm(부세트, 빌헬름) 34n18, 446nn23,24, 484n15, 559n24
Bouttier, Michel(부티에, 미쉘) 19n3, 49n93, 51n105, 80n2, 338n33, 339n36, 595n11
Bowe, Barbara 513n33
Brown, Raymond E. 561n37
Bruce, F. F.(브루스, F. F.) 112n56, 148n93, 157n108, 171n126, 208n167, 220n184, 234n200, 272n27, 291n24, 297n32, 378n34, 386n52, 543n69
Büchsel, Friedrich 80n2
Bultmann, Rudolf(불트만, 루돌프) 41, 95n38, 550n7, 559n22
Burger, Hans 353n1, 380n36, 395n68, 402n78, 404n81, 418n98, 427n113, 533n34,

534n38, 535n43

C

Callan, Terrance 588n3
Calvin, John(칼뱅, 장)
　66, 382, 437, 483n7, 488n31, 540, 542-544, 593
Campbell, Constantine R.(캠벨, 콘스탄틴 R.) 180n135, 384n50, 386n52, 389n56, 392n60, 534n36
Campbell, Douglas A.(캠벨, 더글라스 A.) 334n28, 502n3, 522n1
Caneday, Ardel B. 335n30
Carson, D. A.(카슨, D. A.) 537, 538n54, 539
Childs, Brevard S.(차일즈, 브레바드 S.) 26
Clowney, Edmund P. 394n66
Cranfield, C. E. B.(크랜필드, C. E. B.)
　89, 152, 162, 202n159, 217n179, 305, 317n9, 320n11, 331n24, 339n35, 413n89, 443-446, 448-451, 456, 503, 504n6

D

Dahms, John V. 470n67
Daines, Brian 514n36
Davies, W. D.(데이비스, W. D.) 56-58, 381n37, 555n20, 559n23, 560n
Deissmann, Adolf(다이스만, 아돌프)
　31-34, 36, 46, 64, 69, 71, 75, 527n7, 555, 565, 593
Dodd, C. H.

397n69, 458n49, 488n27, 514n37
Douty, Norman F.(다우티, 노만) 486-487, 488n27, 514n37
Dumbrell, William J. 418n97
Dunn, James D. G.(던, 제임스 D. G.)
　31, 64, 89n32, 119n62, 335n30
Dutton, Emily Helen 86

E

Earnshaw, J. D.(언쇼, J. D.)
　398, 399n72, 400n73
Ejenobo, David T. 504n8
Ellis, E. Earle 391n59, 513n31
Ehrman, Bart 534n36

F

Fee, Gordon D.(피, 고든 D.)
　93n36, 110n55, 121n65, 124n68, 130n73, 157, 159n113, 191n146, 205n162, 209n168, 224n188, 308n57, 326n18, 337n32, 386n52, 415n91
Field, Barbara
　512n28, 513n30, 554n18
Fitzmyer, Joseph A. 153n100
Furnish, Victor Paul 194n151

G

Gaffin, Richard B.(개핀, 리처드 B.)
　61-63, 72, 74, 435-437, 527n7, 536, 540nn58,59, 542, 551n8
Gorman, Michael J.(고먼 마이클 J.)

67-68, 75, 309, 491-492, 504n9, 507-509, 511, 529-532, 534, 536
Green, Gene L. 215n178
Grundmann, Walter(그룬트만, 발테르) 286-287
Gundry, Robert H. 537n49
Guthrie, Donald 115n59, 139n85

H

Harris, Murray J.(해리스, 머리 J.) 83, 85-86, 97n45, 156n105, 228n192, 234n200, 236n202, 256n224, 258n229, 262, 269n22, 270n24, 273, 279n36, 282n42, 286n7, 296n31
Harrison, Gessner 286n9, 313n1, 314n7
Harvey, John D. 549n5
Hays, Richard B. 335n30
Heil, John Paul 241n208, 407n83
Heinfetter, Herman 24n7
Helminiak, Daniel A.(헬미니아크, 대니얼 A.) 489-490
Hodge, Charles 226n190
Hooker, Morna D.(후커, 모나 D.) 452n35, 462-463, 503n3, 508nn15,16, 509n18, 520n48, 535nn40,42, 536n44
Horton, Michael S.(호튼, 마이클 S.) 65-66, 74, 483n7, 543, 544n72
Howell, D. N. 553n16, 568n1, 590n8, 596n13
Hughes, Philip Edgcumbe 148n92, 184n137, 240n207, 268n21, 295n29, 404n80

J

Jenson, Robert W. 541n60
Jewett, Robert 303n45
Juntunen, Sammeli 541n60

K

Käsemann, Ernst(케제만, 에른스트) 382n41, 512, 527n8
Kelly, Douglas F. 483n7, 486n24
Kennedy, H. A. A. 83n14
Kim, Jung Hoon(김정훈) 414, 415n92, 416n93, 418n99, 419n100, 425, 428, 501n2
Konstan, David 150n97
Köstenberger, Andreas J. 408n84
Kreitzer, L. Joseph 458n49, 549n3
Kruse, Colin G. 148n92, 156n106, 184n137, 295n29, 322n13, 332n27, 338n34, 349n49

L

Larkin, William J. 251n216, 346n43
Lee, John A. L. 25n8
Letham, Robert. 518n45, 535n41
Lightfoot, J. B. 239n205, 351n52
Lincoln, Andrew T. 103n50, 106n52, 142n87, 172n127, 173n129, 186n140, 196n153, 197nn154,156,

218n181, 233n197, 247n211, 250n214, 281n40, 306n54, 371n25
Lohmeyer, Ernst 347n44
Longenecker, Richard N.(롱네커, 리처드 N.) 98n46, 149, 218n180, 270n23, 276n32, 345n42
Luraghi, Silvia(루라기, 실비아) 87, 262n1, 285n2

M

Mannermaa, Tuomo 541n60
Marshall, I. Howard(마샬, I. 하워드) 113, 114n58
Martin, Ralph P.(마틴, 랄프 P.) 97n45, 122, 148n92, 156, 177, 404n80, 417n94
Martyn, J. Louis 187n141, 306n51, 323n14, 324n15, 335n30, 336n251
Matlock, R. Barry 334n28
McCormack, Bruce L. 543n68
McFarland, Ian A. 550n6
McGrath, Brendan 288n19
McKelvey, R. J. 386n52
Metzger, Paul Louis 489n32, 541n60
Meyendorff, John 488n30, 489n33
Milligan, George 262n4, 287n11
Mitton, C. Leslie 230n195, 306n52
Moo, Douglas J.(무, 더글라스 J.) 200n157, 201n158, 294n27, 300n37, 301n41, 302n44, 303n46, 304n47, 316n8, 329n22, 332n25, 339n35, 342n37, 460n50, 461n52
Morris, Leon 151n98, 160n114, 179n164, 214n173, 215n177, 220n183, 225n189, 298n33, 299n35, 561n36
Moule, C. F. D.(모울, C. F. D.) 84-85, 234n198, 263-264, 360, 375n30
Moulton, James Hope 82, 262n4, 287n11
Mounce, William D.(마운스, 윌리엄 D.) 137n83
Muddiman, John. 368n23
Murray, John(머레이, 존) 42-44, 62, 72, 83n14, 86n28, 146, 156n105, 167, 228n192, 344n39, 490-491

N

Neder, Adam(네더, 애덤) 51, 52n106
Nelson, William R. 494n1
Nestle, E., and E. K. Aland 239n206
Neufeld, T. Y.(노이펠트, T. Y.) 424n104
Neugebauer, Fritz(노이게바우어, 프리츠) 19nn1,3, 47-50, 71

O

O'Brien, Peter T.(오브라이언, 피터 T.) 102n49, 131n74, 133n77, 135n82, 141, 150, 158, 159n113, 188, 195, 197n155, 207n164, 210n169, 212, 219n182,

226n191, 234n199, 235n201,
236n202, 245n210, 254n221,
257n227, 278n35, 280n38,
290n23, 296n30, 337n32,
371n26, 376n31
O'Neill, John 458

P

Parsons, Michael(파슨스, 마이클)
449n28, 514n35
Patterson, Richard D.
514n39, 515n40, 560n32
Pelser, Gert M. M. 512n28, 549n5
Perriman, Andrew C.
512n28, 554n18
Peterson, David 388n54
Peura, Simo 541n60
Pitts, Andrew W. 334n28
Porter, Stanley E.(포터, 스텐리 E.)
84n19, 85, 96-n42, 97nn43, 44,
264n12, 285, 286n5, 334n28,
455n39
Powers, Daniel G.(파워스, 대니얼 G.)
381n40, 401n76, 466n61,
467nn62,63, 468n64, 470,
512, 513n31, 535n39, 536n46,
538n55, 549n4, 554n18
Proudfoot, C. Merrill(프라우드풋, C. 메릴) 510n21, 511n25

R

Ramelli, Ilaria 150n97
Ridderbos, Herman(리더보스, 헤르만)

355n4, 364n16, 381nn39,41,
454n39, 462n53, 485n19,
513n34, 514n38, 534n35
Robertson, A. T.(로버트슨, A. T.)
83n13, 261, 262n2, 285nn1,3,
288n17, 312, 313n1
Robinson, D. W. B. 335n30
Rogerson, John W. 455n39

S

Sanders, E. P.(샌더스, E. P.)
59nn142-145, 60nn146-149,
61nn150-152, 65, 553, 556, 588,
593, 595
Schnackenburg, Rudolf 251n128,
374n29, 423n103
Schreiner, Thomas R.(슈라이너, 토마스 R.) 388n55, 455n39, 458n48,
529, 530n22, 532n31, 533n34,
589n6, 590n10
Schweitzer, Albert(슈바이처, 알베르트)
36n28, 37nn29-33, 38nn34-
39, 39nn40-43, 40nn44-50,
41-42, 46, 53, 56-59, 70-72,
73n194, 75, 381n9, 382n43,
479, 480nn2,3, 485n17, 505n10,
509, 510n19, 523, 526nn2-5,
527, 533n32, 550n7, 552n13,
553nn14-16, 554n19, 555n21,
559n27, 560n29, 564n38, 568,
588, 593, 595
Seifrid, Mark A.(사이프리드, 마크 A.)
488n29, 542n63

Smedes, Lewis B.(스미드스, 루이스 B.) 484n11

Smyth, Herbert Weir 95n41

Son, Sang-Won(Aaron)(손상원) 354, 356n5-357n8, 360n12, 362n12, 365-368, 381n38, 382n42, 386n53, 391n58, 393nn61,62, 394nn63,65, 401n75, 408n85, 454n9, 463n56, 464nn57,58, 465, 483n8, 495n27, 515n41

Spatafora, Andrea 386n53

Speidell, Todd H.(스페이들, 토드 H.) 487n26, 495n1

Sprinkle, Preston M. 334n28

Stewart, James S. 469n66, 480n5, 482n6, 503n3

Stortz, Martha Ellen 517n43

T

Tannehill, Robert C.(태너힐 로버트 C.) 54-56, 425n106, 449n29, 451 457, 459, 484n15, 503n5, 504n9, 510n20, 511n23, 549n5

Taylor, Vincent 561n35

Thiselton, Anthony C.(티슬턴 앤소니 C.) 94n37, 129n72, 148n91, 154nn102-104, 183n136, 224n187, 229n93, 275n29, 348n45, 359n11, 464n59

Thompson, Marianne Meye 135n82, 212n171, 422n102

Thuruthumaly, J. 503n3

Timms, David 455n39, 465n60

Tipton, Lane G. 539n56

Tobias, Robert 488n30

Turner, Nigel 85, 262nn4,6

V

Vickers, Brian J. 537n51, 538n54, 539n56, 541n61, 544n71

Visscher, Gerhard H. 537n50

Von Dobschütz, E. 46

W

Wallace, Daniel B.(월리스, 대니얼 B.) 81n8, 92, 95, 170n123, 214n174

Wanamaker, Charles A. 223, 462

Watson, Francis(왓슨, 프란시스) 334n28

Wedderburn, A. J. M.(웨더번, A. J. M.) 354n3, 426, 427n111, 436n5, 454n39, 516n42, 519n46, 559n26

Wesche, Kenneth Paul 490n40

Westerholm, Stephen 541n62

Williams, David J. 364n16

Williams-Tinajero, Lace Marie 519n47

Wikenhauser, Alfred(비켄하우저, 알프레드) 44-47, 54, 74, 425-426, 436, 480, 483-484, 505-506, 520

Wisnefske, Ned 450n30, 503n4

Woodhouse, John 140n86, 248n213

Wright, N. T.(라이트, N. T.) 135n82, 140n86, 159, 161n115, 257n228, 310, 378n33, 420n101,

470, 527-530, 533, 534n38

Z

Zerwick, Maximilian　262n7
Ziesler, John A　354n3

바울이 본 그리스도와의 연합
바울의 구원론에 대한 석의-신학적 연구

Copyright ⓒ 새물결플러스 2018

1쇄 발행	2018년 7월 13일
4쇄 발행	2025년 6월 13일
지은이	콘스탄틴 R. 캠벨
옮긴이	김규섭·장성우
펴낸이	김요한
펴낸곳	새물결플러스
편　집	왕희광 정인철 노재현 이형일 나유영 노동래
디자인	황진주 김은경
마케팅	박성민
총　무	김명화 이성순
영　상	최정호
아카데미	차상희
홈페이지	www.holywaveplus.com
이메일	hwpbooks@hwpbooks.com
출판등록	2008년 8월 21일 제2008-24호
주　소	(우) 04114 서울시 마포구 신촌로28가길 29
전　화	02) 2652-3161
팩　스	02) 2652-3191

ISBN 979-11-6129-069-0 93230